British Style

British Style

Wohnen – Kultur – Lebensart

Claudia Piras und Bernhard Roetzel

mit Fotografien von Rupert Tenison

KÖNEMANN

KÖNEMANN ist eine Marke und ein Imprint der Tandem Verlag GmbH

Art-Direction: Peter Feierabend
Gestaltung: Stephanie Weischer

Projektmanagement: Birgit Gropp
Assistenz: Ruth Mader
Redaktionelle Mitarbeit: Uta Kornmeier, Till Busse
Korrektorat: Kirsten Thietz, Jürgen Geitner, Kirsten Skacel

Fotoassistenz: Francesca Hanbury-Tenison
Bildredaktion: Mitra Nadjafi

Printed in Germany
ISBN: 3-8331-1416-9

10 9 8 7 6 5 4 3 2 1
X IX VIII VII VI V IV III II I

Inhalt

Vorwort

Das englische Haus, der englische Garten, die feine englische Art. »Englisch« – das war Jahrhunderte lang ein Gütesiegel, ein Qualitätsbeweis, eine Garantie des exquisiten Geschmacks. England beeinflusste die stilistischen und kulturellen Leitmotive ganzer Epochen. Wer etwas auf sich hielt, bemühte sich im englischen Stil zu wohnen und zu leben. Ihre größte Verbreitung hat die Begeisterung für alles Englische aber wohl im 19. und frühen 20. Jahrhundert gefunden. Die viktorianischen und edwardianischen Jahre erlebten ein blühendes Empire – mit etwa einem Viertel der Weltbevölkerung als Untertanen Ihrer Majestät. Wer nicht dazu gehörte, sah das mächtige England dennoch als Vorbild. Der Inbegriff eines gelungenen Sonntags war ein englisches Picknick, Damen in weiten Röcken spielten die neue Modesportart Tennis, und eine Nanny kümmerte sich um die Erziehung der Kinder. Möbel aus englischen Werkstätten oder deren Imitationen schmückten die Wohnzimmer der europäischen Nachbarn und auf den Frühstückstischen südlich des Ärmelkanals tauchten Orangenmarmelade und feines Geschirr von Spode oder Wedgwood auf.

Für viele Touristen, die die Britischen Inseln besuchen, ist alles »englisch«, ganz gleich ob es sich um etwas Schottisches, Walisisches oder Irisches handelt. Andere bemühen sich um mehr Klarheit und kennen sehr wohl den Unterschied zwischen Engländer, Schotte, Waliser und Ire. Dennoch transportiert ihre Differenzierung oftmals auch eine interessante Verteilung der Zuständigkeiten. Die Engländer stehen dann für Königshaus, *afternoon tea* und Chintz-Sofas, die Schotten für Tartans und Whisky, die Waliser für Lauch und schöne Landschaft und die Iren für Geselligkeit, Guinness und Folk-Musik. Eine Einteilung wiederum, über die Engländer, Schotten, Waliser und Iren herzlich lachen können, denn nirgendwo versteht man die Kunst, mit Klischees humorvoll umzugehen und sie gleichzeitig als perfektes Marketing-Instrument einzusetzen, besser als auf den Britischen Inseln.

Wir sprechen von den Britischen Inseln bewusst in einem geographischen Sinne, nicht in einem politischen. Die Britischen Inseln werden von den Briten und den Iren bewohnt, also von der Bevölkerung des Vereinigten Königreichs Großbritanniens und Nordirlands und der Bevölkerung der Republik Irland. Der Name Großbritannien umfasst England, Schottland und Wales, während »United Kingdom« Großbritannien einschließlich Nordirland meint. British Isles wiederum ist der politisch neutrale und geographisch richtige Terminus für die Inselgruppe, die sich aus den beiden großen Inseln Großbritannien und Irland sowie zahlreichen kleineren Inseln wie Isle of Man, Isle of Wight, den Hebriden, Shetlandinseln, Orkneys und einiger weiterer zusammensetzt.

»British Style« spürt den Wurzeln, aber auch den aktuellen Ausprägungen einer Wohn- und Lebenswelt nach, die oft eng mit den historischen Geschicken der Britischen Inseln verflochten sind. Wir befassen uns in diesem Band vorrangig mit den auch heute noch zum Vereinigten Königreich gehörenden Regionen Großbritanniens und Irlands. Die Republik Irland bleibt dabei weitgehend ausgespart, obwohl hin und wieder eingestreute Beispiele die gemeinsame kulturelle Entwicklung einer Zeit spiegeln, in der die Länder unter einer gemeinsamen Krone standen. Die Tudor-Burgen, barocke Paläste, die großen *country houses* des Landadels, die Tischlerkunst des 18. Jahrhunderts, das Handwerksrevival der Arts-and-Crafts-Bewegung, der Kolonialstil des 19. Jahrhunderts – dies alles sind Stationen auf dem Weg zum modernen britischen Zuhause, dessen Charme vor allem in der unkopierbaren Vermischung von Alt und Neu, Tradition und Innovation und manchmal sogar Kunst und Nippes begründet liegt.

Die Autoren

Auf den Britischen Inseln hält man auch die etwas älteren Möbelstücke in Ehren:
Dieser betagte Sessel steht in Burghley House in Cambridgeshire.

Die Grundprinzipien des britischen Wohnstils

Der geerbte Look

»Zeige mir, wie du wohnst, und ich sage dir, wer du bist.« Nirgendwo auf der Welt kann diese Weisheit trügerischer sein als auf den Britischen Inseln. Wir befinden uns nämlich in einer Region, die es jedem, der es sich leisten kann, ermöglicht, einen Lebensstil zu kopieren, der von dem imitierten Original nur schwer zu unterscheiden ist. Nicht jeder hat Eltern, die ihm ein Landhaus voller Antiquitäten hinterlassen können, aber wenn man über das entsprechende Geld verfügt, kann man diesen Mangel ohne Mühe ausgleichen – wozu gibt es schließlich Immobilienmakler, Antiquitätenhändler und Innenarchitekten? Sie helfen dabei, ein altes Haus zu finden und es so auszustatten, als hätte es der neue Besitzer samt Einrichtung von seinen Vorvätern geerbt. Dies geschieht, indem man Alt und Neu geschickt mischt, aber auch Alt und Alt. So wird zum Beispiel das Wohnzimmer nicht komplett im frühgeorgianischen Stil eingerichtet, sondern vielmehr in einem Konglomerat aus frühgeorgianisch, edwardianisch und spätviktorianisch.

Stilreinheit würde verraten, dass nicht die Zeit, sondern ein ambitionierter Innenarchitekt das Mobiliar zusammengestellt hat, und genau dieser Eindruck soll vermieden werden. Die Kunst des *interior decorator* besteht darin, jene gewissen Stilbrüche zu erzeugen, die für tatsächlich geerbte Interieurs typisch sind. Perfektion in der Abstimmung der Einrichtung wäre der Gemütlichkeit abträglich, Kollisionen zwischen Farben, Dessins und Stilrichtungen sind unabdinglich. Nur bei Designern, Künstlern, Fotografen, Modemachern und anderen Berufsästheten erwartet man durchgestylte Häuser. Die Vorliebe für das Alte ist wohlgemerkt nicht nur bei den Reichen anzutreffen, auch der Student, die Buchhändlerin oder das Rentnerehepaar verschönern ihr Heim mit Fundstücken vom Flohmarkt, aus Versteigerungen oder aus den beliebten Läden der Wohltätigkeitsorganisationen. Was dem Millionär der Hepplewhite-Sekretär, ist weniger Betuchten die viktorianische Vase von Oxfam. Ganz entscheidend für den geerbten Look sind Gebrauchsspuren, die auf keinen Fall wegrestauriert werden dürfen.

Trotz des Aufwands, der auf den Britischen Inseln traditionell bei der Einrichtung historischer – oder auch neuer – Häuser getrieben wird, ist allzu große und allzu offensichtlich hergestellte Perfektion verpönt. Deshalb findet man immer wieder ein Detail, das die Vollkommenheit stört, wie etwa einen schiefen Lampenschirm, der eigentlich nicht so recht zum Lampenfuß passen will. Doch dieser Effekt ist gewünscht, denn das Interieur soll auf keinen Fall wie der Ausstellungsraum eines Möbelgeschäfts wirken. Außerdem entsprechen alte und ein wenig kaputte Dinge dem Hang zum geerbten Look.

So steht dann in der Eingangshalle unter dem Rubens ein Armsessel mit völlig zerschlissenen Polstern, und niemand käme auf die Idee, den Bezugsstoff zu erneuern. Je abgenutzter, desto besser – dieser Eindruck drängt sich auf, wenn man den Zustand einiger Polstermöbel betrachtet, die in den Schaufenstern der Antiquitätenhändler angeboten werden. Was macht es schon, wenn die Füllung aus den Armlehnen quillt, solange man nur das Gefühl haben kann, auf einem Erbstück des Urgroßvaters zu sitzen. Zum geerbten Look gehört auch, dass mit neuen Einrichtungsgegenständen nicht übertrieben vorsichtig umgegangen wird. Tee- oder Rotweinspritzer sind ebenso wenig ein Grund zur Verzweiflung wie Hunde- oder Katzenhaare. Wenn das neue Sofa nach zehn Jahren so aussieht, als wäre es bereits doppelt so lange im Gebrauch, hat man schließlich ganz nebenbei gewissermaßen eine Antiquität erzeugt. Sollte der stolze Besitzer nach langer Zeit doch einmal in die Verlegenheit kommen, ein Möbelstück aufarbeiten lassen zu müssen, kann er auf Heerscharen von Spezialisten zurückgreifen, die jedes Detail originalgetreu ausbessern oder restaurieren. Sie gehen dabei natürlich so vor, dass der Eingriff hinterher nicht erkennbar ist, denn ein tatsächlich altes und geerbtes Stück soll nicht etwa wie seine eigene Replik aussehen. Aufgrund ihrer jahrelangen Erfahrung verfügen die *restorers* und *conservers* oft über ein erstaunliches Wissen hinsichtlich der kunsthistorischen Epochen, Stilelemente und Werkstoffe. Die Klientel weiß dies zu schätzen und vertraut ihnen gern die Erbstücke der Familie an.

In London gibt es Straßenzüge, in denen sich ein Antiquitätengeschäft an das andere reiht. Hier findet man einfach alles für das stilvolle Haus. Dabei bleibt es jedem selbst überlassen, ob er von den dort erstandenen Stücken später behauptet, sie seien von der Großtante geerbt.

Was in anderen Ländern als zerschlissen oder abgenutzt gilt, betrachtet man auf den Britischen Inseln als patiniert oder in Ehren ergraut. »Ich weiß, der Teppich ist alt, aber er tut es doch noch«, so oder ähnlich könnte der Kommentar zu dem unten abgebildeten Bodenbelag lauten.

Oben: Viele Interieurs britischer Prägung sind über Jahre oder Jahrzehnte zusammengetragen worden und bestehen folgerichtig aus Möbel- und Dekorationsstücken verschiedenster Epochen. Doch der Stilmix ist durchaus erwünscht, beweist er doch, dass man in der Familie Wert auf Traditionen legt – und Geerbtes in Ehren hält. Doch das Wichtigste im Wohnzimmer ist immer noch die Gemütlichkeit: schwere Sessel und Sofas, dicke Teppiche, die gepolsterte Bank und natürlich die Ausrichtung der Gruppe auf den unverzichtbaren Kamin.

Links: Überall auf den Britischen Inseln werden Flohmärkte abgehalten. Auf diesen oftmals sehr großen Umschlagplätzen der Wohnkultur kann man sich mit Kunst, Kitsch, Mobiliar und dekorativem Nippes für jeden Geschmack und jeden Geldbeutel versorgen. Wer sich ein bisschen auskennt, kann bisweilen sogar echte Antiquitäten zu Schnäppchenpreisen mit nach Hause nehmen.

Britische Interieurs bieten dem Auge nicht nur eine reiche Ansammlung an Mobiliar und Dekorationsstücken, sondern auch eine große Vielfalt an Mustern und Farben. Die Kunst besteht darin, alle Elemente so zu kombinieren, dass ein harmonisches Gesamtbild entsteht. Wenn dies nicht gelingt, bereitet das jedoch nur wenigen Bewohnern der Britischen Inseln ernsthaftes Kopfzerbrechen. Jedenfalls würden sie nur selten auf ein originelles Lieblingsstück verzichten, bloß weil es sich farblich nicht einfügen will. So rangiert Originalität deutlich höher auf der Bewertungsskala von Inneneinrichtungen als perfekte Abstimmung von Farben und Dessins.

Der Mustermix

Der Mustermix ist typisch für den englischen Einrichtungsstil und hat, trotz seiner gestalterischen Tücken, in den Wohnhäusern der Britischen Inseln Einzug gehalten. Es ist wirklich leichter, einen Raum oder gar eine ganze Wohnung nach einem durchgängigen Farb- und Dekorschema auszustatten, zum Beispiel, indem man die Wände weiß streicht, einen grauen Teppichboden legt und ausschließlich schwarze Möbel kauft. Wer das Innere eines britischen Hauses betrachtet, findet dagegen meist eine Komposition aus sehr unterschiedlichen Mustern, Farben und Materialien vor: Tapete, Bodenbelag, Möbelbezugsstoffe, Vorhänge, Lampenschirme, Sofakissen alles in den verschiedensten Farben und Dessins. Hinzu kommen meist noch weitere Farbtupfer, etwa ein *plaid*, eine karierte Decke, die auf dem Sofa liegt, eine Tischdecke auf einem Beistelltisch oder Vasen und Schalen unterschiedlichsten Dekors.

Weniger Mutige lassen sich von der drohenden Musterflut leicht abschrecken und stellen ihr Vorhaben, sich im englischen Stil einzurichten, erst einmal zurück. Farben, Muster und verschiedene Materialien gekonnt zu kombinieren, ist tatsächlich nicht ganz einfach. Nicht etwa aufgrund der Existenz einer langen Reihe geheimer Regeln, sondern wegen ihres fast vollständigen Fehlens. Es gibt niemanden, der je irgendwo festgelegt hätte, welche Chintzkissen auf ein Sofa im Rosenmuster passen. Das muss jeder selbst herausfinden, wobei es natürlich Dekorateure gibt, die hilfreich zur Seite stehen. Was viele aber verkennen, ist die Tatsache, dass beim Zustandekommen eines Interieurs oft der Zufall seine Hand im Spiel hat. Sei es, weil der Teppich ein Erbstück ist, das erst nach der Anschaffung der Auslegeware hinzugekommen ist. Sei es, dass die Sitzgarnitur günstig bei einer Auktion erworben wurde, oder einfach nur, dass dem Hausherrn der eine Sessel so gut gefiel und er gekauft wurde, ohne an die Tapete zu denken. Es gehört schon ein wenig Geschmack zum gekonnten Mustermix, vor allem aber Mut und Selbstsicherheit.

Bei der Einrichtung von Haus oder Wohnung sollte man immer auch an das Prinzip des geerbten Looks denken. Allzu perfekt abgestimmte Muster legen nahe, dass alles selbst gekauft ist, denn bei geerbten Möbeln hat man keinen Einfluss auf den Bezugsstoff oder das Furnier. Es gibt jedoch Räume, die so offensichtlich neu sind, dass es lächerlich wäre, einen Eindruck von geerbtem Mustermix zu erzeugen – wie zum Beispiel in einem neueröffneten Hotel. Hier ist es Aufgabe eines Innenarchitekten, verschiedene Muster aufeinander abzustimmen. Ein ähnlich interessantes Studienfeld sind die Verkaufsräume der großen Innenausstatter. Die gezeigten Interieurs sind vollkommen künstlich, erwecken im Idealfall aber den Eindruck eines echten Wohnraums.

Um das Farbgefühl zu schulen, hilft nur eins: gucken und probieren. Zeitschriften, Bücher, Kataloge – all das sind wertvolle Inspirationsquellen. Es gibt kaum eine Farbkombination, die nicht gut aussehen kann, auch wenn sie theoretisch gegen eine Regel der zahlreichen Farbenlehren verstößt. Für die Kombination von Mustern gilt Ähnliches: Man trifft zwar immer wieder auf diese oder jene Theorie, doch auch hier ist im Grunde erlaubt, was gefällt.

Für den Anfang ist es am einfachsten, einfarbige Flächen mit gemusterten zu kombinieren, indem man zum Beispiel in der gemusterten Partie die Farbe der einfarbigen Fläche aufnimmt. Der nächste Schritt ist die Kombination von großen Mustern mit kleineren. Je stärker sich die Muster in ihren Dimensionen unterscheiden, desto leichter fällt die Zusammenstellung. So ist es völlig unproblematisch, ein kleinkariertes Kissen auf ein Sofa mit breiten Streifen zu legen. Je ähnlicher sich die Muster in Form, Rhythmus und Farbe sind, desto mehr Fingerspitzengefühl verlangt ihre Zusammenstellung. Hier hilft nur Übung. Man kann sich Stoffproben bei Innendekorationsgeschäften ausleihen und damit experimentieren. Der Mix aus Mustern und Farben ist dann gelungen, wenn ein harmonisches Gesamtbild entsteht, das im Detail durchaus auch einmal völlig Unpassendes nebeneinander stellt. Selbst in der Hotellounge finden wir an dieser oder jener Stelle solche Unstimmigkeiten, die dort sicherlich nicht aus dem Zusammentreffen von Erbstücken aus verschiedenen Quellen resultieren aber immerhin diesen Eindruck erwecken. Doch da sich der Gast im Hotel wie zu Hause fühlen soll, wird er auch hier jene zufälligen Kombinationen finden, die er aus seinem eigenen Wohnzimmer kennt.

Der englische Einrichtungsstil ist nicht nur durch eine große Vielfalt von Mobiliar und Dekorationsstücken gekennzeichnet, sondern auch durch die Kombination unterschiedlichster Muster und Materialien. Hier wurde eine Streifentapete zu einem Rautenteppich gewählt und das Fenster mit floralen sowie geometrischen Dessins ausgestattet.

Die sprichwörtliche Gemütlichkeit traditioneller britischer Wohnwelten entsteht unter anderem durch die Schaffung kleiner, harmonisch dekorierter Inseln. Hier wird das Blumenmuster der bodenlangen Tischdecke durch den Blumenstrauß und die zarte Girlande des Lampenschirms wieder aufgenommen. Das Arrangement ist farblich auf das daneben stehende Sofa abgestimmt.

Polstermöbel müssen nicht unbedingt in einheitlichem Stoff bezogen sein, um miteinander zu harmonieren. Sie brauchen auch gar nicht mal stilistisch zusammenzupassen. Hier steht ein opulenter floraler Zweisitzer mit Fransenabschluss einträchtig neben einem eher nüchternen gelben Sessel, der sich in die Grundfarbe des Wohnzimmers einfügt.

Tapisserien sind kunstvolle, bildhafte Gewebe aus Wolle, Seide oder Textilgemischen. Sie dienen als Wandbehang oder Dekostoff.

Stickerei entsteht, indem fertig gewebte Stoffe in langwieriger Handarbeit mit verschiedenen Motiven verziert werden.

Ein Samtbezug lässt Möbelstücke besonders repräsentativ und edel wirken, ist aber gleichzeitig eine recht empfindliche Wahl.

Stoffkunde

Tapisserie

Wenn über Stoffe für die Dekoration des britischen Hauses gesprochen wird, dann stehen *tapestries* (Tapisserie) an erster Stelle. Diese ursprünglich aus Arras, Brügge, Brüssel und Tournai stammenden handgewebten Wandteppiche waren im 14., 15. und 16. Jahrhundert in ganz Europa verbreitet und in Großbritannien seit dem 15. Jahrhundert äußerst beliebt. Leider sind nur wenige frühe Exemplare erhalten, da die aus Wolle und Seide hergestellten Bildteppiche natürlich weniger dauerhaft waren als die Häuser, für die sie gemacht wurden. Die älteste bekannte englische Tapisserie wurde noch vor 1588 von William Hicks in Barchester für den Earl of Leicester angefertigt, und man kann das Kunstwerk heute im Londoner Victoria & Albert Museum bewundern. Ab 1620 begannen die Mortlake Tapestry Works ihre Arbeit und produzierten mithilfe flämischer Gastarbeiter hervorragende Webarbeiten. Im 18. Jahrhundert kamen *tapestries* aus der Mode, und erst in der zweiten Hälfte des 19. Jahrhunderts setzte mit der Arts-and-Crafts-Bewegung ein Revival ein. Seither verwenden die Tapestrie-Werkstätten nicht mehr pflanzlich, sondern künstlich gefärbte Fäden. Dadurch sind die Farben zwar haltbarer, aber auch greller geworden. Heute werden *tapestries* entweder im ursprünglichen Sinn als Wandteppich genutzt oder aber als Möbelbezugsstoff, für Vorhänge und als Kissenbezug.

Stickerei

Für den Laien sind gewebte und bestickte Stoffe leicht zu verwechseln. Im Gegensatz zu gewebten *tapestries* sind die Motive bei der *embroidery* jedoch Stich für Stich von Hand gearbeitet. Die Stickerei ist eine traditionsreiche Technik, die sowohl als Hobby wie auch professionell betrieben wurde. Die gewerblichen Stickereibetriebe beschäftigten bis ins 19. Jahrhundert hinein übrigens hauptsächlich Männer, und auch unter den Hobby-Stickern waren Frauen nicht unbedingt in der Überzahl. Bestickt wurden alle Arten von Stoff – Leinwand, Baumwolle oder auch Seide, je nachdem, ob daraus später ein Bezug für einen Stuhl oder ein Vorhang für ein Bett werden sollte. In alten britischen Häusern finden sich heute noch Stickereien aus dem 18. Jahrhundert, die trotz ihres unschätzbaren Wertes oftmals ganz normal benutzt werden. Ähnlich wertvoll sind die Arbeiten des 19. Jahrhunderts, die im Zuge der Arts-and-Crafts-Bewegung entstanden sind. Sie wurden passend zu Tapeten, Wandteppichen und Bezugsstoffen entworfen. Seit Beginn des 20. Jahrhunderts wird die Stickerei auch maschinell ausgeführt, was der Popularität handbestickter Ware aber keinen Abbruch getan hat.

Samt

Samt gilt als einer der vornehmsten unter den Stoffen, und tatsächlich wirkt ein mit rotem Samt bezogener Armstuhl stets wie ein Königsthron. Diese Assoziation kommt nicht von ungefähr. Denn lange Zeit war Samt tatsächlich nur für Monarchen und Fürsten erschwinglich – Eingang in die Häuser der Normalsterblichen fand er erst durch seine massenhafte Herstellung aus Baumwolle im industriellen Zeitalter. Mit Samt kann man in jedem Raum interessante und manchmal geradezu dramatische Akzente setzen. Die Stoffhändler unterscheiden zwischen Kettsamt und Schuss-Samt. Samt ist auch als Velours bekannt. Er wird hergestellt, indem man neben der Grundkette noch eine Polkette verwendet. Beim Weben werden die Polkettfäden dann über Ruten gelegt, so dass sich Schlingen bilden. Später zieht man die Ruten heraus und kann die Schlingen entweder so belassen (ungeschnittener Samt) oder aufschneiden (geschnittener Samt). Beim Schuss-Samt wird der Flor direkt als Schuss in die Kette eingewebt. Anschließend schneidet der Weber den Flor auf, bürstet und schert ihn auf die gewünschte Länge. Auch Rippensamt und Cord werden auf diese Weise produziert. Der Ursprung von Samt liegt im Nahen Osten, in der Renaissance wurde aber Italien das Hauptherstellungsland. Je nachdem in welcher Stadt die Ware gewebt wurde, unterschied man zwischen Genueser oder Milaneser Samt und solchem aus Lucca, Modena oder Venedig. Heute beziehen sich diese Bezeichnungen auf eine bestimmte Machart, die überall produziert werden kann. Genueser Samt ist zum Beispiel ein gemustertes Textil mit unterschiedlichen Florlängen. Ursprünglich wurde Samt aus Seide gewebt, später verwendete man weniger wertvolle Fasern wie Baumwolle, Wolle oder Leinen. Heute kommen dazu noch Samtqualitäten aus synthetischen Faserstoffen. Der Aufstieg von Samt zu einem populären Polsterstoff begann im 19. Jahrhundert, als der Bedarf nach weichen Möbeln wuchs. Für Bezugsstoffe eignen sich gemusterte Qualitäten mehr als einfarbige und glatte, auf denen Abnutzungsspuren sehr herausstechen. Eine interessante Alternative zum Samt ist Chenille, bei der die florbildenden Fäden nicht aufgeschnitten werden müssen, da der Flor durch das Chenillegarn gebildet wird.

Reine Seide gehört immer noch zu den kostspieligsten Textilien, die in der Raumgestaltung verwendet werden können.

Damaststoffe sind auf Vorder- und Rückseite gleichermaßen gemustert, eignen sich also gut für frei fallende Dekorationen wie Vorhänge.

Jacquards sind aufwendig gemusterte, meist schwere und widerstandsfähige Stoffe aus Baumwolle, Schurwolle, Seide oder Mischgewebe.

Seide

Seide ist heute längst nicht mehr der teuerste Dekorationsstoff. Wenn man allerdings den Zusatz »hochwertig« hinzufügt, dann gehört dieses Material tatsächlich zum Kostspieligsten, was man als Vorhang- oder Bezugsstoff verwenden kann. Wir verdanken das edle Gewebe den Seidenspinnern, einer Schmetterlingsart, deren Raupen sich bei der Verpuppung in Seidenfäden einspinnen. Voraussetzung für die Seidenherstellung war also immer die Zucht der Seidenraupen, und die Chinesen waren die ersten, die diese Kunst beherrschten. Byzantinische Mönche machten die Seidenraupenzucht auch in Europa bekannt. Vor allem Spanien und Italien spezialisierten sich schon früh auf die Herstellung des begehrten Tuches. Aufgrund ihres hohen Preises fand Seide damals ausschließlich in der Kirche und an Königshöfen Verwendung. Das eigentliche »Seidenland« ist jedoch Frankreich; es übernahm Mitte des 17. Jahrhunderts die führende Rolle in der Seidenproduktion, bis im 18. Jahrhundert bedruckte Baumwolle und Musselin beliebter zu werden begannen. Dennoch konnte kein Gewebe die Seide aus repräsentativen Empfangsräumen und Staatskabinetten verdrängen. Der vornehme Charakter dieses Materials kann jedoch gemildert werden, wenn es zu Mustern verwebt wird. Seide wird heute als Vorhangstoff für Fenster und Himmelbetten, als Bezugsstoff für Möbel sowie für Tischdecken, Lampenschirme, Kissenbezüge und gesteppte Bettdecken verwendet.

Jacquard

Im Jahre 1802 erfand der Franzose Joseph-Marie Jacquard einen Webstuhl, dessen Fadensteuerung mithilfe von Lochkarten auf verschiedenste Muster »programmiert« werden konnte. Ein einziger Arbeiter reichte aus, um diesen Webstuhl zu bedienen. Außerdem konnten kaum noch Webfehler unterlaufen. Zum Gedenken an diese folgenreiche Erfindung heißen Stoffe mit eingewebten, z. T. mehrfarbigen Mustern und Strukturen Jacquards. Frühe Jacquardmuster waren florale Motive aus Baumwoll- oder Schurwollstoffen. Mithilfe der neuen Arbeitsmethode konnten auch Teppiche und *tapestries* – also die vormals handgewebten Wandteppiche – wesentlich günstiger produziert werden. 1810 adaptierte Jacquard seine Entwicklung für die Seidenweberei und ermöglichte so die kostensparende Herstellung von Seidenstoffen. William Morris wandte die französische Technik ab 1881 in seinen Werkstätten in Merton an und ließ so seine Entwürfe für Dekorations- und Bezugsstoffe umsetzen. Dank der Jacquardmethode entstanden auch strukturierte Gewebe, bei denen die Muster dreidimensional hervortreten und einen besonderen Griff erzeugen. Sie eignen sich wie die eigentlichen Jacquardstoffe sehr gut für Vorhänge und als Bezugsstoff, da sie wegen ihres Gewichts gut fallen, widerstandsfähig sind und Flecken wegen des Musters weniger auffallen. Eine Sonderstellung unter den gewebten Stoffen nimmt der Brokat ein. Durch kunstvolles und äußerst aufwendiges Verweben verschiedenfarbiger sowie goldener oder silberner Fäden entsteht der Eindruck einer filigranen Stickerei. Brokat eignet sich besonders als Polsterstoff für zierliche Möbel aus dem 18. Jahrhundert.

Damast

Damast oder englisch *damask* bezeichnet nicht etwa einen Stoff, sondern eine Webart, bei der es sich im Grunde um ein Jacquardgewebe handelt. Mit einfarbigen Fäden werden unterschiedliche Muster erzeugt. Der Name Damast bezieht sich auf den Ursprung dieser Technik, der angeblich in Damaskus liegt. Dort soll Seidendamast seit dem 12. Jahrhundert produziert worden sein. In Europa wurde Damast seit dem 16. Jahrhundert hergestellt, und zwar sowohl aus Seide als auch aus Wolle. Wir finden das Material in vielen britischen Interieurs des 18. Jahrhunderts als Polsterstoff oder Seidentapete. In Belgien webte man seit dem 18. Jahrhundert weißen Leinendamast, der als Tischwäsche höchst begehrt war. Heute wird dafür meist die günstigere Baumwolle verwendet. Hochwertiger Seidendamast bleibt eher den *side chairs* vorbehalten, also Stühlen, die vor allem dekorativen Zwecken dienen. Als Bezugsstoff für stark beanspruchte Sofas und Sessel eignet sich nur sehr widerstandsfähiges Baumwollmischgewebe. Ebenfalls beliebt ist Damast für Vorhänge, allerdings sollte die Größe des Musters der des Fensters angepasst sein.

Bedruckte Baumwolle und Chintz

Es gibt wohl keinen Stoff, der so »englisch« wirkt wie Chintz. Dabei ist dieser Klassiker unter den Baumwollstoffen eine indische Erfindung, wie sein Name verrät, denn Chintz kommt von Hindi *chint*, was soviel wie »farbig« heißt. Im 17. Jahrhundert gelangten die ersten mehrfarbig bedruckten Stoffe durch die East India Company nach England und begeisterten dort mit ihren opulenten Farben und Mustern. In Europa kannte man zwar auch bedruckte Stoffe, doch diese waren meist einfach nur gestreift und hielten dem Vergleich mit den indischen Importen nicht stand. Auf Wunsch ihrer europäischen Handelspartner passten die Inder das Design ihrer Chintze dem Geschmack der Engländer an, und so entstanden Waren im Stil feiner Stickereien. Die Stofflieferanten in Europa gerieten nun unter Konkurrenzdruck und arbeiteten fieberhaft an der Verbesserung ihrer Herstellungsmethoden. Doch dies war nicht leicht, da die Inder ihnen nicht nur in der Drucktechnik voraus waren, sondern auch hinsichtlich der Farben und Fixierungen. Der seit 1752 angewandte Druck mit Kupferplatten ermöglichte immerhin sehr filigrane einfarbige Muster, bekannt als *toile de jouy*. Doch erst die Einführung von Druckzylindern ließ das präzise und schnelle Drucken verschiedener Farben zu. Diese Technik hatte sich bis zur Mitte des 19. Jahrhunderts durchgesetzt. In dieser Zeit wurden statt Pflanzenfarben nun auch Mineralfarben verwendet, was die Palette um leuchtendere und kräftigere Töne ergänzte. Neben den weiterhin sehr beliebten Blumenmustern wurden auch bildhafte Motive gedruckt, wie Hahnenkämpfe, Jagdszenen, Landschaften oder Schlachtenbilder.

Heutzutage werden Baumwollstoffe meist im Siebdruckverfahren hergestellt, was noch präziser, schneller und kostengünstiger ist. Unter dem Namen Chintz firmieren nun nicht mehr alle farbig bedruckten Baumwollstoffe, sondern nur noch jene mit einem Glanz-Finish. Bei diesen so genannten *glazed cottons* wird das Eindringen von Staub durch die glatte Oberfläche erschwert, und die Farben erhalten so mehr Leuchtkraft. Chintz ist allerdings nicht sehr robust, und so wird er oft zu losen Bezügen – also zu *loose covers* – verarbeitet, die sich leicht abziehen, reinigen und eventuell aufarbeiten lassen.

Wolle

Schafwolle wird im wahrsten Sinne des Wortes seit Urzeiten für die Herstellung von Stoffen verwendet, was Funde aus der Jungsteinzeit belegen. Im Mittelalter war die Verarbeitung der Wolle bereits sehr fortgeschritten und die Auswahl an Farben und Dessins entsprechend groß. Wollstoffe wurden überwiegend für die Produktion von Kleidung verwendet, zur Dekoration des Hauses dienten bemalte Wollstoffe, die eine erschwingliche Alternative zum gewebten Wandteppich darstellten. Wolle war zudem das Ausgangsmaterial für jegliche Art von gewebten Stoffen wie Damast, Samt oder Jacquard. Wenn heute im Zusammenhang mit Dekorationsstoffen für das Haus von Wolle die Rede ist, dann sind jedoch weniger die eben genannten Arten gemeint. Viele traditionelle, britische Wollstoffe sind uns vor allem aus der Herrenmode bekannt, doch ist Tweed nicht nur für Sportjacken, sondern auch als Polsterstoff für Sessel oder als Material für Kissen beliebt. Ein anderes Beispiel sind Tartans, also schottische Karostoffe, die nicht nur für Hosen oder Kilts, sondern auch gerne für Vorhänge, Kissen oder ebenfalls als Bezugsstoff verwendet werden. Tweeds und Tartans passen ausgezeichnet in ein englisches Landhaus, letztere besonders in ein schottisches. Neben diesen beiden Klassikern kommen aber auch immer wieder andere Stoffe aus den Musterbüchern der Herrenschneider in Mode, wie zum Beispiel Prince-of-Wales-Checks, Serge oder sogar Nadelstreifen. Sie sind wie alle Wollstoffe hervorragend als Polsterstoff, Kissenbezug oder für Vorhänge geeignet und verleihen einem Raum eine sehr britische und oft auch maskuline Note.

Leinen

Leinen ist nicht nur das älteste Gewebe pflanzlicher Herkunft, das die Menschen kennen, sondern auch ein traditionsreicher Dekorations- und Bezugsstoff. Schon die Ägypter haben im Altertum die Fasern der Flachspflanze zu Garn versponnen und daraus Leinen gewebt. Jahrhundertelang blieb Leinen in Europa das wichtigste Material für Kleiderstoffe und Heimtextilien. Erst im 18. Jahrhundert haben Baumwollstoffe das robuste Gewebe im Haushalt abgelöst, da sie in größeren Mengen und billiger herzustellen waren. Als Bettvorhang oder Schonbezug für teure Polster blieb Leinen aber weiterhin beliebt. Aufgrund des extrem hohen Preises für seidene Sitzbezüge waren die *loose covers* aus Flachsfasern das alltägliche Gewand vieler Polstermöbel.

Im 19. Jahrhundert erweckten die Anhänger der Arts-and-Crafts-Bewegung Leinen als Dekorationsstoff zu neuem Leben und nutzten es für Vorhänge, Bettüberwürfe, Tischdecken und Polstermöbel. Die mittlerweile wunderbar ausgeblichenen Leinenstoffe dieser Epoche gehören zum Schönsten, was englisches Textildesign hervorgebracht hat. Sie passen mit ihrer matten Oberfläche ausgezeichnet zu antiken Teppichen und alten Möbeln, aber auch zum Stilmix aus Alt und Neu. Vor allem wenn Leinen in Pflanzenfarben nachempfundenen Naturtönen bedruckt ist, wirkt es wärmer und oft auch vornehmer als die glänzende Oberfläche vieler Chintze. Da echtes Leinen teurer ist als Baumwolle oder Synthetik, werden heute oft auch Leinengemische angeboten.

Das Aufdrucken von Farben und Motiven auf Stoffe stellt eine kostengünstige Alternative zum Besticken und zu eingewebten Mustern dar.

Wollstoffe, wie man sie aus der Bekleidungsindustrie kennt, können auch sehr erfolgreich in der Innendekoration eingesetzt werden.

Leinen gilt meist als »Gebrauchstextilie«, doch inzwischen gibt es viele Liebhaber, die für antikes Leinen hohe Preise zahlen – die besten Qualitäten kommen jedoch aus Belgien.

Paisley

Das Paisleymuster verdankt seinen Namen der schottischen Industriestadt Paisley, zwölf Kilometer westlich von Glasgow in der Region Strathclyde gelegen. Dort standen in Viktorianischer Zeit hochwertige Jacquardwebstühle, die von versierten Webern bedient wurden. Das charakteristische Motiv des Paisley, das Blatt mit dem spitz zulaufenden und leicht gebogenen Ende, ist ursprünglich eine indische Erfindung. Wie viele Ideen vom Subkontinent hat es in der Kolonialzeit den Weg nach Großbritannien gefunden. Königin Viktoria liebte Paisleys, und der entsprechend bestickte Cashmere-Schal wurde zu einem wahren Trendartikel. Doch nur die wenigsten konnten sich das indische Original leisten. Also machten sich schottische Weber an die Arbeit und imitierten das Muster mithilfe der Jacquardmethode. Vor allem in Paisley verstand man sich traditionell auf die Herstellung feinster Wolltücher, die man jetzt mit einem zeitgemäßen Design verzierte. Den Unterschied zwischen den von Hand aufgestickten und den am Webstuhl eingewebten Paisleys registrierten nur die Eingeweihten, denn das Jacquardverfahren erlaubte eine plastische Hervorhebung der Motive. Traditionelle Paisleys englischer beziehungsweise schottischer Herkunft bestehen aus Wolle und zeigen rot-orientierte Farbstellungen. Heute werden Paisleys oft einfach nur noch aufgedruckt und kommen in allen möglichen Farben (auch in dunklen) daher. Gedecktere Paisleystoffe haben den Vorteil, dass sie, als Polsterbespannung, Überwurf oder Sofakissen, kleinere Flecken wesentlich besser kaschieren als hellere Ware.

Quilting und Patchwork

Quilting und *patchwork* sind zwei traditionelle Arten, Stoffe zu verarbeiten. Beim *quilting*, einer Erfindung der amerikanischen Siedler, insbesondere der Amish, handelt es sich um eine bestimmte Art der Steppung von zwei Lagen Stoff übereinander. Zwischen den beiden Stofflagen wird entweder eine mehr oder minder dicke Wattierung oder einfach nur Luft eingeschlossen – beides macht die Steppdecke. Nichts anderes ist ein *quilt*, besonders warm und damit ideal für kalte Nächte. Je nachdem was man früher für die Steppdecke ausgeben konnte oder wollte, war sie aus Seide oder aus der preisgünstigeren Baumwolle. *Patchwork* ist ebenso wenig wie *quilting* eine Stoffart, sondern eine Verarbeitungstechnik. Hierbei werden Stoffstücke unterschiedlicher Art und Farbe zusammengenäht, wodurch ein Muster entsteht. Das Wort *patch* bedeutet Flicken, somit ist *patchwork* »Flickwerk«. Ursprünglich war *patchwork* eine Methode, um Stoffreste wiederverwenden zu können. Später wurde die Technik zum Selbstzweck, indem man Stoffe kaufte, um sie dann zu dekorativen Mustern zusammenzusetzen. Dabei unterscheidet man zwischen der Appliqué-Methode, bei der man die Stoffstücke auf einen Trägerstoff näht, und der Intarsia-Methode, bei der die Stoffreste direkt aneinandergeheftet werden. Zudem kann man *patchwork* danach unterteilen, ob regelmäßige Muster entstehen oder so genanntes *crazy patchwork* aus allen Arten von Stoffen und Dessins. *Quilts* und *patchworks* finden sich heute vor allem als Bettdecken oder Bettüberwürfe im Schlafzimmer, vielleicht nicht gerade in dem eines sehr vornehmen Hauses, aber überall dort, wo ungezwungene Gemütlichkeit erlaubt ist.

Spitze und Musselin

Die Technik des Spitzenklöppelns entwickelte sich im 15. Jahrhundert parallel in Italien und Flandern. Die Erzeugnisse dieser Handwerkskunst galten jahrhundertelang als wertvolle Statussymbole. Nachdem ursprünglich nur kleine Teile wie ein Kragen oder eine Manschette aus Spitze gefertigt wurden, ermöglichten neue Arbeitstechniken bald auch die Herstellung größerer Stücke. So soll die englische Königin Elisabeth I. rund 3000 Spitzenkleider besessen haben, und die Gattin Napoleons ließ sich von der Stadt Brüssel eine Robe aus Spitze schenken, die von 600 Frauen in zehnmonatiger Arbeit zusammengeklöppelt worden war. Seit dem 19. Jahrhundert gab es Maschinen, die feine Netze produzierten, in die von Hand Spitzenmuster eingestickt wurden. Doch ab 1813 konnte auch dieser Arbeitsschritt von einer in Nottingham entwickelten Maschine übernommen werden. Als Heimtextilie war Spitze aufgrund ihres hohen Preises nur vereinzelt zu finden, etwa als Deckchen für Beistelltische, als Zierborte auf Bettwäsche oder, wenn man es sich leisten konnte, als ganzer Vorhang oder Gardine. Das damals nicht minder kostbare Musselin wurde ab dem 17. Jahrhundert aus Indien eingeführt. Erst gegen Ende des 18. Jahrhunderts konnte das benötigte hochfeine Garn auch in England gesponnen und zu dem schleierartigen Material verwebt werden, das rasch eine Modewelle auslöste. Kleider, Vorhänge, Tischdecken, alles musste plötzlich aus dem hauchfeinen Stoff sein. Heute gibt es sowohl Spitze als auch feinstes Musselin aus synthetischen Fasern. Obwohl diese Stoffe nur ein preiswerter Ersatz für das Original sein können, ziehen viele Dekorateure diese widerstandsfähige und pflegeleichte Alternative vor, und zwar besonders, wenn es um stark beanspruchte Stücke wie Gardinen oder Bettüberwürfe geht.

Die lebendigen, harmonisch gefärbten und sehr dekorativen Paisleymuster können aufgedruckt, aber auch eingewebt werden.

Quiltings und *patchworks* waren ursprünglich zur Verwertung von Stoffresten gedacht, heute entstehen in dieser Technik wahre Kunstwerke – hier ein *quilt* in Appliqué-Technik.

Die empfindliche Spitze und zartes Musselin eignen sich nur begrenzt als Dekomaterialien, setzen dann jedoch feine Akzente.

Raritäten – Seidengewebe aus England

Seit 1903 webt die in Sudbury gegründete Gainsborough Silk Weaving Company feinste Möbelbezugsstoffe aus Seide, Wolle, Baumwolle oder Leinen für eine erlesene Kundschaft in aller Welt. Ihren guten Ruf hat sich die englische Weberei nicht nur durch ihr im besten Sinne des Wortes altväterliches Qualitätsbewusstsein erworben, sondern auch durch ihre große Kompetenz in Sachen historische Webmuster. Über 1000 Dessins liegen im Archiv bereit, um Kunden als Referenz oder Inspiration zu dienen. Denn in dem Betrieb mit 50 Mitarbeitern entstehen nicht nur Reproduktionen, sondern auch exklusive Neuschöpfungen. Wenn ein Hausherr das Bedürfnis hat, die Stühle seines *dining room* mit einer Seide zu beziehen, die ein Muster aus den verschlungenen Initialbuchstaben seines Namens ziert, ist er bei Gainsborough gut aufgehoben. Denn schon bei der relativ geringen Mindestbestellmenge von 30 Metern Stoff wird man jedes erdenkliche Design in ein Gewebe umsetzen. Das außerordentliche Fachwissen des Hauses schätzt auch die englische Königin, wie ein *royal warrant* verrät. Deshalb wendete sich ihr Stab auch vertrauensvoll an die Spezialisten in der Grafschaft Suffolk, als es um die Wiederherstellung der Möbel im vom Feuer des Jahres 1992 verwüsteten Windsor Castle ging.

Oben: Bei der Gainsborough Silk Weaving Company wird das aus China bezogene Garn im Haus gefärbt. Mit den Fäden in den verschiedenen Tönen werden dann die Dessins entworfen.
Unten: Der Musterraum bietet einen Einblick in die Möglichkeiten von Verarbeitung und Kombination der unterschiedlichen Stoffdessins.

Nach dem Färben wird das Garn je nach der späteren Verwendung als Kette oder Schuss auf Spulen gehaspelt. Als Kette wird der in Längsrichtung im Webstuhl aufgespannte Faden bezeichnet, der mit dem waagerechten Schussfaden verkreuzt wird.

In den frühen Jahren des 19. Jahrhunderts erfand der Franzose Joseph-Marie Jacquard eine Maschine, mit der komplizierte Muster in große Stoffbahnen eingewebt werden konnten.

Obwohl Kammgarn- und Streichgarngewebe wie Tweed in Großbritannien weitaus typischer sind, gibt es hier auch erlesene Seidenstoffe.

Typisch britisch – Rosshaar

Bereits um 1760 bezog Thomas Chippendale seine Sitzgelegenheiten für die Bibliothek, den Salon oder den *dining room*, also das Speisezimmer, mit kostbaren Stoffen aus Rosshaar, und etwa 30 Jahre später lobte George Hepplewhite diese Stoffart als die einzig richtige Wahl für den Bezug von Mahagonistühlen. Auch im viktorianischen England erfreute sich das haltbare, elegant schimmernde und dabei pflegeleichte Gewebe großer Beliebtheit.

Bis zum Ende des Ersten Weltkriegs produzierten fast überall im Inselkönigreich kleine bis mittelständische Betriebe die begehrte Ware. Heutzutage ist Rosshaar dagegen eine Rarität – nicht etwa, weil man bessere Wand- und Polsterbezüge zur Verfügung hätte, sondern weil der Rohstoff inzwischen knapp und seine Verarbeitung arbeitsintensiv und damit zu kostspielig geworden ist. Weltweit gibt es nur noch einen einzigen *horsehair weaver*, der die Pferdehaare nach alter Tradition und auf historischen Webstühlen zu Stoffen in klassischen oder auch moderneren Mustern und Farbstellungen verwebt.

Die im ländlichen Somerset gelegene kleine Manufaktur heißt John Boyd Textiles und wurde 1837 gegründet. An den produktionstechnischen Gegebenheiten hat sich in der Zwischenzeit nicht viel geändert, nur dass die Haare heute hauptsächlich aus China bezogen werden. Dort setzt man Pferde noch immer in der Landwirtschaft ein. Um zu verhindern, dass sich die Schweife im Pflug oder anderen Ackergeräten verfangen, schneiden die Bauern sie ab und verkaufen sie nach Somerset. Das Rohmaterial ist entweder schwarz, grau meliert oder weiß. Schwarze Haare werden noch einmal dunkel überfärbt, damit sie tiefschwarz werden, die grau-bräunlichen verwendet man so, wie sie sind. Weiße Haare kommen sehr selten vor, und die Hersteller von Rosshaarstoffen streiten sich darum mit den Violinbogenbauern und den Fabrikanten englischer Justizperücken. Dieser kostbare Rohstoff wird gebleicht und, für die Verwendung als Möbelbezugsstoff, anschließend bunt eingefärbt.

Auf dem Webstuhl dienen die sorgfältig gekämmten Haare als Schussfäden. Die Kette besteht aus feiner Baumwolle oder Seide. Daraus erklärt sich, warum Rosshaarstoffe relativ schmal sind, denn die natürliche Länge des Rohmaterials gibt die Breite vor. Um das fertige Produkt zusätzlich zu verschönern, können bunte Stickereien aufgebracht werden. Besonders beliebt sind Familienwappen, Blüten oder kleine Bienen.

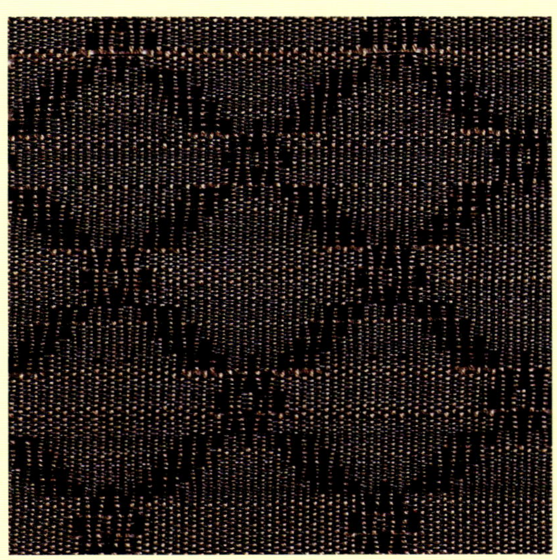

Gewebe mit Rosshaar waren in Viktorianischer Zeit als preisgünstiger und strapazierfähiger Polsterstoff äußerst beliebt. Heute gelten diese Stoffe als teure Spezialität am obersten Ende der Preisskala.

Im 19. Jahrhundert wurden Rosshaarstoffe zwar in unterschiedlichen Webarten hergestellt, als Farbe war meist aber nur Schwarz üblich. Erst in den letzten Jahren sind farbige und reich bestickte Qualitäten in Mode gekommen.

Symmetrie

Symmetrie ist eines der wichtigsten Ordnungsprinzipien bei der Gestaltung von Flächen und Räumen. In einem Raum beginnt die symmetrische Anordnung der Einrichtungsgegenstände mit der Festlegung eines oder mehrerer Mittelpunkte, um den oder die herum dann alles symmetrisch gruppiert wird. In Großbritannien ist dieser Mittelpunkt im Idealfall der Kamin, der selbst meist schon so im Raum platziert ist, dass Wände, Fenster und Türen eine Symmetrie ergeben. Sitzmöbel, Beistelltische, Lampen, Bilder, Teppiche und alle anderen Dekorationsobjekte werden dementsprechend angeordnet.

Wo es keinen Kamin gibt, schafft man einen anderen Mittelpunkt, zum Beispiel mit einem schmalen Tisch oder einer Anrichte. Hauptsache, man hat einen Fokus für das Sofa und die Sessel. Der Wunsch nach Symmetrie setzt sich auch im Detail fort. Lampen, Vasen, Bilder, Spiegel, Kerzenleuchter alles wird bevorzugt im Paar gekauft, um überall im Raum Zonen der Symmetrie zu bilden.

Das Dekorationsschema dieser typisch englischen Anordnung aus Kamin, passendem Sims und darüber hängendem, gerahmtem Spiegel zeigt eine perfekte Symmetrie. Die Kaminuhr steht genau in der Mitte und wird von zwei identischen Pokalen flankiert, deren Position sich wiederum am Spiegelrahmen orientiert.

Ein Schreibtisch wird ebenso wie eine Anrichte mit zwei Lampen dekoriert, auf dem Kaminsims stehen zwei Vasen, und rechts und links davon hängen zwei Bilder gleichen Stils im gleichen Rahmen. Auch Beistelltische stehen gelegentlich paarweise, sie werden rechts und links vom Sofa arrangiert. Einzelobjekte stellt man ebenfalls aus Gründen der Symmetrie immer in die Mitte. Eine Kaminuhr bekommt ihren Standort in der Mitte des Kaminsimses, ein einzelnes Gemälde oder ein Spiegel hängt exakt zentriert über der Anrichte oder dem Kamin.

Kleinere Einzelobjekte kann man auch außerhalb der Mitte aufstellen und sie dann mit einem anderen Objekt ausbalancieren. Dabei sollte man nicht den Versuch unternehmen, etwas möglichst Ähnliches zu finden. Dies stört das Auge des Betrachters. Besser ist es, ein optisches Gegengewicht zu schaffen. Wenn auf der rechten Seite einer schmalen Anrichte eine einzelne Büste steht, kann man auf der linken Seite eine Kristallvase mit Blumen platzieren. Die Blumen nehmen insgesamt mehr Fläche ein als die kleine Büste, das dürfen sie aber auch, da sie von ihrer Substanz her viel leichter sind als das Objekt aus Bronze oder Porzellan.

Symmetrie ist durchaus kein Selbstzweck, sondern hilft, den Raum zu gliedern und die Aufmerksamkeit in eine bestimmte Richtung zu lenken. Wenn wir ein Bild über den Kamin hängen, dann deshalb, weil unser Blick beim Eintreten zuerst auf diesen Punkt des Raumes fällt. Sollen Wandflächen gegliedert werden, kann wiederum die Anordnung von Bildern helfen, Schwerpunkte zu setzen. An der Längsseite eines Raumes kann unter einer Gruppe von symmetrisch angeordneten Bildern eine Nische geschaffen werden, in der man sich etwa zum Briefeschreiben an einem kleinen Tisch niederlässt.

Symmetrie wird im englischen Interieur aber auch aus praktischen Erwägungen hergestellt. So laden zwei Sofas, die sich gegenüberstehen, zum Gespräch ein. Zwei Sessel, die rechts und links von einem kleineren Tisch angeordnet sind, fordern zwei Besucher, die mit ihren Drinks in der Hand von der Bar kommen, wortlos, aber unmissverständlich zum Hinsetzen auf. Symmetrie führt den Besucher eines britischen Hauses automatisch dorthin, wo er sich am wohlsten fühlen wird – zum Kamin, zu einem Sessel oder zu einem Spieltisch – und richtet seine Aufmerksamkeit auf die Dekorationsobjekte oder auf seinen Gesprächspartner. Symmetrische Raumkonzepte sind aber auch aus einem anderen Grund beliebt. Die paarweise oder mittige Anordnung von Möbeln und Gegenständen verleiht einem Raum stets eine gewisse Ernsthaftigkeit, ein wichtiger Aspekt, da das britische Haus immer auch der Gastlichkeit dient. Besucher sollen merken, dass sie es bei ihren Gastgebern mit Leuten zu tun haben, die in einer angemessenen Umgebung leben, und umgekehrt lieben es die Gäste, wenn sie in Räumen empfangen werden, die ihrem Selbstverständnis entsprechen. Das Haus eines Briten, so sagt man, ist seine Burg, und dessen eingedenk wirken Wohn- und Esszimmer immer ein wenig wie der Thronsaal des Burgherrn.

Symmetrie ist eine der ungeschriebenen Regeln aller Interieurs im englischen Stil. Neben dem geerbten Look und dem Mustermix ist sie die große Dritte im Bunde. Selbst im größten Durcheinander herrscht – wenn man einen zweiten Blick darauf wirft – das Gesetz der Symmetrie: Hier bildet der große Teller in der Mitte der oberen Regalreihe das Zentrum. Die hängenden Tassen sind ebenso danach ausgerichtet wie die Ansammlung der Porzellanhunde oder auch die unteren Teller, Kännchen, Dosen etc.

Die Bilder über diesem einladenden Sofa sind streng symmetrisch angeordnet. Das große Gemälde in der Mitte wird von je zwei kleineren Kunstwerken in jeweils identischen Rahmen optisch eingefasst. Auch die Anordnung der Sofakissen folgt den Kriterien der Symmetrie. Durchbrochen wird das Schema jedoch durch die Beleuchtung: Nur auf der linken Seite sorgt eine kleine Tischlampe für Licht, während rechts – aufgrund der angrenzenden Tür – für einen Beistelltisch kaum Platz wäre.

Das Geheimnis der Symmetrie liegt im Fokus. Daher ist es wichtig, zunächst den alles gliedernden Mittelpunkt des Raumes festzulegen. In Interieurs des klassischen englischen Stils fällt dies nicht schwer – hier ist es fast immer der Kamin. Das gezeigte Wohnzimmer wirkt sehr symmetrisch, denn seine Linienführung konzentriert sich vollkommen auf die Feuerstelle. Auf diese Weise fällt es gar nicht so sehr auf, dass Form und Art der Sitzgelegenheiten sowie der Beistelltisch mit Lampe asymmetrisch sind.

Penibel eingehaltene Symmetrie ist ein hervorragendes Stilmittel, um ein außergewöhnliches Dekorationsstück hervorzuheben. Auf dieser Anrichte macht nichts der großen Figurine ihren Ehrenplatz streitig. Doch keine Regel ohne Bruch – was befindet sich wohl in dem Kästchen rechts?

Wenn jemand die Symmetrie als Gestaltungsgesetz ablehnt, dann meist deshalb, weil er das mittige und paarweise Platzieren von Möbeln und Dekorationsgegenständen langweilig findet. Diesem Kaminsims würde es tatsächlich gut tun, wenn wenigstens ein Element aus dem strengen Schema fiele.

Holz

Auch wenn Textilien in unseren heutigen Wohnwelten einen hohen Stellenwert haben, war und ist es eher das Holz, das uns zu einem funktionstüchtigen, sicheren, komfortablen und manchmal auch repräsentativen Heim verhilft. Holz steckt in allen Winkeln des Hauses, in der Baukonstruktion ebenso wie im Mobiliar. Stützbalken, Dächer, Fensterrahmen und Türen sind hölzern. Tische, Stühle, Bänke, Truhen, Bettgestelle, Schränke, Wandverkleidungen und vieles mehr wären ohne den vielseitigen Rohstoff nicht denkbar. Auch wenn in der heutigen Zeit Kunststoff und Metall zum Holz in Konkurrenz getreten sind, ist der natürliche Charakter dieses ursprünglichen Materials unübertroffen.

Möchte man die Vielfalt der britischen Holzmöbel nach ihren Entstehungszeiten klassifizieren, unterscheidet man drei Hauptepochen: die Eichenperiode, die Nussbaumperiode und die Mahagoniperiode. Dies soll jedoch nicht heißen, dass man in den jeweiligen Zeiten keine anderen Hölzer gekannt oder verarbeitet hätte.

Die Eichenperiode umfasst die Zeit zwischen 1500 und 1660. Hierunter fallen das späte Mittelalter, die Renaissance, die Tudor- und die Stuart-Zeit sowie die Epoche des Puritanismus. Das Mobiliar dieser Stile war durch das dunkle Holz geprägt, und entsprechend wuchtig und mächtig wirken die Stücke. Daneben finden sich aber auch schon aufwendige Schnitzereien und interessante architektonische Elemente, die dem Möbelbau neue Impulse gaben.

Die Nussbaumperiode reicht von 1660 bis 1720. Sie beginnt also mit der Zeit der Restauration und endet mit dem Queen-Anne-Stil. Die Einführung neuer Werkstoffe war unter anderem mit dem verheerenden Brand von London im Jahre 1666 notwendig geworden. Furniertechnik, Marketerie, Drechslerarbeit und Schnitzwerk und ein ausgeprägter Hang zum Ornament verhalfen den neuen, helleren Möbeln zu großer Attraktivität.

Die Mahagoniperiode umfasst knapp 200 Jahre von 1720 bis 1914. In diese stilistisch überaus reiche und vielfältige Zeit fallen die Georgianische Epoche, die Epoche des Regency, die Viktorianische Zeit sowie die Edwardianische Zeit. Eichenholz und Nussbaumholz verschwanden natürlich nicht plötzlich, doch gerade Nussbaum war zu Beginn des 18. Jahrhunderts in Europa sehr knapp geworden. Importiertes Nussbaumholz war fast so teuer wie Mahagoni. Dieses ließ sich viel besser verarbeiten, war haltbar, resistent gegen Schädlinge und sah einfach wunderschön aus. Der neue Werkstoff inspirierte Kunsttischler wie Chippendale, Hepplewhite oder Sheraton zu jenen ästhetischen Höchstleistungen, die wir heute als den Inbegriff britischer Möbelkunst empfinden.

Die Identifizierung von Holzsorten ist nicht immer ganz leicht, und wenn es um den Ankauf einer kostspieligen Antiquität geht, sollte der Laie wenn möglich die Meinung eines Spezialisten einholen. Holz ist ein lebendiges Material, es verändert sich ständig. Je nach Herkunftsort kann eine Holzsorte dunkler oder heller erscheinen, und je nach Alter des Baumes, von dem das Holz stammt, wird es unterschiedliche – und vielleicht sogar untypische – Maserungen aufweisen. Auch die Lagerbedingungen sowohl des unverarbeiteten Materials als auch des fertigen Möbelstücks haben Einfluss auf das Erscheinungsbild, ebenso wie der ehemalige Standort und die Pflege, die das Holz erfahren hat. Möbelstücke, die über längere Zeit an einem hellen Fenster standen, sind eventuell ausgeblichen. Dies kann eine ästhetisch interessante Note darstellen, aber ebenso gut auch einen echten Schaden. Helle Hölzer können dunkel gebeizt sein, um den Eindruck einer teureren Sorte zu erwecken – ein klassisches Mahagonirot beweist nicht immer, dass es sich tatsächlich um Mahagoniholz handelt. Polituren und Pflegemittel können ebenfalls Farbstoffe enthalten, die das Aussehen verfälschen.

Die auf der gesamten nördlichen Halbkugel verbreitete Eiche *(oak)* besitzt schweres, beständiges und sehr hartes Holz. War es im 17. Jahrhundert das Material für alle repräsentativen Möbel, so verwendete man es in späteren Zeiten vor allem für unsichtbare, tragende Teile und rustikale Stücke.

Nussbaumholz *(walnut)* stammt entweder vom Walnussbaum oder vom Schwarznussbaum. Aufgrund seiner schönen Zeichnung wird es seit dem 17. Jahrhundert vor allem als Furnierware verwendet. Das Holz schwindet wenig, lässt sich ausgezeichnet polieren und gilt als sehr wertvoll.

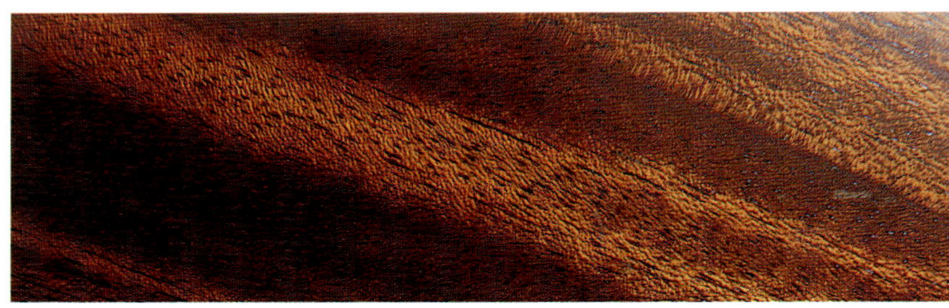

Mahagoni *(mahogany)* wurde seit dem 18. Jahrhundert aus Indien, der Karibik und Südamerika importiert. Das rotbraune Holz mit Hochglanz lieferte das Ausgangsmaterial für das Schönste und Feinste, was die englische Kunsttischlerei hervorgebracht hat.

Das Holz der in Kleinasien und weiten Teilen Europas heimischen Esche *(ash)* ist lebhaft gemasert und eignet sich daher besonders für Einlegearbeiten. Der zunächst helle Ton dieses Holzes kann im Alter eine sehr schöne Patina entwickeln. Ein Material für rustikale Möbel.

Die in Großbritannien heimische Eibe *(yew)* liefert hartes, widerstandsfähiges Holz und eignet sich zur Herstellung von Gebrauchsmöbeln, die stark beansprucht werden. Im 18. Jahrhundert setzte man es auch für die Marketerie ein. Heute finden wir es meist nur noch als Furnier auf Press-Spanplatten.

Palisander *(rosewood)* stammt aus Indien und Brasilien. Das harte, schwere Holz ist außergewöhnlich gemasert. Es war ein Modeholz des Regency und der Viktorianischen Zeit. Danach verlor der Importartikel aus Indien an Bedeutung.

Kastanie *(chestnut)* ist ein in Großbritannien beheimatetes Holz. Man unterscheidet zwischen dem hellen Holz der Rosskastanie und dem etwas dunkleren und haltbareren der Edelkastanie. Kastanie wurde trotz des typischen Drehwuchses dort verwendet, wo wenig andere Holzsorten zur Verfügung standen.

Das Holz der artenreichen Kirsche *(cherry)* zeigt einen weichen, warmen Rotton. Man verwendete dieses ansprechend gemaserte, aber leider nicht sehr belastbare und zudem für tierische Schädlinge anfällige Material für Intarsien sowie für feine bis rustikale Möbel.

Zedernholz *(cedar)* stammt aus Nordamerika und von den Westindischen Inseln. Aufgrund seines schädlingsabweisenden – für die menschliche Nase jedoch angenehmen – Geruchs baute man daraus Wäschekommoden. Noch heute dienen Zedernholzblöcke zur Mottenabwehr.

Buchenholz *(beech)* kommt in ganz Europa vor. Das schwere, harte und widerstandsfähige Material bewährt sich insbesondere beim Rahmenaufbau von Sesseln und Sofas. Es kann gut geölt oder aufpoliert werden, leider ist es pilzanfällig und wird dadurch schwarz, wenn es mit Feuchtigkeit in Berührung kommt.

Die Birke *(birch)* ist eine auf der ganzen Nordhalbkugel verbreitete Gattung. Ihr Holz ist recht hart, lässt sich sehr gut beizen und kann bei entsprechender Behandlung auch als Mahagoni-Imitation überzeugend wirken – ein ideales Massivmaterial.

Die artenreiche Gattung der Kiefer *(pine)* sowie anderes Nadelholz *(deal)* werden in der Regel entweder für Regalbretter oder für Innenkonstruktionen verwendet, die man anschließend durch Anstrich, Lack oder Furnier weiter veredelt. Unbehandeltes Nadelholz findet sich bei rustikalen Möbeln.

Die Englische Ulme *(elm)* ist ein in Großbritannien heimisches Holz. Wenn man die Oberfläche entsprechend behandelt, entwickelt es eine schöne Patina. Leider wird es schnell von tierischen Schädlingen befallen. Ulmenholz wurde gern für ländliche Stühle, Tische und Truhen verwendet.

Ebenholz *(ebony)* ist ein überaus kostbares, schweres, sehr dunkles Holz aus den Tropen. Wegen seines hohen Preises wurde es fast nie für massive Teile, sondern eher für Furniere und kleine Einlegearbeiten verwendet.

Der europäische Bergahorn *(sycamore)* ist ein typisches Holz für englische Möbel. Seine feine, lebhafte Maserung macht es ideal für Marketerien und Intarsien, doch es lässt sich auch massiv verarbeiten. Seit der Tudorzeit ein beliebtes Material.

»My Home is my Castle«

Briten und ihre Häuser, dies ist ein Thema von geradezu unerschöpflichem Variantenreichtum. Denn anders als auf dem Kontinent sind hier die Geschmäcker wirklich sehr verschieden. Wenn dem einen die praktische Doppelhaushälfte als Himmel auf Erden erscheinen will, so kann sich der andere nur in einem Gemäuer wohl fühlen, das mindestens 300 Jahre alt ist. Die Gründe dafür haben oft nicht so sehr mit dem Geschmack des Einzelnen zu tun als vielmehr damit, was er im Leben macht, darstellt oder darstellen will. Der erst jüngst zu Geld Gekommene, ob an der Börse, bei Film, Fernsehen oder durch seine Musik, wird oft bestrebt sein, die Neuheit seines Reichtums zu verbergen. Was könnte besser dazu geeignet sein als ein altes Haus?

Auch wer weniger Geld, dafür aber viel Fantasie, Kreativität oder Bildung besitzt, möchte dies durch seine Behausung dokumentieren. Nicht auf das Landhaus des Yuppies oder die noble Stadtadresse des erfolgreichen Investment-Bankers würde die Wahl des Schriftstellers, Malers oder Komponisten fallen, sondern wahrscheinlich eher auf die umgebaute Etage in der alten Baumwollspinnerei oder den Leuchtturm mit Meerblick. Ganz zu schweigen von den diversen Formen der Inneneinrichtung: neugotisch, viktorianisch, modern oder doch lieber alles zusammen? Und so unterschiedlich die Menschen, so zahlreich sind auch die Lebensformen, die wir in ihren Häusern kennen lernen. Dabei kann die Arbeit Teil der dort stattfindenden Aktivitäten sein. All jene, bei denen dies zutrifft, bei denen Arbeit und Leben eins sind und nicht trennbar, dürfen sich glücklich schätzen. Wenn dieses Tun, das oft als Leidenschaft oder Berufung gelten darf, in den eigenen, zumindest aber in schönen vier Wänden stattfindet, dann steht dem Glück des Briten nicht mehr viel im Wege. Egal ob Schuldirektor, Konservator, Schlossherr, Fledermausforscher, Maler oder Journalist.

Jeremy Nichols, der Direktor der »Stowe School«, in der neugotischen Bibliothek des Internats in Buckinghamshire. Wenn sich der Pädagoge nicht der Lehre widmet, unternimmt er Ausflugsfahrten mit seinem alten Bentley.

Lucian Thynne und sein Hund Bisou wohnen in London, wenn sie nicht Drehorte für Filmproduktionen aufspüren. Ganz Country-Gentleman, wirft der Neffe des Marquess of Bath in seiner Freizeit gern die Angel aus oder geht auf die Jagd.

Der Restaurator Michael Cunningham verbindet Wohn- und Arbeitsstätte. In der Werkstatt seines Hauses im Londoner Stadtteil Fulham befreit er Bilder und Grafiken von Staub, Ruß und Schmutz – und hat dabei schon so manchen unerwarteten Schatz zutage gefördert.

Carol Arnold erschafft mit der Sticknadel wahre Kunstwerke aus Wolle und Seide, während sie behaglich am Kamin ihres Hauses sitzt. Sie selbst verfügt über eine bedeutende Sammlung wertvoller alter *embroidery*.

Sir Jack Leslie ist Herr seines Familiensitzes Castle Leslie im irischen County Monaghan. Wenn er sich nicht der Erhaltung seines Schlosses widmet, erforscht er das Verhalten der Fledermäuse oder improvisiert auf dem Flügel.

Der Journalist und Buchautor John Morgan wohnt im legendären Albany, Londons schönstem Apartmenthaus. Wenn er es – sehr ungern – verlässt, dann allenfalls auf eine Tasse Tee im Claridge's.

In Llangoed Hall in Brecon, einem Landhotel in Wales, können sich Besucher für ein paar Tage wie die Besitzer eines *country house* fühlen.

Country Life

Der Mythos vom britischen Landleben

Wenn vom britischen Landleben die Rede ist, fallen stets zwei Begriffe: *landed gentry* und *country sports*. Beide sind wichtig, um zu erklären, warum das Leben auf dem Lande immer noch als Teil des britischen Nationalmythos gilt. *Landed gentry* meint das landbesitzende niedere blaue Blut, also Baronet, Knight und Dame. Ebenfalls zum Kleinadel werden die *squires* gerechnet, also Grundbesitzer, die nicht unbedingt über einen imposanten Stammbaum verfügen. Lange Zeit besaß die *landed gentry* neben dem Hochadel als einzige Bevölkerungsschicht das Wahlrecht und stellte bis Anfang des 19. Jahrhunderts über die Hälfte der Abgeordneten im Unterhaus. Noch immer zählt diese Gruppe einige tausend Mitglieder, die traditionell auf dem Lande leben und ihre Besitztümer bewirtschaften.

Im ausgehenden 19. Jahrhundert begannen wohlhabende Bürger, die es dem Adel gleichtun wollten, sich vornehme Landsitze zuzulegen, ohne allerdings auch Landwirtschaft zu betreiben. Grund hierfür war eine Absatzkrise in der Landwirtschaft, die zum Verkauf vieler Landsitze führte. Diese Mode setzte sich bis in die Edwardianische Ära fort, also in jene kurze Zeitspanne zwischen 1901 und 1914, die heute oft romantisch verklärt wird. Die in diesen Jahren errichteten Häuser waren ausschließlich auf die Vergnügungen ihrer Besitzer ausgerichtet, und sie gehörten nicht nur Briten, sondern auch reichen Amerikanern oder anderen Ausländern, die entweder selbst als Bauherren auftraten oder in britische Adelsfamilien eingeheiratet hatten. Statt viktorianischer Überladenheit schätzte man jetzt helle, freundliche Räume. Es ist daher nicht verwunderlich, dass sich in dieser Epoche die Vorliebe für Antiquitäten herausbildete. In den herrschaftlichen Domizilen versammelte man sich von Freitag bis Sonntag, um sich vom anstrengenden Stadtleben zu erholen. Das zahlreiche Personal musste die riesigen Landsitze permanent unterhalten, auch wenn nur einmal in der Woche Gäste kamen. Das edwardianische Landhaus ist der Prototyp dessen, was man unter einem britischen *country house* versteht, zumal es an die Epoche höchster Prosperität und Machtfülle in der Geschichte Britanniens erinnert.

Dieser großzügige Lebensstil fand mit dem Ausbruch des Ersten Weltkriegs ein abruptes Ende. Seither wurden nie wieder Anwesen von dieser Größe gebaut. Nach dem Zweiten Weltkrieg brachen auch für die Briten magere Jahre an; die Bevölkerung musste mit Rationierungen und Einschränkungen leben. Die sozialistische Regierung des Premierministers Clement Attlee beschloss eine hohe Erbschaftssteuer, die viele Landbesitzer fast ruinierte, nachdem die Erbschaftssteuer bereits 1919 aufgestockt worden war. Manchen blieb nichts anderes übrig, als ihre Häuser der Öffentlichkeit zugänglich zu machen, um aus den Eintrittsgeldern und Spenden wenigstens einen Bruchteil der laufenden Kosten zu bestreiten. In den 60er- und 70er-Jahren kehrte sich die Situation um. Steigende Bodenpreise machten viele Grundherren über Nacht reich. Außerdem gab es wieder mehr wohlhabende Leute, die es sich leisten konnten, ein heruntergekommenes Anwesen unter ihre Fittiche zu nehmen. Jeder, der etwas auf sich hielt, wurde Besitzer eines Landhauses.

Rockstars, Filmschauspieler, Unternehmer – sie alle entdeckten den exclusiven Charme des *country life* und wollten das Freizeitdasein der *landed gentry* führen. Deren liebster Zeitvertreib waren die *country sports*, also *hunting, shooting and fishing*. Mit *hunting* ist die Fuchsjagd gemeint, *shooting* entspricht der Jagd, wie wir sie auf dem europäischen Festland kennen, und unter *fishing* wird die hohe Kunst des Fliegenfischens verstanden.

Diese Sportarten sind seit dem Mittelalter adlige Tradition und werden noch heute von den Landhäusern aus betrieben. Manches Anwesen dient einzig und allein dem Zweck, Jagdgäste zu beherbergen. Die *landed gentry* und ihre *country sports* sorgen für den Hauptumsatz vieler Berufszweige, die sich auf Lieferung von Kleidung und Ausrüstung spezialisiert haben. Schneider und Konfektionäre, Maßschuhmacher und Schuhfabriken, Sattler, Hufschmiede und Hutmacher, Büchsenmacher und Jagdbedarfsläden, sie alle leben davon, dass echte und Möchtegern-Country-Gentlemen authentisch ausgestattet das britische Landleben genießen wollen. Ein großes Stück vom Kuchen des *country life* bekommen aber auch Immobilienmakler, Innendekorateure, Möbelhändler und Antiquitätengeschäfte ab. Sie helfen jenen, die es sich leisten können, bei der Erfüllung des Traums vom Leben auf dem Land. Dabei träumt jeder seine eigene Version. Das Rentnerehepaar möchte ein kleines *cottage*, ein bescheidenes Landhäuschen, kaufen, um einen geruhsamen Lebensabend zu verbringen, der erfolgreiche Unternehmer will zeigen, dass er es geschafft hat, der Künstler sucht Inspiration, der Geschäftsmann eine gute Kapitalanlage. Der Jagdenthusiast will in Frieden seiner Passion nachgehen, der Naturfreund strebt nach Erholung fernab der Stadt – das britische Landleben bietet jedem das, was er sich davon verspricht.

So mancher gestresste Banker tauscht am Wochenende den Nadelstreifen gegen Overall und Gummistiefel, um bei der Arbeit im Stall oder auf dem Feld Ruhe und Entspannung zu finden.

Linke Seite: Zum Wochenende auf dem Land gehört für viele Bewohner der Britischen Inseln eine Jagdpartie mit Freunden, Verwandten und Geschäftspartnern. Wie hier in Cabilla Manor, Cornwall.

Rechts: Die Lesestunde im Schatten eines Baums gehört zu den Gartenfreuden, um die Hausbesitzer beneidet werden. Bewohner von Mietwohnungen können sich damit trösten, dass sie keinen Rasen mähen müssen.

Burgen und Burgherren

Der wohl bekannteste englische Satz über die Kultur des Wohnens lautet »My home is my castle«. Dieses Glaubensbekenntnis wird auch außerhalb des Vereinigten Königreichs sofort zitiert, wann immer sich die Diskussion um britische Häuser zu drehen beginnt. Sich in seinem Haus wohl und geborgen zu fühlen, ist ein menschliches Grundbedürfnis. Wir möchten uns in unsere eigenen vier Wände zurückziehen und hinter dicken Mauern, abgeschottet von der Außenwelt, ganz wir selbst sein – und dies in möglichst angenehmer und komfortabler Weise. Insofern scheint der Sinn des Ausspruchs geklärt. Doch wie steht es um all jene, die den Spieß umdrehen und ganz bewusst sagen »My castle is my home«? Und die sehenden Auges archaisch dimensionierte, halb verfallene, kaum beheizbare und enorme Summen des Unterhalts verschlingende Burgen beziehen?

Die Leidenschaft der Briten für die Burg lässt sich nur schwer erklären. Fest steht allerdings, dass sie historisch gewachsen ist. Selbst als mit der Thronbesteigung von Heinrich VII. Ende des 15. Jahrhunderts endlich friedliche Zeiten anbrachen und die Festungsgemäuer ihren militärstrategischen und defensorischen Sinn zu verlieren begannen, baute man ungerührt weiterhin Burgen. Es gibt sogar burgenähnliche Bauwerke, die recht mittelalterlich wirken, tatsächlich aber aus dem 18., 19. oder 20. Jahrhundert stammen. Besonders das 19. Jahrhundert erlebte eine Welle der Burgenromantik, die sich nicht nur in der Architektur, sondern auch in der Malerei widerspiegelte. Burgen und Burgruinen wie etwa Cilgerran Castle im walisischen Pembrokeshire inspirierten zahlreiche Künstler, darunter auch William Turner. Und heute sind es Sehenswürdigkeiten wie Warwick Castle in Warwickshire, Lindisfarne Castle und Alnwick Castle in Northumberland, Bodiam Castle in East Sussex, Leeds Castle in Kent, aber auch kleinere Burgen wie Scotney Castle in Kent oder Glamis Castle in Schottland, die Jahr für Jahr Tausende von Besuchern anlocken – und zwar ganz und gar nicht nur die ausländischen Touristen.

Doch für Burgen zu schwärmen und gelegentlich ein interessantes Exemplar dieser Gattung zu besuchen ist eine Sache, dort zu leben eine andere. Schließlich ist das Bewohnen einer Wehranlage heute noch weniger eine Notwendigkeit als etwa im 18. Jahrhundert, es sei denn, man ist ein besonders vorsichtiger Zeitgenosse und sucht hinter starken Mauern Schutz vor Einbrechern oder neugierigen Blicken. Es gibt allerdings noch andere Gründe, sich für eine Festung als Wohnsitz zu entscheiden – ausgesprochener Sinn für Romantik und herrschaftliche Geburt. Und so lebt im Vereinigten Königreich tatsächlich eine nicht ganz kleine Gruppe von Burgherren und Burgherrinnen, die ihr ungewöhnliches Domizil aus purer Begeisterung erworben oder aber ganz einfach geerbt haben. Ein gutes Beispiel für eine typische »Familienburg«, die von Generation zu Generation weitergereicht wird, ist Glamis Castle, seit 600 Jahren der Sitz der Familie Bowes Lyon. König Robert II. von Schottland übergab Glamis 1372 an Sir Robert Lyon als Lehen, und vier Jahre später heiratete der neue Burgherr die Tochter des Monarchen. Berühmtheit über Schottlands Grenzen hinaus erlangte Glamis aber in seiner Eigenschaft als Elternhaus von Queen Elizabeth, the Queen Mother. Geboren wurde sie auf der Burg jedoch nicht, denn ihr Vater erbte das prächtige Anwesen zusammen mit dem Titel des Earl of Strathmore erst, als sie bereits vier Jahre alt war. Dafür aber erblickte 1930 Queen Elizabeths zweite Tochter, Prinzessin Margaret Rose, auf Glamis das Licht der Welt.

Cawdor Castle wird von Shakespeare-Freunden häufig mit dem Thane von Cawdor aus dem Drama Macbeth in Verbindung gebracht. Zu Unrecht, denn der historische Macbeth starb 1052. Die Burg im schottischen Nairnshire entstand dagegen erst im 14. Jahrhundert. Dieser Umstand sollte Shakespeare-Fans allerdings nicht davon abhalten, sich die romantische Burg als Schauplatz schauriger Tragödien vorzustellen.

Seit 1972 ist der 17. Earl of Strathmore and Kinghorne Herr auf Glamis. Seiner Frau war bei der Heirat durchaus bewusst, dass ihr Mann eines Tages die Burg erben würde – doch sonderlich begeistern konnte sie sich für diese Aussicht zunächst nicht. Die anfängliche Skepsis war jedoch schnell vergessen und heute zeigt sich die Countess als begeisterte Hüterin des Anwesens. Wie die meisten alten Familiensitze Großbritanniens, ob Burg, Landhaus oder Schloss, beherbergt auch Glamis eine umfangreiche Sammlung wertvoller Möbel und Kunstwerke aller Art, und fast jedes Stück hat einen Bezug zu der langen Familiengeschichte.

Doch wenden wir uns nun jenen zu, die sich aus purem Sinn für Romantik eine alte Festung zugelegt haben. Diese »freiwilligen« Burgherren verfügen manchmal zwar auch über einen adeligen Stammbaum und eine prall gefüllte Antiquitätenkammer, doch in erster Linie wollen sie mit ihrem ungewöhnlichen Wohnsitz einen langgehegten Traum wahr werden lassen. Ein gutes Beispiel hierfür ist Fordel Castle in Fife. Der Politiker und Jurist Nicholas Fairbairn hatte die vergleichsweise kleine Anlage aus dem 14. Jahrhundert Ende der 60er-Jahre zu einem Spottpreis erworben – und anschließend 20 Jahre lang mit viel Liebe, Hingabe und körperlichem Einsatz restauriert. Die Mühe hat sich gelohnt, und seine Frau Samantha, die Schottland-Touren für ausländische Besucher organisiert, lädt ihre Gäste regelmäßig zum Essen nach Fordel Castle ein.

Burgbesitzer aus Leidenschaft ist auch der schottische Geschäftsmann und Bankier Angus Grossart, Hausherr auf Pitcullo nordöstlich von Fife seit 1978. Es hatte einige Jahre der Suche gebraucht, bis Grossart schließlich das Objekt seiner Träume fand – und die langwierigen Renovierungsarbeiten machte ein schwerer Brand auf halber Strecke wieder zunichte. Doch der passionierte Sammler schottischer Antiquitäten dachte nicht ans Aufgeben, sondern widmete weiterhin unverdrossen jede Minute seiner knappen Freizeit diesem einzigartigen Projekt. Heute ist Pitcullo ein gemütliches Familienheim.

Rechte Seite, unten: Hoch im Norden Englands, in der wildromantischen Grenzregion zwischen England und Schottland, liegt Bamburgh Castle direkt an der Nordseeküste. Der Wohnturm dieser wehrhaften Anlage wurde im 12. Jahrhundert errichtet.

Scotney Castle in Kent wurde Ende des 14. Jahrhunderts erbaut und spiegelt das Bild einer mittelalterlichen Befestigungsanlage wider. Heute ist es auch vor allem wegen seiner Gärten ein beliebtes Ausflugsziel.

Glamis Castle gilt gemeinhin als Paradebeispiel einer schottischen Burg. Allerdings ist nur der Kern des Gebäudekomplexes mittelalterlichen Ursprungs, ein Großteil des Prachtbaus zeugt dagegen von der Baulust späterer Generationen der Strathmore-Familie.

Am schottischen River Tweed wurde im 14. Jahrhundert ein Wehrturm erbaut. Seine Überreste sind der älteste Teil von Neidpath Castle bei Peebles.

Rechte Seite: Alnwick Castle in Northumberland war bis in das frühe 14. Jahrhundert Sitz der Familie de Vescys und vom 14. bis zum 17. Jahrhundert im Besitz der Percys. Heute bewohnt der Duke of Northumberland Teile der Burg, die partiell als Militärmuseum genutzt wird.

Die Entwicklung des Burgenbaus

Mit dem Einfall der französischen Normannen im Jahr 1066 veränderte sich die frühe militärische Architektur in England grundlegend durch die Einführung des *motte and bailey castle*. Falls keine natürliche Erhebung vorhanden war, wurde ein künstlicher Hügel (normannisch: *motte*) aufgeschichtet, auf den ein hölzerner Wehrturm gesetzt wurde. Durch den Aufbau des Hügels entstand gleichzeitig ein Graben, der ebenfalls der Verteidigung diente. Rund um den Wehrturm zog man dann mit einigem Abstand eine Palisade oder Mauer, so dass eine Einfriedung, der *bailey*, entstand. Der Vorteil dieser Bauweise lag darin, dass sie sehr schnell vonstatten ging. William der Eroberer soll so innerhalb von zwei Wochen seine erste Burg in England gebaut haben – und das zum größten Teil mit ungelernten Arbeitern.

Der Hauptbestandteil der normannischen Burg ist also ein stark gesicherter Turm, der auch zum Wohnen genutzt wurde. Die Ecken sind meist als Mauertürme gestaltet. Wenn der Hauptturm nicht um einen Innenhof angelegt war, befand sich die »Große Halle«, der Hauptraum der Burg, im Zentrum des Erdgeschosses. Immer dabei war auch eine Burgkapelle. Der White Tower in London war eines der ersten Steingebäude, das William errichten ließ, um die angelsächsische Bevölkerung einzuschüchtern und London nach Osten hin verteidigen zu können. Das wahrhaft imposante Gebäude – noch heute überragt der White Tower mit seinen vier Türmen den Rest der Burganlage – war gleichzeitig seine Residenz: Es hatte vier Stockwerke und am unteren Ansatz fast vier Meter dicke Wände. Den hellen Stein, aus dem er gebaut wurde, ließ William extra aus Caen in Frankreich importieren.

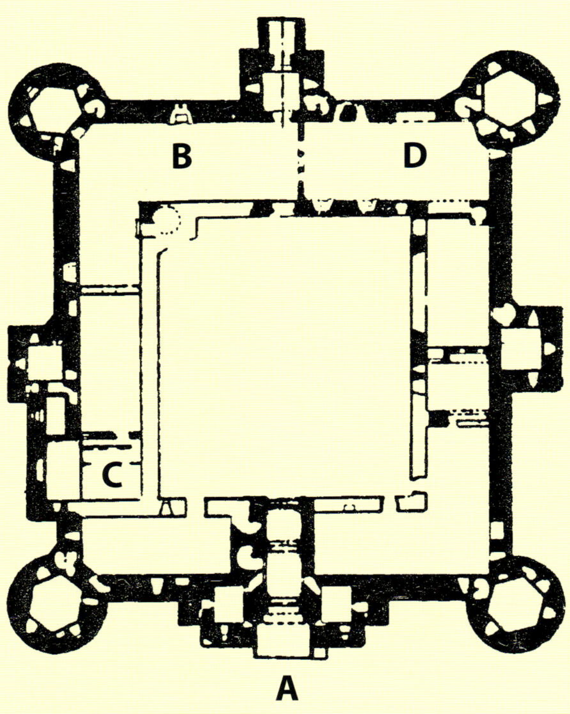

Bodiam Castle in Sussex, wurde 1386–1388 von Sir Edward Dalyngrigge zur Verteidigung gegen die Franzosen errichtet. Sein ungewöhnlich symmetrischer Grundriss mit vier runden Eck- und drei quadratischen Seitentürmen war zur Bauzeit eigentlich schon altmodisch. Zum Eingang (A) im turmbewehrten Torhaus führt eine Brücke über einen breiten Graben. Die Wohnräume, heute zerstört, lagen auf zwei Stockwerken um einen zentralen Hof: links gegenüber dem Eingang die verwinkelte *great hall* (B), in der die Familie aß und feierte und wo Versammlungen abgehalten wurden. Eine kleine Kapelle (C) lag links vom Eingang und sprang außen etwas aus der Wand hervor. Die Familienräume lagen zur Linken des Eingangs an der Ostseite, die Dienerschaft und die Wachsoldaten lebten im Westflügel nahe der Küche (D). Während die äußeren Wände keine Fenster aufweisen, müssen die Räume wohl von hohen hofseitigen Fenstern her beleuchtet gewesen sein.

Linke Seite: Warwick Castle gehört zu den wichtigsten touristischen Attraktionen Mittelenglands. Wilhelm der Eroberer errichtete hier im 11. Jahrhundert ein hölzernes Fort, das später durch eine massive Burg ersetzt wurde. Heute präsentiert ein Ableger des Londoner Wachsfigurenkabinetts Madame Tussaud's Figuren in den historischen Räumen.

Rechts: Sechs Kilometer südöstlich von Maidstone in Kent liegt das über England hinaus bekannte Leeds Castle. Jährlich besuchen über eine halbe Million Touristen die auf zwei Inseln angelegte Burganlage. Zur Attraktivität der Festung tragen auch die Veranstaltungen bei, die regelmäßig in dem historischen Gemäuer abgehalten werden.

Das 14. und 15. Jahrhundert war eine unruhige Zeit, die erst durch den Hundertjährigen Krieg mit Frankreich, dann durch die Rosenkriege, bei denen die Häuser York und Lancaster um die Thronfolge kämpften, geprägt wurden. So überrascht es nicht, dass in dieser Zeit viele Burgen neu gebaut oder ausgebaut wurden. Ältere Modelle, die noch aus Holz waren, wurden durch Steingebäude ersetzt, wie zum Beispiel Leeds Castle. Sie waren jetzt richtige Burganlagen mit einfacher oder doppelter, zinnen- und schießschartenbewehrter Mauer. Neben diesen vielteiligen, »gewachsenen« Anlagen gab es aber auch Burgen, die in einem Zug geplant und errichtet wurden wie Bodiam Castle in Sussex. Mit der Thronbesteigung von Heinrich VII. Ende des 15. Jahrhunderts brachen friedlichere Zeiten an, in denen viele Burgen zu respektablen Palästen umgebaut wurden. Im Norden Englands und in Schottland blieben sie zum Großteil allerdings noch länger schwer befestigt, da es hier immer wieder zu bewaffneten Auseinandersetzungen kam.

Unten: Lindisfarne Castle in Northumberland diente zur Zeit der Tudors als Festung. 1902–1903 baute der Architekt Edwin Lutyens sie zu einem Privathaus um. Es trägt zum Charme der Burganlage bei, dass sie von gebetenen und ungebetenen Besuchern nur bei Ebbe erreicht werden kann.

Schottische Karos

Ursprünglich war der vor dem Kilt getragene *sporran* ein praktischer Mini-Rucksack, heute dient er vor allem dekorativen Zwecken. Dennoch gehört die kleine mit Fell bezogene Tasche zur Ausstattung des Highlanders in *full dress.*

Die formelle Ausgabe des *Highland dress*, die bei Festen und am Abend getragen wird, kann stilistisch ihre militärische Herkunft nicht verleugnen.

Beim Stichwort Schottland denkt man unweigerlich an Männer in karierten Röcken und die Frage, was die wackeren Whiskytrinker wohl unter diesem farbenfrohen Outfit anhaben. Sie stellt sich (und bleibt weitgehend unbeantwortet) seit dem Mittelalter, denn schon damals trugen schottische Krieger einen frühen Vorläufer des heute so bekannten Kleidungsstücks. Er bestand aus nicht vielmehr als einem knielangen Mantel, der durch einen Gürtel in Falten gerafft wurde. Bildliche Darstellungen von solchermaßen gewandeten Männern auf Gräbern in Argyll und auf den schottischen Inseln lassen den Schluss zu, dass diese als *leine croich* bezeichnete Tracht bis in das frühe 17. Jahrhundert hinein getragen worden ist. Im gleichen Zeitraum tauchte das so genannte *belted plaid* auf, eine Art gegürtete Decke. Dieses auch als *feileadh breacan* oder *feileadh mor*, auf Deutsch-Englisch etwa »der große Kilt«, bezeichnete Kleidungsstück darf als der direkte Vorgänger des modernen Kilts gelten. Es anzuziehen, war eine relativ komplizierte Prozedur. Zunächst wurde der Gürtel mit seiner Innenseite nach oben auf den Boden gelegt und darüber die große Decke ausgebreitet. Der Stoff wurde so verteilt, dass unter dem Gürtel eine Rocklänge hervorsah. Der Schotte setzte oder legte sich dann auf die Decke und legte den Gürtel so um, dass die Decke gleichmäßige Falten warf. Nun wurde das Ganze um die Hüften geschlungen. Der über dem Gürtel heraushängende Stoffe wurde entweder dekorativ drapiert oder als Schutz um Schulter und Kopf getragen. Um den Kilt unserer Tage zu bilden, musste die Decke nur noch gekürzt werden, übrig blieb folglich der Rock. Man vermutet, dass diese Entwicklung Mitte des 18. Jahrhunderts stattgefunden hat. Um das Anziehen gegenüber der traditionellen liegenden Methode zu vereinfachen, wurde der kurze Kilt bald schon fix und fertig gefältelt angeboten, das umständliche Raffen der Decke entfiel damit. Dieser »Patent-Kilt« konnte wie ein ganz normaler Damenrock angezogen werden. Seitdem hat sich am Kilt nichts Wesentliches mehr verändert. Nur seine Länge variiert immer ein wenig – ganz wie in der weiblichen Mode.

Doch die Schotten sind nicht die einzigen, die den Rock als Herrenbekleidung kennen. Auch in anderen Weltgegenden wickelt man(n) sich traditionell ein Stück Stoff um die Hüften. Schottisch wird der Rock erst durch sein Muster, und dieses wiederum ist eine recht junge Erfindung. Wahrscheinlich kamen die Tartans – so der korrekte Ausdruck für das Schottenmuster – erst mit dem Ausgang des 18. Jahrhunderts auf. Wiederum einige Zeit später wurden die Karos in unserem heutigen Sinne benutzt: als Erkennungszeichen oder Uniform eines bestimmten Clans. Hier soll nicht behaupten werden, dass die Tuchfabrikanten diese Idee in die Welt gesetzt haben, doch den Herstellern war der Gedanke sicherlich nicht unsympathisch, dass zu jedem Clan ein eigener Tartan gehört.

Welch unsicheres historisches Fundament die Verbindung von Mustern und Clans hat, zeigt sich allerdings schon daran, dass manche Farbkombinationen gleich mehreren Clans zugeordnet werden können. Man versucht dem zu begegnen, indem subtile Nuancen in die Farben und Muster hineininterpretiert werden. So unterscheiden sich die Tartans der Familien Lamont und Forbes nur dadurch, dass die weißen Linien des Überkaros beim Forbes-Clan kaum sichtbar schwarz konturiert sind. Was die Sache weiterhin erschwert, ist die Tatsache, dass die Tartans nicht nach einem standardisierten Code festgelegt sind. Vielmehr werden sie lediglich durch so unpräzise Adjektive wie rot, grün, blau oder gelb beschrieben. Doch was ist ein Rot – Hellrot, Dunkelrot, Burgunder- oder Tomatenrot? Folglich werden die scheinbar so eindeutig festgelegten Muster von Weberei zu Weberei unterschiedlich und nach eigenem Gutdünken umgesetzt. Allen Unsicherheiten zum Trotz sind seit dem 19. Jahrhundert zahlreiche und zum Teil sehr ehrenhafte Versuche unternommen worden, die Tartans zu katalogisieren. Doch irgendetwas kann nicht stimmen, wenn den etwa 100 anerkannten Clans gut 2000 Karos gegenüberstehen.

Tartans lassen sich nicht mit wissenschaftlicher Exaktheit definieren. Dies liegt daran, dass die unterschiedlichen Dessins nie anhand einer einheitlichen Farbskala beschrieben wurden. So existieren von den unterschiedlichen Tartans keine Muster in Form von verbindlichen Web- oder Farbproben. Jede Weberei, die sich an einem der zahlreichen Dessins versucht, vergrößert lediglich die Zahl der schon existierenden Variationen des Themas. Dies tut dem Charme der farbenfrohen Tartans aber keinen Abbruch – und auch nicht dem Ernst, mit dem jede Familie auf dem alleinigen Recht beharrt, sie zu tragen.

Links: Tanzdarbietungen gehören bei jedem Highland Gathering zu den Höhepunkten. Die zum Teil sehr schwierigen Schrittfolgen und Figuren verlangen den Mädchen bei Tänzen wie »The Highland Fling«, »The Reel« oder »The Sword Dance« viel ab, die Gunst des Publikums ist den Tänzerinnen aber auch bei Fehltritten sicher.

Unten: Highland Games sind eine gute Gelegenheit, sich mit authentischer Kleidung im schottischen Stil auszustatten. So auch bei den Highland Games in Inverness, bei denen Verkaufsstände für Pullover, Schottenröcke, Mützen und Schals im Schotten-Look ganz selbstverständlich dazugehören.

Das Braemar Gathering

Das Braemar Gathering ist seit Viktorianischer Zeit das wohl bekannteste und prestigeträchtigste unter den jährlich in Schottland und der Neuen Welt abgehaltenen Highland Gatherings. Sein Renommee verdankt es nicht zuletzt Königin Viktoria, die 1866 die Schirmherrschaft über den Veranstalter, die »Braemar Highland Society«, übernommen hatte. Fortan durfte sich der Heimatverein »Braemar Royal Highland Society« nennen. Das älteste Highland Gathering ist Braemar allerdings nicht, denn bereits 1314 fand in dem Dorf Ceres ein solches Kräftemessen statt. Übrigens wird diese von einem Pferderennen gekrönte Zusammenkunft bis heute jedes Jahr abgehalten.

An einem Samstag im September finden sich in Braemar unter den Augen von rund 20 000 Zuschauern zahlreiche Musiker, Trachtengruppen, Volkstänzer und Sportler ein, um gemeinsam die schottischen Nationalkultur mit Musik, Tanz und spektakulären Schaukämpfen hochleben zu lassen.

Geworfen wird mit allem, was unhandlich und schwer ist – Granitkugeln, Baumstämmen und Hämmern. Hinzu kommen Disziplinen wie Steinheben und das unvermeidliche Tauziehen, genannt *tug-o'-war.*

Übrigens war das Motiv dieser pittoresken Veranstaltung nicht immer nur die Brauchtumspflege. Im Jahre 1817 diente das schottische Sportfest vielmehr wohltätigen Zwecken. Damaliger Veranstalter war die »Braemar Wrights Friendly Society«, ein Verein örtlicher Handwerker. Die Spiele dienten dazu, Geld für Witwen, Waisen, Kranke und Alte zu sammeln. Erst 1826 begann sich die karitative Organisation auch um die Heimatpflege zu kümmern. Königin Viktoria nahm erstmals 1848 an den Braemar Gatherings teil. Sie wurden zu dieser Zeit noch in Invercauld House abgehalten, bevor Braemar Castle für zwei Jahre zum Veranstaltungsort avancierte. Die Monarchin begründete damit eine Tradition königlicher Besuche, die bis heute anhält. Wobei die regelmäßige Anwesenheit blaublütiger Zuschauer auch damit zu tun hat, dass sich die Königsfamilie zum Zeitpunkt der Spiele meist ohnehin in der Nähe aufhält, nämlich in Balmoral Castle. Seit 1906 ist die Zeit wechselnder Adressen für das Sport-, Musik- und Trachtenfest allerdings vorbei. In diesem Jahr gab der Duke of Fife dem Braemar Gathering eine neue Heimat im Princess Royal and Duke of Fife Memorial Park. Benannt ist der Park nach Prinzessin Louise, der Tochter des Prince of Wales und Enkelin von Königin Viktoria, und ihrem Mann, dem Duke of Argyll. Er wurde 1889 zum Duke of Fife ernannt, und in dieser Eigenschaft ist er allen Freunden des Braemar Gathering in Erinnerung geblieben.

Unter den sportlichen Wettbewerben der Highland Games gilt neben dem Tauziehen das Werfen des Steins, dem so genannten *shot*, als eine der Hauptattraktionen. Die Athleten müssen dabei natürlich traditionellen *Highland dress* tragen, was den Kampf in diesen und den anderen Disziplinen nicht unbedingt erleichtert. Für die Kleinen ist meist auch etwas dabei, sie können zum Beispiel beim *sack race* – einer Abart des Sackhüpfens – unter erschwerten Bedingungen um die Wette laufen.

Comic-Fans wissen, dass der gewisse Gallier mit dem charakteristischen Kugelbauch und den gestreiften Beinkleidern Hinkelsteine nach Römern zu werfen pflegte. Wer bei Highland Games gesehen hat, wie Schotten Baumstämme durch die Luft befördern, wird die in der Bildergeschichte gezeigte Art des Umgangs mit den gemeißelten Wurfobjekten vielleicht nicht mehr ohne weiteres in das Reich der Fabel verweisen. Der über fünf Meter lange und gut 60 kg schwere *caber*, so der Name des unhandlichen Holzes, wird zunächst senkrecht balanciert, um dann mit Anlauf geschleudert zu werden.

Der Palast

Im »Concise Oxford Dictionary« wird das Wort *palace* als offizielle Residenz eines Souveräns, Erzbischofs oder Bischofs definiert, sowie als *»stately mansion; spacious building for entertainment, refreshment, etc.«*, also als herrschaftliches Anwesen; weitläufiges Gebäude für Unterhaltung, Erholung etc. Diese Beschreibung trifft ziemlich genau auf Hampton Court Palace zu, der ursprünglich ein Bischofspalast war und dann bis zum Tod von Königin Caroline 1737 mehreren englischen Staatsoberhäuptern als Residenz diente, zuletzt Georg II. Königin Viktoria öffnete 1838 die Staatsgemächer, die Gärten und den Bushy Park für die Öffentlichkeit; heute ist der gesamte Palast zugänglich.

Die derzeit regierende königliche Familie wohnt in verschiedenen Häusern und Palästen. Ihr sicherlich bekanntestes Domizil ist der Buckingham Palace. Er war ursprünglich weder ein Palast noch eine königliche Residenz, sondern das Haus des Duke of Buckingham. 1762 kaufte Georg III. Buckingham House für 28 000 Pfund und schenkte es seiner Frau Charlotte – was zur Umbenennung des Anwesens in Queen's House führte – und ließ es durch William Chambers erweitern. 1825 bekam der Architekt John Nash von König Georg IV. den Auftrag, das Haus zu einem Palast umzubauen. Nash konnte bereits auf eine sehr erfolgreiche Karriere zurückblicken, als er mit der Neugestaltung begann. Der damals 73-jährige Baumeister hatte sich sowohl mit dem Entwurf von Landhäusern als auch mit städtebaulichen Großprojekten einen Namen gemacht. So geht die Vision einer vornehmen Gartenstadt rund um den Regent's Park auf ihn zurück, und auch der Plan für die Regent's Street, die noch heute das Stadtbild im Londoner West End entscheidend prägt, ist sein Werk.

Der Umbau des Queen's House verlief allerdings weniger glücklich. Bevor die Maßnahmen beendet waren, verstarb der König 1830, und Nash verlor den Auftrag nach fünfjähriger Arbeit. Seine Kollegen Edward Blore und Thomas Cubitt vollendeten 1837 den Plan nach weiteren zwei Jahren, doch William IV., der Georg IV. auf den Thron gefolgt war, erlebte die Einweihung der neuen Residenz im Jahre 1837 ebenso wenig wie sein Vorgänger.

Es war erst Königin Viktoria vergönnt, den neuen Palast zwölf Jahre nach Baubeginn zu beziehen. Sie sollte ihn zeitlebens als Residenz nutzen – wie bis heute alle gekrönten britischen Häupter. So wohnt auch die Queen dort, wenn sie sich in London aufhält. Die gehisste Flagge signalisiert, dass die Throninhaberin zu Hause ist. Allerdings gibt es wohl keinen unter den königlichen Bewohnern, der den Aufenthalt in diesem Gebäude besonders

Obgleich von königlichem Zuschnitt, wurde Blenheim Palace bei Oxford ab 1705 »nur« für einen Herzog erbaut, nämlich John Duke of Marlborough. Mit dem Prachtbau dankte Queen Anne ihrem Heerführer für seine Erfolge im spanischen Erbfolgekrieg. Der wohl bekannteste Spross der Familie ist der Politiker und Schriftsteller Winston Churchill, der in Blenheim Palace geboren wurde.

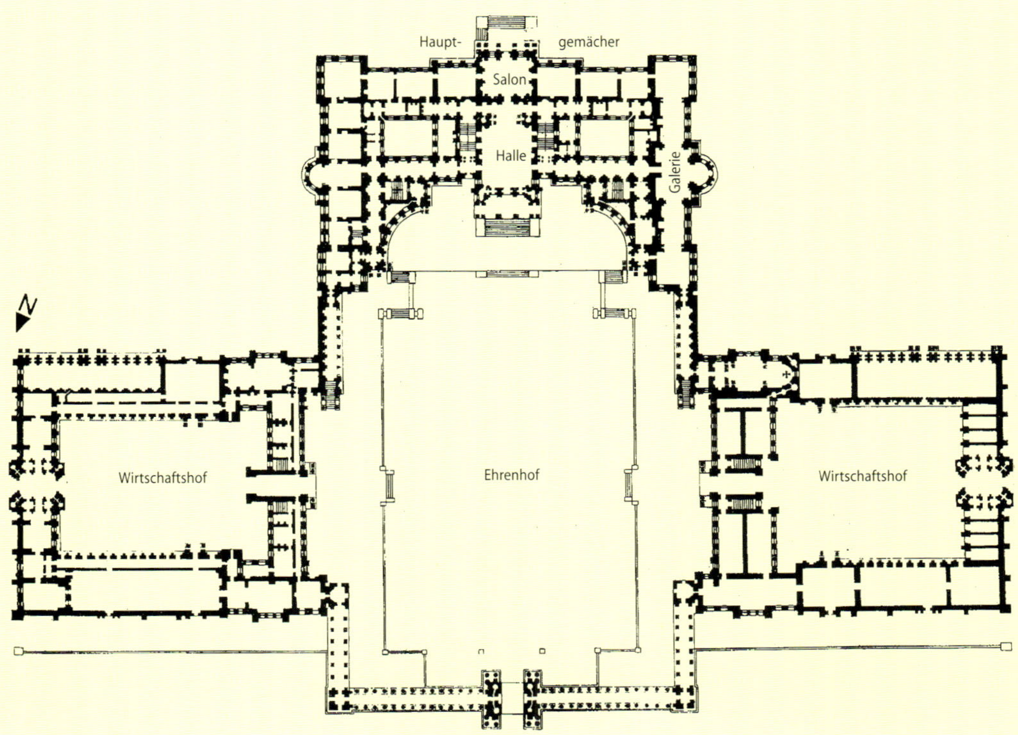

Während Palastanlagen wie Hampton Court Palace über die Jahrhunderte immer wieder von seinen Bewohnern erweitert und umgebaut wurden, entstand Blenheim Palace in verhältnismäßig kurzer Zeit nach einem einheitlichen Entwurf. Beide Paläste sind um Innenhöfe herum errichtet, doch ist der Ehrenhof von Blenheim nach vorne offen und nur durch ein dekoratives Gitter verschlossen. An den Außenseiten der Hauptgebäude findet man jeweils Galerien und Fluchten von repräsentativen Wohn- und Empfangsräumen. In Blenheim beherbergen die beiden Seitenflügel die Wirtschaftsgebäude (Küche und Ställe). Der Hauptteil des Palastes wird von einer zentralen Eingangshalle mit seitlichen Treppen erschlossen. Anders als in Hampton Court, wo die verschiedenen Herrscher unterschiedliche Gebäudeteile als Wohnorte bevorzugten, sind die Haupt- und Nebenräume hier deutlich unterschieden.

Linke Seite: Im August und September geruht die englische Königin, den Buckingham Palace für Volk und Touristen zu öffnen. Obwohl die Besichtigung nicht gerade billig ist, kommen die Besucher jedes Jahr in Scharen. Offensichtlich wollen sie sehen, was sonst nur gekrönte Staatsgäste, Diplomaten und Höflinge zu Gesicht bekommen.

schätzt. Angefangen bei Viktoria, die sich gern nach Windsor Castle, Balmoral Castle oder Sandringham zurückzog, liebten und lieben auch andere Royals die kleineren Landsitze weit mehr als den repräsentativen, aber wenig anheimelnden Londoner Palast. König Georg VI. nannte ihn *»icebox«*, einen »Eisschrank«, Edward VIII. beklagte den *»dank musty smell«*, den »dumpfen feuchten Geruch«, und Mark Phillips, der frühere Ehemann von Princess Anne, merkte an, dass er sich im Buckingham Palace nicht richtig entspannen könne. Tatsächlich ist der Palast zu sehr ein Staatsgebäude, als dass er seinen Bewohnern ein angenehmes Zuhause bieten könnte.

Obwohl ein Palast laut Definition des »Oxford Dictionary« der Wohnort eines Königs, Bischofs oder Erzbischofs ist, wurden oder werden nicht alle Paläste Großbritanniens nur von Angehörigen der höchsten Ränge bewohnt. Ein Beispiel dafür ist Blenheim Palace, der ursprünglich weder für einen König noch für einen Kirchenfürsten errichtet wurde. Blenheim Palace war vielmehr ein Dankeschön von Queen Anne an den Ersten Duke of Marlborough für dessen Siege im spanischen Erbfolgekrieg. Zum Gedenken an die entscheidende Schlacht von Höchstädt 1704 – in England heißt sie nach dem benachbarten Ort »Schlacht von Blenheim« – wurde sein neues Domizil entsprechend getauft. Die Baumaßnahmen an der von den Architekten Vanbrugh und Hawksmoor entworfenen Schlossanlage dauerten von 1705 bis 1724. Wenn man Gebäude wie Blenheim betrachtet, fällt es schwer, eine exakte Grenze zwischen königlichen Palästen und anderen Adelssitzen zu ziehen, denn die alteingesessenen Familien Großbritanniens verfügten allesamt über Häuser, die von ihrer Größe und ihrer historischen Bedeutung her auch dem Souverän angemessen gewesen wären. So wirken manche Paläste, die heute der Königin und ihrer Familie zur Verfügung stehen, nur im Vergleich mit einem Einfamilienhaus prunkvoll. Es gibt städtische und ländliche Anwesen, neben denen sie sich fast bescheiden ausnehmen. Die fließenden Übergänge der verschiedenen Bautypen bestehen auf den gesamten Britischen Inseln.

Der im 16. Jahrhundert erbaute und im 17. Jahrhundert erweiterte Hampton Court Palace vermittelt einen guten Eindruck von der Prachtentfaltung am englischen Hof der Tudor-Zeit. Die Süd-West-Front errichtete Sir Christopher Wren im englischen Barock-Stil.

Der St. James's Palace wurde 1698 zur Hauptresidenz der englischen Monarchen, nachdem der Palast in Whitehall niedergebrannt war. Heute ist er offizielles Domizil des Prinzen von Wales.

Von der Burg zum Schloss

Als herrschaftliches Wohn- und Repräsentationsgebäude entstand der Palast – im Deutschen bedeutet Schloss meist dasselbe – aus der Burganlage. Mit der Beendigung der Rosenkriege Ende des 15. Jahrhunderts war nicht mehr die Verteidigung, sondern Wohnkomfort und Machtdarstellung oberste Funktion der Herrschersitze. Oft deuten aber Torhäuser, wie bei Hampton Court Palace, oder Ecktürme – so bei Blenheim Palace – noch eine wehrhafte Befestigung an, obwohl sie kaum mehr die Funktion der Verteidigung erfüllen konnten. Auch die häufig in Innenhöfen gelegenen Eingänge sind Überreste der Burgarchitektur.

Im Barock ließ man die Eingangsseite der Höfe gern offen, so dass ein dreiseitiger Ehrenhof entstand. Er diente weniger der Zugangskontrolle als viel mehr der Versammlung und Zurschaustellung der Bewohner und ihrer Gäste. Meistens wurde die offene Seite durch ein dekoratives Gitter oder eine Säulenreihe verschlossen. Hinter dem mittleren Hauptbau lag oft noch der ornamental auf das Gebäude bezogene Garten. Neben diesen mehrgliedrigen Anlagen entstanden aber auch kompakte, blockförmige Paläste ohne Seitenflügel und nennenswerten Innenhof.

Links: Das englische Königshaus erwarb den Kensington Palace im Jahre 1689, seit 1760 wohnt dort aber nicht mehr der Monarch selbst, sondern Mitglieder seiner Familie.

Rechte Seite: Chatsworth in Derbyshire wird zu Unrecht manchmal als House bezeichnet, denn bei 175 Räumen wäre Palast die treffendere Bezeichnung für den Sitz des Duke und der Duchess of Devonshire. Es ist zwar nicht das größte Haus Englands, wohl aber eines der großartigsten.

Das 1896 erworbene Alfriston Clergy House war das erste historische Gebäude des National Trust. Es ist heute eines der über 164 Häuser dieser Denkmal- und Landschaftsschutzorganisation.

Der National Trust

Der National Trust blickt auf eine gut 100-jährige Geschichte zurück. Am 16. Juli 1894 hatte im Grosvenor House in London die Inaugurationsversammlung stattgefunden, bei der die drei Gründer Octavia Hill, Sir Robert Hunter und Kanonikus Hardwicke Rawnsley als Hauptredner auftraten. Ein halbes Jahr später, am 12. Januar 1895, war »The National Trust for Places of Historic Interest or Natural Beauty«, so der volle Name, offiziell registriert. Die drei Begründer waren besorgt über die Auswirkungen der Industrialisierung und der unkontrollierten Landerschließung. Der National Trust sollte als Stellvertreter der Nation Landstriche und Gebäude aufkaufen, die von Verschandelung oder Zerstörung bedroht waren, und sie treuhänderisch bewahren und allen zugänglich machen.

Im Februar des Jahres 1895 wurde der Organisation das erste Stück Land anvertraut. Es handelte sich um rund 18 Hektar *cliffland* in Dinas Oleu bei Barmouth in Wales. Das erste historische Gebäude erwarb man 1896. Für zehn englische Pfund kaufte der National Trust in Alfriston, Sussex, ein Pfarrhaus aus dem 14. Jahrhundert. Drei Jahre später kam das erste Naturreservat hinzu, zwei Morgen Land in Wicken Fen in Cambridgeshire. 1907 wurde ein Gesetz verabschiedet, das es dem National Trust erlaubte, seine Besitztümer als *inalienable* zu erklären – also als unveräußerlich. Das heißt, dass Land oder Häuser nicht wieder verkauft werden können, wenn sie einmal dem National Trust übereignet worden sind, es sei denn, das Parlament stimmt nach einer genau festgelegten Prozedur diesem Vorhaben zu.
1931 wurde der »National Trust for Scotland« gegründet, und drei Jahre später ging das erste komplette Dorf in die Hände der Organisation über. 1937 wurde mit dem »Country House Scheme« begonnen, das sich auf den 1907 verabschiedeten »National Trust Act« stützte. Die zentrale Idee dieses Arbeitsplans war es, die britischen Landhäuser der Allgemeinheit zugänglich zu machen, da sie Teil des Kulturerbes sind. Natürlich kann ein Privathaus nur mit Zustimmung der Eigentümer geöffnet werden, doch da viele Besitzer in diesen Jahren in großen wirtschaftlichen Schwierigkeiten steckten, bot man ihnen die Steuerbefreiung ihres Gebäudes als Anreiz. In den 60er-Jahren reichte dies aber nicht mehr aus, denn die Instandhaltungskosten waren rapide angestiegen. Schließlich wurde eine neue Finanzierung beschlossen, die bis heute den Erhalt der vielen Häuser und Ländereien des National Trust sichert.

Auch während des Zweiten Weltkriegs setzte der National Trust seine Arbeit fort und nahm 1939 die ersten Industriebauten unter seine Obhut. Die Verantwortlichen erkannten frühzeitig die Relevanz dieser speziellen

Architektur für die Kultur- und Baugeschichte Großbritanniens. Inzwischen zählen viele dieser unter dem Stichwort »Industrial Heritage« zusammengefassten Gebäude zu den beliebtesten Ausflugszielen der Denkmalschutzorganisation. Dabei ist »Industrial Heritage« ein weitgefasster Begriff: Sogar eine Lokomotive und ein Leuchtturm zählen dazu, aber genauso auch das erste elektrifizierte Haus der Britischen Inseln. 1940 trug das »Country House Scheme« seine ersten größeren Früchte. Der Elfte Marquess of Lothian vermachte dem National Trust sein Anwesen Blickling Hall samt 4760 Morgen Land. Im Jahr des Kriegsendes 1945 feierte der National Trust seinen 50. Geburtstag. Zum Gedenken an die Kriegsopfer übertrug der Staat dem Trust ab 1946 verschiedene Anwesen, die ihm zwecks Begleichung der Erbschaftssteuer von den Hinterbliebenen übereignet worden waren. Im Jahre 1948 begann der National Trust sich auch um erhaltenswerte Gärten zu kümmern, auch wenn sie nicht zu einem historischen Gebäude gehörten. Hierfür wurde zusammen mit der Royal Horticultural Society der Gardens Fund geschaffen. Bis 1994 gelangten rund 160 Gärten in die Hände der Organisation. 1948 war auch das Jahr, in dem sich die Mitglieder in Clubs zusammenschlossen und sich an der Arbeit des National Trust beteiligten.

In den Geschäften des National Trust kann der interessierte Besucher nicht nur Literatur über die Arbeit der Organisation und die von ihr betreuten Häuser und Naturdenkmäler erstehen, sondern auch nette Accessoires für Haus und Garten daheim ebenso wie Geschenkartikel. Vor allem in der Weihnachtszeit nutzen viele Mitglieder den Mail-Order-Service, um stressfrei für ihre Lieben einzukaufen.

1965 begann das bis dahin ambitionierteste Projekt, der »Neptun Appeal«. Ziel war der Erwerb möglichst großer Abschnitte der noch unverbauten Küste Englands, von der es nur noch 900 Meilen gab. Bis 1994 wurden 18 Millionen Pfund gesammelt und der National Trust konnte 550 Meilen *coastline* retten.

Als man 1970 den 75. Geburtstag des Vereins beging, zählte er immerhin schon 226 200 Mitglieder. Nur elf Jahre später waren bereits eine Million Menschen beim National Trust eingeschrieben. Zu diesem Zeitpunkt war die Organisation schon lange ein fester Bestandteil des britischen Lebens, nicht zuletzt dank der über 268 Läden, Restaurants und *tea rooms*, die sie unterhält. Im Oktober 1997 hatte der Trust genau 2 558 563 Mitglieder. Die Gesamtfläche der geschützten Areale umfasst 244 133 Morgen Land. Für die Öffentlichkeit zugänglich sind 164 Häuser, zudem 19 Burgen, 47 Industrieanlagen, 49 Kirchen und Kapellen, neun prähistorische und römische Ruinen, 13 Bauernhöfe, 114 anderweitige Gebäude, 160 Gärten sowie 73 Landschafts- und Wildparks. Der National Trust ist längst zu einem Inbegriff des kultivierten Wochenendes geworden. Anhand des jährlich aktualisierten Handbuchs, das jedes Mitglied zugeschickt bekommt, kann man einen Ausflug in die nähere oder fernere Umgebung planen und sich nach Lust und Laune einen hochherrschaftlichen Adelssitz, eine mittelalterliche Burg oder das gemütliche Haus eines Schriftstellers anschauen. Wer Kinder oder ältere Leute mitbringen möchte, erfährt aus der Beschreibung der Sehenswürdigkeit, ob es einen Spielplatz oder eine Cafeteria für die Teepause gibt. Und damit man später nicht in traurige Hundeaugen blicken muss, wird man auch darüber informiert, ob übermütige Retriever und junge Labradore auf dem Anwesen willkommen sind oder nicht. Wie beliebt die Angebote des National Trust bei den Briten und ihren ausländischen Gästen sind, zeigen die Besucherzahlen. In der Saison 1996/1997 wurden beispielsweise 11 624 587 Besucher gezählt. Dass die größte Privatorganisation der Welt ausgerechnet ein englischer Verein zur Erhaltung von historischen Bauten und Naturschönheiten ist, zeigt, wie hoch man im Inselkönigreich das Erbe an alten Häusern, romantischen Gärten und reizvollen Landschaften schätzt.

Blickling Hall fiel dank des »Country House Scheme« an den National Trust. Der ehemalige Eigentümer, der Elfte Marquess of Lothian, vermachte das Anwesen 1940 der Organisation, die sich die Erhaltung historischer Baudenkmäler und Gärten zum Ziel gesetzt hat.

Oben: Hilltop. Das Haus von Beatrix Potter im Lake District ist ein außerordentlich populäres Ausflugsziel, zumal die Kinderbuchautorin hier zahlreiche ihrer berühmten Werke verfasst hat. Das im 17. Jahrhundert erbaute *cottage* taucht nach 1905 in vielen Illustrationen zu ihren Geschichten auf.

Rechts: Der Dichter Thomas Hardy lebte in Max Gate bei Dorchester von 1885 bis zu seinem Tod im Jahre 1928. Er schrieb in dem von ihm entworfenen Haus unter anderem »Tess of the D'Urbervilles« und »The Mayor of Casterbridge« sowie einen großen Teil seiner Lyrik.

Unten: Old Soar Manor. Die Überreste des Heims eines Ritters aus dem späten 13. Jahrhundert lassen erahnen, wie ein nobler Herr dieser Zeit gelebt hat. Ebenfalls erhalten ist eine Kapelle.

Mompession House bei Salisbury. Filmfreunden wird das Haus vielleicht bekannt vorkommen, denn es war in dem preisgekrönten Streifen »Sense and Sensibility« zu sehen. Das aus dem 18. Jahrhundert stammende Haus bietet neben außergewöhnlich schönen Stuckarbeiten eine Sammlung von Trinkgläsern aus dem 18. Jahrhundert.

Wordsworth House. Der Dichter William Wordsworth wurde 1770 in diesem georgianischen Stadthaus in Cockermouth, Cumbria, geboren, dessen Räume zum Teil im Stil des 18. Jahrhunderts eingerichtet sind. Es gibt auch einige persönliche Gegenstände des Poeten zu besichtigen.

Rechts: Bateman's, Sussex. Der National Trust nennt mehrere Häuser berühmter Schriftsteller sein Eigen, darunter auch das von Rudyard Kipling, dem berühmten Balladendichter und Schöpfer der »Jungle Books«. Der Autor hat in Bateman's immerhin die letzten 34 Jahre seines Lebens verbracht und dort einige seiner bekanntesten Bücher geschrieben.

Ganz rechts: Mr. Straw's House, Worksop in Nottinghamshire. Die edwardianische Doppelhaushälfte Nummer 7, Blyth Grove ist eine Zeitkapsel aus den 20er- und 30er-Jahren des 20. Jahrhunderts. Die Besitzer beließen das Haus Innen und Außen so, wie deren Eltern es bei ihrem Tod in den 30ern hinterlassen hatten.

Oben: Clouds Hill, Dorset. Der Film »Lawrence of Arabia« aus dem Jahr 1962 mit Peter O'Toole in der Titelrolle setzte dem Abenteurer und Soldaten T. E. Lawrence ein brillantes Denkmal. Nach dem Erwerb des *cottage* im Jahr 1925 zog Lawrence sich oft nach Clouds Hill zurück, um hier zu schreiben.

Rechts: Chartwell, Kent. Das Haus von Winston Churchill rangiert beim National Trust als Gedenkstätte für einen Staatsmann und Schriftsteller. Immerhin hat der legendäre Offizier, Journalist und Politiker hier die Werke verfasst, die ihm 1953 den Literaturnobelpreis einbrachten.

Das grosse Landhaus

Das Landhaus gilt vielleicht als die britischste aller Wohnformen. Es gibt wohl kaum ein zweites Land, in dem große und prachtvoll eingerichtete *country houses* so dicht gesät sind. Nicht notwendigerweise sind mit einem solchen Anwesen üppige Grundstücke oder gar wohlklingende Adelstitel verbunden. Seit dem späten Mittelalter war es in Großbritannien gang und gäbe, dass jeder, der es bezahlen konnte, sich einen Landsitz zulegte. Der Aufstieg des Bürgertums in den niederen Adel war, spätestens seit dem 18. Jahrhundert, einfacher zu bewerkstelligen, als auf dem Kontinent. Wohlhabende Bürger, die möglichst schnell von den blaublütigen Nachbarn akzeptiert werden wollten, ließen ihre Töchter in die oftmals verarmten adligen Familien einheiraten.

Im 17. und 18. Jahrhundert waren zahlreiche neue Wirtschaftszweige entstanden – und damit auch Wege, zu Geld zu kommen. Die neue wohlhabende bürgerliche Schicht begeisterte sich für das Landleben, wollte den Lebensstil der adeligen Großgrundbesitzer nachahmen und konnte sich dies auch leisten. Das Landhaus begann mit der beginnenden Industrialisierung seine ursprüngliche Funktion als Gutshaus zu verlieren, obwohl bis in die zweite Hälfte des 19. Jahrhunderts hinein in aller Regel noch ausgedehnte Ländereien zu einem solchen Anwesen gehörten. Allerdings spielte dieses Land als Einnahmequelle für den neuen Eigentümer oft keine Rolle mehr, vielmehr galt es bald als kostspielige »Zugabe«. Aus diesem Grund gingen reiche Bürger dazu über, Herrenhäuser ohne den für sie nutzlosen Grund und Boden zu erwerben. Viele große *country houses* dieser Zeit stehen daher auf vergleichsweise kleinen Grundstücken.

Die Entstehungszeit eines Landhauses gibt nur bedingt Auskunft darüber, für welche Klientel und zu welchem Zweck es erbaut wurde. Der Landadel neigte seit dem 17. Jahrhundert dazu, zwischen London, dem *country house* und diversen Badeorten und befreundeten Adelsfamilien hin und her zu pendeln, so dass die Landhäuser häufig nur dem reinen Vergnügen dienten. Der wirtschaftliche Aufschwung seit etwa 1750 führte jedoch zu einer rasanten Steigerung der Erträge, mit der Folge dass viele Landhäuser inmitten riesiger bewirtschafteter Ländereien lagen. Ebenso ist es praktisch unmöglich, einem Haus von 1750 anzusehen, ob der Erbauer ein Graf oder der Besitzer einer Baumwollspinnerei war. Auch das Interieur würde sich bei vergleichbarem Vermögen kaum unterscheiden. Wie die Aufsteiger heutiger Tage, so legten die *middle classes* der Vergangenheit die größte Lernfähigkeit an den Tag, wenn es darum ging, sich den Lebensstil der Oberschicht anzueignen. Die allerhöchste Anerkennung, nämlich die bei Hofe, fand der Geldadel allerdings oft erst in Viktorianischer Zeit. So umgab sich der älteste Sohn Königin Viktorias während der langen Wartezeit auf den Thron mit einem illustren Stab von reichen Kaufleuten, Unternehmern, Bankiers und Schauspielern und kümmerte sich wenig darum, ob dies schicklich war oder nicht. Mochte auch sein deutscher Cousin Kaiser Wilhelm II. darüber spotten, dass Bertie mit »seinem Lebensmittelhändler« segeln ging – womit der Millionär Thomas Lipton gemeint war –, den Prinzen von Wales focht das nicht an. Seiner Majestät tat es keinen Abbruch, wenn sie sich anlässlich einer Hochzeit der

Das Tudor-Haus Owlpen Manor in Gloucestershire wurde zwischen 1464 und 1616 er- und umgebaut. Außer einigen kleineren Eingriffen im frühen 18. Jahrhundert wurde es seither nicht verändert. Der Arts-and-Crafts-Architekt Norman Jewson rettete 1925 das Haus und entwarf auch den Garten neu.

Das bei Peterborough gelegene Herrenhaus Elton Hall ist seit dem 16. Jahrhundert im Besitz der Familie Proby. Die ältesten Teile des Anwesens, das Torhaus und die Kapelle, stammen aus dem 15. Jahrhundert. In der Bibliothek wird ein Gebetbuch von Heinrich VIII. verwahrt.

Rothschilds in die Synagoge begab. Um in die Kreise des Prinzen von Wales vorzudringen, war eine standesgemäße Bleibe jedoch unerlässlich, und so bauten oder kauften sich seine Freunde und Möchtegern-Freunde Häuser, die eines Königs würdig gewesen wären – und hatten im Gegensatz zu früheren Zeiten sogar die Chance, den Thronfolger dort zu bewirten.

Von Ende des 19. Jahrhunderts bis zum Ausbruch des Ersten Weltkriegs setzten sich, bedingt durch die Agrarkrise seit 1880, beim Hauskauf dann endgültig praktische Erwägungen durch. Man brauchte keine weitläufigen und kostspielig zu unterhaltenden Grundstücke mehr, wenn man nur für einen gelegentlichen Wochenendaufenthalt aufs Land hinausfuhr. Hauptsache, das Haus hatte genug Zimmer für die Unterhaltung und Unterbringung der Gäste und vielleicht noch einen hübschen, nicht allzu großen Garten. Wichtig war auch eine verkehrsgünstige Lage in der Nähe der Hauptstadt, denn schließlich wollte man sein Anwesen pünktlich am Freitagabend erreichen können. Dabei bedienten sich die Arrivierten der Edwardianischen Ära immer häufiger des Automobils.

Der Erste Weltkrieg beendete das fröhliche Treiben, und etliche der großen Herrensitze verwaisten. Viele ehemalige Hausangestellte wechselten in andere Berufe, doch ohne Dienstmädchen, Pagen, Gärtner, Köche, Wirtschafterinnen und Butler waren die riesigen Häuser kaum am Leben zu erhalten. Hinzu kamen finanzielle Probleme durch die 1919 erhöhte *death duty,* die Erbschaftssteuer, welche fällig wurde, sobald der Inhaber eines Anwesens verstarb. Wenn seine jüngeren Brüder, die ihn beerbt hatten, dann womöglich einer nach dem anderen im Krieg fielen, wurde die Erbschaftssteuer jedes Mal erneut fällig, was selbst sehr reiche Familien fast in den Ruin trieb. So wurden nach dem Ersten Weltkrieg viele der großen *country houses* einfach verschlossen, verlassen und mitunter sogar niedergerissen.

Wer sich erfolgreich durch die Zwischenkriegsjahre geschlagen hatte, sah sich spätestens nach dem Zweiten Weltkrieg vor einem neuen drohenden Fiasko – die Erbschaftssteuern und die horrenden Unterhaltskosten konnte kaum jemand bezahlen. Manchen Hausherren blieb als letzte Chance nur noch die Öffnung ihrer Gemächer für die Öffentlichkeit. Wem dieser Gedanke nicht behagte, musste in ein kleines Nebengebäude ziehen und das übrige Anwesen unter Wert verkaufen – oder dem National Trust übergeben. Erst um 1970 kamen einige der alten Familien wieder zu Geld und konnten ihre Häuser erneuern oder zurückerwerben. Die Gründe für den plötzlichen Geldsegen lagen im gestiegenen Bodenpreis und einer daraus folgenden Neubewertung des Grundstücks, womöglich in einer Erbschaft oder auch nur in einer glücklichen Versteigerung der wertvollen Antiquitätensammlung. Immerhin strotzten die meisten *country houses* nur so von Kunstwerken, und angesichts der Rekordpreise auf den einschlägigen Märkten war es verständlich, dass manch einer nicht der Versuchung widerstehen konnte, den Rubens aus dem *dining room* oder den Van Dyck aus dem *drawing room* zu einem kleinen Barvermögen zu machen.

Heute erlebt das Landhaus ähnlich glückliche Zeiten wie vor dem Ersten Weltkrieg. Es gibt eine neue Generation von Hauskäufern, die ihr Vermögen mit Software, erfolgreichen Fernsehproduktionsfirmen oder im Dienstleistungsbereich gemacht haben und sich mit repräsentativem Besitz ausstatten möchten.

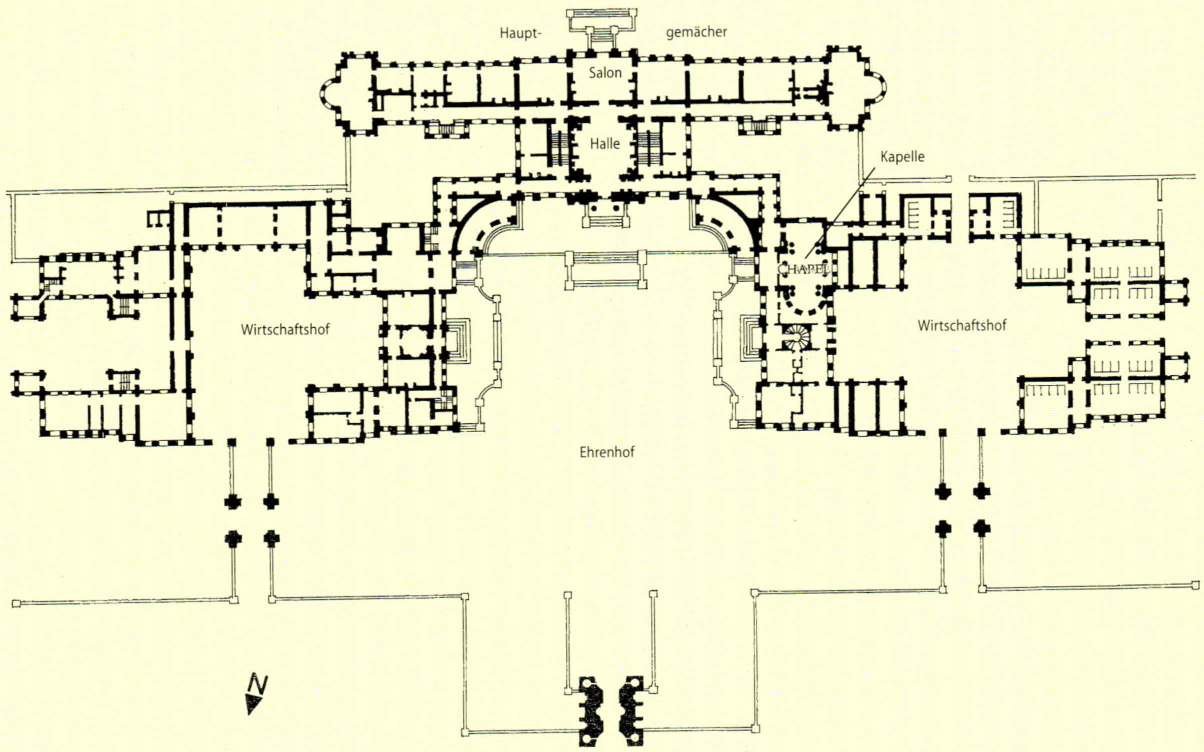

Die Austauschbarkeit der Begriffe »Landhaus«, »Palast« und »Schloss« wird beim Vergleich der Grundrisse von Castle Howard und Blenheim Palace (s. S. 41) deutlich: Auch bei dem zwischen 1699 und 1712 entstandenen Landhaus des Lord Carlisle in North Yorkshire bilden der Küchen- und der Stallhof mit dem Hauptgebäude zusammen einen Ehrenhof. Tatsächlich sind sowohl Blenheim als auch Castle Howard von dem gleichen Architekten, Sir John Vanbrugh, konzipiert worden. Typisch für die großen Häuser ist die imposante Eingangshalle, auf die der Salon als Herzstück des Hauses folgt. Rechts und links davon gehen die prächtig ausgestatteten Warte-, Empfangs- und Aufenthaltsräume ab. Diese repräsentativen Räume lagen im *piano nobile*, dem ersten, »vornehmen« Geschoss. Die Privatgemächer der Familie befanden sich meistens darüber, die Angestellten lebten – wie schon in den Burganlagen – im Untergeschoss.

Die Blütezeit des Landhauses

Ein *country house* ist ursprünglich der von Parkland oder einem Garten umgebene Wohnsitz adliger Familien, der keine wehrhafte Funktion mehr hatte. Seit der Machtübernahme von Heinrich VII. im Jahre 1485 waren die Besitz- und Machtverhältnisse in England einigermaßen stabil, so dass es möglich wurde, aus den standhaften, aber eher unwirtlichen Burgen auszuziehen oder sie zu komfortableren Residenzen umzugestalten. Dabei sind die architektonischen Grenzen zwischen dem Palast und dem großen Landhaus fließend: Große Landhäuser wie Castle Howard sind in Hinsicht auf Prachtentfaltung und Architektur sicherlich gleichwertig mit Palästen wie Blenheim Palace oder Chatsworth.

Die große Blütezeit des Landhausbaus war das 18. Jahrhundert. Zahllose Häuser wurden neu errichtet oder aufwendig umgestaltet, um dem neusten Komfort und Geschmack zu entsprechen wie zum Beispiel Saltram House und Osterley Park.

Die »Grand Tour«, die obligatorische Italienreise junger Adliger, Neuausgaben von Architekturlehrbüchern der Renaissance sowie Veröffentlichungen von Ansichten antiker Orte führten unter den Vornehmen und Gebildeten zu einer Begeisterung für alles Klassische. Ihre Landsitze sahen entsprechend aus: Überall traten Portiken, griechische, etruskische und römische Säulen, dreieckige oder halbrunde Giebelfelder über Fenstern und Türen sowie runde Eingangshallen und Kuppelräume auf. Allerdings gibt es auch Landhäuser wie Knole und Owlpen Manor die ihren mittelalterlichen oder Frührenaissance-Charakter bewahren konnten.

Das in North Yorkshire gelegene Castle Howard besitzt als Landhaus eine palastartige Anlage, wie der Grundriss oben deutlich zeigt. Lord Carlisle, der Bauherr, ließ das mächtige Anwesen von einer weitläufigen Parkanlage umgeben, die zu den originellsten Englands gehört.

Groombridge Place, Kent. Das Herrenhaus in rotem Backstein ist von einem Wassergraben umgeben, denn es ersetzt eine normannische Burganlage. Nach der Krönung von Charles II. 1660 ließ der Besitzer Philip Packer, Rechtsanwalt und Gelehrter, das alte Haus abreißen und errichtete 1674 das heutige Gebäude.

Mit dem Beginn des Viktorianischen Zeitalters, also ungefähr in den 1830er-Jahren, endete das goldene Zeitalter der Landhäuser. Manche adligen Familien, deren Reichtum zusammengeschrumpft war, waren gar gezwungen, ihre Domizile für ein zahlendes Publikum zu öffnen. Große private Bauaufträge wurden seltener, und die öffentliche Hand wurde zu einem bedeutenden Bauherrn, der Gebäude wie Museen, Regierungsgebäude oder Universitäten bauen ließ. Als eines der letzten großen Landhäuser wurde noch in den Jahren um den ersten Weltkrieg Port Lympne neu errichtet.

Oben: Osterley Park, Greater London. Im Jahre 1761 bekam der Architekt Robert Adam den Auftrag zum Umbau des elisabethanischen Herrenhauses. Er fügte nicht nur einen prächtigen ionischen Portikus in die Fassade ein, sondern gestaltete auch die Innenräume um.

Rechts: Knole, Kent. Obwohl zeitweise Eigentum der Krone, war Knole kein Königspalast, sondern Sitz des Erzbischofs von Canterbury. Mit seinen 365 Zimmern, 52 Treppenhäusern und 12 Eingängen ist es eines der größten englischen Häuser.

Oben: Saltram House, Devon. Das alte Tudor-Haus wurde in den 1740ern für die Parker-Familie umgebaut. Robert Adam gestaltete 1768–1782 den Salon, die Bibliothek und den *dining room* für John Parker, der als schmuddeliger, aber fröhlicher Gutsherr beschrieben wird. Trotz seines unkultivierten Auftretens war er ein feinsinniger Kunstkenner, zu dessen Freunden und Beratern der Maler Sir Joshua Reynolds gehörte.

Links: Die Westfassade von Petworth, wie sie heute zu sehen ist, verdanken wir dem Geschmack des 6. Duke of Somerset. Er ließ das Haus Ende des 17. Jahrhunderts umbauen, um es bequemer und repräsentativer zu machen.

Rechte Seite: Lyme Park, Cheshire. Das Herrenhaus Lyme Park erhielt seine bis heute unveränderte Gestalt im frühen 18. Jahrhundert von dem italienischen Architekten Giacomo Leoni. Peter Legh, das damalige Oberhaupt der Familie, hatte den Baumeister mit dem Umbau betraut. Das Innere des Hauses blieb davon allerdings unberührt.

Das kleinere Landhaus

Das kleinere Landhaus, großzügiger als ein dörfliches *cottage* und von freundlicherer Ausstrahlung als eine Burg oder ein palastartiger Bau, vermittelt seinen Bewohnern ein ganz eigenes Lebensgefühl. Wir verstehen unter kleineren *country houses* zum einen Bauten, die von Anfang an zwar herrschaftlich, aber überschaubar dimensioniert waren – entweder aus Gründen der Bequemlichkeit oder weil sie nur wenige Bewohner beherbergen sollten. Zum anderen fallen unter diese Bezeichnung auch Häuser, die ursprünglich nicht als Landsitz einer Person von Rang gedacht waren, sondern als Bauernhaus oder vielleicht als Domizil eines wohlhabenden Handwerkers oder Händlers und erst später im herrschaftlichen Stil umgebaut wurden. Daneben gibt es noch die Gruppe der vom ausgehenden 19. Jahrhundert bis zum Ausbruch des Ersten Weltkriegs entstandenen *country houses*, die etwa die Ausmaße einer städtischen Villa haben. Diese vorteilhaft angelegten Landhäuser, die nicht selten auf Grundstücken standen, die am Gartenzaun endeten, waren ideale Orte für das gemütliche Wochenende oder auch einen geruhsamen Lebensabend.

Ein Beispiel für ein solches kleineres *country house* ist Chartwell, das Domizil von Winston Churchill. Er entdeckte es 1922 im Vorbeifahren und verliebte sich sofort in das damals recht heruntergekommene Anwesen. Ein Arzt aus der Nachbarschaft soll ihm berichtet haben, dass der vorherige Besitzer im Bett einen Regenschirm über sich gehalten habe, weil das Dach undicht war. Doch Churchill ließ sich nicht durch ein löcheriges Dach abhalten, zumal eine unverhoffte Erbschaft ihm gerade die entsprechenden Mittel zum Kauf des Hauses verschafft hatte. Die Ursprünge von Chartwell liegen im Mittelalter, doch wie so viele andere alte Anwesen wurde es mehrfach umgebaut. Churchill beauftragte den Architekten Philip Tilden mit der Renovierung des Gebäudes. Mrs. Churchill soll Chartwell übrigens niemals so recht in ihr Herz geschlossen haben, vor allem wohl, weil der Umbau große Summen verschlang. Für ihren Ehemann waren diese Überlegungen offensichtlich zweitrangig, denn er liebte das Haus für den Rest seines Lebens. Es lag weit genug von London entfernt, um Ruhe und Erholung zu bieten, und nah genug, um schnell in der Stadt zu sein – tatsächlich sind es nur 25 Meilen bis Hyde Park Corner.

Die von vornherein als bescheideneres Landhaus geplanten Anwesen sind verkleinerte Abbilder großer Bauten, sie haben lediglich weniger Zimmer als ihre Vorbilder. Die wechselnden Moden, die sich an den großen Häusern ablesen lassen, spiegeln sich deshalb auch in den kleineren Exemplaren.

Doch ob nun klein oder groß, bei der Planung stand der Architekt regelmäßig vor einer grundsätzlichen Frage, die je nach Auffassung und Zeitgeschmack unterschiedlich beantwortet werden konnte: Soll die Anlage der Räume der äußeren Symmetrie des Hauses folgen, oder soll sich das Äußere des Baus aus der Form und Anlage der Innenräume ergeben? Während man in der Zeit bis 1500 die Funktion eines Landsitzes meistens einzelnen Bauten zuordnete, ging man in der Tudorzeit dazu über, die Gebäude zusammenzulegen, um der Tendenz der Vereinheitlichung und Symetrie Rechnung zu tragen. Im Lauf des späten 18. Jahrhunderts und vor allem im 19. Jahrhundert wurden die Funktionen der verschiedenen Gebäudeteile jedoch häufig wieder getrennt, so dass sie stärker zergliedert wirkten – bis hin zu einer strengen Trennung von männlicher und weiblicher Sphäre, Herrschafts- und Dienstbotenbereich in der Zeit Queen Victorias. Kleinere Bauten schlossen naturgemäß Kompromisse.

Eben diese Kompromisse sind es, die die kleineren Häuser für den heutigen Geschmack besonders attraktiv machen, ist ihre »Bewohnbarkeit«, denn sie haben oft einen Grundriss, der wie geschaffen ist für eine Familie ohne Personal oder mit wenigen Angestellten. Wenn ein solches »kleineres« Haus früher neben der Herrschaft samt Dienstboten auch noch einigen Gästen Quartier bieten konnte, so gilt es nach heutigen Maßstäben schon fast als gigantisch. Auch solch ein größeres Haus kann eine perfekte Lösung bieten, wenn man es nicht nur zum Wohnen, sondern auch zum Arbeiten nutzen möchte. Dann nämlich ist hier genug Platz für Wohn- und Schlafräume, aber eben auch für zwei bis drei Büros. Wer mehr als drei Kinder hat, vielleicht noch einen Elternteil im Hause beherbergt, ein Au-pair-Mädchen unterbringen möchte und sich übers Wochenende gern Gäste einlädt, wird ein solches Haus durchaus nicht als zu groß empfinden.

Melbourn Bury in Cambridgeshire gehörte vom Beginn des 16. Jahrhunderts bis 1850 den Bischöfen von Ely. Der elegante Landsitz liegt in einem ausgedehnten Landschaftsgarten mit See und wird heute als Hotel genutzt.

So muss es auch Prince Charles mit seinem privaten Landsitz Highgrove House ergangen sein, den er 1980 für rund eine Million Pfund erwarb. Das im Georgianischen Stil erbaute Haus ist bestens dimensioniert für die Bedürfnisse einer jungen Familie. Im Untergeschoss befinden sich Eingangshalle, Wohnzimmer, Esszimmer, Arbeitszimmer, Bibliothek und Billardzimmer. Im ersten Stock liegen vier Schlafzimmer-Suiten und der *nursery wing*, also die Räume für die Kinder und ihre Betreuerin. Im zweiten Stock stehen weitere fünf Schlafzimmer und zwei Badezimmer zur Verfügung. Wem das groß erscheint, sollte sich vor Augen führen, dass der Zweck eines Landhauses zum großen Teil in der Unterhaltung und Unterbringung von Gästen liegt.

Auch wenn kleinere Landhäuser inzwischen nicht mehr von Ländereien im Sinne eines umfangreichen Großgrundbesitzes umgeben sind, können sich ihre Gärten doch meist sehen lassen. Dies macht sie für die gartenbegeisterten Briten natürlich um so attraktiver, und so werden viele der bescheideneren *country houses*, die oft jahrzehntelang leer standen, heute wieder an junge Familien verkauft und manchmal sogar vermietet – eine Besonderheit in einem Land der Hauseigentümer. Wer Platz braucht, findet ihn, auch wenn sich aus der Größe der Anlage gewisse Anfangsschwierigkeiten ergeben. Es ist eben wesentlich teurer, sieben Zimmer auszustatten als zwei. Viele Bewohner lösen dieses Problem, indem sie über Jahre hinweg die Einrichtung vervollständigen. Allerdings gibt es in England auch eine ganze Reihe von jungen Leuten, die einen so großen Fundus an Möbeln erben, dass sie allein dafür ein riesiges Haus brauchen.

Rechts: Constable Burton Hall, Yorkshire. Die georgianische Villa verdankt ihre Existenz einem riesigen Fehler: 1762 beauftragte Sir Marmaduke Wyvill den Architekten John Carr, das elisabethanische Haus seiner Vorfahren umzubauen; als er fünf Monate später nach dem Rechten sehen wollte, hatte Carr das Gebäude abgerissen. Der großartige spätpalladianische Neubau kostete dann fast das Zehnfache der ursprünglich geplanten Summe.

Unten: Pinfold Stud in Hales, Shropshire, stammt aus dem 18. Jahrhundert und ist ein gutes Beispiel für ein georgianisches Landhaus, wie es früher oft von Pächtern bewohnt wurde. Es befindet sich innerhalb der rund 1200 Hektar umfassenden Ländereien der Familie Hall und gehört heute zu deren Gestütsanlagen.

Oben: Anglesey Abbey liegt in Cambridgeshire. Ursprünglich im 12. Jahrhundert als kleines Kloster erbaut, gelangte es schließlich 1926 in den Besitz eines reichen Unternehmers. Er vermachte das Haus samt Kunstsammlung 1966 dem Staat.

Das »Palladian movement« oder der Palladianismus in der Landhausarchitektur

Neben den palastähnlichen Landhäusern der mächtigen Adelsfamilien entstanden zwischen 1500 und 1830 auch kleinere Herrenhäuser, die oft den großen in der Pracht der Ausstattung wenig nachstanden. Nicht selten wirken sie stilistisch sogar avantgardistischer als jene, da das Bauprojekt überschaubarer war und innerhalb einer Generation oder Stilepoche abgeschlossen werden konnte. Einer der wichtigsten dieser Baustile für Landhäuser war das *Palladian movement*, der »Palladianismus«.

Bis Ende des 16. Jahrhunderts hatte der englische Adel im Allgemeinen keine besondere Beziehung zum katholischen Italien. Man reiste nach Frankreich, Holland oder Deutschland, wenn man etwas von der Welt sehen wollten. Zu Hause hielt man am spätgotischen Tudorstil fest. Das sollte sich nachhaltig ändern, als 1613 bis 1614 der englische Architekt Inigo Jones in Italien die antiken Ruinen sowie deren Einfluss in den Bauwerken des Renaissance-Architekten Andrea Palladio studierte. Als oberster Hofbaumeister setzte er dort seine Vision einer strengen, unverschnörkelten, eben klassischen Bauweise vor allem in königlichen Residenzen um. Der Einfluss des so genannten Palladianismus, der radikal mit der manieristischen englischen Spätgotik brach, erstreckte sich von da ab bis ins 19. Jahrhundert.

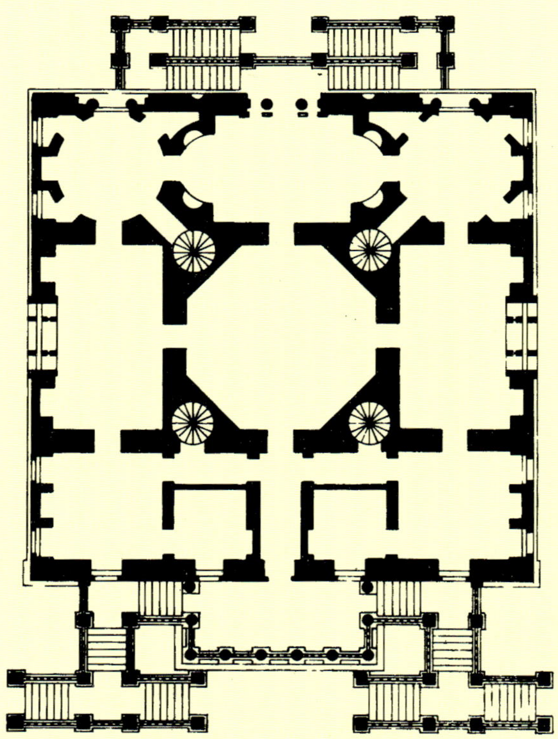

Das Landhaus besitzt einen quadratischen Grundriss, dessen Mitte ein überkuppeltes Oktogon bildet. Den Haupteingang betont ein Säulenportikus. Im niedrigen Untergeschoss befand sich ursprünglich die Bibliothek, im ersten Stock gibt es eine Abfolge von Prunkräumen, die von Robert Adam entworfen wurde. Um den achteckigen Salon liegen die Galerie sowie das rote, grüne und blaue Samtzimmer. Die Treppen bilden kein theatralisches Treppenhaus wie in anderen Häusern, sondern liegen als Wendeltreppe in den Ecken des zentralen Achtecks verborgen. Sowohl das Äußere als auch das Innere dieser kleinen Landvilla hatten einen starken Einfluss auf den späteren englischen Landhausstil.

Chiswick House wurde 1725 bis 1729 als Villa für den Dritten Earl of Burlington errichtet, der auf seinen Italienreisen die Architektur der Renaissance für sich entdeckte. So lieferte er selbst – mit der Hilfe des Architekten Colen Campbell – den Entwurf für seinen »Tempel der Künste«, der vor allem auf der berühmten Villa Rotonda Andrea Palladios in der Nähe von Vicenza basierte. In seiner Villa wollte Burlington hauptsächlich seine Kunst- und Büchersammlung unterbringen und Gäste unterhalten; allerdings gab es auch Schlafzimmer.

Rechts: Farnborough Hall in Warwickshire wurde von seinem Besitzer William Holbech im italienischen Stil umgebaut, nachdem er 1745 von einer 15 Jahre dauernden Reise über die Stiefelhalbinsel zurückgekehrt war.

Rechte Seite: Benthall Hall in Shropshire ist ein außen gut erhaltenes Haus aus dem späten 16. Jahrhundert. Ursprünglich war es Sitz der Familie Benthall, die es aber im 19. Jahrhundert verlor. Erst 1934 konnte sie es zurückerwerben, übergab es aber 1958 dem National Trust.

Die inzwischen obligatorisch gewordenen Italienreisen junger Adliger, neue Ausgaben von Architekturlehrbüchern der Antike wie die »Zehn Bücher zur Architektur« von Vitruv und der Renaissance wie die des Architekten Palladio sowie Veröffentlichungen von Ansichten abgelegener Ruinenstätten wie Dalmatien und Griechenland führten im 18. Jahrhundert unter den Reichen, Vornehmen und Gebildeten zu einer wiederaufflammenden Begeisterung für alles Klassische. Der einflussreiche Amateur-Architekt Lord Burlington, der mit seiner Landvilla in Chiswick den »Neo-Palladianismus« exemplarisch vorführte, spielte bei der Wiedererstarkung des klassischen italienischen Stils eine große Rolle. Dafür machte er sich übrigens bei dem Maler und Grafiker William Hogarth und seinen Freunden unbeliebt, die gleichzeitig versuchten, eine unabhängige »englische Schule« in der Kunst zu etablieren. Es hagelte nur so Spottschriften und -bilder auf Burlington und seine Favoriten, wie den Architekten William Kent. Zwar war der Palladianismus weit verbreitet und wurde von Männern in wichtigen Positionen gestützt, doch beweisen Hogarths Spötteleien, dass er keinesfalls der von allen anerkannte Stil des 18. Jahrhunderts war.

Die »Neo«-Variante zeichnete sich dadurch aus, dass sie die Schriften der Antike und der Renaissance-Architekten weniger verbindlich behandelte als das 17. Jahrhundert. Robert Adam, der schottische Architekt, Möbeldesigner und Innenausstatter, der mit seinen Brüdern James und John zwischen 1760 und 1790 eine eigene Stilvariante, den *Adam style*, entwarf, kümmerte sich nicht um die sklavische Einhaltung von vorgeschriebenen Proportionen – er war der Meinung, die Maße einer Säule hingen weniger von Vitruvs Lehrbuch als von ihrer Lage im Raum ab. Aus seinen archäologischen Forschungen war er auch mit dem Inneren der etruskischen, römischen und pompejanischen Häuser vertraut und versuchte, deren Stil in seinen Innenraumentwürfen umzusetzen. Dies führte zum Überziehen der Wände mit kleinteiligen, oft vergoldeten Ornamenten aus ganz flachen Stuckmodellierungen, die heiter und lebhaft – heute vielleicht auch etwas kitschig – wirken.

Oben: Ebberston Lodge in Yorkshire ist so klein, dass es in die Halle eines großen Landhauses passen würde. Colen Campbell entwarf das palladianische Häuschen 1718.

Das dörfliche Cottage

Neben dem prächtigen Landhaus gilt das *cottage* als das britische Haus schlechthin. Weit mehr als der großzügige Herrensitz symbolisiert es die klassenübergreifende Wohnstatt der Briten und ist fast allen gesellschaftlichen Gruppen angemessen. Ein *cottage* kann eine Schriftstellerin, einen Offizier der Garde, einen Börsenmakler und seine Familie, eine Lehrerin, einen Pfarrer, einen Professor oder eine Schauspielerin beherbergen. Dabei ist das *cottage* nur eine spezielle Erscheinungsform einer Gruppe von Gebäuden, die unter dem Begriff *vernacular architecture* zusammengefasst werden können. Es handelt sich hierbei um kleinere Häuser in einer Vielfalt von Baustilen, die zwischen der Mitte des 14. Jahrhunderts und dem Beginn des 19. Jahrhunderts entstanden sind. *Vernacular* bedeutet soviel wie ortstypisch oder volkstümlich, die beschriebene Architektur zeichnet sich durch eine stark regionale Prägung aus.

Ursprünglich waren *cottages* einfache Bauernhäuser. Wenn ein heutiger Besitzer dagegen stolz von seinem *cottage* spricht, dann ist dies nicht selten eine Untertreibung, denn oft handelt es sich nicht etwa um das bescheidene Haus eines einfachen Mannes, sondern um ein bestens ausgestattetes Kleinod. So gibt es zum Beispiel viele Bauernhöfe, die über Generationen hinweg stetig vergrößert wurden, bis sie im 18. Jahrhundert zu recht herrschaftlichen Anwesen gerieten. Neben den Bauern gaben auch Handwerker oder Kaufleute solche Häuser in Auftrag. Dementsprechend variierten Größe und Ausführung des Baus ganz erheblich, je nach den zur Verfügung stehenden Geldmitteln. Selbst die Angestellten der lokalen Großgrundbesitzer erbauten sich in unmittelbarer Nähe der Landsitze ihrer Arbeitgeber zum Teil beachtliche Häuser, welche ebenfalls unter den Begriff *vernacular architecture* fallen. Was diese kleineren Häuser so interessant macht, ist ihre Vielfalt – sowohl in der absoluten Zahl als auch in der Varietät je nach Region und Entstehungszeit.

Vernacular houses sind immer auch ein Spiegelbild dessen, was die Natur vor Ort in Form von Holz und Stein als Baumaterial geliefert hat. In der Grafschaft Lancashire oder in West Yorkshire wird man zum Beispiel Häuser finden, die aus dem lokalen *millstone grit*, einer Art Sandstein, erbaut sind. In Somerset findet man den dort gewonnenen Kalkstein, und in Warwickshire oder East Sussex können wir Fachwerkhäuser bewundern. Die mittelalterlich-romantischen Fassaden mit den charakteristischen sichtbaren Balken wurden generell im Süden und Osten Englands, in den westlichen Midlands, im östlichen Teil von Wales und in den flachen Gegenden von Yorkshire oder Lancashire bevorzugt. Erst um die Wende zum 18. Jahrhundert ging man hier zum Bau mit Ziegelsteinen über. In den bergigen, wenig bewaldeten Regionen im Westen und Norden Englands und in großen Teilen von Schottland und Wales war Stein der gebräuchlichste Baustoff.

Zwischen 1200 und 1700 wurden vor allem im waldreichen Westen und Süden Großbritanniens viele Fachwerkhäuser errichtet. An den verschiedenen Unterteilungen der Fenster dieser Häuser aus East Sussex kann man sehen, dass sie im Laufe ihrer langen Benutzung immer wieder erneuert und den Bedürfnissen ihrer Bewohner angepasst wurden.

Wie eingangs erwähnt, wurden die letzten *vernacular houses* gegen Ende des 19. Jahrhunderts erbaut. Die industrielle Revolution erlaubte es nun, Baustoffe relativ problemlos auch über große Entfernungen zu liefern. So konnte der Bauherr auf eine viel breitere Auswahl an Materialien zurückgreifen, was auf der anderen Seite – so paradox es klingen mag – zu einer gewissen Uniformität der Architektur geführt hat. Regional geprägte Häuser werden auf dem Immobilienmarkt entsprechend hoch gehandelt, und ein altes *vernacular house* zu suchen und endlich zu finden, es nach historischen Vorgaben zu renovieren und dann einzurichten ist für viele Briten ein Traum. Seine Erfüllung zieht sich manchmal über Jahre hin und beginnt mit langen Fahrten übers Land und dem Sichten von einschlägigen Anzeigenblättern. Diese Zeit gilt als wichtiger Lebensabschnitt, dessen Ende irgendwann fast ein wenig bedauert wird. Für den Traum vom *cottage* gilt, wie so häufig, das Motto: »Der Weg ist das Ziel«.

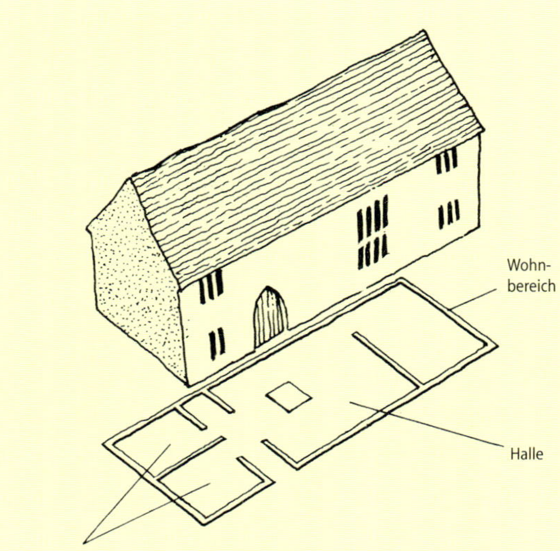

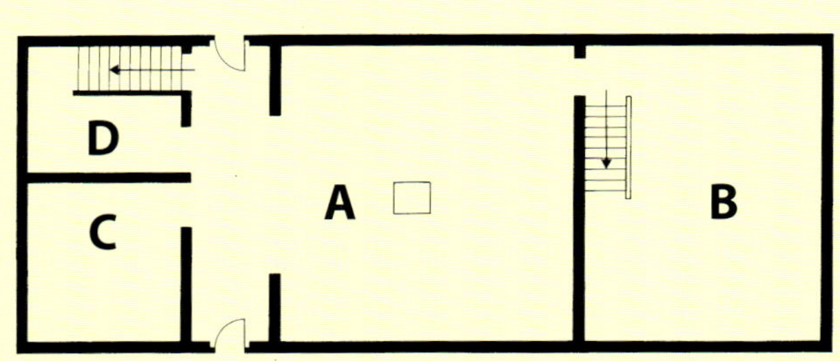

Was wir heute als *cottages* bezeichnen, waren ursprünglich die Hütten von Landarbeitern oder kleine Bauernhäuser. Im Mittelalter stand, wie bei der Burg, im Zentrum des ländlichen *cottage* die Halle, welche die gesamte Höhe des Gebäudes einnahm. Hier lag auch die – bis zur Mitte des 16. Jahrhunderts noch offene – Feuerstelle, deren Rauch meist nur durch die Ritzen im Dach abziehen konnte. Rechts und links der Halle (A) wurden Wohn (B)- und Arbeitsräume (C,D) manchmal auch Ställe, abgetrennt. Bald zog man in den seitlichen Räumen Deckenbalken ein, um zusätzlichen, weniger hohen Raum zu schaffen. Die Verarbeitung von Milch und anderen Lebensmitteln fand in einer Kammer an der kühlsten Stelle des Hauses statt, im Erdgeschoss zwischen den beiden beheizbaren Räumen.
Die zweite Hälfte des 16. Jahrhunderts brachte eine wesentliche Neuerung: den Kamin mit Schornstein als geleiteten Rauchabzug für die Feuerstelle. Nun konnte man auf der ganze Fläche des Hauses einen Zwischenboden einziehen und ein durchgehendes zweites Geschoss einrichten. Das gab den Bewohnern mehr Raum und Komfort. Es entstanden mehrere Räume, die nun speziell für besondere Tätigkeiten genutzt werden konnten, sei es zur Arbeit, etwa als Weberei oder Milchkammer, oder zum allmählich beginnenden privaten Rückzug für einzelne Familienmitglieder.

Vom »cottage house« zum »cottage ornée«

Während die einfache Landbevölkerung in Hütten lebte, die oft nur aus zwei Räumen (Stall und Wohnbereich) bestanden, entwickelten sich spätestens seit dem 15. Jahrhundert Landsitze, die auch repräsentativen Zwecken entsprachen. Meist gab es eine zentrale Halle, von der man schon früh die herrschaftlichen Gemächer abtrennte. Seit dem späten 16. Jahrhundert vertiefte sich die Trennung zwischen Herrschaft und Dienerschaft. Schon damals unterschied man zwischen der Halle und der *great chamber*, die hohen Besuchern vorbehalten war, hinzu kam die *drawing chamber* in der Nähe der Schlafräume und die Galerie, der repräsentative Verbindungsgang. Oft waren diese Raumfolgen doppelt um die Halle angeordnet: eine für die Prachtentfaltung, die zweite für hohe Gäste. Landsitze der Tudor-Zeit gruppierten sich häufig symmetrisch um einen Hof. Ab 1600 fügte man weitere Räume hinzu, die Gäste durchqueren mussten, bevor sie den Gastgeber in privater Atmosphäre in seinem Kabinett antrafen. Wie weit der Gast vorstoßen durfte, signalisierte ihm, welche Wichtigkeit man ihm zumaß. Der mit der Zeit zunehmend mächtigere und mobile Stadtadel pendelte seit dem 18. Jahrhundert von London nach Bath, von dort zum Landsitz oder zu befreundeten Adeligen und wieder zurück. Hierarchien spielten innerhalb dieser reisefreudigen Oberschicht eine geringere Rolle, so dass Raumfluchten fließend um eine zentrale Treppe auf dem Obergeschoss angelegt wurden. Gleichzeitig experimentierte man mit Heizungen und sanitären Errungenschaften. Der englische Palladianismus mit seiner puristischen, antikisierenden Formensprache und mächtigen Säulenvorhallen wurde nun vorherrschend. Schon kündigten sich jedoch auch erste gotisierende Tendenzen an, die sich um die Wende zum 20. Jahrhundert durchsetzten.

Seit dem späten 18. Jahrhundert baute sich der Landadel gerne das *cottage ornée*, ein scheinbar altes Bauernhaus. Diese verklärte Sicht des Landlebens mündete Ende des 19. Jahrhunderts in den Hang der oberen Mittelschicht, sich alte Häuser zu kaufen oder nachzubauen und diese dann mit städtischem Komfort auszustatten. Motor dieser Sehnsucht war die ab circa 1890 erscheinende Zeitschrift »Country Life«, deren Bedeutung für das 20. Jahrhundert und seine Beziehung zum Häuschen im Grünen nicht zu unterschätzen ist. Landsitze wurden seit Edwardianischer Zeit bescheidener dimensioniert und verkörperten den Traum von Abgeschiedenheit und Tradition im ländlichen Leben. Dieser Traum hat sich bis heute erhalten: zwar wird auch neu gebaut, doch sucht der Brite meist nach alter Bausubstanz.

Die geologische Beschaffenheit des Landes bestimmt die Materialien der *vernacular architecture*. Wo es Sondervorkommen bestimmter Stein- oder Erdsorten gibt, verleihen diese der lokalen Architektur einen besonderen Charakter. Gibt es brauchbaren Lehm, findet man eine Bautradition für Lehmziegel- oder Backsteinhäuser.

Oben: Zwei Kamine an den Giebelseiten des Hauses ermöglichen eine zentrale Erschließung und die Unterteilung des Wohnraums in mehrere Zimmer pro Etage.

Linke Seite, oben: Stein wurde überall dort als Baumaterial verwendet, wo er in ausreichender Menge vorkam, wie zum Beispiel hier bei der Trekkener Mill in Cornwall.

Linke Seite, links unten: Typische Regionen für Ziegelhäuser waren das Thames Valley und East Anglia mit ihren reichen Lehmvorkommen.

Linke Seite, rechts unten: Dächer aus Stroh oder Reet sind typisch für ein ländliches *cottage*, dessen Wände je nach Region aus Fachwerk oder Stein bestanden.

Links: Bis zum Anfang des 18. Jahrhunderts wurden in ganz England auch Fachwerkhäuser gebaut, wie hier in Warwick.

Oben: Erst ab dem 19. Jahrhundert lösten uniforme Ziegel die regionalen Baustoffe wie Holz und Naturstein ab.

Hauskauf in Grossbritannien

Im Grunde könnte alles so einfach sein: Man findet ein schönes Haus, unterschreibt ein paar Dokumente, kündigt sein altes Domizil, verpackt Kind und Kegel – und zieht um. Doch in den allerwenigsten Fällen lässt sich ein Wohnungs- oder Hauswechsel mal eben so und fast nebenbei bewerkstelligen. Abgesehen von den körperlichen Anstrengungen – beim konzentrierten Verstauen wertvollen Porzellans oder dem Zerlegen tonnenschwerer Eichenmöbel – warten jede Menge Besorgungsgänge und noch viel mehr Telefonate auf den Umzugswilligen. Gespräche mit der Bank und dem Rechtsbeistand wollen geführt werden, Besichtigungstermine sind mit Anfahrtswegen verbunden – vor allem wenn man an einen weiter entfernten Ort zieht –, alte Gas- und Stromanschlüsse müssen gekündigt und neue angemeldet werden, Freunde und Bekannte freuen sich über die Mitteilung der neuen Adresse, und außerdem ist da noch der sensible Labrador, für den ein Platz in der Hundepension gesucht werden muss, weil der Umzugstag zuviel Stress für ihn bedeuten würde.

Trotz aller mit Hauskauf und Umzug verbundenen Mühsal erfüllen sich auf den Britischen Inseln Jahr für Jahr zahlreiche Bürger den Traum vom ersten eigenen oder vom größeren Haus. Sobald feststeht, dass eine neue Bleibe gebraucht wird, beginnt die Suche. Wie in anderen Ländern kann man natürlich auch in Großbritannien die Hilfe eines Maklers in Anspruch nehmen. Der Immobilienspezialist wird zusammen mit seinem Kunden ein genaues Profil der Wünsche und Anforderungen an das neue Heim erstellen und dann entsprechende Angebote unterbreiten. Wer diesen Kostenfaktor einsparen möchte, sieht sich auf eigene Faust um.

Eine wichtige Frage ist die des Zeitpunkts, an dem das bis jetzt bewohnte Haus auf den Immobilienmarkt gebracht werden sollte. Ist es besser, erst die neue Bleibe zu erwerben und dann die alte zu verkaufen, oder inseriert man das alte Haus, sobald man mit der Suche nach dem neuen Heim beginnt? Schließlich möchte niemand am Ende mit zwei Häusern oder – noch schlimmer – mit gar keinem dastehen. Aus Sicherheitsgründen wird es meist vorgezogen, die Neuerwerbung erst unter Dach und Fach zu bringen und danach den Verkauf rechtsgültig abzuschließen.

Sobald ein Haus in die engere Wahl gekommen ist, müssen Besichtigungstermine vereinbart werden. Dabei sollte man sich weniger vom ersten Eindruck leiten lassen – obwohl der natürlich oftmals über spontane Sympathie oder Antipathie entscheidet – als vielmehr von einer kritischen Inspektion des Gebäudes. Ein Dach, das jetzt romantisch windschief wirkt, kann in zwei Jahren völlig zusammenbrechen und damit sehr hohe Kosten verursachen.

Die meisten Briten sind Gartenfans. Deshalb rangiert das Reihenhaus oder die Doppelhaushälfte mit rückwärtiger Grünfläche vor allem unter wohnungssuchenden Städtern ganz oben auf dem Wunschzettel. Richtig gemütlich wird es aber erst, wenn der Baustil der neuen Behausung Elemente britischer Dorfarchitektur aufweist, wie etwa Fachwerk und Ziegel.

Antiquierte Rohrsysteme mögen vielleicht zum Alter des Hauses passen, werden aber allen Bewohnern spätestens dann lästig, wenn nächtliches Wasserlassen aus Lärmgründen unterdrückt werden muss. Eine Besichtigung an einem warmen Sommertag kann darüber hinwegtäuschen, dass das Mauerwerk feucht und von September bis April unangenehm kalt ist. Und wie steht es mit der Energieversorgung? Ferner muss ausgehandelt werden, was die jetzigen Besitzer des Hauses zurücklassen und was sie mitnehmen. Bleibt der schöne Aga-Herd hier? Was ist mit den Teppichen? Können wir die für die Bibliothek maßgeschneiderte Beleuchtung mitkaufen? Oftmals ergeben sich wegen scheinbarer Kleinigkeiten doch erhebliche Aufpreise, die man rechtzeitig einplanen sollte.

Ein Hauskauf verlangt hohe Summen, doch die wenigsten Interessenten verfügen über solche Kapitalmengen, dass sie ihr neues Anwesen aus dem Stand und bar bezahlen könnten. Folglich führt der Weg meist zur Bank. Auf das zukünftige Domizil wird eine *mortgage*, also so etwas wie eine Hypothek, aufgenommen. Umzugskandidaten sollten am besten vor Beginn der Haussuche mit verschiedenen Geldinstituten verhandeln, um herauszufinden, welche Hypothekenhöhe ihnen zugestanden wird und welches Angebot das günstigste ist. Damit engt sich die Auswahl in den meisten Fällen bereits ein – unerschwingliche Häuser braucht man sich dann gar nicht erst anzusehen, was Zeit, Geld und Nerven spart.

Um die rechtliche Seite des Hauskaufs und -verkaufs abzusichern, empfiehlt es sich, einen *solicitor* oder lizenzierten *conveyancer* mit der Abwicklung zu beauftragen. Der *solicitor* entspricht nicht dem deutschen Rechtsanwalt, da er nicht studieren muss und sich vor allem mit der Vorbereitung von Prozessen und der Erteilung von Rechtsberatung beschäftigt – Anklageerhebung und Strafverteidigung werden vom akademisch ausgebildeten *barrister* übernommen. Der *conveyancer* erfüllt, wie der *solicitor* gelegentlich auch, notarielle Aufgaben. So wie man in Deutschland in vielen Fällen zwischen Rechtsanwalt und Notar wählen kann, können in

Anders als in vielen anderen Ländern Nord- und Mitteleuropas lebt man auf den Britischen Inseln eher im eigenen Heim als zur Miete. Deshalb ist die Gründung des eigenen Hausstands beziehungsweise ein Umzug meist auch mit dem Kauf einer Immobilie verbunden. Die einen verlassen sich auf die Angebote der Makler, andere ziehen die persönliche Suche vor.

Wer bei der Wohnungssuche kompetente Unterstützung wünscht, sollte sich an einen seriösen Makler, wie etwa den Londoner Marcus Kemp, wenden. Er ist ein ausgewiesener Spezialist, kennt den Immobilienmarkt genau und wird meist nach kurzer Zeit erste Angebote präsentieren können. Die Vorauswahl, die der Makler anhand des vom Kunden vorgegebenen Suchprofils trifft, spart viel Zeit. Kommt ein Vertrag zustande, verlangt der Makler eine Provision.

Ist eines der Objekte in die engere Wahl gekommen, wird der Makler für seinen Klienten einen Besichtigungstermin arrangieren und ihn begleiten. Bei ernsthaftem Interesse sollte aber mindestens ein weiterer Termin vereinbart werden, denn der erste Eindruck, den man von einem fremden Haus oder einer fremden Wohnung bekommt, kann täuschen. Ebenfalls empfehlenswert: Besichtigungen zu unterschiedlichen Tageszeiten, um Lichtverhältnisse, Lärmpegel etc. zu prüfen.

Großbritannien sowohl *solicitor* als auch *conveyancer* alle Hürden meistern, wenn es um die Übertragung von Eigentumsrechten geht. Wenn sich Interessent und Verkäufer über Preis und sonstige Konditionen geeinigt haben, wird der Hauskäufer in der Regel seine alte Wohnstatt verkaufen wollen. Auch hier kann ein Makler helfen.

Ein bauliches Gutachten empfiehlt sich nicht nur für ältere Häuser. Auch Neubauten können aufgrund von unsachgemäß ausgeführten Arbeiten, schlechter Planung oder schlicht wegen Vernachlässigung ernsthafte Schäden aufweisen. Insofern ist es gut angelegtes Geld, einen örtlichen Architekten, Bauingenieur oder sonstigen Sachverständigen mit der Anfertigung eines *structural survey* zu beauftragen. Das Gutachten sollte detaillierten Aufschluss geben über den Zustand von Dach, Mauerwerk, Fundament, Fenstern, Fußböden, Rohrleitungen, elektrischen und gasbetriebenen Installationen, Schornsteinen, Gartenanlagen, Drainagen und Gehwegen – und es wird den Interessenten schonungslos darüber aufklären, ob in seinem Wunschobjekt womöglich Schimmel, Fäulnis oder Holzwürmer nisten.

Wenn ein Ausbau oder Umbau des ins Auge gefassten Objekts beabsichtigt ist, sollte vor Unterzeichnung aller Verträge unbedingt geprüft werden, ob Denkmalschutz besteht. Das »Department of the Environment« setzt alle Gebäude auf seine Liste, die von besonderem historischen Wert sind. Arbeiten an solchen Häusern bedürfen der behördlichen Zustimmung. Das Gleiche gilt für sogenannte *conservation areas*, Bereiche, die unter Denkmalschutz stehen. Befindet sich das Gebäude innerhalb eines solchen Gebiets, dürfen unter keinen Umständen ungenehmigte Baumaßnahmen durchgeführt werden. Die Bäume im Vorgarten sind ebenfalls unantastbar. Wer nach wirklich alter Bausubstanz sucht, fährt manchmal besser, wenn er sich mit dem Gedanken anfreundet, eine alte Schule, eine verwaiste Kirche, einen stillgelegten Bahnhof oder ein verlassenes Lager in ein Wohnhaus umzuwandeln. Mit etwas Glück ist ein solches Gebäude nicht »gelistet«. Schulbehörden, Diözesanbüros, das »British Rail Property Board« oder auch ansässige Firmen helfen bei der Suche nach einem passenden Objekt.

Wie groß der Enthusiasmus auch ist, Kaufinteressenten sollten nie vergessen, dass ein Haus erst dann ihnen gehört, wenn alle Verträge unterzeichnet sind. Die Tatsache, dass ein erstes Angebot vom Verkäufer akzeptiert worden ist, heißt noch lange nicht, dass das Geschäft auch zustande kommt. Vielleicht erhält der Geschäftspartner ein Angebot, das 5000 Pfund über dem ausgehandelten Preis liegt. Er wird versuchen, die Differenz auf den Käufer abzuwälzen. Oder vielleicht steht der Verkäufer selbst unter Zeitdruck, weil er sein neues Heim schneller als erwartet beziehen kann. Möglicherweise wird er ein *contract race* ausrufen – er verkauft an den, der als erster alle erforderlichen Papiere griffbereit hat und den Vertrag mit seinem Rechtsbeistand unter Dach und Fach bringt. Außerdem gibt es auch immer noch die Möglichkeit, dass der potentielle Käufer bereits Maklergebühren, Anzeigenhonorare für sein altes Haus, das Gutachten über das neue Haus, Anwalts- oder Notarkosten und einige Anreisen zwecks Besichtigung bezahlt haben – bis den Eigentümern plötzlich einfällt, dass sie eigentlich doch nicht verkaufen und ausziehen möchten.

Das Geschäft mit der Pacht

Wer in Großbritannien ein Haus kaufen will, kann bei jeder Bank oder einer der vielen zu diesem Zweck gegründeten *building societies* (Bausparkassen) einen Kredit aufnehmen. Eigentlich kauft dabei das Geldinstitut das Objekt und besitzt es auch so lange, bis die geliehene Summe mit Zinsen zurückgezahlt ist. Die Modalitäten für die Rückzahlung dieser *mortgage* unterscheiden sich von Bank zu Bank erheblich. Meistens entsprechen die Sätze jedoch einer monatlichen Miete, so dass Kaufen und Mieten sich vor allem dadurch unterscheiden, dass einem das Haus im ersten Fall nach 10 oder 20 Jahren gehört. Da beim Kauf auch immer an einen möglichen Weiterverkauf gedacht wird – man könnte ja noch ein günstigeres Haus finden –, machen viele Hausbesitzer durch geschicktes Weiterverkaufen ein gutes Geschäft. Nicht selten ruinieren fallende Immobilienpreise den Käufer aber auch, bevor ihm sein Haus ganz gehört.

Gehören tut einem allerdings nach Abzahlung der *mortgage* in vielen Fällen wirklich nur das Haus. Das Grundstück, auf dem es steht, bleibt im Besitz des Grundbesitzers, oft ein Mitglied der großen Adelsfamilien. Vom *landlord* oder der *landlady* pachtet man das Land als *leasehold*. Im 18. und 19. Jahrhundert fiel ein Grundstück mitsamt den darauf errichteten Gebäuden nach Ablauf der *lease* wieder an den *landlord* oder seine Familie zurück – kein schlechtes Geschäft also für die adligen Grundbesitzer. Wenn die *lease*, die ein Käufer vom Vorbesitzer eines Hauses übernommen hat, nur noch wenige Jahre besteht, gibt es zunehmend die Möglichkeit, auch das Grundstück als *freehold property*, also mit uneingeschränktem Besitzrecht, zu erwerben. Der Kauf von *freehold property* setzt sich heute mehr und mehr durch.

Dielen für Fußböden werden vor dem Verlegen einzeln mit einem Hobel begradigt.

Nur zwischen den Deckenbalken wird die Wand verputzt, die Holzverstrebungen bleiben sichtbar, was den Charakter der Balkendecke bewahrt.

Die senkrechten Gefache werden zunächst mit Lehmflechtwerk ausgefüllt und anschließend verputzt.

Das unregelmäßige Fachwerk eines alten Hauses erleichtert nicht gerade die Arbeit, besitzt dafür aber viel Charme.

Wasserleitungen müssen auf Dichtigkeit überprüft und repariert werden, bevor sie unter dem Putz verschwinden.

Die letzte Schicht Putz wird sorgfältig aufgetragen, denn die Unebenheiten der alten Wand sollen ruhig sichtbar bleiben.

Die Struktur des Fachwerks kann sehr gut in die Dekoration des Hauses einbezogen werden und verleiht dem Innenraum Atmosphäre.

Fenster sollte man besser reparieren als ersetzen, da neue Fenster selten zum Charakter des alten Hauses passen.

Ein Haus stilecht renovieren – aber wie?

Ein altes Haus zu renovieren macht viel Arbeit, setzt aber auch Sachverstand in bauhistorischen und stilistischen Fragen voraus. Wer selbst nicht gerade Fachmann oder kenntnisreicher Amateur auf diesem Gebiet ist, sollte sich der Hilfe von Spezialisten versichern, zumal es bei alten Gebäuden oft eine Reihe von Vorschriften zu beachten gilt.

Ein wichtiges Element ist die Haustür. Sie dominiert den gesamten Eingangsbereich, deshalb sollte hier besonders vorsichtig vorgegangen werden. Wenn die Originaltür nicht mehr zu restaurieren ist, dann liegt das meist an einem mangelhaften Anstrich. Viele vergessen, dass eine Tür sechs Seiten besitzt, die allesamt mit Farbe behandelt werden wollen. Da moderne Türen selten wirklich authentisch aussehen, wird gern auf eine Tür aus einem Abbruchhaus zurückgegriffen. Manch einer versucht sich auch recht erfolgreich daran, Türen partiell auszuflicken. Dies ist oft die beste Lösung, wenn sich kein passender Ersatz auftreiben lässt.

Zimmertüren können aus verschiedensten Gründen klemmen oder undicht sein. Typische Ursachen sind Ausdehnungen in den Holzverbindungen, Verformungen durch unterschiedliche Temperatur- und Feuchtigkeitsverhältnisse auf beiden Seiten der Tür, Verrottung durch Feuchtigkeit, altersschwache Angeln oder sogar Verschiebung der Wände. Auch bei Zimmertüren ist ein Neuanstrich dem kompletten Austausch vorzuziehen. Die Beschläge der Tür sind häufig ein kritisches Thema. Am besten sucht man sich gebrauchte oder lässt durch einen Fachmann nach Originalmustern neue anfertigen.

Den Fenstern sollte fast noch mehr Aufmerksamkeit gewidmet werden als den Türen. Auf keinen Fall darf man alte Fenster einfach gegen neue austauschen, denn sie passen niemals so gut zum Charakter des Hauses wie die Originalteile. Deshalb sollten Schäden möglichst ausgebessert werden. Ein guter Fachmann ist in der Lage, einzelne Holzpartien übergangslos in das alte Fenster einzufügen. Bei *sash-windows* (Schiebefenstern) können die beweglichen Teile problemlos erneuert werden, ohne das Gesamtbild zu stören. Bei allen Holzfenstern ist ein regelmäßiger Neuanstrich die beste Vorsorge gegen den Verfall. Dies gilt auch für die Fensterläden.

Für Fachwerkbalken und andere außen liegende Holzteile ist Feuchtigkeit der größte Feind – vor allem, wenn sie in Holzverbindungen eindringen kann, und tief im Inneren nicht mehr wegtrocknet. Dank schützender Imprägnierungen und Anstriche können Regen, Schnee und Nebel den Balken nichts anhaben. Dabei muss darauf geachtet werden, dass im Haus entstehende Feuchtigkeit nach außen wegtrocknen kann.

Sehr teuer, aber auch gefährlich können Schäden an tragenden Wänden sein. Am besten überlässt man die Diagnose hier dem Fachmann. Die Ursachen für Schwächen in solchen Wänden sind vielfältig. Manchmal zersetzen Schädlinge das Holz, in anderen Fällen können unterirdische Bohrungen das Fundament der Wand im wahrsten Sinne des Wortes untergraben. Bei der Endbehandlung der Wand sollte der ursprüngliche

Zustand als Leitfaden dienen. So kann die Wand, je nach Alter des Hauses und Stilrichtung seiner Architektur, verputzt gewesen sein oder aber mit Tapete bekleidet. Wenn man Glück hat, sind noch Fragmente der ersten Tapete vorhanden. Es gibt Spezialfirmen, die anhand eines kleinen Schnipsels eine neue Tapete herstellen.

Fliesen können ebenfalls nach alten Mustern reproduziert werden, wenn man zerbrochen Exemplare austauschen will. Mitunter ist es notwendig, alte Fliesen komplett abzunehmen, zu reinigen und danach neu zu verlegen. Ist dies nicht möglich, kann man zeitgenössische, stilistisch korrekte Ersatzstücke kostengünstig aus Abbruchhäusern kaufen.

Im Inneren des Hauses ist Stuck ein wichtiges Dekorationselement. Ihn fachgerecht zu restaurieren ist sehr schwer. Diese Arbeit sollte Fachleuten überlassen werden. Die Entfernung später hinzugefügter Farbschichten kann oftmals erstaunliche Details zutage fördern. Der Zierputz darunter ist womöglich viel feiner, als zunächst gedacht. Völlig verwitterter Stuck muss ersetzt werden, doch vielleicht sind manche Ecken schwerer vom Verfall betroffen als andere. In diesem Fall sollte man sich mit einem Stuckateur zusammensetzen und die Chancen einer partiellen Restaurierung besprechen. Wichtig ist dabei, dass die neuen Partien formal passen und nicht zu neu aussehen.

Holzfußböden sollten wie Türen und Fenster soweit wie möglich im Originalzustand verbleiben. Reparaturen werden auch hier am besten partiell ausgeführt. Wenn alte Dielen abgeschliffen werden, sollte man sie danach passend zum Baujahr des Hauses behandeln. Glänzende Oberflächen wären zum Beispiel in einem Haus, das vor der Mitte des 18. Jahrhunderts gebaut wurde, fehl am Platz.

In mehrstöckigen Häusern können Holzarbeiten an Treppen und Treppenhäusern von einem Tischler ausgeführt werden. Wenn eine Treppe komplett erneuert werden muss, sollten man versuchen, wenigstens ein paar Teile zu erhalten, wie etwa den alten Abschlussknauf des Geländers oder Ähnliches. Die antiken Stücke lassen sich meist gut in eine neue Konstruktion einfügen.

Rohre zu erneuern ist eine aufwendige Prozedur. Oft ist es ratsamer, die kaputten Leitungen an ihrem Platz zu belassen und an anderer Stelle neue zu verlegen. Die Entfernung alter Rohre richtet meist sehr viel Schaden an. Gegebenenfalls kann es günstiger sein, die neuen Leitungen durch die alten Kanäle zu führen. Sanitäre Einrichtungen tragen sehr zum Gesamtcharakter eines Hauses bei. Besitzer alter Häuser sollten bedenken, dass es fest installierte Badezimmer früher kaum gegeben hat. Außerdem waren in vielen Bauten Badezimmer gar nicht oder nur auf dem Gang vorgesehen. Elektrische Installationen müssen unbedingt von einem Spezialisten auf ihre Sicherheit hin überprüft werden. Wenn sie authentisch wiederhergestellt werden sollen, gibt es Firmen, die entsprechendes Material liefern.

Externe Metallteile wie Balkongeländer oder Fensterverzierungen müssen meist zunächst entrostet werden. Anschließend sollte man sie entsprechend dem Stil des Hauses neu streichen. Rostschutz nicht vergessen, die Arbeit lohnt sich. Schäden an Gusseisen können geschweißt werden. Regenrinnen müssen stets gut saubergehalten und häufig auf schadhafte Stellen überprüft werden. Schließlich erfüllen sie eine wichtige Funktion, da sie schädliche Feuchtigkeit vom Haus ableiten. Dennoch sollten nach Möglichkeit die alten Rinnen erhalten bleiben, denn sie sind ein wichtiges architektonisches Detail. Sie einfach durch ein Exemplar aus Plastik zu ersetzen, gilt zu Recht als stillos. Akzeptabel ist eine solche Lösung allenfalls an Stellen, wo es niemand sieht.

Alles in allem muss bei der Renovierung eines alten Hauses sehr viel bedacht werden. Was hier erwähnt wurde, ist nur ein kleiner Ausschnitt der relevanten Aspekte. Er zeigt, dass die Wiederherrichtung eines historischen Gebäudes oft schwieriger ist als der Bau eines neuen. Ganz abgesehen von den entstehenden Kosten. Dennoch nehmen zahllose Briten diese Herausforderung an. Sie ziehen den Charakter und den Charme eines historischen Gebäudes jedem noch so perfekten Neubau vor.

Architectural Salvage Yards, die Fundgruben fürs Haus

Wer ein Ersatzteil für sein altes Auto sucht, kann sich auf dem Schrottplatz umsehen. Dort lagern oft durchaus brauchbare Teile, auch wenn es die dazugehörigen Autos längst nicht mehr gibt. Nach dem gleichen Prinzip funktionieren *architectural salvage yards* oder *architectural salvage establishments*, die Spezialmärkte für historisches Bauzubehör. Sie sind wahre Fundgruben für alle Enthusiasten, die ihr altes Haus stilgetreu renovieren möchten.

Der Kauf eines völlig heruntergekommenen historischen Hauses und dessen jahrelange Restaurierung gehören zu den zentralen Lebensaufgaben. Es entspricht dem britischen Sportsgeist, fast übermenschliche Anstrengungen zu unternehmen, um dieses Stück des nationalen Kulturerbes zu retten. Ein neues Haus zu kaufen ist leicht, aber ein schimmeliges Gemäuer zu retten gilt geradezu als Heldentat. So befasst sich auch eine ganze Gattung von Zeitschriften mit diesem Thema, und die Leser lieben Berichte darüber, wie irgendein Enthusiast in geduldiger Kleinarbeit jedes Detail eines architektonischen Kleinods in seinen Originalzustand zurückversetzt hat.

Doch zurück zum Vergleich zwischen Schrottplatz und *architectural salvage yard*: Während der Gang zum Metallverwertungsplatz manchmal den Ruch des Geizes an sich trägt, gilt die Absicht, sein Haus mit den Überresten eines anderen Gebäudes auszuflicken, durchaus nicht als ehrenrührig. Im Gegenteil, die Wiederverwertung guter alter Materialien kommt dem britischen Sinn für Ökonomie und Nostalgie sehr entgegen. In Deutschland wäre die Wiederverwertung von alten Badewannen, Fenstern, Türen oder Regenrinnen undenkbar. Selbst erklärte Umweltfreunde leben in nagelneuen Spezialhäusern, deren Energieverlust dank modernster Bau-, Heizungs- und Isoliertechnik gegen Null geht. In Großbritannien glaubt man hingegen, dass früher ohnehin alles besser war. Eine viktorianische Badewanne ist grundsätzlich hochwertiger als ihr Gegenstück aus den 90er-Jahren des 20. Jahrhunderts und zudem auch noch preisgünstiger. Außerdem passt sie stilistisch viel besser in ein altes Badezimmer. Es gibt einfach keinen Grund, nicht auf die Alternative aus dem architektonischen Ersatzteillager zurückzugreifen.

In Hallen und auf Freigeländen präsentieren *architectural salvage yards* das aus allen Häusern gerettete Baumaterial, wie hier bei der Firma Drummond's.

Prince Charles und die Landwirtschaft

Prince Charles ist neben zahlreichen anderen Aktivitäten ein engagierter Ökobauer. Dies hat ihm in seinem Heimatland zwar nicht nur Freunde eingebracht, dafür aber Respekt bei vielen, die ansonsten dem englischen Königshaus eher distanziert gegenüberstehen. Der Thronfolger nutzt seine Position immer wieder, um sich zu Fragen von Umwelt- und Naturschutz zu äußern, so zum Beispiel am 8. Juni 1998 im Daily Telegraph, als er zum genmanipulierten Anbau Stellung bezog. Prince Charles betonte, dass wir die langfristigen Folgen schlichtweg nicht kennen, die sich für die menschliche Gesundheit und die Umwelt durch diese Art der Pflanzenzucht ergeben. Gerade die Unvorhersehbarkeit der langfristigen Folgen gebe aber Anlass zur größten Sorge – wie die Erfahrung durch BSE und andere durch den Menschen auf der Jagd nach Billignahrung verursachte Katastrophen zeige. Es ist fraglich, ob sich die Agrarindustrie durch die mahnenden Worte des Prinzen beeindrucken ließ. Zumindest ist es aber gut zu wissen, dass auf dem Thron des Vereinigten Königreichs eines Tages ein diesen Dingen gegenüber kritisch eingestellter Geist sitzen wird.

Es ist schon bemerkenswert, dass Prince Charles, der zukünftige König eines Landes, das als Ursprungsland des so genannten Rinderwahnsinns in die Schlagzeilen geriet, sich seit rund 30 Jahren mit fundierten Äußerungen in die Debatte um den Naturschutz einschaltet. Sein Interesse für Ökologie, Landschaftsschutz und Landwirtschaft hat ihm zwar in Teilen der Öffentlichkeit den Ruf eingebracht, ein grüner Spinner zu sein, aber dies ficht ihn nicht an. Im Gegenteil, er setzt die Theorien, die er befürwortet, nach Möglichkeit auch in die Praxis um – zunächst im Garten seines Hauses Highgrove. Hier verzichtete er seit 1980 auf den Einsatz von künstlichen Düngern und Insektenvernichtungsmitteln und schuf so einen wunderschönen Naturgarten voller Blumen und Schmetterlinge.

Vielen Briten war dieses Engagement des Thronfolgers äußerst suspekt. Sie hätten es vorgezogen, wenn sich seine Beschäftigung mit der Natur auf die Jagd beschränkt hätte. Ein zukünftiger König, der mit seinen Blumen spricht, passte einfach nicht in ihre Vorstellung von einem Souverän. Allerdings haben die Briten immer auch Sinn für Exzentrik, und so konnte die Passion des Prinzen für die Ökologie einfach als Schrulle hingenommen werden.

Die Versuche in seinem Garten reichten dem königlichen Ökofreak allerdings nicht aus, und so wählte er die *home farm* der Duchy of Cornwall als größeres Experimentierfeld. Die Farm liegt in der Nachbarschaft von Highgrove House, also des Landsitzes, den der Prinz 1980 in der Nähe von Tebury in Gloucestershire erworben hat. Die *home farm* war ursprünglich in Stoke Climsland in Cornwall gelegen, sie wurde 1984 aber an das Cornwall County Council vermietet, das sie für Ausbildungszwecke benötigte. Als Zwischenlösung bewirtschaftete der Prinz eine Farm in Wales, bis er 1985 beschloss, Ländereien in der Nähe seines Anwesens zu erwerben. Im Jahre 1986 begann er auf einem Teil der *home farm* mit der Umstellung des Anbaus auf organische Methoden. Er verzichtete auf künstliche Düngung und Pestizide, was sich als so erfolgreich erwies, dass er ab 1990 die ganze Farm organisch führen ließ. Ein Jahr später wurde auch die Haltung der Schafherden nach ganzheitlichen Prinzipien organisiert und zwei Jahre darauf auch die des Milchviehs. So werden die Tiere möglichst natürlich gehalten und nicht ständig zur Prophylaxe mit Impfstoffen, Wurmkuren und Antibiotika vollgestopft, sondern nur im Bedarfsfall behandelt – und dann mit ausgesuchten Medikamenten. Es kommen auch homöopathische und pflanzliche Mittel zum Einsatz. Dank dieser Maßnahmen, die die natürlichen Abwehrkräfte der Tiere stärkten, konnten die Tierarztkosten um die Hälfte gesenkt werden.

Auch wirtschaftlich erwies sich das Experiment des Prinzen mit der natürlichen Landwirtschaft als Erfolg. Die Milch der *home farm* wird durch eine Kooperative verkauft und zu Joghurt und Käse verarbeitet. Rind- und Lammfleisch gelangen in das Sortiment von kontrollierten Fleischereien, Weizen und Hafer werden an die unabhängige Firma Duchy Originals verkauft, die sie zu den gleichnamigen Keksprodukten weiterverarbeitet und international vertreibt. Der Roggen wird im Großhandel an Hersteller von organischem Brot veräußert, die Bohnen dienen als natürliches Viehfutter.

Die *home farm* ist allerdings nicht nur wegen ihrer Anbaumethoden vorbildlich, sondern auch in Fragen des Landschafts- und Naturschutzes. So wurden zum Beispiel die Waldbestände kräftig aufgeforstet, zehn Kilometer an Hecken gepflanzt, die alten Steinmauern repariert und Teiche angelegt. Alle Felder werden von einem zwei bis drei Meter breiten Grünstreifen eingefasst. Dort, wo er an ein Feld grenzt, dient er als Barriere gegen Unkraut, zwischen Feld und Hecke oder Steinmauer ist er die Heimat von Tieren und Insekten. Zusätzlich stellt der Prince of Wales die

Zum Viehbestand der *home farm* gehören nicht nur Kühe und Rinder, sondern auch seltene Schweinerassen und Schafe. Das Fleisch der nach organischen Prinzipien gehaltenen Tiere ist äußerst schmackhaft und beim Verbraucher sehr begehrt. Es wird auf lokaler Ebene durch ausgewählte Fleischereien vertrieben.

Der Prince of Wales verlegte die *home farm* 1985 in die Nähe seines Landsitzes Highgrove in Gloucestershire. Gebäude und Gelände der ehemaligen *home farm* in Cornwall wurden an das Cornwall County Council verpachtet, das dort eine Landwirtschaftsschule ansiedelte. Hier lernen angehende Agronomen seit 1984 auch die praktische Seite ihres zukünftigen Berufs kennen.

Gärten von Highgrove und die Anbauflächen der *home farm* für Forschungsprojekte zur Verfügung, zum Beispiel um herauszufinden, inwieweit sich organischer Landbau auf die Population von Vögeln, Schmetterlingen und anderen Insekten auswirkt. Von den vielen Projekten, an denen der Thronfolger beteiligt ist, ist ihm die *home farm* sicherlich eins der liebsten. Nicht zuletzt deshalb, weil sie in den letzten 20 Jahren bewiesen hat, dass er mit seinem Engagement für die organische Landwirtschaft richtig gelegen hat – lange bevor ihm Fleischskandale um Hormonkälber und verseuchte Rinder Recht gegeben haben.

Oben: Ursprünglich lag die *home farm* der Duchy of Cornwall in Stoke Climsland. Seit 1984 dient sie als Ausbildungsstätte für Landwirte.

Links unten: Nicht alle Lebensmittel, die unter dem Label Duchy Originals vermarktet werden, sind ein Produkt der *home farm*. Einzig Fleisch, Milch und Getreide stammen wirklich aus Cornwall. Dennoch muss alles, was den prestigeträchtigen Markennamen möchte, aus streng organischem Anbau stammen.

Rechts unten: Die Stallungen der ehemaligen *home farm* in Cornwall bieten genug Stellplätze für die Pferde der Landwirtschaftsstudenten.

Der Mann, der James Herriot war ...

Es gibt wohl kaum einen Autor des 20. Jahrhunderts, der das Bild von England so nachhaltig geprägt hat wie der Tierarzt und Schriftsteller Alf Wight. Unter dem Pseudonym James Herriot hat er zwischen 1970 und 1992 seine Tierarztgeschichten veröffentlicht und bis zu seinem Tod im Jahre 1995 weltweit rund 50 Millionen Bücher verkauft. Nach Schätzungen seines Biographen Graham Lord hat Alf Wight in seinem Leben etwa 40 Millionen Pfund verdient – und das meiste davon mit seinen Büchern. Eine beachtliche Summe, zumal der Veterinär erst mit 54 Jahren sein erstes Buch in den Druck gab.

Auch die auf seinen Werken basierende Fernsehserie der BBC war ein weltweiter Erfolg und kurbelte den Verkauf der Bücher zusätzlich an. Am 8. Januar 1978 wurde die erste Episode von »All Creatures Great and Small« in Großbritannien ausgestrahlt, gefolgt von 40 Folgen in den nächsten fünf Jahren. Woche für Woche saßen im Schnitt 13 Millionen Zuschauer vor dem Fernseher, wenn die Geschichten um James, Siegfried, Helen und Tristan gesendet wurden. In den USA lief die Serie ebenfalls über die Bildschirme, und dort hatte jede Folge etwa 37 Millionen Zuschauer. Insgesamt wurde »All Creatures Great and Small« in 42 Länder verkauft in Deutschland allein wurde die Serie unter dem Titel »Der Doktor und das liebe Vieh« viermal gezeigt. Fans in aller Welt verfolgten begeistert, wie der gute Tierarzt kranken Tieren hilft und sich mit ihren mehr oder minder exzentrischen, aber stets überaus englischen Besitzern auseinandersetzt. Hunde, Katzen, Tee am Nachmittag, ein Whisky am Kamin, englisches Frühstück, rotgesichtige Farmer und holpriges Kopfsteinpflaster – die Welt bekam nicht genug von einem England, das frei von Kriminalität und Umweltverschmutzung war. Auch wenn die ersten Folgen zur Zeit der Weltwirtschaftskrise spielen, ist von Depression nichts zu spüren.

Die Fernsehversion der witzigen und anrührenden Geschichten rund um die Tierarztpraxis in den wild-romantischen Yorkshire Dales weckte ein weltweites Interesse an der Region nördlich von Bradford. Von einer derart effektiven Werbekampagne können so manche Fremdenverkehrsgebiete nur träumen.

Der National Park Yorkshire Dales bietet Wanderern und Naturfreunden eine Menge Möglichkeiten. Doch auch die Freunde der erfolgreichen Tierarztgeschichten kommen auf ihre Kosten. Wer sehen möchte, wo die Außenaufnahmen von Darrowby, dem fiktiven Ort der Tierarztpraxis, gedreht wurden, muss in das Dorf Askrigg in Wensleydale fahren. Dort versuchen James-Herriot-Fans bis heute Motive aus »Der Doktor und das liebe Vieh« zu entdecken.

Das englische Haus in Literatur, Film und Fernsehen

Dyrham Park in South Gloucestershire bot in dem Film »The Remains of the Day« nach einer Romanvorlage von Kazuo Ishiguro die Außenansicht von Darlington Hall, des Hauses, in dem der Dienstherr des von Anthony Hopkins dargestellten Butlers seine Amateur-Außenpolitik betrieb. Dyrham Park wurde zwischen 1691 und 1710 für William Blathwayt erbaut, den Staatssekretär und Kriegsminister König Williams III. Der Architekt William Talman entwarf den Neubau in einem für damalige Zeiten konservativen Stil. Da die Nachkommen Blathwayts das Anwesen nahezu unverändert ließen, hat sich Dyrham Park samt Inneneinrichtung wie in einer Zeitkapsel in die Neuzeit gerettet.

Die Ballszene in der Verfilmung des Romans »Emma« von Jane Austen wurde in Claydon House gedreht. Das in Buckinghamshire gelegene Anwesen gilt als eines der ungewöhnlichsten Baudenkmäler Englands. Claydon House war Sitz der Verneys, einer der alten und einflussreichen Familien Englands, die eine Reihe großer Persönlichkeiten hervorgebracht hat. Im 15. Jahrhundert war ein Verney Oberbürgermeister von London, im 17. Jahrhundert stellte die Familie einen Marschall von England, und Ralph, der zweite Earl of Verney ging als Kunstliebhaber und Verschwender in die Geschichte ein. Er wollte Claydon House im großen Stil umbauen, was ihn allerdings vor Vollendung der Bauarbeiten in den Ruin trieb. Die übrig gebliebenen Ansätze geben einen guten Eindruck davon, wie prächtig Claydon House aussehen würde, wenn nur das Geld gereicht hätte.

In der Verfilmung von Janes Austens Roman »Sense and Sensibility« aus dem Jahre 1995 sehen wir gleich vier verschiedene historische Häuser Englands. Für die Außenansicht des Heims von Mr. Willoughby wurde Compton Castle gewählt. Das in Devon gelegene Anwesen war seit dem 15. Jahrhundert Sitz der Familie Gilbert, die neben anderen Sir Humphrey Gilbert hervorgebracht hat, den Stiefbruder von Sir Walter Raleigh. Sir Humphrey wollte auf der 1583 begonnenen Reise eigentlich den Seeweg nach China entdecken, landete allerdings in Neufundland und gründete in St. John's Harbour die erste englische Kolonie in Nordamerika. Den Dank seiner Landsleute konnte er leider nicht mehr in Empfang nehmen, denn sein Schiff sank auf der Heimfahrt nach England.

Das englische Haus – Vorbild für die Moderne

Im Jahr 1896 schickte der deutsche Kaiser Wilhelm II. den Architekten des preußischen Entwurfsbüros Hermann Muthesius »zur technischen Berichterstattung« nach London. Er sollte die Reformbewegung im englischen Kunstgewerbe und in der Architektur um William Morris, John Ruskin und Norman Shaw studieren und auf ihre Anwendbarkeit in Deutschland prüfen. Bis 1903 veröffentlichte Muthesius Berichte und Aufsätze aus England sowie das Buch »Stilarchitektur und Baukunst«. Darin kritisierte er einerseits den akademischen Historismus, der mit sinnentleerten architektonischen Formen der Vergangenheit arbeitete, und wetterte andererseits gegen den süßlichen, harmoniesüchtigen Jugendstil. Dagegen charakterisierte er das englische Haus in seiner einfachen Behaglichkeit und seiner Verbindung mit der Natur als vorbildlich. Nach seiner Rückkehr nach Berlin im Jahr 1903 erschien seine vielleicht bekannteste Schrift: »Das englische Haus. Entwicklung, Bedingungen, Anlage, Aufbau, Einrichtung und Innenraum«.

Hermann Muthesius (1861–1927) übte als freier Architekt großen Einfluss auf die deutsche Wohnarchitektur aus und war Mitbegründer des Deutschen Werkbunds.

Diese dreibändige Darstellung der Geschichte und vor allem der neuesten Beispiele des englischen Hausbaus war einerseits als Baulehre für Architekten, andererseits aber auch für interessierte Bauherren gedacht. Anschaulich erzählt findet man alle Aspekte der Architektur mit ihren geographischen, historischen, gesellschaftlichen, grundrechtlichen und sogar baupolizeilichen Bedingungen beschrieben. Viele Abbildungen – sowohl Fotos als auch technische Zeichnungen – verdeutlichen seine Ausführungen. Im Anschluss an diese oft augenzwinkernden Berichte setzt Muthesius immer wieder eine deutliche Abwägung der Vor- und Nachteile der beschriebenen baulichen Lösungen. Manchmal gibt er eine Einschätzung ab, ob eine Einführung auch in Deutschland sinnvoll wäre, oder ob sie nicht doch zu sehr dem etwas bizarren und bisweilen unrationalen Charakter der Engländer geschuldet seien.

Generell jedoch sei von dem modernen, nach den Prinzipien der Reformbewegung errichteten englischen Haus viel zu lernen: »Die englischen Wohnverhältnisse«, so schreibt Muthesius in der Einleitung, »bieten gerade heute, wo bei so Vielen die Sehnsucht aufdämmert, der sich stetig mehrenden Unrast des Lebens den stillen Hort eines eigenen Heims entgegenzusetzten, ein vermehrtes Interesse. Der Engländer (...) wohnt lediglich so wie er glaubt, dass es seinem inneren Menschen und seiner Familie zuträglich ist, dass er sich ausleben, seine Individualität ausbauen könne.« Vom verknöcherten Historismus und vom überspannten Jugendstil sei »Gott sei Dank keine Spur zu finden. Alles atmet Einfachheit, Bürgerlichkeit, Ländlichkeit«. Städtebaulich gesehen, begeisterte Muthesius sich für die englischen Gartenstädte, jene Vororte großer Städte, die in enger Beziehung zur Natur geplant waren und großzügige Gärten hatten. Da er nach seiner Rückkehr einerseits von der Regierung mit der Reform der preußischen Kunstgewerbe- und Fachschulen nach englischem Vorbild beauftragt wurde, andererseits auch selber als Architekt arbeitete, gewannen seine Erkenntnisse und Ideen großen Einfluss. Nachdem 1904 ein erstes »Reform-Haus« in Berlin-Zehlendorf entstanden war, wurde er für einige Zeit zum gefragtesten Architekten des gehobenen Bürgertums. Außerdem arbeitete Muthesius an der Errichtung von Gartenstädten mit. In den Fachschulen vertrat er die Ablehnung der Stilimitationen und des »unechten Prunks«, womit er die Fabrikanten und Händler, die solche, ihre industrielle Herkunft verleugnenden Gegenstände herstellten und vertrieben, gegen sich aufbrachte. Der hitzige, öffentliche Streit um die »richtige« Gestaltung führte 1907 zur Gründung des »Deutschen Werkbundes«, in dem sich die reformwilligen Künstler, Industrielle und Kunstfreunde zusammenschlossen. Muthesius war bis zum ersten Weltkrieg einer seiner maßgeblichen Führer.

Mit seiner Villa Freudenberg, die 1904 in Berlin-Zehlendorf errichtet wurde, hatte Muthesius das erste deutsche Beispiel für Reform-Architektur nach englischem Vorbild geschaffen. Das Foto zeigt den heutigen Zustand der Villa. Die ursprünglich vorhandenen Sprossenfenster wurden durch moderne Fenster ersetzt.

Die vier Abbildungen zeigen Interieurs der Villa Freudenberg von Hermann Muthesius in Berlin-Zehlendorf. Zwar plante Muthesius seine Landhäuser als Domizile, die ganz auf das tägliche Leben in der Familie ausgerichtet waren, doch erlauben einige Räume auch die Möglichkeit der »edlen Geselligkeit« in größerer Runde. Hier bietet das Musikzimmer mit den verschiedenen Sitzgruppen Platz für Gesellschaft. Der Kamin wirkt durch die symmetrisch angeordneten Porzellanfiguren und dem Gemälde als zentralen Blickfang über der Ummantelung sehr britisch.

Wie die übrigen Hauptwohnräume liegt auch das Kinderzimmer im Erdgeschoss und damit auf Gartenhöhe. Das große Fenster lässt nach englischem Vorbild einerseits viel Licht in den Raum und verlockt andererseits zum stimulierenden Blick in die Natur. Die Proportionen der Möbel sind den Bedürfnissen des Kindes angepasst: Ein niedriger Tisch ist von Bänken zum Lümmeln umgeben, der Schrank lässt sich auf drei verschiedenen Höhen öffnen, von denen eine auch den Kleinsten zugänglich ist. Ein wenig streng wirkt vielleicht das sachliche Rauten-Ornament, das den einzigen baulichen Schmuck darstellt.

Die mehrstöckige Eingangshalle ist wie im englischen Landhaus der höchste Raum des Hauses. Eine Galerie erschließt die Räume des oberen Geschosses. Ihre Brüstung ist mit ganz einfachen Ornamenten verziert, wie man sie auch aus dem geometrischen Stil der Arts-and-Crafts-Bewegung kennt.

Das Speisezimmer wirkt hell und luftig, da die gemusterte Tapete nicht bis unter die Decke reicht. Der hell ummantelte Kamin sowie die lockere Menge kleiner Lampen über dem Esstisch unterstützen dieses freundliche Ambiente.

Zu Gast in Durbins – die Bloomsbury Group

Die Mitglieder der Bloomsbury Group, eines Freundeskreises von Verlegern, Dichtern, Künstlern und Gelehrten, waren wegen ihrer liberalen und offenen Einstellung gern gesehene Gäste in Roger Frys »Reform-Haus« Durbins. Hier zu sehen (v.l.n.r.) Jimmy Doggart, Frances Marshall, Alec Penrose, Lytton Strachey, Frances Penrose und Dora Carrington sowie die Schriftstellerin Vita Sackville-West (rechtes Photo).

Ein »reformiertes« englisches Haus par excellence ist Durbins in Surrey. Die riesigen Fensterflächen in der warmen Backsteinfassade lassen viel Licht und Luft in das Anwesen des englischen Künstlers und Kunsthistorikers Roger Eliot Fry und seiner Frau. Das Landleben und eine freundliche, heitere Architektur sollten Helen Frys Depressionen vertreiben, doch waren diese Bedingungen nicht so leicht zu finden. Um die lange Suche nach dem richtigen Haus endlich zu beenden, griff Fry selbst zum Stift und entwarf ein Paradestück an Transparenz, Leichtigkeit und Offenheit, das Hermann Muthesius gut gefallen haben dürfte. Unter einem Mansardendach sind fünf Wohnebenen in einem offenen Raumkonzept geschickt in die drei Stockwerke eingepasst. Im Zentrum liegt das zweigeschossige Wohnzimmer mit den fast wandhohen Fensterstreifen, die den Garten ins Innere des Hauses zu holen scheinen. Sie sind das von außen auffälligste Merkmal dieser Mischung aus Moderne und Baugeschichte, die dem Laienarchitekten Fry 1909 gelang.

Während seines Studiums entwickelte der eigentlich zum Naturwissenschaftler bestimmte Roger Fry ein großes Interesse für Kunst und begann zu malen. Die Erfahrungen seiner ersten Italienreise führten ihn zur Geschichte der Kunst. Nachdem er ab Mitte der 1890er-Jahre selbst Vorlesungen in Kunstgeschichte gehalten hatte, begann bald seine Karriere als Kunstschriftsteller: Er arbeitete als Kunstkritiker, gehörte zu den Begründern des heute sehr renommierten »Burlington Magazine« und veröffentlichte erste längere Studien über ältere Kunst. Gleichzeitig interessierte er sich aber auch für die zeitgenössische Kunstproduktion, nicht zuletzt, weil er selber mit wachsendem Erfolg malte. Als er 1906 das erste Mal die Werke Paul Cézannes sah, erkannte er darin die Malerei, die er immer gesucht hatte: die Farben des Impressionismus verbunden mit der kompositorischen Struktur der Alten Meister. In mehreren Artikeln im »Burlington Magazine« berichtete er über die neuen Künstler wie Gauguin, Van Gogh und Matisse. 1910 organisierte er eine Ausstellung ihrer Werke unter dem Titel »Manet und die Post-Impressionisten«, die zu einem wahren Kunstskandal führte. Die schockierten Besucher brachen in Wut oder Gelächter aus, als sie die abstrahierten, expressiv farbigen Bilder sahen. Während Fry in der Presse und von seinen ehemaligen Kunsthistorikerkollegen heftig attackiert wurde, arbeitete er schon an einer zweiten Ausstellung. Er hatte nun aufgehört, gelehrter Experte für Alte Meister zu sein und wurde zum Vorkämpfer der Moderne, was ihn einige seiner alten Freunde kostete, aber auch ganz neue einbrachte wie die »Bloomsbury Group«. Diese locker verbundene Gruppe von jungen Künstlern und Schriftstellern, zu der Vita Sackville-West und die Schwestern Vanessa Bell und Virginia Woolf sowie Duncan Grant, E. M. Forster und Lytton Strachey gehörten, nahmen die neue Malerei und Roger Fry begeistert auf. Fry versprach sich vielleicht von den liberalen Einstellungen, der Freizügigkeit und Offenheit der jungen Leute auch eine Erleichterung für seine gemütskranke Frau. Er lud die »Bloomsberries«, wie sie manchmal verächtlich genannt wurden, oft nach Durbins ein.

Seine Bemühungen waren jedoch umsonst: 1919 wurde Helen in ein Sanatorium überwiesen und Fry verkaufte Durbins. Nachdem seine späteren Besitzer Jahrzehnte lang versucht haben, Durbins in ein weniger offenes, weniger avantgardistisches Haus umzustreichen und umzuwohnen, hat Ende der 1970er-Jahre eine deutsche Familie das Anwesen gekauft. Behutsam versucht sie, den Geist von Roger Fry und Bloomsbury durch Rückbauten und Rekonstruktionen wieder zum Vorschein treten zu lassen, ohne es allerdings zu musealisieren. Denn Durbins ist, was es sein soll: ein englisches Haus.

Links: Mit Durbins in Surrey gelang dem Künstler und Kunsthistoriker Roger Fry 1909 das Paradebeispiel eines »reformierten« englischen Hauses. Fast wandhohe Fenster sorgen für Leichtigkeit und Offenheit und integrieren den umgebenden Garten gewissermaßen in das zweigeschossige Wohnzimmer.

Rechte Seite: Die Wandmalereien Roger Frys im Treppenhaus von Durbins verraten deutlich den Einfluss der Malerei von Henri Matisse.

5995 D

South Kensington gehört zu den ruhigsten, aber auch exklusivsten Vierteln Londons.

City life

Die Metropole

Der Besuch eines Musicals gehört in London ganz selbstverständlich zur Abendgestaltung. Dies zeigt sich auch an den Restaurantführern, die oft auf das *pre theatre menu* hinweisen, also die Möglichkeit eines leichten, frühen Dinners vor Beginn der Vorstellungen.

Stadtleben, das heißt in Großbritannien vor allem das Leben in London, der größten Stadt Europas. Es bedeutet zwar für jeden der über sieben Millionen Einwohner etwas anderes, doch es lassen sich Hauptgruppierungen ausmachen.

Zum einen gibt es die geborenen und eingefleischten Londoner. Sie können sich ein Leben an einem anderen Ort nicht vorstellen. Darin unterscheiden sie sich in nichts von den Einheimischen anderer Metropolen wie New York oder Paris – und wie die echten New Yorker oder Pariser sind sie sich bewusst, dass sie in einer der bedeutendsten Städte der Welt zu Hause sind.

Dann gibt es die große Gruppe der bewussten Londoner, die diese Stadt frei gewählt haben, weil sie aus irgendeinem Grund fasziniert sind von der Kapitale Großbritanniens oder weil diese Stadt ihnen bestimmte Chancen bietet. So kommen zum Beispiel angehende Modedesigner gern nach London, um hier zu lernen und sich inspirieren zu lassen. Bewusste Londoner sind aber auch die Kellnerin, die im Restaurant bei Fortnum & Mason die Karriereleiter viel schneller erklimmen kann als im heimischen Deutschland, der Künstler aus Barcelona, der in London dem Puls der Zeit nachspürt, oder der Barmann aus Südafrika, der in einem Londoner Hotel jobbt.

Zu den Menschen, die aus irgendeinem Grund gerade in dieser Stadt wohnen, kommen jene, die London ebenfalls mit Vorsatz, aber nur kurzzeitig aufsuchen. Die Rede ist von den Touristen, die zu London gehören wie Big Ben oder der Buckingham Palace. Immerhin sind es jährlich 25 Millionen Menschen; sie prägen in manchen Gegenden das Stadtbild stärker als die Londoner selbst.

Neben den Leuten, die entweder durch Geburt oder aus freien Stücken gern in London sind, gibt es die große Zahl der notgedrungen hier lebenden. Sie sind oftmals Zuwanderer aus ärmeren Weltgegenden, die in der Hauptstadt des Commonwealth Arbeit gefunden haben und nun fernab der Heimat ihr Dasein fristen. Über 300 000 Einwanderer aus der Karibik leben hier, über 250 000 Inder, dazu Tausende von Afrikanern und Chinesen. Die Stadt an sich ist ihnen egal, und sie waren auch noch nie im Tower of London, im Wachsfigurenkabinett von Madame Tussaud oder bei Harrods in Knightsbridge. Sie sind viel zu sehr damit beschäftigt, sich und ihre Familien über Wasser zu halten, als sich für die Schönheiten der Hauptstadt des ehemaligen Weltreiches zu interessieren.

Ähnlich geht es jenen Londonern auf Zeit, die nicht gerade wirtschaftliche Not, aber doch wirtschaftliche Notwendigkeit in die Kapitale treibt. Es sind jene, die eigentlich viel lieber auf dem Lande wohnen und nur nach London kommen, weil sie Geld verdienen müssen. Wenn es um die klassischen Branchen wie Börse, Bank, Public Relations, Verlagswesen oder Handel geht, ist die Hauptstadt oft die beste Adresse. Da die Mieten in London sehr hoch sind, teilen sich aufstrebende junge Leute ein *flat* in einem möglichst attraktiven Stadtteil, zum Beispiel South Kensington. Am Wochenende fährt man natürlich wieder aufs Land, idealerweise auf Einladung gut situierter Freunde oder Verwandter. So verbringen viele das entscheidende Jahrzehnt zwischen dem 20. und 30. Lebensjahr als Pendler zwischen Stadt und Land. Das drückt sich auch in der Kleidung dieser Londoner aus, die oft in einem kleinen Detail verrät, dass ihr Träger am Freitagnachmittag die Metropole verlässt. Auch aus der Wahl des Autos ist es ablesbar – ein Kombi oder Geländewagen lässt auf den Besitz eines Landhauses schließen. Wenn dies nicht der Fall ist, so soll zumindest der Eindruck erweckt werden, dass die Stadtwohnung nur der Zweitwohnsitz für die Zeit von Montag bis Freitag ist.

Diese Londoner träumen davon, oder jedenfalls behaupten sie es, ganz auf dem Lande zu leben. Dann könnten sie sich tagein tagaus mit ihren Pferden und Hunden beschäftigen, statt sich durch den Londoner Verkehr zu quälen und unter Dreck, Lärm und schlechter Luft zu leiden. Ob das Landleben tatsächlich so vergnüglich wäre, sei dahingestellt. Bis diese Freunde des *country life* die Dreißig überschreiten, genießen sie jedenfalls ausgiebig das Londoner Nachtleben.

Am glücklichsten schätzen sich wohl jene, deren Beruf das Arbeiten von zu Hause aus erlaubt. Sie können das Angenehme mit dem Nützlichen verbinden: auf dem Land leben und trotzdem Geld verdienen. Nach London fahren diese überzeugten *country boys and girls* bei aller Abneigung gegen die Großstadt dennoch regelmäßig. Schließlich kann man sich nirgendwo besser mit den essentiellen Dingen des Lebens eindecken als in den traditionellen Fachgeschäften der Metropole: Sei es, dass eine repräsentative Kaminuhr in einem der Auktionshäuser ersteigert werden soll, ein halbes Dutzend Hemden von Hilditch & Key gebraucht wird, der Vorrat an Marmelade und Tee von Fortnum & Mason aufgefüllt werden muss, Wein von Berry Brothers & Rudd benötigt wird – oder einfach nur ein Eau de Toilette von Penhaligon und ein neuer Cricketpullover von Lillywhite für den Enkel.

Im Sommer wird jede freie Minute zum Sonnenbad genutzt. So werden die Parks der Städte zur Mittagszeit plötzlich zu übervölkerten grünen Stränden.

London ist eine Stadt, die alles in Extremen bietet – Schönheit und Pomp wie Hässlichkeit und Armut. So wenig wie die ausländischen Besucher suchen selbst viele alteingesessene Londoner kaum je die Stadtteile auf, in denen die ärmere Bevölkerung wohnt. Vielen von ihnen ist diese Seite ihrer Stadt so unbekannt wie dem Shopping-Touristen, der nur die Gegend um St. James's kennt. Umgekehrt meiden die weniger Glücklichen meist jene Bezirke, in denen die Reichen residieren. Die alte Trennung von East End und West End ist nie richtig überwunden worden.

Auch in London gilt, dass die Einheimischen am wenigsten die Fülle der Möglichkeiten ausschöpfen, die Museen, Theater, Galerien, Sehenswürdigkeiten und Ladengeschäfte bieten. Nur für wenige gestaltet sich das Londoner Leben aus einer Abfolge von Vernissagen, Premieren und Auktionen. Für die meisten besteht London lediglich aus »ihrem« Stadtteil, in dem sie um die Ecke zum Supermarkt oder in den Pub gehen und den sie höchstens am Wochenende zum Ausgehen verlassen. Piccadilly Circus sehen sie ebenso selten wie der Besucher vom Kontinent, der einmal im Jahr kommt. Auch die National Portrait Gallery, den Tower, Madame Tussaud's und die anderen, typischen Touristenattraktionen haben sie entweder noch nie, oder zuletzt vor vielen Jahren besichtigt. Und den Bummel durch die berühmten Kaufhäuser wie Harrod's, Selfridges oder Fortnum & Mason überlassen sie den Gästen aus dem Ausland ebenso gerne wie das Gedränge in der Oxford Street. Für die Londoner ist das Leben in der Hauptstadt des Vereinigten Königreichs Normalität – eine Normalität jedoch, die im Gegensatz zu anderen Orten dieser Welt immer die Möglichkeit zum Außergewöhnlichen bereithält.

Was ist das? Es ist schwarz oder braun und bei Regen nicht zu haben. Das Londoner Taxi. Bei trockenem Wetter findet sich dagegen immer einer der überaus geräumigen und erstaunlich wendigen Wagen. Für Kurzstrecken ist das Taxi oft das schnellste Verkehrsmittel.

Die *coffee shops* der Londoner City haben zur Lunch-Zeit Hochkonjunktur. Dann strömen hungrige Broker und Banker scharenweise zu ihren Türen.

Mittagszeit ist Sandwich-Zeit. Für viel mehr reicht die Pause nicht. Eine Ausnahme ist das geschäftliche Lunch, das ausführlich zelebriert wird.

Im Sommer wird die Mittagspause zu einem kleinen Picknick mit Tee und belegten Broten im nächsten Park genutzt. Wenn es nicht mal wieder regnet.

Die einzige Tochter der Queen ist Princess Anne. Sie ist zwei Jahre jünger als Prince Charles und trägt den Ehrentitel Princess Royal. Ihre Londoner Residenz ist der St. James's Palace (Abb. links).

Der St. James's Palace dient mehreren Mitgliedern der königlichen Familie als Residenz, unter anderem dem ältesten Sohn der Queen, dem Prince of Wales. Er hat hier seine Wohnung und auch die Büros seines Stabs.

Obwohl Princess Alexandra erst an 21. Stelle der Thronfolge steht, ist sie sehr populär. Wenn sie sich nicht im St. James's Palace aufhält, wohnt sie in Thatched House Lodge im Richmond Park.

Prince William bewohnt die meiste Zeit ein Studentenzimmer. Wenn er in London ist, steht ihm ein Apartment im Kensington Palace (Abb. rechts) zur Verfügung.

Prince Harry, der jüngere Bruder des Kronprinzen, hält sich im Kensington Palace auf, wenn er nicht in den Ferien im Landhaus seines Vaters weilt.

Noch heute pilgern viele Verehrer der bei einem Autounfall in Paris ums Leben gekommenen Diana zum Kensington Palace, in dem sie viele Jahre gelebt hat.

Princess Margaret war die jüngere Schwester der Queen. Sie starb 2002. Wenn sie sich in London aufhielt, bewohnte sie ein Apartment im Kensington Palace.

Der Buckingham Palace (Abb. oben) ist die Londoner Residenz der Königin. Die Flagge, die bei ihrer Ankunft über dem Palast aufgezogen wird, signalisiert die Anwesenheit der Queen.

Der zweite Sohn der Queen ist Prince Andrew, bei seiner Hochzeit wurde ihm der Titel des Duke of York verliehen. Auch ihm stehen als städtisches Quartier Räume im Buckingham Palace zur Verfügung.

Der jüngste Bruder von Prince Charles ist Prince Edward, der Earl of Wessex. Für Aufenthalte in der Stadt steht ihm ein Apartment im Buckingham Palace zur Verfügung.

Von 1952-2002 war das im Jahre 1825 von John Nash erbaute Clarence House (Abb. rechts) die Londoner Residenz von Queen Elizabeth, the Queen Mother. Es befindet sich an der rückwärtigen Seite des St. James's Palace. Die Mutter der Königin erfreute sich größter Beliebtheit bei britischen und ausländischen Monarchie-Fans. Sie verstarb 2002 im Alter von 101 Jahren.

Das frühgeorgianische Stadthaus (hier ein Straßenzug im Londoner Viertel Spitalfields) war meist ein *terraced house*, also ein Reihenhaus. Diese sehr ökonomische Weise der Raumnutzung trug einerseits dem rasch ansteigenden Wohnraumbedarf des beginnenden 18. Jahrhunderts Rechnung, berücksichtigte aber auch die explodierenden Bodenpreise in der Hauptstadt.

Rechte Seite: *Terraced houses* blieben auch im 19. Jahrhundert eine typische Form der Stadtwohnung für die Briten. Die eng aufeinander folgenden Hauseingänge verraten die Einfamilienhäuser auf schmalen, handtuchförmigen Grundstücken. In Notting Hill zum Beispiel wurden um die Jahrhundertmitte ganze Straßenzüge so bebaut.

Das Stadthaus

In London zu wohnen bedeutete bis ins 19. Jahrhundert, in einem eigenen Haus zu leben. Aufgrund der hohen Grundstückspreise war es zwar mitunter recht schmal, aber immerhin ein Haus, das man mit niemandem teilen musste. Bis heute ist Großbritannien ein Land der Hausbesitzer.

Die Vorliebe für Stadthäuser führte dazu, dass in Großbritannien Reihenhäuser bereits im 17. Jahrhundert sehr populär waren. Die häufig als Spekulationsobjekte geplanten, weitläufigen Reihenhaussiedlungen schossen an den damaligen Rändern Londons wie Pilze aus dem Boden und wurden im 18. Jahrhundert zum typischen Haus der Metropole, aber auch vieler anderer Städte. Schon seit dem 17. Jahrhundert galt die Devise, so viel Haus wie möglich auf das Grundstück zu bauen. Das Aussehen des Londoner Stadthauses wurde dabei sowohl von den ungeschriebenen Regeln des Zeitgeschmacks als auch von einer sehr restriktiven Bauordnung bestimmt. Sie war eine Reaktion auf die verheerende Brandkatastrophe des Jahres 1666, die einen großen Teil der Londoner City verwüstet hatte. So wurden damals zum Beispiel Holzhäuser verboten und Brandmauern vorgeschrieben. Dies hatte gravierende Folgen sowohl für die einzelnen Bauten als auch für das gesamte Stadtbild. Auch die Vorschrift, dass die Rahmen der Schiebefenster nicht mehr bündig, sondern zehn Zentimeter nach innen versetzt eingebaut werden sollten, veränderte den Charakter der Fassade erheblich. Mit dieser Maßnahme hoffte man bei einem Brand das Überschlagen von Flammen zwischen den Stockwerken zu verhindern. Diese Vorschriften galten faktisch nur für London, wurden jedoch auch in anderen Städten des Inselreiches von den Architekten befolgt – schließlich wollte niemand, dass sein Haus provinziell aussah, nur weil es nicht den Anforderungen der Hauptstadt entsprach.

Die große Beliebtheit des kleinformatigen *terraced house* – so der englische Ausdruck für das Reihenhaus – sagt etwas über den Charakter der Briten aus. Zum einen befriedigt es den Anspruch, im eigenen Heim Herr zu sein. Zum anderen gibt die Uniformität der Fassade ein Gefühl von Zusammengehörigkeit und kommt dem Bedürfnis nach Understatement und Diskretion entgegen. Allerdings sollte man das Einverständnis mit dem Reihenhaus auch im Zusammenhang mit der gleichzeitig vorhandenen Uniformität sehen. Wer in der Stadt hinter einer wenig originellen Fassade leben muss – und sei es in noch so großer Eleganz –, der wird auf dem Lande nicht auf architektonische Extravaganz verzichten wollen. So gibt es durchaus Eigentümer eines georgianischen Stadthauses, die außerdem über einen oder mehrere Landsitze verfügen, deren Größe und Pomp dem Besucher den Atem verschlagen.

Wer einen Eindruck davon bekommen möchte, wie man im London früherer Zeiten lebte, sollte eines der Stadthäuser des National Trust besichtigen, der mehrere dieser so genannten *terraced houses* in seiner Obhut hat.

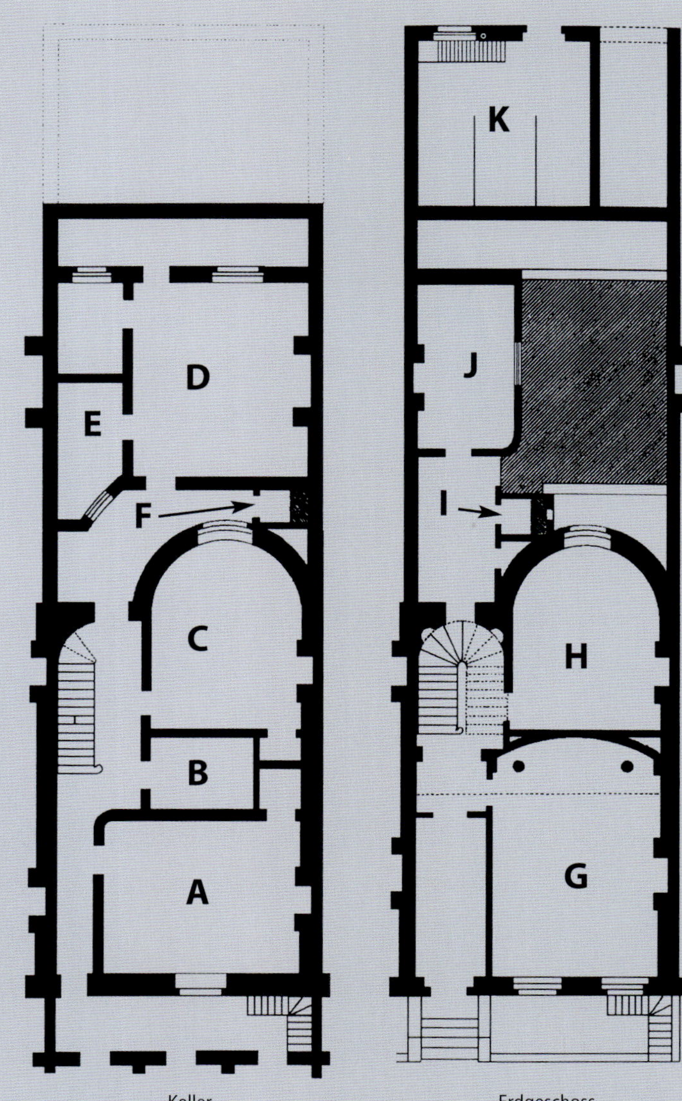

Das typische Stadthaus ist ein Reihenhaus mit vier bis sechs Stockwerken mit verschiedenen Funktionen. Eins dient als Ort zum Essen und Wohnen, eins zum Schlafen, das Kellergeschoss ist zum Kochen und das Dachgeschoss war ursprünglich für die Bediensteten bestimmt. Der Grundriss zeigt das Keller- und das Erdgeschoss eines großen Stadthauses: Im Keller befinden sich die vordere und hintere Küche (A und C), der Weinkeller (B), der Aufenthaltsraum für die Bediensteten (D), die Speisekammer (E) und ein Wasserklosett (F). Im vorderen Raum des Erdgeschosses liegt das Speisezimmer (G), die Bibliothek (H) mit einer elegant geschwungenen Rückwand, die Toilette der wohlhabenden Hausbesitzer (I), das Badezimmer (J) sowie der Stall (K), der allerdings nur von der Hinterseite des Hauses zu erreichen ist.

Oben: In den Jahrzehnten vor 1900 wurden im Londoner Stadtteil Chelsea viele der älteren *terraced houses* abgerissen und im Stil der Arts-and-Crafts-Bewegung als Apartmenthäuser wiedererrichtet. Die verschachtelten Gebäudeteile sollten an mittelalterliche und ländliche Architektur erinnern.

Rechts: 1812 beauftragte der Prince of Wales, zu dieser Zeit Regent für seinen wahnsinnig gewordenen Vater Georg III., den Architekten John Nash mit der Gestaltung des Regent's Park. Bis 1828 baute dieser nicht nur ein Stück Heidelandschaft zu einer eleganten Parkanlage um, sondern errichtete an ihrem Rand eine Reihe von exklusiven *terraced houses* und einzeln stehenden Villen. Damit prägte er den noblen Regency-Stil.

Die kleinteiligen Sprossenfenster und Backsteinfassaden mit geschwungenem Giebel der um 1700 errichteten Häuser im Queen-Anne-Stil erinnern an holländische Architektur. Sie tauchen auch Ende des 19. Jahrhunderts wieder auf.

In den Jahren zwischen 1810 und 1830 baute man in allen größeren Städten im eleganten Stil des Regency. Dieses Doppelhaus in Hastings, East Sussex, ist mit seiner weiß verputzten Fassade und dem wahrscheinlich später angefügten eisernen Balkon nüchterner als ein entsprechendes Londoner Modell.

Im Stadtteil Chelsea steht in der Cheyne Row Nr. 24 das im frühen 18. Jahrhundert erbaute Queen-Anne-Haus von Thomas Carlyle. Zusammen mit seiner Frau wohnte der Historiker und Schriftsteller hier von 1834 bis zu seinem Tod im Jahre 1881. Das Haus erzählt nicht nur etwas über die Carlyles, sondern vermittelt auch einen lebhaften Eindruck davon, wie man in der Mitte des 19. Jahrhunderts in London eingerichtet und ausgestattet war, wenn man zwar nicht über Reichtümer verfügte, aber auch nicht am Hungertuch nagte. Obwohl das Haus von außen recht klein wirkt, bietet es doch eine ganze Menge Platz. Die Küche und der private Bereich des Hausmädchens befinden sich im Keller. Zu ebener Erde liegen die Bibliothek und das Esszimmer, in den beiden Obergeschossen wurde geschlafen oder sich tagsüber zurückgezogen, und das ausgebaute Dachgeschoss hat Carlyle als sein persönliches Arbeitszimmer genutzt.

Die Anlage folgt dem bewährten Grundriss vieler städtischer Reihenhäuser: vom Flur mit dem Treppenhaus gehen in jeder Etage zwei Räume ab. Eine Ausnahme bilden dabei Keller und Dachgeschoss. In einem solchermaßen gegliederten Haus ließe es sich auch heute noch sehr bequem leben – im Untergeschoss empfängt man die Besucher, im ersten Stock schläft das Ehepaar, im zweiten die Gäste und unter dem Dach die Kinder. Für viele Londoner wäre es die Erfüllung eines Traumes, ein solches Queen-Anne-Haus in Chelsea ihr Eigen zu nennen. Für ein entsprechendes Objekt wäre allerdings ein beachtlicher Preis zu zahlen.

Eine andere Ausprägung des englischen Stadthauses kann man im Londoner Stadtteil Belgravia kennen lernen. Die weißen Häuser, die sich hier im Geviert um begrünte Plätze reihen, wurden ungefähr 100 Jahre nach den Queen-Anne-Häusern in Chelsea errichtet. Sie fallen stilistisch in die Spätzeit der Regency-Epoche und historisch gesehen in die Regierungszeit von Georg IV. (1820–1830).

Mit seiner Entscheidung, Buckingham House in einen Palast umgestalten zu lassen, hat der Monarch den Impuls zur Erschließung Belgravias gegeben. Jedenfalls ist anzunehmen, dass vor allem die Nähe einer neuen Residenz den vormals eher uninteressanten Teil Londons plötzlich hoch attraktiv machte. Anders ist es kaum zu erklären, dass der Bauunternehmer Thomas Cubitt ab 1821 dort in großem Umfang investierte. Er pachtete die erforderlichen Flächen von ihrem Eigentümer Lord Grosvenor, legte das sumpfige Land trocken und machte es durch gewaltige Erdaufschüttungen bebaubar. Die Erdmassen, die dafür benötigt wurden, stammten aus den Aushebungsarbeiten für den Bau des St.-Catherine's-Dock beim Tower of London. Die Erde wurde mit Lastkähnen die Themse heraufgeschleppt und in Millbank zwischengelagert. Cubitts Investition hat sich bezahlt gemacht, denn Belgravia wurde schnell zu einer begehrten Adresse, und nur zehn Jahre nach der Fertigstellung der neuen Häuser rund um den Belgrave Square bezog auch die frisch gekrönte Königin Viktoria 1837 ihre neue Residenz Buckingham Palace.

Oben: Belgrave Square mit seinen strahlend weißen Reihenhaus- und Appartmentblöcken ist der Inbegriff der High-Society-Wohngegend, seit 1825 die ersten Häuser fertiggestellt waren. Heute werden die repräsentativen Regency-Häuser vor allem als Botschaften genutzt.

Ganz links: In der Londoner Straße King's Bench Walk sind noch einige Häuser erhalten, die kurz nach dem vernichtenden Stadtbrand im Jahr 1666 im Stil des englischen Barock errichtet wurden. Die Straße ist daher ein beliebter Drehort für historische Filme. Dieser Türrahmen von 1677 ziert heute ein frühgeorgianisches Stadthaus.

Links: Das Haus Nummer 37 in der Dover Street in London wurde 1772 von Sir Robert Taylor im Stil des italienischen Renaissance-Architekten Andrea Palladio als Stadthaus für den Bischof von Ely errichtet.

Die Entwicklung des Stadthauses

Anders als auf dem Kontinent entwickelten sich die britischen Städte, allen voran natürlich London, im 17. bis 19. Jahrhundert durch Erschließungsprojekte einiger weniger, privater Bauunternehmer. Diese waren fast ausschließlich erfolgreiche Maurer, Zimmermänner oder Steinmetze, denn sie hatten die nötige Bauerfahrung, den Zugang zu Materialien und ausreichend Bekannte in der Branche, um so große Projekte durchzuführen. Dazu pachteten sie weitläufige Areale von den zumeist adligen *landlords*, errichteten darauf möglichst viele Häuser und verkauften diese dann gewinnbringend. Das Besondere daran ist, dass die Häuser spekulativ erbaut wurden, das heißt ohne konkreten Auftraggeber, sozusagen für den Markt, und dass dies bereits so früh in so großem Maßstab stattfand. Für die Bauunternehmer war es natürlich billiger, wenn sich zwei Häuser eine oder zwei Wände teilten. Also entstanden vor allem Reihenhäuser. Für ihre Konstruktion musste der genau abgesteckte Baugrund erst einmal zu einer Terrasse eingeebnet werden – daher der Begriff *terrace* oder *terraced house*. Meistens waren die einzelnen Häuser zu rechteckigen oder halbrunden Platzbebauungen zusammengefasst, den sogenannten *squares, crescents* und *circuses*, die eine häuserübergreifende einheitliche Fassade hatten. In London sind Grosvenor Square, Bedford Square und Regent's Street gute Bespiele für diese Entwicklung. Sie tragen übrigens nicht etwa die Namen der Architekten, Bauunternehmer oder prominenten Anwohner, sondern die der adligen Landbesitzer.

Das Aussehen der Londoner Straßen veränderte sich nach dem »Großen Feuer« von 1666 grundlegend: Da wegen der Brandsicherheit nicht mehr mit hervorstehenden Holzbalken gebaut werden durfte, benutzte man nun vor allem Backstein als Bausubstanz und hellen Natur- oder Kunststein als Verzierung. Seit der Mitte des 18. Jahrhunderts wurde auch wieder mit einem feinen Außenputz gearbeitet, dem so genannten *stucco*, der einerseits eine – wenn auch nur vorgetäuschte – Steinfassade zu geringem Preis ermöglichte, andererseits unsauberes oder angesetztes Mauerwerk vollkommen verdeckte. Auch die Zierelemente ließen sich wesentlich schneller herstellen und aufbringen als gemeißelte Natursteinornamente. Wo das Mauerwerk sichtbar bleiben sollte, konnten eingemauerte künstliche Ziersteine kostengünstigen und edlen Bauschmuck liefern. Die Eingänge der vornehmen Häuser am Londoner Bedford Square, zwischen 1775 und 1780 errichtet, sind zum Beispiel mit Imitationen von grob behauenen Mauersteinen und ornamentalen Schluss-Steinen aus dem sogenannten *Coade stone* versehen. Eleonora Coade leitete seit 1769 jene Kunststein-Manufaktur, deren Produkte besonders fein modelliert, aber auch unglaublich haltbar waren. Ihre kunstvollen Reliefpaneelen, Zierleisten, Säulenkapitelle, Schmuckvasen etc. vermarktete Mrs. Coade äußerst erfolgreich in Bestellkatalogen, aus denen sich die besten Architekten der Zeit bedienten. Da die Zusammensetzung von *Coade stone* als Geheimnis streng gehütet wurde, ging sie mit dem Bankrott des Geschäfts Anfang des 19. Jahrhunderts verloren.

Die Fassaden der Häuser des 18. Jahrhunderts sind oft auffällig flach und eher unscheinbar. Tatsächlich verbergen die faden Außenwände jedoch oft kostbare Raumausstattungen. Erst abends kann man die Pracht im Innern erahnen, wenn der Blick beim Spazierengehen auf die beleuchteten stuckverzierten und bemalten Decken der oberen Stockwerke fällt. Sie sind das Produkt einer neuen Berufsklasse, die in der zweiten Hälfte des 18. Jahrhunderts die frühen Maurer- oder Steinmetz-Bauunternehmer ablöst: der professionellen Künstler-Architekten. Zu ihren bekanntesten Vertretern gehörten Robert, James und John Adam sowie John Nash. Während Nash in den ersten Jahrzehnten des 19. Jahrhunderts Regent's Park und Street in London im Auftrag des Prinzregenten und späteren Königs Georg IV. ausbaute, traten die Adam-Brüder 50 Jahre früher noch als private Bauunternehmer auf. 1768 pachteten sie Land am Londoner Themse-Ufer, befestigten es für viel Geld und errichteten bis 1772 einen großen Block mit elf Reihenhäusern zur Themse hin sowie zwei weitere Straßen im rechten Winkel dazu – die Adelphi Terrace. Die Fassadengestaltung mit ganz flachen, in Putz aufmodellierten Säulen- und Gebälkstreifen leitete sich von ihren Innenausstattungsprogrammen ab. Sie wurde als klassische, elegante und preiswerte Außendekoration für einige Zeit zu einem Muss für neu errichtete Reihenhäuser.

Ab 1800 werden die Fassaden der Stadthäuser wieder etwas bewegter. Die Eingänge bekommen nun immer häufiger eine Säulenvorhalle vorgebaut, die Fenster treten durch kräftigere Umrahmungen wieder aus der Mauer hervor. Im Laufe des 19. Jahrhunderts wird die Fassadenlinie durch betonte oder vorgebaute Eingänge und erkerartig hervorkommende Fenster, die *bay windows*, weiter aufgelockert. Außerdem kennzeichnet die viktorianischen Reihenhäuser eine weniger klassische Formensprache. Man baut eher ein Formenmix, das auch auf mittelalterliche Elemente zurückgreift. Im Allgemeinen wirken Straßen mit viktorianischen *terraced houses* durch die massenhafte Errichtung der Häuser und die Vernachlässigung von platzförmigen Bebauungen und häuserübergreifenden Fassaden oft unangenehm gleichförmig.

Die Erschließung und Bebauung des Stadtteils westlich von Kensington Palace war vor allem ein Projekt des 19. Jahrhunderts. Hier entstanden viele viktorianische Reihenhäuser.

Der Park als Garten des Städters

Viele Städter träumen von einem eigenen Garten. Die traditionellen Reihenhäuser, die an ihrer Rückseite Platz für ein paar Beete und ein wenig Rasen bieten, sind nicht zuletzt deshalb hochbegehrt. Wer zum Beispiel ein altes Queen-Anne-Haus sein eigen nennt, kann das besondere Vergnügen genießen, sich in dem von einer Mauer umfriedeten Garten vom Trubel der Großstadt zu erholen. Wer in einem Mietshaus oder in einer anderen Art von Stadtwohnung ohne Garten wohnt, der muss sein Bedürfnis nach Rasen, Bäumen und Blumen entweder beim Wochenendbesuch auf dem Lande oder aber in öffentlichen Parks und Gärten stillen. Davon gibt es in London glücklicherweise eine ganze Reihe. Im Herzen der Stadt liegen die Royal Parks – St. James's, Green Park, Hyde Park, Kensington Gardens, außerdem der zum Holland House gehörende Holland Park. Etwas außerhalb befinden sich die anderen königlichen Parks wie Regent's Park, Greenwich Park, Richmond Park und Bushy Park und nicht-königliche Anlagen wie Chiswick House Gardens, Fulham Palace Gardens, Bloomsbury Squares, Victoria Embankment Gardens, Victoria Tower Gardens, Battersea Park und der Chelsea Physic Garden. An der Peripherie Londons liegen Osterley Park, Kew Gardens, Syon Park, Marble Hill Park, Ham House Gardens, Ham Court Palace Park und der Crystal Palace Park. Außerdem gibt es die Flächen des ehemaligen *common land*, also öffentlich zugängliche Parks wie Hackney Marshes, Hampstead Heath, Wormwood Scrubs, Wimbledon Common, Putney Heath, Clapham Common, Wandsworth Common, Streatham, Plumstead, Woolwich und Blackheath. Nicht zu vergessen Kenwood Park, Ruskin Park, Lesnes Abbey Woods, Alexandra Park und die Jubilee Gardens.

Sogar in der City of London gibt es Grünflächen – wie etwa das Bowling Green im Finsbury Circus und Bunhill Fields. Dazu kommen jede Menge grüner Flecken auf Kirchhöfen und an Ruinen von Gotteshäusern mit insgesamt über 2000 Bäumen. Die Gesamtzahl aller Bäume Londons beläuft sich auf rund fünf Millionen, dabei sind die in den Privatgärten nicht mitgezählt. Die Londoner haben diese Grünflächen nicht unbedingt nur fürsorglichen Stadtplanern zu verdanken. Etliche der alten Royal Parks waren Jagdreviere und dienten der Zerstreuung der Könige. Einige von ihnen wurden aber schon Anfang des 17. Jahrhunderts der Öffentlichkeit zugänglich gemacht, wie der Hyde Park, der zuerst dem Hofstaat und dann von Charles I. 1637 für jedermann geöffnet wurde. Nach der Exekution des Königs verkaufte Oliver Cromwell den Park dann in drei Teilen, und die neuen Eigentümer verlangten plötzlich Eintritt von den Londonern. Nach der Restauration wurde der Hyde Park unter Charles II. wieder zu einer kostenlosen Oase, sehr zur Freude der Untertanen. Der St. James's Park war ebenfalls schon im 17. Jahrhundert ein beliebter Ausflugsort. Zu Beginn des 18. Jahrhunderts wollte Queen Anne allerdings den Besuch des St. James's Park reglementieren, um das Niveau wieder ein wenig zu heben. So verbot sie es, im Park Holzschuhe zu tragen, den Rasen zu betreten, Wäsche zu trocknen und Handel zu treiben. Es war nämlich unter anderem üblich, Milch zu verkaufen – frisch von der Kuh, die hinter dem Händler auf dem Rasen weidete. Die Gemahlin von König Georg II. wollte im 18. Jahrhundert sogar noch weiter gehen und das gemeine Volk ganz aus dem Park vertreiben. Der Legende nach soll sie den Premierminister Sir Robert Walpole gefragt haben, was diese Maßnahme kosten würde. Seine Antwort war doppeldeutig und lautete: »Nur drei

Wem in der Acht-Millionen-Metropole London die Luft ausgeht, der kann in einer der vielen grünen Oasen neue Kraft schöpfen. Spazieren gehen, lesen, im Gras liegen und träumen oder (für sportlichere Naturen) eine Ruderpartie im Regent's Park gehören zu den liebsten Freizeitbeschäftigungen der Städter – zumindest in der warmen Jahreszeit.

Londons Parks und Grünanlagen sind wohlorganisierte Stätten der Erholung. Fast überall gibt es akkurat angelegte Wege sowie die dazugehörigen Hinweisschilder, damit niemand in die falsche Richtung läuft oder sich gar ganz verirrt. Wer den Luxus eines Liegestuhls wünscht, muss in manchen Parks, wie hier im St. James's Park, gegen einen geringen Betrag eine Wertmarke beim Parkwächter lösen. Das Taubenfüttern ist dagegen gratis.

Kronen«, womit er nicht nur die Münzen gleichen Namens, sondern auch die Herrschaft über die drei Königreiche England, Irland und Schottland meinte.

In Viktorianischer Zeit wurden dann eigens für die Erholung suchenden Stadtbewohner Parks wie der Battersea Park angelegt. Er befindet sich auf einem Überschwemmungsgebiet der Themse. Diese Battersea Fields hatten keinen vielversprechenden Ruf, denn abgesehen davon, dass auf ihnen Spargel angebaut wurde, gab es von ihnen nichts Gutes zu berichten. Sie waren nicht nur der Schauplatz verschiedenster volkstümlicher Vergnügungen, sondern auch ein Ort von Gewaltverbrechen und Duellen. Dies alles endete mit der Anlage des Parks, die äußerst aufwendig war, da das feuchte Marschland erst trockengelegt werden musste. Nach der Eröffnung im Jahre 1858 wurde der Battersea Park schnell zu einem beliebten und modischen Ausflugsort, an dem bis heute zahlreiche Großveranstaltungen stattfinden, wie die jährliche Parade zu Ostern.

Organisierte Unterhaltung ist allerdings eher untypisch für die Grünflächen Londons – wenn man bei der großen Zahl und Vielfalt der Parks und Gärten überhaupt von typischen Erscheinungen reden kann. Die grünen Inseln im Londoner Häusermeer laden ein zum Ausruhen, Spazierengehen, stillen Studium der Pflanzenwelt, selten zum Sonnenbaden, häufig zu einer Mittagspause mit Sandwich und Tee, zu romantischer Zweisamkeit oder zu sportlichen Aktivitäten. Dabei werden die Grasflächen wirklich genutzt und nicht nur betrachtet. Der Rasen der meisten Parks sieht zwar arg mitgenommen aus, doch was will man mit dem schönsten Rasen, wenn man sich dort nicht setzen darf? Es ist eine britische Nationalleidenschaft, im Gras zu sitzen – die Angst vor Chlorophyllflecken ist hier unbekannt.

Die meisten Londoner müssen auf einen Garten verzichten, doch sie haben eine so reiche Auswahl an Parks und Grünanlagen, dass sie keinen Mangel an Gras, Bäumen, Blumen, Teichen und Tümpeln, Schwänen, Enten, Eichhörnchen oder Kaninchen leiden. London ist eine grüne Stadt, und dies macht sie für ihre Bewohner immer wieder lebens- und liebenswert. Auch die Touristen und Geschäftsreisenden, die der britischen Metropole jedes Jahr zu Millionen einen Besuch abstatten, nutzen die Rasenflächen gern für eine Ruhepause.

Edgware
Golders Green
Cricklewood
Hampstead Heath
Parliament Hill
Hampstead
Kentish Town
Highbury
Islington
Clissold Park
Hackney Downs
Dalston
Willesden
Brondesbury
Camden Town
Hoxton
Harlesden
Kilburn
St Johns Wood
Regent's Park
Kensal Green
Paddington
Bloomsbury
Finsbury
Holborn
City
Marylebone
Bayswater
Soho
Strand
Shepherd's Bush
Notting-hill
Mayfair
Southwark
Kensington
Hyde Park
Westminster
Bermondsey
Lambeth
Walworth
Chelsea
Kennington
Camberwell
Fulham
Battersea
Barnes
Peckham
Clapham
Brixton
Putney
Herne Hill
Wandsworth
Clapham Park
Dulwich Village
Balham
Southfields
Streatham
Wimbledon
Gatwick
Windsor
Heathrow
Kew
River Thames
Westway Motorway
A 40 (M)
A 41 (M)
Oxford St
Piccadilly
Cromwell Rd
King St
Euston Rd
Marylebone Rd
Baker St
Park Lane
PADDINGTON STATION
MARYLEBONE STATION
EUSTON STATION
KING'S CROSS STATION
LIVERPOOL ST STATION
FENCHURCH ST STATION
CANNON ST STATION
CHARING CROSS STATION
WATERLOO INTERNATIONAL STATION
LONDON BRIDGE STATION
VICTORIA STATION
Marble Arch
Piccadilly Circus
Trafalgar Sq.
Buckingham Palace
Westminster Abbey
Houses of Parliament
Kensington Palace
Tower Bridge
Waterloo Bridge

Parks und Gärten in London

- Archbishop's Park
- Arena Field
- Barnard Park
- Barnes Common
- Battersea Park
- Bethnal Green
- Bishop's Park
- Brockwell Park
- Brompton Cemetry
- Brondesbury Park
- Bunhill Fields
- Burgess Park
- Burton's Court
- Caledonian Park
- Clapham Common
- Clapton Park
- Clissold Park
- College Park
- Conram's Fields
- Crofton Park
- Deptford Park
- Dulwich and Sydenham Hill Golf Course
- Dulwich Park
- Eel Brook Common
- East London Cemetery
- Finsbury Circus
- Forster Memorial Park
- Fortune Green
- Garratt Park
- Geraldine Mary Harmsworth Park
- Gladstone Park
- Greenwich Park
- Hackney Downs
- Hackney Marsh
- Haggerston Park
- Hammersmith Park
- Hampstead Heath
- Highbury Fields
- Hiley Fields
- Holland Park
- Honor Oak Park
- Hurlingham Park
- Hyde Park
- Jubilee Gardens
- Kennington Park
- Kensington Gardens
- King George's Park
- Ladywell Fields
- Larkhall Park
- Lincoln´s Inn
- London Fields
- Mabley Green
- Memorial Recreation Ground
- Mile End Park
- Millwall Park
- Mountsfield Park
- Mudchute Park
- Nunnhead Cemetry
- Paddington Recreation Ground
- Paradise Park
- Parliament Hill
- Peckham Rye Park
- Primrose Hill
- Queen's Park
- Ranelagh Gardens
- Ravenscourt Park
- Regent´s Park
- Roehampton Golf Course
- Roundwood Park
- Ruskin Park
- Russell Square
- Shoreditch Park
- Side Spencer Park
- South Park
- Southwark Park
- St. James´s Park
- St. Patrick´s R. C. Cemetery
- Streatham Cemetery
- Temple Gardens
- The Central London Golf Course
- The Victoria Tower Gardens
- Tooting Common
- Tower Hamlets Cemetery
- Victoria Park
- W. Curtis Park
- Wandsworth Cemetery
- Wandsworth Common
- Wanstead Flats
- West Ham Cemetery
- West Ham Park
- West Norwood Cemetery
- Willesden Lane Cemetry
- Willesden Sports Garden
- Wimbledon Common
- Wimbledon Park
- Wormwood Scrubs

Von links oben nach rechts unten:
St. James's Park ist der älteste unter den königlichen Parks der britischen Hauptstadt. Heinrich VIII. kaufte das Gelände im Jahre 1532 und nutzte es für die Jagd. Im 17. Jahrhundert wurde der Versuch unternommen, den St. James's Park stilistisch umzuwandeln. Charles II. wollte daraus so etwas wie ein kleines Versailles machen – es wurden Alleen gepflanzt sowie ein schnurgerader Kanal angelegt. Der Architekt John Nash machte all das im 19. Jahrhundert rückgängig und gab dem Park sein heutiges Gesicht. Aufgrund der Nähe der Houses of Parliament wird der St. James's Park gern von Beamten und Politikern genutzt, die sich hier die Beine vertreten.

Der Green Park liegt in einem Dreieck zwischen Hyde Park Corner, Buckingham Palace und dem Ritz. Aus einigen Fenstern des im Jahre 1906 erbauten Hotels kann man auf das Grün des Parks blicken. Heinrich VIII. hat das Gelände zusammen mit dem des späteren St. James's Park erworben und nutzte es als Jagd- und Weidegrund. Erst im 17. Jahrhundert entstand hier eine Art Grünanlage, die damals noch Upper St. James's Park hieß. Der Green Park ist zwar bisweilen sehr überlaufen, dennoch eignet er sich bestens für eine kleine Entspannungspause.

Wie Green Park und St. James's Park wurde auch das Gelände des heutigen Hyde Park von Heinrich VIII. ursprünglich als Jagdgrund genutzt, doch bereits im Jahre 1637 war das Areal der Öffentlichkeit zugänglich. Nach 1689 wurden 2,6 Hektar des Parks abgezweigt, um darauf den Kensington Palace zu errichten. Im Gegenzug legten die Gartengestalter aber 1730–1731 einen See, The Serpentine, an, was den Flächenverlust durchaus wettmachte. 1851 wurde im Hyde Park die erste Weltausstellung abgehalten, die über sechs Millionen Besucher anzog. Heute ist das 142 Hektar große Gelände ein Garten für Londoner und Touristen, die inmitten der größten Stadt Europas ein Stück erholsame Naturlandschaft suchen.

Die Kensington Gardens waren ursprünglich die Gärten des Landsitzes, den William III. auf der Suche nach Erholung und guter Luft 1689 in South Kensington bauen ließ. Die königliche Verbindungsstraße zum St. James's Palast war die Route du Roi, was die Londoner im Laufe der Zeit zu Rotten Row verballhornten. Georg III. öffnete die Gärten im 18. Jahrhundert für das Volk, allerdings achteten Diener an den Eingangstoren auf anständige Kleidung der Besucher. Heute kann hier jeder anziehen, was er will, und in Shorts und T-Shirt am Kensington Palace vorbeiflanieren, dessen Bewohner vielleicht manchmal etwas darum gäben, ebenso ungezwungen durch ihren Garten gehen zu können. Zu den Sehenswürdigkeiten des Parks gehört das Albert Memorial.

Den Regent's Park haben wir einem ambitionierten Plan des Architekten John Nash zu verdanken. Er wollte das Areal, das im Jahre 1811 nach langer Verpachtung an die Krone zurückfiel, in eine exklusive Wohnanlage mitten im Grünen verwandeln. Das Unternehmen wurde später zwar nur zum Teil realisiert, doch der Namenspatron – also der Prinzregent – war begeistert von der Idee, die Nash ihm präsentierte. Dass der Park seinen Namen tragen sollte, hat seinen Enthusiasmus sicher beflügelt. Als die Grünanlage 1835 der Öffentlichkeit übergeben wurde, regierte bereits William IV., der Nachfolger des Prinzregenten. Im Regent's Park wurde 1828 der Londoner Zoo eröffnet, dessen damals einziger Wärter noch einen Zylinder trug.

Greenwich Park ging aus einem 88 Hektar großen Gelände hervor, das der Duke of Gloucester 1433 einzäunen ließ, um darauf die Burg Bella Court zu errichten. Der Bau wurde später um das Queen's House ergänzt und nach der Verwüstung durch Cromwells Soldaten abgerissen. Es sollte ein neuer Palast entstehen, doch dafür fehlte das Geld. So wurde an der Stelle von Bella Court ein Marinehospital erbaut, das heutige Royal Naval College. Der Park wurde in seiner Geschichte mehrfach verändert, zuletzt im 17. Jahrhundert unter Charles II., der André Le Nôtre hinzuzog, den Schöpfer der Gärten von Versailles. Ein Ausflug nach Greenwich sollte einen Besuch des Parks also unbedingt einschließen.

Hintergrund: In Richmond befindet sich der mit 1000 Hektar größte der Royal Parks Londons und zugleich einer der wildreichsten. Rund 400 Damhirsche und 250 Rothirsche leben hier. Richmond war seit dem 12. Jahrhundert ein Königssitz. Als Charles I. 1625 hierher flüchtete, um der Pest in London zu entgehen, hatte der Palast bereits eine bewegte Geschichte hinter sich und war schon dreimal neu erbaut worden. 1637 ließ der Herrscher in der Nähe der Residenz ein Jagdrevier mit einer Mauer umgeben. Um die lokale Bevölkerung nicht aufzubringen, war das Betreten des Parkgeländes aber weiterhin gestattet. Der König konnte die Jagd in Richmond nur zwölf Jahre lang genießen, denn am 30. Januar 1649 wurde er in Whitehall hingerichtet. Richmond ist heute einer der schönsten Parks Londons, und vom Hügel Heinrichs VIII. – dem King Henry VIII. Mound – hat der Besucher bei klarer Sicht einen einmaligen Panoramablick von Windsor Castle bis zur Kuppel von St. Paul's Cathedral.

Das Sandwich im Park

Links: Sobald es im sommerlichen London Zeit wird für die Mittagspause, strömen die Angestellten der Banken, Verlage, Versicherungen und anderer Sparten aus ihren Büros und eilen in den nächstgelegenen Park, um sich in ihrer Pause zu entspannen, ein Sandwich zu essen, etwas zu trinken und ein Viertelstündchen vom Wochenende auf dem Land zu träumen.

Briten lieben es, im Gras zu sitzen, und sie tun dies ausgiebig und bei jeder Gelegenheit. Die Londoner nutzen dafür gern ihre Mittagspause, die sie im Sommer vorzugsweise im nächstgelegenen Park verbringen. Dort sieht man sie in ihrer Büro- oder Verkäuferkluft mit dem leichten Mittagsmahl, das sie an einem der mobilen Verkaufsstände erworben haben. In den Kunststoffbechern schwappt nicht immer nur englischer Tee, denn Cappuccino, Milchkaffee oder Espresso werden immer beliebter, und die italienischen Betreiber der Sandwich-Shops bieten die Kaffeespezialitäten in authentischer Qualität an. Solchermaßen mit Proviant versehen, setzt man sich ins Gras, oder vielmehr das, was Sonne und unzählige Füße davon übriggelassen haben. Je weiter der Sommer fortgeschritten ist, desto ramponierter sind die Rasenflächen der Parks. Dennoch würde keiner auf die Idee kommen, das Betreten zu verbieten, schließlich ist der Rasen eines Parks dazu da, dass man sich auf ihm niederlässt. So wie die Briten eine bemerkenswerte Resistenz gegen Kälte haben, scheinen sie auch die Feuchtigkeit eines regennassen Rasens nicht zu fürchten. Eine alte Zeitung oder Plastiktüte reicht vollkommen als provisorischer Sitz. Nach dem Essen streckt man sich noch kurz auf dem kühlen Grün aus, bevor es wieder an die Arbeit geht. Dann übernehmen im Park wieder Touristen, Rentner und Schulklassen das Regiment, doch die nächste Lunchpause kommt bestimmt.

Unten: Der Sandwich-Shop ist der zentrale Anlaufpunkt für die Hungrigen aller Gewerbezweige. In der Mittagszeit herrscht hier oft dichtes Gedränge. In vielen dieser Etablissements kann man sich das Sandwich ganz nach Wunsch belegen lassen. Die Auswahl reicht von Salat, Tomate, Gurke über Roastbeef bis hin zu Räucherlachs, Ei, Saftschinken, Parmaschinken und verschiedenen Käsesorten.

Unten links: Obgleich Tee nach wie vor das Nationalgetränk der Briten ist, wird zur Mittagszeit auch viel Kaffee getrunken. Italienisches Essen ist auch auf den Britischen Inseln *en vogue*, und so verwundert es nicht, dass statt Tee jetzt zunehmend Cappuccino in den Plastikbecher kommt.

Unten Mitte: Das Sandwich ist zur Mittagszeit der Favorit bei den Angestellten aus Büro und Laden. Es gibt sie sowohl in kleinen Sandwich-Shops als auch bei den umsatzstarken Fast-Food-Ketten, die sich auf die belegten Brote spezialisiert haben. In der Regel hat jeder Sandwich-Fan seine Quelle, auf die er schwört und die er unter Umständen sogar geheim hält.

Unten rechts: Die Sandwich-Shops bieten auch eine große Auswahl an Kuchen und Süßigkeiten an. Sehr beliebt und überall im Sortiment zu finden sind Schokoladenkuchen in verschiedenen Varianten. Je nach Backrezept – und Phantasie des Shop-Besitzers – heißt die Spezialität *fudge cake, chocolate brownie, millionaire's shortbread* oder *fudge finger*. Nur eines haben sie alle gemeinsam: Sie sind unter keinen Umständen diättauglich.

Erst der Aufzug machte die mehrstöckigen *mansion block apartments* zu einer wirklich verlockenden Alternative zum Stadthaus älterer Prägung. Nach seiner Erfindung zog es vor allem wohlhabende Junggesellen in die geräumigen Wohnungen, die in den besten Lagen einen wunderbaren Ausblick boten.

Rechte Seite: Apartmenthäuser der Spätviktorianischen und Edwardianischen Epoche weisen oft neobarocke Elemente auf. Typisch für den so genannten Hampton Court Style sind die mit weißen Stuck- oder Sandsteinstreifen abgesetzten Backsteinfassaden und geschwungene Giebel.

Die Stadtwohnung

Bis in das späte 19. Jahrhundert hinein lebten die Menschen in den britischen Städten bevorzugt in eigenen Häusern. Die eleganten *squares* mit ihren gleichmäßigen Häuserfronten haben das Straßenbild vieler Bezirke nachhaltig geprägt. Im Vergleich zu den Metropolen des Kontinents begann man hier erst spät, die Apartmentwohnung zu entdecken. Während es in Berlin, Paris oder Madrid schon lange üblich war, die Etage eines Stadthauses zu bewohnen, kamen in England die so genannten *mansion blocks* erst während der Edwardianischen Epoche in Mode.

Üblicherweise bezeichnet man als edwardianisch den Zeitabschnitt zwischen dem Tod von Königin Viktoria im Jahre 1901 und dem Beginn des Ersten Weltkriegs 1914. Es handelt sich jedoch, wie bei allen Kategorisierungen, um eine nachträgliche und theoretische Benennung dieser Zeit. Ebenso wenig, wie das, was als Viktorianischer Stil mit dem Ableben der Monarchin schlagartig »out« war, trifft die Bezeichnung »edwardianisch« auf den ganzen Zeitraum bis 1914 zu, denn genau genommen herrschte Edward VII., Königin Viktorias ältester Sohn, nur von 1901 bis 1910. In den letzten Jahren vor Kriegsbeginn saß schon sein Sohn auf dem Thron, der als Georg V. regierte. Dessen erste Amtsjahre rangieren aber gemeinhin noch unter dem stilistischen Etikett seines Vaters, wobei Georg V. auch nach dem Frieden von Versailles weder einer Stilrichtung noch einem Lebensgefühl seinen Namen verliehen hat.

Als Edward VII. nach langen Jahren des Wartens 1901 endlich König wurde, erlebte Großbritannien gerade eine Zeit höchster Prosperität und schier endloser Sorglosigkeit. Was später als Abgesang auf eine untergehende Epoche verklärt wurde, erlebten die Menschen als einen bislang nie da gewesenen Aufschwung in Wirtschaft und Technik, als einen Triumph von Lebensfreude und Fortschritt. Großbritannien war das reichste Land der Welt, als der in seiner Familie kurz »Bertie« genannte Kronprinz den Thron bestieg. Das Bruttosozialprodukt wuchs 1901 um Schwindel erregende und für heutige Begriffe geradezu phantastische 50 Prozent.

Das moderne und luxuriöse Apartment entsprach dem Lebensgefühl dieser Zeit, denn es bot mit Zentralheizung, fließendem warmen Wasser, Anschluss an die Kanalisation, elektrischem Licht und elektrischem Fahrstuhl eine völlig neue Dimension des Komforts. Man könnte auch sagen, dass erst die Bequemlichkeiten der Neuzeit das Apartmenthaus attraktiv gemacht haben.

Die Menschen, die in die *mansion blocks* einziehen konnten, müssen ihr neues Domizil wirklich als ideal für ihren Lebensstil angesehen haben. Die meisten Angehörigen der für ein Apartment in Frage kommenden Käufer oder Mieter verfügten ja meist noch über einen Landsitz, der die Weitläufigkeit eines kompletten Hauses zu bieten vermochte. Somit kannten sie aber auch die mit einem großen Haus verbundenen Nachteile. Wenn sie sich nun in der Stadt aufhielten, konnten sie in ihrem modernen Apartment bequem und mit einem vergleichsweise kleinen Personalstab leben. Das Anheizen der zahllosen Kamine entfiel durch die Zentralheizung ebenso wie das Bereiten von heißem Wasser für ein Bad – beides äußerst zeitraubende Aufgaben für die Dienerschaft.

Das edwardianische Apartmenthaus »North Gate« am nördlichen Rand des Regent's Park wurde im ersten Jahrzehnt des 20. Jahrhunderts nach Plänen von Frank Elgood erbaut. Die Fassade aus rotem Backstein und ornamentalen Steinstreifen ist neobarock. Von außen wirkt der *mansion block* wie ein Rathaus oder Regierungsgebäude, mit denen er die mächtige architektonische Formensprache teilt. Im Inneren versuchten die Architekten durch die Weitläufigkeit und überreiche Dekoration der Eingangshallen und Treppenhäuser, das Repräsentationsbedürfnis der Mieter zu bedienen.

Erschlossen wird der Block von zentralen, rechteckigen Treppenhäusern mit Lift, von denen je vier Wohnungen abgehen. Von den Innenhöfen her führen Treppen zu den Dientbotenquartieren, zur Küche, Spülküche und Vorratskammer. Die vordere Wohnung mit dem Erkerturm hat insgesamt fünf Schlafzimmer, je ein Wohn- und Esszimmer sowie das Turmzimmer als Bibliothek oder Arbeitszimmer. Das winzige Bad als privatester Raum ist kaum größer als die Badewanne.

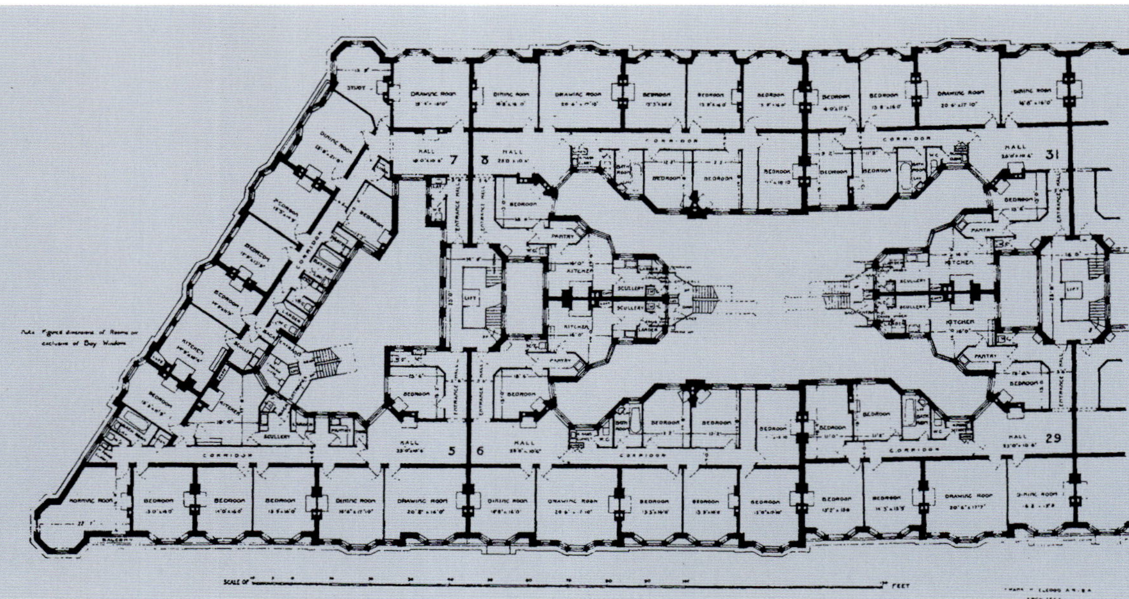

Also erfreuten sich die modernen *bachelor flats* großer Beliebtheit, und zwar, wie der Name sagt, besonders bei unverheirateten Herren. Die Wohnungen boten neben dem neuzeitlichen Komfort oft noch eine zusätzliche Infrastruktur, die ganz auf den allein stehenden Gentleman und seinen Diener zugeschnitten war. Wie in einem Hotel gab es *lounges* – also komfortable Aufenthaltsräume – und *dining rooms*, die den Bewohnern des *mansion block* für soziale Aktivitäten zur Verfügung standen. Am Eingang wachte ein Dienstmann, der stets dafür zu sorgen hatte, dass Einkäufe erledigt oder Nachrichten übermittelt wurden.

Nicht umsonst heißen die beschriebenen Apartmenthäuser *mansion blocks* – denn das in dem Begriff enthaltene Wort *mansion* bezeichnet ein Herrenhaus, und so wollten die Bewohner ihre neuen Domizile auch verstanden wissen. Herrschaftlich waren deshalb auch die Interieurs, die dem entsprechen sollten, was man von seinem Haus auf dem Lande oder der Villa in der Stadt gewöhnt war. Die großen Innenausstatter der Epoche profitierten ganz erheblich von der neuen Vorliebe für die vornehmen Wohnungen, denn schließlich wollten die schicken *bachelor flats* stilvoll und standesgemäß eingerichtet sein – und Geschäfte wie Hampton, Maple, Waring & Gillow, Trollope & Sons oder Liberty hatten alle Hände voll zu tun.

Der Stil der neuen *mansion blocks* könnte als eklektisch bezeichnet werden. Besonders beliebt waren verschiedene Variationen des Barock mit den charakteristischen Fassaden aus rotem Backstein und kontrastierenden weißen Steinen. Dabei war die Ausprägung entweder mehr britisch (Queen-Anne-Stil) oder eher holländisch (*Dutch style*) mit charakteristisch geschwungenen Giebeln. Man sieht Beispiele dieser Art von *mansion blocks* am Londoner Cadogan Square. Einer der populärsten Architekten dieses Barock-Revivals war Richard Norman Shaw, zu dessen bekanntesten Bauten Lowther Lodge in South Kensington gehört. Dort residiert heute unweit des Victoria & Albert Museum die »Royal Geographical Society«.

Die architektonische Vielfalt Londons erlaubt dem interessierten Beobachter aufschlussreiche Vergleiche zwischen dem Stil des Originals aus der Regierungszeit von Queen Anne und dem, was während seines Revivals daraus geworden ist. Tatsächlich existieren in London noch zahlreiche echte Gebäude aus dem englischen Barock, zum Beispiel in Queen Anne's Gate in Westminster. Im Vergleich zu den zierlichen dreistöckigen Bauten des frühen 18. Jahrhunderts wirken die *mansion blocks* der Edwardianischen Zeit geradezu bombastisch. Dennoch ist der baugeschichtliche Wert dieser frühen Stadtwohnungen aus einer lebensfrohen und doch ihrem Untergang zustrebenden Epoche heute unbestritten. Bei ihren jetzigen Bewohnern sind die *mansion blocks* so beliebt wie ehedem, nicht nur wegen ihrer Geräumigkeit und der exzellenten Lage, sondern auch als Denkmal einer Zeit, die wie kaum eine andere als Großbritanniens große Ära verklärt wird.

Oben: Zwar entstanden Anfang des 20. Jahrhunderts viele Wohnhäuser, die aus der Renaissance oder dem 17. Jahrhundert entlehnte architektonische Elemente benutzten, doch gab es natürlich auch Gebäude mit moderner Formensprache, wie dieses Londoner Apartmenthaus aus den 20er-Jahren.

Ganz links: Während die kleinteiligen Fenster, der hohe Giebel und die prominente Verwendung von rotem Backstein Elemente des holländisch beeinflussten Queen-Anne-Stils sind, zeigen die vielen Stockwerke und die asymmetrische Fassade, dass dieser *mansion block* Ende des 19. Jahrhunderts entstanden sein muss. Tatsächlich gehört er zu einem Ensemble aus vier Häusern, das 1887 von Richard Norman Shaw am Londoner Cadogan Square errichtet wurde.

Links: Die Albert Hall Mansions in Kensington wirken allein durch ihre Größe fast wie die vornehmen Mietshäuser in Paris, Rom oder Berlin. Sie wurden 1879–1886 von Richard Norman Shaw errichtet.

Rechte Seite: Charakteristisch für diesen *mansion block* der Edwardianischen Epoche im Londoner Stadtteil Battersea sind die hervorgehobenen Schluss-Steine über den Fenstern.

STAFFORD MANSIONS

Ein Volk von Sammlern

Die Briten sind ein Volk mit einer großen Vorliebe für Exzentriker. Ob die Gruppe der Sammler in ihren Augen dazugehört, ist allerdings fraglich. Völlig normal finden die meisten Briten jene Unfähigkeit, sich von alten und scheinbar nutzlosen Dingen zu trennen. Als exzentrisch gilt die Sammelleidenschaft wohl nur dann, wenn sie sich auf besonders ungewöhnliche Objekte konzentriert. So wird dem Prince of Wales nachgesagt, dass er Toilettensitze aus aller Welt sammelt. Bedauerlicherweise wird allerdings niemand seine Kollektion je zu Gesicht bekommen. Das liegt einzig und allein daran, dass sie nicht existiert. So verlockend die Vorstellung auch sein mag, dass Prince Charles die Wände seiner Gästetoilette mit Klobrillen aus aller Welt schmückt – die Geschichte stimmt einfach nicht. So behauptet es jedenfalls seine Presseabteilung, und die sollte es eigentlich wissen. Sie liefert auch gleich den Ursprung der gern wiederholten Geschichte. Der Prince of Wales hat ein einziges Mal einen Toilettensitz geschenkt bekommen, und zwar von seinen Kameraden bei der Marine. Über die Jahre ist daraus eine ganze Sammlung geworden und eine ständig nacherzählte Geschichte. Allerdings ist die Sammelleidenschaft durchaus in der königlichen Familie verbreitet. So sammelte König Georg V. Briefmarken. Seine Kollektion umfasst 325 Alben und gehört zu den wertvollsten der Welt. Außerdem sammelten er und sein Frau Queen Mary Schnupftabakdosen. Davon abgesehen hatte die Königin eine berüchtigte Vorliebe für kleine Kunstgegenstände und allerlei Zierrat. Angeblich ging diese Leidenschaft so weit, dass ihre Gastgeber derartige *objets d'art* vor einem Besuch der Hoheit vorsorglich in Sicherheit brachten. Augustus, Duke of Sussex und Sohn von König Georg III., sammelte Bücher, er besaß über 50 000 Werke, nebst 5000 Ausgaben der Heiligen Schrift. Der Duke of Windsor und seine Frau Wallis horteten Möpse aus Meissner Porzellan, und Prince Philip, der Duke of Edinburgh, sammelt Karikaturen und Cartoons, die ihn selbst zum Thema haben. Angeblich zieren sie die Wände der Toiletten in Sandringham. König Georg IV. hatte eine Vorliebe für Gemälde und Möbel. Wenngleich seine Sammelleidenschaft äußerst kostspielig war, hat sie sich doch als gute Investition erwiesen. Seine Kollektion ist heute äußerst wertvoll und gilt als eine der bedeutendsten der Welt. Zu den ungewöhnlicheren Sammelobjekten zählen wohl die Porträts toter Freunde, Verwandter und sogar Bediensteter. Angeblich hat Königin Viktoria sie zusammengetragen. Doch wenn Prince Charles schon keine Toilettenbrillensammlung besitzt, so hat er immerhin ein Faible für Zwergenfiguren. Er pflegte sie auf dem Kaminsims aufzustellen, bis seine Frau Diana dem ein Ende setzte.

Auch unter den Durchschnittsbriten grassiert die Sammelleidenschaft. Sie macht nicht nur Kunstgegenstände, sondern auch ganz alltägliche Gebrauchsgüter zum Objekt der Begierde. So sammelt Simon Khachadourian Cocktailshaker. Er besitzt rund 400 Exemplare der verschiedensten Macharten und Preisklassen. Ein beliebtes Sammelgebiet sind Eierbecher. Isobel Whatrup nennt über 2000 Stück ihr eigen, darunter wahre Kunstwerke von Meißen und Spode. Andere interessieren sich für Briefbeschwerer, wie zum Beispiel Veral Marshall, die als Expertin für *paper weights* gilt. Wieder andere horten alte Kleider, Kostüme, Hüte, Handtaschen, Regenschirme, Puderdosen, Uhren, Feuerzeuge oder Schmuck. Die Liste könnte endlos fortgesetzt werden, denn schließlich gibt es nichts, was man nicht sammeln könnte. Zu den ausgefallensten Themen gehört wohl Julian Littens Obsession für Beerdigungsdevotionalien. Er sammelt Dinge wie Kataloge von Beerdigungsinstituten, Preislisten von Sargtischlern und Todesanzeigen. Selbstverständlich ist auch die königliche Familie das Thema vieler Sammler. Margaret Tyler besitzt über 5000 Objekte, darunter 16 Corgi-Hunde aus Beton und einen Gartenzwerg in Gestalt von Prince Charles. So schließt sich der Kreis, denn sammelte der Thronfolger selbst nicht auch Zwergenfiguren? Von Sammler zu Sammler hätte er Margaret Tyler vielleicht um »seinen« Gartenzwerg bitten können. Im Tausch gegen ein signiertes Foto hätte sie ihn bestimmt herausgerückt.

Für viele Fans von Kitsch, Kunst und Krempel ist »Portobello« ein wahres Zauberwort. Jeden Samstag stehen rund um die Portobello Road Hunderte von Trödelhändlern bereit, um all die Dinge anzupreisen, die eigentlich niemand braucht – die aber doch so schön, so skurril, so antik oder einfach nur so witzig sind. Der echte Sammler lässt sich allerdings nicht von der erdrückenden Vielfalt irritieren, sondern prüft nüchtern das Angebot innerhalb seines Sammelgebiets.

Die Wahrscheinlichkeit, in den Läden und an den Ständen der Londoner Portobello Road hochwertige Antiquitäten zu Schnäppchenpreisen zu finden, ist ziemlich gering. Dennoch können Sammler von Alltagsgegenständen und kleinen Skurrilitäten hier immer noch auf den einen oder anderen Fund hoffen. Vor allem, wenn sie sich auf ein seltenes oder unpopuläres Sammelgebiet spezialisiert haben. Aus diesem Grund nehmen viele Trödelliebhaber immer wieder das Gedränge zwischen den zahllosen Touristen auf sich und sondieren stundenlang das reichhaltige Angebot.

Ob nun Alfie's Antique Market in der Church Street (oben links) oder die kleinen Stände und Läden in der Portobello Road (oben Mitte): stets sind auch die Verkaufsräume für sich genommen eine antike oder trödelige – auf jeden Fall sehr britische – Sehenswürdigkeit (oben rechts).

Hier werden Sammler fündig

Auktionshäuser

Christie's

Christie's in der King's Street Nr. 8 ist das älteste Auktionshaus für Kunst und Antiquitäten. Es wurde 1766 von James Christie gegründet und gilt vielen immer noch als das vornehmste Londoner Auktionshaus.

Sotheby's

Sotheby's wurde 1744 als Buchhandlung gegründet und hat sich mit spektakulären Versteigerungen einen Namen gemacht. Kunstwerke, Schmuck, Bücher, Weine und Memorabilia gehören zur Angebotspalette.

Phillips

Das von Harry Phillips 1796 begründete Auktionshaus bediente einst Napoleon. Die Verkaufssparten reichen von Gemälden alter Meister über Möbel und Sportmemorabilia bis zur Keramik.

Bonham's

Bonham's in der Montpelier Street ist das kleinste der großen Londoner Auktionshäuser. 1793 gegründet versteigert es Möbel, Bücher, außereuropäische Stammeskunst, Pop-Memorabilia und vieles mehr.

Eine Versteigerung im altehrwürdigen Kunstauktionshaus Christie's ist auch für Nichtbieter ein Erlebnis. Die Termine und Themen der Auktionen stehen montags im Daily Telegraph und dienstags in der Times.

Flohmärkte

Bermondsey Market (freitags)

Flohmärkte wie der rund um den Bermondsey Square sind vor allem etwas für Kenner. Ansonsten droht hier schon einmal die Gefahr, statt eines Originals billigen Ramsch zu erwerben.

Camden Market (mittwochs, donnerstags, samstags)

In der Islington High Street und der Upper Street kann man durchaus fündig werden. Außerdem gibt es in dieser Gegend eine Reihe interessanter Antikläden.

Portobello Road Market (täglich)

Die Stände in den kleinen Passagen der Portobello Road gelten als Fundgrube für Kunst- und Kuriositätensammler.

Antiquitätenmärkte

Alfie's Antique Market

Hier in der Church Street sind über 140 Händler auf engem Raum versammelt, darunter einige wirklich empfehlenswerte Spezialisten.

Antiquarius

Dieser Antikmarkt ist seit über 20 Jahren eine Institution in der King's Road mit einigen geradezu berühmten Händlern, wie dem Kofferspezialisten Martin Lee.

Chenil Galleries

Ebenfalls in der King's Road, in der Nr. 181–183, liegt dieser überschaubare Markt. Hier kann man auch größere Objekte erstehen, da die Händler mehr Platz haben.

Gray's Antique Market

Ganz in der Nähe von Sotheby's in der Bond Street können Sammler hier ohne Versteigerung zum Objekt ihrer Begierde kommen. Das Angebot ist reichhaltig und qualitativ hochwertig.

Dukes Yard Antiques Market

Etwas außerhalb in der Duke Street in Richmond liegt diese Fundgrube für Sammler und Stöberer. Rund 60 Läden bieten das ganze Spektrum von Tinnef bis Antiquität.

Kensington Church Street Antique Centre

In dem Markt in der Kensington Church Street haben einige beachtenswerte Händler ihr ständiges Quartier aufgeschlagen. Sammler von Schmuck, Kunst oder englischen Möbeln werden hier bestimmt fündig.

Die Prinzipien des Prinzen

Als Prince Charles 1984 in einer Rede vor der britischen Architektenvereinigung (RIBA) bemerkte, der vorgeschlagene Anbau für die National Gallery in London sei wie ein »monströser Karbunkel im Gesicht eines lieben und eleganten Freundes«, trat er zum ersten Mal öffentlich als Architekturkritiker auf. Daraufhin schrieb und moderierte er eine Fernsehdokumentation über die seiner Meinung nach unmenschliche und zu sehr technikorientierte Nachkriegsarchitektur. Nachdem die Sendung »A Vision of Britain« im Oktober 1988 zum ersten Mal ausgestrahlt worden war, setzte eine heftige und lang andauernde Debatte über die Ästhetik und die baulichen Prinzipien moderner Architektur ein, an der zahlreiche Briten – ob im Pub um die Ecke, in Leserbriefen an ihre lokale Tageszeitung oder in den Vorworten akademischer Architekturzeitschriften – vehement teilnahmen.

Ein Jahr später lag die Vision des Prinzen auch in Buchform vor. Darin betont er die Notwendigkeit, den typischen Charakter britischer Städte und Dörfer zu bewahren und eine Architektur zu schaffen, »welche die Leute wirklich wollen«. Prince Charles beließ es aber nicht bei theoretischen Erwägungen, sondern er lieferte auch konkrete Vorschläge, wie seine Vorstellungen zu realisieren wären.

»A Vision of Britain«

In seinem Buch zu dem Dokumentarfilm »A Vision of Britain«, den der Prince of Wales 1988 mit der BBC produzierte, formulierte er erstmals seine architektonischen Grundlinien als die »Zehn Prinzipien, auf die wir bauen können« aus. Er wünscht sie sich als einen allseits akzeptierten »Code«, dem Architekten folgen wie einer Grammatik oder den Regeln für »gute Manieren«.

- Der Ort: Die Landschaft verstehen und Architektur mit ihr verschmelzen
- Rangordnung: Das Verhältnis der Gebäude zueinander und die relative Wichtigkeit ihrer verschiedenen Elemente
- Maßstab: Auf menschliche Proportionen Bezug nehmen und die Größe der vorhandenen Gebäude berücksichtigen
- Harmonie: Die Gebäude in die bauliche und natürliche Umgebung einpassen
- Einfriedungen: Die Ansiedlung begrenzen und in sich durch Plätze und Höfe gliedern
- Materialien und Baustoffe: Traditionelle Materialien und Baustoffe aus der Region verwenden, keine Standardelemente benutzen
- Verzierungen: Sorgfältige Handwerksarbeit, die jeden Teil des Gebäudes ansprechend gestaltet
- Kunst: Kunst ist Teil der Umwelt und kann Symbole und Bedeutung in die Ansiedlung hineintragen
- Zeichen und Beleuchtung: Gut gestaltete Straßenschilder, Werbung an der rechten Stelle und behutsam dosierte künstliche Beleuchtung
- Gemeinschaft: Stolz auf die Siedlung und das Gefühl, dass jeder zu ihrer Planung und Organisation beigetragen hat.

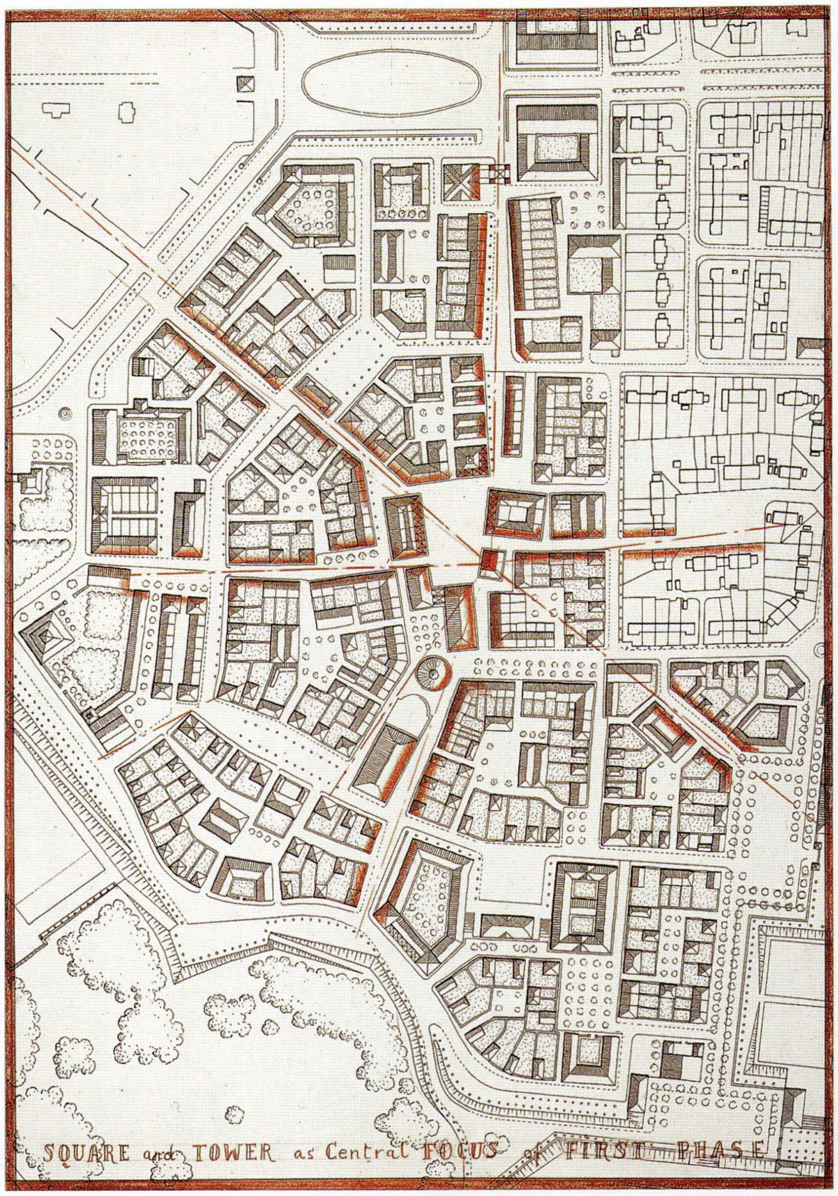

Grundriss des Viertels Middle Farm, dem ersten Bauabschnitt des Poundbury-Projektes. An einem trapezförmigen Platz markiert ein rechteckiger Turm weithin sichtbar das Zentrum der Ansiedlung. Von diesem zentralen Platz aus führen Hauptstraßen strahlenförmig zu den geplanten Neubaugebieten im Nordwesten, den bereits existierenden Vororten im Osten und zum südlich gelegenen öffentlichen Park.
Die wichtigsten kommunalen Bauten sind in einer Achse auf den Turm hin angeordnet; vom Park zum Zentrum folgen auf die überdachte Markthalle das runde Bibliotheksgebäude und das Rathaus. Deutlich zu erkennen ist auch die Ausrichtung der Wohnhäuser auf kleine begrünte Freiflächen. Begrenzt wird das Viertel durch landschaftlich gestaltete baumbestandene Promenaden.

Das Experiment Poundbury

Der Prince of Wales hat sich in den letzten Jahren oft als Architekturkritiker zu Wort gemeldet. Dies brachte ihm nicht nur Zustimmung ein, sondern von einigen Architekten und Stadtplanern auch den Vorwurf des Dilettantismus. Tatsächlich hat der englische Thronfolger keine formale Qualifikation im Bereich Architektur. Andererseits sind einschlägige Ausbildungsnachweise wohl kaum eine Vorbedingung, um zu diesem Thema eine Meinung äußern zu dürfen, zumal dem Prinzen aufgrund seiner Lebensumstände ein gewisses Urteilsvermögen in Fragen der Ästhetik zuzutrauen ist. Schließlich bewohnt er einige der schönsten Häuser Großbritanniens. So wird man dem zukünftigen König wohl am ehesten mit der Bezeichnung Amateur gerecht. Amateur heißt Liebhaber, ein Mensch, der sich als Amateur mit einem Thema befasst, tut dies also aus Neigung. Schon früh suchte der Prinz die Herausforderung in der Praxis, in der Grafschaft Dorset fand er 1987 dafür das ideale Versuchsfeld. Die alte Kleinstadt Dorchester sollte nach Westen erweitert werden, um neuen Wohnraum zu schaffen. Die Stadtverwaltung fragte wegen des Ankaufs der benötigten Ländereien bei der Duchy of Cornwall an, die dort über die entsprechenden Flächen verfügte. Das Ersuchen der Stadtväter wurde dem Prinzen in seiner Eigenschaft als Duke of Cornwall vorgetragen, und dies brachte Charles wohl auf die entscheidende Idee. Statt die Verantwortung für die Stadterweiterung mit dem Verkauf des Landes abzugeben, wollte er Einfluss nehmen und seine Vision von Britannien in die Tat umzusetzen. Die Stadtverwaltung von Dorchester konnte wahrscheinlich schlecht nein sagen, als man ihr den Wunsch des Prinzen zutrug. Vermutlich sah sie aber auch die Vorteile, die sich mit dem Engagement des zukünftigen Königs boten. Immerhin bescherte es dem neuen Stadtteil weltweite Aufmerksamkeit und damit vielleicht auch ausgezeichnete Chancen für Gewerbeansiedlungen.

Der Prinz wollte seine Modellstadt Poundbury nennen. Unter diesem Arbeitstitel und in enger Absprache mit dem königlichen Hobby-Architekten entwarf der Amerikaner Leon Krier einen Plan, der den Bau von 3000 Wohnungen in einem Zeitraum von 25 Jahren vorsah. Dabei wurde darauf streng auf die Prinzipien geachtet, die der Thronfolger in seinem Buch »A Vision of Britain« formuliert hatte. Das hieß, die Siedlung in Einklang mit der Landschaft zu errichten, gemäß der lokalen Tradition des Bauhandwerks und unter Verwendung regional verfügbarer Baustoffe. Sie sollte sich am menschlichen Maßstab orientieren, gewachsen aussehen und sich harmonisch in ihre Umgebung einfügen. Keinesfalls durfte sie nur Pensionäre oder Pendler anlocken. Ziel war vielmehr ein Ort zum Einkaufen, Arbeiten und Entspannen – »live, shop, work and play«.

Die Grundzüge des ambitionierten Projektes wurden 1989 im Beisein des Prince of Wales der Öffentlichkeit präsentiert und zur Diskussion gestellt. Poundbury sollte nicht eine jener Siedlungen werden, die ohne Rücksicht auf die zukünftigen Bewohner entstehen. So nahm man gern den Zeitverlust in Kauf, der durch die Sichtung und Umsetzung der Änderungswünsche und Verbesserungsvorschläge verursacht wurde. 1993 lagen dann endgültige Pläne vor, und es konnte mit dem Bau begonnen werden. Im Dezember 1997 waren 134 Häuser fertig und verkauft. Dabei erwies es sich als Vorteil, dass die Realisierung des Projekts langsamer voranging als ursprünglich geplant. So konnten praktische Erfahrungen aus den schon fertig gestellten Teilen der Siedlung verwertet werden. Zum Beispiel erwiesen sich die Parkflächen auf den Plätzen als überdimensioniert und wurden zugunsten der Gärten verkleinert. Im Februar 1998 wohnten etwa 300 Menschen in der neuen Gemeinde, in der sich auch schon einige Betriebe angesiedelt hatten. Dies verdankte Poundbury sicherlich dem Startprogramm, das angehenden Unternehmern mit Rat und Tat zur Seite stand. Auch wenn Poundbury auf den ersten Blick wie ein traditionelles Dorf wirkt, so ist die Infrastruktur doch auf dem neuesten Stand der Technik und bietet den Bewohnern alle Annehmlichkeiten und Chancen der modernen Kommunikationsgesellschaft: Jedes Haus verfügt über einen Internet-Anschluss.

Natürlich ist es schwer, ein Projekt wie Poundbury nach nicht einmal zehn Jahren abschließend zu beurteilen, doch die Zwischenbilanz fällt durchaus positiv aus. In Poundbury wird heute gelebt, eingekauft, gearbeitet und sich entspannt – so wie Prince Charles es sich gewünscht hat. Die Menschen nehmen die Architektur an und beweisen damit, dass die Theorien des Prinzen durchaus nicht verquast oder altmodisch sind. Vielmehr verbindet sich in Poundbury der Sinn für Tradition und Gewachsenes mit dem Respekt für den Menschen und die Natur. Britischer Geschäftssinn gibt dem Ganzen die praktische Dimension, die die Siedlung wirtschaftlich höchst lebendig macht und vor musealer Leblosigkeit bewahrt. Wenn Poundbury auch nur im Ansatz ein Modell für das Königreich ist, das Prince Charles einmal regieren möchte, dann können sich seine Untertanen tatsächlich glücklicher schätzen als manche Bürger anderer Länder.

Dorset verfügt über reichhaltige Vorkommen an natürlichen Baumaterialien. In Poundbury kommt deshalb die ganze Bandbreite der *vernacular architecture* zum Einsatz: Purbeck-Marmor, Portland-Stein, Reet, Stroh, Backstein, Ziegel und Kalk.

Seit langer Zeit beschäftigt sich der Prince of Wales intensiv mit alternativen Bauweisen. Im Modellstadtprojekt Poundbury wurden seine Ideen, die er bereits 1989 in seinem Buch »A Vision of Britain« zusammengefasst hatte, erstmals unter Mithilfe von namhaften Architekten und Stadtplanern sowie in enger Zusammenarbeit mit den örtlichen Behörden in die Tat umgesetzt.

Die Vorstadt

Die Vorstadt ist ein Grenzbereich: noch nicht ganz Stadt, aber auch nicht mehr ganz Dorf. Die Vorstadt ist für jene, die sich das Leben in der Metropole zwar nicht leisten können, aber dennoch auf die Nähe zur City nicht verzichten wollen, ein idealer Ausgangspunkt, um jeden Morgen zur Arbeit in die Stadt zu fahren oder einfach nur am Wochenende den Shopping-Bummel im Zentrum genießen zu können. Für andere symbolisiert die Vorstadt den Luxus eines ländlich angehauchten Lebens. Diese »bewussten« Vorstädter haben vielleicht früher an einer der Hauptverkehrsstraßen im Großstadtmoloch gewohnt und sind jetzt heilfroh, dem Getöse entkommen zu sein. Sie schätzen es, wenn der Milchmann morgens in aller Ruhe ein Schwätzchen mit ihnen hält, es vor dem örtlichen Tante-Emma-Laden keine Rangeleien um den letzten Parkplatz gibt und am Abend die typische, leicht verschlafene Vorstadtidylle aufkommt.

Ein Großteil der *suburbs* genannten Vorstädte rund um London stammt aus der Viktorianischen Ära. Der Bauboom, der in der zweiten Hälfte des 19. Jahrhunderts einsetzte, spiegelt einerseits das Verlangen der aufgestiegenen Mittelschicht, nahe dem Arbeitsplatz, aber dennoch »halb im Grünen« zu wohnen, andererseits aber auch den sprunghaft ansteigenden Bedarf an Wohnraum, der im Herzen der Stadt nicht mehr zu decken war. Vor allem im Norden entstand ein vorstädtischer Straßenzug nach dem anderen. Die südlichen *suburbs* sind etwas jünger und stammen aus der späten Viktorianischen Zeit oder den 30er-, 40er- oder 50er-Jahren. Als Faustregel gilt: Je weiter man sich vom Londoner Zentrum entfernt, desto jünger sind in der Regel die Vorstädte. Aber die Entwicklung geht weiter – was gestern noch weit draußen in abgeschiedener dörflicher Stille lag, wird heute eingemeindet und morgen ein Teil des großen Ganzen sein.

Bei einem Spaziergang durch die Vorstädte im Süden Londons – Morden, Rosehill, Stoneleigh, Cheam, Raynes Park und Colliers Wood als den jüngeren sowie Wandsworth, Tooting, Streatham, West Norwood, Catford, Eltham und Charlton als den älteren und damit typisch viktorianischen – wird der Besucher feststellen, dass das von den einen gefürchtete, von den anderen geliebte Klischee der kleinbürgerlichen Idylle noch immer zutrifft. Britische Vorstädte sind nach wie vor der bevorzugte Wohnort der typischen Middle-Class-Familie mit zwei Kindern. Traditionell wohnt man in einer Reihenhauszeile oder einem typisch britischen *semidetached*, einer Doppelhaushälfte. Dass dabei die gesamte Vorstadt einen einheitlichen Baustil zeigt und sich die einzelnen Behausungen bis ins letzte Detail gleichen, stört hier niemanden. Die Doppelhaushälfte oder das Reihenhaus werden als die »richtige« Lebensform angesehen – warum sollte man etwas ändern, was sich seit Generationen bewährt hat? Das trifft genauso auf das Innere der Wohnungen zu. Existentialistisches Schwarz wird man hier ebenso selten finden wie postmodernen Wohnstil oder avantgardistische Designer-Möbel.

So setzen diese Inseln des mittelständischen Wohl- und Anstands auch heute noch Zeichen, wenn es um vorstädtische Lebensart geht. Die Luft ist hier viel besser als in London, die Bürgersteige sind sauber, die Gärten bieten ein Bild gepflegter Pracht, die Arbeitslosenquote ist weitaus geringer als in den Stadtbezirken, es gibt weniger Straßenkriminalität – einmal abgesehen von den unvermeidlichen Hauseinbrüchen – und in manchen Vorstädten, wie etwa in Cheam, verunzieren nicht einmal geparkte Autos das friedliche Bild, denn zu jedem Haus gehört hier eine Garage.

Wer heute in eine Vorstadt zieht, tut dies oft ganz bewusst. Er wählt für sich und seine Familie anstelle einer hektischen Metropole eine ruhige und überschaubare *community*. Er nimmt in Kauf, dass es nicht so viele Kinos und Theater gibt – und möglicherweise auch nicht so viele verschiedene Restaurants wie in London oder in anderen großen Städten auf den Britischen Inseln. Dafür kann er aber ungestört Freunde und Verwandte zur Grillparty einladen – und findet endlich Zeit und Muße für das nationale Hobby der Gärtnerei. Besonders wer Kinder hat (oder Hunde oder beides), wird in einem gemütlichen Reihenhaus in der Vorstadt eine Alternative zum Leben zwischen dicht befahrenen Straßen und überfüllten Parks sehen, auch wenn sich der Weg zur Arbeit dadurch verlängert.

Linke Seite: Lange, gerade Straßenzüge, die von identischen Reihenhauszeilen geprägt sind – ein Bild, das man überall auf den Britischen Inseln antreffen kann. In diesen oftmals reinen Wohngegenden, wie hier im nordenglischen Crewe, Cheshire, gibt es wenig Infrastruktur – dafür aber mehr Parkplätze als in der Metropole.

Oben rechts: Das beschauliche Leben in der Vorstadt hat seinen Preis: Wer in der Stadt arbeitet, muss als *commuter* oft lange Pendelwege in Kauf nehmen.

Unten: *Modern suburb* einmal anders: Diese Häuserzeile in einem Londoner Vorstadtviertel versucht die übliche Einheitlichkeit der Front durch verspielte Tudor-Elemente aufzulockern.

Begegnungen der dritten Art

Wer in Anbetracht von Nebel, Nieselregen, Kälte und konstant grauem Himmel zu Depressionen neigt, sollte – zumindest in den Monaten von Oktober bis April – das Inselkönigreich meiden. Doch es ist nicht nur das Klima, das in dunklen Winternächten den Einheimischen und ihren Gästen zusetzt. Vielmehr muss das Reich der Schatten dafür verantwortlich gemacht werden, wenn bei einigen Reisenden der erwünschte Erholungseffekt nicht eintritt und viele am Ende ihres Besuchs froh sind, die unheimlichen Gefilde endlich hinter sich lassen zu können.

Großbritannien ist auch heute noch ein Land, das mit seiner Weltoffenheit und Toleranz nicht nur Immigranten aus allen Ecken des Commonwealth ein neues Zuhause bietet, sondern sich auch um seine Einwohner sorgt, die vielleicht schon seit einer halben Ewigkeit tot, aber noch lange nicht still sind. Es ist selbstverständlich, dass Hausgeister, Schlossgespenster, Poltergeister, Feen, Gnomen und Erscheinungen jedweder Art mit einem gewissen freundlichen Respekt behandelt werden. Nordamerikanische Verfolgungsjagden im Stil von »Ghostbusters« sind hier undenkbar.

Die alten Herrensitze und verstaubten Burgen bieten genau das richtige Umfeld für die Untoten. Je weiter im Norden gelegen, desto kälter das Mauerwerk, besonders Schottland eignet sich vorzüglich für uralte Gebeine. Doch auch Wales kann mit attraktiven Siedlungsgebieten aufwarten. Die undurchdringlichen Zauberwälder sind bevorzugte Aufenthaltsorte für Feen und Waldgeister, die manchmal nur Spaß haben wollen, bisweilen aber auch gefährlich werden können.

Die geisterhaften Untertanen Ihrer Majestät fühlen sich jedoch auch im Herzen der Hauptstadt oder in den kleinen Vororten rund um London wohl. Hier führen sie ein mehr oder minder ruhiges Dasein in schönen alten Gebäuden oder suchen Parks oder Friedhöfe heim. Allein Wimbledon hat fünf Hauptspukorte. Der Tudor-Palast Hampton Court beherbergt die Geister der zahlreichen Ehefrauen von Heinrich VIII., Greenwich wird von neun verschiedenen Geistern beansprucht, und das etwa eine Autostunde von London entfernte Städtchen Pluckley im idyllischen Kent darf sich sogar »England's most haunted village« nennen. Hier spukt es seit Urzeiten an jeder Ecke. Anfang der 70er-Jahre hat eine Gruppe von Okkultismusforschern den Pfarrer überreden können, ihnen die St. Nicholas's Church zwecks Untersuchung der rätselhaften Lichterscheinungen, die dort wiederholt aufgetreten waren, für eine Nacht zu überlassen. Am nächsten Morgen beklagten sich die Wissenschaftler, dass sie keinen einzigen Spuk gesehen oder gehört hätten. Lediglich der niedliche Hund des Pfarrers sei hereingekommen, um ihnen ein wenig die Zeit zu vertreiben. Der ehrwürdige Reverend musste ihnen daraufhin erklären, dass er keinen Hund besitze und es auch in der Nachbarschaft keine Tiere gebe. Wer die Kirche besichtigt und sich danach bei einem Imbiss die unheimliche Atmosphäre abschütteln möchte, sollte nicht unbedingt das gleich nebenan liegende Black Horse Inn ansteuern. Denn hier spukt es ebenfalls. Der Geist macht sich einen besonderen Spaß daraus, Türen zuschlagen zu lassen und die Inhaberin Laura Gambling auszusperren. Ebenso amüsant findet er es, mit unsichtbarer Hand Gläser auf dem Tresen zu verrücken oder den Pub-Hund zu verunsichern.

Lindisfarne Castle, Northumberland, nebelverhangen an einem Herbstmorgen – wer wollte bei diesem Anblick die Existenz von Geistern und Gespenstern ernsthaft in Abrede stellen?

London – Hauptstadt des Spuks

Wer bislang wenig Gelegenheit hatte, sich mit den Eigenarten der vierten Dimension zu beschäftigen, neigt im Allgemeinen zu der Annahme, dass Geister und andere Untote sich bevorzugt auf dem Lande aufhalten. Das ist falsch. Zwar wird auch fernab der britischen Hauptstadt immer noch eifrig gespukt, doch zahlreiche Erscheinungen ziehen eine Existenz in London vor. Nicht umsonst gilt die Kapitale als Hochburg des Okkulten. Auf staubigen Dachböden zwischen alten Truhen und Spinnennetzen, in klammen Kellern voller schimmeliger Weinregale, in privaten Stadthäusern, aber auch in Theatern, Pubs, königlichen Palästen und kalten U-Bahnhöfen haben sich die Schatten der Verstorbenen eingenistet. Im täglichen Londoner Leben ist also Vorsicht geboten.

Durstige Stadtbummler etwa, die sich von ihrer Erkundungstour durch Belgravia bei einem Bier im Grenadier in der Wilton Row erholen wollen, brauchen starke Nerven, denn der Pub wird von dem Geist eines Offiziers heimgesucht, der seine Kameraden derart übel beim Kartenspiel betrogen haben soll, dass diese ihn schließlich verprügelt und gepfählt haben. Bereits kurze Zeit später sah sich die Gaststätte einer wahren Spukinvasion ausgesetzt. Bis zum heutigen Tag werden Gegenstände von unsichtbaren Händen bewegt, Stühle und Tische verrückt, hallen Schritte aus leeren Räumen, und manchmal hört man auch ein leises Stöhnen aus dem Keller.

Ein paar Straßen weiter, im berühmten Cadogan Hotel, darf man sich etwas sicherer fühlen. Zwar spukt hier der Geist von Lillie Langtry, der legendären Mätresse des Prince of Wales und späteren Königs Edward VII., doch die Erscheinung scheint eher zurückhaltender Natur zu sein und lässt sich traditionell nur an sehr ruhigen Tagen blicken. Möglicherweise hat Lillie aber auch einfach zu wenig Zeit, um sich intensiv um das Hotel zu kümmern, denn manche Leute nehmen an, dass sie gleichzeitig die Damentoilette des Restaurants »Rules« in der Maiden Lane in Covent Garden heimsucht. Zu Lebzeiten kam sie in Begleitung ihres königlichen Bertie so oft hierher, dass die Geschäftsleitung eigens einen Hintereingang für das heimliche Paar einrichtete. Die Spukaktivitäten sind jedoch ungefährlich, und die Damen brauchen sich nicht zu fürchten. Es passiert nicht mehr, als dass eine Tür ins Schloss geworfen oder die Wasserspülung in Gang gesetzt wird – natürlich von zarter Geisterhand. Auch wenn weibliche Spukende manchmal etwas zurückhaltender aufzutreten pflegen, sollte man sich dennoch vor ihnen in Acht nehmen. Besondere Vorsicht ist auch vor dem Haupteingang des vornehmen Kaufhauses Fortnum & Mason angebracht. Hier hat zum Beispiel Nancy Spain einst eine merkwürdige Begegnung gehabt. Die Journalistin war sehr in Eile, denn sie befand sich auf dem Weg zu einem wichtigen Termin. Vergeblich versuchte sie ein Taxi herbeizuwinken. Als endlich doch ein Wagen anhielt, stieg eine rothaarige, elegante ältere Dame aus, die allerdings partout ihr Geld nicht finden konnte. Um die Sache etwas zu beschleunigen, erklärte sich die gehetzte Nancy bereit, die Fahrtkosten zu übernehmen. Als sie endlich im Fond saß, lachte der Fahrer und erklärte, die Dame sei die schwerreiche Lady C. gewesen. Wenige Tage später erfuhr Nancy, daß Lady C. zu diesem Zeitpunkt bereits seit drei Tagen tot gewesen war. Gestorben in einer Feuersbrunst.

Auf den Spuren von Jack the Ripper

Jack the Ripper ist ein weltweit bekannter Serienmörder. Der Name weckt sofort Assoziationen an das viktorianische London, das Gaslicht, finstere Gassen im Herbstnebel und bestialische Grausamkeit, ganz abgesehen von der unheimlichen Tatsache, dass die Mordserie endete, ohne dass jemals ein Täter überführt werden konnte.

Wir schreiben Spätsommer und Herbst des Jahres 1888. Am frühen Morgen des 31. August entdeckt der Fuhrmann Charles Cross einen weiblichen Leichnam. Die eilig herbeigerufene Polizei stellt fest, dass die Kehle der Frau bis zum Halswirbel durchtrennt ist. Eine eingehende Untersuchung am nächsten Tag ergibt, dass die Eingeweide des Opfers, der Prostituierten Mary Ann Nicholls, aus dem aufgeschlitzten Körper entfernt wurden. Der Ort der Tat, die Buck's Row, erhält daraufhin den Spitznamen Murder Row und wird schließlich, auf Wunsch der Anwohner, in Durward Street umbenannt.

Am 8. September schlägt der Ripper erneut zu. Auch diesmal ist das Opfer ein Mädchen des horizontalen Gewerbes. Annie Chapman wird im Morgengrauen, kurz vor sechs Uhr, in der Hanbury Street gefunden, und zwar im Hintergarten des Hauses Nummer 29. Der Leichnam ist ähnlich grausam zugerichtet wie der in der Buck's Row. Die Polizei ermittelt auf Hochtouren, doch die Indizien bleiben seltsam vage.

Am 29. September greifen die Ordnungshüter gegen halb neun abends in der Nähe von St. Botolph die betrunkene Prostituierte Catherine Eddowes auf und bringen sie zur Station in Bishopsgate. Als die Frau gegen Mitternacht ausgenüchtert ist, wird sie wieder auf freien Fuß gesetzt, um am Mitre Square dem Ripper in die Arme zu laufen. Catherines Körper ist brutal verstümmelt, als man ihn am nächsten Tag findet.

Am 30. September geschieht ein weiterer Mord, doch es bleibt unklar, ob auch dieser Fall dem geheimnisvollen Täter zugeschrieben werden muss, denn der Leichnam von Elizabeth Stride ist nicht verstümmelt – was allerdings auch bedeuten kann, dass der Mörder gestört worden ist und sein grauenvolles Werk nicht vollenden konnte.

Am 9. November ereignet sich der letzte Mord der Serie. Diesmal ist die 25-jährige Irin Mary Kelly das Opfer. Gegen vier Uhr morgens hören die Nachbarn von Miller's Court eine Frauenstimme »Hilfe, Mord!« schreien, ziehen es jedoch vor, dem Flehen keine weitere Beachtung zu schenken. Als am nächsten Morgen der Hausverwalter Marys Miete kassieren will, bietet sich ihm ein Bild des Grauens. Der Körper der jungen Frau ist so übel zugerichtet, dass eine Identifizierung zunächst unmöglich erscheint.

Wie gesagt, der Täter konnte nie gefunden werden. Dafür blühten die Spekulationen. Man verdächtigte den Enkel von Königin Viktoria (also den Duke of Clarence), einen gewissen amerikanischen Arzt, einen armen polnischen Juden aus der Nachbarschaft namens Kosminski sowie zahlreiche andere Personen.

Das London Jack the Rippers und seiner unseligen Opfer lässt sich übrigens als kommentierte Wanderroute durch Spitalfield und Whitechapel nacherleben. Richard Jones hat 1999 ein Buch auf den Markt gebracht, das allen Freunden des Unheimlichen hiermit eiskalt ans Herz gelegt sein soll. Es heißt »Walking haunted London« und beschreibt 25 Stadtwanderungen, die den unerschrockenen Besucher an die finstersten Orte führen – und in die spukigsten Pubs, denn auch Geisterseher brauchen dann und wann eine Erfrischung.

Mit Hilfe dieses Bändchens lassen sich sowohl die spukigsten Straßen und Plätze innerhalb des Londoner Stadtgebietes erkunden, als auch die ebenso geschichts- und geisterträchtigen Orte außerhalb. Sehr empfehlenswert ist auch die Tour durch den Hampton Court Palace. Immerhin wird der Tudor-Palast regelmäßig von den Geistern der verschiedenen Ehefrauen Heinrichs VIII. heimgesucht, allen voran Anne Boleyn, Catherine Howard und Jane Seymour.

Die Durward Street im Londoner Stadtteil Whitechapel hat noch heute eine wenig anheimelnde Ausstrahlung. Im Jahre 1888 hieß sie Buck's Row und war der Fundort der Leiche von Mary Ann Nicholls, dem ersten Opfer des Serienmörders Jack the Ripper.

Die Eingangshalle wie noch im 16. Jahrhundert als Speisesaal zu nutzen, wäre den Menschen des 18. Jahrhunderts nicht mehr in den Sinn gekommen. Sie sahen die Eingangshalle als Empfangsraum, gelebt wurde woanders. Dabei war es manchmal üblich, einer repräsentativeren Halle mit prächtigem Treppenhaus ein etwas kleineres Vestibül vorzulagern.

Die Eingangshalle

Die Visitenkarte des Hauses

Die Eingangshalle von Elton Hall in Cambridgeshire besitzt den urwüchsigen Charakter der *great hall* des Mittelalters. Die sichtbaren Deckenbalken, die große Feuerstelle, die holzverkleideten Wände und die lange Tafel passen zum Stil eines ländlichen Herrensitzes des 15. Jahrhunderts.

Jeder Weg in ein britisches Haus führt durch die Eingangshalle und vermittelt dem Besucher den ersten Eindruck von den Lebensumständen seines Gastgebers. Bis in das 14. Jahrhundert hinein umfasste die *great hall* noch den gesamten Innenbereich des Hauses. Sie war nicht nur Durchgangs- oder Empfangsraum, sondern so etwas wie eine zweistöckige Wohnlandschaft, in der gekocht, gegessen und geschlafen wurde, ähnlich wie heute in den großen Räumen eines Lofts. Nach und nach wurden von dieser Wohnhalle separate Räume abgeteilt, und es entwickelte sich der heute noch übliche Grundriss eines Hauses mit einzelnen Zimmern. Bis zur ersten Hälfte des 16. Jahrhunderts verlor die Halle mehr und mehr ihrer Funktionen. Sie wurde häufig noch als Speisesaal genutzt, doch im Winter war es dort trotz der großen Feuerstellen sehr kalt. In der zweiten Hälfte des 16. Jahrhunderts begann man deshalb, kleinere Hallen mit größeren Fenstern zu bauen oder Decken einzuziehen.

Bis zur Mitte des 17. Jahrhunderts entwickelte sich die Treppe, die in die oberen Stockwerke führte, zum Hauptblickfang der Halle. Mit Beginn des 18. Jahrhunderts nahm die Halle ihre heutige Form und Funktion an, sie wurde immer mehr zum Empfangsraum. Zwar waren Hallen in dieser Zeit oft noch mit einem Kamin ausgestattet, als Wohnraum dienten sie aber nicht mehr. Bis zum Ende des 18. Jahrhunderts schrumpfte der Raum weiter, und in den Bauernhäusern wurde er vollends zu dem, was heute von ihm übrig geblieben ist. Nur in den großen Herrenhäusern hatte er noch repräsentativen Charakter. Mit dem Durchbruch der Neugotik im frühen 19. Jahrhundert entdeckte man auch die Halle als Raum wieder. Durch A. W. Pugins Einfluss wurden die *great halls* ab 1830 sehr häufig, denn man verstand sie als Ort altenglischer Gastfreundlichkeit. Wie zu ihren Anfangszeiten nutzte man die Halle nun wieder als Allzweckraum, etwa als Wohnzimmer oder als Ballsaal, je nach Größe des Hauses. Man organisierte wie in den *baronial halls* des Mittelalters Tänze für den Adel, die Bauern und Pächter oder auch den jährlichen Tanz der Bediensteten. Einrichtung und Dekoration waren der Mode entsprechend dunkel gehalten. Dies änderte sich jedoch mit dem Anbruch der 30er-Jahre des 20. Jahrhunderts. Jetzt gestaltete man die Halle heller, freundlicher und einladender.

In der heutigen Zeit gibt es keine kanonischen Festlegungen für die Nutzung dieses Raumes. Je nach Größe und Aufteilung wird er entweder nur für den Empfang und zum Aufhängen der Kleidung genutzt, oder man stattet ihn mit einem einladenden Sessel und einem Beistelltisch als kleines Lesezimmer aus. Bei ausreichendem Platz kann hier auch der Nachmittagstee genommen oder gar eine kleine Gesellschaft empfangen werden.

Doch ganz gleich, wie groß oder wie klein die Halle ist oder wie man sie letztlich nutzt, sie erfüllt immer eine Schleusenfunktion. Sie ist schon nicht mehr Außenwelt aber meist auch noch nicht Innenraum. Wer sie betritt, ist noch nicht wirklich angekommen. Der Besucher kann hier ablegen, Sitz von Krawatte oder Kleid überprüfen – und nach einem letzten Durchatmen schließlich eintreten. Unliebsame Gäste geben ihre Visitenkarte ab und können im Zweifelsfall immer noch vom Hauspersonal oder einem Sekretär abgewiesen werden. Lieferanten und Kuriere händigen hier ihre Ware aus und bekommen sie quittiert. Die Halle ist für den Ankömmling wie ein Streifen Niemandsland, auf dem er kurz innehält, bevor er fremdes Territorium betritt.

Der Eingangsbereich ist daher auch der erste Raum, den ein Gast zu Gesicht bekommt. Getreu der Devise, dass man niemals eine zweite Chance bekommt, einen ersten Eindruck zu machen, wird auf den Inseln deshalb viel Wert auf die Gestaltung der Halle gelegt. In Landhäusern bietet sie zwar oft ein Still-Leben aus Gummistiefeln, gewachsten Wetterjacken, Reitmänteln, Tweedmützen und Spazierstöcken, doch dies sollte nicht als Unordnung missverstanden werden. Die scheinbar achtlos hingeworfenen Kleidungsstücke dienen ganz bewusst dazu, dem Besucher einen »ersten Eindruck« zu vermitteln, und zwar den eines traditionellen britischen Landhauses.

In diesem Zusammenhang hat die Farbe eine große Bedeutung, denn sie kann nicht nur einladend oder abweisend sein, sondern den Raum auch vergrößern oder verkleinern. In Großbritannien würde man die Farbe allerdings in erster Linie nach dekorativen Aspekten auswählen oder auch nach historischer Stimmigkeit, weniger nach den Regeln irgendeiner Farbpsychologie. In einem Haus aus dem 18. Jahrhundert wäre Grün zum Beispiel korrekt, denn diese Farbe war damals beliebt. Es ist allerdings auch

In Häusern des 16. Jahrhunderts zeigt die Eingangshalle noch ihr ursprüngliches Gesicht. Vor der Aufteilung des Hauses in verschiedene, für unterschiedliche Tätigkeiten genutzte Räume diente die Halle als kombinierter Wohn-, Ess- und Schlafraum. So finden wir in sehr alten *country houses* manchmal Eingangshallen, die direkt in die Küche übergehen.

Rechts: Gerade in ländlichen Domizilen soll die Eingangshalle weniger förmlich und repräsentativ als vielmehr gemütlich und unkompliziert wirken. Schließlich gilt es auch den Ansturm von nassen Hunden und Besuchern in verschmutzten Gummistiefeln schadlos zu überstehen.

Ganz rechts: In Häusern aus dem 18. Jahrhundert ist die Eingangshalle oft gleichbedeutend mit dem Treppenhaus, denn die Empfangsräume lagen der damaligen italienischen Mode folgend im Obergeschoss, dem *piano nobile*. Seit dem 19. Jahrhundert finden wir sie wieder vermehrt zu ebener Erde, womit die repräsentative Treppe an Bedeutung verlor.

wichtig zu wissen, dass die Auswahl an Farben in der Vergangenheit wesentlich kleiner war als heute. Wenn Farben in einer bestimmten Epoche häufig auftreten, hängt das meist mit den geringen technologischen Möglichkeiten der Zeit zusammen. Wenn man besonderen Wert auf eine zeitgetreue Gestaltung der Wände legt, sollte man glänzende Farben meiden. Dies gilt besonders für Interieurs, die aus der Viktorianischen Epoche stammen oder noch älter sind. Sollte es nicht möglich sein, eine authentische Schattierung zu finden, kann man mit modernen matten Farben arbeiten. Wer Tapeten bevorzugt, kann mit ihrer Hilfe ebenfalls eine optische Streckung oder Stauchung bewirken. Längsstreifen lassen einen niedrigen Raum höher erscheinen, insbesondere in Verbindung mit einer helleren Decke. So steht für die Dekoration die ganze Palette gestalterischer Mittel zur Verfügung, und es ist typisch britisch, dass es auch auf diesen scheinbar so unbedeutenden Raum mit aller Sorgfalt angewandt wird. Allerdings – und auch das ist wiederum sehr britisch – sollte die sorgfältige Planung des Eingangsbereichs in keinem Fall sichtbar oder fühlbar werden. Im Gegenteil, eine Halle ist erst dann wirklich perfekt, wenn sie dem Besucher weder im positiven noch im negativen Sinne auffällt, sondern ihn schlicht und einfach willkommen heißt.

Landhäuser des 19. Jahrhunderts sehen häufig eine zweigeteilte Lösung vor. Zuerst betritt der Besucher einen relativ kleinen Vorraum, um dann in die repräsentativere Halle gebeten zu werden. Von dort führt der Weg direkt in die ebenerdig gelegenen Empfangsräume, wie hier in Melbourn Bury in Hertfordshire.

Die klimatischen Bedingungen der Britischen Inseln beeinflussten natürlich auch die Gestaltung der Halle. Dass einem imposanten Treppenhaus, das den Besucher in die Repräsentationsräume im Obergeschoss führte, ein Vestibül vorgelagert war, diente auch dazu, die mühsam erzeugte Wärme im Haus zu halten.

Oben: Eine britische Eingangshalle ist nicht etwa nur ein Ort, um Mantel und Schirm abzulegen. Sie ist vielmehr die Visitenkarte des Hauses und stimmt den Besucher auf das Ambiente seines Gastgebers ein.

Ganz links: Vorrichtungen zum Aufhängen von Mänteln und Hüten findet man in beinahe jeder Eingangshalle. Je nachdem, ob man sich auf dem Land oder in der Stadt befindet, ist die Form der Garderobe beschaffen. Auf dem Lande kann es schon einmal eine Konstruktion aus verschlungenen Abwurfstangen eines Hirsches sein oder etwas ähnlich Rustikales.

Links: Der Schirmständer ist in Großbritannien nach wie vor ein wichtiges Ausstattungsstück. Nicht allein, weil in diesem regnerischen Land Schirme unverzichtbar sind, sondern weil ein Schirmständer mit verschiedenen Spazierstöcken und Schirmen sehr dekorativ aussieht. Beliebt als Aufbewahrungsort für Stock und Schirm sind übrigens auch Bodenvasen.

Ein Spiegel in der Eingangshalle kann den Raum optisch vergrößern und er ermöglicht vor dem Ausgehen eine letzte Konrolle von Gaderobe und Makeup.

Sessel sind beliebte Requisiten in britischen Hallen. Je nach Größe des Raumes laden sie einfach zum Verweilen ein oder sind gar Teil einer Sitzgruppe, in der man Tee trinken kann.

Eine Standuhr findet man häufig in der Eingangshalle. Sie zeigt nicht nur die Zeit an, sondern kann auch helfen, einem niedrigen Raum optisch mehr Höhe zu geben.

Schöne Bilder verwandeln eine Halle in eine kleine Galerie, und man kann dem Besucher auf diese Weise schon viel von sich erzählen, bevor die ersten Worte gewechselt sind.

Der Schmuck für die Halle muss gar kein raffiniertes Blumenarrangement sein. Ein schlichter Strauß kann in einem vornehmen Umfeld ein erfrischender Kontrast sein.

Trockenblumen können sehr charmant aussehen, und es bieten sich vielfältige Möglichkeiten, die Halle damit zu verschönern. Man kann sie wie frische Blumen in eine Vase stellen oder in einen Korb legen.

Eine Topfpflanze ist in jedem Raum ein interessanter Blickfang. Die Größe der Halle sowie deren Helligkeit sollten die Art und Dimension der Pflanze vorgeben.

Ein geflochtener Kranz aus Blumen oder Stroh ist ein beliebtes Dekorationsstück gerade für Hallen ländlicher Häuser. Ist die Eingangstür verglast, kann ein solches Geflecht auch als Sichtschutz dienen.

Beliebt für Dekorationszwecke sind antike Sportgeräte wie alte Tennis-, Golf-, Cricket- oder Croquetschläger, die von Generation zu Generation weitergegeben werden.

Türen – eine kleine Stilkunde

Vom 15. bis zum 17. Jahrhundert war den Haustüren noch anzusehen, dass sie vor allem zum Schutz dienten. Ihre Konstruktion war einfach: senkrecht angeordnete Bretter oder Bohlen aus Holz, die durch Quer- oder Diagonalbalken verbunden wurden. Die Köpfe der Nägel, die das alles zusammenhielten, waren oft an der Außenseite sichtbar und damit der einzige Schmuck der Tür. Als Griff diente meist ein schwerer Ring.

Erst ab der Mitte des 17. Jahrhunderts wurde die Tür langsam zu einem wichtigen dekorativen Bestandteil der Fassade. Dabei war es oft vor allem die unmittelbare Umgebung der Tür, also Türsturz und Türrahmen, die stark verziert wurde. Besonders beliebt waren Säulen rechts und links vom Eingang, Giebel darüber und Treppen davor. Auch Glas kommt erstmals zum Einsatz, meist aber nur dann, wenn der eigentlichen Haustür noch schützende Hoftüren vorgelagert waren.

In der Georgianischen Epoche von der Mitte des 18. Jahrhunderts bis zum frühen 19. Jahrhundert entwickelte sich die Tür zum zentralen architektonischen Element der Frontseite des Hauses. Die Tür selbst war dabei recht schlicht gehalten, doch die Umgebung wurde wie die Fassade eines Tempels inszeniert. Die Säulen rechts und links des Türrahmens wurden oft nur noch reliefartig angedeutet, auf ihren Kapitellen ruhte ein Türgiebel, oft zusätzlich getragen von Konsolen.

In der Regency-Epoche in den ersten drei Jahrzehnten des 19. Jahrhunderts setzten sich allmählich schlichter gestaltete Eingangsbereiche durch. Über den Türen finden wir schnörkellose Bögen, geziegelt oder

Diese barocke Tür will dem Besucher die Wirklichkeit der Hausbewohner schon von weitem signalisieren. Für ein Sadthaus wäre sie undenkbar, aber an einem Landhaus oder Palast kann sie ihre Wirkung entfalten.

Eine »Ädikula«, oder »kleines Häuschen«, fasst diese klassische Tür eines kleinen Landhauses aus dem frühen 18. Jahrhundert ein. Die Säulen, das Gebälk und der Giebel zitieren in Proportion und Schmuck antike Tempel.

Bei diesem georgianischen Landhaus ist die Türeinfassung in Form eines Portikus mit Doppelsäulen wieder nach vorn getreten. Um die eigentliche Tür läuft nur ein schmales, in Stein gehauenes Profilband.

Nach etwa 1750 findet man immer häufiger auch ein halbrundes Oberlicht. Das sogenannte *fan light* ist meistens mit vom Mittelpunkt ausstrahlenden Fensterstreben verglast, so dass es aussieht wie ein geöffneter Fächer.

Zur Beleuchtung der Eingangshalle haben die Türen der Georgianischen Epoche meist ein Oberlicht über der Öffnung. Am Boden neben der Tür sieht man eine halbrunde Vertiefung in der Wand mit einem dünnen, quergesetzten Eisenstück zum Reinigen der Schuhe.

Diese beiden Eingänge führen zu zwei *terraced houses*, die sich nicht nur eine gemeinsame Wand sondern sogar den mittleren Teil der hölzernen Türeinfassung teilen. Das Oberlicht der rechten Tür schmückt ein feines *fan light* des Regency.

stuckverziert. Auch Oberlichter – meist in halbrunder Form – kamen immer öfter zum Einsatz. In Viktorianischer Zeit wurden sie sogar noch vergößert und formal stark variiert. Der Giebel über der Tür geriet mehr und mehr zum Vordach. Typisch sind auch Verglasungen in vielfältigen Farben und Formen. Holztüren wurden meist grün gestrichen.

Die Arts-and-Crafts-Bewegung suchte Inspiration in der Vergangenheit und kombinierte Elemente aus ganz unterschiedlichen Epochen. So finden wir gleichzeitig Türen im Stil des 15. Jahrhunderts und Türen mit georgianischen Anklängen. Dazu solche, die mit buntem Glas oder Schnitzereien verziert sind. In der Edwardianischen Zeit von der Jahrhundertwende bis zum Ersten Weltkrieg nahm aufgrund der industriellen Herstellung von Türen die Vielfalt der Farben zu und die Gestaltung wurde flexibler. Typisch für diese Epoche sind die Eingänge der Reihenhäuser mit ihren aufwendig gestalteten Vordächern. Die Oberlichter konnten je nach Stil des Hauses auch farbig verglast und stark verziert werden.

Das Ende der Edwardianischen Epoche markiert die Trennungslinie zwischen klassisch britischen und modernen Möbeln. Auch bei den Türen endet mit dem Beginn des Ersten Weltkriegs die Zeit der typisch britisch anmutenden Eingänge. In den 20er- und 30er-Jahren finden wir neben Holz auch Metall – manchmal in Verbindung mit Glas – als Material für Eingangstüren vor. Statt Oberlichtern werden nun Fenster rechts und links der Tür beliebt, ebenso kleine Fenster in der Tür selbst. Die Moderne schlägt sich in Form von sehr schlichten, minimalistischen Lösungen und grafischen Dekors nieder. Mit dem Beginn der 80er-Jahre und der Postmoderne kommt es zu einem Revival georgianischer Stilelemente, das bis über die Jahrtausendwende hinaus andauert.

Die Türumrahmung dieses Stadthauses aus dem Regency besteht aus einer breiten profilierten Leiste, in die als Schmuck ein Schluss-Stein eingesetzt wurde. Er hat allerdings seine Funktion völlig verloren.

Ganz unklassisch spielerisch ist diese Regency-Tür von zwei halben Säulen flankiert, die mit ihren Kapitellen jedoch kein Gebälk stützen, sondern zwei Konsolen, die wiederum ein winziges Vordach tragen.

Schlicht und ohne seitliche Säulen, mit *fan light* und typischem urnenförmigem Türklopfer aus Messing hat diese Tür aus dem frühen 19. Jahrhundert nur ein dem klassischen Gebälkprofil nachempfundenes Zierband um das Oberlicht.

Das große Oberlicht mit französisch wirkenden Ornamenten verrät eine ausgedehnte Eingangshalle hinter dieser Tür. Ende des 19. Jahrhundert griffen britische Architekten bei der Großstadtarchitektur auch auf französische – besonders Pariser – Vorbilder zurück.

Bei niedrigeren Deckenhöhen der Eingangsbereiche wandern in den 1920er-Jahren die »Oberlichter« in Form von zwei kleinen Fenstern an die Seiten der Türen. Zusammengefasst werden die drei Elemente oberhalb der Tür von einem durchgängigen Gesims.

Fast wie eine Hintertür wirkt diese ganz einfache, funktionale Eingangstür eines ländlichen Einfamilienhauses aus der ersten Hälfte des 20. Jahrhunderts.

Ganz links: Wenn es darum geht, neugierige Blicke in den Hausflur abzuwehren, bieten sich viele Möglichkeiten. Neben Vorhängen und Gardinen sind vor allem Rollos eine beliebte und praktische Lösung.

Links: Ein Vorhang kann sich gerade bei alten, relativ undichten Türen als hilfreich beim Energiesparen erweisen. Eine Bahn aus dicht gewebtem Stoff wird den Eingangsbereich sehr effektiv isolieren.

Nützliches zum Thema Türen und Fenster

Türen und Fenster der Eingangshalle werden nicht nur nach ästhetischen Kriterien dekoriert, sondern auch nach praktischen Erwägungen. Schließlich ist dieser Raum ein Übergangsbereich zur Außenwelt und damit einigen Belastungen ausgesetzt. Gerade in Landhäusern tragen sowohl Bewohner als auch Besucher Schmutz herein, und auch die Hunde hinterlassen Pfotenabdrücke und Haare. Deshalb wird die Bekleidung der Fenster und Türen meist aus unempfindlichem Stoff gewählt – falls überhaupt Textilien zum Einsatz kommen. Wer auf Vorhänge nicht verzichten möchte, sollte die Länge so bemessen, dass der Saum nicht den Boden erreicht. Lang hinunterhängende Drapierungen können zwar sehr effektvoll aussehen, werden am unteren Rand aber schnell unansehnlich. Aus demselben Grund sollte das Material auch in seiner Struktur und Farbe strapazierfähig sein. Ein Hauch von weißem Musselin mag zwar eine gediegene Stimmung erzeugen, wird den Krallen der Katze oder den Füßen der Kinder aber kaum lange standhalten.

Ob überhaupt ein Vorhang nötig ist, hängt von drei Faktoren ab: erstens, ob Zugluft abzuwehren ist, zweitens, ob ein Sichtschutz gewünscht wird, und drittens, ob lichtempfindliche Möbel, Kunstwerke oder Teppiche geschützt werden müssen. Wenn nichts davon in der Halle zutrifft, können die Fenster auch ebenso gut undekoriert bleiben.

Doch vielleicht entscheidet man sich auch aus rein ästhetischen Gründen für einen Vorhang, um zum Beispiel die Kontur eines Fensters zu verwischen, ein weicheres Licht zu erzeugen oder einen Hintergrund für Möbel und Dekorationsstücke zu schaffen. Außerdem leisten Vorhänge auch ausgezeichnete Dienste als Reflektoren und können einen Raum unter Umständen sehr effektiv aufhellen. Nebenbei setzen sie interessante Kontraste zum Fußboden: Glatte, glänzende Fliesen machen sich zum Beispiel sehr gut in Kombination mit einem strukturierten Wollstoff.

Türen brauchen in der Regel nur dann eine textile Bekleidung, wenn sie Scheiben haben. In diesem Fall wäre eine Gardine ein Sichtschutz, schließlich soll der Besucher nicht schon von außen sehen, was ihn in der Halle erwartet und wie es in den privaten Räumen zugeht.

Sollte die Tür sehr alt und undicht sein, empfiehlt sich die Anbringung eines schweren Wollvorhangs, um die Zugluft abzuwehren. Diese Modelle sind nicht unbedingt Meisterleistungen des *interior design*, doch äußerst wirkungsvoll und daher vor allem auf dem Land akzeptabel. Bei allem gilt, dass die Halle die Visitenkarte eines Hauses ist – folglich muss sie so liebevoll wie möglich gestaltet werden, damit der erste Eindruck ein guter ist.

Die Türmatte – mehr als nur ein Fußabtreter

Die Fußmatte ist in Großbritannien mehr als nur ein Türvorleger, an dem man sich den Schmutz von den Schuhen streift. Sie ist sehr häufig ein Medium, durch das dem Besucher schon vor Betreten des Hauses etwas mitgeteilt wird. Dies geschieht in Bild oder Text oder in einer Kombination aus beidem. So erfreuen sich zum Beispiel Türmatten mit lustigen Sprüchen großer Beliebtheit. »Oh no, not you again« ist ein echter Klassiker dieser Kategorie. Man ersteht diese Matten für wenig Geld auf Landwirtschaftsschauen oder ähnlichen Veranstaltungen, denn dort treffen sich mit Vorliebe jene Briten, deren Humor sich in solchen Sprüchen ausdrückt. Wer für Späße dieser Art keinen Sinn hat, aber dennoch eine persönliche Türmatte wünscht, kann sein Exemplar mit dem Namen seines Anwesens versehen lassen. Gute Dienste leistet auf diesem Gebiet die Firma Cloakrooms in Kingsbridge. Als Sonderanfertigung sind hier Türmatten in jeder Größe und mit jedem Aufdruck zu beziehen. Die Produktion ist recht einfach, und so kann mit geringem Aufwand fast alles abgebildet werden, was sich in wenigen Farben und als Umrisszeichnung umsetzen lässt. Neben allerlei Bildmotiven gibt es auch Markenlogos, Vereinsabzeichen oder Regimentsfarben. Der Phantasie sind kaum Grenzen gesetzt. Wieso also nicht einmal statt des T-Shirts mit Foto des Geburstagskindes oder dem Teebecher mit seinem Namen ein ganz anderes Geschenk wählen – nämlich einen Fußabtreter mit Glückwunsch-Aufdruck? In dieser Technik entstehen auch die Standardmotive der Firma, die ihr Programm auf den Kleinanzeigenseiten fast jeder einschlägigen Zeitschrift für Haus- und Gartenfreunde anbietet. Die Motive der *happy mats* haben klangvolle Namen wie »English garden«, »Scottish hedgerow«, »Rose« oder »Green lattice«.
Über Geschmack lässt sich streiten, und auch manch einem Briten würde diese Art von blumigen – und mehr oder minder lustigen – Matten nicht vor die Tür kommen. Wer sie aber vor seiner Schwelle zu liegen hat, will damit sagen, dass in seinem Haus die Welt noch in Ordnung ist, oder dass er zumindest wünscht, es wäre so.

Ob ein Angler im Hause wohnt, erkennt man am *wader bootrack*. Es dient der Aufhängung langer Watstiefel, wie man sie für die Fliegenfischerei benötigt. Solche Utensilien finden sich nur in einer wirklich sehr ländlich ausgestatteten Halle.

Wenn nach einem Spaziergang über regennasses Erdreich Schmutz und feuchter Lehm in der Profilsohle von Stiefel oder Schuh kleben, hilft oft nur noch der eiserne Stiefelabstreifer. In weiser Voraussicht wurde er an den Eingangsstufen vieler Landhäuser in die Wand eingelassen.

Für besonders fest sitzende Reitstiefel ist der *folding boot jack* genau das Richtige. Nach Gebrauch kann er zusammengeklappt und zur Seite gestellt werden. Wenn auch dieses Gerät nichts bewirkt, dann muss der Stiefel mit der Hilfe eines kräftigen Freundes ausgezogen werden.

Der Stiefelknecht ist äußerst hilfreich, um Gummistiefel auszuziehen. Ein angenehmer Nebeneffekt ist dabei, dass man die verschmutzte Ferse des *wellington boot* nicht anfassen muss, während man sich seiner entledigt.

Ein Platz für Gummistiefel

Die Halle eines Landhauses ist ohne Fußabtreter, Stiefelknecht oder eine spezielle Aufhängevorrichtung für die grünen Gummistiefel nicht komplett. Wenn man nach einem verregneten Spaziergang durch den Garten oder von einem Jagdausflug zurückkehrt, dann sind die Profilsohlen der Schuhe unweigerlich voll mit feuchter Erde und Steinen. Um diese Verschmutzungen abzustreifen, haben die praktischen Briten eine ganze Reihe von Instrumenten ersonnen. Es gibt sie in unterschiedlichsten Formen. Einige sehen aus wie ein Igel, an dessen Stacheln man den Unrat abbürsten kann. Andere Patente bestehen aus einem grobborstigen Fußabtreter mit einer Art von Leitplanken aus senkrechten Bürsten, die das Schuhwerk auch von der Seite reinigen. Angetrockneten Schmutz kann man an einer Metallkante abstreifen, wobei man sich an einem langen Stab festhält, um nicht umzufallen. Nachdem man sich mithilfe eines Stiefelknechts der Gummistiefel entledigt hat, werden diese umgekehrt in einer speziellen Halterung zum Trocken aufgehängt. In den Fachzeitschriften für alte Häuser, Wohnen und Einrichten sind bei den Kleinanzeigen regelmäßig Inserate für die abgebildeten Vorrichtungen zu finden. Der beste Beweis, dass verschmutzte Gummistiefel zum britischen Landleben dazugehören wie das Landhaus selbst.

Die verschiedenen Patente von *bootracks*, also Halterungen für Gummistiefel, findet man nicht nur in der Eingangshalle, sondern auch in *cloakrooms*. Diese Räume bergen oft große Ansammlungen von Mänteln, Hüten und Mützen, deren Besitzer meist lange verschollen oder dem Hausherrn gänzlich unbekannt sind.

Blumenschmuck für die Eingangshalle

Kein britisches Haus kommt ohne Blumen aus. Meist begrüßt den Gast schon in der Eingangshalle ein Willkommensstrauß. Je nachdem, ob wir uns auf dem Lande oder in der Stadt befinden, wird der Strauß ein lockeres Kunterbunt oder ein perfektes Bouquet sein. Die Kunst, Blumen zu binden lässt sich bis zu einem gewissen Grade erlernen, doch wie in allen ästhetischen Disziplinen ist auch hier das Talent maßgebend. Feststehende Regeln für die Erschaffung eines schönen Blumenarrangements gibt es nicht, doch wer seine Sinne ein wenig schult, wird in der Lage sein, Farben und Formen zu durchaus ansprechenden Kompositionen zusammenzustellen. Zuallererst sollte man sich mit den Pflanzen selbst beschäftigen. Wer nur mit Mühe und Not Tulpen von Rosen oder Narzissen unterscheiden kann, wird ein eher begrenztes Repertoire haben.

Ein Haus voller aparter Kreationen schöpft meist aus einem eigenen Blumengarten. Er liefert stets frischen Nachschub des duftenden Rohmaterials, das durch Zukäufe lediglich ergänzt werden muss. Auch fördert der eigene Blumengarten die Kenntnis der Sorten und Arten und erweitert somit das Wissen um die Möglichkeiten. Und die sind tatsächlich so vielfach wie die Blumen und Planzen im grünen Reich hinter dem Haus.

Oben: Was könnte den Besucher schöner empfangen als ein Blumenarrangement das sich im polierten Mahagonie eines georgianischen Tischs spiegelt.

Unten links: Ein gut sortierter Florist hält alles bereit, was man für elegante Blumenarrangements benötigt. Wer ganz viel Glück hat, kann sich das Rohmaterial in seinem eigenen Nutzgarten pflücken.

Unten Mitte: Der englische Sommer lässt grüßen. Mit einem schlichten Strauss von Wiesenblumen, gepflückt bei einem geruhsamen Spaziergang durch den Garten.

Unten rechts: Die kreative Arbeit mit Blumen gewinnt Ihren Reiz zu einem großen Teil daraus, dass man aus einer begrenzten Zahl von Elementen bei jedem Mal etwas ganz Neues schaffen kann.

Wer sich hinreichend mit den Blumen befasst und vor seinem inneren Auge Farben und Formen parat hat, kann sich dem Beiwerk zuwenden. Es gibt eine schier unerschöpfliche Auswahl an natürlichen Requisiten. Ein verdorrter Zweig kann ebenso einen Akzent setzen wie Tannenzapfen, Herbstlaub oder ein Stück Rinde. Intensives Anschauen der Natur schärft den Sinn für verborgene Schönheiten. Je länger sich der Hobbyflorist im Garten, Park oder Wald aufhält, desto mehr Ideen für interessante Kombinationen aus Blumen und Beiwerk wird er bekommen. Auch ein Spaziergang über den Gemüsemarkt kann zahllose Anregungen bieten, und selbst die Küche mit ihren Gewürzvorräten ist eine große Inspirationsquelle. Letztlich kann man auch Materialien wie Stoff, Draht oder Papier in Erwägung ziehen. Doch Selbstbeschränkung auf einfachste Mittel hat sich in der Gestaltung oft als der beste Weg zur Entfaltung der Schöpferkraft erwiesen. Mit wenig und einfachem Material viel Effekt zu erreichen, sollte das erste Ziel eines angehenden Blumenarrangeurs sein.

Die Blumen heißen den Besucher willkommen und stimmen ihn auf das Haus, dessen besondere Atmosphäre und seine Bewohner ein. Deshalb sollte das Arrangement in ganz besonderer Weise auf das Konzept der Architektur und der Inneneinrichtung abgestimmt sein. Soll der Gast herzlich empfangen werden oder zunächst Respekt empfinden? Soll er Fröhlichkeit spüren oder Strenge, Vornehmheit oder entspannte Heiterkeit, Pomp oder schlichte Eleganz? In jedem Fall wird es britische Gelassenheit sein, die aus dem Bewusstsein entsteht, sich nicht um übertriebene Perfektion bemühen zu müssen.

Die Chelsea Flower Show

Die Chelsea Flower Show ist mehr als nur eine Ausstellung von Blumen und Neuheiten des Gartendesigns: Sie ist der inoffizielle Beginn der gesellschaftlichen *season* und mithin einer ihrer Höhepunkte. Ende Mai findet sie statt und dauert fünf Tage. Natürlich zieht das botanische Spektakel auf dem Areal zwischen Themse und Chelsea Royal Hospital vor allem Blumenfreunde an. Darüber hinaus aber immer auch jene, die sich gern im Rampenlicht einer wahrhaft exklusiven Veranstaltung zeigen wollen.

Am ersten Tag öffnen sich die Tore der Chelsea Flower Show ausschließlich für die Ehrengäste der veranstaltenden Royal Horticultural Society. Unter ihnen befinden sich stets auch Angehörige der königlichen Familie. Am zweiten und dritten Tag kommen die Mitglieder der 1804 gegründeten Royal Horticultural Society selbst zum Zuge, und erst an den letzten beiden Tagen dürfen die Normalsterblichen einen Blick auf die Ausstellung werfen.

Die Chelsea Flower Show bietet jedoch nicht nur Blumen und Pflanzen, sondern zeigt auch komplette Gärten, die ausschließlich für diesen Anlass entworfen und angelegt wurden. Dazu gibt es alles, was des Gärtners Herz begehrt. Verständlich, dass die Schau nicht über Besuchermangel klagen muss, im Gegenteil, sie ist grundsätzlich überaus gut besucht. Um den Gang zwischen den exponierten Beeten, Rabatten, Hecken, Blüten, Gartenaccessoires und Grünanlagen für die staunenden Gäste auch wirklich zu einem Vergnügen zu machen, ist die Zahl der eingelassenen Gäste stets begrenzt.

Seit der Gründung der Royal Horticultural Society haben mehrere Vorläufer der heutigen Veranstaltung an verschiedenen Orten in London stattgefunden. Erst 1913 bildete sich das noch immer aktuelle Konzept heraus. An Name und Ort hat sich seitdem nichts geändert, und so gehört die Chelsea Flower Show seit dem Ende der Edwardianischen Epoche zum englischen Gesellschaftsleben wie Ascot und Henley. Und die Liebe zum Garten eint die Briten – sogar über sämtliche immer noch bestehenden gesellschaftlichen Barrieren hinweg. Denn obgleich die Chelsea Flower Show als eine Zusammenkunft der mittleren und oberen Klassen gelten darf, so gehört sie doch auch dem kleinen Mann. Nicht umsonst liefert das Fernsehen eine ausführliche Berichterstattung und tröstet auf diese Weise all jene, die nicht an eine Eintrittskarte herangekommen sind. Ihnen bleibt leider auch jenes Vergnügen vorenthalten, das sich am letzten Tag abspielt. Dann wird nämlich die in knapp vier Wochen angelegte und zusammengetragene Pracht verramscht. Wer noch Blumen für seinen Garten oder eine Palme für seine Eingangshalle sucht, kann hier für ein paar Pfund oder weniger großartige Ware bekommen. Das grüne Schnäppchen erinnert dann in manchem Haus viele Jahre lang an die berühmteste Gartenschau des Landes.

Die Gärten, die extra für die Ausstellung angelegt werden, sind für viele Besucher die Hauptattraktion der Chelsea Flower Show: Gärtner und Gestalter aus aller Welt wetteifern hier um die Gunst des fachkundigen Publikums.

William Hogarth porträtierte sich 1745 mit seinem Mops Trump, einem von mehreren Hunden dieser Rasse, die er besaß.

Rechte Seite, Hintergrund: Auf den Britischen Inseln finden wir acht verschiedene Rassen von Jagdspaniels, die alle auf den Vogelhund zurückgehen. Viele Spaniels schwimmen gerne und können deshalb bei der Jagd auf Enten oder andere Wasservögel gute Dienste leisten.

Der Briten treuster Freund

In den ländlichen Gebieten der Britischen Inseln gilt der Hund fast als gleichberechtigtes Familienmitglied. Kein Wunder, denn er begleitet Herrchen oder Frauchen nicht nur auf dem Rundgang über die Ländereien, sondern macht sich auch bei der Jagd nützlich, wenn es darum geht, den Fundort der erlegten Beute anzuzeigen oder das geschossene Tier – und zwar ohne es selbst zu verspeisen – zu apportieren. Auf Anwesen mit angeschlossener Viehwirtschaft ist der Vierbeiner natürlich auch als Hüter der Herde unentbehrlich. Selbst wenn die Familie sich manchmal noch so sehr nach einer bequemen Stadtwohnung und dem reichen kulturellen Angebot Londons sehnen würde – man bleibt auf dem Land, denn »doggy just wouldn't stand it in the city«, der Hund würde es in der Stadt einfach nicht aushalten. Aber in der *country side* ist es im Grunde sowieso viel schöner – selbst wenn vielleicht manchmal der Abend im Theater oder in der Oper fehlen mag. Wie gut, dass der Hund seinen Besitzer vor der Torheit bewahrt, die frische Luft und die Ruhe aus einer Laune heraus gegen Lärm und Hektik der Stadt einzutauschen. Bei der großen Gruppe der Pendler sieht es schon etwas anders aus. Sie wohnen zwar außerhalb der Stadtgrenzen, doch der tägliche Arbeitsweg führt den Ernährer oder die Ernährerin täglich von Montag bis Freitag in die Metropole. Das heißt in den meisten Fällen natürlich nicht, dass der Vierbeiner dorthin folgen muß. Die Konsequenz hat eher der Mensch zu tragen, der seinen treuen Gefährten die meiste Zeit des Tages missen muß. Es sei denn, er hat mit Bedacht eine Rasse oder auch einen Mischling ausgewählt, der sich als ständiger Begleithund eignet; schließlich ist es in einigen Berufen durchaus möglich, einen Hund dabei zu haben.

Doch im Bewusstsein der meisten Briten wird der Hund mit dem Landleben assoziiert, trotz aller Hunde, die in den Parks der Städte ausgeführt werden. Das tiefsitzende Gefühl für das, was richtig und natürlich ist, dürfte den Großteil der Inselbewohner die Meinung vertreten lassen, dass die Stadt einfach nicht der richtige Ort für einen richtigen Hund sein kann. Und ein richtiger Hund ist nun einmal nicht der verwöhnte Chihuahua, der schon beim kleinsten Windstoß vor Schüttelfrost zittert, sondern ein robuster Hirten- oder Jagdhund, wie zum Beispiel der Labrador Retriever. Diese Tiere, sowohl vom schwarzen wie vom gelbbraunen Schlag, können zu den britischen Nationalhunden gezählt werden. Labradors rangieren ganz oben auf der Popularitätsskala – und zwar quer durch alle Gesellschaftsschichten. Der einfache Mann schätzt ihn ebenso wie der Vorstandsvorsitzende, und im Pub wird diese Vorliebe sie sofort miteinander ins Gespräch bringen. Vor allem, wenn jeder sein Exemplar gerade an der Leine führt.

Berühmtheiten und ihre vierbeinigen Begleiter

Die wohl berühmteste Hundehalterin Großbritanniens ist die Queen. Sie züchtet Pembrokeshire Corgis, eine relativ junge Hunderasse aus Südwales. Der Welsh Corgi ist nicht etwa eine Schoßhundrasse, wie seine Größe vermuten lassen könnte, sondern ein Schäferhund. Die Leidenschaft der Monarchin für ihre kurzbeinigen Lieblinge reicht in das Jahr 1933 zurück, als die siebenjährige Prinzessin sich in einen Corgi vernarrte. Ihre Eltern ließen sich daraufhin überreden, ein solches Tier anzuschaffen. Mit 18 Jahren bekam die zukünftige Königin ihren ersten eigenen Corgi geschenkt, der auf den Namen Susan hörte. Aus ihr ist bis heute eine ganze Hunde-Dynastie hervorgegangen. Die Queen lässt es sich übrigens kaum nehmen, ihre Hunde persönlich zu füttern.

Wer einen Mops als Haushund wählt, sagt damit viel über sich aus, vor allem, dass er nicht viel auf das Urteil seiner Mitmenschen gibt, die häufig genug fragen, warum man sich nicht für einen »niedlichen« Hund entschieden habe. Der Duke und die Duchess of Windsor besaßen eine ganze Reihe von Hunden, in späterer Zeit waren es vor allem Möpse. Die Liebe zu dieser Rasse zeigte sich auch in ihrer umfangreichen Sammlung Meißner Porzellanmöpse. Der erste gemeinsame Hund des noch unverheirateten Liebespaares war ein kleiner Cairn Terrier namens Slipper. Noch als Prince of Wales hatte Edward ihn 1934 seiner zukünftigen Frau zu Weihnachten geschenkt. Der heiß geliebte Vierbeiner, der den Spitznamen Mr. Loo trug, starb später in Frankreich an einem Schlangenbiss.

Der Jack-Russel-Terrier ist bei Pferdefreunden äußerst beliebt, und wo immer sie sich versammeln, findet man die hyperaktiven Hunde in großer Zahl. In den 90er-Jahren wurden Jack-Russel-Terrier dann auch außerhalb von Reiterkreisen zu beliebten Modehunden.
Einer der Lieblingshunde von Prince Charles hört (oder auch nicht) auf den Namen Trigger. Der agile Vierbeiner, der auf zahlreichen Fotos des Thronfolgers so lustig und wach in die Kamera schaut, begleitet den künftigen König vor allem auf seinen ausgedehnten Spaziergängen. Auch die nächste Generation der britischen Royals hat den kleinen Kläffer bereits fest ins Herz geschlossen. Mit den Prinzen William und Harry tobt Trigger besonders gern herum.

Der Pekinese kam im 19. Jahrhundert aus China nach England, wo er als Schoßhund bis heute sehr populär ist. In der Literatur wurde der Pekinese in den Tierarztgeschichten von James Herriot unter dem Namen Tricky Woo als der Liebling der exzentrischen Witwe Mrs. Pumphrey verewigt. Barbara Cartland, die ungekrönte Königin des englischen Kitschromans, war nicht nur für ihre Liebe zur Farbe Pink, sondern auch für ihr Faible für kleine weiße Pekinesen bekannt. Die Autorin verstarb am 21. Mai 2000, zwei Monate vor ihrem 99. Geburtstag. Kaum ein Foto der Diva, das nicht einen ihrer vierbeinigen Freunde mit dem charakteristischen kurzen Näschen zeigt. Angeblich waren sie auch immer zugegen, wenn die Lady ihrer Sekretärin ein neues Kapitel diktierte.

Der Collie ist eine Schäferhundrasse aus dem schottischen Hochland. Es gibt ihn in verschiedenen Farben, wie Schwarzweiß oder Gelbweiß. Eine kleinere Unterart des Collie ist der Sheltie, ein Hirtenhund von den Shetlandinseln. Der Sheltie ist in den gleichen Farben wie der Collie zu haben.

Der Labrador gehört zu den Retriever-Hunden – sie sollen dem Jäger das geschossene Wild apportieren. Sowohl der schwarze als auch der gelbbraune Schlag sind auf den Britischen Inseln äußerst beliebt, nicht nur für die Jagd, sondern auch als Haus- und Familienhund.

Der Borderterrier stammt aus der schottisch-englischen Grenzregion, den so genannten Borders. Terrier wurden zur Jagd unter der Erde eingesetzt, also in den Höhlen der Beutetiere. Der aus einer Kreuzung von Scotchterrier und altem Foxterrier gezüchtete Borderterrier war auf die Otterjagd spezialisiert.

Der West Highland White Terrier hat es in den 90er-Jahren zu großer Beliebtheit gebracht. Diese noch relativ junge Terrierart ist für ihre Größe sehr mutig und in jedem Fall ein überaus unterhaltsamer Hausgenosse. Wie alle Terrier, die eigentlich Jagdhunde sind, braucht auch der Westie sehr viel Bewegung.

Der Beagle ist mit dem Foxhound verwandt, er stellt gewissermaßen dessen verkleinerte Version dar. Er wird meist als Haushund gehalten, auch wenn er durchaus als Jagdhund geeignet ist. Er kommt dann bevorzugt als Niederlaufhund zum Einsatz, hilft also beim Aufstöbern von kleineren Wildtieren wie Kaninchen.

Die Vorfahren des englischen Bloodhound gelangten mit den Normannen aus den Ardennen auf die Insel. Dort wurden sie zu der heute bekannten Form gezüchtet. Den aus der Literatur bekannten Hound von Baskerville muß man sich übrigens so wie die abgebildeten Exemplare vorstellen.

IN THE HOUSES OF IRELAND
ANCIENT ENGLISH HOUSES
CHRISTOPHER SIMON SYKES
The English Country House
A Grand Tour

Das Wohnzimmer, *drawing room* oder *living room* genannt, soll einladende Behaglichkeit ausstrahlen.

Das Wohnzimmer

Ein Raum zum Leben

Anfang der 70er-Jahre des 20. Jahrhunderts galt es als schick und zeitgemäß, kein separates Wohn- und Esszimmer mehr zu haben, sondern einen offenen Wohnbereich, den man für vielerlei Zwecke nutzen konnte. Was damals als avantgardistisch empfunden wurde, war jedoch nichts anderes als eine Reminiszenz an die Vergangenheit. Bis in das 14. Jahrhundert hinein war die *great hall* – die heutige Eingangshalle – der große Innenraum des Hauses, in dem gegessen, geredet und geschlafen wurde. Erst in den folgenden Jahrhunderten bildeten sich Zimmer mit spezieller Funktion heraus. Es überrascht nicht, dass der neuzeitliche Trend zum Einheitsraum rasch wieder ad acta gelegt wurde, denn was sich über die Jahrhunderte verfestigt und bewährt hat, wird nicht so leicht von einer Modewelle hinweggewischt. So ist es heute in Großbritannien wieder für viele selbstverständlich, dass man Wohn- und Essraum trennt. Die Architektur der meisten alten Häuser legt dies ohnehin nahe. Ein mittelgroßes Haus aus der Edwardianischen Epoche, also den Jahren zwischen 1901 und 1914, sah zum Beispiel noch ein Wohnzimmer und ein Esszimmer vor, dazu kamen Billardzimmer und Wintergarten sowie ein Herrenzimmer, das Bibliothek, Arbeitsraum und Rauchzimmer in sich vereinte.

Die britischen Reihenhäuser des 19. Jahrhunderts ähneln sich stark im Schnitt der Räume. Für das Wohnzimmer war meist ein zur Straße liegender Raum des Untergeschosses vorgesehen. Viele Briten halten sich an diese Vorgabe der Architekten, da hier meist auch der prächtigste Kamin zu finden ist.

Als man begann, sich aus der mittelalterlichen *great hall* in kleinere Räume zurückzuziehen, entstanden in diesen Nebengelassen die ersten Vorläufer der Wohnzimmer. Der heute gebräuchliche englische Begriff *drawing room* erinnert an diesen Umstand, denn er ist eine Verkürzung des Wortes *withdrawing room*. Dies war zunächst ein Vorzimmer des Nachtgemachs; erst seit dem 17. Jahrhundert entstanden *withdrawing rooms*, die keine Verbindung mehr zum Schlafzimmer hatten. Dieser Verlust an Intimität ließ den Raum gleichzeitig geeigneter für den Empfang von Gästen erscheinen. Er wurde größer und repräsentativer ausgestattet. Im 18. Jahrhundert war der *drawing room* einer von mehreren Empfangsräumen des Hauses. Hierhin zogen sich die Damen nach dem Dinner zurück, während die Herren zum Rauchen und zum unbefangenen Gespräch im Esszimmer zurückblieben und später den Damen folgten. Im Laufe der Zeit geriet der *drawing room* dann immer mehr zu einem allgemeinen Empfangszimmer, in dem sich Gäste beiderlei Geschlechts aufhalten konnten. Ihnen wurde jeder erdenkliche Komfort geboten, damit sie sich ungezwungen wohl fühlen konnten. So entwickelte sich jene Mischung aus pompöser Förmlichkeit und ungezwungener Bequemlichkeit, die wir am britischen Wohnzimmer besonders schätzen.

Heute ist der *drawing room* (beziehungsweise der *sitting room* oder auch *living room*) sowohl Empfangs- als auch Familienraum. Das zeigt sich allein schon in seiner Ausstattung. Wir finden Familienfotos und Kunstwerke, bequeme Sitzgruppen und wertvolle Stilmöbel, Erinnerungen an Urlaubsreisen und gesellschaftliche Ereignisse, Ehrungen, Trophäen und Nippes. Kurz, im Wohnzimmer ist alles versammelt, was für Familie, Freunde und Besucher von Belang sein könnte, es zeigt, wer der Gastgeber sein will, und vielleicht, wer er wirklich ist. All diese mehr oder minder dekorativen – und mehr oder minder wertvollen – Dinge werden auf den Inseln um einen Mittelpunkt gruppiert – in der Regel ist dies der Kamin. Er ist nach wie vor von geradezu mythischer Bedeutung für das häusliche Leben. Wenn das Haus oder die Wohnung keinen echten und funktionstüchtigen Kamin hat, dann tut es auch eine elektrische oder gasbetriebene Imitation. Wem die nicht liegt, der schafft einen optischen Kaminersatz, zum Beispiel durch einen Anrichtetisch, dessen Platte den Kaminsims ersetzt und mit gerahmten Bildern, Vasen, Urnen, einer Uhr oder Porzellanfiguren dekoriert wird. Die Sitzgruppe wird als offenes Rechteck frei im Raum vor dem Kamin – oder seinem Stellvertreter – aufgestellt. Noch bis in die Georgianische Epoche hinein wäre eine solche Anordnung höchst unüblich gewesen, denn damals reihte man die Möbel an den Wänden entlang auf. Sie wurden nur dann in den Raum gerückt, wenn man sie benötigte. Vor dem Schlafengehen stellten dienstbare Geister alle Stücke wieder an die Wand zurück.

Das andere Extrem finden wir in der Viktorianischen Epoche, in der die Räume derart mit Möbeln gefüllt waren, dass man sich kaum noch darin bewegen konnte. Heute schätzt man in Großbritannien einen Mittelweg zwischen wohnlicher Behaglichkeit und weitläufiger Geräumigkeit. Das Wohnzimmer muss mit Sitzgruppe, Kaffeetisch samt Ablagegelegenheiten, Anrichte, Eckschränken und Bücherregalen schon eine ganze Menge aufnehmen, dennoch soll der Raum so wirken, als ob man alles jederzeit und mühelos umstellen könnte. Vor allem darf durch die Möbel die Bewegungsfreiheit der Besucher nicht eingeschränkt werden. Schließlich dient der *living room* vor allem der Geselligkeit. Die Dekoration muss also in jedem Fall so beschaffen sein, dass auch nach ein paar Gin and Tonic jeder Gast ohne Gefahr für sich und die Einrichtung den Weg hinaus finden kann.

Wie so oft in Großbritannien gilt natürlich auch und vor allem für den *living room*, dass die Anstrengungen, die zu seiner Ausgestaltung unternommen wurden, nie und nimmer ins Auge fallen dürfen. Es wäre einfach unbritisch, einen solchen Aufwand mit seinem Wohnzimmer zu betreiben, dass man Besucher, die das kunstvolle Arrangement im Grunde nur stören oder gar gefährden, ängstlich belauert und damit sich und ihnen eine entspannte Unterhaltung unmöglich macht. Im Wohnzimmer soll sich jeder wohl fühlen, es ist nicht dazu bestimmt, in einer Architekturzeitschrift lobend erwähnt zu werden oder die Gäste mit wertvollen Antiquitäten und Möbeln zu beeindrucken. Vielleicht finden wir deshalb im britischen *living room* häufig irgendein Detail, das einen Misston in der Anordnung sorgfältig ausgewählter und geschmackvoll zusammengestellter Einrichtungsgegenstände erzeugt und den Eindruck des allzu Perfekten nicht aufkommen lässt. Es mag genau diesem Zweck dienen, Besucher und Besuchte daran zu erinnern, dass auch die Besitzer eines noch so perfekt eingerichteten Hauses ganz normale Mitglieder der menschlichen Gemeinschaft sind.

Rechte Seite: Auch außerhalb Großbritanniens gibt es Herrenhäuser wie Hilton Park im County Monaghan, Republik Irland, die nach britischem Muster mit mehreren Wohnzimmern aufwarten können. Dies hatte auch praktische Gründe, denn so konnten sich die Hausbewohner während des Tages immer in einem Raum mit Sonnenlicht aufhalten. Nach italienischem Vorbild befanden sie sich im 18. Jahrhundert im ersten Geschoss, dem so genannten *piano nobile*. In der Regency-Epoche wurden sie dann wieder zu ebener Erde geplant, damit die Bewohner des Hauses über Terrassen hinaus in den Garten treten konnten.

Rechts: Sofas und Sessel werden so angeordnet, dass jeder das Feuer im Blick hat und bei Bedarf die kalten Füsse in die Nähe der Wärmequelle strecken kann.

Ganz rechts: Im weich gepolsterten Ledersessel am Kamin einer behaglichen Bibliothek sehen viele Briten den idealen Platz auf Erden.

Linke Seite: Der Kamin ist der architektonische Mittelpunkt eines jeden Wohnzimmers. Möbel und Dekoration betonen seine zentrale Position zusätzlich.

Unten: Dass ein offenes Feuer den Raum nur unzureichend zu erwärmen vermag, hat die Architekten bis in das frühe 20. Jahrhundert wenig gekümmert.

Klassische Sitzordnung

In britischen Wohnzimmern, selbst in jenen großer Individualisten, herrscht eine nicht zu durchbrechende innenarchitektonische Regel: Der Raum muss einen Fokus haben, und dieser Fokus ist der Kamin oder das Möbelstück, das an seiner Stelle steht. Von diesem Gestaltungsdogma wird unter keinen Umständen abgewichen. Kein Wunder also, dass ein britisches Wohnzimmer sich stets um die Feuerstelle gruppiert. Das zur einen Seite offene Rechteck kann aus Sofas, Sesseln, gepolsterten Fußbänken und Ablagetischen bestehen. Wichtig ist nur, dass die Blickrichtung auf den Kamin zugeht. Die Peripherie dieser festen Sitzordnung sorgt dafür, dass die Anwesenden mit allen Annehmlichkeiten versorgt sind. So findet sich auf der Rückseite eines der Sofas oft ein Tischchen, auf dem Gläser abgestellt werden können. Nicht selten stehen hier auch diverse Gins, der Eiswürfelbehälter sowie das klassische Tonic bereit.

Ein warmes, knisterndes Kaminfeuer ist auch heute noch, im Zeitalter der Zentralheizung, ein magischer Anziehungspunkt für Hausbewohner und ihre Gäste.

Der Zauber der Feuerstelle

Die Briten schätzen das offene Kaminfeuer mehr als jede andere Nation. Das ist kein Klischee, sondern eine Vorliebe, an der sie von Generation zu Generation festhielten. Während im 17. Jahrhundert in ganz Europa die offenen Kamine durch freistehende Kachelöfen ersetzt wurden und Holländer, Skandinavier, Deutsche und Russen es sich auf der Ofenbank gemütlich machten, versammelte man sich auf den Britischen Inseln weiterhin am offenen Feuer. Dass dies zwar von vorne recht ordentlich wärmt, den Rücken aber kalt lässt, blieb nicht unbemerkt. Doch statt den Kamin deswegen gleich in Ungnade fallen zu lassen, erfand man lieber den Ohrensessel

Seit dem späten 11. Jahrhundert rückte die Feuerstelle an die Wand der Herrenhäuser und war in dieser Position seit dem Ende des Mittelalters Standard, den man bis in die Zeit um 1800 beibehielt. Ein offenes Feuer in der Mitte des Raumes bedurfte eines Rauchabzugs in der Decke, was die Nutzung eines darüber liegenden Stockwerks erschwerte. Die Feuerstelle an der Wand erlaubte es, einen Schornstein durch mehrere Stockwerke hindurch bis auf das Dach zu führen. Dadurch wurde der Kamin zu einem tragenden Teil der Konstruktion. Wenn man ihn in eine zentrale Wand des Hauses integrierte, ließ er sich als Doppelkamin sogar von zwei Zimmern aus nutzen. Der Schornstein auf dem Dach wurde zu einem typischen Anblick in ganz England. Da der Rauch nun direkt in die Außenwelt befördert wurde, lohnte es sich auch erstmals, die Zimmerdecken zu verzieren, was sich auf die gesamte Ausgestaltung der Häuser in der folgenden Zeit auswirkte.

Warum das offene Feuer im Vereinigten Königreich bis heute so populär ist, lässt sich rational nicht erklären. Es muss etwas mit dem Anblick und dem Geruch brennender Holzscheite und glimmender Kohlen zu tun haben, denn im Sinne moderner Klimatechnik ist der Kamin kaum zu gebrauchen. Bis weit ins 19. Jahrhundert hinein fror man in den großen Häusern geduldig vor sich hin, erst die verschiedenen Methoden der Zentralheizung konnten da einigermaßen Abhilfe schaffen. Mit dem Ausgang des 19. Jahrhunderts besaßen fast alle Häuser, auch die auf dem Lande, eine Heizanlage. Die offenen Kamine hatten sich damit jedoch keinesfalls erübrigt. Wenn sie schon nicht die Räume zufrieden stellend erwärmen, dann auf jeden Fall die Herzen der Briten, die immer noch nichts mehr lieben als einen Abend vor dem Kamin. So richtet sich die Gestaltung eines jeden Raumes ganz maßgeblich nach seiner Feuerstelle: Die Möbel werden um sie herum gruppiert, und sie ist der unbestrittene Mittelpunkt des Interesses. Bis zum Ersten Weltkrieg war es auch bei Neubauten noch üblich, Schlaf- und Empfangszimmer zusätzlich mit einem Kamin zu versehen, auch wenn die Wohnung mit einem modernen Heizsystem ausgestattet war – schließlich sind Kamine ja so gemütlich, und eine Heizung kann auch einmal ausfallen.

Am Anfang des 20. Jahrhunderts stellte es auch kein Problem dar, das für den Betrieb der zahlreichen Kamine notwendige Personal aufzutreiben. In einem großen Haus mit vielen Feuerstellen bedurfte es nämlich einer ausgefeilten Logistik, um den Nachschub an Brennmaterial sicherzustellen, und eines genauen Plans, um alle Kohlen und Scheite am Glühen zu halten. Dieses System vertraute auf eine Schar von Hausangestellten, die vom frühen Morgen bis zum späten Abend zur Verfügung standen. Als sie nach und nach ihre Stellungen aufgaben, um eine Arbeit anzunehmen, die einen richtigen Feierabend und mehr soziale Anerkennung einbrachte, mussten sich viele Besitzer mittlerer und kleiner Häuser notgedrungen selbst um das Kaminfeuer kümmern. Das schreckte aber kaum einen davon ab, den Kamin weiterhin zu betreiben. W. H. Auden schrieb 1937 in seinem »Letter to Lord Byron«: »Preserve me above all from central heating/It may be D.H. Lawrence hocus-pocus/But I prefer a room that's got a focus.« (Bewahre mich vor allem vor einer Zentralheizung/Das ist eher ein Hirngespinst von D.H. Lawrence/Ich ziehe einen Raum vor, der einen Kamin hat). Diese Meinung teilen die Briten bis heute, und so brauchen sich die Hersteller von stilgetreu reproduzierten Kaminen über mangelnde Nachfrage nicht zu beklagen.

Der Kaminsims und seine Dekoration

Die geradezu klischeehaft typische Dekoration für den Kaminsims sind Porzellanhunde, die so genannten »Staffordshire Dogs«. Ebenso Familienfotos gehören obligatorisch auf den Kaminsims. Auch Bilderrahmen in edlen Materialien gelten als Dekorationsobjekt.

Der Kaminsims wirkt wie ein Magnet auf jede Art von Nippes. Große und kleine Kunstwerke stehen einträchtig neben Reiseandenken, persönlichen Souvenirs oder einer kleinen Kollektion von Sammlerstücken verschiedenster Art. Natürlich kann man den Kaminsims mit größter Sorgfalt dekorieren, sodass er den Raum und seinen Einrichtungsstil reflektiert. Manch einer möchte ihn vielleicht auch ganz frei lassen oder mit lediglich ein oder zwei wertvollen Gegenständen bestücken. Dies würde jedoch nicht den Grundprinzipien des britischen Wohnstils entsprechen. Vielleicht liegt es an der Höhe des *mantelpiece* – so heißt der Kaminsims auf Englisch – dass er unwiderstehlich zur Ablage von allem möglichen Kram reizt. Was dort deponiert wird, fällt einfach ins Auge, und deshalb legt man dort oft Dinge ab, die man nicht vergessen möchte, wie Autoschlüssel, Mobiltelefon oder die Einladung zum nächsten Ball.

Grundsätzlich gilt: Je ambitionierter Hausherr oder Hausherrin in Sachen Inneneinrichtung sind, desto raffinierter die Miniaturausstellung über dem Feuer. Wenn das Haus mehrere Wohnzimmer hat, dann ist der Kaminsims in den repräsentativen Empfangsräumen so aufgeräumt wie in einem Museum, aber im Wohnzimmer der Familie wird man das vertraute Sammelsurium entdecken.

Krimileser kennen das *mantelpiece* auch als Aufbewahrungsort eines orientalischen Pantoffels, in dem der viktorianische Detektiv Sherlock Holmes sein Opium lagerte. Heute bevorzugt man harmlosere Rauchwaren, und auf dem Kamins im Herrenzimmer liegen eher Zigaretten und Pfeifentabak – obwohl es mit Sicherheit auch das ein oder andere Haus gibt, in dem Genussmittel von narkotisierender Wirkung zu finden sind. Moralisch unanfechtbar sind dagegen die Tierfiguren aus Porzellan, die ohne Zweifel zu den zeitlosen Klassikern unter dem Zierrat für das *mantelpiece* gehören. Insbesondere Darstellungen von Hunden sind seit jeher sehr beliebt. Es gibt sicherlich originellere Dekorationsobjekte als die sehr populären Vierbeiner, doch wer es typisch britisch haben möchte, kann immer auf sie zurückgreifen. Allerdings wird es immer schwieriger, ein authentisches, das heißt wirklich antikes Paar »Staffordshire Dogs« aufzutreiben.

Vasen, Porzellandosen und Urnen stehen ganz oben auf der Hitliste der beliebten Kaminverzierungen. Im Paar sind sie besonders begehrt, aus Gründen der Symmetrie. Eine einzelne Vase kann man gut in die Mitte des Kaminsims rücken und mit zwei Kerzenleuchtern oder Lampen einrahmen.

Eine wertvolle Kaminuhr ist – wie der Name schon sagt – die perfekte Wahl für die Dekoration der Feuerstelle. Genau in der Mitte platziert, zeigt sie die Zeit an – oder auch nicht, denn manches alte Exemplar versagt seit langem den Dienst. Doch dies ist kein Grund sich von dem liebgewonnenen Erbstück zu trennen.

Der künstliche Kamin – Pro und Contra

Der deutsche Architekt und Historiker Hermann Muthesius bemerkte in seinem ab 1903 erschienenen mehrbändigen Werk »Das englische Haus«, es sei durchaus wahr, dass man hier und da – und besonders in der Häusern der »Spießbürger« – gasbetriebene Kaminimitationen antreffe. Kultivierte Briten würden diese Fälschungen jedoch zu Recht ablehnen. Wenn diese Behauptung zur Zeit von Muthesius vielleicht gegolten haben mag, würde sie heute nicht mehr zutreffen. Das künstliche Kaminfeuer darf als weithin akzeptiert gelten und schmückt inzwischen private Wohnräume ebenso wie Restaurants und gediegene Geschäfte.

Es gab bereits nach dem Ersten Weltkrieg eine ganze Reihe von elektrisch betriebenen Kaminfeuern, die wie Heizstrahler funktionierten. In den 20er-Jahren kamen Feuer mit Kohlenoptik auf, und in den 50ern waren die künstlich glühenden Kohlen auch mit Gasflammen zu haben, was sie so echt aussehen ließ, dass ein Revival des historischen Kamins einsetzte. Wer seine Feuerstelle herausgerissen hatte, weil sie nicht in die moderne Nachkriegswohnung zu passen schien, rüstete die kahle Stelle nun mithilfe einer für viel Geld erworbenen Replik wieder »auf alt« um. Heute findet man ein großes Angebot an elektrischen und gasbetriebenen Kaminfeuern. Per Knopfdruck wird ein lustiges Feuerchen entfacht – und das sogar in Wohnungen, in denen ursprünglich gar kein Kamin vorgesehen war. Auf diese Weise kommen auch jene in den Genuss eines Kamins, die nicht das Glück haben, in einem schönen alten Haus zu wohnen. Ist das Kaminfeuer aus der Steckdose oder Gasleitung wirklich so verwerflich? Wir rösten unser Fleisch schließlich auch nicht mehr über offenem Feuer – und wenn der Elektroherd als Symbol des alten Herdfeuers ausreicht, um Behaglichkeit zu schaffen, warum sollte das Symbol eines Kamins das nicht auch vermögen?

Hauptsache eine offene Flamme – sagen sich die Freunde gasbetriebener Feuerstellen. Einen großen Vorteil gibt es in jedem Fall: Man braucht weder Holz noch Kohle herbeizuschleppen, und um das staubige Kaminkehren braucht man sich auch keine Gedanken zu machen.

Eine schlichte Feuerstelle des 16. Jahrhunderts mit dem charakteristischen Sturz aus Stein und einem aus Ziegeln gemauerten Kamin.

Verschnörkelte Konsolen und breite Pfosten erfreuten sich in der Regency-Epoche, also dem frühen 19. Jahrhundert, großer Beliebtheit.

Auch im Barock waren die Kamine einfacher Häuser schlicht gehalten. Wer es sich leisten konnte, zog die aufwendige Variante mit reich verziertem Aufsatz vor.

In der Georgianischen Epoche waren Kamine im klassizistischen Stil äußerst beliebt. In den Städten wurden sie zunehmend mit Kohle beheizt.

Im viktorianischen Kamin des 19. Jahrhunderts sorgten gusseiserne Roste für verbesserte Luftzufuhr und etwas ökonomischeren Brennstoffverbrauch.

Durch angeschrägte Seitenwände, direkte Luftzufuhr und verkleinerte Roste wollten die Kaminbauer der Edwardianischen Epoche den Brennstoffverbrauch verringern.

Kaminbesteck

Das Kaminbesteck ist unerlässlich, um das Feuer in Gang zu halten. Mit der Zange werden die Scheite in den optimalen Winkel zur Glut gebracht, der Schürhaken dient zum Auflockern der Glut, und die Schaufel sorgt für Kohlenachschub. Wenn die Flammen nicht so recht lodern wollen, leistet vor allem der Blasebalg gute Dienste.

Früher war es die Aufgabe des Hauspersonals, die verschiedenen Feuer eines großen Anwesens am Brennen zu halten. Und diese Aufgabe war nicht leicht zu bewältigen. Vor allem wenn ein großes Landhaus am Wochenende mit Gästen gefüllt war, bedurfte es geradezu einer Armada von Bediensteten, um jeden Kamin in jedem Raum angemessen zu versorgen. Besonders in den Wintermonaten wollte niemand riskieren, daß sich seine geladenen Gäste über kalte Füße oder eingefrorene Waschschüsseln beschweren mußten. Als nach dem Ersten Weltkrieg die Zahl der *housekeeper, butler, maids, servants* und anderer dienstbarer Geister spürbar abnahm, sah sich manch ein Hausherr plötzlich gezwungen, selbst zu Kohlenschaufel und Ascheimer zu greifen. Das Kaminbesteck – vormals für ihn höchstens von ästhetischem Wert – kam nun, da er es selbst benutzen musste, auf den Prüfstand.

Zur Pflege von Feuer und Kamin braucht man diverse Gerätschaften. Vor dem Anheizen sollte die Feuerstelle gründlich gefegt werden. Hierzu eignet sich der Kaminbesen, der zusammen mit einer passenden Schaufel zum Einsatz kommt. Wenn es sich um einen Kamin mit integriertem Rost handelt, muss auch dieser hin und wieder gründlich von Staub, Asche und Ablagerungen befreit werden – und zwar am besten mithilfe einer langstieligen Bürste. Die Ration an Holzscheiten und Kohlen für ein paar Tage wird am besten in einem Kohlenkasten beziehungsweise einem Holzkorb gleich in unmittelbarer Nähe der Feuerstelle gelagert. Dass weder Kasten noch Korb so undekorativ aussehen sollten, dass sie den *drawing room* verunstalten, versteht sich von selbst.

Sind Holz und Kohlen einmal aufgelegt und zum Brennen gebracht, heißt dies noch lange nicht, dass man jetzt den Kamin sich selbst überlassen kann. Ein Feuer richtig zu schüren verlangt nicht nur Erfahrung, sondern wiederum das richtige Besteck. Ein Schürhaken und eine kleinflächige Kohlenschaufel leisten gute Dienste, wenn es darum geht, Holzscheite vorteilhaft zu wenden oder Kohlen umzuschichten.

Der Betrieb eines Kamins klingt nach einer Menge Arbeit, wenn man an den Komfort von Zentralheizung und Elektroherd gewöhnt ist, doch es gibt kaum einen Hausherrn (oder eine Hausherrin oder einen Gast), der nicht verträumt in die Flammen blinzelt. Die Pflege der Glut kann geradezu zur Sucht werden. Selbst nervöse Zeitgenossen beruhigen sich augenblicklich, wenn ihnen die Oberaufsicht über den Kamin anvertraut wird.

Das Eldorado für Kaminfreunde

Auch in Großbritannien gab es Banausen, die einfach die alten Kaminsimse herausrissen und die Abzüge stilllegten. Nachfolgende Mieter oder Besitzer haben sich nicht immer die Mühe gemacht, die Feuerstelle zu restaurieren. Doch heute gibt es in solchen Fällen mehrere Möglichkeiten. Zum einen kann die Suche auf einem *architectural salvage yard* oder der Gang in die Antiquitätenhandlung erfolgreich sein. Eine andere sehr gute Chance bieten Geschäfte, die sich auf Kamine spezialisiert haben.

Ein solches ist das Antique Fireplace Warehouse der Gebrüder Paul und Nick Chesney. Es wurde 1982 gegründet und gilt heute als einer der führenden Anbieter von Kaminen und Kaminsimsen aller architektonischen Stilrichtungen. Wer sich dieses Paradies für Freunde britischer Kamine einmal ansehen möchte, sollte dem Taxifahrer die Battersea Park Road Nr. 194–202 als Fahrtziel nennen. Dort befindet sich der *show room,* wo die Firma ihr umfassendes Angebot präsentiert.

Im Antique Fireplace Warehouse findet sich für nahezu jedes Kamin-Problem eine Lösung. Zum einen hält es über 120 englische und französische Originale aus dem 18. und 19. Jahrhundert bereit. Dieses Lager an antiken Stücken wird laufend durch Ankäufe ergänzt – die Bandbreite ist überwältigend. Sie reicht vom einfachen viktorianischen *bedroom fireplace*, Schlafzimmerkamin, bis hin zu den exquisitesten *marble chimney pieces*, wertvollen marmornen Kaminsimsen, des 18. Jahrhunderts. Wer unter den alten Originalen nicht fündig wird, kann auf eine umfassende Auswahl an

Im Materiallager des Antique Fireplace Warehouse liegen sämtliche Rohstoffe bereit, die zur Aufarbeitung, Reparatur oder zum Neubau von Kaminen, Kaminverkleidungen und Kaminaufsätzen benötigt werden. Neben verschiedenen Hölzern warten dort Bauteile und Verzierungen aller Art aus Stein und Marmor darauf, verarbeitet zu werden. Die Wahrscheinlichkeit, dass hier die Lösung für beinahe jedes Kamin-Problem gefunden werden kann, ist sehr hoch.

stilechten Reproduktionen aus der eigenen Werkstatt des Hauses zurückgreifen. Sie sind detailgetreue Kopien der schönsten antiken Exemplare und werden von Hand mit größter Sorgfalt hergestellt.

Für diejenigen Kaminfreunde, die das nötige Kleingeld besitzen, besteht außerdem die Möglichkeit, sich eine Feuerstelle nach Maß anfertigen zu lassen. Hierbei werden Simse oder auch ganze Kamine exklusiv für den Kunden entworfen und von erfahrenen Handwerkern aus Stein oder Marmor gebaut. Dies kann interessant sein, wenn ein im Haus vorhandener Kamin für ein weiteres Zimmer kopiert werden muss. Natürlich lassen sich mit dem Maß-Kamin-Service auch ganz individuelle Ideen umsetzen.

Ergänzend bietet das Antique Fireplace Warehouse eine große Auswahl verschiedener *grates* und *firebaskets*, also gusseiserner Gitter und Roste für Kohlen und Holz. Alles was man in Battersea kauft, kann im gesamten Vereinigten Königreich ausgeliefert und installiert werden. Insofern lohnt sich der Besuch im Antique Fireplace Warehouse für jeden, der sich für Kamine interessiert.

In den Verkaufsräumen warten alte Kamine und Reproduktionen auf ihre Käufer. Die Auswahl ist wirklich beträchtlich, aber wer dort nicht fündig wird, muss trotzdem nicht verzagen. Das Antique Fireplace Warehouse liefert auch Sonderanfertigungen.

Einen Marmorkamin zu restaurieren, setzt beim Handwerker viel Fingerspitzengefühl voraus. Immerhin ist das Naturmaterial äußerst empfindlich und es zerspringt sofort bei einem zu harten Schlag auf den Meißel. Die Steinmetze des Hauses kümmern sich ebenfalls um die Aufarbeitung steinerner Kamine und liefern zudem Einzelanfertigungen. Dabei überschneidet sich ihre Tätigkeit mit der Arbeit von Denkmalpflegern und Restauratoren. Die wenden sich nämlich häufig an die Spezialisten aus Battersea, wenn es bei einem Baudenkmal an die Kamine geht.

Typische Wohnzimmermöbel

Was wäre ein Sessel ohne einen Bestelltisch? Schließlich muß man doch irgendwo seinen Drink abstellen können.

So bunt zusammengewürfelt britische Wohnzimmer manchmal erscheinen mögen, bedienen sich ihre Einrichter doch meist aus einem recht überschaubaren Fundus von Möbeln. Da sich die Anordnung der Stücke oft am Kamin ausrichtet und ansonsten dem Prinzip der Symmetrie folgt, findet man sich in jedem traditionell eingerichteten Haus sofort zurecht.

Während in anderen Ländern dieser Welt die Grenzen zwischen Esszimmer, Wohnraum, Bibliothek und sogar Küche bewusst verwischt werden, um multifunktionale Wohnlandschaften zu schaffen, trennen viele Briten die Räume immer noch strikt nach Funktion. Dies hat zur Folge, dass Möbel und Ausstattungsstücke des Wohnzimmers meist den Hauptfunktionen dieses Raums dienen: Gespräch, Ausruhen, Fernsehen, Gesellschaftsspiel oder auch Teetrinken. Von zentraler Bedeutung sind die Sitzmöbel. Sessel und Sofas in vielerlei Formen, einladend weich gepolstert. Doch neben den zur Gruppe angeordneten Sitzgelegenheiten finden wir auch allein stehende Sessel für alle, die sich nicht am Gespräch beteiligen wollen, vielleicht weil sie eine Zeitschrift oder ein Buch lesen möchten. Unverzichtbare Ergänzung dieser Sessel und Sofas sind Tische und Bänke in unterschiedlicher Höhe und Größe, je nach ihrer Funktion.

Dass die Möbel des Wohnzimmers überhaupt dauerhaft positioniert werden, ist eine Idee des 19. Jahrhunderts. Noch im 18. Jahrhundert war es üblich, das Mobiliar je nach Bedarf zurechtzurücken. Erst wenn der Raum verlassen wurde, zum Beispiel vor dem Schlafengehen, stellte man – oder im Zweifelsfall das Personal – Stühle und Tische an ihren Platz an der Wand. Die Mitte des Raumes blieb frei. Der flexible Umgang mit den Einrichtungsgegenständen hatte natürlich auch mit den damaligen Möglichkeiten der Heizung und Beleuchtung zu tun. Am Tage hielten sich die Hausbewohner wegen des Sonnenlichts in der Nähe der Fenster auf, am Abend zog man dann in die Nähe des wärmenden Kaminfeuers um.

Das Sofa ist sicherlich das wichtigste Möbel des britischen Wohnzimmers. Man bekommt es in den verschiedensten Formen und in einer unüberschaubar großen Zahl von Bezügen. Grundanforderungen an das Sofa sind Bequemlichkeit und ein Bezug, der sich zur Reinigung entfernen lässt oder dessen Farbe und Muster Flecken jeder Art als Teil von sich selbst aufnehmen.

Der *wing chair,* den man in kontinentalen Gefilden als Ohrensessel kennt, ist ein wahrer Klassiker. Diese Form der Sitzgelegenheit kam bereits im späten 17. Jahrhundert auf, seine Konstruktion sollte vor gefährlicher Zugluft von hinten schützen.

Wenngleich die Briten als Tee trinkende Nation gelten, wird in Großbritannien tatsächlich jedoch viel Kaffee getrunken. Die Qualität des dunklen Gebräus hat sich in den letzten Jahren erheblich verbessert. Während Touristen früher noch zu Recht behaupten konnten, dass im Inselkönigreich nur deshalb Tee getrunken wird, weil der Kaffee so schlecht ist, trifft dies heute nicht mehr zu. Stilecht nimmt man den Kaffee an einem flachen Sofatisch der Regency-Epoche ein.

Die gepolsterte Bank ist ein ganz typisches Zubehör für das britische Wohnzimmer. Sie dient als Ablage und zusätzlicher Sitzplatz. Oftmals sind Rollen an den Beinen angebracht, so dass man sie dorthin schieben kann, wo man sie gerade braucht.

Der *canterbury* wird heute meist als Zeitungsständer gehandelt und benutzt. Ursprünglich diente das Möbel aber der Aufbewahrung von Notenblättern und -heften. Der *canterbury* ist nicht nur beliebt im Wohnzimmer, sondern schmückt auch Bibliotheken und Rauchzimmer.

Der *pier table* ist ein schmaler Tisch, der an einer Wand zwischen zwei Fenstern steht. Über ihm hängt fast immer ein Spiegel. Dieses traditionelle Arrangement fungiert als Mittelpunkt eines Raumes, vor allem dann, wenn kein Kamin vorhanden ist, und betont die Symmetrie der Fenster.

Ein Spiegel ist ganz typisch für das britische Wohnzimmer. Meistens hängt er über dem Kaminsims, doch mitunter auch oberhalb des *pier table*. Spiegel dienen immer auch dazu, den Raum zu vergrößern und aufzuhellen. Ein Spiegel kann das Licht einer Lampe oder die durch das Fenster hereinfallenden Sonnenstrahlen reflektieren und beinahe verdoppeln.

Der *drum table* steht sowohl im Wohnzimmer als auch in der Eingangshalle oder der Bibliothek. Er thront meist in der Mitte des Raumes und dient zum Lesen, Schreiben oder als Ablagefläche für Bücher oder Zeitschriften. In seinen Schubladen werden Papiere oder Schreibutensilien untergebracht.

Das *butler's tray* ist ein Tablett mit zusammenklappbarem Untergestell oder ausklappbaren Beinen. So konnte das Servierbrett mit Tee, Gebäck und Geschirr beladen und dort abgestellt werden, wo man die Erfrischungen einnehmen wollte. Seine Beweglichkeit macht dieses Möbelstück so nützlich.

Der Polstersessel ist wie das Sofa ganz unverzichtbar im Wohnzimmer. Er bietet den Vorteil, dass man ihn für sich allein hat. Kein Möbel, dennoch unverzichtbar: Gemälde und Grafiken. Sie erst geben dem Wohnzimmer seine Aura von Tradition und Familiengeschichte.

Nicht selten gehört ein Schreibtisch zu den Möbeln des Wohnzimmers. Er wird häufig an der Rückseite eines Sofas platziert, um ihn in die Gesamtgestaltung des Raumes mit einzubeziehen.

Kein britisches Wohnzimmer wäre denkbar ohne mindestens eine Tischlampe; noch besser kommen sie im Paar zur Geltung. Weil nach Möglichkeit alles symmetrisch aufgestellt wird, platziert man auch Lampen vorzugsweise rechts und links von einem Einrichtungsgegenstand.

Ein Sofa für das Wohnzimmer

Nichts macht einen Wohnraum einladender als ein großes weich gepolstertes Sofa. Deshalb gehört davon mindestens eins in jeden britischen *drawing room*, denn Bequemlichkeit wird hier groß geschrieben. Dies gilt vor allem für das Wohnzimmer, das tatsächlich von der Familie genutzt wird – in formellen Empfangsräumen, wie man sie in großen Häusern findet, wäre man dagegen weniger geneigt, entspannt auf dem Sofa die Beine von sich zu strecken.

Das traditionelle Sofa unterscheidet sich von den modernen Designermodellen vor allem durch opulente Polsterung und Schwindel erregende Muster. Für beides gibt es gute Gründe. Die Polster sorgen für Bequemlichkeit, und die Muster machen das gute Stück unempfindlicher gegen Verschmutzungen. Auf großzügigen Blumen oder bunten Karos fallen Flecken eben weniger auf. Da fast alle Hunde neben ihren Herren auf dem Sofa sitzen dürfen, hat sich die Verwendung von losen Polsterbezügen und Überwürfen bewährt, die problemlos heruntergenommen und gereinigt werden können.

Nach Meinung der meisten Briten muss ein Sofa so gepolstert sein, dass man schon wenige Minuten nach dem Hinsetzen ein dringendes Schlafbedürfnis verspürt. Tatsächlich haben fast alle Sofas britischer Herkunft diese Eigenschaft. Die Größe des Sitzmöbels richtet sich nach den Ausmaßen des Raumes. Wer genug Platz hat, wählt mindestens einen großen Dreisitzer, wenn es sich irgendwie einrichten lässt jedoch lieber zwei, die sich vor dem Kamin gegenüberstehen. Dazu kommen noch diverse Sessel, um genügend Gäste unterbringen zu können, denn kaum einmal werden sich drei Personen auf ein Sofa setzen – es sei denn, man ist mit der Familie oder ganz engen Freunden zusammen. Da gepolsterte Sitzmöbel ursprünglich einen großen Luxus darstellten, den sich nur die ganz Reichen leisten konnten, musste bei den Entwürfen nicht auf kleine Wohnräume Rücksicht genommen werden. Erst als die Industrialisierung Sofas und Sessel für alle Bevölkerungsschichten erschwinglich machte, wurden sie den Dimensionen kleinerer Wohnzimmer angepasst. In den 20er-Jahren bestand eine durchschnittliche Sitzgruppe aus einem Zweisitzer und zwei Sesseln. Den Bewohnern großer Anwesen ist Raumnot hingegen völlig unbekannt. Sie haben eher mit dem Problem zu kämpfen, dass in ihren weitläufigen *drawing rooms* selbst das klobigste Sofa vergleichsweise verloren wirkt.

Die Grundformen der heute üblichen Sofatypen haben sich aus den Liegen der Antike und den Sitzbänken des Mittelalters entwickelt. So sind die Sofas des 18. Jahrhunderts wie eine Bank konstruiert, bei der Sitzfläche, Rückenlehne und Armlehnen gepolstert waren, ansonsten aber die Holzkonstruktion sichtbar blieb. Allerdings war manches Sitzmöbel, das uns heute wie ein Zweisitzer erscheint, in Wirklichkeit für nur eine Person gedacht. Die breite Sitzfläche ist vielmehr auf die damalige Mode zurückzu-

Oben: Ein Sofa, auf dem man nicht bequem liegend die Abendnachrichten (oder das Kinderprogramm) verfolgen kann, erfüllt nicht seinen Zweck. So jedenfalls die übereinstimmende Auffassung vieler Bewohner der Britischen Inseln. Schön gestaltete Designermöbel, deren Sitzflächen nicht zum Verweilen einladen, erfreuen sich demnach auch eher geringer Beliebtheit.

Links: Die Chaiselongue – auch *daybed, reclining couch* oder *récamière* genannt – ist eigentlich kein Sofa, sondern eher ein Armstuhl mit extrem verlängerter Sitzfläche. Solche oftmals straff und hart gepolsterten Stücke waren besonders in der Regency-Zeit verbreitet.

Knole-Sofa mit abklappbaren Seiten. Sehr bequem für ein kleines Mittagsschläfchen oder als Notbett nach der Dinner-Party.

Die Zeit zwischen Viktorianismus und Moderne brachte hervorragende Reproduktionen hervor, wie diesen Zweisitzer im Neo-Regency-Stil.

Neuzeitlicher Zweisitzer im Stil der 20er-Jahre. Erst die Erfindung der Sprungfeder Ende des 19. Jahrhunderts ermöglichte diese voluminösen Polster.

führen, denn auf diese Weise hatten auch die Damen eine Chance, sich trotz ihrer voluminösen Röcke und steifen Krinolinen niederzulassen. Die zumeist relativ geringe Sitztiefe in Verbindung mit einer hohen Rückenlehne ließ noch keine nachlässige Sitzhaltung aufkommen. Richtiggehend gelegen wurde lediglich auf den Chaiselongues des 19. Jahrhunderts. Erst in der Viktorianischen Ära ab 1837 wuchsen die Sofas auf die Größe an, die wir heute als so typisch britisch empfinden. Diese schwellenden Riesenpolster waren beeinflusst durch orientalische Diwane und Ausdruck eines Einrichtungsstils, der die Räume mit Möbeln und Dekorationsstücken geradezu überfrachtete. In der Edwardianischen Epoche ab 1901 lockerte man die Interieurs wieder ein wenig auf, und in den 30er-Jahren entwickelte sich dann ein Einrichtungsstil, der bis heute Gültigkeit hat. Es handelt sich hierbei um einen Stilmix, der die Grazilität des 18. Jahrhunderts mit der dunkelledernen, tief geknöpften viktorianischen Clubatmosphäre verbindet, und das alles in einer Aura heiterer Formlosigkeit, die das 20. Jahrhundert beisteuerte.

Die aktuellen Sofatypen zitieren in ihrer Silhouette Formen aus den verschiedensten Epochen, eine geschwungene Rückenlehne würde zum Beispiel auf Entwürfe des 18. Jahrhunderts zurückverweisen. Im Gegensatz zu den Originalen aus dieser Zeit sind heute jedoch meist keine Holzteile mehr sichtbar, Polster und Bezug bedecken die Grundkonstruktion vollständig, lediglich die Holzfüße schauen manchmal noch hervor. Nur so genannte Stilmöbel oder Designerstücke, die mit klassizistischen Zutaten spielen, zeigen Holz. Die Mischung aus Alt und Neu, die für britische Räume so typisch ist, sieht meist eine Rollenverteilung unter den Sitzgelegenheiten vor. Während bei Sesseln, Lehnstühlen und Stühlen gern in alte Stücke investiert wird, ist es beim Sofa vollkommen akzeptabel, etwas Neues zu kaufen. Alte Polstermöbel tauchen selten im Antikhandel auf, und die Verschleißteile wie Bezug oder Polsterung sind meist ohnehin nicht mehr im Urzustand oder aber arg zerschlissen. Ein neues Sofa bietet zudem die Möglichkeit, es nach Maß passend für das eigene Wohnzimmer anfertigen zu lassen. Wenn man das nötige Geld auszugeben bereit ist, bekommt man auch heute noch sehr hochwertige Handwerksarbeit. So kann das florale Chintz-Sofa, das jedem Liebhaber sachlicher, reduzierter Möbel Schauer des Entsetzens über den Rücken jagen würde, schnell ein Vielfaches eines edlen Teils aus Leder und Chrom kosten. Dafür bietet es neben der Bequemlichkeit den unschätzbaren Vorteil, sehr viel länger modern zu bleiben, weil es nie modisch war.

Dreisitzer-Sofa im georgianischen Stil. Originalmöbel des 18. Jahrhunderts waren nicht vollständig gepolstert.

Edwardianischer Dreisitzer, filigran und doch bequem. Vom Chesterfield-Sofa unterscheidet er sich durch die schlankere Form von Arm- und Rückenlehne.

Sofa vom Chesterfield-Typ. Mit Lederbezug finden wir sie vor allem in stark frequentierten Räumen, zum Beispiel in Clubs oder in der Hotel-Lounge.

Wie ein Sessel entsteht

Selbst der gemütlichste Sessel besteht zunächst aus hartem Holz. Bequem wird er erst durch die Kunst des Polsterers. Je nach Form des Sessels ist die Rückenlehne mit einem Polstermaterial gefüllt, geknöpft oder mit Sprungfedern versehen. Die Rückenlehne wird von einem Holzrahmen eingefasst. Zur zusätzlichen Abfederung des Rückenpolsters können Sprungfedern oder Spiralfedern eingesetzt werden. Die vorderen Abschlüsse der Armlehnen und der Rand der Rückenlehne werden mit Filz und Profilstreifen konturiert. Die Armlehne wird durch schichtweise verarbeitete Gurte, Sackleinwand, Polsterfilz, hochverdichteten Schaum und Fasern geformt. Die Unterseite des Sessels wird mit einem schwer entzündlichen Futterstoff bespannt. Auch die Füllmaterialien der Kissen und Polster sind feuerbeständig.

Das Sitzkissen kann entweder mit einem Schaumstoff oder mit echten Federn oder Daunen gefüllt sein. Es ist letztlich auch eine Geschmacksfrage, welchen Füllstoff man bevorzugt. Der Bezugsstoff wird bei einem guten Sessel von Hand zugeschnitten und verarbeitet, damit das Muster zwischen den einzelnen Partien des Sessels optimal verläuft. Der Bezugsstoff wird mit Sackleinwand und synthetischen Fasern abgefüttert, um ihn gegen vorzeitige Abnutzung zu schützen. Die Sitzfläche wird an der vorderen Kante mit einem Profilstück abgeschlossen, darunter liegen wieder mehrere Schichten aus Schaumstoff, Filz und Fasern. So entsteht eine haltbare, aber flexible Unterlage. Die Ecken des Holzrahmens werden verstrebt und eventuell mit Rollen bestückt. Alles in allem eine Menge Arbeit, die zum großen Teil ohne maschinelle Hilfe ausgeführt werden muss. Aber dafür hält ein solcher Sessel auch ein bisschen länger.

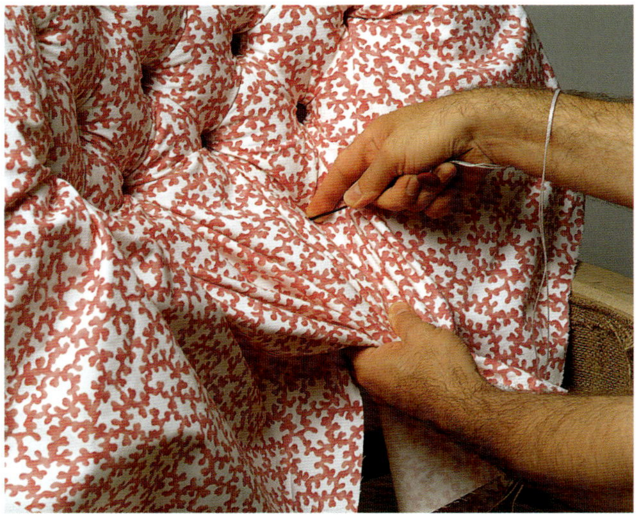

Oben: Das Schnittbild durch einen Sessel des renommierten Herstellers Duresta aus Nottinghamshire zeigt die verschiedenen Komponenten des Möbelstücks.

Oben, ganz links: Der Rahmen eines hochwertigen Polstermöbels wird aus solidem Hartholz gebaut, das von Hand sorgfältig verdübelt, verleimt oder verschraubt wird. Der Zuschnitt der Rahmenteile erfolgt ebenfalls von Hand.

Oben, links: Bei Firmen wie Duresta werden Sessel, Sofas und Bänke noch von Hand aufgepolstert. Diese Möbel sind zwar etwas teurer, dafür halten sie aber auch wesentlich länger als viele preiswertere Exemplare.

Unten, ganz links: Es ist ein langer Weg von der Stoffbahn, wie sie aus der Weberei kommt, bis zum fertigen Sessel. Dazwischen liegen der mustergerechte Zuschnitt, das Zusammennähen und schließlich das Setzen der einzelnen Knöpfe.

Unten, links: Viele Details am Stoffbezug werden bei Duresta von Hand genäht, zum Beispiel eine Paspel, die dem Rand eines Sessels einen interessanten Akzent verleiht. So vergehen viele Stunden, bis ein Möbelstück endgültig vollendet ist.

Das Sofakissen

Auf ein Sofa gehören mindestens zwei Kissen, nach oben gibt es kaum eine Grenze. Erst wenn man Mühe hat, einen Sitzplatz zu finden, ist nach britischem Geschmack das Polstermöbel richtig und ausreichend dekoriert.

Um die Bedeutung des Sofakissens für den Charakter eines Zimmers richtig einschätzen zu können, muss man sich das Interieur einfach einmal ohne die mobilen Polster vorstellen. Die Möbel wirken plötzlich leer und unbelebt, es fehlt dem Raum das gewisse Etwas. Kaum ein dekorativer Kniff verleiht einer Einrichtung stärkere Impulse als die gekonnte Platzierung schöner Sofakissen. Es kommt natürlich auf das richtige Kissen an – und die Art, es auf das Sofa zu legen. Beides hat überhaupt nichts mit der fein säuberlich aufgereihten Kissenparade in deutschen Wohnzimmern zu tun, die erst dann als richtig schön empfunden wird, wenn die Hausherrin den Kissen mit einem gezielten Handkantenschlag den obligatorischen Knick beigebracht hat. Auf keinen Fall dürfte man es wagen, solche Kissenskulpturen zu berühren, zur Seite zu rücken oder gar entsprechend ihrem ursprünglichen Zweck zu benutzen. Sie gehören zum unantastbaren Teil der Dekoration wie die Sammeltassen in der sorgsam verschlossenen Vitrine und die nie gelesenen Zeitschriften im Zeitungsständer.

Mit seinen in Ruhe vor sich hinstaubenden Verwandten vom Kontinent hat das britische Sofakissen nichts gemein. Es ist dazu da, den Komfort der Sofabenutzer zu erhöhen. Britische Kissen sind hart im Nehmen, es macht ihnen nichts aus, einen müden Rücken abzustützen, für den Mittagsschlaf unter den Kopf geknüllt zu werden oder der Katze des Hauses als gemütliches Nest zu dienen. Außerdem sind britische Kissen tolerant und dem üblichen Stilmix gegenüber aufgeschlossen. Die Hauptregel lautet: Bloß nicht Farbe und Dekor zu sehr aufeinander abstimmen, denn die Kissen sollen wie zufällig auf dem Sofa versammelt aussehen. Analytische Menschen würden ein typisch britisches Sofa mit seinem Kuschel-Sammelsurium vielleicht lange betrachten, um das zugrunde liegende geheime Regelwerk der Zusammenstellung herauszufinden. Doch es existiert nicht. Muster, Farben und Materialien werden intuitiv und aus Liebe zu jedem einzelnen Kissen ausgewählt. Das Motto lautet in etwa: »Ich liebe *paisley*, ich liebe *tattersallcheck* und ich liebe *tartans*, also rauf mit allen dreien auf mein Sofa.« Die Anhänger wohl abgestimmter Interieurs überrascht es dann immer wieder, wie gut sich das Durcheinander in den Raum fügt. Es wäre auch furchtbar langweilig, wenn man auf einem hellblauen Sofa nur drei identische Kissen mit dunkelblauen, hellblauen oder allenfalls noch rosa Streifen finden würde. Auch die zu starke Abstimmung der Kissen auf die Vorhangstoffe ist zu vermeiden, denn das Zimmer bekommt sonst leicht etwas von der sterilen Perfektion eines Katalogbildes.

Kissenbezüge kauft man in Großbritannien überall dort, wo es Möbel, Stoffe, Vorhänge und Wohnaccessoires gibt. Wem das Angebot an Fertigware nicht ausreicht, kann sich natürlich auch Kissen anfertigen lassen oder selbst zu Schere, Faden und Nähmaschine greifen. Oft lassen sich Restposten wunderschöner Stoffe, die sich ausgezeichnet für Kissen eignen, günstig erstehen. Erfahrene Kissennäher greifen auch gern auf alteTextilien zurück. Da macht es nichts, wenn sie bereits leicht beschädigt sind und deshalb als Möbelbezug oder Vorhang nicht mehr taugen. Wer ein bisschen findig ist, kann in den Stoffabteilungen der großen Geschäfte auf wahre Schätze stoßen, die – als selbst gemachtes Kissen – dem Sofa eine sehr persönliche Note geben.

Wie das Licht ins Haus kam

Das Talglicht war früher eine billige, aber zeitaufwendige Alternative zur Kerze. Der fettgetränkte Docht aus dem geschälten Stiel der Binse wurde in einen speziellen Halter geklemmt und dann entzündet. Alle 15–20 Minuten musste er wieder nach oben geschoben werden, damit die Flamme nicht erlosch. Dennoch wurden Talglichter bis in das 20. Jahrhundert hinein verwendet.

Das Gaslicht markierte einen erheblichen Fortschritt gegenüber dem Kerzenlicht, vor allem die Erfindung des Glühstrumpfs durch Baron von Welsbach in den 80er-Jahren des 19. Jahrhunderts. Diese technische Neuentwicklung bescherte nicht nur helleres Licht, sondern half auch dabei Gas einzusparen. Elektrisches Licht leuchtete in einem englischen Haus erstmals im Jahre 1881. Es dauerte allerdings noch fast vier Jahrzehnte, bis sich die Elektrizität in alle Winkel des Vereinigten Königreiches ausbreiten konnte.

Je weiter man in der Geschichte zurückgeht, desto dunkler war es in den Häusern. Mittelalterliche Wohnungen müssen geradezu erschreckend finster gewesen sein. Durch die kleinen Fenster konnte kaum die Sonne fallen, so dass selbst am Tage spärliche Talglichter oder Kerzen angezündet wurden. In der Küche sorgte der Herd mit seinem offenen Feuer für ein wenig Helligkeit. Im 16. Jahrhundert baute man größere Fenster, doch die Verwendung von Glas war immer noch den Reichen vorbehalten. Die konnten es sich auch leisten, opulente Kerzenleuchter aufzustellen oder von der Decke hängen zu lassen. Doch wirkliche Helligkeit erreichte man auch damit nicht.

Obwohl der Trend zu immer größeren Fenstern wenigstens bei Tag für einigermaßen helle Räume sorgte, musste man sich auch im nächsten Jahrhundert nach Einbruch der Dunkelheit weiterhin mit Kerzen behelfen. Diese platzierte man jetzt in prächtigen Wandhalterungen, die – genau wie die in Mode kommenden Kronleuchter – die Aufgabe hatten, das Licht mithilfe von Kristallglas und vergoldeten Zierelementen zu reflektieren. Bis zur zweiten Hälfte des 18. Jahrhunderts vervielfachte man zwar kontinuierlich die Anzahl der Kerzenhalter und experimentierte mit großen Spiegeln, doch die Beleuchtungssituation verbesserte sich nicht grundlegend. Ständig zog man mit den wichtigen Möbeln dem Licht hinterher. Abgesehen von den Stücken, die sozusagen zum Grundarrangement des Raums gehörten – Anrichtetische oder Sitzgruppen – waren Tische und Stühle nun so leicht, dass man sie ohne Mühe an das jeweils hellste Fenster rücken konnte.

Erst gegen Mitte des 19. Jahrhunderts zeichnete sich ein Ende der dunklen Zeiten ab. Zusätzlich zu Kerzen und Öllampen brannten nun die ersten Gaslichter in Decken- und Wandleuchten. Erste Versuche mit dieser neuen Technik hatten bereits im 18. Jahrhundert begonnen, zum Beispiel als der Bergmann George Dixon aus Durham 1789 sein Haus mit Gas erleuchtete. Dazu erhitzte er Kohlen in einem Teekessel, führte das entstehende Gas durch ein Rohrsystem, das aus mit Lehm zusammengeklebten Pfeifenhälsen bestand, und entzündete das Gas an den Austrittsstellen, die er in regelmäßigen Abständen in die Rohre gebohrt hatte. Dem Ingenieur William Murdoch sollte es später gelingen, ein ganz ähnliches System bis zur Praxisreife zu bringen. Zusammen mit seinem Partner Samuel Clegg entwickelte er erste Gasleuchten für Industriebetriebe, die aufgrund der großen Wärmeentwicklung draußen vor den Fenstern der Werkhallen aufgestellt werden mussten. Bis zur Mitte des 19. Jahrhunderts wurden dann auch immer mehr Gaslampen in Privathäusern installiert, was bereits einen immensen Fortschritt gegenüber früheren Zeiten bedeutete.

Die Erfindung der Glühbirne durch den Amerikaner Thomas Edison und den Briten Joseph Swan im Jahre 1878 läutete den Beginn einer neuen Ära ein. Doch zunächst konnten nur wenige Haushalte von elektrischem Licht profitieren. Zu den ersten, die schon 1881 ihre Lampen nach Herzenslust an- und ausknipsten, gehörten Lord Kelvin in Glasgow und Lord William Armstrong in Cragside. Es dauerte aber noch gut 40 Jahre, bis jedermann in den Genuss der revolutionären Beleuchtungstechnik kam.

Unter anderem lag es daran, dass der Lobby der Gaswerke von der Regierung eine lange Übergangszeit zugestanden wurde. Wie bei allen technischen Neuerungen gab es auch bei der Einführung des elektrischen Lichts warnende Stimmen. So wurde zum Beispiel gemutmaßt, der Sehnerv könne durch die übermäßige Helligkeit elektrischer Lampen überanstrengt werden. Außerdem kursierten Befürchtungen, dass sich die Lebensspanne von Mensch und Tier verkürzen könnte, wenn die nächtliche Ruhephase plötzlich hell erleuchtet würde und der Tag nicht mehr zu einem natürlichen Ende käme. Selbstverständlich hatte man am Anfang auch mit technischen Problemen und Unfällen zu kämpfen. Und manch einer weigerte sich schlichtweg, seine Gasbeleuchtung gegen elektrische Lampen auszutauschen, allerdings nicht immer aus weltanschaulichen Motiven oder aus purer Angst. Sir Ambrose Elton protestierte in seiner Eigenschaft als Direktor der Clevedon Gas Company gegen die neue Konkurrenz, indem er bis zu seinem Tod im Jahre 1951 die Gasbeleuchtung in seinem Haus weiterbenutzte. Dennoch war der Siegeszug des elektrischen Lichtes nicht mehr aufzuhalten. Er markierte den Anbruch einer neuen Epoche, in der jeder durch das einfache Drehen eines Schalters die Dunkelheit der Nacht aus seinem Haus verbannen konnte.

Eine Deckenleuchte wird man vor allem in größeren Wohnzimmern benötigen. Hier reichen kleine Tisch- und Stehlampen oft nicht aus, um genügend Licht zu spenden. Eine Deckenlampe kann für eine konstante Grundbeleuchtung sorgen oder auch die Mitte eines Raumes bewusst herausheben.

Das Bauen einer Lampe

Christopher Wray Lighting in der Londoner King's Road ist eine der interessantesten Adressen für Haus- und Wohnungsbesitzer auf der Suche nach Erleuchtung. Es ist beinahe unmöglich, unter den gut 6000 angebotenen Fassungen samt Zubehör nicht das Passende zu finden. Dabei kann zwischen antiken Original-Leuchten und Reproduktionen gewählt werden.

Dass Christopher Wray sein Glück damit machen sollte, Häuser und Wohnungen zu erhellen, war Anfang der 60er-Jahre nicht abzusehen. Denn eigentlich war die Schauspielerei die Profession des zukünftigen Beleuchtungsexperten. Doch die Traumrolle blieb aus und so spezialisierte sich Wray in den Swinging Sixties nebenbei auf den Handel mit alten Öl- und Gasleuchten, die Mitte der 60er-Jahre durch die Elektrifizierung vieler ländlicher Häuser auf den Antiquitätenmärkten landeten.

Der Handel mit den alten Originalen entwickelte sich so schwunghaft, dass Wray mit der Herstellung von Reproduktionen begann. Damit die so originalgetreu wie möglich gebaut werden konnten, erwarb der findige Ex-Mime zwei traditionsreiche Firmen, die den Nachschub an authentischen Leuchten sicherstellten, für die Messing- und Kupferteile die seit 1898 bestehende Firma Landon & Co. in Birmingham und für die Glas-Komponenten Grantley of Yorkshire, die in den 40er-Jahren des 20. Jahrhunderts als Translucent Glass in Wakefield gegründet worden war. Den großen Aufwand, der bei der Herstellung der Lampen getrieben wird, hält Christopher Wray für durchaus gerechtfertigt: »Es dauert zwar länger, unsere Lampen zu machen, aber sie halten ein Leben lang.«

Dass die Entwicklung des Designs beim Ausbruch des Ersten Weltkriegs nicht stehengeblieben ist, weiß auch der Experte für viktorianische und edwardianische Beleuchtungskörper. Deshalb verkauft er in einer seiner zahlreichen Filialen ausschließlich moderne Lichtspender, und seit einiger Zeit entwirft Wray sogar eigene Modelle: »So sehr ich alte Leuchten liebe, kann ich unmöglich gutes, zeitgenössisches Design ignorieren. Zum einen kaufe ich Leuchten von spezialisierten europäischen Designern, zum anderen produziere ich moderne Leuchten aber auch vermehrt selbst. Das ist für uns eine sehr spannende Entwicklung.«

Leuchtenfüße aus Messing oder Kupfer werden beim *drop-stamping* durch fallende Gewichte in Form gepresst. Diese Herstellungsmethode wird in der Fabrik von Christopher Wray Lighting seit 1898 unverändert praktiziert.

Geschmolzenes Blei wird in eine Pressform für das *drop-stamping* gegossen. Das Metall, das mit dieser Positivform bearbeitet werden soll, muss zuerst durch Erhitzen weich gemacht werden, um das Reißen des Werkstücks zu verhindern.

Vor dem Lackieren werden die einzelnen Bestandteile der Leuchte poliert. Auch wenn dabei Maschinen eingesetzt werden, braucht doch jedes noch so winzige Bauteil die Aufmerksamkeit des Handwerkers.

Viele der Leuchten, die in Christopher Wrays Fabrik in Birmingham gefertigt werden, bestehen aus zahllosen, arbeitsaufwendig von Hand zusammengelöteten Einzelteilen.

Die Bauteile der Leuchte werden schließlich zusammengeschraubt und die Kabel eingezogen. Auch dies geschieht natürlich von Hand. Doch bis es soweit ist, sind bereits viele Arbeitsstunden vergangen.

Wenn die Leuchte fertiggestellt ist, wird sie einem gründlichen Test unterzogen. Dabei wird nicht nur geprüft, ob sie einwandfrei funktioniert, sondern auch, ob sie die Sicherheitsstandards der Europäischen Union erfüllt.

Das Restaurieren eines Kristall-Leuchters

Oben links: Im ersten Schritt wird der Leuchter komplett auseinander genommen. Dies allein erfordert schon ein hohes Maß an Geschicklichkeit, denn es soll ja nichts beschädigt werden. Ebenso wichtig ist, dass nichts abhanden oder durcheinander kommt. Denn am Ende darf kein Teil fehlen, und es muss alles wieder an seinen Platz gesetzt werden können.

Oben Mitte: Je nachdem, aus welchem Material das Grundgerüst des *crystal chandelier*, also des Kristall-Leuchters, besteht, muss die Reinigungslösung gewählt werden. Von Hand werden dann alle Teile gesäubert und später nachpoliert. Ein enormer Aufwand, der vielen Briten jedoch lohnend erscheint. Über Auftragsmangel für die Restaurierung antiker Leuchter können sich Spezialfirmen jedenfalls nicht beklagen.

Oben rechts: Auf den Kristallteilen eines antiken Leuchters haben sich in vielen Jahrzehnten die zahllosen Dinnerparties mit ihrem Essensdunst und Zigarrenqualm niedergeschlagen. Kein Wunder, dass der Lichterschein an Brillanz verloren hat. Eine gründliche Politur befreit die handgeschnittenen Kristalle von diesen Sedimenten des Vergnügens und gibt ihnen ihre ursprüngliche Leuchtkraft zurück.

Links: Ein *crystal chandelier* unterscheidet sich weniger von einem Gebrauchtwagen, als man im ersten Moment denken würde. Denn bei beiden kann sich der Wert nach einer gründlichen Reinigung ganz erheblich erhöhen. So sind es nicht zuletzt die Antiquitätenhändler, die den Restauratoren den Nachschub für die hauseigene Werkstatt liefern.

Rechts: Der Vorher-Nachher-Vergleich könnte eindrucksvoller als bei einem Kristall-Leuchter vor und nach der Auffrischungsbehandlung nicht ausfallen. So wie ein vom Staub blind gewordener Spiegel nach einer Begegnung mit dem Staubtuch plötzlich ein Fenster in die Wand zu eröffnen scheint, funkelt der Kristall-Leuchter nach der Kur wieder wie neu.

So englisch einem der Kristall-Leuchter in seiner pompösen Vornehmheit erscheinen mag, fand er doch recht spät den Weg in die Wohnräume der Briten. Erst ab etwa 1780 begann man *crystal chandeliers* auf den Inseln herzustellen und auch in größerem Umfang dort in die Interieurs einzubeziehen. Die älteren Exemplare waren Importe aus Venetien, ihrer eigentlichen Herkunftsregion. Erst in der Regency-Epoche kann man davon reden, dass der Kristall-Leuchter zum Bestandteil britischer Wohnkultur wurde. Opulent ausgestattete Kostümfilme suggerierten früher meist ein anderes – wesentlich helleres – Bild der Lichtverhältnisse, doch in jüngster Zeit sind die Filmregisseure dazu übergegangen, abendliche Szenen so auszuleuchten, wie es wohl der Realität der damaligen Zeit entsprach. Und die sah recht dunkel aus. Das hatte auch mit dem Preis für qualitativ hochwertige Kerzen zu tun. So berichtet Sir Thomas Robinson im Jahre 1728, dass die Halle von Houghton Hall in Norfolk anlässlich eines Dinners beim Besuch des Herzogs von Lorraine mit 130 Kerzen erleuchtet wurde und der Salon mit 50 Wachslichtern, was pro Nacht mit 15 Pfund zu Buche schlug.

Trotz aller objektiven Nachteile ist der von echten Wachskerzen erleuchtete Kristallleuchter noch nicht völlig verschwunden. Noch immer liebt man das anheimelnde und schmeichelnde Kerzenlicht. Deshalb werden bei spezialisierten Firmen wie Christopher Wray Lighting immer wieder antike *chandeliers* zur Überholung gebracht, damit sie wieder im sprichwörtlichen alten Glanz erstrahlen können.

Reinigen und Pflegen

Ein Haus zu besitzen und es schön einzurichten, ist eine Seite der Medaille – es zu pflegen und sauberzuhalten die andere. Dabei geht es im täglichen Kampf gegen Staub und Schmutz nicht nur um rein ästhetische Werte, sondern oft auch um die Hygiene – und besonders in den Bereichen, in denen mit Lebensmitteln hantiert wurde. Ein Blick in die sorgfältig gefliesten *dairies*, also die Räume, in denen Milch zu Butter, Käse und anderen empfindlichen Produkten verarbeitet wurde, oder die *larders*, die Vorratsräume historischer Landsitze, vermittelt einen Eindruck von den hohen Standards früherer Küchenpraxis.

Doch auch in allen anderen Teilen des Hauses war man um penible Reinlichkeit bemüht. Das Heer der Zimmermädchen und sonstigen Helfer wurde vom *housekeeper* befehligt und für die mühsame und zum Teil sehr anstrengende Arbeit mit den unterschiedlichsten Hilfsmitteln ausgerüstet. Stark frequentierte Flure und Korridore brauchten vor allem eine sorgfältige Bodenpflege. Staubflusen ließen sich am besten mit einem breiten Besen (oben rechts) aufkehren, hartnäckiger oder festgetretener Schmutz wurde mit einer groben Bodenbürste entfernt. Anschließend konnte – je nach Beschaffenheit des Belags – der Boden gescheuert, gebohnert oder mit speziellen Mitteln zur Parkettpflege behandelt werden. Der peinlich genauen Einhaltung der Pflegeroutine früherer Tage verdanken wir die Erhaltung mancher wunderschöner Böden.

Nicht nur bei den Bodenbelägen ging es um Erhaltung und Konservierung. Viele Häuser des Adels und des reichen Bürgertums beherbergten umfangreiche Sammlungen an wertvollem Mobiliar, Lampen, Silber und anderen Schätzen. Sie alle vor schädlichen Einflüssen zu bewahren, galt als eine der Hauptaufgaben des *housekeeper*. Wurden Räume nicht benutzt, führte man eine gründliche Reinigung durch und deckte die Möbel mit großen Laken ab, um sie vor Staub und Sonnenlicht zu schützen, das besonders die feinen Polsterbezüge ihrer Farbenpracht beraubte.

Zimmer, die ständig genutzt wurden, mussten – zumindest in den kalten Monaten – täglich beheizt beziehungsweise die Kamine täglich befeuert werden. Die Feuerstellen brachten zusätzlichen Staub und manchmal auch Ruß mit sich. Da jede Reinigung gleichzeitig die Gefahr der Beschädigung oder gar des Bruchs mit sich brachte, gab es eine ganze Reihe spezieller Bürsten, Wedel, Pinsel und Besen. Der Kamin selbst wurde mit Hilfe des Kaminbestecks gereinigt. Anschließend musste der Boden vor dem Kamin mit dem Handbesen (Mitte) gefegt werden. Empfindliche Dekorationsstücke wie Vasen, Uhren, Statuen und Skulpturen staubte man mit dem Staubwedel (links) aus weichen Straußenfedern oder feinem Ziegenhaar ab, kleinere Dekorationsstücke mit dem Staubpinsel. Doch nicht nur Staub und Ruß hielten das Hauspersonal auf Trab, auch Insekten und Ungeziefer galt es zu bekämpfen. Störenfriede in Schränken beseitigte man mit dem Schrankbesen (2. von links), und gegen Spinnen und ihre unschönen Netze, wehrte man sich mit dem Spinnenfeger (2. von rechts).

Silber putzen

Die umfangreichen Silbersammlungen in vielen Häusern der Britischen Inseln gehen oft auf Zeiten zurück, in denen dienstbare Geister die Reinhaltung des sich immer wieder aufs Neue verfärbenden Edelmetalls übernahmen. Heute muss so mancher Schlossherr selbst zum Putzlappen greifen – und erkennt nun vermutlich, dass das mühsame Silberputzen nicht zu den dankbarsten Aufgaben im Haushalt gehört.

Silber verfärbt sich nach kürzester Zeit durch Oxidation. Nur regelmäßiges Putzen kann Abhilfe schaffen. Neben Pasten und Lösungen, die aufgetragen und auspoliert werden, gibt es auch Reinigungsbäder und Handschuhe, die mit einem Putzmittel präpariert sind. Man könnte sich am Glanz des Silbers mehr erfreuen, wenn er dauerhafter wäre. Doch schon nach kurzer Zeit wird er vergehen, und erneut muss man zum Putzlappen greifen.

Tea Time

Was auf dem europäischen Kontinent als Fünfuhrtee geläufig ist, heißt auf Englisch *afternoon tea* oder *high tea*. Egal ob zu Hause oder im Hotel eingenommen, es handelt sich immer um eine vollwertige Mahlzeit, die ein frühes Abendessen so gut wie unmöglich macht.

Wohl kaum ein Klischee ist so hartnäckig mit England verbunden wie die Vorstellung vom Fünfuhrtee. Es mag sein, dass es Leute in England gibt, die nie im Leben auf die Idee kämen, sich am Nachmittag zu Tee, *sandwiches*, *scones* und *clotted cream* zu versammeln, weil sie dieses Ritual als eine Angelegenheit für Touristen abtun. Vielleicht würden viele Briten mittlerweile auch schon einen Cappuccino vorziehen oder eine Cola. Dennoch existiert die Mahlzeit des Nachmittagstees nach wie vor, und sie wird von den meisten Briten zu Hause oder im Hotel zelebriert – ob es die Touristen nun auch tun oder nicht.

Ein Besuch des Regent Room im renommierten Claridge's, des *tea room* im Ritz oder des Restaurants von Fortnum & Mason beweist, dass diese altehrwürdige Tradition immer noch hochgehalten wird, und zwar nicht nur von älteren Damen mit lila getöntem Haar. Der *high tea* ist einfach eine beliebte Mahlzeit, die einen nach dem Shopping-Bummel wieder aufbaut und bei der sich auch geschäftliche Angelegenheiten gut besprechen lassen.

Der rituelle Ablauf ist immer derselbe. Die Hausfrau hält sich bei einer häuslichen Einladung ebenso daran wie der Ober im Hotel. Zunächst wird der Tee serviert, nachdem der Gast seine Wünsche hinsichtlich der Sorte geäußert hat. Die großen Hotels bieten oft ihre eigenen Mischungen an, die dann frisch gebrüht in einer großen Kanne auf den Tisch kommen. Dazu gibt es eine weitere Kanne, die heißes Wasser enthält. Damit kann man den Tee verdünnen, wenn er im Laufe der Mahlzeit zu stark werden sollte. Die Teeblätter bleiben in der Regel nämlich in der Kanne und können dort ungehindert ziehen. Ein kleines silbernes Sieb verhindert, dass sie beim Eingießen in die Tasse gelangen. Bei den Speisen beginnt man grundsätzlich herzhaft und geht anschließend zu den süßen Sachen über, also ganz wie beim Lunch oder Dinner. Die Sandwiches sind, obwohl oft mehrstöckig, so klein, dass man sie ohne Probleme mit den Fingern essen kann. Typische Beläge sind Roastbeef, Frischkäse mit Kresse oder Räucherlachs. Beim süßen Teil des Nachmittagstees sind der Phantasie des Kochs kaum Grenzen gesetzt, neben *scones* mit *clotted cream* – also dicker, eingekochter Sahne – und Marmelade, *muffins*, *apple pie*, *meringue* oder Kuchen bekommt man auch *petit fours* oder richtiggehende Desserts wie *sticky toffee pudding* serviert. Im Verlauf eines privaten Nachmittagstees können auch noch ganz andere Spezialitäten auf den Tisch kommen, je nach Belieben der Hausherrin. In jedem Fall aber ist der *afternoon tea* eine Hauptmahlzeit, bei der man wie bei einem Menü am besten von allem nur ein bisschen probiert, um nicht verfrüht kapitulieren zu müssen.

Der Tee wird in allen großen Hotels spätestens zur Nachmittagszeit serviert, meist aber auch schon ab zwei oder drei Uhr. Bei den berühmten Adressen wie Claridge's oder Ritz ist eine Reservierung empfehlenswert. Wer als Tourist in Shorts und T-Shirt kommt, läuft Gefahr, abgewiesen zu werden, vor allem wenn er keinen Tisch bestellt hat. Wenn man keine Zeit hatte, vorher anzurufen, erhöht man durch einen angemessenen Aufzug die Wahrscheinlichkeit, dennoch einen Platz zu bekommen. Allerdings scheint eine Krawatte auch im Claridge's nicht unbedingt mehr Pflicht zu sein. Außerhalb Londons gibt es ebenfalls zahlreiche Hotels, Restaurants und *tea rooms*, in denen ein vorzüglicher *afternoon tea* serviert wird – vor allem hat man hier größere Chancen, als Tourist nicht auf seinesgleichen zu stoßen. Es lohnt sich in jedem Fall, auch selbst einmal auf die Suche zu gehen.

Das traditionsreiche Londoner Hotel Claridge's ist immer noch eine der besten Adressen für alle, die eine stilvolle Teezeremonie nach britischem Geschmack erleben wollen.

Wer sich zum *afternoon tea* im Savoy verabredet, sollte unbedingt einen Tisch vorbestellen. Ebenfalls empfehlenswert: gepflegte Kleidung, also Kostüm für sie beziehungsweise Anzug und Krawatte für ihn.

Scones gehören zum Standard eines jeden guten Nachmittagstees. Sie müssen eine Konsistenz haben, die genau auf der Mitte zwischen feucht und bröselig liegt. Der erfahrene Scones-Esser merkt schon beim Aufschneiden des kleinen Kuchens, oder genauer, an der Art, wie er bröckelt, ob er gut gelungen ist.

Was in einer kleinen Schüssel zu den *scones* serviert wird und wie ein Zwischending aus Schlagsahne und Butter aussieht, ist *clotted cream*, der klassische Aufstrich für das bröselige Gebäck. Man gibt sie je nach Geschmack dick oder dünn auf das *scone* und bereitet so das Fundament für die Marmelade.

Oben auf *scone* und *clotted cream* kommt die Marmelade. Wenn man diese Komposition verspeist hat, setzen erste Sättigungsgefühle ein. Was wir auf dem Kontinent unter dem Begriff Marmelade verstehen, bezeichnen die Briten übrigens als *jam*. Der englische Begriff *marmalade* bezieht sich dagegen auf bittere Fruchtkonserven aus Orangen oder anderen Zitrusfrüchten.

Ganz links: Bis 1657 war den Briten der Tee völlig unbekannt. Dies änderte sich dank eines Herrn namens Thomas Garway, der ein Caféhaus in der City of London betrieb. In eben jenem Jahr bot er seinen Gästen das neuartige exotische Getränk zum ersten Mal an. Doch erst gegen Mitte des 18. Jahrhunderts war der Tee weitgehend akzeptiert.

Mitte: Ein echtes Sandwich muss sehr zart sein. Nicht umsonst wird bei Exemplaren der gehobenen Kategorie sogar die Rinde entfernt. Klassische Sandwich-Beläge sind Frischkäse, Kresse, Gurke oder Räucherlachs.

Rechts: Nach den *scones* sollte man sich ruhig noch weitere Süßigkeiten gönnen. Ein *petit four* sei noch erlaubt, und manch hartgesottener Fünfuhrtee-Genießer würde gegen Ende der Mahlzeit noch gern eine Portion *sticky toffee pudding* verzehren.

Unten: Damit der professionelle *tea taster* die gleich bleibende Qualität des Tees zuverlässig prüfen kann, wird immer eine ganz bestimmte Menge Tee mit kochendem Wasser aufgebrüht und ziehen gelassen. Das Teeblatt bleibt zur Begutachtung auf der Innenseite des Deckels liegen.

Bei den Stichworten »Bone China«, »Queen's Ware«, »Jasper« und »Black Basalt« kommen Freunde englischer Keramik aus dem Hause Wedgwood ins Schwärmen.

Die Geschichte des Hauses Wedgwood

Josiah Wedgwood wurde im Jahre 1730 als Jüngstes von zwölf Geschwistern in Burslem, Staffordshire, geboren. Überliefert ist nur das Datum seiner Taufe am 12. Juli 1730. Seine Eltern, Thomas und Mary Wedgwood, betrieben eine kleine Töpferei. Die Churchyard Pottery wurde von vier aufeinander folgenden Generationen der Familie betrieben. Als der Vater 1739 starb, übernahm Josiahs älterer Bruder Thomas die Familienfirma.

Josiah ging in dem sieben Meilen (das sind etwas mehr als elf Kilometer) entfernten Ort Newcastle-under-Lyme zur Schule. Vermutlich verließ er die Bildungsanstalt mit 14 Jahren, denn dann wurde er Lehrling bei seinem Bruder Thomas. Ab 1744 lernte er also im familieneigenen Betrieb die Fertigkeiten eines Töpfermeisters. Während dieser Zeit erkrankte er an Pocken und behielt davon eine Schwächung des rechten Knies zurück. Fortan war er in seiner Arbeitskraft ein wenig eingeschränkt, später wurden die Probleme mit dem Bein so stark, dass die Ärzte es schließlich amputieren mussten.

Nach Beendigung seiner Lehre blieb Josiah noch drei Jahre im elterlichen Betrieb und wurde dann Partner von John Harrison und Thomas Allders. Die Zusammenarbeit dauerte bis 1754, dann tat sich der 24-Jährige mit Thomas Whieldon zusammen, einem der kreativsten und besten Töpfer seiner Zeit. Die Kooperation mit dem renommierten Handwerker dauerte fünf Jahre. In der Whieldon's Fenton Vivian Pottery begann der junge Wedgwood mit seinen Experimenten zur Verbesserung der Töpferwaren. Um diese Versuche ungehindert fortsetzen zu können, trennte er sich 1759 von Whieldon und eröffnete seine eigene Werkstatt. Dazu mietete er die Ivy House Works und engagierte seinen Cousin als reisenden Verkäufer – der, wie Josiahs Vater und Bruder, ebenfalls Thomas hieß. In den nächsten zehn Jahren arbeiteten Josiah und Thomas Wedgwood am zukünftigen Erfolg ihres Unternehmens, und mit der Entwicklung eines cremefarbenen Steingutgeschirrs – der *creamware* – legten sie dazu den Grundstein. Es gelang den beiden, Königin Charlotte als Kundin zu gewinnen, und 1765 belieferten sie den Hof mit einem Teeservice aus dem neuen Material. Die Königin würdigte die gelieferte Qualität, indem sie Wedgwood den Titel eines Hoflieferanten verlieh – in diesem Fall also »Potters to the Queen«. Wedgwood taufte die *creamware* daraufhin in »Queen's Ware« um. Das robuste Steingut wurde die Grundlage eines außergewöhnlichen Geschäftserfolgs, Josiah und Thomas verkauften es nicht nur daheim in England, sondern in der ganzen Welt. Die Konkurrenz aus Delft und Frankreich war so gut wie aus dem Feld geschlagen.

Doch Wedgwood produzierte nicht nur das, was er *useful wares* nannte, also Geschirr für den täglichen Gebrauch. Zusammen mit dem Geschäftsmann Thomas Bentley fertigte er auch Vasen, Statuen, Blumentöpfe und andere Ziergegenstände. Dazu wollte er eine eigene Fabrik eröffnen, die verkehrstechnisch günstig am Trent and Mersey Canal liegen sollte. Die Heirat mit Sarah, der Tochter eines wohlhabenden Verwandten, brachte ihm 1764 schließlich das nötige Kapital für die geschäftliche Expansion. Sein Schwiegervater Richard hatte es im Käsegeschäft zu

Das Sortiment von Wedgwood bietet Porzellan für alle Geschmäcker und Gelegenheiten, hier das Service »Athlone Blue«.

Zur festlichen Tafel gehört auf den Britischen Inseln unbedingt auch ein Service von Wedgwood, wie etwa das Service »Cornucopia«.

Reichtum gebracht, und die Tochter – Josiahs Frau – sollte dieses Vermögen einmal erben. Obwohl Richard dem Schwiegersohn zunächst skeptisch gegenüberstand, konnte Josiah schließlich doch sein Vertrauen gewinnen. So ist zu vermuten, dass der Käsehändler schon zu Lebzeiten in das Steingutgeschäft investierte und damit zum Erfolg der Firma Wedgwood beigetragen hat. Sarah Wedgwood nahm großen Anteil an der Arbeit ihres Mannes und äußerte sich sowohl zu finanziellen Fragen als auch hinsichtlich des Designs der Produkte. Drei Jahre nach der Hochzeit konnte auch endlich der Ankauf des attraktiven Firmengeländes am Kanal unter Dach und Fach gebracht werden. Bis es jedoch dazu kam, hatten sich Josiahs Pläne für die neue Produktionsstätte schon wieder verändert, denn es sollte dort nun nicht mehr nur Zierrat, sondern auch Geschirr gefertigt werden. Die Bauarbeiten an der Fabrik wurden 1769 beendet und die Produktionsstätte auf den Namen Etruria getauft. Die neue Manufaktur war die modernste Europas und sollte es für lange Zeit auch bleiben.

Nach der höchst erfolgreichen »Queen's Ware« gelang Wedgwood 1768 eine weitere bedeutende Entwicklung: »Black Basalt«. Das unglasierte schwarze Steinzeug war das ideale Material für die im 18. Jahrhundert immer beliebter werdenden Vasen im klassizistischen Stil. Auf dem matten schwarzen Hintergrund kamen die hellen Motive aus der griechischen Mythologie oder auch Zeichnungen in etruskischer Manier besonders gut zur Geltung. Bis heute sind Vasen und andere Ziergegenstände aus »Black Basalt« überaus begehrt, und insofern hatte Josiah recht, als er 1773 notierte: »The Black is sterling and will last forever.« (Das Schwarze ist ehrliche, grundgute Ware und wird ewig halten.)

Am berühmtesten aber ist »Jasper«, Wedgwoods letzte Erfindung. Es handelt sich auch hierbei um unglasiertes Steinzeug, auf dem sich die illustrativen und dekorativen Elemente als weißes Halbrelief vom farbigen Untergrund der keramischen Masse abheben. Berühmt wurde »Jasper« durch eine Reproduktion der so genannten Portland-Vase, eines gläsernen Gefäßes aus römischer Zeit, das sich zuletzt im Besitz der Herzogin von Portland befunden hatte. Sie überließ Josiah 1786 die Vase zwecks Anfertigung einer Kopie, und nach dreijähriger Arbeit konnte er eine Replik aus hauchdünnem »Jasper« präsentieren. Die Herstellung der Kopie war mit zahllosen technischen Schwierigkeiten verbunden, doch das meisterliche Ergebnis gilt als eine der größten Leistungen der Wedgwood-Werkstätten. Das farbige »Jasper« mit weißen Motiven ist bis heute eine der unverwechselbarsten Wedgwood-Kreationen und wird noch immer nach der gleichen Methode wie im 18. Jahrhundert hergestellt.

»Jasper« war wohl die einzige wirklich originäre Schöpfung, die Josiah Wedgwood für sich reklamieren kann. »Queen's Ware« und »Black Basalt« waren genau genommen die Perfektionierung von schon vorhandenen Materialien, die er auf diese Weise zu sehr erfolgreichen Produkten machte. Insofern war Josiah Wedgwood nicht in erster Linie ein Innovator, sondern ein genialer Geschäftsmann und außergewöhnlicher Handwerker, der mit seiner Fabrik Etruria produktionstechnische Maßstäbe setzte. In gewisser Weise hat er im 18. Jahrhundert das geleistet, was viele Hersteller des 20. Jahrhunderts zu ihrer Grundidee erklärt haben – Design in großen Mengen produzierbar zu machen, um es damit aus der Nische künstlerischer Anfertigung herauszuholen und einer großen mittelständischen Käuferschicht zu erschwinglichen Preisen anzubieten.

Queen Elizabeth, die Mutter der Königin, benutzte das Service »Turquoise Florentine« – wenn sie nicht gerade von einem der zahlreichen anderen in den Schränken ihrer Residenzen lagernden Geschirre speiste.

Princess Margaret, die Schwester der Königin, verwendete das Service »Solar« – vermutlich als eines von mehreren. Wie viele andere Mitglieder der Königsfamilie bekam auch Princess Margaret häufig Porzellan als Geschenk überreicht.

Die Minirock-Erfinderin Mary Quant kaufte 1967 für ihr New Yorker Büro das Service »Black Basalt«. Das zeitlose Schwarz des im 18. Jahrhundert entwickelten Materials passt ausgezeichnet in die Welt der Mode.

Auch Rolling-Stones-Sänger Mick Jagger schwört auf Wedgwood, er besitzt unter anderem das Service »Chinese Tiger«. So wild sich der Rocker auch auf der Bühne gebärden mag, privat scheint er es klassisch-gediegen zu mögen.

Spode und die Formel für das »weisse Gold«

Die Firmengeschichten der alten englischen Geschirrhersteller ähneln sich bisweilen sehr. So wurde der Gründer von Wedgwood genau wie der Ahnherr von Spode in Staffordshire geboren, einer traditionsreichen Töpferregion. Beide hießen mit Vornamen Josiah und hatten einer wie der andere in jungen Jahren mit Thomas Whieldon zu tun, dem erfolgreichsten Töpfer seiner Zeit. Josiah Spode war von 1749 bis 1754 Whieldons Lehrling, Josiah Wedgwood von 1754 bis 1759 dessen Partner. Spode setzte seine Laufbahn als Töpfer bei William Banks in Stoke-upon-Trent fort, bis er sich in den frühen 60er-Jahren des 18. Jahrhunderts mit einer eigenen kleinen Werkstatt selbstständig machte. 1770 kehrte Josiah Spode dann in den Betrieb von William Banks zurück – als neuer Eigentümer. Die Firma Spode arbeitet noch heute an ihrem Ursprungsort und besitzt damit die älteste Werksadresse der britischen Keramikindustrie.

In den darauf folgenden 30 Jahren gelangen Josiah Spode zwei wichtige Entwicklungen, die nicht nur ihm, sondern auch dem gesamten Töpferhandwerk zugute kamen. Zum einen perfektionierte er nach jahrelanger Arbeit 1784 das Verfahren zum Bedrucken von Tonwaren unter Glasur mit Hilfe von handgravierten Kupferplatten. Die »Blue Printed Earthenware« allein hätte wahrscheinlich schon ausgereicht, um Spode einen festen Platz in der Geschichte der Feinkeramik zu sichern.

Wissenschaftliche Tests beweisen, dass bei Spode eines der weißesten, härtesten und transparentesten Porzellane hergestellt wird. Seine Zusammensetzung entspricht noch immer genau der ursprünglichen Formel aus dem 18. Jahrhundert.

Doch so richtig berühmt wurde Spode erst ein wenig später, nämlich in den letzten Jahren des 18. Jahrhunderts, als ihm die Vervollkommnung der Formel für *fine bone china* – also für Porzellan mit einem Knochenmehlanteil – gelang. Ein Hinweis darauf findet sich unter anderem auf einer Rechnung aus dem Jahre 1796, auf der eine Lieferung von *English china* aufgeführt ist. Da die berechneten Teile etwa dreimal so teuer waren wie das gängige Steingut der Konkurrenz, muss es sich hierbei um eine hochwertige Ware gehandelt haben. Josiah Spodes Sohn war in London für den Vertrieb der Produkte zuständig, und es ist sehr wahrscheinlich, dass er als geschickter Marketing-Mann früh das Potential eines britischen Porzellans erkannt hat.

Das Monopol für die Herstellung des »weißen Goldes« ist lange Zeit von den Chinesen gehalten worden. Doch 1708 gelang dem Chemiker und Alchimisten Johann Friedrich Böttger in Sachsen die Imitation des chinesischen Originals – das freilich zunächst gelblich war und erst ab 1717 tatsächlich blütenweiß hergestellt werden konnte. Die Porzellanmanufaktur in Meißen verkaufte ihre Ware sehr erfolgreich, bis 1756 der Siebenjährige Krieg ausbrach. Die Vorherrschaft auf dem Porzellanmarkt ging an Frankreich. Dort wurde zunächst in Vincennes und dann ab 1756 in Sèvres Porzellan produziert – wie in Sachsen unter königlicher Patronage, denn ab 1759 war Ludwig XV. Eigentümer der dortigen Manufaktur.

In England subventionierte das Königshaus die Töpferindustrie allenfalls als treuer Kunde, nicht aber durch finanzielle Zuwendungen, die die Suche nach der Formel für das weiße Porzellan hätten beschleunigen können. Dafür gab es auch keine Veranlassung, denn die East India Company belieferte das Inselreich seit dem Ende des 17. Jahrhunderts mit bester chinesischer Ware. Erst als 1793 die Importe zurückgingen und 1799 ganz eingestellt wurden, entstand in Großbritannien die Marktlücke für das heimische Produkt.

Josiah Spode II., der Sohn des Firmengründers, hatte diesen Trend vorausgesehen und die Entwicklungsarbeiten für das *English china* stets befürwortet. Tatsächlich verkaufte er 1799, zwei Jahre nach dem Tod seines Vaters, *fine bone china*, also Porzellan mit einem Anteil von 50 % Knochenmehl. Die neue Qualität hieß nach ihrem Ursprungsort nun *stoke china*. Der Konkurrent Wedgwood brachte erst sehr viel später, nämlich 1812, sein erstes *fine bone china* auf den Markt. So kann man sagen, dass Spode, neben Meißen, in Sachen Porzellan die klassische Marke schlechthin ist.

Die Arbeitsweise, wie sie in diesem Bild aus dem Jahre 1899 festgehalten ist, hat sich bei Spode kaum geändert. Der *flatmaker* und sein *mould runner* könnten auch in der Manufaktur des Jahres 2000 ihre Arbeit sofort wieder aufnehmen.

Platten und Teller entstehen in flachen Formen, Hohlkörper, wie Kannen, werden dagegen in Gipsformen gegossen. Dies geschieht bei jedem Stück von Hand, im Gegensatz zu den Herstellungsmethoden bei den Produzenten der Massenware. Auch deshalb ist Spode ein wenig teurer.

Der Kannen-Rohling verlässt als so genannte *green ware* die Gießform, nachdem sich der flüssige Ton abgesetzt hat. Erst wenn der Ton über Nacht austrocknen konnte, wird er seine grüne Tönung verlieren.

Henkel und Tülle werden von Hand angefügt. Danach muss die Kanne über Nacht aushärten. Dabei bekommt sie ihre weiße Farbe.

Die Oberfläche der Kanne wird nach dem Trocknen sorgfältig geglättet, dabei werden auch Grate an den Ansätzen von Tülle und Henkel entfernt.

Feinere Dekore werden nach wie vor von Hand gemalt. Auch die goldenen Verzierungen fügen die Porzellanmaler in Kleinstarbeit hinzu.

In den meisten britischen Häusern werden regelmäßig Gäste über das Wochenende eingeladen. Langeweile kommt bei den temporären Hausgenossen aber nie auf, denn Pausen können immer zum Blättern in den bereitliegenden *coffee table books* genutzt werden.

Coffee Table Books

Das Buch auf dem Kaffeetisch gehört zum britischen Wohnzimmer wie der Kamin und das Chintz-Sofa. *Coffee table books* sind vor allem große Bildbände – ernste Romane oder Klassikerausgaben befinden sich meist in lebenslänglicher Verbannung in der Bibliothek. Was dagegen in den Wohnräumen ausliegt, soll keine übertriebenen geistigen Ansprüche stellen, sondern einfach nur zum beiläufigen Durchblättern einladen. Die Vorliebe für das großformatige Hochglanzbuch hat vielleicht etwas mit der britischen Abneigung gegen offen zur Schau getragene Intellektualität zu tun. Einen Fotoband anzuschauen verlangt etwa ebenso viel Aufmerksamkeit wie das Lesen des »Tatler« oder der Zeitschrift »Country House Living«. Das britische Wohnzimmer ist ohnehin kein Ort für gelehrte Diskurse oder anspruchsvolle Lektüre. Hier wird geplaudert, um ein bisschen zu lachen, nicht aber, um seine Bildung unter Beweis zu stellen. Ein bunter Fotoband ist ein Bilderbuch für Erwachsene, und so wird er meist auch konsumiert – zur Zerstreuung.

Mancher Bücherfreund mag die Nase darüber rümpfen, dass Bücher in britischen Häusern gelegentlich mehr der Dekoration denn der Lektüre dienen. Doch gerade die großformatigen, vielfarbigen *coffee table books* verleihen jedem Wohnzimmer eine gemütliche, interessante, bunte Note.

Mitunter sind diese Bücher tatsächlich pure Dekoration. Für denjenigen, dem ein dicker Kunstband als Lektüre in jedem Sinne des Wortes zu schwer ist, liegen Zeitschriften bereit. Sie haben sogar eine Chance, aufmerksam gelesen zu werden, wenn sie von Pferden handeln, von Häusern und Gärten oder aber witzig sind. In einer typisch britischen Auswahl von Magazinen fände man vielleicht das Gesellschaftsmagazin »Tatler«, daneben »Horse and Hound« , das Leib- und Magenblatt der Pferdefreunde, »Private Eye«, ein Spaß- und Satireblatt, sowie das »National Trust Magazine«. Andere Zeitschriftenklassiker sind »Homes & Gardens«, »Country Living« und »Period Living & Traditional Homes«. Ebenso beliebt wie Zeitschriften sind Kataloge, zum Beispiel der Auktionshäuser Sotheby's oder Christie's oder von Innenausstattern wie Laura Ashley, Mulberry, Habitat und Kaufhäusern wie Harrods oder Liberty. Natürlich setzt jeder Brite andere Schwerpunkte, und je nach Ambition in Sachen Stil und Geschmack wird vielleicht ein allzu sehr auf den Landhausstil ausgerichtetes Magazin gegen den »Architectural Digest« ausgetauscht. Die Auswahl des Lesestoffs spiegelt in der Regel die jeweilige Wohnkultur wider, und meist könnte man ziemlich genau vom einen auf das andere schließen. Wer sich vom Bahnhofskiosk die Jagdzeitschrift »Field« mitnimmt, ist wahrscheinlich auf dem Weg in ein traditionelles Zuhause mit Chintz, Mahagoni und Messing. »Elle Decoration« und »Architectural Digest« suggerieren dagegen modernes, trendiges Interieur. Natürlich findet auch das spezielle Hobby der Hausbewohner seinen Niederschlag in den bereitliegenden Titeln, sei es in Form von Autozeitschriften, einem Fachblatt für Ornithologen oder einer Postille für Waffennarren.

Die gepolsterte Bank

Ganz charakteristisch für den britischen Einrichtungsstil sind die gepolsterten Ablagetische, Sitzbänke und Fußstützen, die je nach Größe und Ausführung unter verschiedenen englischen Bezeichnungen rangieren: *stool, footstool, ottoman* oder *box ottoman*. Sie stehen meist in der Mitte einer um den Kamin angeordneten Sitzgruppe und vertreten dabei den Sofatisch kontinentaler Prägung. Je nach Festigkeit der Polsterung dienen sie mehr als Sitzgelegenheit oder Tisch, oft erfüllen sie aber auch beide Funktionen. Da man in Großbritannien den Sofatisch nicht vor, sondern hinter dem Sofa platziert, stellt man das Teetablett auf die gepolsterte Bank, an die alle Sitzenden bequem heranreichen. Auf dem rückwärtigen Sofatisch befindet sich dagegen häufig eine kleine Hausbar oder er dient als Standort für Vasen, Pflanzen und andere Dekorationsgegenstände.

Manche Polsterbänke lassen sich wie eine Truhe aufklappen, woraufhin sich ein praktischer Stauraum eröffnet – hier werden Gesellschaftsspiele, alte Zeitschriften und Zeitungen oder Spielzeug untergebracht. Polsterbänke mit dieser Zusatzfunktion heißen *box ottoman*, wenn der kastenförmige Hohlraum nicht zugänglich ist, nennt man sie schlicht *ottoman*. Gepolsterte Bänke, die zu klein und zu niedrig zum Sitzen sind, dienen als Fußstütze und heißen dann *footstool*. Wenn sie sich als Sitzgelegenheit oder Teetisch eignen, werden sie meist als *stool* oder als *ottoman* bezeichnet. Der *footstool* steht zweckmäßigerweise vor einem Sessel, der nicht näher bezeichnete *stool* hingegen inmitten einer Sitzgruppe oder auch vor dem Kamin. Bei weit auseinander stehenden Sofas und Sesseln gibt es sowohl einen *stool* als auch ein paar zusätzliche Tische, um die Fläche zwischen den Polstermöbeln mit Ablagemöglichkeiten zu füllen. In den allermeisten Fällen ist der *stool* jedoch derart mit Büchern oder Zeitschriften beladen, dass er weder zum Sitzen noch als Abstellmöglichkeit für das Teetablett taugt.

Das beherzte Abräumen eines *stool* oder *ottoman* dürfte in den meisten britischen Domizilen allerdings gestattet sein, da in grandiosen Häusern wie in kleinen Wohnungen eine museumsartige Atmosphäre des »Bitte nicht berühren« verpönt ist. So wird in zahlreichen Büchern über Innenarchitektur und Dekoration dazu geraten, das Möbelarrangement so zu gestalten, dass eine Neugruppierung bei Bedarf stets machbar ist. Vor allem in den tatsächlich von der Familie bewohnten Räumen haben Bequemlichkeit und Lockerheit höchste Priorität. Eine gepolsterte Bank, die zum Abstellen eines schwer beladenen Tabletts, als Spieltisch für eine Partie Monopoly, als Lieblingsplatz der Katze oder als improvisierter Fernsehsessel dienen kann, bringt dies wie kaum ein anderes Möbelstück zum Ausdruck. Deshalb ist der *stool* in allen seinen Ausprägungen für das Leben im britischen Stil so gut wie unverzichtbar.

Eine gepolsterte Bank ersetzt häufig den Kaffeetisch. Sie hat den Vorteil, dass man sie auch als zusätzliche Sitzgelegenheit nutzen kann.

Eine etwas niedrigere Polsterbank kann zugleich als bequeme Abstellmöglichkeit für ein Teetablett und als Fußbank dienen.

Ein gepolsterter Schemel kann in einem kleineren Raum die bessere Wahl darstellen, eine Bank würde zu mächtig wirken.

Zu allen Seiten einladend offen präsentiert sich die kreisrunde Polsterbank.

Rechts: Mit dem Stoffbezug der Polsterbank kann man einen farblichen Akzent setzen.

Country House Pastimes

Wenn das Wetter draußen so schlecht ist, dass selbst die wetterfesten Briten keinen Fuß vor die Tür ihres Landhauses setzen mögen, dann kommt die Zeit der *country house pastimes*. Zwar haben verregnete Sonntage und lange Winterabende durch Radio und Fernsehen etwas von ihrem Schrecken verloren, dennoch stehen die traditionellen Zerstreuungen immer noch hoch im Kurs, denn im Gegensatz zum passiven Konsum der Unterhaltungsprogramme produziert das Basteln, Musizieren, Nähen, Lesen oder Briefeschreiben das angenehme Gefühl, etwas Sinnvolles getan zu haben. Vom 16. bis zum Beginn des 20. Jahrhunderts gab es besonders auf dem Lande wenig Abwechslung – und so wurden in den Häusern, oft bei nur äußerst spärlicher Beleuchtung und mit vor Kälte starren Fingern, aufwendige Stickereien angefertigt, Kleidungsstücke repariert, an der Küste gesammelte Muscheln in Feinstarbeit zu komplizierten Gebilden zusammengesetzt, Modelle gebaut, Romane und Reiseberichte verschlungen, Alben mit ausgeschnittenen Stichen, Postkarten oder Zeichnungen gefüllt und die Seiten der Tagebücher mit ausführlichen Berichten vollgeschrieben. Dass man auf den Britischen Inseln noch heute (oder inzwischen wieder) die kreative Art des Zeitvertreibs betreibt, ist sicher nicht nur eine Frage der Nostalgie, sondern auch eine Form der Traditionspflege.

Das Fernsehen ist aus dem heutigen Leben nicht mehr wegzudenken, in Großbritannien so wenig wie irgendwo anders auf der Welt. Doch das Gerät wird oft als unpassend für den *drawing room* empfunden. So lagert man das *tv set* gern in privatere Wohnräume aus, wie etwa ins Schlafzimmer, ins Ankleidezimmer, in die Bibliothek oder ins Arbeitszimmer.

Wenn von Handarbeiten als Zeitvertreib im britischen Landhaus die Rede ist, dann geht es nicht um das Hausmädchen, das Strümpfe stopft, oder das Wäschemädchen, das ein Laken repariert. Gemeint ist vielmehr die Herrin des Hauses, die sich lange Winterabende oder endlose Regentage mit Sticken verkürzt. Besonders beliebt sind Kissenbezüge, die mit Bildern, Namen oder Sinnsprüchen verziert werden.

Musik hat im britischen Landleben immer eine große Rolle gespielt. Hauskonzerte hatten einen festen Platz im Familienleben, ehe sich in unserer Zeit die Beschäftigung mit Musik meist auf das Abhören von Tonträgern beschränkte. Vor deren allgemeiner Verbreitung musste man selbst zum Instrument greifen oder Musiker engagieren.

Viele britische Landsitze sind mit Bibliotheken ausgestattet, die jeden Bücherfreund begeistern würden. Auch heute noch gehört die Lesestunde auf dem Sofa oder Sessel zu den liebsten Freizeitbeschäftigungen der Briten – auf dem Lande, aber auch in der Stadt.

Bekanntlich gehört das Puzzlespiel zu den Lieblingsbeschäftigungen der Queen. Sie teilt die Passion für diese Geduldsübung mit Tausenden von Untertanen, die sich mit dem Zusammensetzen von Bildern aus scheinbar zahllosen Einzelteilen so manchen langen Winterabend vertreiben.

Das Briefeschreiben kann wohl kaum schöner zelebriert werden als in einem englischen Landhaus. Man sitzt an einer antiken Sekretärkommode und schreibt einen amüsanten Bericht über den *huntball* des letzten Wochenendes – natürlich auf persönlichem Briefpapier vom noblen Papierwarengeschäft Smythson's in der Sloane Street.

Das Billardspiel breitete sich in britischen Landhäusern seit dem 17. Jahrhundert aus. Im späten 18. Jahrhundert gehörte der grüne Tisch sogar zur Standardausrüstung eines jeden Anwesens. Zunächst stellte man ihn in der Eingangshalle auf, in Viktorianischer Zeit kam dann das separate Billardzimmer in Mode, oft in Verbindung mit einem Rauchzimmer. Es befand sich meist im Erdgeschoss des Hauses, da der Spieltisch mit seiner Schieferplatte für das Obergeschoss zu schwer war. Übrigens beteiligten sich sogar die Damen am Spiel. So stellt in Wilkie Collins' Roman »Die Frau in Weiß« die Protagonistin Marian Halcombe dem Neuankömmling Mr. Hartright ein Abendprogramm in Aussicht, das auch eine Partie Billard einschließt: »Ich kann zwar keine Note von der anderen unterscheiden, aber bei Schach, Halma, Ekarté und (mit der unvermeidlichen weiblichen Unzulänglichkeit) sogar beim Billard kann ich mich vielleicht mit Ihnen messen.«

Gesellschaftsspiele erfreuen sich im Vereinigten Königreich seit Jahrhunderten größter Beliebtheit. Dies zeigt sich auch am Mobiliar, denn es gibt wohl kaum ein historisches Haus, in dem sich nicht mindestens ein Spieltisch findet. Man spielte vorzugsweise Karten, wobei es nicht selten auch um Geld ging. Als Königsdisziplin unter den Kartenspielen gilt das Bridge. Es wird in einer eingeschworenen Gemeinde von Enthusiasten nicht einfach nur gespielt, sondern geradezu zelebriert.

Das Arts and Crafts Movement

Die englische Arts-and-Crafts-Bewegung entstand in der Mitte des 19. Jahrhunderts unter dem Einfluss des *gothic revival*. Als deren Hauptvertreter gelten der Architekt Augustus Welby Pugin (1812–1852) sowie der Künstler und Kunsthistoriker John Ruskin (1819–1900). Angesichts der aufkommenden industriellen Massenproduktion von oft schlechter formaler Qualität besannen sich diese Künstler zurück auf die handwerklichen Traditionen des Mittelalters und die damit verbundene formale Strenge. Unter Ruskins und Pugins Einfluss standen die Präraphaeliten Burne-Jones und Morris, die sich schon 1853 in Oxford kennen gelernt hatten und zusammen das Union Society Building ausmalten. Morris gab bald darauf die Malerei auf und widmete sich fortan dem Design von Möbeln, aber auch vor allem von Stoffen und Tapeten. Hier machten sich schon die wesentlichen Gedanken der späteren Arts-and-Crafts-Bewegung bemerkbar: strukturelle Einheit der Gebäude, die in die Landschaft und die bauliche Umgebung integriert werden sollten, praktisches Design, sensible Raumverteilung, Verwendung ortstypischer Materialien und vor allem ein tiefer Respekt für traditionelle Bauweise und Handwerkskunst. Aus einem gemeinsamen Atelier mit den anderen Präraphaeliten erwuchs schließlich eine Firma, die ihr Vorbild in den 1845 von Felix Summerly gegründeten Art Manufactures sah. Morris gab zwar schon 1865 die Geschäftsführung ab, doch beeinflusste er die Firma weiterhin maßgeblich, die allmählich durch einen 1877 eröffneten Ausstellungsraum in London bei der oberen Mittelschicht beliebt wurde. Morris & Co. war eine Ornamentschmiede – Ornamente, die bis heute auf Tapeten, Möbelpolstern und Teppichen populär geblieben sind und mittelalterliche, aber auch fernöstliche Einflüsse verarbeiten. Morris vertrat überdies ab 1880 Positionen, die gegensätzlich, doch folgenreich waren. So gründete er einerseits eine Gesellschaft zur Erhaltung alter Gebäude, andererseits trat er der Sozialdemokratischen Föderation bei und entwarf in einem Essay und einem Roman eine sozialistische Gesellschaftsutopie – eine Welt namens »Niemandsland«, wo nach marxistischer Prophezeiung der Staat verschwunden und die Unterscheidung zwischen Land und Stadt aufgehoben war, eine Gesellschaft, wo Arbeit in der Gilde oder im »Werkbund« frei und zwanglos stattfand. Dies stand zwar im Gegensatz zu den Vorstellungen von Morris' Kundschaft aus der englischen Oberschicht, doch war vor allem die Idee einer Gartenstadt enorm folgenreich. Die Schüler von William Morris brachten die Bewegung in eine institutionalisierte Form. So vertrat sein Firmenpartner Walter Crane dieselben Gedanken, vor allem auch die Architekten Mackmurdo und Lethaby und schließlich die der Moderne näheren Künstler Ashbee, Voysey und Newton. Mackmurdo gründete 1882 in London die »Century Guild in the Arts and Crafts«, die einen Vorläufer des Jugendstils darstellte. Wichtig wurde aber auch der Architekt und Künstler Voysey, der den Mustermix des Morris-Umkreises ablehnte und eine strengere Form der Ornamentierung kulti-

Der Kunsthandwerker und Sozialpolitiker William Morris (1834–1896) war der Eckpfeiler der Arts-and-Crafts-Bewegung.

William Morris ist heute nicht nur für seine Möbelentwürfe bekannt, sondern vor allem für seine floralen Designs. Das Tapetenmuster »Lea« stammt aus dem Jahr 1885.

Das Design »Rose« ist eine der unzähligen Varianten von Stoff- und Tapetenentwürfen von William Morris.

Oben: Dieses rekonstruierte Interieur mit originalen Möbeln, Tapeten und Teppichen gestaltete William Morris in den 1860er-Jahren und kann heute im Viktoria & Albert Museum in London besichtigt werden.

vierte: Entweder waren die Wandbehänge beziehungsweise Möbel gemustert oder aber die Tapete, nicht jedoch beides. Diese neue formale Disziplin war von besonderer Wichtigkeit für die Zentren des geometrischen, strengeren Jugendstils: Wien und Glasgow. In Glasgow formierten sich die »Glasgow Four«, Charles Rennie Mackintosh, Herbert Mac Nair und Frances und Margaret MacDonald. Die Arbeiten dieser Architekten- und Designer-Gruppe zeichneten sich durch Schlichtheit in Form und Farbe und das Fehlen historischer Bezüge aus. 1887 wurde schließlich die »Arts and Crafts Exhibition Society« gegründet – unter Leitung Walter Cranes –, deren einflussreichster Künstler jedoch William Lethaby war. Lethaby veröffentlichte 1892 den Essay »Architecture, Mysticism and Myth«, der darauf verwies, dass ältere Architektur immer auch durch kosmische und religiöse Gedanken geprägt war, und deshalb die Forderung nach magischem Bauen erhob. Von diesem symbolistischen Denken entfernte sich Lethaby jedoch in den Jahren bis zum Ersten Weltkrieg und wurde zu einem der Befürworter einer funktionalistischen Architektur in England. So entstand 1915 unter seiner Mithilfe die »Design and Industries Association« – wobei er empfahl, den Deutschen Werkbund als Vorbild zu betrachten, der seinerseits durch Arts and Crafts beeinflusst worden war.

Das Schlafzimmer im Dachgeschoss von William Morris' Wohnhaus Kelmscott Manor in Oxfordshire entstand um 1861. Die grüngebeizten Möbel entwarf Ford Madox Brown. In seiner puritanischen Schlichtheit gepaart mit Formen des Jugendstils entspricht der Raum den Grundsätzen des Arts and Crafts Movement.

Im feineren Abschnitt der Londoner King's Road finden wir in der Nr. 259 das Ladengeschäft der international anerkannten Innenarchitektin Fiona Campbell.

Fiona Campbell – Innenarchitektin

Wer sich in Großbritannien ein Haus oder eine elegante Stadtwohnung kauft – und wer über das nötige Kleingeld verfügt –, wird die standesgemäße Ausstattung meist nicht selbst übernehmen, sondern einen Innenarchitekten damit beauftragen. Wie populär es ist, sich seinen eigenen *interior designer* zu leisten, verrät allein schon ein Gang durch Londons Stadtteil Pimlico. Hier reiht sich ein Fachgeschäft für den gehobenen Wohnbedarf an das andere, wo mit Sicherheit jedem Kunden geholfen werden kann. Ob nun ein bestimmter Vorhangstoff gesucht wird, der sich perfekt in ein viktorianisches Umfeld einfügt, oder ob ein edwardianisches Badezimmer mit stilistisch passenden Seifenschalen auszurüsten ist oder gar ein Konzept für ein komplettes Schlafzimmer im Queen-Anne-Stil gebraucht wird: Londoner Innenarchitekten haben auf alles eine Antwort.

Doch nicht nur in der unweit des Sloane Square gelegenen Pimlico Road und den angrenzenden Straßenzügen finden wir diese Oasen der britischen Wohnkultur. Auch ein gutes Stück weiter westlich im nach wie vor schicken Chelsea laden die Schaufenster von Möbel- und Einrichtungsspezialisten zum Betreten des Shops ein. So zum Beispiel in der New King's Road Nr. 259. Die Inhaberin des gleichnamigen Ladens ist Fiona Campbell, eine überaus freundliche Dame, der man gern sein Haus anvertraut. Im ebenerdigen Geschäftsraum findet man die zahlreichen Musterbücher und Stoffproben, die sie für ihre Kunden bereithält. Daneben gibt es Beispiele für Accessoires, Tapeten, Farben, Vorhangraffer, Gardinenstangen, Teppichböden und vieles mehr. So könnte anhand von Mustern und den in Fotos und Skizzen festgehaltenen Arbeitsproben aus vornehmen Häusern und Wohnungen sofort die Einrichtung eines ganzen Palastes bestellt werden.

Fiona Campbell startete ihre Karriere 1967 mit ersten kleinen Aufträgen. Im gleichen Jahr veröffentlichte die Zeitschrift »House Beautiful« Fotos von ihrem Apartment, woraufhin sie gebeten wurde, ein paar Wohnungen am Lowndes Square gestalterisch zu betreuen. Der Kunde wollte allerdings auf keinen Fall, dass die benötigten Vorhänge von einer anderen Werkstatt angefertigt wurden, also musste Fiona Campbell sie selbst nähen. Dies tat sie mit der Genauigkeit und Präzision, die sie heute auch von ihren acht Angestellten verlangt.

Persönliche Weiterempfehlungen zufriedener Haus- und Wohnungsbesitzer ließen die Firma rasch wachsen, und im Jahre 1970 konnte Fiona Campbell die Räumlichkeiten in der New King's Road für 7000 Pfund kaufen – ein Preis, der für diese Lage heute märchenhaft erscheint. Man sollte sich von den kleinen Geschäftsräumen nicht täuschen lassen. Von dieser Zentrale aus dirigieren Fiona Campbell und ihr Team ein Heer von Spezialisten und Zuarbeitern, die einer perfekten Planung folgen. Alles muss einem bestimmten, und nur bei genauer Einhaltung sinnvollen Ablauf folgen – nur so ist die Bewältigung der zum Teil sehr umfassenden Gestaltungsaufgaben möglich. Im Kellergeschoss des Ladens unterhält Fiona Campbell *work rooms*, in denen bis zu sechs Näherinnen arbeiten können. Hier entstehen Vorhänge nach Maß, individuelle Kissenbezüge, Bettüberwürfe oder spezielle Tischwäsche. Die eigene Werkstatt ermöglicht es Fiona Campbell, die Ausführung ihrer Gestaltungsideen in den entscheidenden Details zu überwachen. Viele ihrer Kollegen würden sich den Luxus eines eigenen *work room* übrigens nicht leisten. Sie ziehen es vor, ihre Ideen von Subunternehmern ausführen zu lassen, was die Qualitätskontrolle allerdings erschwert.

Ein Blick in die Werkstatt ist wie der Blick hinter die Kulissen einer geheimen und verborgenen Welt. Er lohnt sich auf jeden Fall, denn hier sieht auch der Laie, mit welchem Aufwand die Entwürfe umgesetzt werden. Dabei ist es ein willkommener Nebeneffekt, dass die Kostenintensität der von Hand ausgeführten Arbeiten jedem Kunden auf den ersten Blick klar wird. Fionas Firma kümmert sich auf Wunsch auch um zerschlissene Sofas und altersschwache Sessel. In enger Zusammenarbeit mit ausgesuchten Werkstätten wird dann für eine neue Polsterung, einen frischen Bezug oder sogar für die komplette Sanierung antiker Holzrahmen gesorgt.

Fiona Campbells Arbeit unterscheidet sich von der vieler anderer *interior designer* vor allem durch das Maß an Aufmerksamkeit, das sie selbst dem kleinsten Detail schenkt. Dabei reicht die Palette von sehr klaren, einfachen, fast schon nüchternen Gestaltungen bis hin zu äußerst aufwendigen Objekten, die zum großen Teil in Handarbeit hergestellt werden. Nur sehr wenige Dekorationsfirmen sind in der Lage, ihren Kunden diese Art von bis in das letzte Detail perfekt geplanten und minutiös ausgeführten Lösungen zu bieten.

Der Respekt vor dem Detail ist für Fiona Campbell ein wesentliches Charakteristikum ihrer Arbeit. Dabei sieht sie mehr, als der Kunde in aller Regel wahrzunehmen vermag. So demonstriert sie zumeist an Fotos und Skizzen, was sie sich unter einem gelungenen Musterverlauf vorstellt. Am Beispiel eines Bettüberwurfs, Polstersessels oder Vorhangs wird dem erstaunten Besucher erklärt, wie wichtig es ist, dass ein Dessin über alle Nähte und Kanten hinweg perfekt verläuft. Jedes Objekt muß am Ende so aussehen, als sei der Stoff für die jeweilige Form geschaffen worden – das dieser Effekt nur mit größter Mühe erzeugt werden kann, erkennt der Laie erst, wenn ihm die Arbeitsweise erklärt wird. Fiona Campbell spricht immer davon, dass ein

Die meisten Kunden kommen mit sehr unbestimmten Wünschen zu ihrem Innenarchitekten. Erfahrene Gestalter wie Fiona Campbell sind aber in der Lage, selbst ungenaue Vorgaben in einen realisierbaren Entwurf umzusetzen.

Muster einen *flow* haben muss, es muss gewissermaßen organisch weiterfließen, sei es an der Einfassung eines Teppichs oder am Baldachin eines Himmelbetts. Wenn sich unter den vielen Proben, die in den Musterbüchern präsentiert werden, keine passende Ware findet, lässt Fiona Campbell die ganz spezielle Bordüre, das perfekt passende Futter, eine besondere Kordel oder was auch immer für den Kunden anfertigen. Kompromisse werden nicht gemacht.

Die Genauigkeit im Detail sollte allerdings nicht darüber hinwegtäuschen, dass Fiona Campbell stets das Ganze im Blick hat. Es ist die Bescheidenheit der versierten Gestalterin, dass sie ihre Virtuosität dem Laien gegenüber oft mit der Beherrschung der handwerklichen Fertigkeiten erklärt. Doch neben der präzisen Technik liegt die Wurzel ihres Erfolgs in ihrer großen ästhetischen Intuition. Denn natürlich gehört mehr dazu als alle nötigen Handgriffe zu beherrschen, um einem Raum eine unverwechselbare Atmosphäre oder ein *feeling* zu geben – und genau dies vermag Fiona Campbell.

In Schränken, Kästen und Ordnern hält Fiona Campbell eine riesige Auswahl an Stoffmustern und Materialproben bereit. Wenn wider Erwarten nicht das Passende dabei sein sollte, werden Sonderanfertigungen bei spezialisierten Herstellern in Auftrag gegeben.

Die Inchbald School of Design gehört zu den renommiertesten Schulen für angehende Innenarchitekten und Landschaftsgestalter in Großbritannien.

Die Ausbildung an der renommierten Inchbald School ist an den Erfordernissen der Praxis orientiert. Dies kommt den Studenten später sehr zugute.

Inchbald School of Design

An der namhaften Londoner Inchbald School of Design werden zukünftige Innen- und Landschaftsarchitekten ausgebildet. Wer später mit einem Zertifikat oder gar einem Diplom dieser Schule in seinem Lebenslauf für sich werben kann, hat mit Sicherheit gute Chancen auf dem Arbeitsmarkt – wenn er sich nicht gleich selbständig macht und als *freelancer* Interieurs und Gärten gestaltet.

Die Inchbald School of Design wurde 1960 gegründet und steht seither unter der Leitung von Jacqueline Inchbald. In den Anfangsjahren lag der Schwerpunkt der Schule auf dem Fach »Interior Design and Decoration«. Doch das wachsende Interesse an alten Häusern und klassischen (Wohn-) Landschaften und der Bedarf an Fachleuten zu deren Ausgestaltung ließen schließlich eine zweite Fakultät entstehen – die »Design History Faculty«. Fast zwangsläufig folgte darauf die Einrichtung der »Garden Design Faculty«. Mit diesen drei Richtungen ist die Schule nun in der Lage, ihren Studenten einen umfassenden Einblick in die Gestaltung von Lebenswelten zu vermitteln.

1997 wurde der einjährige Designkurs um ein praktisches Jahr verlängert. Unter Aufsicht ihrer Lehrer absolvieren die Studenten in diesem zweiten Jahr ihrer Ausbildung Praktika bei verschiedenen niedergelassenen Innen- oder Gartenarchitekten. Am Ende des Jahres durchlaufen sie ein weiteres Examen und dürfen dann, sofern sie bestehen, einen der höchsten Titel der Schule tragen: das »Higher Diploma in Interior Design Studies«. Nur noch das »Master Diploma« gilt mehr.

Doch die drei Fakultäten bieten auch wesentlich kürzere Studiengänge an. Wer nicht gleich über Jahre bleiben, aber doch einen Einblick in die Gartengestaltung oder die Dekoration von Wohnräumen bekommen möchte, kann einen *ten week certificate course* oder einen *specialist short course* wählen. Ebenfalls im Angebot sind kurze Kurse in den Fächern Möbelbau, Zeichnen, computergestütztes Design (CAD), Anstreichen und Lackieren sowie Business-Management. Letzteres Fach verdeutlicht den durchaus geschäftsorientierten Ansatz der Schule. Denn schließlich genügt es nicht, wenn die Absolventen zwar hoch entwickelte kreative Fähigkeiten besitzen, aber keine Ahnung haben, wie sie ihr neu gegründetes Designstudio wirtschaftlich erfolgreich führen sollen. Und da das Bild vom brotlosen Künstler in der Inchbald School nicht sehr populär ist, gibt es sogar ein eigenes Büro, das für die Schüler potentielle Arbeitgeber und andere Karrieremöglichkeiten auskundschaftet.

Der 30-wöchige *interior design course*, der auf die Erlangung eines Diploms hinführt, kostet 13 250 Pfund Schulgeld, ein zehnwöchiger Lehrgang über »Garden and Landscape Design Principles« 4287 Pfund, und ein fünftägiger Grundkurs in »Interior Design and Decoration« ist für 550 Pfund zu haben. Dies klingt zunächst nach einer Menge Geld, doch dafür wird den Studenten auch einiges geboten. In der Regel sind die Gruppen sehr klein, auf acht Lernende kommt eine Lehrkraft. Alle eingeschriebenen Studenten haben Zugang zu der umfassenden Bibliothek der Schule und zur Kantine, die leichte Mittagsgerichte und Erfrischungen anbietet. Im *school shop* kann man sich zu besonders günstigen Preisen mit Arbeitsmaterialien wie Papier, Malblöcken, Stiften und Zeichenmappen ausrüsten. Doch am meisten profitieren die Studenten sicher von den guten Kontakten, die die Schule zu ehemaligen Absolventen und verschiedenen Designern in Großbritannien unterhält – und natürlich von dem hervorragenden Ruf der Institution. Spätestens bei der Jobsuche wird sich dann zeigen, dass ein Inchbald-Abschluss sein Geld wert ist.

Rechte Seite, links: Wer einmal komplett in die Welt des Laura-Ashley-Stils eintauchen möchte, sollte sich für ein paar Tage in Llangoed Hall in Wales einmieten. Das Hotel ist ausschließlich mit Möbeln, Textilien, Tapeten und Accessoires aus der Wohnkollektion des englischen Labels ausgestattet.

Rechte Seite, rechts: Über eine halbe Million Laura-Ashley-Kleider werden jedes Jahr allein in Europa und den USA verkauft. Damit gehören diese romantischen Kleidungsstücke wohl zu den erfolgreichsten Kreationen der Modegeschichte.

Laura Ashley

Laura Ashley gehört heute zu einer kleinen Hand voll von englischen Markennamen, die weltweit bekannt sind. Selbst wer kein Freund von Blümchenkleidern oder Chintz-Sofas ist, assoziiert Laura Ashley sofort mit diesen beiden Produkten. Dabei hat die findige Dame 1953 mit etwas ganz anderem angefangen, nämlich bunt bedruckten Kopftüchern, Tischsets und Servietten. Entworfen und produziert wurde daheim in der Wohnung, die sie mit ihrem Mann Bernard im Londonder Stadtteil Pimlico bewohnte. Der Legende nach ist Laura Ashley nur aus der Not heraus Textildesignerin geworden. Sie hatte eine bestimmte Art von viktorianischen Dessins für ein Patchwork gesucht, als sie die nicht auftreiben konnte, entwarf sie selbst das gewünschte Muster. Bernard kümmerte sich um den Druck. Diese frühen Erzeugnisse wurden in verschiedenen Londoner Geschäften verkauft. Zu dieser Zeit, also Anfang der 50er-Jahre, hieß die Marke auch noch nicht Laura Ashley, sondern Ashley Mountey. Es war Bernard Ashley, der sich dafür aussprach, den vollständigen Namen seiner Frau als Markenzeichen zu wählen. Er meinte zu Recht, dass ein eindeutig weiblicher Name besser zu den Produkten des kreativen Paares passen würde.

Als die Wohnung in London zu eng wurde, zogen die Ashleys 1955 nach Kent. Die Produktpalette wurde erweitert, doch ein Blümchenkleid war noch nicht dabei. Zunächst kamen Schürzen, Ofenhandschuhe und Kittel für die Gartenarbeit hinzu. Der Umsatz des Unternehmens erhöhte sich 1960 immerhin von 2000 auf 8000 Pfund. Im folgenden Jahr zog das Familienunternehmen nach Wales, in Lauras Heimat. Dort wurden dann die Grundlagen für den ganz großen Erfolg gelegt. Bernard sorgte für den Ausbau der Druckkapazitäten, und seine Frau entwickelte neue Produkte, darunter auch endlich das bahnbrechende Blümchenkleid. So kam 1966 das erste Kleidungsstück von Laura Ashley auf den Markt, das im Gegensatz zu den Schürzen und Gartenkitteln ein Modeartikel war und nicht mehr nur Arbeitskleidung

Der so genannte *basic dress* kostete fünf Pfund, als 1968 das erste Laura-Ashley-Geschäft in der Pelham Street in Kensington eröffnet wurde, und die Frauen kauften das Erstlingswerk massenhaft. Dazu trug sicherlich auch die Werbung bei, doch die Wirkung der Anzeigen und Plakate wäre verpufft, wenn das Laura-Ashley-Kleid den Zeitgeist der späten 60er und frühen 70er nicht so perfekt verkörpert hätte. Bis 1970 hatten sich die Umsätze auf jährlich 300 000 Pfund vervielfacht, und es wurden neue Läden in Shrewsbury und Bath eröffnet. Dies war die Zeit, als das Geschäft in der Fulham Road in einer Woche 4000 Kleider verkaufen konnte und die Ladentür zeitweise geschlossen werden musste, weil der Andrang so groß war. 1971 wurden Lizenzen an Kaufhäuser in Australien, Kanada und Japan verkauft und 1974 die höchst erfolgreiche Pariser Filiale eröffnet. Dort sahen die Kunden auch zum ersten Mal das mittlerweile in aller Welt bekannte Laden-Design mit der grünen Fassade und der Innenausstattung aus hellem Holz. Im selben Jahr eröffnet das erste Laura-Ashley-Geschäft in San Francisco, und ein Jahr später, im Jahre 1975, betrug der weltweite Umsatz an Laura-Ashley-Produkten bereits fünf Millionen Pfund.

Laura Ashley war inzwischen zu einem ganz großen Namen im englischen Export geworden, und als Anerkennung dafür wurde der nunmehr berühmten Designerin der OBE angeboten, der »Order of the British Empire«. Laura lehnte ab, da die Auszeichnung ihren Mann nicht mit einschloss. Als 1979 das 25-jährige Firmenjubiläum gefeiert wurde, betrug der Jahresumsatz, passend zum Festtag, 25 Millionen Pfund, und zur Produktpalette gehörten nun auch Parfüms. Laura Ashley widmete sich verstärkt neuen Aufgaben und brachte ihre höchst erfolgreiche »Home Furnishing Collection« heraus. Nach dem phänomenalen Erfolg als Modedesignerin profilierte sie sich jetzt auch als Innenausstatterin und lieferte Stoffe, Möbel, Tapeten, Lampen und Wohnaccessoires in ihrem unverkennbaren Stil. Besonders außerhalb Großbritanniens ist ihr Name für viele mittlerweile zum Synonym für traditionellen englischen Einrichtungsstil geworden, auch wenn es im Vereinigten Königreich durchaus einige wesentlich ältere und bedeutendere Wohnspezialisten gibt. Doch sie alle profitieren von Laura Ashley, die mit ihren derzeit 546 sorgfältig ausgestatteten Läden ein gewisses englisches Flair weltweit bekannt gemacht hat. Es ist sicherlich unter anderem ihr Verdienst, dass sich eine ungeheuer große Zahl von Menschen auf dem europäischen Kontinent, in Amerika, Kanada, Australien und Japan heute mit englischen Stoffen, Möbeln, Tapeten und Wohnaccessoires einrichtet und dabei neben Laura Ashley auch auf andere Hersteller zurückgreift.

Als Laura Ashley 1985 völlig unerwartet kurz nach ihrem 60. Geburtstag starb, hatte sie glücklicherweise den märchenhaften Erfolg ihres Lebenswerkes erleben dürfen. Bernard Ashley wurde 1987 zum Ritter geschlagen und kümmerte sich als Sir Bernard weiter um die Geschäfte der Laura Ashley Holdings Plc. Er zog sich erst 1993 nach dem 40-jährigen Firmenjubiläum aus der aktiven Arbeit zurück. Obwohl heute andere Mitarbeiter die Geschicke der Marke Laura Ashley führen, hält die Familie immer noch einen großen Aktienanteil und achtet streng darauf, dass die Vision der Gründerin in den großen Linien des Unternehmens gewahrt bleibt.

Bodenbeläge für Wohnräume

Von der Vorliebe für das Mischen von Mustern ist der Bodenbelag nicht ausgenommen. So sieht man häufig, wie zwei konkurrierende Teppichböden an der Schwelle zwischen zwei Räumen aufeinandertreffen – oder besser: aufeinanderprallen.

Wenn man britische Häuser besichtigt, fallen einem nach kurzer Zeit gewisse Regelmäßigkeiten in der Behandlung des Fußbodens auf. In Domizilen mit Holzböden sind Teppiche stets so dimensioniert, dass sie nicht bis an die Wand reichen. Anders gesagt, der Holzfußboden bleibt am Rand sichtbar. Vielleicht weil man zeigen will, dass der Teppich keine Auslegeware ist. Wenn sich allerdings doch Auslegeware im Haus befindet, dann oft in einer Farbe, die als *greige* bezeichnet wird (ein Mischwort aus *grey* und *beige*) oder etwas drastischer als *dead mouse* – tote Maus. Das damit benannte neutrale Graubeige stellt eine ausgezeichnete Grundlage für Orientteppiche dar. Da die Engländer kräftige Muster sehr viel hemmungsloser kombinieren, als es die meisten Kontinentaleuropäer wagen würden, liegt buntes Knüpfwerk manchmal auch auf lebhaften Böden. Gern werden kleine Muster gewählt, häufig eingefasst durch eine Bordüre.

Die Besitzer von Landhäusern ziehen meist Bodenbeläge aus pflanzlichen Fasern einer wollenen Auslegeware vor. Sisal, Kokos oder Seegras bilden einen interessanten Kontrast zu den feinen Meisterwerken des Orients. Sie werden wie Teppichboden von Wand zu Wand verlegt oder auch lose als Läufer. Der Orientteppich ist allgemein immer noch der beliebteste Bodenbelag überhaupt. Teppiche gelten – genau wie Möbel – als echte Antiquitäten, wenn sie ein gewisses Alter erreicht haben. Die unvermeidlichen Abnutzungsspuren werden daher auch nicht als störend empfunden. Wahrscheinlich wären viele Teppiche jedoch in einem besseren Zustand, wenn man sie, wie in ihren Ursprungsländern, nur barfuss oder auf Strümpfen betreten würde.

Während heutzutage Mobiliar, Tapeten und Teppiche normalerweise aus unterschiedlichen Quellen stammen, war es im 18. Jahrhundert durchaus üblich, zu einem Raum nicht nur die passenden Möbel vom Architekten mitentwerfen zu lassen, sondern auch den entsprechenden Bodenbelag. Man kann dies sehr schön in Osterley Park sehen, einem Haus, das von Robert Adam von 1765 bis 1780 umgebaut und neugestaltet wurde. Solche Schätze, wie ein nach Entwürfen des berühmten Architekten gewebter Teppich, sind inzwischen sehr rar geworden.

In vielen Landhäusern wird der Besucher beobachten, dass Teppiche sehr sparsam ausgelegt sind, um die Schönheit eines Holz- oder Steinfußbodens besser zur Geltung zu bringen. Je rustikaler das Haus, desto leerer der Boden, könnte man fast sagen. Gerade bei alten Häusern wirkt dies sehr überzeugend – denn Teppiche wären den Menschen des 16. und 17. Jahrhunderts viel zu schade gewesen, um sie auf den Boden zu legen. Der war damals nämlich meist mit Binsen abgedeckt, die man jedoch nicht auskehrte, wenn sie schmutzig geworden waren, sondern kurzerhand mit einer neuen Schicht des Streumaterials zudeckte. Irgendwann im 16. Jahrhundert kam man auf die Idee, die Halme zu Matten zu flechten, statt sie lose auf den Boden zu streuen. Insofern ist dieser Bodenbelag, der als so typisch für das britische Landhaus gilt, tatsächlich eine authentische Wahl.

Teppiche in britischen Häusern werden grundsätzlich so gelegt, dass der darunter liegende Fußboden an den Rändern sichtbar bleibt. Bodenbeläge aus Jute, Seegras, Binsengeflecht, Kokos oder Sisal bilden einen schönen Kontrast zu einem Orientteppich.

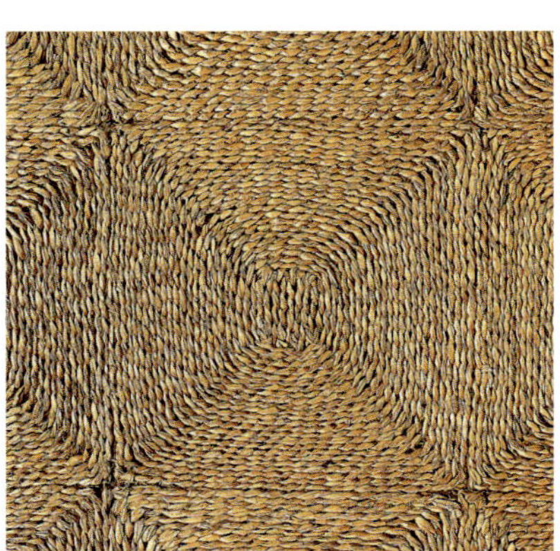

Läufer aus Pflanzenfasern sind eine authentische Wahl für das Landhaus, waren Binsenmatten doch bereits im 16. Jahrhundert üblich.

Ganz links: In Kidderminster, Worcestershire, wurden schon zu Beginn des 17. Jahrhunderts Teppiche gewebt. Aber erst ab Mitte des 18. Jahrhunderts begann die Produktion im größeren Stil. Die Firma Brinton's siedelte sich dort im Jahre 1819 an.

Links: Vor allem strenge Qualitätskontrollen gewährleisteten neben guten Rohstoffen und sorgfältiger Verarbeitung die hohe Qualität der Auslegeware von Brinton's.

Unten: Teppichböden sind keineswegs eine Erfindung der Moderne. Schon Mitte des 18. Jahrhunderts waren sie in England weithin verbreitet. Damals existierten aber noch keine Webstühle in ausreichender Breite, sodass es nicht möglich war, große Räume im Stück auszulegen. Stattdessen wurden schmalere Teppichstreifen zusammengenäht.

Klassischer englischer Teppich

Wer britischen Boden betritt, wird früher oder später mit einem Produkt des Hauses Brintons in Kontakt kommen, denn Brintons ist Großbritanniens größter Hersteller von Teppichböden. Da die Hälfte der Produktion ins Ausland exportiert wird, haben die Füße der Besucher möglicherweise schon lange vor der Ankunft auf der Insel Brintons genossen. Zum Beispiel auf dem Chek-Lap-Kok-Flughafen in Hongkong mit 135 000 Quadratmetern Teppich. Das Design wurde exklusiv für den Großauftrag entworfen. Gigantische Bestellungen wie die aus Hongkong sind eine Spezialität des Hauses, das bevorzugt Teppichböden für Paläste, Regierungsgebäude, Firmenzentralen, Golf- und Yachtclubs, Hotels oder Casinos liefert.

Aufträge riesigen Umfangs aus China oder auch den USA – zum Beispiel für die Ausstattung des 5 000-Zimmer-Hauses MGM Grand Hotel and Casino in Las Vegas – werden vollständig bei Brintons produziert – von vier Fabriken im Vereinigten Königreich, einer in Portugal, Zulieferbetrieben in Australien und den USA und einer Spinnerei in Neuseeland. Demnächst kommt noch eine Fabrik in Indien dazu. So werden die hohen Qualitätsstandards gesichert, die die Teppichböden von Brintons bekannt gemacht haben.

Es mag überraschen, dass dieses Teppichimperium mit einem Jahresumsatz von über 100 Millionen Pfund nach wie vor der Familie Brinton gehört und sogar noch aktiv von ihr geleitet wird. Tatsächlich ist Brintons eines der letzten Unternehmen seiner Größe, das immer noch vollständig von der Gründerfamilie kontrolliert wird. Michael Brinton ist der Firmenchef der sechsten Generation. Mit seinem Sohn und seiner Nichte sind sogar schon Familienmitglieder der siebten Generation im Unternehmen tätig.

Die Firmengeschichte begann im Jahre 1783, als William Brinton in Hill Pool bei Chaddesley Corbett eine Garnweberei gründete. Im Jahre 1819 zog sein Sohn Henry mit dem Betrieb nach Kidderminster. Diese Stadt bot die idealen Voraussetzungen für die Gründung zahlreicher Teppichwebereien – Wolle für den Flor, Baumwolle für die Rückseite, Wasser für das Waschen und Färben der Wolle wie für den Antrieb der Webstühle. Außerdem lebten in Kidderminster genügend Menschen, die in der aufblühenden Teppichindustrie Arbeit suchten, und ihre Nachkommen sind zum Teil bis heute dort beschäftigt. So wurde der Ort in der Grafschaft Worcestershire im Laufe des 18. und 19. Jahrhunderts zum Zentrum der Teppich produzierenden Industrie Großbritanniens und der Welt.

Gut 100 Jahre später war Brintons ein bedeutender Arbeitgeber in der Region. Nur ein globales Desaster wie der Zweite Weltkrieg konnte den Erfolg des Unternehmens zeitweilig hemmen. Zunächst konnte die Teppichproduktion noch teilweise aufrechterhalten werden, doch ab 1942 verließen ausschließlich Rüstungsgüter das Werk. Erst 1946 wurden hier wieder Teppiche gewoben. In den 80er-Jahren des 20. Jahrhunderts erlitt die britische Teppichindustrie einen Einbruch, die Zahl der Beschäftigten sank von 45 000 auf 10 000. Brintons überstand die Krise relativ unbeschadet, wenngleich auch beim Branchenriesen Personal abgebaut werden musste.

Heute ist Brintons nicht nur eine der größten Privatfirmen Großbritanniens, sondern durch den Erwerb von Axminster Inc. im amerikanischen Greenville, Mississippi, auch der weltweit größte Hersteller gewebter Teppichböden. Die Stärke des Unternehmens liegt zum einen in seiner langen Geschichte und der daraus resultierenden Erfahrung, zum anderen aber auch im hohen technischen Niveau der Produktion. So werden zum Beispiel die Webstühle in einer hauseigenen Abteilung entwickelt. Dass im Designstudio von heute modernste CAD-Technik verwendet wird, versteht sich von selbst.

Der Erfolg des Hauses sollte schon Beweis genug sein, dass traditionsreiche britische Firmen auch heute noch durchaus konkurrenzfähig sind. Sie erreichen dies zum einen durch höchste Qualitätsansprüche, deren Verleugnung schon allein die Familientradition verhindert, zum anderen mit jenem Sinn für Skurrilität, der uns so typisch englisch erscheint. Auf jeden Fall war es wohl nicht allein ein wirtschaftliches Kalkül, das Brintons 1993 dazu bewegte, ausgerechnet Vivienne Westwood als Teppichdesignerin zu gewinnen. Die Avantgarde-Modeschöpferin gestaltete die Teppiche auf den mit dem »Flooring Industry Award for Advertising« ausgezeichneten Werbebildern. Weitere Kampagnen sollten folgen, die Brintons im Bewusstsein der Öffentlichkeit als das etablierten, was die Firma seit dem 18. Jahrhundert ist: ein typisch britisches Familienunternehmen, mit viel Sinn für Tradition, höchste Qualität und vor allem Erfolg.

Sash-windows

Jeder Besucher der Britischen Inseln kennt diese Situation: Man ist im Hotel oder im Gästezimmer angekommen und möchte gerne das Fenster öffnen, um frische Luft in den Raum zu lassen. Die schweren Vorhänge werden beiseite geschoben, doch statt eines Fenstergriffs findet sich nur ein Querbalken, und nun beginnt der Versuch, das Fenster zu öffnen. Je nachdem, wie alt und wie gut gewartet das Schiebefenster ist, muss man mit mehr oder weniger großem Kraftaufwand den Rahmen samt Glas hochschieben. Wenn einem das gelingt und man etwas Glück hat, bleibt das Fenster offen. Hat man Pech, rutscht es wieder herunter, und man klemmt sich die Finger oder – was noch schlimmer ist – bekommt es in den Nacken.

Diese typisch britische Fensterkonstruktion heißt *sash-window* und kam in den 70er-Jahren des 17. Jahrhunderts auf. Angeblich wurden diese Fenster erstmals in Chatsworth in Derbyshire eingebaut, nachdem einfachere Vorläufer der verschiebbaren Fenster rund dreißig Jahre zuvor in Frankreich bekannt geworden waren. Im Prinzip besteht das *sash-window* aus zwei verglasten Holzrahmen, die mithilfe eines Systems aus Gewichten, Rollen und Schnüren in der Vertikalen bewegt werden können. Dieses System machte das klassische Fensterkreuz überflüssig und ermöglichte die relativ mühelose Handhabung auch großer und damit schwerer Glasflächen. Seitlich in Angeln aufgehängte Fensterflügel – so genannte *casements* – fanden sich danach nur noch in kleineren Häusern oder aber bei den türgroßen *French windows* des 19. Jahrhunderts, durch die man auf eine Terrasse oder in den Garten hinaustrat. Die typische Form des *sash-window* bestand im 18. Jahrhundert aus zwei beweglichen Fensterteilen, die jeweils mit sechs Scheiben verglast waren – daher der englische Begriff *six-over-six*. Bis 1709 wurde der Fensterrahmen bündig mit der Mauer verbaut, danach schrieb ein Gesetz vor, dass er zehn Zentimeter nach innen zu versetzen sei. Diese Maßnahme sollte bei einem Feuer das Überschlagen der Flammen zwischen den Stockwerken erschweren. In Viktorianischer Zeit wurde Glas billiger, und so verwendete man statt mehrerer kleiner Scheiben nur noch eine pro *sash*. Von der Jahrhundertwende bis zum Ersten Weltkrieg fertigte man auch *sash-windows*, bei denen das obere Schiebeelement in sechs Scheiben unterteilt war und das untere aus einer einzigen oder nur einfach geteilten Scheibe bestand.

Seit den 80er-Jahren des 20. Jahrhunderts sind wieder neogeorgianische Bauten in Mode gekommen, die natürlich stilecht mit den traditionellen Schiebefenstern ausgestattet werden. Dass diese zwar unbestreitbare ästhetische Qualitäten haben, dazu jedoch auch praktische Nachteile mit sich bringen, schien die postmodernen Baumeister wenig zu stören. Zum einen sind *sash-windows* relativ störungsempfindlich. Zum anderen sind die Scheiben nur schwer zu reinigen. Außerdem klappern *sash-windows* bei starkem Wind. Ihre mangelnde Dichtigkeit dagegen soll – davon ist man auf den Britischen Inseln überzeugt – unter medizinischen Aspekten von Vorteil sein, denn der ständige Luftaustausch verbessert das Raumklima.

Da *sash-windows* bis ins frühe 20. Jahrhundert in die meisten neuen Häuser eingebaut wurden und viele dieser Häuser heute noch stehen, wird der Besucher sich mit hoher Wahrscheinlichkeit mit dieser für den Ungeübten recht tückischen Konstruktion auseinander setzen müssen. Die meisten Hausbewohner ziehen es vor, die alten Fenster so lange wie möglich zu reparieren, statt sie einfach gegen neuere Modelle auszutauschen. Es herrscht die Meinung, dass sich das Ausbessern in jedem Fall lohnt, da auch ein halb kaputtes altes Fenster immer noch besser und stilechter ist als die schönste zeitgenössische Kopie. Insofern ist der gekonnte Umgang mit den Schiebefenstern immer noch eine wichtige Voraussetzung für einen gelungenen Aufenthalt auf den Britischen Inseln.

Zuerst muss die eventuell vorhandene Arretierung gelöst werden. Sonst misst man seine Kraft vergeblich an der Verriegelung.

Nun kann der Fensterrahmen bewegt werden, vorausgesetzt der Mechanismus ist nicht zu altersschwach.

Das Fenster mit etwas Kraft nach oben schieben. Vorsicht beim Herauslehnen. Das Fenster kann herabgleiten.

Eine Andeutung von Schießscharten ist bei den Fenstern des 15. bis 17. Jahrhunderts noch erhalten. Die in Stein gehauenen Gewände wurden gleich beim Hochziehen der Wand eingemauert.

Eine so verschnörkelte barocke Fenstereinfassung findet man heute selten in Großbritannien. Auch im 17. Jahrhundert war sie vermutlich sehr ungewohnt.

Im Erdgeschoss der georgianischen Stadthäuser findet man oft diese Art von sehr einfachen, fast quadratischen Schiebefenstern.

Hochrechteckige Fenster mit Zierkonsolen oder Giebelfeldern bekrönt sind typisch palladianisch, in diesem Fall aus dem 18. Jahrhundert. Oben sieht man die hölzernen Läden, die von innen aus den Fensterlaibungen herausgeklappt werden.

Den Türen entsprechend schließen auch die Fenster der Regency-Epoche oben oft halbrund ab.

Waren die Fassen der georgianischen Epoche meist flach, bewegt sich die typische viktorianische Fassade wieder aus der Fläche heraus, zum Beispiel durch Erkerfenster oder *bay windows*.

Die untere Hälfte dieses edwardianischen *six-over-six*-Schiebefensters ist hier durch eine durchgängige Glasscheibe ersetzt. Meist ist auch dieser Bereich in sechs kleine Scheiben aufgeteilt.

Festgerahmte Fenster zum Aufklappen waren in Großbritannien nie sehr beliebt. Nur selten findet man diesen Typus, wie in diesem modernen Beispiel aus den 1930er-Jahren.

Typische Fensterformen

Die historischen Fensterformen der Britischen Inseln, stammen aus der Zeit vom 15. Jahrhundert bis zum Ausbruch des Ersten Weltkriegs. Die frühesten Formen erinnern noch an Schießscharten. Glas war sehr rar und teuer und die wenigsten dieser frühen Fenster ließen sich öffnen.

Von der Mitte des 17. Jahrhunderts bis zum ersten Viertel des 18. Jahrhunderts, der Zeit des Barock, begann man, die Fenstergewände architektonisch aufwendiger zu gestalten. Mit dem Aufkommen des *sash-window* Ende des 17. Jahrhunderts vergrößerten sich auch die Fenster, die durch die Erfindung des Schiebemechanismus trotz ihres großen Gewichts relativ mühelos bewegt werden konnten. In der Georgianischen Epoche vom frühen 18. bis zum Beginn des 19. Jahrhunderts etablierte sich das *sash-window* weiter als das britische Fenster schlechthin. Die im Inneren angebrachten Fensterläden gehörten dabei weiterhin zur Standardausrüstung der meisten Häuser. Ursprünglich wurden die Fenster bündig mit der Fassade eingebaut, ab 1709 verlangte jedoch eine neue Bauvorschrift, dass sie um zehn Zentimeter nach innen platziert werden sollten. Dies beeinflusste stark das Fassadenbild.

Die so genannten *French doors*, große Fenster, die ins Freie hinausführten, kamen in der Regency-Epoche in Mode. Die Fenster im ersten Geschoss wurden immer länger und eleganter. Die Fenstereinfassungen blieben dagegen relativ schlicht.

Mit der Viktorianischen Ära wird die Fensterform des Erkers oder *bay windows* üblicher. Die Vergrößerung der Fensterflächen wurde durch die Abschaffung der Fenstersteuer im Jahre 1851 begünstigt. Externe Sonnenblenden beschatteten die Fassaden und sollten vor allem Möbel und Innendekoration vor dem Ausbleichen schützen. Der Arts-and-Crafts-Stil brachte ein Comeback kleinerer Fenster. Beliebt war auch farbiges Glas.

In einem hohen Raum können Vorhänge ruhig effektvoll drapiert werden.

Die Dekoration des Fensters

Das Wohnzimmer ist in den meisten Häusern nicht nur ein privater Aufenthaltsraum, sondern auch Empfangszimmer für Gäste. Etwas gehobener wird daher auch die Dekoration der Fenster des Wohnzimmers ausfallen. Für die Vorhänge wird oft eine schwere Qualität gewählt, der man den Preis ruhig ansehen darf. Die Schals sollten möglichst mit einem neutralen Stoff abgefüttert werden, denn dies macht sie lichtundurchlässig, schützt vor dem Ausbleichen durch Sonneneinstrahlung und verbessert Fall und Faltenwurf. Erfahrene *interior designer* raten übrigens dazu, am Vorhangstoff nicht zu sparen, denn eine offensichtlich zu knapp bemessene Fensterbekleidung wirkt alles andere als elegant.

Wenn sich das Wohnzimmer in einem hohen Raum befindet, wie etwa in Häusern aus der Georgianischen Epoche oder aus der Zeit des Regency, sind auch geschwungene Abschlüsse möglich, je nach Geschmack und Stil der Einrichtung werden sie aus weichem, fließendem Stoff oder aus einem etwas festeren Material genäht. Ebenfalls sehr beliebt sind Volants und Schabracken. Sie kommen jedoch nur in sehr grandiosen Räumen richtig zur Geltung – in kleineren Zimmern würde das Fenster sonst leicht zu überladen und dominierend wirken.

Die einfachste und häufig beste Lösung ist ein Vorhang in symmetrischer Form mit gerüschter oder gefältelter Blende. Je nachdem, wie der Vorhangstoff selbst behandelt wird, kann auch eine formal schlichte Fensterdekoration sehr elegant wirken. Natürlich beeinflusst auch die Wahl der Aufhängung den Effekt. Hier gilt: Je mehr von der Aufhängung zu sehen ist, desto rustikaler meist der Eindruck. Eine schmucklose Gardinenstange aus Messing oder Holz, an der ein bunter Stoff an Gardinenringen herabhängt, ist eine der schlichtesten Lösungen. Eleganter wäre es, die Stange durch eine überstehende Rüschung oder Fältelung zu bekleiden oder hinter einer stoffbezogenen Blende zu verstecken. Eine andere Möglichkeit, Gardinen direkt unter der Decke aufzuhängen, ist die Verwendung von speziellen Schienen mit beweglichen oder starren Haken.

Rechter und linker Vorhangschal werden meist von sogenannten *tie backs* zusammengehalten. Diese Raffbänder sind entweder aus dem gleichen Stoff wie der Vorhang selbst gearbeitet, häufig korrespondieren sie aber auch mit dem Material der Blende. Vorgefertigte *tie backs* gibt es in einer Vielzahl von Formen und Farben, so dass für jedes Wohnzimmer das passende Exemplar gewählt werden kann. Eine Alternative dazu sind *hold backs* aus Messing, die sich direkt an die Wand montieren lassen.

Auch bei Vorhängen kann Symmetrie sehr wirkungsvoll sein.

In ein helles Interieur passt ein leichter Vorhang am besten.

Ein *hold back* aus Messing setzt einen interessanten Akzent auf dem Vorhangstoff.

Der *tie back* aus dem Stoff des Vorhangs ist eine sehr elegante Lösung.

Wenn man die Vorhänge nicht schließen möchte, schützt ein Rollo vor der Sonne.

Eine rustikale Jalousie ist für ein informelles Interieur oft die beste Lösung.

Bei Fiona Campbell können die Kunden unter Hunderten von Vorhangstoffen auswählen. Dabei ergibt sich die Zahl der Optionen nicht nur aus der großen Bandbreite an Farben und Dessins, sondern auch aus den zahlreichen zur Verfügung stehenden Webarten.

Das Lager der Innenarchitektin ist natürlich begrenzt. Es wäre unmöglich, eine erschöpfende Auswahl vorrätig zu halten. Wer unter den auf Rollen gewickelten Stoffbahnen nicht fündig wird, kann seinen Traumstoff in den gebündelten Mustern der Stoffhändler suchen.

Von entscheidender Bedeutung für die Wirkung des Vorhangs sind die Details. Bordüren und Troddeln können den entscheidenden Akzent setzen, in positiver wie in negativer Hinsicht. Ein zarter Vorhang aus bedruckter Baumwolle würde durch eine schwere Samttroddel förmlich erschlagen werden.

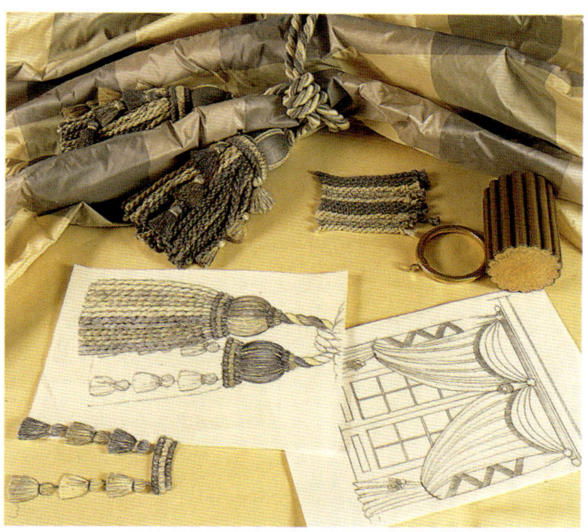

Damit der Kunde eine Vorstellung davon bekommt, wie das Fenster mit dem neuen Vorhang aussehen wird, präsentiert ihm der Innendekorateur Entwurfszeichnungen. Sobald man sich auf eine gemeinsame Linie geeinigt hat, kann eine exakte Vorlage für die Näherinnen und Dekorateure entstehen.

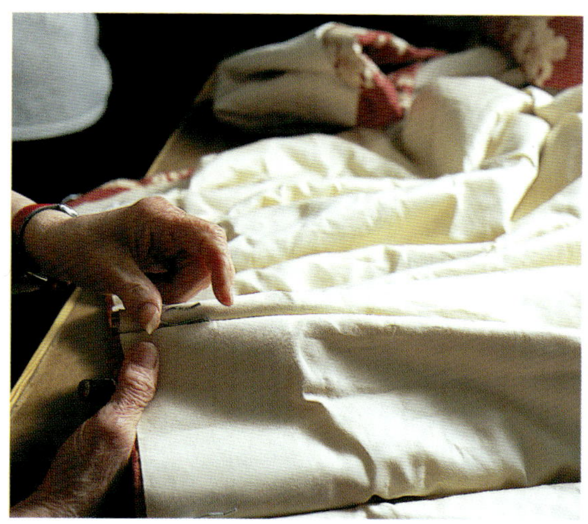

Vorhänge werden in aller Regel abgefüttert. Erstens, um leichten Stoffen eine vollere Struktur und mehr Griff zu geben. Zweitens, um transparente Gewebe weniger lichtdurchlässig zu machen. Drittens, um die unansehnliche Rückseite zu verbergen, und viertens, um lichtempfindliche Qualitäten vor der Sonne zu schützen.

Im Erdgeschoss von Fiona Campbells Laden liegt eine kleine Werkstatt, in der besonders wichtige Arbeitsgänge unter der Aufsicht der Designerin von hauseigenen Spezialistinnen ausgeführt werden. Nur wenige Innenausstatter leisten sich ein eigenes Atelier – Fiona Campbell würde nicht darauf verzichten.

Wenn es so weit ist, dass die neue Fensterdekoration aufgehängt wird, steigt die Spannung bei Fiona Campbell und ihren Mitarbeitern. Denn so sorgfältig auch alles geplant wurde, erweist es sich erst jetzt, ob alles richtig ausgeführt worden ist. Dank der großen Erfahrung der Designerin ist dies aber immer der Fall.

Besonderen Wert sollte man auf die korrekte Verarbeitung gemusterter Stoffe legen. Dabei sieht man dem fertigen Vorhang mit seinen perfekt positionierten Dessins nicht an, wieviel Arbeit es oft macht, Linien, Karos, Blumen- oder Bildmotive in eine sinnvolle und ansprechende Ordnung zu bringen.

Bei allen Lieferanten von hochwertiger Maßarbeit besteht das Problem, dass sie kaum Arbeitsproben »live« vorzeigen können. Alles, was sie entwerfen und umsetzen lassen, wandert auf Nimmerwiedersehen in die Häuser ihrer Kunden. Ein Foto in ihrer Mappe ist neben der Erinnerung oft das Einzige, was hnen bleibt.

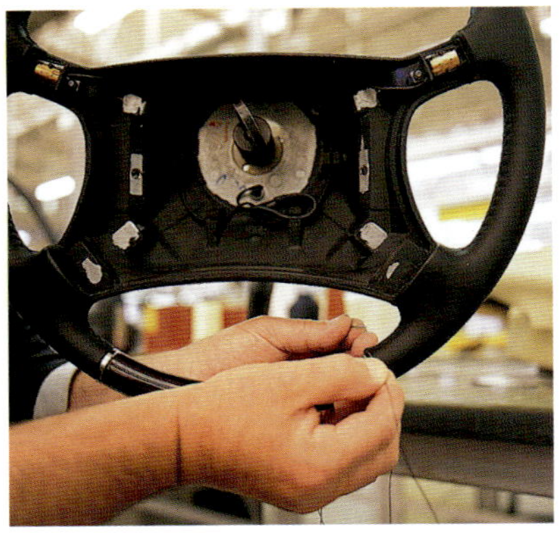

Vorbei die Zeiten, da der Fahrersitz eines Rolls-Royce oder Bentley dem Chauffeur vorbehalten war. Hinter dem handgenähten Lederlenkrad können inzwischen alle Platz nehmen, die sich den Luxus einer solchen Edelkarosse leisten können und wollen.

Das rollende Wohnzimmer

Ein Auto mit Ledersitzen ist heute nichts Außergewöhnliches, selbst preiswerte Fabrikate aus Fernost sind oft schon serienmäßig damit ausgestattet. Bei Fahrzeugen höherer Preisklassen gehört ein exklusives Innenleben aus Leder immer noch zu den begehrtesten Details.

Am Anfang jeder Lederausstattung bei Rolls-Royce oder Bentley steht die Auswahl des Rohmaterials. In Frage kommen nur Häute von Connolly, dem besten Lederlieferanten überhaupt. Aber nur etwa ein Zehntel seiner Spitzenkollektion schafft es nach der genauen Prüfung durch den Autohersteller bis in die Werkshalle nach Crewe. Für jeden Wagen werden 550 *square feet* (das sind etwas mehr als 18 Quadratmeter) völlig fehlerfreien Leders benötigt. Kleinste Unebenheiten oder Narben machen die ganze Partie untauglich. Wenn die benötigte Menge für ein Auto gefunden ist, wird das Leder von Hand zugeschnitten, und jedes Stück mit der Fahrgestellnummer kenntlich gemacht.

Rolls-Royce oder Bentley werden für alle jene gebaut, denen nur das Beste gerade gut genug ist. Wer zwischen alten Meistern, Antiquitäten, Gold, Kristall und Marmor lebt, erwartet auch in seinem Transportmittel fingerdickes Furnier aus Massivolz und hochwertiges Connolly-Leder.

Das hochwertige Connolly-Leder ist teuer, und so ist man auch bei Rolls-Royce darum bemüht, möglichst ohne Verschnitt zu arbeiten, um eine Partie wirklich ökonomisch auszunutzen. Dies geschieht, indem der Zuschneider die Musterschablonen so platzsparend wie möglich auslegt. Ein Verfahren, das wir auch beim Besuch einer exklusiven Schuhfabrik beobachten könnten. Es gibt noch eine weitere Parallele zur Schusterei: Das Leder für den linken und den rechten Schuh muss stets aus der gleichen Partie zugeschnitten werden. Sonst ergeben die Schuhe später kein echtes Paar. Ebenso wenig dürfen bei einem Rolls-Royce Häute unterschiedlicher Provenienz verarbeitet werden.

Das fertig zugeschnittene Leder wird für jeden Wagen getrennt gebündelt und an die unterschiedlichen Spezialisten verteilt. Diese verarbeiten es dann mit Hilfe von Nähmaschinen und zu einem erheblichen Teil auch von Hand weiter. Der eine fertigt den Lenkradbezug, der andere umkleidet den Wählhebel der Automatik, der nächste kümmert sich um die Polster, und wiederum ein anderer Mitarbeiter hat sich auf Armlehnen spezialisiert. Wie in der Maßschneiderei wird vor allem bei gekrümmten Nahtlinien zur Nadel gegriffen. Die leichten Unregelmäßigkeiten des von Hand ausgeführten Stiches verleihen der Lederausstattung einen zusätzlichen Charme.

Wer sich bei Rolls-Royce einen Wagen bestellt, kann zwischen gut zwei Dutzend Ledersorten wählen. Wer hier nicht findet, was ihm zusagt, kann eine Spezialfarbe bekommen. Selbstverständlich ist auch die Kombination verschiedener Farben möglich. Sonderwünsche wie die Einarbeitung von Initialen oder Wappen werden gern erfüllt. Einen einzelnen Sitz für einen Wagen herzustellen dauert rund zwölf Stunden – wenn nicht Extras berücksichtigt werden müssen. Er wird also genauso liebevoll und handwerklich perfekt verarbeitet wie ein gediegenes Möbelstück, das wir uns ins Wohnzimmer stellen. Angesichts der Zeit, die viele in ihrem Auto verbringen, erscheint dies auch angebracht. Wer daheim ein schönes altes Haus besitzt, möchte unterwegs nicht vom Komfort einer Jugendherberge umgeben sein. Da für einen Rolls-Royce oder einen Bentley ein stattlicher Preis zu zahlen ist, darf der Käufer wirklich höchste Qualität erwarten. Eben ein echtes rollendes Wohnzimmer.

Rolls-Royce und Bentley – ein Überblick

Von links nach rechts:
Sir Frederick Henry Royce
Charles Stuart Rolls
Walter Owen Bentley
»Supercharged 4 1/2 litre Bentley«, 1929

Der Name der wohl legendärsten Automarke der Welt setzt sich aus den Familiennamen der beiden Firmengründer Henry Royce und Charles Rolls zusammen. Royce kam aus einfachen Verhältnissen und hatte es durch harte Arbeit zum Ingenieur und Inhaber einer Produktionsfirma für Beleuchtungskörper, Dynamos und Kräne gebracht. Charles Rolls war dagegen der dritte Sohn von Lord und Lady Llangattock und hatte die typische Ausbildung eines Sprösslings der *upper class* genossen – Schule in Eton und Studium in Cambridge. Seine Begeisterung für Autos und Motorsport machte er später zum Beruf, indem er einen Autohandel gründete. Royce hatte zu dieser Zeit bereits sein erstes Auto entworfen und gebaut, nachdem er schlechte Erfahrungen mit einem französischen Gebrauchtwagen gemacht hatte. 1904 verließ das erste seiner Modelle die Fabrik – und es war in jeder Hinsicht ein hervorragendes Auto.

Royce und Rolls lernten sich im Grand Central Hotel in Manchester kennen. Das Treffen war von Henry Edmunds, einem Direktor von Royce Limited, arrangiert worden. Rolls war begeistert von dem Wagen, den Royce konstruiert hatte, und so taten sich die beiden zusammen. Beim Pariser Autosalon von 1904 stellten sie ihre ersten gemeinsamen Autos aus, die gemäß einem Vertrag vom 23. Dezember desselben Jahres in Zukunft den Markennamen Rolls-Royce tragen sollten.

Charles Rolls kam am 11. Juli 1910 bei einem Flugzeugunglück in Bournemouth ums Leben. Royce führte die Firma über die nächsten 23 Jahre alleine. Er starb am 23. April 1933. Zwei Jahre zuvor hatte Rolls-Royce die Firma des schon damals legendären Rennwagenkonstrukteurs Walter Owen Bentley übernommen. Die Marke Bentley repräsentierte fortan die sportliche Seite des Hauses. Obwohl Rolls-Royce und Bentley sich auf den ersten Blick kaum unterscheiden, handelt es sich doch um sehr verschiedene, eigenständige Autos. So stecken unter der Motorhaube unterschiedliche Maschinen. Auch der Kühlergrill und die Innenausstattung betonen das unabhängige Profil der jeweiligen Marke. Dennoch werden Rolls-Royce und Bentley stets in einem Atemzug genannt, da beide technische Perfektion, extreme Langlebigkeit und handgemachte Qualität verkörpern.

Das Design des Rolls-Royce »Silver Cloud« von 1954 war noch von der Formensprache der Vorkriegszeit geprägt.

Mit dem Rolls Royce »Silver Seraph« hat die Luxusmarke erstmals seit dem »Silver Shadow« wieder eine zeitgemäße Form gefunden.

In Sachen Leder- und Holzverarbeitung sind Rolls-Royce und Bentley nach wie vor führend.

Der Bentley »3 1/2 Litre« war das »Sedanca Coupé« der 30er-Jahre.

Der Bentley »Arnage« scheint dem Rolls-Royce bis auf den Kühlergrill zu gleichen. Doch unter der Haube arbeitet ein sportlicherer Motor.

Nicht nur mit ihren Navigationssystemen sind die noblen Briten auf der Höhe der Zeit. Auch die Motoren brauchen keinen Vergleich zu scheuen.

ESTHER GODSILL

In den *dining rooms* britischer Häuser lässt es sich vortrefflich speisen. Das liegt nicht nur am oftmals grandiosen Ambiente, sondern auch an den servierten Spezialitäten und Getränken.

Das Esszimmer

Perfekter Rahmen für die Dinnerparty

Das separate Esszimmer – der *dining room* – wurde im Laufe des 18. Jahrhunderts zu einem selbstverständlichen Element in den Wohnsitzen der Mittel- und Oberschicht. Bis dahin aß man zu offiziellen Anlässen an langen Tischen in den ausgedehnten Hallen der großen Wohnhäuser des Adels, bei kleineren Anlässen in den Wohnräumen, wobei man kleinere Tische zu einer Tafel zusammenstellte und jeder Speisende zusehen musste, dass er seine Füße irgendwo zwischen dem Wirrwarr von Tischbeinen platzierte. Im ausgehenden 18. Jahrhundert kamen Konstruktionen auf, bei denen die Tischplatte auf einem großen, vierfach verzweigten Sockel ruhte. Bei längeren Platten konnten es auch zwei oder mehr Sockel sein. In dieser Zeit wurde es üblich, den Tisch so zu decken, wie wir es bis heute kennen. Vorher aß man direkt aus den Schüsseln und von den Platten, die in der Mitte des Tisches standen. Die zunehmend informelle britische Gesellschaft des 18. Jahrhunderts suchte einen privateren Raum für gesellschaftliche Zusammenkünfte, so dass der *dining room* als eigene Gattung entstand, oft baulich als Pendant zum *drawing room* und in entgegengesetzter Lage im Haus. Als der *dining room* etabliert war, begannen Hausbesitzer wie Designer, sich intensive Gedanken über seine Gestaltung zu machen. Schon bald wurde ein spezielles Mobiliar für das neue Zimmer und seinen Zweck entworfen: Beistelltische für Speisen, Besteck und Geschirr und Urnen mit Zapfvorrichtungen für heißes und kaltes Wasser – ersteres zum Abwaschen von Besteck, letzteres zum Trinken. Ferner wurden raffinierte Weinkühler mit eingebautem Eiswasserspender erdacht sowie Serviertische mit drehbaren Platten, auf denen die Speisen stilvoll dargeboten werden konnten. Ein solches Möbel hieß *dumb waiter* und erlaubte es, auch ohne die stete Anwesenheit des Dienstpersonals komfortabel zu speisen. Komplettiert wurde das Angebot durch ausgeklügelte Schränke und Kommoden mit eingebauten Vorrichtungen zum Warmhalten der Teller. Alles in allem ist die Ausstattung des *dining room* ein beeindruckender Beweis für den Einfallsreichtum der Kunsttischler im 18. Jahrhundert.

In kleineren Räumen kann durch sorgfältige Auswahl und Platzierung der Möbel eine zugleich vornehme und gemütliche Atmosphäre geschaffen werden. Diese Wirkung lässt sich durch Kerzenlicht effektvoll unterstreichen.

Seit dem späten 18. Jahrhundert kam eine neue Tafelkultur auf, man speiste »à la Russe«. Dabei bediente jeweils ein Diener drei oder vier Gäste, denen er nacheinander die Teller vorsetzte. Vorher war es üblich, alle Speisen gleichzeitig auf den Tisch zu bringen, was für jeden Gast einen eigenen Kellner erforderte. Später sollte es sogar in Mode kommen, das Abendessen nicht mehr gemeinsam an einer großen Tafel einzunehmen, sondern an mehreren kleinen Tischen.

Wer heute ein großes Haus führt, kann nach wie vor nicht auf ein Esszimmer verzichten. Gerade im Vereinigten Königreich ist es eine beliebte Form der Abendunterhaltung, sich gegenseitig zum Dinner einzuladen. Mit Freunden in ein Restaurant zu gehen, so wie es zum Beispiel in Frankreich üblich ist, finden die Briten erst seit kurzem gesellschaftlich akzeptabel. Auf dem Lande ist die private Einladung noch immer die meistgeübte Form des gesellschaftlichen Umgangs, nicht zuletzt in Ermangelung guter Restaurants in einigen der entlegenen Regionen der Insel. Viele Hausbesitzer finden es schade, dass sie einen so großen Raum wie das Esszimmer nicht jeden Tag nutzen können. Deshalb erfüllt der *dining room* oft eine Mehrfachfunktion, am Tag zum Beispiel als Bibliothek oder Arbeitszimmer.

Auch die Küche wird heute gern als Esszimmer genutzt, wenn sie groß genug ist. Allerdings ist es schwer, inmitten von Töpfen und Pfannen eine feierliche Atmosphäre aufkommen zu lassen. Die Gerüche und Fettschwaden aus Töpfen und Pfannen empfinden manche Gäste als störend. Für ein richtiges *black tie dinner*, also die förmliche Abendgesellschaft in feiner Garderobe, kommt ohnehin nur das separate Esszimmer in Frage. Mit engen Freunden und Verwandten kann man hingegen sehr gut in der Küche sitzen und eine gemütliche, nicht allzu aufwendige Mahlzeit servieren. Anschließend wird natürlich noch bis zum Morgengrauen geplaudert und ein riesiger Stilton Cheese verzehrt.

Wer sich entschließt, ein Esszimmer einzurichten, kann schon mit der Wahl der Möbel bestimmen, in welchem stilistischen Umfeld das Essen später verlaufen wird. Ein langer rechteckiger, schnörkelloser Holztisch spielt auf das Mittelalter an, ein ovaler Tisch gehört ins 18. Jahrhundert, und ein runder Tisch wird mit dem 19. Jahrhundert in Verbindung gebracht. Dies ist zwar nur eine grobe Zuordnung, aber sie erlaubt es, die Form des Esstischs passend zum Alter des Hauses auszusuchen. Entsprechend verfährt man mit den Stühlen, ihren Bezügen und dem übrigen

Syon House ist das Londoner Domizil des Duke of Northumberland. Das Anwesen wurde ab 1762 von dem schottischen Architekten Robert Adam umgebaut. Mit diesem *dining room* hat Adam ein Paradebeispiel seines Stils erschaffen.

Mobiliar. Der Stil des Raumes wirkt sich auf seine Atmosphäre aus. Soll es feierlich zugehen oder eher rustikal, vornehm oder locker? In Großbritannien ist es meist eine Mischung aus allem. Die Briten verstehen es meisterhaft, höchste Förmlichkeit mit Ungezwungenheit zu paaren und mühelos zwischen beidem hin- und herzuwechseln. Das heißt, dass der *dining room* grundsätzlich einen eher formalen Rahmen bietet, in dem es dann aber durchaus ungezwungen zugehen kann.

Schwere Vorhänge und Kerzenschein sorgen auch im Esszimmer eines kleineren Hauses für jenen gewissen Pomp, der in Großbritannien mit einer Mischung aus vollem Ernst und Augenzwinkern zelebriert wird. Man sollte sich aber vom opulenten Eindruck, den ein solcher *dining room* auf den ersten Blick macht, nicht einschüchtern lassen. Es geht bei einer häuslichen Einladung in erster Linie darum, sich gut zu unterhalten – dass man hierfür in einen stilvoll eingerichteten Raum bittet, hat nichts mit Protzerei zu tun, sondern spiegelt die Wertschätzung, die man den Gästen entgegenbringen möchte. So wird man sich also auch bei einem Dinner im Abendkleid oder im Smoking bestens amüsieren. Allerdings nur – und da lauert die Schwierigkeit –, wenn man die Form so genau kennt, dass man weiß, wann man sie wahren muss und wann nicht. Im Zweifel orientiert man sich an seinen Gastgebern und vermeidet vor allem eins: langweilig zu sein. Wer dann noch die Grundregel beherzigt, niemals über Politik, Geld oder Krankheiten zu reden, hat gute Chancen, ein zweites Mal eingeladen zu werden.

Chatsworth in Derbyshire wurde im 16. Jahrhundert erbaut – das Äußere des Hauses ist jedoch von den Umgestaltungen des 18. und frühen 19. Jahrhunderts geprägt. Der *dining room* des riesigen Anwesens ist ein gutes Beispiel für einen repräsentativen Speisesaal fürstlichen Zuschnitts.

Wer im Kamin des Esszimmers den Nachfolger des Herdfeuers vermutet, hat nur bedingt Recht. Denn obwohl in der *great hall* des Mittelalters auf einem offenen Feuer gekocht, gebraten und gegrillt wurde, kam der separate *dining room* erst im 18. Jahrhundert in Mode. Die Feuerstelle im Esszimmer diente zu dieser Zeit nur noch zu Heizzwecken.

Viele große *dining rooms* werden nicht mehr ständig genutzt. Selbst in Häusern, die nicht als Museum dienen, sondern tatsächlich noch als Heim einer Familie, wird im großen Speisezimmer oft nur bei besonderen Gelegenheiten aufgedeckt.

Die korrekte Tafel

Größe und Einrichtung des Esszimmers bestimmen wesentlich den Eindruck, den der Gast nach einer Einladung zum Lunch oder Dinner mit nach Hause nimmt. Doch selbst die schönsten Antiquitäten könnten nicht die Minuspunkte wettmachen, die er – bewusst oder unbewusst – seinem Gastgeber für eine nachlässig gedeckte Tafel erteilt. Auch das beste Menü würde nur halb so gut in Erinnerung bleiben, wenn es nicht im angemessenen Rahmen auf den Tisch käme. Deshalb achten britische Gastgeber meist sehr darauf, dass die Tafel ihres *dining room* perfekt gedeckt wird. Schließlich liegt sie einen ganzen Abend lang im Blickfeld der Gäste. Dementsprechend müssen sich Tischwäsche und Servietten frisch gewaschen und gebügelt präsentieren und neue Kerzen in den Haltern stecken. Das Silber sollte auf Hochglanz gebracht worden sein, Gläser müssen mit ihm um die Wette strahlen, ohne Fingerabdrücke oder gar Lippenstiftreste.

Bevor jedoch die Tafel gedeckt wird, kümmern sich erfahrene Gastgeber um die Sitzordnung. Ihr messen die Briten nach wie vor große Bedeutung zu. In manchen Fällen wird nach wie vor Wert darauf gelegt, dass sich in der Sitzordnung auch die sozialen Rangstufen ausdrücken. So würde üblicherweise der Gastgeber am Kopfende sitzen, mit dem ranghöchsten weiblichen Gast zu seiner Rechten. Die Gastgeberin sitzt am Fußende der Tafel mit dem ranghöchsten männlichen Gast zu ihrer Rechten. Die Ehe- oder Lebenspartner der beiden wichtigsten Gäste sitzen jeweils zur linken Seite von Gastgeber und Gastgeberin. Damit wird auch eine andere Grundregel befolgt, die besagt, dass Ehepartner und Lebensgemeinschaften – dies gilt auch für gleichgeschlechtliche Paare – getrennt sitzen. Daneben wird man die Gästeschar von vornherein so zusammenstellen, dass ein ausgewogenes Verhältnis von Herren und

Lange, rechteckige Tische – so genannte *rectory tables* – stammen oft aus Pfarrhäusern oder Colleges. Sie passen gut zu einem ländlich-rustikalen Esszimmer. Wirklich antike Exemplare aufzutreiben wird immer schwieriger, denn inzwischen blüht der Handel mit Reproduktionen der rechteckigen Tafeln.

Runde Esstische, an denen sich alle Gäste ohne Probleme miteinander unterhalten können, kamen im 19. Jahrhundert in Mode. Allerdings beansprucht ein solcher Tisch ab einer bestimmten Größe sehr viel Platz. Zudem wird dann das Gespräch für jene Gäste schwierig, die an den gegenüber liegenden Polen sitzen.

Ein *Windsor chair* würde gut zu einem *rectory table* passen. In einem sehr förmlich gehaltenen Essraum wäre er dagegen fehl am Platze. Inzwischen werden die rustikalen Sitzgelegenheiten aus dem 18. Jahrhundert jedoch auch gern in gehobeneren Interieurs eingesetzt.

Zu einem Esstisch passen Stühle , wie sie im frühen 19. Jahrhundert beliebt waren. Exemplare mit rechteckiger Lehne im Stil des Kunsttischlers und Designers Thomas Sheraton wären eine brauchbare Alternative.

Ein Kristall-Leuchter ist ein großartiger Anblick, allerdings ist es nicht immer leicht, seine Leuchtkraft auf den Raum abzustimmen. Mal reicht er nicht aus, um das Esszimmer genügend zu erhellen, mal blendet er fast. Im Zweifel sollte man sich für ein Modell entscheiden, das eher etwas zu wenig Licht spendet, und dann den Raum mit zusätzlichen Lampen ausrüsten.

Der *dumb waiter* ist ein mehrstöckiger Tisch, der in dieser Form in der ersten Hälfte des 18. Jahrhunderts auftauchte. Er erlaubte es, dass sich das Personal zurückziehen konnte, nachdem es Speisen und Getränke auf seinem hölzernen Kollegen bereitgestellt hatte. So konnte die Unterhaltung bei Tisch ungestört und ungehört fortgeführt werden.

Das *sideboard*, also der Anrichtetisch, ist eine Erfindung des 18. Jahrhunderts. Es war ursprünglich ein schmaler Tisch, der dazu diente, Speisen und Getränke vor dem Servieren abzustellen. Der Architekt und Gestalter Robert Adam machte das *sideboard* zu einer Art Außenposten der Küche, indem er urnenförmige Wassertanks hinzufügte, die heißes und kaltes Wasser bereithielten.

In einem förmlicheren Esszimmer wirken Geschirrschränke oftmals deplatziert. Wenn trotzdem Geschirr in diesem Raum aufbewahrt werden muss, empfehlen sich Wandborde. Sie können wie Bücherregale nach den Maßen des Raumes angefertigt und genau eingepasst werden. Bestückt mit Tellern, Tassen, Kannen und Schalen haben die Borde durchaus ihren eigenen Charme.

Damen entsteht. Dies ermöglicht das Zustandekommen der so genannten bunten Reihe, bei der ein Mann stets neben einer Frau sitzt und umgekehrt.

Wenn die Sitzordnung festliegt, kann es an das Decken der Tafel gehen. Als Unterlage wird entweder eine Tischdecke gewählt oder man entscheidet sich für Sets – die so genannten *table mats*. Eine Tischdecke wirkt eleganter, Sets lassen allerdings den Blick auf den Tisch frei. Wenn die Tischplatte besonders sehenswert ist, kann dies von Vorteil sein. Wenn eine Decke aufgelegt wird, empfiehlt sich eine Unterlage aus Wolle oder Baumwollfilz. Sie schützt die Tischplatte vor der Hitze der Speisen und dämpft die Geräusche, die durch das Aufsetzen von Geschirr und Gläsern entstehen. Im nächsten Schritt wird der Tafelaufsatz in der Mitte des Tisches positioniert. Er sollte so dimensioniert sein, dass sich die gegenüber sitzenden Gäste ohne Behinderung sehen können. Je nach Einrichtungsstil des *dining room* kann entweder der prachtvolle Silberaufsatz als passend erscheinen oder aber nur die schlichte Schale aus Porzellan oder Kristall, in der Früchte, Blumen oder Süßigkeiten arrangiert sind. Wie raffiniert man dabei vorgeht, ob man also zum Beispiel die Farben der Tischdekoration auf die Einrichtung des Raumes abstimmt, bleibt Geschmack und Phantasie überlassen. Der Aufwand lohnt sich für britische Gäste aber in jedem Fall, da sie als geübte Dinnergänger ein gutes Auge für die Details des Arrangements besitzen. Im nächsten Schritt werden Besteck, Geschirr, Servietten und Gläser ausgelegt und aufgestellt.

Es gilt vielen britischen Gastgebern nach wie vor als erstrebenswert, für jeden Gang das benötigte Besteck vorzusehen. Die mehrfache Benutzung von Messern und Gabeln erschiene ihnen kleinlich. Deshalb finden wir auch im häuslichen *dining room* meist ein beeindruckendes Arsenal von Messern, Gabeln und Löffeln neben den Tellern vor. Sie werden wie auf dem Kontinent in der Reihenfolge ihres Einsatzes sortiert, von außen beginnend mit der ersten Speise des Menüs. Über dem Teller wird bei förmlicheren Einladungen kein Besteck platziert, Löffel, Gabeln und Messer für Dessert, Obst oder Käse werden ebenfalls seitlich bereitgelegt. Der Platzteller, eigentlich nicht Teil der britischen Tradition, ist inzwischen häufiger anzutreffen. Er wird manchmal von einem *side plate* für Brot und Butter flankiert. Die Serviette, immer aus Stoff, liegt entweder auf dem Platzteller oder auf dem *side plate*. Es ist nicht nötig, sie allzu kunstvoll zu falten. Die Weingläser werden meist über der Spitze des größten Messers beginnend von innen nach außen in der Reihenfolge ihrer Benutzung aufgereiht. Leicht nach links versetzt finden wir das Wasserglas. Was die Form der Weingläser angeht, so drückt sich auch hier die Vorliebe der Briten für das eher Althergebrachte aus.

Ein britisches Menü

Ein typischer Starter wäre eine Mulligatawny Soup, eine heiße Currysuppe mit Gemüse- und Fleischeinlage, Äpfeln, Tomatenmark und Reis. Danach Fisch, zum Beispiel Forelle. Sie und andere Flussfische werden meist in zwei Zubereitungsversionen angeboten: blau, also in gewürztem Essigwasser zart pochiert, oder als »Müllerin« paniert und ausgebacken. Zum Fleischgang vielleicht Roast Beef mit Yorkshire Pudding. Das rosarote Zwischenrippenstück vom Rind wird vom Gemüse der Saison begleitet. Beim Yorkshire Pudding handelt es sich nicht etwa um eine Süßspeise, sondern um eine warme Pastete aus Mehl, Ei, Salz, Milch und Rindertalg. Zum Dessert – manche Briten sagen dazu pudding – wäre ein Apple and Blackberry Crumble oder ein Sherry Trifle etwas Feines, eine Kalorienbombe aus Biskuitböden (in Sherry getränkt, daher der Name), Früchten der Saison, Himbeergelee, Vanillecreme und Sahne. Wenn Käse gereicht wird, handelt es sich meist um den legendären Stilton. Er kommt nicht aus Stilton, sondern wird vorwiegend in Belvoir in der Grafschaft Lancashire hergestellt. Es gibt ihn in zwei Varianten: als kräftigen Edelpilzkäse (Blue Stilton) und als milde, weiße Sorte (White Stilton). Den Abschluss eines guten Essens bildet auch in Großbritannien eine kräftige Tasse Kaffee. In letzter Zeit bieten immer mehr Restaurants und private Gastgeber ihren Gästen einen Espresso italienischer Art an.

Mulligatawny Soup

Fischgang: Forelle

Fleischgang: Roast Beef und Yorkshire Pudding

Dessert: Apple and Blackberry Crumble

Käse: Stilton mit Portwein

Zum Abschluss Kaffee

Vom Lunch zum Dinner

Der Sightseeing-Tourist wird selten in den Genuss einer Einladung zum Mittag- oder Abendessen kommen. Wer jedoch geschäftlich auf den Britischen Inseln zu tun hat oder sich mit Briten anfreundet, wird sicher – als Beweis einer gewissen Sympathie – zum Lunch, einem Geschäftsessen zur Mittagszeit, oder zur abendlichen Dinnerparty gebeten werden. Bei jeder dieser Gelegenheiten wird man mit den üblichen europäischen Tischmanieren zurechtkommen, doch es gilt ein paar Besonderheiten zu beachten.

Wer von Geschäftspartnern zum Lunch geladen wird, sollte genug Zeit einplanen. Wenn der Beginn für 13 Uhr vereinbart ist, darf vor 15 Uhr kaum mit dem Ende gerechnet werden. Manchmal ist es sogar ratsam, sich für den restlichen Tag gar nichts mehr vorzunehmen, denn ein Lunch kann sich gut und gern auch bis vier Uhr nachmittags hinziehen. Die verbleibenden Stunden des Arbeitstages benötigt man dann, um sich vom Mittagessen zu erholen. Denn trotz des amerikanischen Trends zum Mineralwasser als Tischgetränk wird beim britischen Lunch immer noch gern dem Alkohol zugesprochen, vom einleitenden Gin and Tonic oder Champagner über Wein bis hin zum Digestif in Form von Weinbrand oder Whisky. Wer keinen Alkohol trinkt, wird in jedem Fall auch durch die Speisen derart belastet sein, dass an Arbeit nicht mehr zu denken ist.

Bei einer Dinnerparty sind nicht selten Smoking und Kostüm oder kleines Abendkleid vorgeschrieben. Als entschuldigt gelten Berufstätige, die in Bürokluft – Anzug, Kleid oder Kostüm – erscheinen. Der Ablauf der Dinnerparty folgt der in Europa gültigen Tradition von Vorspeise, Hauptgang oder Hauptgängen, Nachspeise und Käse. Oftmals werden Drinks vor dem Essen in lockerer Runde stehend eingenommen.

Trotz allen Sinns für Humor erwarten die Briten bei Lunch und Dinner die Einhaltung bestimmter Regeln. Ausländischen Gästen wird zwar eine gewisse Narrenfreiheit gewährt, die Kenntnis dreier einfacher Grundsätze kann jedoch nicht schaden. Erstens zum Thema Tischgespräch: Grundsätzlich wird erwartet, dass man jedem Tischnachbarn das gleiche Maß an Aufmerksamkeit widmet. Egal wie interessant man sich gerade mit einem Briten unterhält, nach Ablauf einer bestimmten Zeit wird er sich ohne Vorwarnung abwenden und eine Unterhaltung mit dem Tischnachbarn zu seiner anderen Seite beginnen. Spätestens dann sollte man sich ebenfalls einem anderen Gast widmen. Zweitens sollten Kontinentaleuropäer wissen, dass der Suppenlöffel seitlich zum Mund geführt wird, das frontale Einführen gilt als schlechter Stil. Drittens zum Thema Rauchen: Anhänger des Tabaks sollten erst nach der formellen Ansage Zigarette, Zigarre oder Pfeife entzünden.

Silberne Tafelaufsätze verleihen jedem gedeckten Tisch eine ebenso festliche wie romantische Note. Eine traditionelle Tafel verlangt nach einer weißen Damasttischdecke. Extravaganzen wie knallige Farben oder Blümchenmuster bleiben dem Frühstückstisch auf der sommerlichen Terrasse vorbehalten.

Der Macclesfield-Weinkühler

Der riesige Macclesfield-Weinkühler, der im Londoner Victoria & Albert Museum zu bewundern ist, gehört zu einem insgesamt dreiteiligen Weinset, das in großartiger Weise die Sitten und Gebräuche in den hochherrschaftlichen Speisezimmern der 20er-Jahre des 18. Jahrhunderts widerspiegelt. Das aus »Britannia Standard Silver« gefertigte Service, das aus einem Wassertank, einer Auffangschale und dem Weinkühler selbst besteht, diente während des Essens als Spülmaschine und Kühlschrank.

Seit dem 17. Jahrhundert galt es als unschicklich, Weinflaschen direkt auf dem Tisch zu platzieren. Auch Weingläser hatten die Mitglieder der Tischgesellschaft nicht vor sich stehen. Wen es nach einem Schluck Wein verlangte, der rief den Diener herbei. Dieser servierte dann auf einem kleinen Tablett ein gefülltes Glas, das zügig geleert und wieder auf das Tablett zurückgestellt wurde. Anschließend wusch der Diener das Glas, indem er Wasser aus dem Wassertank in die Auffangschale rinnen ließ. Nun war das Glas für weitere Einsätze bereit und konnte auf Verlangen wieder mit Wein aus dem Kühler gefüllt werden.

Silberservices dieser Art waren ausgesprochen teuer. Der Preis für die drei Teile wird ungefähr bei 1220 Englischen Pfund gelegen haben. Dies klingt in heutigen Ohren günstig, doch man muss bedenken, dass im frühen 18. Jahrhundert eine Kutsche ab 60 Pfund und das eigene Porträt in Öl für rund 35 Pfund zu haben waren.

Doch wer war dieser Mann, der sein Esszimmer auf Shirburn Castle mit einem so teuren Weinset schmückte? Er trug den Namen Thomas Parker und war Sohn eines Anwalts aus Stafford-shire. Er schlug den gleichen Berufsweg ein wie sein Vater und machte sich rasch einen Namen in den Midlands, errang einen Sitz im Parlament und wurde zum Ritter geschlagen. Später bekam Parker den Posten des Lord Chancellor und erhielt anlässlich seiner Berufung 14 000 Pfund. 1721 wurde Thomas Parker zum Ersten Earl of Macclesfield erhoben. Doch nur vier Jahre später musste der clevere Anwalt wegen einer 24 Punkte umfassenden Anklageschrift seinen Posten räumen. Er war unter anderem für schuldig befunden worden, Bestechungsgelder angenommen und das Hab und Gut seiner Klienten zu seinem eigenen Vorteil genutzt zu haben. Im selben Jahr, 1725, musste er alle Ämter niederlegen. Von nun an saß Parker im unfreiwilligen Vorruhestand auf seinem Schloss und gab sich den Wissenschaften hin. Unter anderem war er ein großzügiger Förderer des Mathematikers William Jones, den er viele Jahre auf Shirburn Castle wohnen ließ. Höchstwahrscheinlich wurde dem gelehrten Gast gekühlter Wein aus dem Macclesfield-Weinset serviert, denn dieses Insignium vergangenen Ruhms war Parker geblieben.

Der Macclesfield-Weinkühler ist Bestandteil eines dreiteiligen Weinsets aus dem Jahre 1719 oder 1720. Mit einer Höhe von rund 80 Zentimeter und einer Breite von etwa 120 Zentimeter ist er mit Sicherheit einer der größten Weinkühler der Welt.

Ein königliches Staatsbankett

Ein Staatsbankett im Buckingham Palace findet stets im »Ball Room« statt, der zwischen 1853 und 1855 nach Plänen von Sir James Pennethorne erbaut wurde. Der »Ball Room« ist das größte der zahlreichen Staatszimmer des Palastes – 123 Fuß (37,5 Meter) lang, 60 Fuß (18,3 Meter) breit und 45 Fuß (13,7 Meter) hoch. 1856 wurde er mit einem glanzvollen Ball eingeweiht, der das Ende des Krimkrieges feierte.

Heute wird der Raum trotz seines Namens nur noch für Staatsbankette und andere formelle Anlässe benutzt. Die U-förmig aufgestellte Tafel bietet Platz für etwa 170 Gäste. Die Königin sitzt in der Mitte der geschlossenen Seite des Hufeisens und die Staatsbesucher und die anderen Mitglieder der königlichen Familie zu ihrer Rechten und zu ihrer Linken. Zu den Gästen gehören die Delegation der Besucher, Mitglieder des Adels und der britischen Regierung, weitere Persönlichkeiten aus der Politik, hohe Beamte des Commonwealth, Botschafter sowie Geschäftsleute, die in einer besonderen Beziehung zu dem Land stehen, für dessen Vertreter dieses Essen gegeben wird.

Zwischen 1992 und 1998 konnten in Windsor Castle keine Staatsbankette abgehalten werden, da das Schloss im Jahre 1992 durch ein Feuer schwer beschädigt worden war. Heute erstrahlt die Lieblingsresidenz der Queen wieder im alten Glanz.

Die Vorbereitung eines Staatsbanketts dauert drei Tage, allein was die Herrichtung des »Ball Room« angeht. Am ersten Tag werden die Bänke entfernt, die an den Wänden des Saales aufgestellt sind. Das Decken der Tafel nimmt die zwei übrigen Tage in Anspruch. Mithilfe von Messlatten werden die einzelnen Gedecke exakt positioniert, so dass jeder Platzteller die gleiche Distanz zur Mitte des Tisches und zu den benachbarten Gedecken hat. Diese Maßnahme ist allerdings bei jeder großen Tafel üblich und keineswegs eine Spezialität britischer Staatsbankette. Nach internationalen Konventionen wird das Besteck von außen nach innen sortiert, man beginnt also außen und arbeitet sich mit jedem Gang nach innen bis zum Dessert, oder vielmehr dem *pudding*, vor.

An jedem Platz stehen sechs Kristallgläser für Wein, Champagner und Wasser bereit. Sie gehören zu einem Service, das anlässlich der Krönung von Königin Elisabeth II. im Jahre 1953 von Stourbridge angefertigt wurde. Jedes Glas trägt die von Hand eingravierten Initialen der Königin.

Das Porzellan ist ebenfalls sehr erlesen. So wurde zum Beispiel die Nachspeise beim Besuch des brasilianischen Präsidenten am 2. Dezember 1997 auf einem Service aus dem 18. Jahrhundert gereicht. Die mit gemalten Blumen und Früchten auf türkisfarbenem Grund verzierte Meisterleistung aus dem Hause Sèvres war ursprünglich ein offizielles Geschenk des französischen Königs Ludwig XVI. an die Frau des Vierten Duke of Manchester anlässlich der Unterzeichnung des Friedensvertrages nach dem Ende des amerikanischen Unabhängigkeitskriegs 1783. König Georg IV. hat das Service dann um 1802 erworben.

Auf den *sideboards* werden zudem noch andere Schätze aus der Sammlung der Königin gezeigt, zum Beispiel ein Dessertservice von Royal Rockingham, das zuerst bei den Krönungsfeierlichkeiten von Queen Victoria im Jahre 1837 und danach bei der Krönung von Königin Elisabeth II. benutzt wurde. Das Decken der Tafel würde allerdings nicht zwei Tage dauern, wenn nicht zusätzlich zu jedem Platz auch noch die Mitte der Tafel und die Tische an den Wänden des Saales dekoriert werden müssten. Dort wird wertvolles Tafelgold verschiedenster Art präsentiert, zum Beispiel Leuchter, Platten und Vasen und natürlich frische Blumen, die unter anderem aus den Gärten von Schloss Windsor stammen. Der *palace florist* hat für den bereits erwähnten Staatsbesuch aus Brasilien Blumen in herbstlichen Tönen von Creme über Gelb bis Korallenrot und Bronze ausgewählt und arrangiert.

Das Personal ist je nach Rang in farblich verschiedene Uniformen gekleidet. *Footmen* tragen zum Beispiel rote Livreen. Die Bediensteten unterstehen dem *master of the household*, dem wichtigsten Hofbeamten in Sachen Gästebewirtung. Diese Position wurde 1539 im Zuge einer Haushaltsreform geschaffen und sah damals noch vier weitere *masters* vor. Im späten 17. Jahrhundert gab es nur noch einen *master*, und der Job war hochbegehrt. Im 19. Jahrhundert verstärkte Prinz Albert, der Gemahl von Königin Viktoria, bei einer erneuten Reorganisation des königlichen Haushalts die Stellung des *master* und wies ihm die Organisation aller häuslichen Angelegenheiten zu. Heute untersteht der *master of the household* zwar formal dem Lord Steward, aber praktisch ist er allein für Personal, Verpflegung und Unterhaltung an allen königlichen Residenzen und im Ausland bei Staatsbesuchen verantwortlich. Da nur der Buckingham Palace ständig im vollen Umfang mit Personal besetzt ist, kommandiert der *master of the household* auch die Bediensteten zwischen den Residenzen hin und her. Bei einem Staatsbankett im »Ball Room« überwacht der *master of the household* jedes Detail, von der Gästeliste über die Einladungen bis hin zur Aufstellung des Menüs. Beim Besuch des Kaisers und der Kaiserin von Japan am 26. Mai 1998 bestand es zum Beispiel aus Consommé de Veaux aux Champignons Sauvages, Loup de Mer aux Fines Herbes, Selle d'Agneau Printanière avec Pois Gourmands, Pommes Champignol, Salade und als Nachspeise Soufflé Glacé aux Fraises. Als Weine wurden gereicht Puligny Montrachet, Les Perrières, Domaine Louis Carillon, Jahrgang 1989, Château Gruaud-Larose, St. Julien, Jahrgang 1981, Moët et Chandon von 1988 und Warre, Jahrgang 1970.

Natürlich können all diese Aufgaben nur mit einem großen Mitarbeiterstab erledigt werden, und deshalb unterstehen dem Department des *master of the household* 195 Angestellte, die in den Residenzen für die häuslichen Dinge sorgen. Für besondere Anlässe wie etwa ein Staatsbankett wird allerdings zusätzlich auf externe Dienstleister zurückgegriffen.

Die Gäste des Staatsbanketts müssen gewisse Kleidervorschriften berücksichtigen. Damen wählen ein langes Abendkleid oder eine Nationaltracht, dazu ihre Diademe, die *tiaras*, und Auszeichnungen. Die Herren erscheinen im Frack, Ritter des Hosenbandordens tragen dazu Kniehosen, Soldaten präsentieren sich in Uniform, und auch eine Nationaltracht ist erlaubt.

Tischreden werden meist zu Beginn des Banketts gehalten, doch Varianten sind zugelassen. Sie sind der einzige Teil der ganzen Veranstaltung, der gefilmt wird, ansonsten sind Kameras tabu. Zuerst spricht die Queen und beschließt ihre Rede mit einem Trinkspruch auf die Gesundheit des Gastes, der sich mit seiner Tischrede und einem Trinkspruch auf das Wohl der Königin bedankt. Für leichte musikalische Unterhaltung sorgt während des Essens eine Kapelle der *household division*, der Landstreitkräfte. Das Programm beim Besuch des japanischen Kaiserpaares beinhaltete unter der Leitung von Major P. E. Hills einen Marsch von Schubert, den fünften Satz aus »Faust« von Gounod und einen Querschnitt aus dem Musical »Hair« – um nur ein paar Beispiele zu nennen. Dabei ist das Repertoire in zwölf Sektionen unterteilt: *march*, *overture*, *waltz*, *selection*, *ballet music*, *suite*, *waltz*, *selection*, *march*, *descriptive*, *selection*, *march*. Am Ende des Abends kann auch schottische Musik gespielt werden. Wenn schließlich das Dessert verspeist ist, erhebt man sich von der Tafel und nimmt Kaffee und Likör in den verschiedenen Staatsräumen ein.

Henry Poole & Co. – Royal Livery Maker

Wenn man zum ersten Mal hört, dass die *state liveries*, die Uniformen der Bediensteten des englischen Königshofes, von einem Maßschneider angefertigt werden, mag man sich über den betriebenen Aufwand wundern. Doch niemand anders als ein Schneider könnte die Livreen herstellen, denn sie sind nicht von der Stange zu kaufen. Ein Geschäft für Hofbedarf gibt es selbst in England nicht.

Henry Poole & Co. erlangte unter Königin Viktoria die Ehre, das Königshaus zu beliefern, und bis heute nimmt das Traditionsunternehmen diese Aufgabe wahr. Gegründet wurde das Haus im Jahre 1806, als der Kurzwarenhändler James Poole aus Shropshire ein Geschäft in der Londoner Everett Street eröffnete. Zum Schneider wurde er – zumindest der Legende nach – nur durch Zufall, als er 1815 einem Freiwilligencorps beitrat, das gegen Napoleon aufgestellt worden war. Die Amateursoldaten mussten ihre Uniform selbst herstellen, und James Poole machte das mit der Hilfe seiner Frau Mary so gut, dass er mit dem selbst geschneiderten Uniformrock die Aufmerksamkeit eines Offiziers erregte. Auf die Frage, ob er Schneider sei, antwortete James Poole geschäftstüchtig mit ja, was ihm seinen ersten Auftrag einbrachte.

Bis zur Schlacht von Waterloo im Jahre 1815 folgte eine solche Flut von Bestellungen, dass die Kurzwarenhandlung um eine Uniformschneiderei erweitert werden konnte. 1822 eröffnete Poole ein Ladengeschäft in der damals neuen und hochmodischen Regent Street. Ein Jahr später zog er in die Old Burlington Street Nr. 4 um, eine Parallelstraße der Savile Row. Sein zweiter Sohn Henry trat als Fünfzehnjähriger in den väterlichen Betrieb ein. Sein älterer Bruder Jim hatte eine Stelle bei einem Börsenmakler gefunden, und so war es an Henry, das Handwerk des Schneiders zu erlernen. Doch der junge Mann fand keinen Gefallen an diesem mühevollen Beruf, und so entschied sein Vater, dass sein Jüngster lieber auf Kundenfang gehen sollte. Mit vorzüglicher Maßkleidung und einer Kutsche ausgestattet, machte Henry sich also daran, einen Platz in der Gesellschaft zu erobern, um an zahlungskräftige Kunden zu kommen. Dies war für den Sohn eines einfachen Schneiders keine leichte Aufgabe, und nur allmählich konnte er in die Kreise reicher Junggesellen eindringen.

Ein erster Erfolg war die Bekanntschaft mit dem Earl of Stamford, der die High Society durch die Heirat mit einer Zirkusreiterin schockiert hatte. In dessen Haus spielte sich dann jene geradezu filmreife Geschichte ab, die bis heute zum Anekdotenschatz der Firma gehört. Henry spielte nach dem Dinner mit einigen Gentlemen Billard und wurde Zeuge, wie einer der Herren den mangelhaften Sitz seines Fracks beklagte. Kurz entschlossen griff er zur Kreide (die eigentlich für die Queues gedacht war), markierte damit die nötigen Änderungen auf dem schlecht angepassten Kleidungsstück und forderte den Gast auf, den Frack mit den Anzeichnungen in den Laden in der Old Burlington Street zu bringen, damit er dort geändert werden könne.

Natürlich beschränkten sich die Marketing-Aktivitäten des jungen Henry nicht auf solche Kabinettstückchen, und so gelang es ihm nach und nach, in die Zirkel der wohlhabenden Jagdreiter vorzudringen. Schon bald konnte sein Vater ein eigenes *sporting department* eröffnen, um sich ausgiebig dem viel versprechenden Geschäft mit der Reitkleidung zu widmen.

Die wirklich große Zeit von Henry Poole – als Person und als Firma – sollte jedoch erst nach dem Tod des Firmengründers im Jahre 1846 anbrechen. Die Rückseite von Poole ging zur Savile Row, der Parallelstraße, hinaus. Henry machte nun die Rückseite zur Vorderseite und wurde damit im wahrsten Sinne des Wortes zu einem der ersten «Savile Row Tailors«. Gegen Ende der 50er-Jahre des 19. Jahrhunderts konnte die Schneiderfirma ihre Räumlichkeiten ausbauen und erweitern – womit der bekannte Bauunternehmer Thomas Cubitt beauftragt wurde, der sich unter anderem mit der Erschließung von Belgravia einen Namen gemacht hatte.

In den neuen Geschäftsräumen versammelten sich die illustren Kunden nicht nur, um Stoffe auszusuchen oder Anproben vorzunehmen, sondern auch zum Trinken, Reden und Rauchen. Bereits 1869 erstreckte sich Poole in der Savile Row und in der Old Burlington Street über jeweils drei Hausnummern. Zudem gab es einen Außenposten an der Ecke Savile Row und Clifford Street, der ausschließlich für das Geschäft mit Livreen zuständig war, das durch die Ernennung zum »Livery Tailor« durch Königin Viktoria noch weiter belebt wurde.

Oben: Das Ladenlokal von Henry Poole & Co. in der Londoner Savile Row.

Rechts: Die bei Henry Poole & Co. gefertigten Livreen werden über Jahre oder Jahrzehnte benutzt. Aufgrund ihrer aufwendigen Verarbeitung ist es lohnender, sie immer wieder zu ändern, als sie für jede Diener-Generation neu zu bestellen.

Ganz rechts: Nur noch ganz wenige Schneider sind heute in der Lage, eine Livree kunstgerecht herzustellen. Sie sind in der Savile Row gesuchte Spezialisten.

Das Rauchzimmer und seine Geschichte

Viele Raucher beneiden die Bewohner britischer Landhäuser um ihre gemütlich und komfortabel ausgestatteten Rauchzimmer. Diese wurden jedoch anfangs nicht freiwillig aufgesucht. Es war vielmehr die Abneigung gegen den Tabakqualm, die vor allem die Damen veranlasste, sich für die Einrichtung von *smoking rooms* einzusetzen. Dorthin verbannt, konnten die Männer nun weitab von empfindlichen Nasen im eigenen Dunst sitzen, rauchen und Brandy trinken. Erst als der Tabakgenuss auch bei den Frauen beliebter wurde, durften die Raucher aus dem Exil in den *drawing room* zurückkehren. Der englische Schriftsteller Evelyn Waugh zog es allerdings häufig vor, von dieser Erlaubnis keinen Gebrauch zu machen. Wenn man seine Tagebücher richtig interpretiert, schätzte er die Zigarre in Männergesellschaft.

Seit der Tabak im 16. Jahrhundert in England bekannt geworden ist, hat das rauchbare Kraut für heftige Reaktionen gesorgt: Es fand entweder leidenschaftliche Anhänger oder erbitterte Gegner. Zu letzteren gehörte King James I., der von 1603 bis 1625 regierte. Er erhöhte die Tabaksteuer ganz erheblich und verdarb damit vielen Rauchern den Spaß. Im 18. Jahrhundert schien es gar, dass der Schnupftabak die Pfeife verdrängen würde. Als schließlich Zigarren und Zigarillos in Mode kamen, beschwerten sich immer mehr Nichtraucher über die Geruchsbelästigung.

Doch erst in Viktorianischer Zeit wurde es üblich, spezielle *smoking rooms* einzurichten. Vorher zogen sich die Damen oft zum Tee in den *drawing room* zurück, während die Herren im Esszimmer zurückblieben und Geschäfte, Politik oder deftigere Themen besprachen. Es gab auch Häuser, in denen man die rauchenden Herren gänzlich in den Garten, auf die Terrasse oder zu den Dienstboten verbannte. Königin Viktoria war übrigens selbst eine erklärte Tabakgegnerin. Sie ließ in Windsor Castle an zentralen Punkten No-Smoking-Schilder aufstellen, die selbst auf königliche Besucher einschüchternd gewirkt haben sollen. So hat sich der sächsische König Albert immerhin zwei Tage vom Rauchen abhalten lassen, bis er sich schließlich seines königlichen Standes entsann und demonstrativ mit einer langen Zigarre herumlief.

Selbst Viktorias geliebter Gemahl Albert musste sich dem Rauchverbot beugen und ließ deshalb 1845 in Osborne House auf der Isle of Wight einen eigenen *smoking room* einrichten. Die Tür wurde von seinem Initialbuchstaben »A« geziert, im Gegensatz zu den anderen Türen, die mit den verschlungenen Lettern »V & A« gekennzeichnet waren.

Smoking rooms kamen nun immer mehr in Mode. Und als ob ein Rauchzimmer nicht schon genug der Isolation für den einsamen Tabakfreund bedeuten würde, wählte man dafür auch noch Orte, die so weit wie möglich von den Wohnräumen entfernt lagen – zum Beispiel neben dem Wintergarten, wie in Mentmore, dem Haus des ersten Lord Rothschild. Häufig waren die Raucherexile kalte Turmzimmer, wie in Breadsall Priory in Derbyshire oder in Cardiff Castle.

Mehr Bequemlichkeit versprach dagegen der Trend, das Tabakkabinett neben dem Billardzimmer einzurichten. Über zwei Drittel der zwischen 1835 und 1870 erbauten britischen Landhäuser verfügten über ein eigenes Spielzimmer samt angegliedertem *smoking room*. Dorthin zogen sich die Herren nach dem Dinner zurück, um sich bei Tabak und Branntwein zu entspannen. Hier spiegelte sich die zunehmende Trennung der Geschlechter, die auf dem Kontinent oft als barbarisch empfunden wurde und damit verbunden war, dass sich ab und zu in den Rauchzimmern und Spielkabinetten freizügigere, augenzwinkernd erotische Kunstwerke fanden.

Eine Jacke, die man beim Rauchen trägt – nichts anderes ist eigentlich das *smoking jacket*. Als der Tabakgenuss in Mode kam, war er zunächst den Herren vorbehalten. Der feinen weiblichen Nase war der Geruch der verglimmenden Tabakblätter so wenig zuzumuten, dass man sich zum Rauchen nicht nur in ein separates Zimmer zurückzog, sondern auch noch die Jacke wechselte. So wurde verhindert, dass nach dem Tabakgenuss der Geruch des Rauches in den Kleidern hing.

Ein traditioneller englischer Ausstatter wie Turnbull & Asser hält stets einige *smoking jackets* aus Samt bereit. Offensichtlich gibt es noch immer eine Nachfrage nach diesem skurril anmutenden Kleidungsstück. Als Ergänzung dazu und passend zum Samt der Jacke bekommt man eine Kappe mit Troddel, die ebenfalls beim Rauchen getragen wird. Der ursprüngliche Sinn der *smoking cap* lag darin, das Haar vor den Qualmwolken zu schützen. Heute ist sie ein exzentrisches Accessoire und wird wahrscheinlich häufiger gekauft und verschenkt als tatsächlich getragen.

Angesichts von *smoking jacket* und *smoking cap* aus Samt wird augenfällig, wozu der heute als Hausschuh beliebte Samtslipper ursprünglich getragen wurde. Die Zehenkappe der meist mit einem gesteppten Futter gepolsterten Schuhe ziert oft eine Stickerei, zum Beispiel in Form von Initialen oder einem Wappen. Heute kann man die Kombination aus Rauchjacke und Samtschuhen auch gut als Gastgeber häuslicher Dinnerparties anziehen.

So wie Tee, Port und Sherry haben die Briten auch das Importprodukt Havanna erfolgreich vereinnahmt und zu einem Bestandteil ihrer Lebensart gemacht. Kann man sich eine Dinnerparty ohne die Zigarre danach vorstellen?

Bei Davidoff of London in der St. James's Street 35 werden die Zigarren in einem begehbaren *humidor* angeboten. Daneben finden Zigarrenfreunde dort auch sämtliche Accessoires rund um den Rauchgenuss.

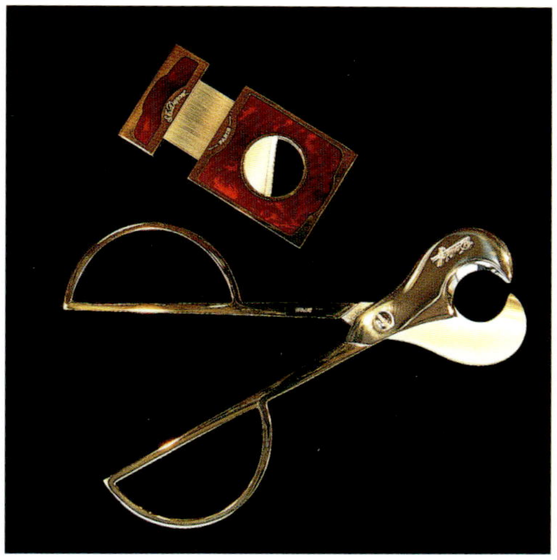

Das Abbeißen der Zigarrenspitze ist weder besonders stilvoll, noch kommt es der Zigarre zugute. Besser man bedient sich eines wie auch immer geformten, vor allem aber scharfen Spezialinstruments. Man bekommt es entweder in Scherenform oder aber als kleine Guillotine. Letzteres Patent passt gut in die Westentasche.

Der *humidor* ist unentbehrlich, um Zigarren über einen längeren Zeitraum vor dem Austrocknen zu bewahren. Es gibt die klimatisierten Behältnisse in allen Größen, von der eines Schuhkartons bis hin zu der eines begehbaren Kleiderschranks.

Was in einem Aschenbecher geschrieben steht, ist dem Zigarrenraucher relativ egal. Hauptsache, die Zigarre kann darin so abgelegt werden, dass die Glut nicht beeinträchtigt wird. Deshalb befinden sich an den Seiten des Aschenbechers gewölbte Auflagenflächen für den Tabakwickel.

Das Zigarrenetui nimmt einen Tagesvorrat der edlen Tabakwickel auf und sorgt durch stabile Wände für optimalen Schutz der zerbrechlichen Ware. Man bekommt diese Transporthüllen nicht nur in Tabakgeschäften, sondern auch bei Herrenausstattern oder Herstellern gediegener Accessoires.

Die Bar

Die Hausbar findet sich häufig im *dining room* – oder in seiner unmittelbaren Nähe. Denn der Drink vor und auch nach dem Essen ist für die meisten Briten ein untrennbarer Bestandteil des Essvergnügens, wenn nicht gar die Hauptsache der ganzen Angelegenheit.

Der Drink vor dem Lunch oder dem Dinner ist ein wichtiger Bestandteil des britischen Speiserituals. Die Auswahl der zur Entspannung des Geistes und Anregung des Appetits gereichten Getränke ist dabei relativ beschränkt. Als Klassiker darf der Gin gelten, der meist mit Indian Tonic gemischt wird. Der holländische Wacholderschnaps kam vermutlich im 16. Jahrhundert über den Kanal nach England und traf dort den Geschmacksnerv der Zeit. Dem modernen Konsumenten würde der damalige Gin allerdings nicht mehr schmecken, denn erst Ende des 19. Jahrhunderts begann sich die trockene Geschmacksrichtung durchzusetzen, die wir heute kennen – »London Dry Gin«.

Wem der spezifische Geschmack von Gin nicht zusagt, der ersetzt den Wacholderbrand im Gin and Tonic meist durch Wodka. Neben den russischen Original-Marken sind bei den Briten auch die Brände der Exil-Russen beliebt, wie zum Beispiel der amerikanische Smirnoff. Doch auch skandinavische Wodkas, wie der schwedische Absolut-Wodka oder Finlandia, werden gern genommen.

Als Alternative zu klaren Schnäpsen trinken viele Briten vor dem Essen einen Whisky, meist mit Soda und Eis. Nach dem Lunch oder dem Dinner wird erneut Whisky angeboten, jetzt allerdings pur oder mit klarem Wasser gemischt. Whisky ist neben Gin der berühmteste britische Branntwein. Obwohl er eigentlich ein keltisches Getränk ist, haben die Briten ihn seit langem als eines ihrer Nationalgetränke vereinnahmt. Je nach Schreibweise Whisky oder Whiskey handelt es sich um ein schottisches oder ein irisches Produkt. Der amerikanische Bourbon hat in einem englischen *decanter* eigentlich nichts zu suchen. Trotz des hohen Ansehens, das die zahlreichen »Single Malts« genießen, finden wir fast in jeder Hausbar auch einige »Solid Blends«. Sie sind unter Kennern sehr geschätzt, da sie eine konstante Qualität bieten. Besonders beliebt sind Marken wie «The Famous Grouse«, «Cutty Sark« oder «VAT 69«. Einige Enthusiasten trinken ihren Whisky sogar während des Essens anstelle von Wein, eine Angewohnheit, die auch Princess Margaret, der Schwester der Queen, nachgesagt wird.

Wer die niedrigeren Prozente vorzieht, kann zu Sherry greifen. Die Vorliebe der Briten für dieses spanische Getränk geht auf das Jahr 1587 zurück, als der große englische Seefahrer Sir Francis Drake in Cádiz 3000 Fässer Wein erbeutete. An den Mengen, in denen reisende Briten die andalusische Spezialität in Duty-Free-Shops erstehen, zeigt sich die ungebrochene Beliebtheit des Klassikers.

Nach dem Essen reichen britische Gastgeber Portwein. Es handelt sich dabei eigentlich um ein portugiesisches Produkt, das die Engländer im späten 17. Jahrhundert sozusagen eingemeindet haben. Im 18. Jahrhundert wurde Port in großen Quantitäten schon während des Essens getrunken, so wie heute Rot- oder Weißwein. Noch im 19. Jahrhundert gab es sogar Karaffen, die auf Schienen montiert um die Tafel kreisten und die Durstigen beständig mit Nachschub versorgten. Dieser extreme Konsum gehört wie der fahrbare *decanter* der Vergangenheit an, doch die rötliche Gesichtsfarbe mancher Untertanen Ihrer Majestät mag auch heute noch auf den Wein aus Portugal zurückzuführen sein.

Der Drink nach dem Dinner gehört zu den großen britischen Ritualen. Untrennbar damit verbunden sind die schweren Kristallkaraffen, in denen die edlen Tropfen aufbewahrt werden. Whisky oder Cognac schmecken tatsächlich noch ein bisschen besser, wenn sie aus glitzerndem Kristall kommen. Daneben gibt es auch spezielle *decanters* für Rotweine. In früheren Zeiten waren sie unerlässlich, denn die Rebsäfte hatten oft lange Lagerzeiten hinter sich und mussten vor dem Genuss unbedingt belüftet werden, wozu man sie in eine bauchige Karaffe umfüllte.

London ist ein idealer Ort, um seine Hausbar mit echten britischen *decanters* auszustatten. In zahllosen Antiquitätengeschäften oder auf Flohmärkten kann man alte und neue, kostbare und preiswerte Karaffen erstehen. Alte Karaffen sind im Paar wesentlich teurer als einzeln. Gravuren erhöhen den Wert, ebenso wie Verzierungen aus Silber. Eine genaue Datierung ist oft schwierig, denn Signaturen und Markenzeichen findet man nur gelegentlich an der Unterseite. Meist können nur Fachleute beurteilen, ob das betreffende alte Stück wirklich Wert hat. Ein neuwertiges Exemplar, wie etwa von Asprey in der New Bond Street, ist dagegen garantiert wertvoll.

Das Umfüllen von Rotwein in eine Karaffe, das so genannte Dekantieren, ist nur bei alten oder sehr alten Rebensäften notwendig. Wer seine Rotweine lieber jung trinkt, wird meist ohnehin nicht mit Sedimenten am Flaschenboden konfrontiert.

Pflege und Reinigung antiker Kristallkaraffen

Eine gebrauchte oder antike Kristallkaraffe wird meist nach kurzem Spülen wieder einsatzbereit sein. Wenn sich Schmutz und Kalk als resistent gegen normales Abwaschen erweisen, muss man zu Bürste oder Schleifmittel greifen.

Wenn das Ausspülen mit Wasser und Spülmittel nicht reicht, sollte man es zunächst mit einer Flaschenbürste versuchen. Ihre Borsten lösen verklebte Getränkereste, ohne das Glas zu beschädigen.

Bei einer nur mäßig verschmutzten Karaffe wird es völlig ausreichen, sie wie ganz normales Geschirr mit Wasser und Spülmittel abzuwaschen. Auch das Innere wird dadurch so sauber, dass man die Karaffe wieder benutzen kann.

Manche Ablagerungen lassen sich nur durch den Einsatz von Schleifmitteln beseitigen. Doch Vorsicht, allzu heftiges Schütteln kann zu Beschädigungen im Inneren der Karaffe führen.

In der Küche eines alten Hauses sind historische Genauigkeit und stilistische Stimmigkeit der Einrichtung nur begrenzt zu erreichen. So wird man selbst in einem in jeder Hinsicht authentisch restaurierten Haus aus der Tudor-Zeit fließendes warmes Wasser, Kühlschrank und Elektroherd vorfinden.

Die Küche

Das Reich der Köche

In den Häusern des Mittelalters gab es noch keine Küche im heutigen Sinne. Gekocht, gebraten und geröstet wurde über dem großen offenen Feuer in der Wohnhalle, also jener *great hall*, aus der die Eingangshalle, so wie wir sie heute kennen, hervorgegangen ist. Aber schon im 16. Jahrhundert gab es einen separaten Raum für die Nahrungszubereitung. Diese frühen Küchen waren weit mehr als nur primitive Vorläufer heutiger Modelle, denn sowohl architektonisch als auch von den Installationen her boten sie eine überraschend hohe Funktionalität. Der ausgeklügelte Kochkamin erlaubte fast alle kulinarischen Tricks, und der Arbeitsraum selbst war ebenso durchdacht wie die stromlinienförmigen Designerküchen heutiger Tage.

Was unser aktuelles Küchenkonzept von dem der vergangenen Jahrhunderte unterscheidet, ist die Tatsache, dass die Anzahl der Räumlichkeiten, die der Lagerung, Vorbehandlung und Zubereitung der Nahrungsmittel dienen, deutlich zurückgegangen ist. So gab es im 16. Jahrhundert neben der eigentlichen Küche spezielle Kammern und Gelasse für die Lagerhaltung, für die Verarbeitung von Milch, für das Pökeln und Räuchern von Fleisch oder Fisch sowie für alle Arbeiten, die Wasser verlangten. Heute finden sämtliche Schritte der täglichen Kochpraxis in einem einzigen Raum statt, und auch die Vorräte lagern meist in der Küche – sofern Kühlschrank und -truhe sowie Regale nicht aus Platzgründen woanders, etwa im Keller, aufgestellt werden müssen. Dieser vergleichsweise geringe Flächenbedarf ist einerseits auf die zahlreichen Elektrogeräte zurückzuführen, die Koch und Köchin jene Prozeduren abnehmen, für die man früher einen eigenen Arbeitsplatz und das entsprechende Personal brauchte. Andererseits haben wir uns daran gewöhnt, viele aufwendig zuzubereitende Nahrungsmittel wie Brot, Marmelade, Milch- und Käseprodukte gar nicht mehr daheim herzustellen, sondern im Geschäft zu kaufen.

Der zweite Unterschied liegt in der gewandelten sozialen Funktion, die dieser Raum heute erfüllt. Denn seit die Küche sich als separater Raum herausgebildet hat, war sie für die Herrschaften kein Wohnraum mehr. So ist es tatsächlich erst wieder mit dem Ende des Ersten Weltkriegs und den damit verbundenen gesellschaftlichen Umwälzungen notwendig und auch akzeptabel geworden, sich als Hausherr oder Hausherrin in der Küche aufzuhalten und dort auch aktiv mitzuwirken. Zuvor galt strikt: Wer es sich nur irgendwie leisten konnte, hatte Personal, das die in der Küche anfallenden Arbeiten verrichtete. Gemütliche informelle Abendessen mit Gästen in der Küche oder gar das gemeinsame Kochen mit Freunden sind eine vergleichsweise moderne Erfindung.

Als im späten 16. Jahrhundert die Küche in das Kellergeschoss verlagert wurde, verschwand sie recht schnell aus dem Bewusstsein der Hausbewohner. Die Küche war nun nichts anderes mehr als ein Funktionsraum, und es gab kaum einen Grund hinunterzusteigen – außer für jene, die dort Dienst taten. Das heißt nicht, dass der Mythos vom heimischen Herd in Großbritannien etwa nicht existiere. Im Gegenteil, er ist fest im Bewusstsein der Inselbewohner verankert. Allerdings bezieht er sich mehr auf das offene Feuer des Kamins, der sich im Idealfall nicht nur im Wohnzimmer, sondern in allen Räumen findet. Für eine anheimelnde Atmosphäre ist also gesorgt, auch ohne dass man sich in die Küche bemühen muss. Moderne Hausbesitzer allerdings – auch jene, die sich ohne weiteres entsprechendes Personal leisten könnten – scheuen keine Mühen, um die (möglichst historische) Küche ihres Landhauses zu einem Ort zu machen, an dem sie stundenlang ihrem Hobby frönen können: Kochen.

Mit Saucieren und Lachsmessern umgehen zu können gilt heute als Attribut eines verfeinerten Lebensstils. Während die Gastgeber selbst am Herd stehen, können die Gäste getrost in der Küche Platz nehmen. Diese neue, ungezwungene Art der Küchennutzung findet sich vor allem dort, wo die Innenarchitektur dies ermöglicht oder verlangt. Sei es, dass man ein altes, nicht sehr herrschaftliches Haus besitzt, dessen weniger wohlhabende Erbauer sich auch schon viel in der Küche aufgehalten haben. Oder sei es, dass in einem modernen Apartment statt eines Esszimmers eine weitläufige Wohnküche vorgesehen ist. Wer jedoch ein Haus bewohnt, das für die Mittel- oder Oberschicht entworfen wurde, wird die Küche meist doch als reinen Arbeitsraum betrachten. Allein schon deshalb, weil der Grundriss den Küchentrakt vom herrschaftlichen Wohnbereich räumlich trennt.

Die Gestaltung der Küche unterscheidet sich neben den divergierenden Auffassungen über ihre Nutzung als Arbeits- oder Aufenthaltsraum auch

Ganz links: Küchen großer Herrenhäuser waren äußerst geräumig, da ein großer Hausstand und oft auch zahlreiche Gäste bewirtet werden mussten. Damit diese nichts von den Vorgängen hinter den Kulissen mitbekamen, lag das kulinarische Zentrum meist weit vom *dining room* entfernt.

Links: Die Küche von Lanhydrock in Bodmin, Cornwall, gibt einen guten Eindruck davon, was im Jahre 1881 als moderner Arbeitsplatz gegolten haben dürfte. Sie entstand im Zuge des Wiederaufbaus des Hauses nach einem verheerenden Feuer.

Rechte Seite: Es ist durchaus möglich, eine moderne Küche in ein altes Haus zu integrieren, wie diese modernisierte Küche in einem im 18. Jahrhundert erbauten Gutshaus in der Grafschaft Dorset beweist.

nach dem Kriterium *fitted* oder *unfitted* – also eingebaut oder nicht-eingebaut. Die klassische Einbauküche gehört in der westlichen Welt durchaus zu den Statussymbolen. Das ist in Großbritannien nicht anders. Allerdings hat hier das Ausmaß des Küchenkults etwas mit dem Selbstverständnis der Hausbewohner zu tun – und mit der Stellung, die sie in der Gesellschaft einzunehmen glauben. Man wird durchaus Briten finden, die eine Einbauküche als Ausdruck eines Mittelklassegeschmacks empfinden. Für sie ist und bleibt die Küche ein Arbeitsraum, in dem sich Dienstboten aufhalten oder allenfalls das Au-pair-Mädchen. In jedem Fall möchten sie die Illusion aufrechterhalten, nicht selbst am Herd stehen zu müssen.

Wer dieser Auffassung ist, wird bei der Einrichtung der Küche den Eindruck allzu großer Ambitioniertheit vermeiden, um nicht den Verdacht nahezulegen, er würde sich gern in der Küche aufhalten. Die Küchenausstattung darf in diesem Fall auch nicht offensichtlich teuer wirken, denn die Gäste sollen den Eindruck gewinnen, dass einem die Küche beileibe

Ein alter gusseiserner Herd ist der Stolz vieler Hausbesitzer der Britischen Inseln. Ein solches Exemplar wird vor allem im Winter Bewohner und Gäste des Landhauses magisch anziehen.

Ein Tisch gehört in jede Küche, egal ob sie eingebaut ist oder nicht. Bei einer Einbauküche ist meist eine Arbeitsfläche in die Küchenzeile integriert, so dass der Tisch diesen Zweck nicht erfüllen muss. In der Landhausküche dient der Tisch als Arbeitsfläche wie auch als Essplatz. Ein schöner alter Tisch kann auch aus rein ästhetischen Gründen aufgestellt werden, selbst wenn man selten in der Küche speist.

In der Küche von Chatsworth hält ein schmuckloses aber funktionelles Regal Töpfe und Pfannen in jeder Größe. Diese leicht improvisiert anmutende Art der Lagerung ist äußerst praktisch, auch wenn sie nicht ganz den kontinentaleuropäischen Vorstellungen einer perfekt gestalteten Küche entspricht.

Die Wahl des Küchenstuhls hängt maßgeblich vom Stil der übrigen Einrichtung ab. In der Küche eines *country house* macht sich der *Windsor chair* besonders gut. Dieser Stuhltyp kam gegen Ende des 17. Jahrhunderts angeblich in Buckinghamshire auf.

nicht so wichtig ist wie einer der formellen Empfangsräume. Also wird der Wert der Küche kaschiert und heruntergespielt, etwa indem man sie nicht einbaut, sondern frei im Raum aufstellt. Um dem ganzen Ensemble das moderne Gepräge zu nehmen, das so ganz und gar nicht zum traditionellen britischen Einrichtungsstil passen will, werden die elektrischen Geräte (insgeheim natürlich alle *state of the art*, also auf dem allerneuesten Stand der Technik) mithilfe eines alten Küchenschranks oder eines abgewetzten Spülsteins getarnt. Ein geschickt arrangiertes oder tatsächliches Küchenchaos aus ungespültem Geschirr, getrockneten Rosensträußen, Kochbüchern und Firlefanz jeder Art macht das Understatement perfekt.

Neben diesen modernen Küchen mit wohl kalkulierter Patina gibt es in Großbritannien noch immer jene, die sich technisch auf dem Niveau der Zeit vor dem Ersten Weltkrieg befinden. Doch jeder Gourmet weiß, dass das Alter der Küche nichts über die Qualität der in ihr zubereiteten Speisen aussagt. Früher wurde nicht schlechter gekocht als heute – im Gegenteil. Warum also den bewährten Aga gegen einen Elektroherd austauschen?

In vielen britischen Landhausküchen stehen große Spülsteine aus Schamotte. Ein solcher *Belfast sink* ist so tief, dass man ohne Probleme auch größere Tellerstapel darin abwaschen kann. Wer nicht das Glück hat, in seinem Haus einen alten, gut erhaltenen Spülstein vorzufinden, kann sich einen solchen anfertigen lassen.

Der große frei stehende Küchenschrank, der *dresser*, nimmt alles auf, was auch in den Schränken einer Einbauküche untergebracht wird. Es gibt ihn als Original oder als moderne Kopie vom Küchenausstatter – oft auch als Maßanfertigung. In einem Regalaufsatz auf dem unteren Schrankteil können Teller und Platten dekorativ präsentiert werden.

Es erweist sich als praktisch und platzsparend zugleich, wenn der Koch sein Werkzeug griffbereit über der Arbeitsplatte hängend vorfindet. Eine moderne Note bekommt diese sehr britische Lösung durch die integrierten *downlights*.

Typisch britisch ist das gusseiserne Eckregal für Pfannen und Töpfe. Die offene Lagerung empfiehlt sich aber nur dann, wenn die Gerätschaften häufig verwendet werden. Andernfalls werden sie – gerade im ländlichen Bereich – zu schnell schmutzig oder staubig.

Die Designerküche im Landhausstil ist für viele Briten die Synthese aus der anheimelnden Lebenswelt einer idealisierten Vergangenheit und den Möglichkeiten und dem Komfort heutiger Technik.

Die Küche nach Mass

Jedes Jahr erfüllen sich viele Briten den Traum vom schönen alten Haus in der Natur, weit weg vom Schmutz und Lärm der großen Stadt. Doch die Domizile, die von den stolzen, frisch gebackenen Besitzern bezogen werden, bergen in ihren Mauern nicht selten einen Alptraum – und in manchen Fällen dauert es Jahre, bis das Anwesen gründlich renoviert ist und die notwendigen Umbaumaßnahmen abgeschlossen sind. Die Küche stellt nicht selten das größte Problem dar. Natürlich möchte niemand, der in ein georgianisches, viktorianisches oder gar in ein mittelalterliches Haus investiert, den historischen Charme durch eine weiße Schleiflack-Küchenzeile aus den 70er-Jahren zerstört sehen. Doch auf modernen Küchenkomfort wie Kühlschrank, Tiefkühltruhe, Mikrowelle, Geschirrspüler und Dunstabzug will man auch nicht verzichten. So gilt es, eine individuelle Lösung für das Küchenproblem zu finden.

Den Wunsch nach einer technisch modernen, gestalterisch perfekt auf die Stilepoche des Hauses abgestimmten Küche erfüllen Küchenausstatter oder Innenarchitekten. Unsere Beispiele stammen von einem vergleichsweise jungen Unternehmen, an dessen Spitze Howard Robinson und George Cornish stehen. Es liefert seit 15 Jahren hauptsächlich Küchen nach Maß, aber auch Bäder sowie Spezialmöbel für Wohnräume. Diese 15 Jahre haben ausgereicht, um das Duo zu den begehrtesten Vertretern ihrer Branche zu machen.

Howard Robinson hat seine Laufbahn als *cabinet maker*, eine Art Kunsttischler, begonnen. Später besuchte er die »Leicester Art School« und studierte anschließend Graphikdesign am »Coventry Art College«. Sein Wissen über Mobiliar und dessen Herstellung erweiterte er als Mitarbeiter eines *cabinet maker*, der seinerseits bei Edward Barnsley (dessen Werkstatt in Petersfield auch die königliche Familie zu ihren Kunden zählt) in die Lehre gegangen war. Je größer sein Wissen wurde, desto mehr begann Howard sich für antike Möbel zu interessieren.

George Cornish kommt eigentlich aus dem Hotelmanagement; diese Ausbildung gewährte ihm einige Einblicke in die Welt des Kochens und die Anforderungen an eine gut funktionierende Küche. Zudem schätzt er Antiquitäten und das Handwerk des Restaurators.

Seit Mitte der 80er-Jahre planen und bauen Howard und George gemeinsam Küchen unter dem Label Robinson and Cornish. Das herausragende Markenzeichen der Firma ist dabei, dass sie gar kein Markenzeichen hat. Es gibt nicht »die Küche von Robinson and Cornish«, die jeder sofort an bestimmten Details erkennen würde. Die Philosophie des Unternehmens sieht vielmehr vor, für jeden Auftrag ein gänzlich individuelles Design zu entwickeln. Dass dabei höchste Qualität der verwendeten Werkstoffe – und Einbaugeräte, falls gewünscht – garantiert wird, versteht sich von selbst.

1987 hat Robinson and Cornish auf Anregung einer Kundin den *Belfast sink* zu neuem Leben erweckt. Mrs. Montgomery, die Enkelin des berühmten Marshalls, war von der Form des Spülsteins, der über Jahre in die Waschkeller verbannt worden war, so begeistert, dass sie Robinson and Cornish bat, ein solches Modell in ihre Küche einzubauen. Die Idee wurde zum Trend, denn heute schmücken sich wieder zahlreiche Küchen mit diesem Spülstein, der so tief ist, dass er nicht nur Pfannen und Kuchenbleche problemlos aufnimmt, sondern auch ganze Berge von Geschirr in einem Durchgang darin abgewaschen werden können.

Rechts: Auch ein altes Londoner Stadthaus kann mit einer modernen Küche ausgestattet werden, wie an diesem Beispiel aus Fulham zu sehen ist. Den Designern ist es dabei gelungen, die Vorstellungen der Besitzer bis ins kleinste Detail zu verwirklichen.

Ganz rechts: Bis ins 18. Jahrhundert hinein waren die Küchen von Herrenhäusern meist dunkle und stickige Räume, die niemand freiwillig betrat. Heute muss ein Einrichter immer wieder das Kunststück vollbringen, sie in helle, moderne Lebensräume zu verwandeln.

An der Stelle des alten Küchenkamins wird gern der Aga-Herd positioniert, der damit zum eigentlichen Mittelpunkt des Raumes wird. Wie viele Küchen von Robinson and Cornish ist auch dieses Beispiel mit dem traditionellen britischen Spülstein ausgestattet, dem so genannten *Belfast sink*.

Robinson and Cornish hat im Laufe der Jahre zahlreichen Küchen in Großbritannien wie auch außerhalb des Landes zu neuem Glanz verholfen. Die Aktivitäten der Firma schließen inzwischen auch Badezimmer, Wohnzimmer und Spezialmöbel nach Maß ein – und die Kunden wissen den sehr persönlichen Service der Firma zu schätzen.

Wer sich entschlossen hat, Robinson and Cornish mit der Planung und Ausführung seiner Küche oder eines anderen Projekts zu beauftragen, braucht nur einen ersten Kontakt herzustellen. George Cornish oder Howard Robinson werden dann so schnell wie möglich ins Haus kommen. Auf dieses persönliche Gespräch mit dem Kunden legen sie besonderen Wert, denn nur so können sie herausfinden, was gewünscht wird, und was innenarchitektonisch machbar ist – und wie man diese beiden Vorgaben in ästhetisch reizvoller Weise umsetzen kann. Mitsprache des Kunden wird dabei ganz groß geschrieben, schließlich kennt er die Anforderungen, die an seine Küche gestellt werden, am besten – und nicht selten hat er bereits konkrete Vorstellungen, die nur noch fachmännisch realisiert werden müssen. Nach dieser Besprechung fertigt Howard Robinson die Skizzen an und erstellt einen Kostenvoranschlag. Wenn Entwurf und Preis dem Kunden zusagen, können die Arbeiten beginnen. Während des ganzen Prozesses stehen Howard und George für alle Fragen zur Verfügung. Sie beraten den Kunden hinsichtlich der Elektrogeräte und geben Hilfestellung, wenn es um die Fußbodengestaltung oder die Fliesen für die Wandflächen geht.

Eine Wohnlösung von Robinson and Cornish wird immer eine klassische sein, denn Howard und George sind davon überzeugt, dass Klassisches sich in jeden Raum hervorragend einfügt – und zwar ohne dabei vordergründig zu wirken. Die Handschrift des Unternehmens lässt sich wohl am besten als Kunst des Understatement beschreiben. Das Kompliment, das die beiden Kreativen am liebsten von ihren Kunden hören, lautet: »It looks as if it has always been here.« (»Es sieht aus, als sei es schon immer hier gewesen.«) Denn damit kommt zweierlei zum Ausdruck. Erstens, dass die beiden Designer eine wirklich passende Lösung gefunden haben, die sich in jeder Hinsicht nahtlos in das Haus integriert. Zweitens, dass die neue Küche fast so gut ist wie eine alte. Schließlich ist man dort überzeugt, dass früher – fast – alles besser war.

Der Herd

Die britische Küche wäre undenkbar ohne ihr traditionelles Herzstück, die *cast iron range* – also die gusseiserne Kombination aus Herd, Ofen und Boiler. Das erste Patent für dieses System, das sich außerhalb der Britischen Inseln nie richtig hat durchsetzen können, stammt aus dem Jahre 1780. Einem gewissen Thomas Robinson gebührt die Ehre, es angemeldet zu haben. Er hatte eine Möglichkeit gefunden, das Herdfeuer so geschickt auszunutzen, dass sich damit gleichzeitig der Ofen heizen ließ.

Der Vorteil dieser Innovation liegt auf der Hand: Statt den Ofen separat anheizen zu müssen, sorgt das ohnehin brennende Herdfeuer für die richtige Backtemperatur. Joseph Langmead, ein Landsmann von Robinson, vervollkommnete die Erfindung, indem er Herd und Ofen um einen Heißwasserboiler ergänzte. Diese Kombination setzte sich während der nächsten Jahrzehnte in weiten Teilen des Landes durch, beginnend in Gegenden mit Kohleförderung. In den Grafschaften ohne Bergbau dauerte es etwas länger, bis man sich vom althergebrachten offenen Feuer in der Küche verabschiedete. Doch schon 1813 wurde notiert, dass in Derbyshire kaum mehr ein Haus ohne eine *cast iron range* zu finden sei.

Später wurde das System dahingehend weiterentwickelt, dass die heiße Abluft des Herd- oder Ofenfeuers je nach Bedarf umgeleitet werden konnte. So ließ sich wählen, ob die heiße Luft den Boiler heizen, den Ofen wärmen oder bei geschlossener Klappe im Herd gehalten werden sollte. Eine solche *range*, deren heiße Abluft abgefangen und ausgenutzt wurde, hieß *closed range*. In Viktorianischer Zeit war die *closed range* die gebräuchlichste und beliebteste Herd-Ofen-Boiler-Kombination. Das erste Patent aus dem Jahre 1802 für eine *closed range* hatte George Brodley aus Exeter inne. Einer der erfolgreichsten Hersteller dieses verbesserten Systems war William Flavel aus Leamington.

Der britischen Vorliebe für das offene Kaminfeuer folgend wurden auch die *closed ranges* in aller Regel an der Küchenwand installiert. Frei stehende und von mehreren Seiten zugängliche Kochstellen erfreuten sich nie großer Beliebtheit. Da die Abwärme in dem geschlossenen System kaum

Linke Seite: Die große Herd-Ofen-Kombination von Aga oder Raeburn gehört für viele Briten genauso selbstverständlich in eine Küche wie der so sehr geliebte offene Kamin ins Wohnzimmer. Deshalb wird nicht selten ein defektes Modell zur Dekoration stehen gelassen - und ganz heimlich auf dem profanen Elektroherd gekocht.

entweichen konnte, war es manchmal gar nicht ungefährlich, mit einer solchen Koch- und Heizmaschine zu hantieren. Es erforderte tatsächlich eine gewisse Virtuosität, die ungeheure Hitze in Schach zu halten und optimal einzusetzen.

Nachdem in den 20er-Jahren des 20. Jahrhunderts gasbetriebene Herde und Öfen die mit Kohle befeuerten Exemplare abzulösen begannen, erfand der Schwede Gustav Dahlen die berühmteste aller britischen *ranges*. Es handelt sich um den legendären Aga, der als konsequente Weiterentwicklung der *closed range* geradezu zum Inbegriff britischer Küchengemütlichkeit geworden ist. Der Aga besteht aus zwei extrem gut isolierten Öfen und zwei Kochplatten. Der eine Ofen ist sehr heiß, der andere etwas kühler. Der heiße Ofen wird durch Abstrahlung des Koksfeuers im Innern erhitzt, der kühle Ofen und die kühlere Platte dagegen durch die daraus abgeleitete Wärme.

Auch wenn der Aga bald durch Gas- oder Elektroherde hätte abgelöst werden können, behielten ihn viele Leute in ihren Landhäusern bei. Heute werden gebrauchte Aga-Herde wie Antiquitäten gehandelt beziehungsweise von Spezialfirmen restauriert und wieder in Gang gebracht. Daneben gibt es eine Reihe von Herstellern, die gusseiserne und emaillierte Öfen im Stil des Aga bauen, wie etwa die Firma Stanley Cookers in Wrexham. Diese modernen Modelle werden wahlweise mit Gas, Strom oder wie früher mit Holz oder Kohle betrieben. Der Boiler dieser neuzeitlichen *cast iron cookers* versorgt oft das ganze Haus und die Heizung mit heißem Wasser. Diese ausgeklügelte Weiterentwicklung des altbekannten Systems steht ganz in der Tradition der ersten *cast iron ranges* des 18. Jahrhunderts. Mit ihr fühlen sich viele Briten immer noch wohler als mit einem Herd vom Kontinent. Deshalb wird in einem traditionsbewussten Haus auch heute noch die typische *cast iron range* zu finden sein.

Rechts: Der Vorläufer der *closed range* war die *open range* des frühen 19. Jahrhunderts, eine Weiterentwicklung des offenen Herdfeuers. Das abgebildete Beispiel einer solchen »offenen Heizanlange« befindet sich in Saltram House in Devon.

Ganz rechts: In der Küche von Dunham Massey in Cheshire kann dank des National Trust ein riesiger Aga Ofen aus dem Jahre 1938 bewundert werden. In nicht wenigen Häusern sind Agas diesen Alters noch im Gebrauch.

Rechts: In Lanhydrock, Cornwall, ist der letzte küchentechnische Stand des ausgehenden 19. Jahrhunderts erhalten. Die abgebildete *closed range* ist ein Vorfahre des legendären Aga.

Ganz rechts: In der Mitte des Raumes frei stehende Herde und Öfen konnten sich auf den Britischen Inseln nie richtig durchsetzen. Das abgebildete Exemplar aus dem 19. Jahrhundert besitzt deshalb Seltenheitswert.

Ein bunt bedrucktes Tea Towel

Aus der britischen Küche ist das *tea towel* nicht wegzudenken. Landauf landab trocknen die Küchentücher auf dem Handlauf des mächtigen Koch-, Back- und Heizofens. Solange noch irgendjemand Geschirr von Hand abwäscht, wird das auch so bleiben. Und da viele Briten altes, wertvolles und nicht unbedingt spülmaschinenfestes Geschirr besitzen und auch benutzen, überlebte das *tea towel* unangefochten selbst die Einführung der Spülmaschine.

Wie viele Details der Einrichtung – etwa die Handtücher im Bad oder die Art des Türschildes –, so sagt auch das Küchentuch einiges über den Hausherrn. Der eine benutzt die schlichten weißen Exemplare mit blauem oder rotem Überkaro, ein Dessin, das früher in ganz Europa variiert wurde. So etwas passt zum Aga-Herd, der wiederum einer Landhausküche gut zu Gesicht steht. Briten, die sich geschmacklich dem Stil der Arts-and-Crafts-Bewegung verschrieben haben, zieren ihre Kochstätten hingegen mit Küchentüchern nach Entwürfen von William Morris. Die nette alte Dame, die das gemütliche *cottage* am Dorfausgang bewohnt, wird vielleicht auf die Ware des Londoner Kaufhauses Liberty's schwören, dessen typische Blumenmuster man auf allen denkbaren Textilien findet. Wer seine Vorliebe für das architektonische und landschaftliche Erbe der Insel demonstrieren will, bevorzugt ein *tea towel* aus einem Laden des National Trust. Und wer seinen ausgeprägten *sense of humour* beweisen möchte, hängt Tücher mit allerlei witzigen Motiven und Sprüchen in seine Küche.

Der beste Platz für das Küchentuch ist eine Stange beim Herd. Hier hängt es griffbereit und wird nach Gebrauch schnell wieder trocken.

Allerdings darf man sich nicht täuschen lassen. Ein grelles oder grauenhaft dessiniertes Küchentuch muss nicht unbedingt auf einen unsicheren Geschmack des Hausherrn hindeuten. Die Briten haben einen ausgesprochenen Hang dazu, die Einrichtung eines Raumes mit skurrilen und eigentlich unpassenden Accessoires aufzulockern. Schließen Sie also nie von einem *fun item* auf den Rest des Hauses. Sie könnten in Ihr Urteil unwissentlich eine Antiquitätensammlung aus dem 17. Jahrhundert einbeziehen.

Küchenklassiker

Wer häufig in britischen Privathäusern zu Gast ist, wird in den Küchen immer wieder auf einige typische Gerätschaften stoßen, zum Beispiel den elektrischen Kessel. Kessel wohlgemerkt, nicht Wasserkocher, denn bei letzterem handelt es sich um ein schnödes Plastikgerät, das überall auf der Welt in Elektromärkten und Kaufhäusern für wenig Geld feilgeboten wird. Gemeint ist vielmehr der *electric kettle*, ein solider Stahlkessel mit eingebauter Heizschlange. Ein besonders formschönes Exemplar des *electric kettle* wird von der Firma Russel and Hobbs hergestellt. Die heute erhältliche Ausführung ist ein direkter Nachfahre des legendären »K1 Automatic Kettle« aus dem Jahre 1955, der von Bill Russel und Peter Hobbs entworfen wurde. Wem der elektische Kessel zu modern ist, setzt einfach einen normalen Kessel auf die Herdplatte. Die Traditionalisten unter den Briten wählen gern ein Modell aus Kupfer. Nicht nur aus ästhetischen Gründen (wirkt das Material doch äußerst anheimelnd), sondern auch um Zeit zu sparen, denn das Metall verfügt über eine exzellente Wärmeleitfähigkeit, was die Wartezeit auf den Tee verkürzt.

Erstaunen löst bei vielen Kontinentaleuropäern ein anderes Werkzeug aus, das in britischen Küchen – anders als in Mittel- und Nordeuropa – nicht nur zur Weihnachtszeit bereitliegt. Gemeint ist der Nussknacker.

Jeder Koch kennt das Problem: Man hat sich aus dem Hochglanz-Kochbuch ein verlockendes Rezept ausgesucht und möchte nun ans Werk gehen– doch das Buch will aufgrund einer ungünstigen Bindung einfach nicht aufgeschlagen bleiben. In solchen Fällen hilft ein stabiler, kippsicherer Kochbuchständer. Schwere Haltestäbe aus Gusseisen sorgen dafür, dass das Buch seine Geheimnisse dauerhaft preisgibt.

Die Briten lieben es, am Kaminfeuer die Schalenfrüchte zu verspeisen, die nützliche Utensilie zum Knacken der harten Delikatesse findet sich deshalb in jeder Küche. Ein bestimmtes Patent erfreut sich dabei besonderer Beliebtheit. Es sieht aus wie eine Mischung aus Schraubzwinge und Schraubstock und arbeitet nach dem gleichen Prinzip. Die Nuss wird zwischen den Backen des Knackers positioniert, um die Schale mittels eines Schraubmechanismus zum Bersten zu bringen. Angesichts des schweren Gusseisens stellt sich zwar die Frage, ob man da nicht mit Kanonen auf Spatzen schießt. Dies wird man spätestens dann verneinen, wenn mit seiner Hilfe auch die härteste Paranuss-Schale wie eine Christbaumkugel aufplatzt.

Ein britisches *full breakfast* wäre ohne Ei in seinen diversen Aggregatzuständen kaum denkbar. Doch neben dem am liebsten noch fast flüssig servierten Rührei aus der Pfanne gibt es zwei weniger bekannte, aber sehr britische Eierspezialitäten, die unter Verwendung eigens dafür erdachter Hilfsmittel zubereitet werden. Das kann das Frühstücksei aus dem so genannten *egg coddler* sein. Hierbei handelt es sich um ein Behältnis aus Porzellan, das die Form und die Größe eines etwas vergrößerten Eierbechers besitzt und mit einem aufschraubbaren Metalldeckel verschlossen wird. Für diese Delikatesse schlägt man zunächst ein Ei in eine Tasse, verrührt Eidotter und Eigelb, würzt nach Belieben mit Salz, Pfeffer und Worcestersauce und was man sonst noch mag, füllt das Ganze in den *egg coddler*, setzt den Deckel auf und stellt das Gefäß in kochendes Wasser. In der Hitze wird das Ei gar und ist appetitlich und hygienisch im Porzellanmantel und ohne störende Schale sofort zum Verzehr bereit. Das zweite typisch britische Hilfsmittel zur Erhöhung des morgendlichen Cholesterinspiegels besteht aus einem einfachen Metallring mit Griff, der in die Pfanne gelegt wird (Abb. unten). Wie beim Spiegeleierbraten schlägt man nun ein Ei hinein (oder auch eine verrührte Eimasse). Anders als bei der üblichen Zubereitungsmethode kann sich das noch flüssige Ei jetzt nicht mehr auf dem Pfannenboden ausbreiten, so dass in der Pfanne auch noch *ham* oder *bacon* gebraten werden können.

Mit dem praktischen Metallring wird das Frühstücksei in der Pfanne in Form gehalten.

Für den Tee zwischendurch

So wie die Deutschen, Niederländer oder Finnen ihren Filterkaffee lieben, so lieben die Briten ihren Tee, auch wenn neuerdings Espresso und Cappuccino sehr im Trend liegen. Dabei schätzen sie keineswegs nur das Zeremoniell des aufwendig bereiteten Fünfuhrtees aus dem Porzellan von Wedgwood oder Spode. Für den schnell aufgebrühten, alltäglichen Schluck Tee hängt der Brite einen Teebeutel in den *mug*, den schlichten Becher aus Steingut. Kein Büro, in dem nicht überall diese geräumigen Henkeltassen herumstehen, um jederzeit mit frischem Tee gefüllt zu werden.

Manche Teekenner behaupten, dass die *tea bags* aus England einen viel besseren Tee ergeben als alle anderen auf der Welt. Tatsächlich waren und sind Teebeutel, zum Beispiel der Marke »Tetley's«, beliebte Souvenirs von der Insel. Daran wird sich nichts ändern, bis die Teehändler in anderen Gegenden des Kontinents ihren Teebeuteln das authentisch englische Aroma verliehen haben. Mit dem Vordringen der Kaufhauskette Marks & Spencer auf den Kontinent besteht Hoffnung für die anglophilen Teebeutelfans, denn die Lebensmittelabteilungen von Kaufhäusern und Supermärkten bieten bereits in einigen Städten die Hausmarke an.

Für den Genuss des Beuteltees ist und bleibt der Teebecher unverzichtbar. Es gibt ihn in einer großen Bandbreite von Farben, Dessins, Größen, Formen, Qualitäten und Preisen. Jeder standesbewusste Londoner Souvenirladen bietet sie an – in den Nationalfarben Großbritanniens und mit dem Porträt der Königin. Man bekommt ihn auch mit dem Schriftzug der traditionsreichen Kaufhäuser und Feinkostläden, ebenso wie mit den Emblemen verschiedenster Firmen und Institutionen. Selbstverständlich gibt es auch die vornehme Ausführung des eigentlich schlichten Alltagsgegenstandes. Wer seinen Lippen die Berührung mit profanem Steingut nicht zumuten will, kauft einen Teebecher aus feinstem Porzellan. Eine besondere Stellung unter den verschiedenen Varianten nehmen der persönliche und der kommunikative *mug* ein. Der eine trägt den Namen seines Besitzers, der andere verkündet eine Botschaft. Die ist meist witzigen Inhalts, gelegentlich aber auch weltanschaulicher Natur. Die Aufforderung, die Wale zu retten oder den Regenwald, gehört zur Standardaussage auf Trinkgefäßen umweltbewusster Haushalte. Doch meist herrscht im Geschirrschrank ein durchaus demokratisches Durcheinander. Zu den selbst erworbenen *mugs* kommen zahllose Becher mit werbenden Worten eines Ladengeschäfts oder einer Firma, in deren Besitz man irgendwann einmal geraten ist. Oftmals überdauern diese billigsten aller Geschirrteile am längsten im Haushalt und überleben nicht selten sogar die Firma, für die sie geworben haben.

Der Teebecher gehört zum britischen Alltag wie das daraus genossene Getränk. Es geht darum, in aller Ruhe etwas Heißes, Aromatisches zu sich zu nehmen und im Alltag eine kleine Unterbrechung einzulegen. Nichts symbolisiert die Pause besser als der gemütliche Becher aus Steingut.

Rechts: Die *dairy*, also die Molkerei, war ein wichtiger Arbeitsraum in den Häusern früherer Jahrhunderte. Hier wurde Milch aufbewahrt, Rahm abgeschöpft, Quark und Käse hergestellt und Butter gestampft. Sauberkeit hatte in Anbetracht des empfindlichen Rohstoffs höchste Priorität.

Ganz rechts: Vor der Erfindung des elektrischen Kühlschranks mussten Speisen und Getränke mithilfe von Eis auf niedrigen Temperaturen gehalten werden. Das empfindliche Gut wurde in Eishäusern, Eiskellern oder Eistruhen gelagert, die man entweder im Winter mit selbst herbeigeschafftem oder zu anderen Jahreszeiten mit angeliefertem Eis befüllte.

Vorratshaltung

Zu einem echten *country house* gehört eine gut ausgestattete Vorratskammer. Hier finden sich Milchprodukte aus eigener Herstellung, hausgemachte Konserven wie Marmeladen oder Pickles, Relishes und Piccalilli, Obst und Gemüse aus dem Garten, sowie Schinken, Speck und Dauerwürste aus eigener Schlachtung. Vorratshaltung hat in Großbritannien eine lange Tradition, und jeder Landsitz verfügte seit dem Mittelalter über eine *home farm*. Diese wurde seit Mitte des 16. Jahrhunderts zwar in immer größerer Entfernung von den repräsentativer werdenden Herrenhäusern angelegt, doch der eigene Bauernhof lieferte nahezu alles, was man zum Leben brauchte. Es gab zwar auch später noch Häuser, deren Nahrungslieferant in einem Ausläufer des Anwesens untergebracht war – wie etwa das im ausgehenden 17. Jahrhundert erbaute Uppark oder das aus dem 18. Jahrhundert stammende Erddig –, doch meist sollte das Vieh außer Sicht- und vor allem außer Geruchsweite bleiben.

Die *home farm* lieferte Fleisch von Rind, Schaf, Schwein sowie Geflügel, Milch und Eier. Für den vielseitigen Speiseplan der *landed gentry* sorgten der Taubenschlag, diverse Hasen- und Kaninchenställe, Fischteiche und Wildgehege. Einschließlich der Getreideprodukte von den Ländereien waren die Herrensitze völlig autark, zumal die landwirtschaftlichen Erzeugnisse sämtlich im Hause weiterverarbeitet werden konnten. In der *dairy* wurden Butter, Sahne, Käse und Quark hergestellt und die Eier gelagert. Im *bake house* wurde gebacken und im *brew house* Bier gebraut. Da die Herstellung von Brot und Bier meist von ein und derselben Person besorgt wurde und gemeinsame Zutaten wie Malz und Hefe erforderte, lagen Backhaus und Brauhaus oft nebeneinander.

Was nicht zum sofortigen Verbrauch bestimmt war, mußte für die Lagerung durch Einsalzen, Räuchern, Trocknen oder Gefrieren konserviert werden. Gemüse und Obst konnte eingekocht werden oder in Kellern und Regalen auf seinen Verzehr warten. Das Wild wurde aufgrund des strengen Geruchs getrennt vom übrigen Fleisch abgehangen und weiterverarbeitet. Zu diesem Zweck verfügen einige Anwesen, wie etwa Uppark, über entsprechende Häuschen.

Lagertechniken wie Kühlen und Einfrieren waren lange vor der Erfindung des elektrisch betriebenen Kühlschranks bekannt. Da das Vereinigte Königreich aber nie ein ausgesprochen warmes Land war, wurden richtige Eishäuser erst im 17. Jahrhundert gebaut. Vermutlich hatten reisende Engländer solche Einrichtungen in Italien kennengelernt. In einem gut konstruierten *ice house* konnte sich das im Winter eingelagerte Eis mitunter zwei Jahre lang halten. Wer selbst kein Eis auftreiben konnte, kaufte es. Schon im frühen 18. Jahrhundert gab es einen florierenden Handel mit dem gefrorenen Rohstoff. Im 19. Jahrhundert wurde Eis sogar importiert. Es gab eine Linienverbindung zwischen England und Norwegen, auf der permanent Eis herbeigeschafft wurde – unter anderem

Im so genannten *salting room* von Tatton Park in Cheshire wurde das Fleisch durch Einsalzen haltbar gemacht. Die fertig gepökelten Stücke wickelte man in saubere Tücher und hängte sie an die Haken in der Decke.

Robert Adam erbaute Kedleston Hall, Derbyshire, in den Jahren von 1770 bis 1772. Zu dem monumentalen Anwesen gehört auch ein Teich samt Fischerhäuschen. Im Untergeschoss befinden sich die beiden Bootshäuser und ein unbeheizter Swimmingpool, das darüber gelegene »Angelzimmer« ermöglichte es den Damen, trockenen Fußes und so komfortabel wie möglich ihre Köder auszuwerfen. Geangelt werden können dann (v.l.n.r.). Forelle (*trout*), Flussbarsch (*river perch*), Schleie (*tench*), Karpfen (*carp*), Graubarsch (*perch*) und Aal (*eel*).

für das riesige Eislager des Londoner Haymarket. Dort konnten bis zu 1500 Tonnen zwischengelagert werden.

Die Nachfolger des separaten Eishauses waren Eiskeller, die in das Fundament des Anwesens eingebaut wurden. Zum Eisschrank in der Wohnung war es von dort nur noch ein kleiner Schritt, mobile Eiskisten und -truhen tauchten um die Mitte des 19. Jahrhunderts auf. Sie waren aber nach wie vor eine Art »Thermokiste«. Kühlschränke im heutigen Sinne wurden für den Massengebrauch zuerst in den USA auf den Markt gebracht. 1913 kam dort der erste *domestic electric refrigerator* in die Geschäfte. Seit den 30er-Jahren fanden sich solche Geräte dann auch in den größeren Küchen Großbritanniens.

Von den vielfältigen Methoden zur Haltbarmachung von Lebensmitteln haben nur wenige bis in unsere Zeit überdauert. Am gebräuchlichsten sind wohl das Einlagern von Kartoffeln und das Einkochen von Obst und Gemüse zu Marmeladen, Gelees und sauren Spezialitäten. Ungeachtet des überwältigenden Angebots in den Supermärkten wird diese Art der Vorratswirtschaft von vielen Briten noch betrieben. Eine gewisse Nostalgie spielt dabei ebenso eine Rolle wie das aus der Insellage resultierende Bedürfnis nach Unabhängigkeit durch Selbstversorgung. Zudem bietet man dem Gast gern selbst gemachte Marmelade, Pickles und Relishes nach dem Familienrezept und eigenen Obstwein an, und in den allermeisten Fällen sind sie zu Recht der Stolz des Hauses.

Links: Marmeladen und Gelees gehören zu den Klassikern unter den hausgemachten Konserven. Die herzhaften Varianten heißen Pickles, Relishes und Piccalilli und schmecken zu kaltem Braten oder auf Sandwiches. Um sie herzustellen, werden Tomaten, Gurken, Möhren, Äpfel, Kohlköpfe oder Zwiebeln klein geschnitten und in einem würzigen Sud gekocht.

Ganz links: Die großen Schubladen einer modernen Einbauküche ersetzen in der Stadtwohnung heute die Vorratskammer. Auf dem Lande halten sich dagegen noch viele Briten eine Vorratskammer – aus Nostalgie und weil Obst und Gemüse aus eigenem Anbau oft besser schmeckt, in jedem Fall aber mehr Spaß macht.

THOMAS WALLIS & Co. LTD.
THEIR TEDDY BEAR "NELSON"

Britische *bedrooms* zeigen sich vielseitig: vom prächtigen Prunkzimmer bis hin zum schlichten, aber gemütlichen Refugium, wie hier zu sehen.

Das Schlafzimmer

Historische Schlafgemächer

Das mächtige *four-poster bed* in einem der 175 Zimmer unc Gemächer von Chatsworth in Derbyshire gleicht eher einem Thron als einer Ruhestätte.

Ein separates Schlafzimmer hätte man bis in das späte Mittelalter hinein in den wenigsten englischen Häusern der Unter- und Mittelschicht gefunden. Die Bettstatt wurde in der *great hall* aufgestellt, dem großen Raum also, in dem auch gekocht und gegessen wurde. Bauernfamilien verwendeten oft auch den Esstisch als Bett, indem die Platte umgedreht und ein Strohsack daraufgelegt wurde. Erst im 15. Jahrhundert begann man sich in abgeschlossene Schlafkammern zurückzuziehen, wo nicht nur geschlafen wurde, sondern sich auch die Frauen des Hauses aufhielten, wenn die Männer ihre Gelage in der Halle veranstalteten.

Das Schlafgemach war ein privater Raum, der erst gegen Ende des 16. Jahrhunderts auch als repräsentatives Wohnzimmer genutzt wurde. Im 17. Jahrhundert ging man dann sogar so weit, Besucher ins Schlafgemach vorzulassen, während man selbst im Aufstehen begriffen war oder sich gerade ankleiden ließ. Es machte sich hier der Einfluss französischer Hofsitten bemerkbar, die ausgehend vom Tagesablauf des Königs auch in den oberen Gesellschaftsschichten des England der Barockzeit Niederschlag fanden. Diesem Zweck entsprechend, wurde das Zimmer immer opulenter eingerichtet. In den adligen Häusern war das Bett oft pompös wie ein Thron. Unmengen von Stoff wurden um die Schlafstatt drapiert und machten sie nicht selten zum teuersten Möbelstück im Haus.

Im 18. Jahrhundert hielt man sich wieder mehr in den eigentlichen Empfangsräumen auf, die Größe des Schlafgemachs nahm zugunsten eines Ankleidezimmers ab, das dann wie ein kleiner Wohn- oder Arbeitsraum eingerichtet war. Schlaf- und Ankleidezimmer ersetzten damals auch die Badestube, denn alle Utensilien, die für die Körperpflege nötig waren, wurden bei Bedarf herbeigeschafft. Die transportablen Wannen und dreibeinigen Waschständer legen davon Zeugnis ab. Seit dem mittleren 18. Jahrhundert wurde es üblich, aus gesundheitlichen Gründen zunächst eiskalte Bäder zu nehmen, die auf den Landsitzen in eigens eingerichteteten Badehäusern ihren Platz fanden.

Das wichtigste Möbelstück im Schlafzimmer – zumindest in den privaten Gemächern der Wohlhabenden – war das Himmelbett. Entsprechend den Temperatur– und Wohnverhältnissen wurde das Material für die Bettvorhänge gewählt. Während man mittelalterliche Betten noch mit dicken Stoffschichten gegen Zugluft schützte, genügten in späteren Zeiten oftmals leichte Seidenvorhänge. Statt eines auf vier Säulen ruhenden Himmels beschränkte man sich auf Baldachinkonstruktionen, die mit nur zwei Säulen am Kopfende auskamen. Weniger Stoff im Schlafzimmer hatte außerdem den Vorteil, dass Ungeziefer wie Motten, Läuse, Flöhe und Wanzen nicht mehr so leicht Unterschlupf fanden. Geschlafen wurde bis in das 18. Jahrhundert hinein im Sitzen, so dass Betten wesentlich kürzer waren heute.

Moderne britische Schlafzimmer unterscheiden sich kaum von ihren Vorgängern aus dem 18. und 19. Jahrhundert. Gestern wie heute findet man darin das große Bett (mit oder ohne Baldachin), die Kommode, den Frisiertisch und natürlich jene Sitzgelegenheiten, die den Schlaf- und Ankleidebereich auch zum Wohnraum machen. Doch was ist daran nun typisch britisch? Da wäre zum Beispiel das traditionelle Vierpfostenbett, darauf die gesteppte Tagesdecke und daneben die Nachttischlampe mit Stoffschirm. Klassisch britisch sind auch die Schubladenkommode und der Frisiertisch mit Spiegel. Eine weitere Eigenart, die man ganz bestimmt nicht in einem deutschen, französischen oder italienischen Schlafzimmer finden würde, ist ein am Fußende des Bettes platziertes Möbelstück wie Tisch, Truhe oder Sofa. Es scheint eine unverwechselbar britische Vorliebe zu sein, Mobiliar optisch mit anderem Mobiliar abzuschließen, so wie im Wohnzimmer die Rückseite eines frei stehenden Sofas unbedingt mit einem schmalen Tisch versehen werden muss.

Die Sitzmöbel im Schlafzimmer sind nicht nur eine stilistische Eigenheit der Briten, sondern führen auch zu einem anderen Kriterium, das die Besonderheiten des britischen Schlafzimmers verdeutlicht. Gemeint ist die Nutzung dieses Raumes. Es wurde bereits angesprochen, dass das Schlafgemach in der Vergangenheit immer wieder auch als Empfangsraum diente. Dies war in ganz Europa der Fall, bis sich die Sitte im 19. Jahrhundert langsam verlor. Auf dem Kontinent entwickelte sich das Schlafzimmer immer mehr zu einem höchst intimen Raum, in dem genächtigt und geliebt wurde – weiter nichts. In Holland oder Spanien käme kaum jemand auf die Idee, seinen Gast ausgerechnet im Schlafzimmer zu begrüßen. Dies würde auf beiden Seiten Verlegenheit erzeugen. Der einzige Fremde, der Zutritt erlangt, ist der Hausarzt beim Krankenbesuch.

In Großbritannien sollte man Gleiches erwarten, doch die Einrichtung des Schlafzimmers sagt etwas anderes. Es scheint im kollektiven Bewusstsein der Briten noch eine vage Erinnerung an jene Zeiten zu existieren, in denen man das Schlafzimmer als echten Wohnbereich nutzte. Noch in der Viktorianischen Ära war das Schlafgemach mehr als nur ein Raum für so elementare Bedürfnisse wie Schlaf und Liebe. Morgens wurde beispielsweise dort gefrühstückt, zwar nicht unbedingt im Bett, doch zumindest an einem kleinen Tisch nahe dem Kaminfeuer. Danach nutzte man sowohl Ankleide- als auch Schlafzimmer, um sich für den Vormittag zurechtzumachen. Vor dem Mittagessen suchte man den *bedroom* auf, weil es Zeit war, sich für das *lunch* umzuziehen. Nach dem mehr oder weniger üppigen Mittagessen ruhte man ein wenig auf dem Bett oder dem Sofa. Am frühen Abend wurde der *drawing room* wiederum zugunsten des Schlafzimmers verlassen, um ungestört zu lesen oder Briefe zu schreiben. Außerdem hieß es erneut, sich umzuziehen – *change for dinner*.

Diese intensive und nicht nur auf die Nachtstunden beschränkte Nutzung des Schlafraumes spiegelte sich im Mobiliar wider. Nicht nur Bett, Nachtschrank und Kommode, sondern auch Wohnzimmermöbel wurden gebraucht, damit das Schlafgemach als Frühstücksraum und als Lese- und Schreibzimmer dienen konnte.

Britische Schlafzimmer erhalten so einen ganz besonderen Charakter. Sie sind gemütlich, ländlich unschuldig und manchmal auch pompös – in jedem Fall jedoch ein Ort, an den man sich mit einem guten Buch und einer heißen Schokolade zurückziehen kann, während draußen der Herbststurm ums Haus tobt.

Rechte Seite: Eine Nacht in Syon Park wird für den Besucher zur Zeitreise, obwohl die Schlafzimmer mit neuzeitlichem Komfort ausgestattet sind. Man muss sich nur die elektrischen Installationen wegdenken, und schon schläft man im 19. Jahrhundert, wie hier im *bedroom* von Princess Victoria in Syon House.

Die Schlafzimmereinrichtung

In einem modernen Haus oder einer modernen Wohnung gilt das Schlafzimmer als einer der privatesten Räume. Wenn Hausherr oder Hausherrin mit ihren Gästen einen Rundgang durch ihr Domizil unternehmen, um ihnen die Lage von Wohnzimmer, Gästezimmer, Speisesaal (eventuell auch Billardzimmer und – bei besonders großzügigen Gastgebern – Treppe zum Weinkeller) zu zeigen, wird das eigene Schlafzimmer meist ausgespart. Man erklärt, dass sich hinter jener bestimmten Türe nichts Interessantes befinde oder dass gerade nicht aufgeräumt sei oder übergeht die Existenz dieses Zimmers ganz einfach. Doch das war nicht immer so. In früheren Zeiten fungierte das Schlafzimmer durchaus als multifunktionaler Wohnbereich. Entsprechend sorgfältig musste man bei der Planung seiner Einrichtung vorgehen. Ein prunkvolles Bett beanspruchte einen zentralen Platz, an dem es würdig in Szene gesetzt werden konnte. Schließlich galt es auch die Besucher zu beeindrucken, die man früher in das Schlafgemach vorzulassen pflegte. Die Sitzgruppe aus Polsterstühlen und diversen Tischen stand am besten in der Nähe des Kamins, damit man es im Winter warm hatte. Der Schreibtisch, der zum morgendlichen Arbeiten gebraucht wurde, sollte idealerweise am Fenster stehen. Wenn dann noch Garderobenschränke und Frisierkommoden untergebracht werden mussten, konnte es ziemlich eng werden. Doch diese Enge, verbunden mit der typischen Mixtur aus Farben, Formen, Stoffen, Stilepochen und Skurrilitäten, trug – und trägt noch heute – entscheidend zum Charakter und zur Gemütlichkeit des britischen Schlafzimmers bei.

Dieses helle, freundliche Schlafzimmer in Llangoed Hall in Wales zeigt eine klassische Raumaufteilung: Das eher zierlich wirkende Himmelbett nimmt den zentralen Platz ein, ein Sessel steht in der Ecke, und das Sofa am Fußende bildet einen ebenso interessanten wie klassischen optischen Abschluss.

Das britische Schlafzimmer soll nicht nur eine erholsame Nachtruhe ermöglichen, sondern auch tagsüber als gemütliches Refugium dienen, in das man sich zum Lesen oder auch zum Briefeschreiben zurückziehen kann, wie dieser einladende Arbeitsplatz in Elton Hall, Cambridgeshire, beweist.

Chatsworth House, der heutige Sitz des Duke und der Duchess of Devonshire im idyllischen Derbyshire, beherbergt in seinen zahlreichen Schlafzimmern eine ganze Reihe wertvoller *four-poster beds*. Dieses Bett steht vergleichsweise nah am Fenster, so dass man bequem nach draußen blicken kann.

Linke Seite: Trotz der Dachschräge in der linken Hälfte des Raums hat dieses prachtvolle, sehr hoch aufgepolsterte *four-poster bed* einen idealen Platz gefunden.

Oben links: Der »Mauve Room« im irischen Castle Leslie ist ein schönes Beispiel für ein großzügiges Schlafzimmer, in dem man sich auch tagsüber komfortabel aufhalten kann. In der »Royal Suite« mit angrenzendem Ankleidezimmer und Bad nächtigten königliche Hoheiten und Rockstars wie Mick Jagger und Marianne Faithfull.

Oben rechts: Während *four-poster beds* mit ihren voluminösen Vorhängen und Baldachinen manchmal etwas mächtig wirken, erscheint dieses Ensemble ausgesprochen luftig. Die Zierlichkeit des Fußteils wird durch die durchbrochene Rückenlehne und die leichte Konstruktion des Stuhls unterstrichen.

Oben: Der Klassiker unter den Betten ist natürlich das Himmelbett, das auf Englisch *four-poster bed*, also Vierpfostenbett heißt. Seine Konstruktion sollte ursprünglich vor Zugluft, Kälte und neugierigen Blicken schützen. Da der Baldachin und die Vorhänge große Stoffmengen erforderten, war die Schlafstatt nicht selten das wertvollste Möbelstück im Haushalt.

Ganz links: Das britische Schlafzimmer wäre ohne die typische Nachttischlampe undenkbar. Es gibt sie in allen stilistischen Variationen von messingglänzend-pompös bis blümchengeschmückt-romantisch.

Links: In einem traditionell eingerichteten britischen Schlafzimmer wird man kaum moderne Kunst finden, eher Aquarelle, Ölgemälde, alte Stiche, gerahmte Karikaturen oder eigene Werke der Hausbewohner. Pseudoreligiöser oder erotischer Kitsch wird allenfalls als exzentrischer Witz akzeptiert.

Ein oder zwei Nachttische sind unentbehrlich für jedes Schlafzimmer. Hier kann man alles unterbringen, was man zwischen Abend und Sonnenaufgang braucht. Je nach Geschmack kann man sich für einen schlichten runden Tisch entscheiden oder aber für einen rechteckigen Nachtschrank.

Der Waschtisch ist ein Relikt aus jenen Zeiten, die noch kein fließendes Wasser kannten. Das heiße Nass für die morgendliche Rasur wurde von Dienstboten heraufgebracht. Als Dekorationsobjekt sind Waschtische heute gerade in Landhäusern sehr beliebt.

Oben: Die Kommode ist der Klassiker unter den Schlafzimmermöbeln. Während sich der Schrank mit den hängend aufzubewahrenden Kleidungsstücken meist im Ankleidezimmer befindet, werden in der Schlafzimmerkommode Wäsche, Hemden und Pullover untergebracht.

Rechts: Ein kleiner Schreibtisch oder ein Sekretär ist neben der Schlafstatt bestens platziert. So kann man nach dem Aufstehen oder vor dem Zubettgehen – bequem in Négligé oder Morgenrock – in aller Ruhe einen Brief schreiben. In dem Sessel kann dann noch mußevoll gelesen werden, bis einen die Müdigkeit ins Bett treibt.

Betten

Die Formen des *regency day bed* aus dem frühen 19. Jahrhundert erinnern an die Liegen der klassischen Antike.

Für die einen ist es nur ein prosaisches Nachtlager, für die anderen der gemütlichste Aufenthaltsort der Welt, und sogar so wichtige Dinge wie das Regieren lassen sich von dort erledigen. Winston Churchill beispielsweise war ein später Verfechter dieser einstmals von Königen praktizierten Angewohnheit, den Vormittag im Bett zu verbringen und von dort aus die Staatsangelegenheiten zu regeln. Per Telefon oder mit seiner Sekretärin, der er im Morgenrock die ersten Briefe diktierte. Immer dabei: Seine geliebten Katzen.

In früheren Zeiten galt das Bett als Prestigeobjekt. Entsprechend aufwendig wurde es gestaltet und später auch dekoriert. Das spätmittelalterliche *box bed* oder Kastenbett (auch *cupboard bed*, Schrankbett) war an drei Seiten abgeschlossen, an der offenen Seite sorgte ein Vorhang für Diskretion. Die einfache Matratze ruhte auf Seilen, die zwischen die Bretter der Breitseite gespannt waren. Ab und an mussten sie nachgezurrt werden (*to tighten*), daher der englische Ausdruck *sleep tight*. Nur die Reichen und Wichtigen konnten eine solche Schlafstatt ihr Eigen nennen, Im 16. und 17. Jahrhundert waren mächtige Baldachin- oder Vierpfostenbetten üblich. Die üppigen Stoffmassen wehrten zwar Zugluft ab, bildeten aber gleichzeitig eine ideale Brutstätte für Ungeziefer aller Art. Das *half-tester bed* des 18. Jahrhunderts, dessen »halbierter« Baldachin auf zwei Pfosten am Kopfende ruhte, brachte auch keine wesentliche Besserung der Situation. Doch etwa zur gleichen Zeit begann man auch auf Couchbetten zu ruhen, die ganz ohne Pfosten und Baldachin auskamen. Da der Vorhangstoff das Teuerste an der ganzen Bettstatt war, stellte der Trend zur Liege eine kostengünstige Alternative dar. Eine weitere Verbesserung der Belüftung und Insektenabwehr wurde mit den Metallrahmenbetten des Regency erreicht.

Das opulente Himmelbett war früher nicht selten das teuerste Möbelstück im ganzen Haus. Der schwere massive Holzrahmen kostete oft schon ein Vermögen, die Gestaltung der Vorhänge verschlang meterweise wertvolle Stoffe und der Baldachin zeigte oftmals vergoldete Zierelemente wie etwa das Familienwappen.

Mit den schmalen, liegenartigen Betten aus der Regency-Zeit hielt eine weit reichende Neuerung Einzug in die Schlafzimmer der Britischen Inseln: Während die Schlafstatt bis jetzt stets mit dem Fußende in den Raum ragte, konnte man den neuen Typus einfach längs an die Wand stellen.

Das *half-tester bed* kam in den 40er-Jahren des 18. Jahrhunderts auf. Zwei Pfosten am Kopfende halten jetzt einen nur noch bis zur Mitte des Bettes reichenden Rahmen, an dem wiederum die etwas verschlankte Version von Baldachin und Vorhängen befestigt ist. Die Pfosten am Fußende sind weggefallen.

Doppelbetten aus Holz, die sich je nach Bedarf und Schlafgewohnheiten zusammenstellen oder wieder auseinander rücken lassen, bilden den klassischen *twin bedroom*, der gern als Gästezimmer oder als Schlafzimmer für die schon etwas größeren Kinder genutzt wird.

Nachdem man erkannt hatte, dass zu viel Holz und Textilien dem Insektenbefall des Schlafzimmers Vorschub leistete, kam das Metallbett auf. Es garantierte eine gute Belüftung und war resistent gegen die kleinen Quälgeister. Eisen wurde zu einem beliebten (und preiswerten) Material für Kinder- und schlichte Erwachsenenbetten.

Das Messingbett gilt als die »feinere« Ausgabe des Eisenbetts und passt selbst in das gediegenste Ambiente. Goldschimmernde Gestelle als Four-Poster- oder Half-Tester-Konstruktion erfreuten sich bereits in Viktorianischer Zeit großer Beliebtheit und schmückten feinste Interieurs.

Das Schlafzimmerfenster

Schlafzimmerfenster gelten gemeinhin als unproblematisch und leicht zu dekorieren. Seltsam nur, dass viele Hausbesitzer mit ihren Lösungen unzufrieden sind. Entweder ärgern sie sich insgeheim, dass sie hohe Summen für maßgeschneiderte Vorhänge ausgegeben haben, die im täglichen Gebrauch sträflich versagen – oder beauftragen irgendwann entnervt einen Innenarchitekten, der sich des Problems annehmen soll. Der Grund für solche Fehlschläge hängt in aller Regel mit der Jahreszeit zusammen, in der das neue Domizil bezogen wurde. Um bei der Dekoration von Schlafzimmerfenstern kostspielige Fehlentscheidungen zu vermeiden, sollte man von vornherein den Wechsel der Jahreszeiten mitbedenken.

Wer sein Haus während des Sommers kennen lernt, wird geneigt sein, eine helle, freundliche und vor allem nicht allzu schwere Stoffqualität für seine Schlafzimmerfenster zu wählen. Solche Entscheidungen können sich rächen, wenn der Herbst naht und sich herausstellt, dass es permanent zieht und der Raum nicht warm zu bekommen ist. Menschen, die ihre neue Bleibe im Winter beziehen, werden dagegen für einen Wollvorhang sorgen. Möglicherweise müssen sie mit dem Anbruch der helleren Jahreszeit jedoch feststellen, dass ihnen bereits morgens um sechs die Sonne direkt ins Bett scheint. An ein abdunkelndes Rollo hat im Dezember nämlich niemand gedacht. Bei der Planung von Fensterbekleidung für das Schlafzimmer müssen also einerseits die wechselnden Licht- und Witterungsverhältnisse berücksichtigt werden, andererseits lohnt es sich, bei allen Elementen der Dekoration wirklich auf Funktionalität zu achten. Die Vorhänge sollten sich leicht bewegen lassen, und auch das morgendliche Öffnen des Fensters darf keine größere Umbauaktion erforderlich machen.

Da die Fenster in britischen Häusern selten gut schließen, sehen die entsprechenden Dekorationslösungen meist üppige Vorhänge vor. Die Schwere des Stoffs ist dabei gar nicht so entscheidend. Selbst feine Seidenqualitäten können ihren Zweck erfüllen, wenn zwischen Obermaterial und Futter ein so genanntes *interlining* eingenäht wird, also eine wärmende Zwischenschicht aus Filz oder Baumwollmull. In ein rustikales Raumkonzept fügen sich auch gesteppte *quiltings* gut ein. Oft bilden Volants im gleichen oder einem anderen, farblich abgestimmten Dessin den oberen Abschluss. Um die Vorhänge tagsüber aufzuhalten, verwendet man auch im Schlafzimmer die in der Wand verankerten Raffhalter. Wer Raffschlaufen vorzieht, sollte solche auswählen, die sich mithilfe eines kleinen Hakens öffnen lassen, denn den kompletten Schal jeden Abend aus der Schlaufe zu ziehen ist auf die Dauer zu umständlich.

Rechts: Gardinen schützen zum einen vor neugierigen Blicken in das Schlafgemach. Zum anderen vermögen sie tagsüber grelles Sonnenlicht zu dämpfen. Von diesen beiden nützlichen Aspekten abgesehen, vermitteln Gardinen optisch zwischen der Klarheit der Fensterscheibe und der Undurchsichtigkeit des Vorhangstoffs.

Ganz rechts: Vorhänge für das Schlafzimmerfenster sollten nicht nur nach ästhetischen, sondern auch nach praktischen Kriterien ausgewählt werden. Bekommt das Zimmer starke Morgensonne, müssen sie besonders im Sommer hinreichend lichtdicht sein, damit man nicht zu früh geweckt wird. Außerdem sollten sie sich leicht bewegen lassen.

Rechts: Die ausgeprägte Vertikalität von Vorhängen in Raffhaltern balanciert die waagerechten Linien des britischen *sash-window* in sehr vorteilhafter Weise aus.

Ganz rechts: Hier wurde eine Grundregel des britischen Einrichtungsstils gebrochen: der Mustermix. Denn die Fenstervorhänge und die Vorhänge des Vierpfostenbetts sind ausnahmsweise aus demselben Stoff und in derselben Machart genäht.

Hypnos – die bequemsten Betten der Welt

Wenn es Nacht wird im Buckingham Palace und die Queen im Begriff ist, sich zur Ruhe zu begeben, werden die Bediensteten ihres Haushalts das Schlafgemach herrichten, dessen komfortables Zentrum höchstwahrscheinlich eine Matratze der Firma Hypnos bildet. Nicht weit davon entfernt, in Clarence House, liefert Königin Elisabeth, die Königinmutter, Morgen für Morgen den Beweis dafür, dass nichts erholsamer und orthopädisch gesünder ist als die Nachtruhe auf einer Hypnos-Schlafstatt. Und so haben beide die traditionsreiche Betten-, Matratzen- und Polstermanufaktur zu ihrem Hoflieferanten ernannt. Deshalb darf Hypnos seine Produkte und Broschüren mit zwei »Royal Warrants« versehen.

Die Firma mit ihren heutigen Aktivitäten ist aus dem Zusammenschluss zweier inzwischen rund 100 Jahre alter Familienbetriebe hervorgegangen. Beide waren in der Gegend von High Wycombe in Buckinghamshire ansässig. George Henry & S. Keen Chairmakers waren angesehene Stuhlfabrikanten. Ihre Modelle, die zum größten Teil aus einheimischem Buchenholz gefertigt waren, galten als geradezu unzerstörbar, so dass in ganz England Gastwirte und Restaurantbesitzer sie für ihre Lokale orderten. Der andere Partner hieß William S. Toms Bedmakers und fertigte Betten sowie Mobiliar für Schlaf- und Esszimmer. Für die Vermarktung seiner Betten hatte das Unternehmen den Markennamen Hypnos gewählt. Hypnos, der altgriechische Gott des Schlafes, ist der Sohn der Nyx, der Göttin der Nacht. Sein Segen garantiert dem Schläfer eine angenehme Ruhe.

Im Jahre 1986 taten sich die beiden Betriebe zusammen. Der neu geschaffene Konzern sollte weiterhin unter dem eingängigen und inzwischen sehr bekannten Hypnos-Label firmieren. Allerdings einigte man sich auf den Zusatz »makers of the most comfortable beds in the world«. Ein zugegebenermaßen hoher Anspruch, den man in Princes Risborough, dem nicht weit von High Wycombe gelegenen jetzigen Sitz, um jeden Preis zu erfüllen bereit ist. Um den veränderten Bedingungen auf dem Stuhlmarkt zu entsprechen, baut Hypnos heute weniger die harten, stabilen Modelle für einfache Wirtschaften, sondern konzentriert sich auf bequeme, luxuriöse Sitzgelegenheiten, die insbesondere von der gehobenen Gastronomie verlangt werden. Während die Produktion von Schlaf- und Esszimmermobiliar aufgegeben worden ist, expandieren die Bettenwerkstätten. Hypnos liefert Matratzen und Schlafstätten für den Privatverbraucher, versorgt aber auch Hotels, Seniorenresidenzen und Internate mit allem, was Gäste für eine angenehme Nachtruhe brauchen. Bei besonders schwierigen Raumverhältnissen oder antiken Betten, die nicht den Normmaßen entsprechen, werden individuelle Lösungen gesucht.

Das Geheimnis des sprichwörtlichen Komforts einer Hypnos-Matratze liegt in ihrem sorgfältigen und »vielschichtigen« Aufbau sowie dem hochwertigen Federkern, der sich im Inneren verbirgt.

Polsterwerk und Matratzen von Hypnos zeichnen sich durch hochwertige Verarbeitung (viele Arbeitsschritte werden von Hand erledigt), lange Haltbarkeit und orthopädische Unbedenklichkeit aus. Die Feuerresistenz entspricht selbstverständlich den gesetzlichen Vorgaben. Matratzen für den privaten Gebrauch müssen dem Abglimmen einer gesamten Zigarettenlänge beziehungsweise einem heruntergefallenen brennenden Streichholz standhalten, ohne selbst Feuer zu fangen. Die Testkriterien für Ware, die in Internaten oder kleineren Hotels eingesetzt werden soll, sind strenger. Hier wird ein hölzerner Turm auf der Oberfläche entzündet. In den Brandschutzbestimmungen heißt diese Stufe »Crib 5«. Um die Sicherheit in Seniorenresidenzen zu gewährleisten, muss die Matratze resistent genug sein, um einen Turm der Kategorie »Crib 7« ohne Gefahr abbrennen zu lassen. Wie alle anderen Hersteller ist auch Hypnos verpflichtet, jede Neuentwicklung gründlich zu testen. Befindet sich das Modell dann einmal im festen Sortiment, muss es die Feuerprobe in Abständen von sechs Monaten regelmäßig wiederholen. Auch Einzelanfertigungen müssen auf ihre Flammen abweisenden Eigenschaften hin überprüft werden.

Die Pocket-Spring-Bänder werden so aneinander gelegt, dass die einzelnen Sprungfedern ein Wabenmuster ergeben. Es soll so wenig Platz wie möglich zwischen ihnen bleiben, damit ein hoher Schlafkomfort gesichert ist. Dann werden die Bänder von Hand miteinander verbunden. Die spätere Form der Matratze lässt sich schon jetzt gut erkennen.

Der eigentliche Federkern wäre als solcher natürlich wenig bequem. Deshalb wird er schichtweise mit den feinsten Materialien bedeckt, die das Polsterhandwerk zur Verfügung hat. Besonders geeignet sind weicher weißer Baumwollfilz, Rosshaar, Schurwolle, Polyesterfasern und Seide. Zum Schluss wird das Obermaterial auf die Füllung gelegt.

Hier kann man sehen, wie die einzelnen *pocket-springs* in Stofftaschen verpackt, zusammengenäht werden, so dass sich ein Band ergibt. Jede Matratze verbirgt mehrere hundert dieser Sprungfedern in ihrem Inneren. Nur so kann gewährleistet werden, dass jeder Zentimeter des Schlafenden perfekt abgestützt ist, ganz gleich, wie er sich dreht und wendet.

Die Seiten der Matratze werden versäubert. Mit einer langen Polsternadel und einem stabilen Zwirn sorgt der Polstermeister in einem langwierigen Arbeitsgang dafür, dass der seitliche Halt garantiert ist. Ein Verrutschen der äußeren Federn des Federkerns ist damit unmöglich und die Matratze bleibt in Form.

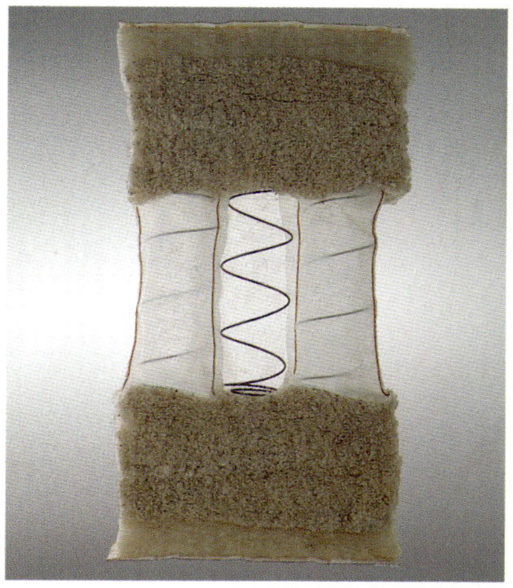

Der Federkern einer Pocket-Spring-Matratze besteht aus einzelnen Sprungfedern, die in wiederum einzelne Stoffhüllen verpackt und anschließend im Wabenmuster aneinander genäht werden. Jede Feder kann sich später also selbständig bewegen und damit den Körper des Schlafenden optimal abstützen. Das metallene Innenleben wird dann mit diversen Schichten Polstermaterial bedeckt, bevor die eigentliche Außenhaut aufgezogen wird. Anschließend wird die Matratze durchgesteppt. Dieses Verfahren garantiert einerseits, dass alle Elemente an ihrem Platz bleiben, und sorgt andererseits für die attraktive »tiefgeknöpfte« Oberfläche.

Beim Federkern einer Open-Spring- oder Open-Coil-Matratze sind die Sprungfedern dagegen nicht einzeln verpackt, sondern werden »offen« miteinander verbunden, um die Federung zu gewährleisten. Durch diese Konstruktion verteilt sich das Körpergewicht gleichmäßig über die gesamte Oberfläche. Zwar bestehen solche Federkerne grundsätzlich aus weniger Sprungfedern als die Pocket-Spring-Versionen, dennoch braucht niemand zu befürchten, unbequem zu liegen oder gar in der Nacht gepiekt zu werden. Denn auch bei diesen Modellen wird der Federkern von reichlich Polstermaterial umgeben und die Matratze durchgesteppt.

Im Sortiment des Matratzenherstellers werden auch diejenigen fündig, die sich auf einer eher harten Matratze wohl fühlen. Ihnen bietet die Orthos-Kollektion verschiedene Modelle zur Auswahl. Wenn der Wunsch nach einer straffen Unterlage mit erhöhtem Platzbedarf verbunden ist, kann man die Orthos-Betten auch mit eingebauten Schubladen bestellen. Die Firma wäre nicht ein Anbieter mit »Royal Warrant«, wenn der anspruchsvolle Kunde nicht auch bei den Schubladen noch unter mehreren Optionen wählen könnte. So muss man sich sowohl bei der Zahl der Schubladen als auch bei ihrer Verteilung im Bettrahmen zwischen verschiedenen Möglichkeiten entscheiden.

Die Queen absolviert jedes Jahr ein beträchtliches Besuchsprogramm. Vielleicht liegt es an den königlichen Matratzen, dass sie es trotz ihres fortgeschrittenen Alters immer noch mühelos zu bewältigen scheint. Und auch die Mutter der Monarchin, Queen Elizabeth, the Queen Mother, wies Hypnos durch die Verleihung ihres »Royal Warrant« als den Lieferanten ihrer Matratzen aus.

Rechts: Das Modell »Duchess De-Luxe« ist ein hochwertiger Klassiker der Hypnos-Produktpalette.

Ganz rechts: Wie alle anderen Modelle gibt es auch »President De-Luxe« als normale oder etwas härtere Version.

Rechts: Eine Bettlösung mit einer Matratze aus der Orthos-Reihe wird Kunden mit modernerem Geschmack begeistern.

Ganz rechts: Der »Sherwood Spacesaver« lässt sich zu einem Doppelbett erweitern. Die zweite Matratze wird vorgezogen und mithilfe ausklappbarer Beine auf gleiche Höhe gebracht.

Wärmflaschen, Heizdecken und andere Überlebens-strategien

In britischen Häusern ist es im Allgemeinen nicht besonders warm, und wenn sie nicht nur britisch, sondern auch noch alt sind, dann ist es dort geradezu eisig. Das scheinbar paradoxe Phänomen, dass Gäste nach draußen gehen, um sich aufzuwärmen, lässt sich von Frühjahr bis Herbst allenthalben beobachten. Man mag sich fragen, wie sich eine solche Situation in Behausungen der sonst so kultivierten und fortschrittlichen Inselbewohner halten kann. Schließlich liegt die Erfindung der Zentralheizung schon eine ganze Weile zurück, und man sollte meinen, dass mittlerweile alle ihre Wohnung mit dieser praktischen Neuerung ausgestattet haben. Doch tatsächlich gibt es im Vereinigten Königreich nach wie vor bewohnte Landsitze, die ausschließlich durch Kamine geheizt werden. In den Räumen, in denen kein Feuer brennt, herrschen empfindlich niedrige Temperaturen. Es sind nicht nur die hohen Kosten der meist aufwendigen und langwierigen Renovierungs- und Umbaumaßnahmen, sondern auch eine gewisse Scheu vor größeren Veränderungen, die manchen Hausbesitzer von dem Einbau einer Zentralheizung abhalten mögen. So nimmt man es lieber in Kauf, sich beim Fernsehen in mehrere Pullover und Decken zu hüllen. Doch nicht jeder Besuch in einem alten britischen Haus muss dem Aufenthalt in einer Gefrierkammer gleichkommen. Eine große Zahl der Anwesen ist seit dem 19. Jahrhundert zentral beheizbar – und manche wurden seither bereits ein- oder zweimal auf den letzten Stand der Technik gebracht. Merkwürdig nur, dass es auch hier eigentlich nie richtig warm wird. Selbst in Neubauten der Komfortstufe herrschen nicht die Temperaturen, die man in anderen europäischen Ländern als Standard betrachtet. Ein durchgehend sommerlich warmes Haus vom Flur bis in den Wintergarten ist auf den britischen Inseln nun einmal nicht vorgesehen. In der Stadt nicht – und auf dem Lande schon gar nicht.

Selbst wenn Wohnräume, Küche und Bäder einigermaßen warm sind, kann es einen beim Gang über Flure und Treppenhäuser ziemlich frösteln. Deshalb sollte jeder, der zum ersten Mal der Einladung in ein solches Haus folgt, genügend warme Pullover mitnehmen. Auch ein dreiteiliger Tweedanzug aus vielleicht 600 g schwerem Stoff samt warmer Unterwäsche und einem Hemd aus behaglichem Woll-Baumwoll-Gemisch leistet hier ausgezeichnete Dienste. Die Anforderungen, die in einem kalten britischen Haus an die Kleidung gestellt werden, muss die Mode auf dem europäischen Kontinent seit den 60er-Jahren dieses Jahrhunderts in aller Regel nicht mehr erfüllen. In Großbritannien ist es jedoch durchaus sinnvoll, eine nach Jahreszeiten geordnete Garderobe zu besitzen.

Wer es versäumt hat, Nachtwäsche einzupacken, muss in britischen Landhäusern nicht frieren. Meist lagern in den Schränken etliche Pyjamas und Nachthemden, die von vorherigen Gästen vergessen wurden.

Wollene Nachthemden halten den Schlafenden selbst in den kältesten Schlössern warm. Fortgeschrittene und modisch unerschrockene setzen sich dazu die klassische Nachtmütze auf.

Dementsprechend bekleidet sollte auch das Bett aufgesucht werden. Schlafanzüge gibt es, der Jahreszeit entsprechend, in leichter Baumwolle oder aus dickerem Baumwollflanell. Wer sich je gefragt hat, wozu man heute noch derartig schwere Nachtwäsche braucht, weiß nun die Antwort: Sie ist unentbehrlich für alle, die nicht vom Klappern ihrer eigenen Zähne aufwachen wollen. Denn wie gesagt, in vielen ländlichen Zimmern heizt nur der Kamin, und wenn der dann irgendwann in den frühen Morgenstunden erloschen ist, zieht die Kälte ein. Hilfe verspricht hier eine elektrische Heizdecke. Was im übrigen Europa als archaisches Hilfsmittel für verfrorene ältere Damen betrachtet wird, rettet manchen Briten über eine bitterkalte Nacht. Wer je feststellen musste, dass im Gästezimmer keine Heizdecke vorhanden ist, wird nie wieder ohne ein zuverlässiges Modell ins Wochenende fahren, und er wird beten, dass es eine Steckdose gibt beziehungsweise dass der Adapter passt. Doch wenn alle Stricke reißen, gibt es ja immer noch die gute alte Wärmflasche.

Um kalte Füße zu vermeiden, brauchen Schlossherr und Schlossherrin warme Hausschuhe – am besten die mit dem Lammfellfutter. Sie sind vielleicht nicht besonders kleidsam, wärmen aber recht effektiv.

In britischen Landhäusern wird es im Winter oftmals empfindlich kalt. Ein mit Eisblumen geschmücktes Fenster, das man am Morgen vom warmen Bett aus erblickt, darf als Hinweis auf die im Badezimmer zu erwartenden Temperaturen gelten.

Wenn es draußen kalt und in *country houses* feucht und klamm wird, ist eine Wärmflasche aus Gummi, gefüllt mit heißem Wasser, ein sehr beliebter Bettgenosse. Das Befüllen der Wärmespender und ihre Verteilung unter den Hausgästen ist fester Bestandteil der Abendgestaltung.

Transportable Heizstrahler können schnell und mühelos dort aufgestellt werden, wo es am schlimmsten zieht. In sehr alten Häusern sollte vor dem Einschalten aber nach dem Zustand der elektrischen Installationen gefragt werden, um einem Stromausfall vorzubeugen.

Links: Morgenröcke aus dichtem, schwerem Wollstoff sind unverzichtbare Requisiten auf dem Land, denn in weitläufigen Häusern kann der nächtliche Gang zur Toilette für eine erhebliche Gänsehaut sorgen.

Oben: Selbst eingefleischte Nacktschläfer greifen in ländlichen Schlafzimmern in England, Wales, Schottland oder Irland gern zum rettenden Schlafanzug aus Baumwollflanell.

Die Nachtmütze, die man trinken kann

Wenn Briten heute von der *nightcap* sprechen, dann meinen sie nicht jene Zipfelmützen, die in früheren Zeiten des Nachts über den Kopf gezogen wurden. Die Rede ist vielmehr von einem meist alkoholhaltigen Schlaftrunk. Beliebt sind in erster Linie natürlich Whisky und Cognac, doch auch das letzte Glas Wein, das vor dem Zubettgehen geleert wird, gilt als »Nachtmütze«.

Auf den ersten Blick ist an der Sitte der *nightcap* kein ausgesprochen britisches Attribut zu entdecken – schließlich pflegt man in vielen Ländern den Brauch, den Weg ins Bett mit einem kräftigen Schluck einzuleiten. Wenn aber ein Zusammenhang zwischen der übertragenen Bedeutung des Wortes und den typisch britischen Wohn- und Schlafbedingungen hergestellt wird, zeigt sich das Britische an der *nightcap* schnell in aller Klarheit. Die Nachtmütze schützte früher vor Kälte, und auch heute noch ist es in vielen Häusern alles andere als warm. Darin liegt der Sinn des Schlaftrunks. Er dient zum einen der subjektiven Erwärmung der Glieder – damit es nicht mehr ganz so schwerfällt, sich im eisigen Schlafzimmer auszuziehen. Zum anderen hat die *nightcap* je nach gewählter Spirituose und Darreichungsmenge eine mehr oder minder einschläfernde Wirkung. Auch dies ist von Vorteil, wenn die Kälte durch die Bettdecke zu kriechen beginnt. Wie gut, wenn dank des letzten Gläschens schottischen Whiskys oder alten französischen Cognacs der Schlaf die Kälte der Nacht wenigstens zeitweise vergessen lässt. So ist die »Nachtmütze« in vielen Behausungen vielleicht doch mehr als nur ein netter Brauch. Sie übernimmt vielmehr die verantwortungsvolle Aufgabe, uns mit dem Gedanken an das unwirtlich kalte Schlafgemach zu versöhnen – oder sie hilft, die Tatsache zu verdrängen, dass wieder einmal kein dienstbarer Geist in unserer Abwesenheit den Kamin eingeheizt hat.

Die Briten und der Bär

Nach der Rückkehr aus den Ferien entstand auf dem Londoner Flughafen dieses Foto von Roger Moore und seiner Ehefrau, der Sängerin Dorothy Squires, in Begleitung eines großen Panda-Teddybären.

Die Briten und die Bären scheinen eine ganz besondere Zuneigung füreinander zu hegen. Dabei gilt der Spielzeugbär nicht einmal als eine Erfindung aus dem Vereinigten Königreich, vielmehr könnten sich die Deutschen und die Amerikaner um das Verdienst streiten, die Welt mit dem niedlichen Plüschtier beglückt zu haben. Doch wie bei vielen großen Erfindungen sind auch beim Teddy parallel und fast zeitgleich mehrere Menschen auf verschiedenen Kontinenten auf dieselbe Idee gekommen.

In Deutschland war es die Firma Steiff, die 1902 ihren ersten Prototyp des Stofftiers präsentierte. In den USA hatten sich die russischen Einwanderer Morris und Rose Michtom die ersten Teddybären ausgedacht und in ihrem Spiel- und Schreibwarengeschäft in Brooklyn verkauft. Vielleicht waren die beiden von einer Karikatur inspiriert worden, die am 16. November 1902 in der »Washington Post« erschienen war und den damaligen Präsidenten Theodore Roosevelt zeigt. Roosevelt hatte sich geweigert, auf einer Jagd einen Bären zu erschießen, und sich dadurch große Sympathie erworben.

Richtig erfolgreich wurden die Bären der Michtoms allerdings erst, als sie ab 1903 durch ein Großhandelshaus in den ganzen USA vertrieben wurden. Im gleichen Jahr präsentierte Steiff seine ersten Bären auf der Leipziger Spielwarenmesse. Es war ein großes Glück, dass der amerikanische Importeur George Borgfeldt vom Fleck weg 3000 Steiff-Bären orderte. Damit war ihnen der Weg zur Weltmarke geebnet, und tatsächlich gelang den Deutschen in kurzer Zeit der Aufstieg zum führenden Hersteller von Teddybären. Schon 1907 verließen beinahe eine Million Plüschbären die Firma.

In Großbritannien begann die Produktion von Stoffbären erst im Jahre 1908. Die Begeisterung der Briten für die heimische Version der Firma J.K. Farnell war allerdings nicht sehr groß, so wurden zunächst die meisten Bären des britischen Herstellers exportiert. Gleichzeitig gingen in Deutschland die Firmen Schreyer & Co. mit ihrer Marke »Schuco« und die Gebrüder Hermann KG daran, Steiff den Rang streitig zu machen. Der Erfolg der deutschen Bären wurde durch den Ausbruch des Ersten Weltkriegs allerdings jäh gestoppt, da die Einfuhr von Waren aus Deutschland auch in Großbritannien verboten wurde. Viele britische Hersteller wie J.K. Farnell, Atlas, Bassett Lowke, Chad Valley, Deans Rag, Harwin, Rees oder Terry nutzten diese Chance. Die Identifizierung dieser Hersteller ist heute nicht immer einfach, da nur wenige ihre Bären eindeutig gekennzeichnet haben.

Die Nachkriegszeit war für viele Plüschtierunternehmen schwierig, nicht nur für die deutschen. Die Menschen brauchten andere Dinge dringender als Teddybären. Dennoch sind in dieser Periode viele sehr

Die Frage nach dem Namen des abgebildeten Bären können Literaturfreunde und Cineasten mühelos beantworten. Aloysius heißt das Stofftier, das in der Verfilmung des englischen Romans »Brideshead Revisited« als Kleindarsteller überzeugt.

Die Geschwister Bucknell verließen sich bei einem Wagenrennen in Barnet bei London im Jahre 1930 auf ihr Maskottchen, einen Teddybären.

Diese beiden Bomber-Piloten der Royal Air Force bekamen von ihrer besorgten Boden-Crew einen Teddybären als Glücksbringer mit auf den Flug.

schöne und erfolgreiche Bärenmodelle auf den Markt gekommen, wie etwa der legendäre »Hugmee« von Chiltern, der ab 1923 über 50 Jahre lang hergestellt wurde. Der Zweite Weltkrieg trieb viele Firmen endgültig in den Ruin. In den 50er- und 60er-Jahren veränderte sich der Markt für traditionelle Bären erneut. Angesichts aufkommender Fernsehwerbung und billig produzierten Massenspielzeugs konnten sich die qualitätsorientierten Hersteller – Steiff, Schuco und Hermann in Deutschland sowie in Chiltern und Chad Valley in England – am besten behaupten.

Als die wirklich große Zeit des Teddybären gilt die Edwardianische Epoche. Bezeichnenderweise stammt der wohl berühmteste literarische Teddy Englands aus dieser Periode. Gemeint ist nicht Winnie the Pooh, der Protagonist gezeichneter Kindergeschichten und auch nicht Paddington Bär, sondern eine Randfigur der Weltliteratur. Die Rede ist von Aloysius aus dem 1945 veröffentlichten Buch »Brideshead Revisted« von Evelyn Waugh. Der Ich-Erzähler Charles Ryder berichtet darin von einer Begegnung mit seinem späteren Freund Sebastian Flyte. Ryder fällt nicht nur Flytes außerordentlich gutes Aussehen auf, sondern auch dessen großer Teddybär. Dem hatte der exzentrische Adlige gerade eine Haarbürste gekauft – nicht etwa zur Fellpflege, sondern um damit dem launischen Tier Schläge anzudrohen.

Man kann schwer sagen, ob das literarische Vorbild die Briten inspiriert hat, sich auch im Erwachsenenalter noch zu ihren Teddybären zu bekennen. Auf jeden Fall scheint dies durchaus akzeptabel zu sein. Allerdings ist die Vermenschlichung eines Teddys in Großbritannien noch zu den milderen Spielarten des Exzentrik zu rechnen. Angesichts der großen Zahl wirklich skurriler Persönlichkeiten mit ihren jenseits jeder (selbst jeder britischen) Norm liegenden Verhaltensweisen fallen ein paar bekennende Teddybär-Freunde wahrlich nicht ins Gewicht.

Edward Heath, britischer Konservativer und Premierminister von 1970 bis 1974 bringt seinen Plüsch-Freunden Kermit, dem Frosch und Paddington Bär ein Ständchen auf dem Piano.

Einer Karikatur, die 1902 den amerikanischen Präsidenten Theodore »Teddy« Roosevelt aufs Korn nahm, soll das beliebteste Stofftier aller Zeiten seinen Namen verdanken.

Marianne Faithfull, eine der britischen Pop-Legenden der 60er-Jahre hatte offensichtlich ebenfalls eine Schwäche für die kleinen Begleiter aus Plüsch.

Das Ankleidezimmer

Das separate Ankleidezimmer gilt gemeinhin als Inbegriff des Luxus – und die dezente Erwähnung, daheim über ein solches zu verfügen, macht dem Zuhörer unmissverständlich klar, dass man in einem wirklich großen Haus wohnt, denn andernfalls wäre für einen solchen Raum gar kein Platz.

Im 16. Jahrhundert wusste man die Vorteile abgeschlossener Räume innerhalb eines Hauses bereits sehr wohl zu schätzen. In der Folgezeit entwickelten sich daraus kleine, separate Wohnungen innerhalb des Hauses. Eine solche private Einheit konnte ein Schlafzimmer, einen kleinen Lese- und Frühstücksraum und vielleicht einen Ort für die persönliche Toilette umfassen. In den 90er-Jahren des 16. Jahrhunderts etwa verfügte Elizabeth Talbot, die Countess of Shrewsbury (besser bekannt unter dem Namen Bess of Hardwick), auf ihrem Sitz Hardwick Hall über eine ganze Reihe privater Schlafgemächer, inklusive eines kleinen Raums, der ihren fürstlich verzierten *close stool*, eine Art frühe Toilette, barg.

Gegen Ende des 18. Jahrhunderts verlor sich das Konzept der Privatwohnung innerhalb des Hauses ein wenig, dennoch hatten viele Schlafgemächer weiterhin einen angrenzenden Ankleideraum, der oft wie ein kleines Wohnzimmer eingerichtet war. Es geht hier wohlgemerkt um Räume, die nur von einer Person genutzt wurden. Ein dauerhaftes enges Zusammenleben von Ehepartnern gab es eher selten. Jeder hatte seine eigenen Gemächer, die dem anderen zwar zugänglich waren, in denen er oder sie jedoch als vorübergehender Besucher betrachtet wurde. So verfügte die Herrin des Hauses also meist über ihr eigenes Schlafzimmer und ein dazugehöriges Boudoir, in dem sich tagsüber auch die weiblichen Gäste aufhielten. Der Ehemann hingegen schlief in seinem *bedroom* oder im *dressing room*. Dieser grenzte meist an sein Arbeitszimmer, in welchem er Freunde empfangen konnte, und verfügte über einen separaten *bathroom*.

In der Viktorianischen Ära wurde der Platz knapp. Auf das explosionsartige Bevölkerungswachstum reagierte man mit Wohnungsbauprogrammen und industriell gefertigten Möbeln. Die wenigsten Angehörigen des neuen Mittelstandes lebten in so großzügigen Verhältnissen, dass sie sich mehrere Schlafzimmer, geschweige denn separate Ankleidezimmer leisten konnten. Aus dieser Zeit stammt das Konzept des von beiden Eheleuten genutzten Doppelbetts und des Schlafzimmers mit reichlich Stauraum. Doch nach wie vor ist der *dressing room* ein Traum für viele, die sich allabendlich ihren Weg ins Bett vorbei an großen Schränken und überfüllten Kommoden bahnen müssen. Erfüllen können sie ihn sich meist erst dann, wenn endlich das lang ersehnte alte Haus gefunden ist. Verfügt man dann erst einmal über seinen *dressing room,* wird man sich kaum noch vorstellen können, früher ohne ihn ausgekommen zu sein. Und schnell ist das nützliche Gemach zu einem der liebsten Räume im Haus avanciert.

Rechts: Während die frühen Exemplare der Frisierkommode aus einem schlichten Tisch mit zwei oder drei Schubladen bestanden, kamen in der Georgianischen Periode raffinierte Toilettenmöbel auf, die zwar unscheinbar aussahen, in ihrem Inneren jedoch ausklappbare und intelligent unterteilte Fächer und Kästchen verbargen.

Ganz rechts: Im Ankleidezimmer eines alten Hauses, das durchaus auf ein zeitgemäßes Inneres Wert legt, wird man vielleicht einen elektrisch betriebenen Hosenbügler finden. Er garantiert eine stets ordentliche Bügelfalte.

Der Stumme Diener für das Ankleidezimmer darf nicht mit seinem gleichnamigen Kollegen, der im Esszimmer Dienst tut, verwechselt werden. Die nützliche Konstruktion ist ein der menschlichen Silhouette nachempfundenes Gestell, über das man – wie über Kleiderbügel – Jacke und Hose hängen kann.

In jedes Ankleidezimmer gehört ein Spiegel. Man kann einen neuwertigen kaufen, doch schöner ist ein Erbstück. Für den Fall, dass das betagte Modell bereits blinde Flecken aufweist, kann man einen neuen Spiegel auf der Innenseite der Kleiderschranktür anbringen.

Hutschachteln sind ein absolutes Muss für alle, die zum Kundenkreis eines *hatter* oder – für die Damen – eines *milliner* gehören. Die mitunter sehr empfindlichen Kreationen wollen unbedingt vor Staub und ständigem Tageslicht geschützt werden.

Kofferständer, wie sie in Hotels oder gut ausgestatteten privaten Gästezimmern zu finden sind, werden von allen Reisenden als praktisch empfunden. Doch kaum jemand macht sich die Mühe, dieses nützliche Utensil in seinem eigenen Ankleidezimmer aufzustellen.

In Großbritannien misstraut man der chemischen Reinigung. Stattdessen hat man ein ausgeklügeltes System von Lüften, Bürsten und Punktreinigen erdacht, das den Anzügen die schädliche Prozedur erspart. Der gut ausgestattete Haushalt verfügt über Bürsten für feines Cashmere, rauen Tweed oder mittelfeine Wollstoffe.

Die Schubladenkommode ist ein traditionelles britisches Möbelstück. Im 17. Jahrhundert kannte man bereits die bis heute klassische Form mit fünf Schubladenreihen. Doch schon damals wurde das Grundmodell immer wieder variiert, um es den Bedürfnissen des Benutzers anzupassen.

Das Wochenende auf dem Land

Das Wochenende auf dem Land gehört zu jenen britischen Institutionen, deren Ruf in der ganzen Welt verbreitet ist. Der Ablauf und die Umstände dieser Geselligkeit haben sich seit dem Jahrhundertbeginn kaum verändert. Ein Gastgeber bittet Freunde, Bekannte oder Geschäftspartner für Freitagabend, Samstag und Sonntag in sein *country house*. Die Einladung wird mündlich ausgesprochen oder ergeht per Brief. Je vornehmer das Haus, desto formeller die Einladung.

Je nach Größe des besuchten Haushalts und sozialer Stellung der Gastgeber gestaltet sich der Empfang mehr oder weniger persönlich – entweder durch den Butler oder *footman* oder aber durch den Hausherrn und die Hausherrin selbst. Wenn mehrere Gäste erwartet werden, kann eine Zimmerbelegungsliste in der Halle ausliegen, um den Besuchern und Bediensteten die Orientierung bei der Verteilung der Schlafzimmer zu erleichtern. Am Abend der Anreise wird in der Regel zu einem weniger förmlichen Dinner geladen. Zuvor gibt es ein paar Drinks – eine gute Gelegenheit, sich mit den anderen Gästen bekannt zu machen. Nach dem Essen wird noch eine Weile zusammengesessen und geredet, ein großes Programm gibt es meist jedoch nicht.

Am Samstagmorgen beginnt dann das eigentliche Wochenende mit einem opulenten Frühstück, wahrscheinlich dem traditionellen *cooked breakfast*, nachdem dem Gast schon die erste Tasse Tee oder Kaffee am Bett serviert worden ist.

Nach dem Frühstück werden unterschiedliche Aktivitäten angeboten – Müßiggang ist verpönt. Wenn es sich nicht um ein Jagdwochenende handelt, stehen Spaziergänge, Ausritte, Gartenpflege oder Ausflüge in die nähere Umgebung auf der Agenda. Hauptsache, der Besucher arbeitet durch viel Bewegung das reichliche Frühstück wieder ab, denn schon zum Mittag wird erneut ein üppiges Mahl serviert. Danach gibt es wieder viel Bewegung an der frischen Luft, die auch dringend nötig ist, wenn man am Nachmittagstee teilnehmen möchte. Der ist meist noch gehaltvoller als das Mittagessen und umfasst die komplette Auswahl britischer Klassiker: vom Sandwich bis zu *scones* mit *clotted cream*. Jetzt hilft nur noch ein langer Spaziergang, damit bis zum großen Dinner wieder Hungergefühle aufkommen. Da der Samstagabend den gesellschaftlichen Höhepunkt des Wochenendes darstellt, muss

Es erfordert schon ein etwas größeres Haus, mehrere Gästeräume bereitzuhalten. Da die Besucher sich jedoch mit Gegeneinladungen revanchieren, zahlt sich die Investition in diese Zimmer in jeder Hinsicht aus.

Das gehört ins Gepäck

Dinneranzug – Der Dinneranzug oder Smoking, wie er in Deutschland genannt wird, sollte unbedingt mit aufs Land reisen, denn das große Abendessen am Samstag ist meist eine recht förmliche Angelegenheit.

Abendkleid – Wenn die Herren einen Dinneranzug tragen, sollte es für die Damen das Abendkleid sein. Es ist übrigens durchaus statthaft, sich im Zweifel bei der Gastgeberin nach dem *dress code*, also der Kleiderordnung, zu erkundigen.

Tweedanzug – Der Tweedanzug, oder für die Damen das Tweedkostüm, ist die klassische und überaus funktionale Wahl für den Landaufenthalt. Vorsicht allerdings bei kontinentaleuropäischen Nachbildungen, denn die sind oftmals viel zu leicht.

Tattersallcheck-Hemd – Diese Hemden gibt es in den verschiedensten Farbstellungen und Karogrößen. Je nach Jahreszeit kann man leichte Baumwolle oder ein Wollgemisch wählen.

Feste Schuhe – Aller Wahrscheinlichkeit nach wird der Hausherr es sich nicht nehmen lassen, die Besucher ein wenig herumzuführen. Rechnen Sie also damit, auch den hintersten Winkel der Ländereien zu besichtigen – und zwar zu Fuß. Feste Schuhe sind also ein Muss.

Warme Pullover – Warme Pullover sind unerlässlich, und zwar nicht nur, weil es auf den langen Spaziergängen kalt werden kann, sondern auch, weil es in manchen Häusern innen auch nicht viel wärmer ist.

Barbourjacke – Die Barbourjacke ist ein treuer Verbündeter gegen die Unbilden des britischen Wetters. Es gibt sogar die glaubhaft bezeugte Geschichte eines Exemplars, das über Monate vermisst und erst beim Planieren einer Zufahrt aus dem Matsch geborgen werden konnte. Nach ein paar Tagen in der Trockenkammer und einer neuen Wachsschicht war das schmerzlich vermisste Stück so gut wie neu.

Dinneranzug

Abendkleid

Tweedanzug

Tattersallcheck-Hemd

Warme Pullover

Barbourjacke

Feste Schuhe

nun unbedingt Abendgarderobe angelegt werden. Nach dem mehrgängigen Menü – Vorspeise, Suppe, Fischgericht, Fleischgericht und Dessert gelten in den meisten Häusern als obligatorisch – werden die Gäste je nach Geschmack und Vorausplanung der Gastgeber unterhalten. Das Angebot kann aus einer Partie Billard für die Herren bestehen, allerlei Gesellschaftsspielen und Scharaden oder Kostproben darstellerischer Fähigkeiten.

Am Sonntagmorgen ist womöglich ein Kirchgang angesetzt oder eine häusliche Andacht – für Atheisten und Agnostiker eine gute Gelegenheit, die Zeitungen durchzusehen. Obwohl natürlich auch wieder reichlich gefrühstückt wurde, steht mittags das *Sunday lunch* an und am Nachmittag noch ein letzter Tee. Danach können die Gäste langsam an die Heimreise denken – Einladungen, noch zum Abendessen zu bleiben, werden in aller Regel nur in Erwartung ihrer Ablehnung ausgesprochen.

Im Zimmer sollte ein Trinkgeld für die Angestellten zurückgelassen werden, insbesondere wenn mit weiteren Einladungen in dieses Haus zu rechnen ist. Wer einen entsprechenden Freundes- und Bekanntenkreis besitzt und ein einigermaßen angenehmer Zeitgenosse ist, kann nahezu jedes Wochenende mit Besuchen ausfüllen. Dabei ist klar, dass diejenigen, die in besseren Verhältnissen (und damit in größeren Häusern) leben, eher in die gastgeberische Pflicht genommen werden. So hat mancher Student ungezählte Wochenenden seiner Universitätsjahre komfortabel zugebracht, ohne seinen schmalen Etat zu belasten. Wahrscheinlich in dem Bewusstsein, dass er sich im Voraus das holt, was er später einer neuen Generation von jungen Leuten auf seinem Anwesen bieten wird. Denn trotz allen Wandels sollte eines gewiss sein – solange es Landhäuser gibt, wird es auch diese Art von Wochenenden auf dem Land geben.

English Breakfast

Zu einem Wochenende auf dem Land gehört fraglos ein *cooked breakfast*, das englische Frühstück mit gekochten und gebratenen Speisen. Vegetarier haben daran keine große Freude, weil selbst die wenigen pflanzlichen Bestandteile in tierischem Fett geschmort werden. Da der Aufenthalt in einem Landhaus normalerweise mit körperlicher Aktivität verbunden ist, hat das gehaltvolle Frühstück jedoch durchaus seine Berechtigung. Allerdings sollte man sich nach dieser Mahlzeit Kalorien zehrenden Leibesübungen unterziehen, denn wenige Stunden nach Würstchen, Eiern, Schinken, weißen Bohnen, Porridge, Toast und Marmelade kann sonst kein Mensch an Roastbeef und Yorkshire Pudding denken. Deshalb stehen Spaziergänge, Jagd- oder Reitausflüge, Gartenarbeit oder Besichtigungstouren bei den Wochenendgästen so hoch im Kurs. Nur sie ermöglichen es, mit dem reichen Nahrungsangebot des Tages fertig zu werden. Stubenhocker müssen spätestens beim Nachmittagstee kapitulieren. Und das wäre wirklich schade. Auch wenn Vernunft, Waage und alles, was wir über gesunde Ernährung gelernt haben, dagegen sprechen. Also raus in den Wald oder rauf auf das Pferd, damit auch am nächsten Morgen das Frühstück noch mundet.

Das Toastbrot muss weiß, weich, dünn geschnitten und von der typischen pappig-feuchten Konsistenz sein. Nur dann verwandelt es sich im Toaster in eine knusprige Delikatesse. Marmelade im kontinentaleuropäischen Sinne heißt auf Englisch *jam* oder *preserve*. Der Begriff *marmalade* ist dagegen für Orangenmarmelade reserviert. Konfitüren aus Zitrusfrüchten tragen einen Namenszusatz, wie etwa *lemon marmalade*.

Zu den verschiedenen Komponenten des englischen Frühstücks gehören neben selbst zubereiteten Speisen wie *scrambled eggs* auch Frühstückscerealien, zum Beispiel die klassischen Cornflakes.

Für Frühstücksschinken eignet sich nur ein schöner, fetter Speck, denn sonst kann man die gehaltvollen Streifen nicht richtig auslassen. Kross gebratener – oder auch gegrillter – *bacon* ist eine unverzichtbare Zutat eines jeden britischen Morgenmahls.

Bei den Eiern hat man die Wahl zwischen Spiegeleiern *(fried eggs)* und Rühreiern *(scrambled eggs)*. Hartgekochte Eier *(boiled eggs)* sind in Großbritannien nicht so beliebt wie in Deutschland.

Blackpudding ist eine frische Blutwurst, die angebraten wird und noch warm auf den Tisch kommt.

Gebratene Tomatenscheiben sind so etwas wie der Alibi-Vitaminträger. Auf jeden Fall schmecken sie herrlich zu Rührei und Frühstücksschinken.

Am *porridge* scheiden sich die Geister. Die einen lieben den warmen Haferbrei mit Milch und Zucker, die anderen können ihn partout nicht ausstehen.

Kurze, in der Pfanne gebratene oder im Ofen gegarte Würstchen sind ein idealer Kalorienlieferant für alle, die für ein anstrengendes Wochenende gewappnet sein wollen. Die besten Sorten kommen angeblich aus Newmarket.

Unter *kippers* versteht man gepökelte und geräucherte Heringe. Die Alternative wären *bloaters*, gebratene Bücklinge.

Nichts hat die britische Küche so berühmt-berüchtigt gemacht wie die klassischen weißen Bohnen mit Tomatensauce. Erst jetzt entdecken die europäischen Nachbarn langsam, dass *baked beans* gar nicht so übel schmecken.

In Butter oder Öl geschmorte Pilze der Saison sind eine perfekte Ergänzung des britischen Frühstücks.

Wie der fürsorgliche Gastgeber das Gästezimmer ausstattet

Der perfekte Gastgeber zeichnet sich nicht allein durch Freigiebigkeit mit Speis und Trank aus, sondern auch dadurch, dass alle jene Kleinigkeiten bereitgestellt werden, deren Fehlen oft schmerzlicher empfunden wird als das Fehlen eines siebten Gangs beim Menü. Eine dieser Kleinigkeiten ist ein erfrischender Schluck Wasser in der Nacht.

Eine neue oder nur für den Gast geöffnete Packung Kleenex-Tücher ist ein Muss für jedes Gästezimmer. Denn kaum etwas ist verdrießlicher, als in einem fremden Haus von einem Schnupfenanfall heimgesucht zu werden. Vor allem nachts, wenn es keine Gelegenheit gibt, jemanden nach einem Taschentuch zu fragen.

Ein Kugelschreiber oder Bleistift hat schon manche Idee gerettet, die einem Gast des Nachts im Traum erschien. Gedichte, mathematische Formeln, Plots für Kinofilme oder Krimis – all dies kann die Frucht eines Wochenendes auf dem Lande sein – wenn denn ein Schreibgerät und Papier bereitliegen.

Wann will ein vielbeschäftigter Mensch lesen, wenn nicht am Wochenende? Doch oft vergisst er, sich Lesestoff einzustecken. Fürsorgliche Gastgeber wissen dies und halten deshalb in ihren Gästezimmern eine Auswahl von Büchern bereit. Agatha Christie, James Herriot, P. G. Woodhouse oder John le Carré sind Namen, die man auf den Buchrücken finden wird.

Wer verreist, vergisst in der Regel irgendetwas – manchmal ist es das Eau de Toilette. Ein anderer mag es vielleicht dabei haben, probiert aber gern einmal einen neuen Duft aus. Deshalb stehen in Gästezimmern oft einige Duftklassiker bereit, etwa »Trumper's Extract of Limes«, »Penhaligon's Blenheim Bouquet« oder »Calèche« von Hermès.

Eine neue Flasche Shampoo und eine ungebrauchtes Stück Seife werden gerade von spontan übernachtenden Gästen geschätzt. Die Betonung liegt auf dem Adjektiv neu. Verschmierte Shampooflaschen und alte Seifenstücke kann man keinem Gast zumuten.

Frische Blumen geben einem gut ausgestatteten Gästezimmer den letzten Schliff. Ein nach Perfektion strebender Gastgeber wird immer dafür sorgen, dass frischer Blütenduft den Raum erfüllt. Es sei denn, er weiß um eine Pollenallergie des Gastes. Der wird sich nämlich freuen, wenn man sich daran erinnert und ausnahmsweise die Blumen weglässt.

Das Empfinden von Kälte oder Wärme ist individuell sehr verschieden. Der eine friert schon, wenn der andere noch über Hitze klagt. Insofern kann man als Gastgeber schwer voraussehen, ob die Bettdecke ausreicht oder nicht. Damit kein Gast fröstelt, sollte deshalb eine zusätzliche Decke bereitliegen.

Wenn man nach einem langen Tag im Freien am nächsten Morgen mit Halsschmerzen aufwacht, freut man sich über kaum etwas mehr als über eine Packung Halsschmerztabletten in der Nachttischschublade. Ebenso dankbar werden Kopfschmerztabletten vorgefunden, wenn man am Abend zuvor etwas zu enthusiastisch dem Whisky zugesprochen hat.

Nicht jeder Gast weiß bei Beginn des Besuchs schon, dass er hier im Gästezimmer und nicht bei sich zu Hause schlafen wird. Um so beruhigender ist es dann, auf dem Bett oder auf einer Ablage ein oder zwei frische Handtücher vorzufinden. Auch Bade- oder Morgenmäntel, gereinigt oder frisch gewaschen, werden mit Freude entdeckt. Vor allem, wenn Toiletten oder Bäder auf dem Gang liegen und mit anderen geteilt werden.

Es kann schon etwas ärgerlich sein, wenn man nach dem Auspacken des Koffers feststellen muss, dass keine Kleiderbügel im Schrank des Gästezimmers hängen. Ein guter Gastgeber weiß dies und wird deshalb Sorge tragen, dass genügend passende Bügel für Anzug, Kostüm und Kleid vorhanden sind.

Von links oben nach rechts unten: Gegen Durst und Schnupfen: frisches Wasser und Papiertaschentücher. Für Briefe und Ideen: Schreibzeug und Papier. Falls man das eigene Eau de Toilette vergessen hat, darf man sich bedienen. Frische Blumen sagen »Herzlich willkommen«. Gegen Kälte die Extradecke, gegen den Kater Aspirin. Ganz wichtig: frische Handtücher. Für Ordnung in der Garderobe: der Kleiderbügel.

Der Butler

Die erfolgreiche britische Fernsehserie »Das Haus am Eaton Place« erzählt Geschichten von Menschen, die als Diener und Herren in einem Haus zusammenwohnen. Der Erfolg der weltweit gesendeten Geschichten beruht auf einer nostalgischen Sympathie, die viele dem England der Edwardianischen Epoche entgegenbringen. Die Gesellschaftsschichten waren klar definiert, und jeder schien seinen Platz darin zu kennen – ob er nun damit zufrieden war oder nicht.

Die Angestellten selbst fanden seit dem Ersten Weltkrieg das Leben als Hausmädchen oder Diener allerdings immer weniger attraktiv. Die Beschäftigten eines vornehmen Hauses wohnten zwar unter einem Dach mit ihrem Arbeitgeber und damit meist wesentlich komfortabler als in den eigenen vier Wänden, dafür mussten sie aber auch rund um die Uhr verfügbar sein. Ihr unmittelbarer Vorgesetzter war nicht der Hausherr oder die Hausherrin, sondern vielmehr der Butler. Er stand den männlichen Hausangestellten vor, so wie sein feminines Pendant, die Haushälterin, *house keeper*, die weiblichen Bediensteten dirigierte.

Das Wort Butler leitet sich vom französischen Wort *bouteiller* ab. In einem Haus des mittelalterlichen Frankreich war dies der Verwalter der Getränke. Im britischen Königreich vereinte der Butler allerdings von Anfang an mehr Funktionen in seiner Position. Er war zuständig für Bier, Milch, Butter, Käse und Kerzen. In der ersten Hälfte des 17. Jahrhunderts übernahm er außerdem die Verantwortung für Brot, Salz, Besteck und Geschirr sowie den Wein. Etwa ab 1650 wurde dem Butler die gesamte männliche Dienerschaft unterstellt. Zu seiner Entlastung und als Vertretung entstand die Stellung des *under butler*.

Mit Beginn des 18. Jahrhunderts verantwortete der Butler alle wesentlichen Abläufe des Haushalts. Das Servieren der Mahlzeiten, die Verwaltung und Pflege der Weinbestände, die Lagerung und Reinigung von Silber und Glas. Lediglich in sehr vornehmen Häusern musste er sich einem Vorgesetzten, dem *steward*, unterordnen. In der Regel war der Butler allerdings, zumindest in den Augen der übrigen Bediensteten, der Mann mit der zweitgrößten Autorität nach dem Hausherrn. Wie ein Kompaniefeldwebel kümmerte er sich um alle wesentlichen Vorgänge und hatte häufig einen besseren Überblick über den Haushalt als die Herrschaft selbst.

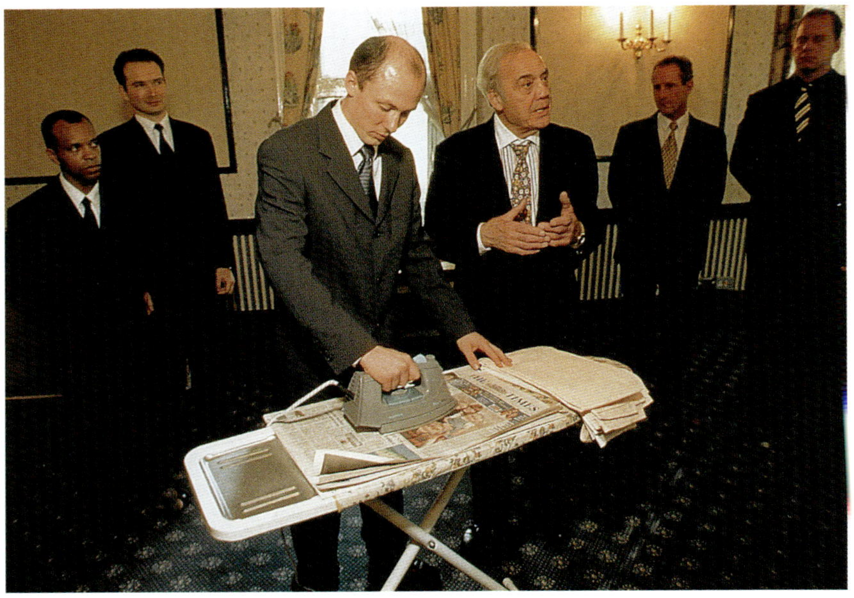

Beim berühmten Bügeln der Morgenzeitung geht es nicht darum, knittrige Seiten zu glätten, sondern um die Nachbehandlung der Druckerschwärze. Damit die hübsch auf dem Papier bleibt, gleitet das heiße Eisen über das Journal. Schließlich soll man sich beim Lesen nicht die Finger schmutzig machen.

Im 19. Jahrhundert regierte der Butler wie ein kleiner König über die Belange des Anwesens. Bis ins 20. Jahrhundert hinein waren seine im Haus gelegenen Räumlichkeiten zugleich Büro und Wohnung. Hierhin konnte er sich zurückziehen, etwa um allein seinen Nachtisch einzunehmen.

Heute wird man in Großbritannien nur noch sehr wenige Haushalte finden, in denen es noch derart förmlich zugeht. Es gibt auch kaum noch Häuser, die von mehreren Hausangestellten bewirtschaftet werden. Das meiste muss der Butler selbst erledigen. Was uns heute in Film und Fernsehen als Butler vorgeführt wird, ist oft nur noch eine Karikatur dieses traditionsreichen Berufsstandes. Denn weder hätte der Butler früher persönlich den Gästen die Tür geöffnet, noch hätte er ihnen das Gepäck auf das Zimmer getragen. Beides hätte er vom *footman* erledigen lassen und nur im Hintergrund über den perfekten Ablauf gewacht.

Die Stellung des Butlers war mit einigem Renommee verbunden. Wie in jedem Beruf erreichten allerdings nur wenige diese Spitzenstellung ihrer Profession. Die Ausbildung folgte meist dem Prinzip »learning by doing«, und die Zahl der zu durchlaufenden Spezialtätigkeiten war groß. Wer am Ende eines Berufslebens zum Butler aufstieg, hatte vielleicht als *hall boy* begonnen, wurde dann *steward's room footman* und danach wiederum *schoolroom footman* oder *travelling footman*. Eine weitere Stufe wurde mit der Beförderung zum *valet* – also zum Kammerdiener des Hausherrn – erklommen. Wenn diese Stellung 20 Jahre gut ausgefüllt wurde, dann mochte vielleicht der letzte Aufstieg zum Butler gelingen. So verlief zum Beispiel die Karriere von Charles Smith, der im Alter von 15 Jahren seine erste Stellung antrat. Er war die längste Zeit seines Lebens im Hause von Lord Mountbatten beschäftigt, dessen Butler ihn einst als *travelling footman* eingestellt hatte. Dies Art von lebenslanger Verbundenheit eines Hausangestellten mit seiner Herrschaft ist inzwischen aber auch in Großbritannien selten geworden. Ein Butler ist inzwischen in erster Linie der Manager des Haushalts und operiert in dieser Funktion nicht mehr als ein untergebener Diener, sondern als selbstbewusster Partner des Hausherrn oder der Hausherrin.

Einen authentischen Einblick in die Arbeit eines Butlers bietet neben allen psychologischen Tiefen der Roman »The Remains of the Day« von Kazuo Ishiguro. In der Verfilmung aus dem Jahre 1993 spielt Anthony Hopkins den völlig in seiner Arbeit aufgehenden Hausverwalter.

Wo der Butler die Schulbank drückt

Ivor Spencer mit Margaret Thatcher.

In Zeiten, da Hauspersonal noch eine Selbstverständlichkeit war, gab es für eine Butlerschule keine wirkliche Notwendigkeit. Ebenso wenig war es denkbar, das Berufsziel »Butler« ohne Umwege anzustreben. Butler wurde man erst nach vielen erfolgreich absolvierten Berufsjahren auf verschiedenen Posten in einem möglichst vornehmen Haushalt.

Nur wenige erreichten dieses hohe Ziel. Zum einen, weil die Butlerposten wie alle Führungspositionen dünn gesät waren, zum anderen, weil sich nur wenige Bewerber dafür eigneten. Immerhin managte ein Butler bisweilen riesige Häuser und trug dabei eine Verantwortung, die heute manchen Hoteldirektor überfordern würde. Wer sich also in den Kopf gesetzt hatte, sein Berufsleben mit der Stellung des Butlers zu krönen, konnte nur einen Weg beschreiten: Er musste möglichst früh in einen Haushalt eintreten und sich dann nach und nach hocharbeiten.

Im ausgehenden 20. Jahrhundert funktioniert diese Methode natürlich nicht mehr, denn die Zahl der von Personal bewirtschafteten Häuser geht immer mehr zurück. Außerdem würde heute kaum noch jemand einen 14-jährigen Jungen als Gehilfen des Hausdieners in Lohn und Brot nehmen, denn dies fiele unter die Kategorie Kinderarbeit. Wer heute Butler werden will, geht einen anderen und direkteren Weg: Er meldet sich bei einer der zahlreichen Butlerschulen im In- oder Ausland an. Da das Berufsbild des Butlers untrennbar mit Großbritannien verbunden ist, wählen die meisten ein Institut, das eben dort, in der Heimat der legendenumwobenen Profession, ansässig ist. Eine der bekanntesten Einrichtungen dieser Art ist die Ivor Spencer International School for Butler Administrators, Personal Assistants and Estate Managers mit ihrem Direktor Ivor Spencer. Unter dem Motto »Our courses are an education. Our teaching is an experience.« (»Unsere Kurse sind eine Ausbildung. Unsere Lehre ist ein Erlebnis.«) werden dort angehende Butler aus aller Welt auf ihre anspruchsvolle Tätigkeit vorbereitet. Was früher in einem ganzen Berufsleben praktischen Tuns erlernt wurde, wird den Schülern hier in weniger als zwei Monaten beigebracht. Dabei ist die Vielfalt der vermittelten Fertigkeiten groß. Laut Broschüre des Hauses umfassen sie den Einkauf von Nahrungsmitteln und Wein inklusive Champagner sowie den Erwerb von Zigarren und Kleidung. Daneben erlernt der Butler administrative Fähigkeiten, die ihn in die Lage versetzen sollen, ein Haus wirtschaftlich rentabel und gleichzeitig auf hohem Niveau zu führen. Außerdem muss er in allen Fragen des Lebensstils und der Etikette firm sein. Schließlich soll er seinen unter Umständen neureichen Arbeitgeber in diesen Dingen dezent anleiten. Dass er nebenbei per Internet Flüge buchen kann und weiß, wie er eine Yacht chartert, versteht sich von selbst.

Die genau kalkulierte Mischung aus Theorie und Praxis innerhalb der sechswöchigen Lehrzeit sowie ein exzellenter Lehrplan ersetzen das »learning by doing« offensichtlich in sehr effizienter Weise. Butler aus Ivor Spencers Personalschmiede bekleiden wichtige Posten in privaten Haushalten, bei Firmen oder in Hotels und genießen einen außerordentlich guten Ruf. So steht im Dankesbrief eines ehemaligen Schülers und mittlerweile erfolgreichen Butlers: »Mr. Spencer successfully condenses into six weeks the skills which took the traditional butler twenty years to learn. Fantastic.« (»Mit Erfolg vermittelt Mr. Spencer konzentriert in sechs Wochen jene Fertigkeiten, für die ein traditioneller Butler zwanzig Jahre brauchte. Fantastisch.«) Ivor Spencer demonstriert seinen Eleven das Gelehrte nach wie vor höchstpersönlich – mit der Perfektion, die man von einem Butler erwarten darf.

Nicht nur als Butlertrainer genießt Ivor Spencer einen guten Ruf, sondern auch als Redner und Toastmaster.

Auch eine Verbeugung will gelernt sein. Die tiefste gilt natürlich dem eigenen Arbeitgeber.

Den Blick frei geradeaus und mit ruhigem Schritt, so muss man bei Ivor Spencer den Champagner servieren.

Der edle Tropfen will richtig eingeschenkt werden. Ivor Spencer hat schon Hunderten von angehenden Butlern gezeigt, wie es geht.

Ivor Spencer vermittelt nicht nur Formen, sondern auch Inhalte. Damit die Schüler später fundiert beim Thema Wein und Champagner mitreden können.

Besonders Arbeitgeber aus den USA verlangen von ihrem in England geschulten Butler, dass er sie auch in Sachen Stil und Lebensart beraten kann.

Die Jagdpartie

Oft sind Einladungen in ein *country house* mit der Teilnahme an einer Jagd verbunden. Wenn die Briten von *hunt* sprechen, meinen sie normalerweise die berittene Jagd auf den Fuchs. Die Jagd im kontinentalen Sinne wird als *shooting* bezeichnet. Während die Fuchsjagd inzwischen verboten wurde, ist *shooting* nach wie vor sehr beliebt. Die Fertigkeit, mit dem Gewehr umzugehen, wurde früher innerhalb der Familie weitergegeben oder vom game keeper, dem Wildaufseher, vermittelt. Heute machen die meisten Leute ihre ersten Schießerfahrungen in so genannten *shooting schools*. Man sollte unbedingt dort oder anderswo den Umgang mit der Waffe trainiert haben, bevor man die Einladung zu einem *shoot* annimmt.

In Großbritannien schießt man traditionell mit einer *side-by-side* genannten Flinte. Die Läufe liegen also nebeneinander und nicht wie bei kontinentalen Flinten übereinander. Wer es sich leisten kann, besitzt eine Sonderanfertigung von einem der renommierten, alteingesessenen Büchsenmacher wie Purdey oder Holland & Holland. Auch die Kleidung der britischen Jäger unterscheidet sich erheblich von denen ihrer Zunftgenossen in den USA oder auf dem europäischen Kontinent. Das wichtigste Ausstattungsstück ist ein dreiteiliger *shooting suit* aus Tweed mit knielangen Hosen. Der sieht zwar skurril aus, hat aber den Vorteil, dass sich nicht so viel Schmutz an den Hosenbeinen fängt. Dazu werden ein kariertes Hemd und selbstverständlich eine Krawatte getragen. Es entspricht dem britischen Sinn für Humor, gelegentlich in einem geradezu karnevaleskbunten Anzug anzutreten. Extrem große Karos oder gar Patchworks aus unterschiedlichen Mustern sollten allerdings britischen Exzentrikern vorbehalten bleiben.

Was nun die so genannte Etikette der Jagd angeht, gelten in Großbritannien ähnliche Regeln wie überall sonst in der zivilisierten Welt. Nie wird in Richtung eines Menschen geschossen oder auf Vögel, die sich vor einem Dickicht aufhalten. Diese Regel heißt *shoot at the sky*, was soviel bedeutet, dass immer der freie Himmel hinter den Vögeln zu sehen sein muss, damit nie ein irgendwo versteckter Mensch getroffen werden kann. Beim Gehen, Überklettern von Zäunen oder der Übergabe muss die Flinte stets geöffnet und entladen sein. Ebenso sollte jeder Teilnehmer mit den *game seasons* – den Zeiten, in denen bestimmte Tiere geschossen werden dürfen – vertraut sein und sich zudem vor Beginn der Jagd nach den weiteren Bestimmungen erkundigen. Was man sich ebenfalls merken sollte ist, dass es als unfein gilt, auf einen Vogel anzulegen, der schon von einem anderen Schützen anvisiert wird. Wenn dieser aber das Tier verfehlt, dürfen die anderen Schützen es natürlich besser machen.

Wollen sich die Teilnehmer der Jagd mit einem Imbiss stärken, dann immer getrennt nach Jägern und Treibern. Die geschossenen Vögel werden am Ende der Jagd aufgeteilt. Die Schützen bekommen meist je ein *brace*, also ein Paar, bei Moorhühnern traditionell zwei Paar. Der Rest wird verkauft, woraus ein Teil der Kosten gedeckt werden soll. Gelegentlich bekommen die *beaters* und *loaders*, also die Treiber und Flintenlader, ein Trinkgeld. Am besten fragt man den Gastgeber, was üblich ist. Am nächsten Tag sollte ein Dankesbrief geschrieben werden, und wenn die Jagdeinladung mit einer Übernachtung verbunden war, kann auch ein Geschenk angemessen sein. Wer die Jagdetikette beherzigt und sich auch sonst als guter Gast erwiesen hat, wird bestimmt bald wieder dazugebeten.

Linke Seite: Vor dem Beginn der *hunt*, der berittenen Fuchsjagd, wird dem Reiter noch ein letzter Schluck zur Stärkung gereicht.

Obere Reihe: Die zur Familie der Watvögel gehörenden Schnepfen *(snipes)* leben in sumpfigen Gegenden. Der Jagdfasan *(pheasant)* ist ein vor rund 1000 Jahren in Europa eingeführtes Federwild.

Untere Reihe: Der Auerhahn *(capercaillie)*, das größte europäische Waldhuhn, gehört mit den Wildenten *(wild ducks)* und Wildgänsen *(geese)* zu den jagdbaren Vögeln der Britischen Inseln.

Die wichtigsten Game Seasons – Was wird wann geschossen?

Moorhuhn *(grouse)*, Schneehuhn *(ptarmigan)* und Schnepfe *(snipe)* werden vom 12. August bis in den Dezember hinein gejagt.

Rebhühner *(partridges)* sind von Anfang September bis Ende Januar zum Abschuss freigegeben.

Fasane *(pheasants)* sollten sich von Anfang Oktober bis Ende Januar vorsehen. Den Auerhahn *(capercaillie)* jagen die Briten von Anfang Oktober bis Ende Januar.

Wildenten *(wild ducks)* und Wildgänse *(geese)* leben von den ersten Septembertagen bis in den Februar hinein gefährlich.

Die Waldschnepfe *(woodcock)* steht von Anfang Oktober bis Ende Januar auf der Abschussliste.

Kleines Wörterbuch der Jagd

bag ist das getötete Wild eines Tages
beaters oder *drivers* sind Treiber
bouquet bezeichnet manchmal eine Gruppe von Fasanen
brace ist die Bezeichnung für ein Paar, also Männchen und Weibchen, Moorhühner, Rebhühner und meist auch Fasane
butts ist der Schießstand bei der Moorhuhnjagd
clean shot meint einen sauberen Schuss, der sofort tötet
couple ist die Einheit, in der Wildenten gezählt werden
covert ist ein Wäldchen, in dem sich Wild verbirgt
covey ist ein Gruppe von Moorhühnern oder Rebhühnern
drive meint das Treiben
ghillie ist in Schottland und Irland ein ortskundiger Jagdhelfer auf der Pirschjagd
gun bezeichnet sowohl das Gewehr als auch den Schützen
hill heißt in Schottland ein Moorgebiet
hot spot bezeichnet eine Stelle im Gelände, an der mit besonders vielen Vögeln gerechnet werden kann
loaders laden die Flinte für den Schützen, insbesondere wenn dieser sich wechselweise zweier Waffen bedient, was *shooting double* genannt wird
piece nennt man in Schottland ein mitgeführtes Mittagessen
stands oder pegs heißen die Orte, an denen sich die einzelnen Treibjäger befinden
wisp ist der Ausdruck für einige Schnepfen

Typisch britisch ist die Querflinte, bei der die Läufe nebeneinander liegen. Dennoch findet sich bei *James Purdey & Sons* auch das over and under gun im Sortiment.

Ein Gewehr nach Mass

Der Flinten- und Büchsenmacher James Purdey & Sons in der Londoner South Audley Street kann nicht nur auf eine lange Geschichte zurückblicken, sondern auch auf die wohl illusterste Kundenliste seiner Branche. Es gibt kaum eine Berühmtheit im Vereinigten Königreich, die nicht irgendwie mit dem Hause verbunden wäre, sei es als Kunde oder als Nachfahre von ehemaligen Kunden. Eine Purdey-Flinte geerbt zu haben gilt im traditionsbewussten Großbritannien sogar als noch vornehmer, schließlich beweist man damit, dass die Familie »altes« Geld hat.

In der Firmengeschichte des 1814 gegründeten Hauses wird als erster blaublütiger Kunde der Fürst von Leinegen erwähnt, der 1823 eine doppelläufige Büchse orderte. Der erste Kunde aus dem britischen Königshaus war im Jahre 1825 der Duke of Gloucester, also der Bruder des damaligen Königs Georg IV. Ihm folgten der Duke of Cumberland, der Kronprinz von Bayern und der Prinz von Oranien. Diese Liste fortzusetzen und um die Angehörigen des Geldadels zu ergänzen, wäre sicherlich amüsant, würde aber den Rahmen dieses Buches sprengen. Immerhin umfasst die Kundenkartei rund 28 000 Namen. Wer einen kleinen Ausschnitt daraus im Bild sehen möchte, dem sei ein Besuch im Ladengeschäft empfohlen. Meist bedarf es hier nur einer freundlich-interessierten Nachfrage, und man wird in die Ruhmeshalle des Hauses, den »Long Room«, geführt. Im diesem ehemaligen *dining room* der Familie Purdey werden Fotos und Danksagungen begeisterter Kunden neben historischen Büchsen und Flinten ausgestellt.

Wie bei jeder Art von Maßanfertigung ist der höhere Preis nicht nur durch die bessere Passform gerechtfertigt, sondern auch durch die vielen Stunden meisterlicher Handarbeit, die erforderlich sind, bis der Auftrag ausgeführt ist. So dauert es gut drei Jahre, bis eine Purdey ausgeliefert werden kann. Der Kunde bekommt von der Entstehung seines Schmuckstücks nur wenig mit. Lediglich das Holz für den Schaft darf er zur Halbzeit des Herstellungsprozesses aussuchen. Für dieses Ritual wird er zum zweiten Mal in den »Long Room« gebeten, nachdem dort schon einige Monate zuvor seine Maße ermittelt worden sind. Nun gilt es, sich unter der Auswahl von Rohlingen für ein Stück zu entscheiden. Hat der Kunde gewählt, wird der Schaft in einem wiederum langwierigen Arbeitsprozess von Hand gefertigt – passend zur Figur des späteren Besitzers.

Der Ausbruch des Ersten Weltkriegs im August 1914 war in jeder Hinsicht eine Katastrophe – auch für das Unternehmen. Schließlich konnte die 90-köpfige Belegschaft nur durch eine stabile Auftragslage gehalten werden. Manch guter Kunde zog in den Krieg, mancher fiel. Die Aufträge aus dem Deutschen Kaiserreich und Österreich-Ungarn blieben aus. Die Russen waren durch den Krieg von England abgeschnitten, was die Zustellung fertiger Waffen fast unmöglich machte. So musste das Gewehr des russischen Grafen Paul Schuraloff über das norwegische Bergen verschifft werden. Ab 1917 riss der Kontakt zu Russland gänzlich ab. Im Zweiten Weltkrieg hielt sich Purdey dann vor allem mit der Herstellung von Werkzeugen über Wasser und sicherte das Überleben der Firma. Allerdings blieb jetzt keine Zeit mehr für die Herstellung der berühmten Gewehre. Bestellungen, die ab 1941 eingingen, konnten erst nach Kriegsende bearbeitet werden.

Auch nach 1945 verbesserte sich die Lage des Traditionsbetriebs kaum. Die sozialistische Regierung im Nachkriegsengland machte den Herstellern von Luxusgütern das Leben schwer, nicht zuletzt deshalb, weil die früheren Kunden mit immer höheren Steuern belastet waren. Doch auch diese Krise hat das Unternehmen gemeistert, nicht zuletzt dank der Kunden aus Übersee. Auch heute noch machen die Aufträge aus den USA, Australien, Kanada, Südafrika, Japan oder Südamerika einen großen Anteil des Umsatzes aus.

Eine doppelläufige Flinte aus dem Haus Purdey ist ab 32 750 Pfund zu haben. Der Preis kann sich aber – genau wie beim Auto – je nach gewählten Extras erheblich erhöhen. Eine Büchse ist von vornherein teuer und kostet mindestens 52 500 Pfund. Auch hier sind noch keinerlei Sonderwünsche inbegriffen. Wer sich über diese Preise Gedanken machen muss, sollte vielleicht gleich ein günstigeres Fabrikat wählen. Es ist keineswegs so, dass man nur mit einer Purdey zur Jagd gehen kann. Es macht damit vielleicht nur ein bisschen mehr Spaß.

Im Landhaus der Britischen Inseln gehört ein gut gefüllter Gewehrschrank so selbstverständlich zum Inventar wie Kühltruhe oder Vorratskammer.

Wie eine Purdey entsteht

Wer eine Purdey besitzen möchte, hat die Wahl. Er kann ein gebrauchtes Modell kaufen oder aber eigens für sich eine Flinte oder Büchse anfertigen lassen. Im Ladengeschäft in der South Audley Street können beide Wünsche erfüllt werden. Der Kauf einer gebrauchten Purdey hat zwei Vorteile. Erstens ist das Second-Hand-Modell wesentlich preisgünstiger, und zweitens kann man das gute Stück sofort mitnehmen. Allerdings ist eine Purdey aus zweiter Hand nie so perfekt der Physis und der Persönlichkeit ihres neuen Besitzers angepasst wie ein speziell für ihn angefertigtes Exemplar.

Die Anschaffung einer neuen Purdey bietet zu allen anderen Vorteilen auch noch jenes spezielle Vergnügen, das mit dem Kauf von Maßanfertigungen stets verbunden ist. Alles, was den Erwerb in die Länge zieht, steigert natürlich auch die Vorfreude. Der lange Prozess bis zur ganz persönlichen Jagdwaffe beginnt damit, dass der Kunde gründlich vermessen wird: von der Mitte des Rückens zur Schulter, vom Hals zur Schulter, von der Schulter zum Ellenbogen, vom Ellenbogen zum Abzugfinger, ebenso ermittelt werden der Brustumfang, der Abstand vom Auge zur Brust in Schulterhöhe und die Distanz von diesem Punkt zur Schulter. Hinter der Prozedur steht die Überzeugung, dass ein perfekt auf den Kunden abgestimmtes Gewehr beim Anschlagen automatisch in die richtige Position gehoben wird. Man braucht dann nur noch sein Ziel aufs Korn zu nehmen und abzudrücken. Natürlich hilft es, wenn man zudem auch noch ein guter Schütze ist.

Wenn die Maße genommen sind, wird der Direktor Nigel Beaumont oder der Chairman Richard Purdey mit dem Kunden weitere Details besprechen. Zum Beispiel, für welche Art von Wild die Flinte oder Büchse benutzt werden soll. Davon hängen nämlich die Länge des Laufs und die Zahl der Abzüge ab. Wenn alle wichtigen Fragen geklärt sind, kann in der Manufaktur im Londoner Stadtteil Hammersmith mit dem eigentlichen Bau begonnen werden.

Zunächst wird das Gewicht aller Einzelteile berechnet, damit zum einen die gesetzlichen Vorgaben eingehalten werden und zum anderen das Gewehr später perfekt die Balance hält. Anschließend werden die Läufe auf die gewünschte Länge gestutzt und bei doppelläufigen Gewehren zusammengelötet. Der Verschluss und das Vorderteil werden zunächst von Hand geschmiedet und dann mit einer Maschine bearbeitet. Alle weiteren Schritte sind wieder Handarbeit.

Wenn Verschluss und Lauf oder Läufe fertig gestellt sind, wird der Schaft in Angriff genommen. Dazu wird ausschließlich französisches Walnussholz aus der Dordogne verwendet, dessen Farbe, Maserung, Härte und Dichte unübertroffen sind. Die Form des Schaftes folgt natürlich den Maßen des Kunden. Der darf auch bei der Art der Gravur mitreden. Falls er keine besonderen Wünsche äußert, wird die Standardgravur geliefert, doch gegen Aufpreis ist beinahe alles möglich. Nach der Gravur wird das Gewehr zusammengesetzt und von Purdey auf dem firmeneigenen Gelände getestet. Nur so können die Fachleute des Hauses beurteilen, ob alles perfekt ist. Erst nach einer erneuten Inspektion durch den *factory manager* und einer letzten Überprüfung durch Nigel Beaumont kann die neue Purdey nach etwa drei Jahren endlich an den sehnsüchtig wartenden Kunden ausgeliefert werden. Nicht selten wird der dann sehr bald das nächste Exemplar bestellen. Denn wenn man sich erst an die Purdey gewöhnt hat, wird man auch zukünftig kaum noch mit etwas anderem schießen wollen.

Rechts: Es dauert mindestens fünf Jahre, bis ein Handwerker die erforderlichen Fähigkeiten für eine der acht spezialisierten Tätigkeiten erlernt hat, in die der Bau einer Purdey aufgeteilt wird: *barrel making, action making, lock and trigger making, ejector making, stock making, engraving* und *finishing*. Hier sehen wir die erste Phase, das *barrel making*, bei der die Läufe zusammengefügt werden.

Ganz rechts: Der vergleichsweise hohe Preis einer Flinte oder Büchse von Purdey erklärt sich vor allem durch die vollständige Einzelanfertigung von Hand. Was dem einen im Zeitalter computergesteuerter Fräsen als anachronistische Arbeitsweise erscheint, sieht der andere als erhaltenswerte Handwerkskunst.

Rechts: Der Ejektor der Purdey-Querflinte arbeitet – abgesehen von einer einzigen Verbesserung – heute noch genauso, wie er im Jahre 1880 von Frederick Beesley entwickelt worden ist.

Ganz rechts: Der Schaft einer Büchse oder Flinte von Purdey wird aus bestem französischem Walnussholz gefertigt. Das *chequering*, eine feine Riffelung im Holz, wird von Hand eingeritzt, mehr als zwölf Linien pro Zentimeter.

Diese frei stehende Wanne im Gästezimmer dieses Landhauses bietet badenden Besuchern eine perfekte Aussicht auf den Park des Anwesens.

Das Badezimmer

Wasser, Seife, Wannenbad

Wenn Besucher vom europäischen Kontinent das Badezimmer eines britischen Hauses aufsuchen, wundern sie sich meist über Stil und technischen Standard der Installationen. Statt mit den bei ihnen daheim üblichen chromblitzenden Armaturen und eingebauten Badewannen und Waschbecken sehen sie sich mit altertümlich anmutenden Wasserhähnen, frei stehenden Wannen mit Klauenfüßen und Toiletten mit unter der Decke angebrachten Spülkästen konfrontiert.

Selbst in namhaften Häusern, in denen großartige Leistungen britischer Innenarchitektur und Dekorationskunst zu bewundern sind, stößt man auf Badezimmer, deren Charakter der Nicht-Brite bestenfalls als »urig« bezeichnen würde. Doch anders als auf dem Kontinent betrachtet man dies im Vereinigten Königreich keineswegs als Minderung des Wohnwerts. Im Gegenteil – derart altertümliche Badezimmer belässt man im Originalzustand, und moderne versetzt man nach Möglichkeit stilistisch in die erste Dekade des 20. Jahrhunderts zurück. Diese unorthodoxe Herangehensweise hat mit der generellen Vorliebe der Briten für das Bewährte zu tun. Tatsächlich leistet Großmutters frei stehende Badewanne genauso gute Dienste wie das kastig verkleidete Pendant der heutigen Zeit.

Waschbecken mit fließendem warmen und kalten Wasser fanden erst ab dem späten 19. Jahrhundert ihren Weg in die britischen Häuser. Bis dahin musste Wasch- oder Badewasser von der Dienerschaft in Kannen herbeigeschafft werden, damit Wannen oder Schüsseln gefüllt werden konnten.

Als nachteilig könnte man hingegen das Fehlen von Mischbatterien einstufen. An den traditionellsten Versionen des britischen Handwaschbeckens sind die Hähne für warmes und kaltes Wasser so weit wie nur irgend möglich voneinander entfernt. Während die eine Hand vor Hitze feuerrot wird, werden auf der anderen Seite die Finger steif vor Kälte. Ein Zusammenführen von beiden Händen unter beiden Wasserstrahlen ist unmöglich. Im Handel kann man allerdings eine Gummischlauchkonstruktion zum Mischen derselben erwerben. In Hotels und anderen Etablissements, die sich gezwungen sehen, Zugeständnisse an die Gewohnheiten ausländischer Besucher zu machen, hat man in den letzten Jahren zunehmend Wasserhähne installiert, die das Vorhandensein einer Mischbatterie vortäuschen. Zwar produzieren diese neumodischen Hähne einen einzigen Wasserstrahl, doch der ist, so unwahrscheinlich das klingen mag, auf der einen Seite kochend heiß und auf der anderen eiskalt.

Es ist nicht allein die Freude am Althergebrachten, die den Aufenthalt in britischen Badezimmern zur Zeitreise werden lässt. Sich in einem 50 Jahre alten Ambiente zu waschen, spiegelt auch den britischen Hang zu einer an Selbstquälerei grenzenden Genügsamkeit wider. Ehe die Unbequemlichkeit eines Umbaus in Kauf genommen wird, findet man sich lieber mit dem Gegebenen ab.

Das verbreitete Desinteresse am Badezimmer kontinentaler Prägung speist sich auch aus der fast religiösen Verehrung alter Bausubstanz. Darin ist nun mal kein Badezimmer im Sinne des 20. Jahrhunderts vorgesehen, jedenfalls nicht in einem Bauwerk aus dem 17. oder 18. Jahrhundert. Der Schluss, dass die Menschen jener Zeiten sich selten gewaschen hätten, ist jedoch nicht unbedingt zulässig. Wenn es auch oft keine Räume gab, die ausschließlich der körperlichen Hygiene dienten, bedeutet dies nicht, dass der Gebrauch von Wasser zur Körperreinigung unbekannt war. Man wusch sich natürlich seltener als heute und nahm sein Bad dort, wo man sich auch seiner Kleidung entledigte, also im Schlaf- oder Ankleidezimmer. Bis in das frühe 20. Jahrhundert hinein ersetzte die Waschschüssel das Waschbecken, wobei das Wasser in Kannen herbeigeschafft und über dem Kaminfeuer erwärmt wurde. Falls es im Zimmer keine Heizquelle gab, holte das Dienstmädchen das heiße Wasser direkt aus der Küche. Die Idee, Wasserleitungen direkt bis zur Waschschüssel zu legen, ist zwar bereits 1169 in Westminster belegt, setzte sich jedoch erst ab dem 18. Jahrhundert durch.

Analog zur mobilen Waschgelegenheit gab es tragbare Badewannen. Sie wurden an Ort und Stelle gefüllt, was den Vorteil hatte, dass praktisch überall im Haus gebadet werden konnte. Es gab verschiedene Modelle, doch besonders beliebt war das *slipper bath*, eine Wanne in Form eines knöchelhohen Schuhs, die den Badenden bis zu den Schultern einschloss. Wannen dieser Art hatten zum Teil eingebaute Kohleöfen, so dass kaltes Wasser direkt erhitzt und auch heiß gehalten werden konnte. Daneben gab es bewegliche Duschbäder von überraschend einfacher, aber zweckdienlicher Konstruktion: Über dem Kopf des Duschenden befand sich eine Zisterne, die je nach Modell durch verschiedene Mechanismen entleert werden konnte.

Im 18. Jahrhundert kamen Badehäuser – oder, wie wir heute sagen würden, Badelandschaften – in Mode. Wer zum Adel oder Geldadel zählte, rüstete seinen Landsitz mit einer verkleinerten Version eines türkischen Dampfbads oder einem Tauchbecken im altrömischen Stil aus. Diese Bäder dienten nicht schlichtweg der täglichen Körperpflege, sondern eher der gezielten Kuranwendung beziehungsweise dem Prestige.

Im 19. Jahrhundert begann man, fest installierte und erstmals mit fließendem Wasser versorgte Wannen und Waschtische im Ankleidezimmer aufzustellen. Vielen Hausbesitzern war es jedoch angenehmer, ihr Bad weiterhin vor dem Kamin im Schlafzimmer zu nehmen. Vor allem diejenigen,

Eine Kupferbadewanne begeistert jeden Anhänger der traditionellen Badekultur. Mitsamt passenden Installationen aus Viktorianischer Zeit sind die rötlich-goldenen Schmuckstücke selbst auf den Inseln zur gesuchten Rarität geworden.

Die Sitzbadewanne war nicht zuletzt wegen des geringeren Wasserbedarfs überaus beliebt. Im 19. Jahrhundert wurde sie in einer Vielfalt von Formen gebaut und, wie hier abgebildet, manchmal sogar mit direkter Wasserzufuhr.

Es ist eine typisch britische Eigenart, Badestuben mit Teppichen oder Auslegeware auszustatten, wie hier in Holliday Hall. Diese etwas unpraktisch anmutende Gewohnheit hat wohl mit den niedrigen Temperaturen zu tun, die in vielen alten Häusern herrschen.

Tapeten, Stühle, Bilder und sonstige Dekorationsobjekte trifft man in Bädern kontinentaleuropäischen Zuschnitts nur selten an. Auf den Britischen Inseln gehören sie dagegen auch rund um Badewanne und Waschbecken ganz selbstverständlich dazu.

denen das Herbeischaffen des Wassers von Dienstboten abgenommen wurde, konnten keinen rechten Vorteil darin entdecken, dass ihr Badewasser nun plötzlich direkt aus der Wand fließen sollte. So haben einige der transportablen Bäder bis heute überlebt. Wer Glück hat, besucht irgendwann einmal ein Herrenhaus, das in seinen Gästezimmern noch immer diese altertümliche, aber durchaus reizvolle Variante des Badegenusses anbietet – aus bewusster Nostalgie oder auch aus Mangel an entsprechenden Installationen.

Abgesehen von diesen Ausnahmen findet sich heute oft der Badezimmerstandard, der in der Zeit zwischen dem Ende des 19. und den 30er- bis 40er-Jahren des 20. Jahrhunderts üblich geworden ist. Typische Elemente dieser Periode sind frei stehende Badewannen aus Gusseisen und Heißwasserboiler. In den 30er-Jahren ging man dazu über, die Wannen kastenartig zu verkleiden, doch dieses Konzept hat sich in Großbritannien nie richtig durchsetzen können. Zwar schwappte in den 60er- und 70er-Jahren eine gewisse Modernisierungswelle in die britischen Badezimmer, der eine ganze Reihe von alten Wannen zum Opfer fiel, doch schon in den 80ern sehnte man sich nach dem edwardianischen Badegefühl zurück – Renovierungen wurden rückgängig gemacht und ausgebaute Wannen für viel Geld auf Antikauktionen zurückgekauft oder als Reproduktion in Auftrag gegeben. Insofern ist es manchmal schwer zu sagen, ob das großväterlich anmutende Bad tatsächlich historisch oder nur das Ergebnis stilsicherer Dekorationskunst ist. Wie dem auch sei, der Besucher vom europäischen Kontinent sollte sich, wenn er Gelegenheit dazu hat, unbedingt die Zeit nehmen, in duftendes britisches Badewasser einzutauchen und sich an den Anfang des 20. Jahrhunderts zurückversetzen zu lassen.

Oben: Das Vollbad erfreut sich unter den Briten nach wie vor großer Beliebtheit, während Amerikaner und die meisten Europäer des Kontinents die Dusche vorziehen.

Ganz links: Klinisch weiß gefliest und gut sauber zu halten – diese Zentralforderung an Bad oder Toilette gilt in weiten Teilen der Britischen Inseln nicht. Das wenig einladende Wort »Nasszelle« passt dementsprechend nicht im Entferntesten zu den farbenfrohen und bis ins kleinste Detail liebevoll dekorierten Badezimmern der Briten.

Links: Da die Zahl alter Landhäuser und *cottages* begrenzt ist, wohnen manche der auf alte Bausubstanz versessenen Briten in ausgedienten Dorfschulhäusern oder ländlichen Polizeistationen. Selbst Stallungen werden zu Behausungen umgebaut. Da dort naturgemäß kein Bad vorgesehen war, müssen die sanitären Einrichtungen in einem der Räume untergebracht werden.

Elton Hall in Cambridgeshire birgt in seinen Mauern Badegelegenheiten, die Freunde des britischen Wohnstils begeistern. Hier kann man sich noch wie zu Zeiten der Groß- oder Urgroßeltern im Ambiente eines vornehmen Schlafzimmers der Körperpflege widmen.

Warum das Bad nicht zur Gemäldegalerie machen? Auch in Castle Leslie im irischen County Monaghan treffen Besucher solche und andere ungewöhnliche Arten, die Wände um Badewanne, Waschbecken und Klosett zu dekorieren.

Es ist durchaus nicht so, dass sich alle Briten ausschließlich in Nostalgie-Bädern wohlfühlen. Einige von ihnen gönnen sich auch in alten Häusern verglaste Duschkabinen, Fußbodenheizung und eine raffinierte Beleuchtung, ohne dabei die historischen Wurzeln völlig zu verleugnen.

Die Erkenntnis, dass Holz, Vorhänge und Teppiche im feuchtwarmen Klima eines Badezimmers Bakterien einen idealen Nährboden bieten, führte zu Beginn des 20. Jahrhunderts zum Einsatz von Fliesen, Metall, Glas und Keramik.

Dass frühere Badewannen auf dekorativen Füßen standen, weiß auf dem europäischen Kontinent heute kaum noch jemand, denn seit den 60er-, 70er-Jahren des 20. Jahrhunderts werden sie in geflieste, rechteckige Kästen versenkt. In Großbritannien geben Hausbesitzer dagegen oft stattliche Summen aus, um ihr Bad mit einem frei stehenden Exemplar auszustatten. Eine solche Wanne wird selbstverständlich nicht eingefliest und darf auch gern die Mitte des Raumes einnehmen. Ansonsten ist sie natürlich fest an das Heißwasser- und Abwassersystem angeschlossen. Tragbare Badewannen, wie sie früher in den Schlaf- oder Ankleidezimmern aufgestellt wurden, findet man nur noch selten. Gleich neben der Badewanne steht nicht selten ein Sessel. Er erinnert an die Zeit, als man noch im Ankleide- oder Schlafzimmer zu baden pflegte. Gemütlich ist so ein Polsterstuhl aber in jedem Fall und eine praktische Ablage für den Frotteemantel dazu.

Der Waschtisch ist der Vorläufer unseres heutigen Waschbeckens. Ursprünglich aus einer einfachen Schüssel bestehend, die das Waschwasser aufnahm, verwandelte sich der Waschtisch im 18. und 19. Jahrhundert zu einem sorgfältig gearbeiteten und sehr dekorativen Möbelstück. Es gab schreibtisch-ähnliche Modelle, auf deren Marmorplatte diverse Schüsseln, Krüge, Becher für die Zahnpflege oder sonstige Utensilien abgestellt werden konnten, andere Exemplare bestanden aus einem dreibeinigen Gestell mit einem passenden Set aus Schüssel und Krug. Die *toiletries* aus Porzellan oder Steingut waren meist aufwendig verziert – und nahmen im Dekor sogar Rücksicht darauf, ob sie von einer Dame, einem Herrn oder in der *nursery*, der Kinderstube, benutzt werden sollten. Auch zu diesem bemalten Waschbecken aus Edwardianischer Zeit mag es einmal passendes Zubehör gegeben haben.

Waschschüsseln und Wasserkannen werden heute zwar im Allgemeinen nicht mehr benutzt, doch im Badezimmer eines Landhauses sind sie interessante und stilechte Accessoires. Wer genügend Platz hat, stellt vielleicht auch einen Waschtisch mitsamt *toiletries* auf.

Große Naturschwämme sind zwar nicht ganz billig, doch ihre Anschaffung lohnt sich, denn im Gegensatz zu ihren Pendants aus Kunststoff hemmen sie die Ausbreitung von Bakterien und sind darüber hinaus sehr haltbar.

Hochwertige Holzbürsten sind durchaus in der Lage, den Beanspruchungen durch Seife und heißes Wasser standzuhalten. Nicht mehr benutzte Exemplare können als Dekorationselemente an die Wand gehängt werden.

Wenn die Badewanne frei im Raum steht, stellt sich die Frage nach einer Ablagefläche für die Seife. Sie findet sich oft in Form einer schönen alten Schale aus Porzellan oder Steingut – der Fantasie sind hier kaum Grenzen gesetzt.

Flaschen mit Eau de Toilette sind ein ebenso attraktiver wie nahe liegender Schmuck für das Badezimmer. Nicht selten wird man auf den Etiketten Namen wie »Trumper's«, »Taylor's« oder »Penhaligon« lesen, einer wie der andere berühmt auf den Britischen Inseln.

Badesalz, Badeperlen oder Badeöle stehen in Flaschen, Gläsern oder Schalen griffbereit neben der Wanne. Je nach Lust und Laune kann man anregende oder beruhigende Essenzen wählen.

Duschbäder

Wenn man sich die gemütlichen Badewannen der Briten ansieht und ihre lange bewahrte Tradition bedenkt, sie vor dem wärmenden Kaminfeuer im Ankleidezimmer aufzustellen, möchte man glauben, dass Duschbäder bei ihnen äußerst unpopulär sind. Dennoch hat britischer Erfindungsgeist einige interessante Konstruktionen zum Thema Duschen beigesteuert. Die einfachste Art, ein Duschbad zu veranstalten, bestand darin, einen Eimer zu nehmen und sich mit Wasser zu übergießen. Dabei wurde das gebrauchte Wasser immer wieder für neue Güsse aus der Duschwanne geschöpft. Eine modernere Variante wurde auf der »Great Exhibition« 1851 gezeigt. Hier stand der Duschende in einem runden Becken, und über ihm befand sich ein von vier Säulen gehaltener Wassertank. Mittels einer Zugkette ließ sich der Tank öffnen, und das kühle Nass sprühte durch einen siebartigen Ablauf heraus. Eine Pumpe sorgte dafür, dass das Wasser durch ein Rohr, das durch eine der vier Säulen lief, wieder in den oberen Tank gelangte. Bei den weniger ausgefeilten Modellen musste ein Bediensteter mit einer Leiter eimerweise für Nachschub sorgen.

Hier wurde die alte Dusche aus dem 19. Jahrhundert in ein modernes Bad integriert.

Das Wasser in dem Behälter über dem Gestänge wird per Kettenzug ausgeschüttet.

Von der Tudor-Bewässerung zur viktorianischen Hygiene-offensive

Die Wasserversorgung eines Hauses sicherzustellen gehörte früher zu den größten Herausforderungen für die Architekten. Bauwerke in der Nähe von Flüssen, Quellen oder Bachläufen waren vergleichsweise einfach zu ver- und entsorgen. In London gab es im 16. Jahrhundert bereits ein Rohrsystem, an das man sein Haus anschließen konnte. Auf dem Land schöpfte man das frische Nass mit Eimern aus Brunnen, auf die später gusseiserne Pumpen gestellt wurden. Das Regenwasser sammelte man in Zisternen.

Als Material sowohl für Rohrleitungen als auch für Wasserspeicher diente entweder Holz – was oft leckte und rasch verrottete – oder Blei. Bleirohre waren zwar haltbar und zuverlässig, doch viele adelige Familien, die es sich leisten konnten, ihre Anwesen mit großzügigen Rohrsystemen auszustatten, bezahlten für den Luxus mit chronischen Bleivergiftungen.

In der zweiten Hälfte des 18. Jahrhunderts begannen einige Wasserversorger – Unternehmen wie die New River Company oder die Chelsea Water Company – mit der Installation von Eisenrohren. Dennoch war das Netz alles andere als flächendeckend, und ein Großteil der Verbraucher musste sich noch immer mit gesammeltem Regenwasser begnügen. Um die Entsorgung war es nicht besser bestellt, denn ableitende Rohre gab es in sehr begrenztem Umfang und sie konnten – wenn überhaupt – nur Flüssiges aufnehmen. Verstopfungen waren unvermeidlich.

Ein anderes Problem stellte der Wasserdruck dar. Die morschen Holzrohre, die vielfach noch in Gebrauch waren, transportierten das Wasser zwar, konnten aber keinem Druck standhalten. Folglich erhielten die Haushalte ihr Wasser über ebenerdige Anschlüsse. Erst der Ausbau des Systems und die Einführung von Blei- und Eisenrohren in der ersten Hälfte des 19. Jahrhunderts erlaubten eine Druckerhöhung und damit die Versorgung von höher gelegenen Stockwerken.

Mitte des 19. Jahrhunderts, bot sich in den Dörfern und in vielen Stadtteilen Londons ein Bild des hygienischen Grauens. In ländlichen Ansiedlungen musste oft ein einziger Wasseranschluss vielen Familien gleichzeitig dienen, und Sickergruben oder Abwasserleitungen existierten kaum. In den Städten war das vorhandene System dem raschen Anwachsen der Bevölkerung nicht gewachsen. Doch man wusste inzwischen, welche Bedeutung der Hygiene bei der Bekämpfung von Krankheiten zukam. Also wurden unter Königin Viktoria die Frischwasser- und Abwasserleitungen ausgebaut und verbessert, sodass bald jeder Haushalt über einen eigenen Anschluss verfügte. Waschschüsseln und Waschtische wurden an das Haussystem angeschlossen, womit das mühselige Wassertragen entfiel. Die ersten heißwasserbetriebenen Zentralheizungen wurden installiert, und immer mehr Häuser verfügten über ein Wasserklosett. Mit dem »Public Health Act« von 1884 wurden die Haushalte sogar gesetzlich verpflichtet, für eine Toilette zu sorgen. Zwar bestand diese oft noch aus dem Plumpsklo im Garten, doch ein erster Schritt in Richtung moderner Hygiene war gemacht. Und so blieben die viktorianischen Vorgaben – WC, Waschbecken, Badewanne und Dusche – auch im 20. Jahrhundert akzeptierte Standards. Auf diese Zeit geht auch der Name *lavatory* für die Toilette zurück, nachdem der Begriff bislang die Waschgelegenheit aus Schüssel und Krug bezeichnet hatte.

Ende des 19. Jahrhunderts löste das Waschbecken aus Keramik langsam den hölzernen Waschtisch ab. Dessen Ende kam mit dem aus der Leitung sprudelnden Wasser. Typisch viktorianisch sind der Beckenrand in Marmor-Optik und die gusseiserne Wandbefestigung.

Sobald fließendes Wasser in den Häusern vorhanden war, stieg auch das Interesse an ungewöhnlichen Alternativen zur altbekannten Badewanne. Aus den Anfangsjahren des 20. Jahrhunderts stammt die abgebildete Kombination aus Dusche und Wanne.

Der Erfinder der modernen Toilettenspülung – Thomas Crapper

In England glaubt man gerne, dass Thomas Crapper aus Yorkshire das WC erfunden hat. Zwar ist das nicht richtig, doch führte er unter anderem eine technische Neuerung ein, die bis zur Einführung der heutigen Öko-Spülungen in allen modernen Spülkästen zu finden war: die »wasserverschwendungsverhindernde Saugtoilettenspülung«.

Bis in die 1870er-Jahre lief die Wasserzufuhr vom Spülkasten in die Toilette über ein einfaches Stopfventil, wodurch der Verbrauch enorm war, nicht nur, weil sich immer gleich der ganze Inhalt des Kastens in die Schüssel entleerte, sondern auch weil manche übervorsichtig die Spülung die ganze Zeit rauschen ließen. Außerdem wurden die Ventile schnell durchlässig. In London sorgte man sich schon ernsthaft um die Austrocknung der Reservate.

Crapper produzierte nun Spülkästen, in denen das Wasser mittels Luftverdrängung in das Spülrohr gehoben wurde. Mit der Toilettenschnur betätigte man einen Hebel, der durch Erzeugung eines Unterdrucks das Wasser aus einer kleinen Kammer heraussaugte. Nach dem Loslassen der Schnur füllte sich die Kammer wieder für den nächsten Gebrauch auf.

Wasserverbrauch und Tropfanfälligkeit wurden dadurch verringert und Thomas Crappers Ruf als genialer Klempner war gemacht: In den 1880ern wurde er dank seiner Erfindung zum königlichen Hof-Toiletteninstallateur Edwards VII ernannt.

Wer sein Haus stilecht renovieren möchte, darf Bad und Toilette nicht aussparen. Deshalb enthält das Angebot der einschlägigen Zubehörlieferanten stets eine große Auswahl an historisch korrektem Sanitärbedarf.

Vom Ende des 19. Jahrhunderts bis in die 20er-Jahre des 20. Jahrhunderts blieb das Design der Armaturen von Waschbecken, Badewannen und Duschen weitgehend unverändert. Erst die Einführung der Mischbatterie brachte eine Formveränderung.

Ganz links: Wie ein Thron wirkt die Toilette in einem der zahlreichen Gästezimmer von Castle Leslie im irischen County Monaghan.

Links: Die Kette mit Griff ist auch heute noch ein häufiger Anblick in britischen Bädern, obwohl die Spülkästen schon in den 1930ern in Rückenhöhe angekommen sind.

Um 1880 wurde auf Rollen gezogenes und perforiertes Toilettenpapier eingeführt. Natürlich ließ die Erfindung der entsprechenden Halterungen nicht lange auf sich warten. Früher konnte man sich zum Verrichten der Notdurft in ein separates Toilettenhäuschen zurückziehen, nun lag das WC in der Wohnung. Um dennoch ein wenig Diskretion zu sichern, kamen Türriegel in Mode, die den Mitmenschen freundlich anzeigten, ob die Toilette frei oder besetzt war.

Der ganz private Ort

Im Zeitalter des Wasserklosetts ist man geneigt, vorangegangenen Epochen eine deutlich geringere Kompetenz in Sachen Hygiene und Entsorgung zuzuschreiben. Während arme Dörfer wie große Städte heutige Nasen auf eine harte Probe gestellt hätten, da die Bewohner ihre menschlichen Hinterlassenschaften einfach aus dem Fenster oder in den Rinnstein vor der Tür kippten, verfügten britische Herrensitze schon recht früh über sanitäre Anlagen, die diesen Namen tatsächlich verdienen.

Die Tatsache, dass sich oftmals keine Badezimmer in den Häusern finden, bedeutet nicht, daß es keine »stillen Örtchen« gab. Viele Anwesen verfügten über Toilettenhäuschen, die – aus geruchstechnischen Gründen – so weit wie möglich von den Wohntrakten entfernt lagen. Im 18. Jahrhundert wurden diese privaten Bedürfnisanstalten sogar mit Bodenmatten, Kerzen, einem Papierhalter und Bücherregalen ausgestattet.

Wer des Nachts ein dringendes Bedürfnis verspürte, es aber draußen zu dunkel und zu ungemütlich fand, um sich auf den Weg zum Toilettenhäuschen zu machen, behalf sich entweder mit einem schlichten Nachttopf oder – bei entsprechender sozialer Position – mit einem *close-stool*, also einer Sitzgelegenheit mit hochklappbarem Deckel, in deren Innerem sich eine Schüssel oder ein Topf verbargen. Um ihren Sinn und Zweck dezent zu vertuschen, sahen solche *close-stools* oft wie kleine Schränke oder Truhen aus und wurden aufwendig verziert. Dem Dienstmädchen fiel am Morgen die Aufgabe zu, die Behältnisse zu entleeren.

Mitte des 19. Jahrhunderts kamen Erdtoiletten auf. Sie sahen dem heutigen WC bereits recht ähnlich, nur dass die Schüssel nicht mit Wasser, sondern eben mit Erde oder Asche »gereinigt« wurde. Der Abfall fiel anschließend durch eine Öffnung in einen darunter stehenden Container.

Wo es möglich war, wurde seit frühesten Zeiten natürlich auch Wasser verwendet, um Toiletteneinrichtungen sauber zu halten. Außerhalb des Hauses konnte man Flüsse und Kanäle nutzen, doch in den Innenräumen war es zunächst schwierig, Zu- und Abwasser durch die primitiven Rohrsysteme zu pumpen. Erst in den 70er- und 80er-Jahren des 19. Jahrhunderts konnte man das Leitungssystem so weit verbessern, dass das Wasser mit einem gewissen Druck in das WC floss. Außerdem installierte man modernere Toilettenschüsseln, die leichter durchgespült werden konnten.

Anthony Sampson
ANATOMY OF BRITAIN
Anthony Sampson
THE NEW EUROPEANS
LEGIONNAIRE
LE CARRÉ

An Arbeitszimmer oder Bibliothek lassen sich Geschmack und Stil der Hausbewohner oft am deutlichsten ablesen, denn diese Räume sind häufig nicht jedem Besucher zugänglich und deshalb sehr persönlich eingerichtet.

Arbeitszimmer und Bibliothek

Vom Bücherschrank zum Internet

Kein Widerspruch: Das moderne Arbeitszimmer im traditionellen Landhaus ist mit Faxgerät und Internet-Anschluss ausgerüstet.

Britische Adelshäuser des Mittelalters waren nicht unbedingt Horte der Bildung und Belesenheit. Die wenigen Leute, die der Schrift mächtig waren, verstauten ihre Folianten in verschlossenen Schränken. Erst um 1700, als man im Zuge der europäischen Aufklärung seinem Stand eine gewisse Bildung schuldig zu sein glaubte, fanden Bücher größere Verbreitung. Die großen Veränderungen der Tudor-Zeit verlangtem dem Adel außerdem im Ambiente des königlichen Hofes mehr Bildung ab, um neuen Verwaltungsaufgaben gewachsen zu sein, aber auch um in den höfischen Gewittern gebildeter und pointierter Konversation Paroli bieten zu können. Doch erst gegen Mitte des 18. Jahrhunderts wurden in Privathäusern Räume eingerichtet, die unseren heutigen Vorstellungen von einer Bibliothek nahe kommen. Die gedruckten Werke wurden nun – mehr oder minder systematisch geordnet – in geräumigen, offenen Wandregalen zur Schau gestellt, höher liegende Abteilungen konnte man über eine Galerie oder eine Leiter erreichen, Stühle und Pulte standen bereit.

Viele der meist nicht akademisch gebildeten Landbesitzer wurden zu wirklichen Liebhabern und Kennern der Literatur. So manches Anwesen auf den Britischen Inseln verfügt über Büchersammlungen, die einer Universität oder einem Museum zur Ehre gereichen würden. Berühmte Beispiele sind die Bibliotheken von Chatsworth oder Longleat. Die *library* von Sledmere House, dem Sitz der Familie Sykes, enthielt einst solche Schätze wie eine zweibändige Gutenberg-Bibel. Leider wurde diese bibliophile Kostbarkeit zusammen mit über 2500 anderen Werken im Jahre 1824 verkauft, weil Sir Tatton Sykes Geld für die Fuchsjagd brauchte.

Seit dem späten 18. Jahrhundert war die Bibliothek auch ein beliebter Ort gesellschaftlicher Veranstaltungen. Man spielte – von der Charade bis zum gebildeten Raten – und pflegte das kultivierte Gespräch, las einander vor; man verstand Wissen also als ein geselliges Spiel und gemeinschaftlichen Zeitvertreib. Konsequenterweise veränderte sich im 19. Jahrhundert der Charakter der Bibliothek radikal. Aus dem strengen Raum der Bildungsgüter wurde ein Wohnzimmer – wenn auch eins, das mit Büchern dekoriert war. Die Bibliothek diente vor allem dem Beisammensein der Familie, gelegentlich auch dem Empfang von Gästen, und weniger der geistigen Arbeit. Auch die wertvollste Sammlung hat nie eine Familie daran gehindert, ihr Bücherzimmer in ungezwungener Weise zu bewohnen und zu benutzen. So dient die Bibliothek heute oft als Fernsehzimmer oder Büro.

Die Bibliothek der Familie und das Arbeitszimmer des Hausherrn waren in früheren Zeiten grundsätzlich zwei verschiedene Räume. Bis zur Mitte des 19. Jahrhunderts war das *study*, also das häusliche Büro, eine echte Notwendigkeit für den viel beschäftigten Grundbesitzer. Es diente administrativen Tätigkeiten sowie dem Empfang von Angestellten, Lieferanten und Geschäftspartnern. Demzufolge befand sich dieser Raum oft in der Nähe des so genannten *servants wing*, also jenes Flügels, der die Bediensteten beherbergte. Damit höher gestellten Besuchern nicht zugemutet werden musste, den Personaleingang zu benutzen, verfügten viele Arbeitszimmer über eine separate Tür oder Treppe.

Mit der Wende zum 20. Jahrhundert sollte ein ganz neuer Trend einsetzen. Da die in dieser Zeit erbauten Landsitze mehr und mehr als reine Lustschlösschen dienten, in denen auf keinen Fall gearbeitet wurde, sahen die Entwürfe der Architekten kein separates Arbeitszimmer mehr vor. Gegebenenfalls rückte man den Schreibtisch kurzerhand in die *library*. In alten Häusern, die noch über getrennte Räume verfügten, ließ sich durch die Zusammenlegung von Bibliothek und Arbeitszimmer ein weiterer Raum gewinnen, den man zum Beispiel für Gäste herrichten konnte. Da das *country house* seine Funktion als Verwaltungszentrale weitläufiger Ländereien verloren hatte, wurde das *study* in den meisten Fällen zum Herrenzimmer, zum Aufenthaltsraum des Hausherrn, in dem geraucht, gelesen und manchmal sogar geschlafen wurde. Die Einrichtung dieses Raumes erinnert eher an das Wohnzimmer eines Gentleman, wo der Schreibtisch nur noch Dekoration ist. Im 20. Jahrhundert gelangte das Arbeitszimmer zu neuen Ehren. Immer mehr Menschen können dank moderner Kommunikationstechnik wieder zu Hause arbeiten. Inzwischen birgt manches altertümlich anmutende Landhaus die Zentrale eines gewerblichen oder freiberuflichen Geschäftsbetriebes. Dabei gehen die Briten oft anders mit der historischen Bausubstanz um als die Europäer vom Kontinent. Während ein französischer oder deutscher Freiberufler einen alten Herrensitz – als Kontrast zur historischen Fassade – innen mit modernem Design ausstattet, wird der Brite eher den feudalen Charakter des Objekts erhalten und die moderne Technik geschickt kaschieren. Darüber hinaus wird er sich größte Mühe geben, sein Büro oder sein Arbeitszimmer so unrepräsentativ und unaufdringlich wie möglich zu halten. Selbstverständlich dekoriert er es, passend zum Stil des Hauses, mit geerbten oder gekauften Antiquitäten, doch gläserne Designerschreibtische oder extravagante Beleuchtungskörper wird man selten finden. Noch heute erinnern britische Arbeitszimmer mehr an das Studierkämmerlein eines viktorianischen Gelehrten oder an das Herrenzimmer eines edwardianischen Großgrundbesitzers – auch wenn ihre Bewohner Architekten, Public-Relations-Consultants oder Medienmogule sind. Das mag damit zu tun haben, dass Erwerbsarbeit weniger als Lebenszweck denn als Notwendigkeit gesehen wird. Wirklich glücklich können sich schließlich nur jene schätzen, die ihr *study* nur benötigen, um ihr Vermögen zu verwalten. Daneben fällt nur noch das Bezahlen von Rechnungen an – eine Arbeit, die notfalls auch an einem kleinen Tisch im *drawing room* oder in der Eingangshalle erledigt werden kann.

Das private Arbeitszimmer darf nie zu sehr nach Arbeit aussehen, denn sich für sein Geld anstrengen zu müssen, wird in Großbritannien als vulgär empfunden. Deshalb ist manches so genannte *study* in Wirklichkeit eher so etwas wie das Spielzimmer des Hausherrn. Dorthin zieht er sich zurück, um seine Trophäen, Pokale oder Briefmarkensammlungen zu betrachten. Hier kann er ungestört rauchen, Billard spielen oder Musik hören. Kurz – im modernen Arbeitszimmer findet all jenes statt, wofür im familiären Wohnzimmer oder den offiziellen Empfangsräumen kein Platz ist. So offenbart das *study* oft mehr als jeder andere Raum vom Charakter des Hausherrn. Gerade deshalb bleibt es nicht selten den neugierigen Blicken der Besucher verschlossen.

Rechte Seite: Das Büro, das sich Johnny Madden in seinem Haus Hilton Park eingerichtet hat, zeigt eine typische Mischung aus Alt und Neu. Sinn für Tradition schließt den Computer mit Internet-Zugang eben nicht aus.

Übernächste Seite: An einem Schreibtisch wie dem des Duke of Devonshire in Chatsworth wird selbst das Ausfüllen eines Überweisungsformulars zu einem Genuss. Übrigens ist dies nicht der einzige Arbeitsplatz des Hausherrn, Schreibtische stehen in mehreren der 175 Räume des weitläufigen Besitzes.

TWO EAST ANGLIAN PICTURE BOOKS

Im Jahre 1906 bezog der irische Dramatiker George Bernard Shaw ein Haus in Ayout St. Lawrence in der Grafschaft Hertfordshire. Er lebte dort bis zu seinem Tod im Jahre 1950. Im Sommer arbeitete er in einem kleinen Gartenhäuschen, das auf einen drehbaren Untersatz montiert war. So konnte er es immer in Richtung Sonne drehen und den ganzen Tag über bei Tageslicht schreiben.

Die Schriftstellerin und Entdeckerin Dame Freya Madeline Stark hat in ihrem ereignisreichen Leben nicht nur den europäischen Kontinent, sondern auch den Mittleren Osten und die Länder Asiens in ausgedehnten Reisen erkundet. Das Foto entstand 1957 in ihrem Haus im italienischen Asola. Den Blick konzentriert auf die Schreibmaschine gerichtet, widmet sie sich ganz der Arbeit an ihrem Manuskript.

Margot Countess of Oxford and Asquith spielte eine einflussreiche Rolle innerhalb der britischen Society. Sie war die zweite Frau des First Earl Herbert Henry Asquith, der sich als Politiker für das Frauenwahlrecht einsetzte. Als sie in den 20er-Jahren ihre offenherzige Autobiographie veröffentlichte, ging ein Aufschrei der Empörung durch die so genannte feine Gesellschaft. Das Porträt am Schreibtisch entstand um 1924.

Der 1811 geborene Romancier William Makepeace Thackeray wurde bekannt durch gesellschaftskritische und satirische Werke wie »Vanity Fair« und »The Snobs of England«. Dieses Bild aus dem Jahre 1862 zeigt ihn vor der Kulisse eines Arbeitszimmers, die dem viktorianischen Fotografen als passend für den Literaten erschien. Der Blick in das tatsächliche *study* des Autoren blieb der Nachwelt verwehrt.

Das (un)perfekte Arbeitszimmer

Stehpulte sind äußerst praktisch, wenn man zwischendurch etwas nachschlagen oder eine kleine Notiz machen möchte. Standfeste schreiben daran ganze Bücher. Auf dem Antiquitätenmarkt sind diese beliebten Möbel inzwischen allerdings sehr rar geworden.

Das *study*, also das Arbeits- oder Studierzimmer, soll in erster Linie der konzentrierten geistigen Tätigkeit dienen, folglich braucht es – zumindest theoretisch – eine Ausgestaltung und Möblierung, die zweckmäßig ist, den Nachdenkenden oder Schreibenden nicht ablenkt und eine ruhige Atmosphäre verbreitet. Für die Wände wählt man daher gedeckte Töne und für den Boden einen dicken, Geräusch absorbierenden Teppich, der gleichzeitig dem ständigen Gerücke des Schreibtischstuhls standhält. Der Schreibtisch, das Herzstück des Raumes, wird so platziert, dass das Tageslicht für den Rechtshänder von links und für den Linkshänder von rechts durch das Fenster hereinfällt, die Sitzposition sollte orthopädischen Ansprüchen genügen. Regale dürfen etwas weiter weg stehen, Handapparate müssen dagegen sitzend erreicht werden können. Und natürlich sorgt man für optimale Beleuchtung.

So viel zur Theorie, die sich seltsamerweise aber kaum jemand in die Praxis umzusetzen bemüht. Denn zu viel Perfektion hat einen Nachteil: den Benutzern eines solchen *study* fällt nichts mehr ein. Es mangelt schlichtweg am gewissen inspirierenden Etwas. Daher sieht die Wirklichkeit in den meisten Arbeitszimmern auf den Britischen Inseln ganz anders aus. Man sitzt an einem wuchtigen *rectory table*, der – in seiner Eigenschaft als nicht-ignorierbares Erbstück – zum Schreibtisch umfunktioniert wurde (aber eigentlich viel zu hoch ist) oder an einem fragilen *secretaire chest*, dessen herunterklappbare Platte nur mäßig belastet werden darf. Als Schreibtischstuhl dient ein tief geknöpfter viktorianischer Ohrensessel oder ein wertvoller Regency-Stuhl.

An der Wand hängen Memorabilia der Familienhistorie neben Zeugnissen neueren Datums, also eine Daguerreotypie vom Großvater neben der letzten Urlaubspostkarte der Nichte. Ganz abgesehen von den angehäuften Reiseandenken, Bilderrahmen, vermeintlich nützlichen Utensilien (wie etwa zehn Brieföffnern aus drei Generationen) und leeren Teetassen, die die Schreibtischplatte bevölkern und eine systematische Anordnung der gerade benötigten Unterlagen unmöglich machen. Doch trotz aller Unbequemlichkeiten fühlt sich der Besitzer eines solchen *study* meist sehr wohl in seinem Reich, und gut gemeinte Versuche Dritter, das Arbeitszimmer aufzuräumen, werden rigoros abgewehrt. Schließlich geht es hier um die geistige Inspiration. Und die erwächst nun einmal, wie so vieles in dieser Welt, häufig aus dem – kreativen – Chaos. Ordnungsliebe, wie gut gemeint auch immer, muss da zurückstecken.

Vor dem 17. Jahrhundert waren Schreibtische nur in Pfarrhäusern, Klöstern und Adelshäusern zu finden. Also dort, wo man entweder gelehrte Abhandlungen schrieb oder Besitz zu verwalten hatte. Die Auffassung, dass auch jedes Bürgerhaus ein oder mehrere Schreibmöbel benötigt, setzte sich erst im 18. Jahrhundert durch.

Als Schreibtischleuchte muss nicht unbedingt ein Modell im praktischen Büro-Design gewählt werden. Eine kleine Tischleuchte mit hellem Schirm spendet genauso viel Licht und sieht viel wohnlicher aus, wie wir am Schreibplatz der Duchess of Northumberland im Reform Club sehen.

Gewisse Möbel fürs Büro leisten auch dann hervorragende Dienste, wenn sie leicht betagt sind, wie hier Aktenschrank und Besuchersessel. Der Aktenschrank, den Hausherr Johnny Madden einst als Schnäppchen »adoptiert« hat, hat sich inzwischen zu einem echten Lieblingsstück gemausert.

Papierkörbe gibt es in allen Farben und Formen, dennoch sollte man auch dieses scheinbar unwichtige Detail sorgfältig auf den Stil des Arbeitszimmers abstimmen. Zu einem edlen Holzschreibtisch passt kein futuristisch verchromtes Modell. Alte Papierkörbe findet man in Antiquitätengeschäften und manchmal – mit etwas Glück – auch auf guten Flohmärkten.

Briefbeschwerer können schnell zur Leidenschaft werden. In Großbritannien gibt es einige Enthusiasten, die inzwischen über umfangreiche Sammlungen verfügen. Vom skurrilen Souvenir der letzten Urlaubsreise bis hin zu besonders spaßigen Exemplaren ist eigentlich alles geeignet – nur schwer genug sollten die Objekte sein.

Downing Street

Downing Street ist eine unscheinbare, unspektakuläre Adresse. Touristen, die Whitehall (die ehemalige King Street) besuchen und an den zahlreichen Ministerien entlang in Richtung Houses of Parliament und Big Ben streben, verfehlen die kleine Seitenstraße nur allzu leicht. Schließlich gibt es zwischen Trafalgar Square – wo die National Gallery und Nelson's Column zu bewundern sind – und dem Palace of Westminster, wie das Parlamentsgebäude offiziell heißt, jede Menge Sehenswürdigkeiten. Neben den beeindruckenden Gebäuden der Straße ziehen auch die berühmten *horse guards* mit der täglichen Wachablösung die Aufmerksamkeit auf sich. Doch es lohnt sich durchaus, auch einen Blick in die Downing Street zu werfen. Den Fuß hineinsetzen kann man ohnehin nicht, denn die schmale Sackgasse ist für den Publikumsverkehr gesperrt. Die Zeiten, in denen jeder Bürger eine Petition überreichen konnte, sind lange vorbei. Früher hätte in diesem Fall der Wachmann den imposanten Türklopfer betätigt, und kurz darauf hätte eine herausgestreckte Hand das Schriftstück entgegengenommen. Heutigen Sicherheitsbeauftragten treiben solcherlei Geschichten den Schweiß auf die Stirn.

Die Häuser der Downing Street wurden in den 80er-Jahren des 17. Jahrhunderts von dem Diplomaten Sir George Downing erbaut. Eine zeitgenössische Beschreibung des Projekts spricht von »four or five very large and well built houses, fit for persons of honour and quality, each having a pleasant prospect of St James's Park« (»vier oder fünf sehr großen und soliden Gebäuden, die würdigen und verdienstvollen Personen angemessen sind und jeweils eine schöne Aussicht auf den St. James's-Park bieten«). In den 20er-Jahren des 18. Jahrhunderts wurde die Straße umgebaut, und seit 1731 (anders lautenden Quellen zufolge auch 1732 oder 1735) dient das Gebäude mit der Hausnummer 10 als offizieller Wohn- und Amtssitz des britischen Premierministers. Von der bescheidenen Fassade und der unauffälligen Tür darf man sich nicht täuschen lassen, denn dahinter befindet sich ein Komplex, der rund 100 Räume umfasst. Genug also, um den

Oben: Tony Blair löste 1997 Margaret Thatchers Nachfolger John Major ab und zog als erster Labour-Premier seit 18 Jahren in Downing Street Nr. 10 ein. Das große Ziel seiner Regierung ist die Modernisierung der britischen Gesellschaft.

Unten, ganz links: Robert Walpole war von 1721 bis 1742 First Lord of the Treasury. Im Jahre 1730 wurde er der erste Premierminister Großbritanniens und Downing Street Nr. 10 zur Residenz – für ihn und für alle seine Nachfolger im Amt des Regierungschefs.

Unten Mitte: Benjamin Disraeli war 1868 und zum zweiten Mal von 1874 bis 1880 Premierminister. Unter seiner Regierung übernahmen die Briten die Aktienmehrheit am Suezkanal und Königin Viktoria wurde Kaiserin von Indien.

Unten links: Der Konservative Edward Heath versah von 1970 bis 1974 das Amt des Premierministers. Als Anhänger der Europa-Idee machte er sich für den Beitritt der Briten zur europäischen Union stark, was 1973 tatsächlich zur Mitgliedschaft führte.

Premierminister zu beherbergen und gleichzeitig dem Kabinett großzügige Räumlichkeiten zur Verfügung zu stellen.

Der erste Bewohner der »Number Ten«, wie die Institution von den Briten genannt wird, war Sir Robert Walpole, der das Gebäude von König Georg II. erhielt. »Bewohner« ist hier allerdings nur im offiziellen Sinne gemeint, denn die meisten Premierminister zogen es vor, privat weiterhin in ihren großzügigen Häusern zu residieren. Das Apartment, in dem heutige Regierungschefs wohnen, ist vergleichsweise klein.

Gleich neben der Hausnummer 10 liegt die politisch nicht weniger bedeutsame Nr. 11. Hier befindet sich der Amtssitz des Chancellor of the Exchequer. Dieser britische Schatzkanzler erfüllt die Aufgaben eines Finanz- und Wirtschaftsministers. Sein Ministerium heißt »Treasury«, und obwohl der Premierminister traditionell der First Lord of the Treasury ist, haben praktisch und faktisch doch der Chancellor of the Exchequer und der Chief Secretary of the Treasury (er kontrolliert die öffentlichen Ausgaben) im Schatzamt das Sagen. 12 Downing Street ist die offizielle Adresse des jeweiligen Whip der Regierungspartei. Der Titel bezeichnet ein Amt, das mit dem des Fraktionsgeschäftsführers im Deutschen Bundestag zu vergleichen ist.

Unten: Margaret Thatcher war von 1979 bis zu ihrem Rücktritt am 22. November 1990 Hausherrin in der Downing Street Nr. 10.

Rechts: Tony Blair brachte frischen Wind in die Downing Street. Politisch, durch seine offene Art und mit seiner Familie samt Hauskatze.

Schreibtische und Sekretäre

Während im Mittelalter ein Möbelstück noch als Truhe, Bank und Tisch gleichzeitig gedient hatte, verlangten spätere Epochen nach spezialisierten Einrichtungsgegenständen. Im 18. Jahrhundert, dem oft zitierten Goldenen Zeitalter der britischen Möbelkunst, unterschied man die Stücke je nach dem Zweck, zu dem sie konstruiert wurden. Dementsprechend gab es nunmehr Spieltische, Toilettentische, Beistelltische, Sofatische, Bibliothekstische und viele andere Arten mehr. Eine besondere Gattung bildeten die Schreibtische.

Im britischen Landhaus fristeten Schreibtische nicht immer ein einsames Dasein im Arbeitszimmer. Die Aristokratie hatte das Schreiben entdeckt, vor allem das Briefeschreiben, und da sie dieser Beschäftigung in fast jedem Raum nachgehen wollte, standen entsprechende Möbel in Wohnzimmern, Gästezimmern, Ankleidezimmern und Schlafzimmern. Es gab eine Vielzahl von unterschiedlichen Modellen, doch Klappsekretäre, Schreibkommoden, *cylinder desks* und die jeweils dazu passenden Stühle hatten eines gemeinsam: Sie waren leicht und beweglich, damit sie sich bei Bedarf an ein Licht spendendes Fenster oder wärmendes Feuer rücken ließen. Auch auf technischem Gebiet markiert das 18. Jahrhundert einen Wendepunkt in der Geschichte des häuslichen Mobiliars. Mit dem Aufkommen neuer Hölzer und Verarbeitungsmethoden konnten elegantere, feinere und phantasievollere Stücke hergestellt werden als zuvor. Außerdem profitierte die Möbelindustrie der damaligen Zeit ganz erheblich von der Nussholzknappheit in Europa. Großbritannien war zum Import von hochwertigem Mahagoni gezwungen, das zwar fest und dicht war, sich aber hervorragend schnitzen ließ. Auch das Berufsbild des Tischlers änderte sich. Die Handwerker sollten nun nicht mehr ausschließlich Kundenaufträge ausführen, sondern auch selbstständig und nach eigenen Entwürfen Möbel produzieren können. Kaufinteressenten gab es genug, denn der Oberschicht ging es – genau wie der aufstrebenden Mittelschicht – wirtschaftlich sehr gut. Diese im 18. und 19. Jahrhundert entstandenen Designs haben bis heute ihre Gültigkeit behalten und dienen auch zeitgenössischen Gestaltern als Vorbild und Inspirationsquelle.

Das *bureau à cylindre* ist eine Erfindung des 18. Jahrhunderts. Die Briten übernahmen das französische Patent mitsamt dem Namen, als sie das oft reich verzierte und raffiniert konstruierte Möbel in die klassizistischen Interieurs der Georgianischen Epoche integrierten.

Das *cylinder bureau* besitzt einen gewölbten Verschluss für Fächer und Schreibplatte und wurde im 19. Jahrhundert um einen mit Schubladen versehenen Untersatz ergänzt. Die aus Lamellen zusammengesetzte Abdeckung lässt sich herunterziehen.

Seit Anfang des 18. Jahrhunderts gehörten das *bureau* (Sekretär) und das *bureau bookcase* (Sekretär mit aufgesetztem Bücherschrank) zu den beliebtesten Schreibmöbeln. Die Kombination aus Kommode und herunterklappbarer Schreibplatte war äußerst praktisch, da sie sich verschließen ließ. Zudem nahm sie weniger Platz ein als ein frei stehender Schreibtisch und bot viel Stauraum. Je nach Geschmack und Gegend wurde das *bureau* aus Eiche, Mahagoni, Nussbaum oder auch Ulme hergestellt. Es gibt heute wohl kaum einen traditionellen britischen Haushalt, der nicht wenigstens ein *bureau* besitzt – und sei es nur eine Reproduktion.

Ein enger Verwandter des *bureau* war die Schreibkommode. Hierbei handelte es sich um eine Kommode, deren oberste Schublade zwar wie eine Schublade aussah, in Wirklichkeit aber eine auszieh- und aufklappbare Schreibplatte mit dahinter befindlichen Fächern und Miniaturschubkästen war. Die Schreibkommode wurde überall dort aufgestellt, wo man nebenher schnell etwas notieren wollte, also etwa im Ankleidezimmer, in dem morgens Besucher empfangen und geschäftliche Angelegenheiten geregelt wurden. Eine weitere interessante Variante war das *cylinder bureau*. Es ähnelte der Schreibkommode, hatte aber weniger Schubfächer und stand auf hohen Beinen. Der kleine Schreibtisch wurde geschlossen, indem man die Platte einklappte und den gerundeten Deckel nach unten zog. Später gab es auch flexible Rolldeckel, die wie eine Jalousie aus beweglich verbundenen Lamellen bestanden. Sekretäre und Schreibkommoden hatten den Nachteil, dass der Schreibende nie so ganz wusste, wohin er seine Beine strecken sollte. Falls die heruntergeklappte Schreibfläche nicht ungewöhnlich tief war, konnte man eigentlich nur schräg davor sitzen. Um diesen Mangel zu beheben, wurde der *kneehole desk* entwickelt. Es handelte sich dabei um eine Kommode mit einer Tischplatte und einer Aussparung für die Beine. Die Schubläden befanden sich rechts und links davon. Eine ungewöhnliche Variante dieser Tischform war der *kidney table*, dessen Silhouette nierenförmig geschwungen war. Als sein Erfinder gilt der Designer und Möbeltischler Sheraton, der seine *kidney tables* oftmals mit ausklappbaren Schreibflächen versah. Mit dem Nierentisch aus den 50er-Jahren des 20. Jahrhunderts hat diese Kreation allerdings nichts gemein.

Ein typischer Damenschreibtisch des späten 18. Jahrhunderts war der so genannte *bonheur du jour*. Der zierliche Tisch hatte Schubladen und einen reich verzierten Aufsatz. Als der britische Schreibtisch schlechthin darf aber wohl der schwere *pedestal desk* gelten. Er wird auch als *library writing table* oder als *writing desk* bezeichnet. Typisch für diese Tischform waren die schweren Sockel, auf denen die zumeist mit grünem Leder bespannte Tischplatte ruhte. Kein Szenenbildner kommt ohne diesen Tisch aus – meist in Verbindung mit braunen oder grünen Ledersesseln –, wenn das Arbeitszimmer oder die Bibliothek eines britischen Clubs oder eines Ministeriums nachgebildet werden müssen. Auch heute gibt es diese Modelle noch in großer Zahl als Reproduktionen.

Welche Schreibtischform im Einzelfall gewählt wird, hängt vom Alter des Hauses und dem Wohnstil seiner Besitzer ab. Beneidenswert sind jene Briten, die sich um ihre Einrichtung niemals Gedanken zu machen brauchen, denn sie haben Haus, Mobiliar und Kunstgegenstände geerbt. In die Verlegenheit, ein Schreibmöbel kaufen zu müssen, werden sie kaum kommen. Allerdings entgeht ihnen vielleicht ein Teil des Vergnügens, denn für jeden, der gern am Schreibtisch arbeitet, ist die Suche nach einem schönen Stück ein äußerst reizvolles Unterfangen – und zwar ganz besonders in Großbritannien, denn nirgendwo sonst findet der Freund schöner alter Möbel eine so reiche Auswahl.

Das 18. Jahrhundert war die Epoche gut durchdachter und aufwendig verarbeiteter Schreibmöbel. Besonders Modelle, deren ganze Raffinesse sich erst beim Aufklappen offenbarte, erfreuten sich großer Beliebtheit. Designs für solche Tische fanden sich deshalb sehr zahlreich in den Vorlagenbüchern.

Eher untypisch für Großbritannien sind die Biedermeier-Möbel des deutschen Sprachraums. Auf den Britischen Inseln begann man erst in den 80er-Jahren des 20. Jahrhunderts sich für das helle Holz und die klaren, architektonischen Formen dieser Stilrichtung zu interessieren.

Vom späten 18. Jahrhundert bis zum frühen 19. Jahrhundert wurden die Schreibmöbel wieder zierlicher. Ein relativ schlichter *cylinder desk* aus dieser Zeit passt mit seinem zurückhaltenden Dekor gut in das eher informelle Interieur eines britischen Landhauses.

Winston Churchills Arbeitszimmer

Es dürfte kein Zufall sein, dass Winston Churchills Arbeitszimmer gleich neben seinem Schlafgemach zu finden ist. Schließlich ließ der Staatsmann und Literaturnobelpreisträger an seinem Landhaus Chartwell einige Umbauarbeiten vornehmen, nachdem er es 1922 erworben hatte. Bekanntlich liebte es der in Blenheim Palace geborene Enkel des Siebten Duke of Marlborough, bis in den Vormittag hinein zu schlafen und dann vom Bett aus zu arbeiten. Schlaf- und Arbeitsraum sollten sich für Churchill wohl im engsten Wortsinn nahe liegen. Wenn er nicht im Schlafzimmer arbeitete, schrieb und las er im Arbeitszimmer. Ein Ort intensiven Schaffens war dieses *study* tatsächlich, denn hier verfasste er nicht nur die Bücher, mit denen er sich als Schriftsteller einen Namen machte, sondern arbeitete auch am politischen Teil seiner vielgestaltigen Karriere. Die zahlreichen Erinnerungsstücke dokumentieren die Teilnahme des Hausherrn an beiden Weltkriegen – am Ersten als Kommandeur des Sechsten Bataillons der Royal Scots Fusiliers, am Zweiten als First Lord of the Admiralty sowie als Premier- und Verteidigungsminister. Die Einrichtung des Arbeitszimmers erinnert insgesamt weniger an ein Büro oder eine Studierstube als vielmehr an ein gemütliches Herrenzimmer.

Dass Winston Churchill ein ausgeprägtes Stilempfinden besaß, lässt sich an der Mischung aus Eleganz und Behaglichkeit ablesen. Auch der unkonventionelle Charakter des Regierungschefs spiegelt sich in jedem Detail des Raumes. So sehen wir zum Beispiel das Stehpult, an dem Churchill gern und viel gearbeitet hat. Es ist ein Geschenk seiner Kinder und ersetzte 1949 das grob gezimmerte Original, das der Hausherr selbst entworfen hatte. Das Arbeitszimmer Churchills strahlt jene Authentizität aus, die von einer souveränen Persönlichkeit zeugt. Hier hat kein Innenausstatter Hand angelegt, hier hat sich ein Mann genau die Umgebung geschaffen, die ihm entsprach.

Der Ex-Offizier, Journalist, Schriftsteller und begabte Hobby-Maler Winston Spencer Churchill regierte Großbritannien in den Kriegsjahren 1940 bis 1945 und erneut von 1951 bis 1955. Nach seinem Rücktritt wurde Anthony Eden sein Nachfolger.

Möbel von David Linley überzeugen oft nach dem Motto »less is more«. So fügen sie sich mühelos auch in ein postmodernes Ambiente ein.

David Linleys Entwürfe werden nach den traditionellen britischen Methoden der Kunsttischlerei von Hand umgesetzt und gefertigt.

Anregungen für die Formen seiner Schreibmöbel, hier ein *kidney desk*, findet David Linley vor allem im klassizistischen Möbeldesign des 18. Jahrhunderts.

David Linley

David Linley wurde 1961 als Sohn von Princess Margaret und Lord Snowdon geboren. Vielleicht ist es dem Einfluss seines Vaters, eines Fotografen, Gestalters und Erfinders, zuzuschreiben, dass David Linley Möbeldesigner geworden ist. Für einen Neffen der Queen ist dies auf jeden Fall eine ungewöhnliche Berufswahl. Über der Arbeit von David Linley steht der Leitsatz, »to produce high quality, functional, aesthetically appealing furniture« (»qualitativ hochwertige, funktionale, ästhetisch ansprechende Möbel zu bauen«). Das klingt zunächst wie ein Allgemeinplatz, denn welcher Möbeldesigner würde dies nicht von sich sagen? Doch allzu viele Möbelhersteller produzieren gerade Möbel, die weder schön noch praktisch noch wirklich gut verarbeitet sind. Insofern ist das Motto von David Linley ein hoher Anspruch, dem nur wenige gerecht werden.

Schönheit und Funktionalität sind relative Begriffe, Verarbeitungsqualität nicht. Letztere ist bei David Linley von altmeisterlicher Güte, jedes Stück wird mit größter Sorgfalt und getreu den Traditionen hergestellt. 80 Prozent der sorgfältig hergestellten Möbel sind Auftragsarbeiten.

Wer das Ladengeschäft und Hauptquartier von David Linley in der Londoner Pimlico Road aufsuchen möchte und sich vom Taxi nicht direkt an der Nummer 60 absetzen lässt, kommt an einer ganzen Reihe von Antiquitätengeschäften vorbei. Dies steht fast schon symbolisch für den Weg, den viele Kunden zurücklegen, bevor sie bei David Linley ein Möbelstück in Auftrag geben. Sie haben Möbel aus verschiedensten Epochen gesehen, besitzen alte Kunstwerke, vielleicht auch moderne Designerobjekte und haben ihr Urteilsvermögen gründlich geschärft. Für sie ist es kein Problem, einen fundierten Dialog mit dem Möbeldesigner zu führen, der ihre Wünsche umsetzen soll. David Linley sieht viele Vorteile in dieser Arbeitsmethode, nicht zuletzt weil der Kunde selbst am besten weiß, was gut für ihn ist. Selbstverständlich gehört zum Service auch eine gewisse Beratung, die gelegentlich auch so aussehen kann, dass der Kunde dezent in eine bestimmte Richtung gelenkt wird – und hin und wieder muss ein Auftrag ganz abgelehnt werden, wenn er sich nicht mit der Philosophie des Hauses vereinbaren lässt. Aber das ist die Ausnahme, denn David Linley ist ein guter Geschäftsmann, der keinen Kunden ohne weiteres aufgibt. Meist lassen sich die Kunden gern ein wenig an die Hand nehmen, denn sie vertrauen dem Fachwissen des Möbelbauers, so wie er die Wünsche und den Geschmack des Auftraggebers respektiert.

Das Ergebnis der gemeinsamen Entwurfsarbeit ist für David Linley dann gelungen, wenn ein zeitgenössischer Klassiker entstanden ist, ein *contemporary classic*. Was damit gemeint ist, sieht man am besten, wenn ein

Links: Die Räumlichkeiten in der Pimlico Road Nr. 60 dienen David Linley zugleich als Ladengeschäft, Ausstellungsraum und Entwurfsatelier für seine Sonderanfertigungen.

Als Bezugsstoff für die Polstermöbel steht eine exklusive Kollektion von Leinenstoffen zur Verfügung.

Kleine Accessoires wie Kerzenleuchter oder Bilderrahmen machen David-Linley-Design auch für den schmalen Geldbeutel erschwinglich.

David-Linley-Stück schließlich in dem Raum steht, für den es entworfen wurde, also wenn Tisch, Bett oder Schrank genutzt und dadurch zum Leben erweckt werden. In der künstlichen Atmosphäre eines Ausstellungsraumes wirken die klassizistisch-postmodernen Kreationen oft etwas steril und manchmal gar verspielt, doch sobald sie Teil eines Wohnumfelds sind, zeigt sich ihre ästhetische Qualität im Zusammenklang mit anderen Möbeln verschiedenster Epochen. Dies ist wiederum ein typisch britischer Zug, denn er erlaubt es, Geerbtes und Gekauftes zu jener unverwechselbaren Mischung zu vereinen, die den Charme britischer Interieurs zum großen Teil ausmacht.

Rechts: Was bis zum Beginn des Industriezeitalters selbstverständlich war, ist bei David Linley auch heute wieder erhältlich: das individuell angefertigte Möbelstück.

Unten: Oberflächen von Möbeln werden bei David Linley oft mit bildhaften Motiven verziert, die Technik, derer man sich dabei bedient, heißt Marketerie.

Marquetry

Marquetry oder Marketerie, wie deutschsprachige Restauratoren es nennen, ist eine Dekorationstechnik. Man darf sie allerdings nicht mit der Einlegearbeit *(inlay)* oder dem Furnier *(veneer)* verwechseln. Einlegearbeiten entstehen, indem man ein Mosaik aus Holzteilen unterschiedlicher Größe, Struktur und Farbe in das Kernholz (etwa einer massiven Tischplatte) einlegt. Zur weiteren Verschönerung können Elemente aus Perlmutt, Gold, Silber und anderen Metallen mit eingefügt werden. Die Furniertechnik ist ein Verfahren, mit dessen Hilfe man billige oder unschöne Hölzer aufwertet, indem man sie mit fein geschnittenen oder geschälten Holzblättern besserer Hölzer verkleidet, meist jedoch ohne dabei ein spezielles Muster zu erzeugen. Die Kunst der *marquetry* verbindet die beiden Ansätze, indem sie zwar auch ein Furnier herstellt, dabei aber gleichzeitig die Mosaiktechnik nutzt. Auf diese Weise entsteht aus dünnen Holzplättchen verschiedenster Art ein Gemälde in Holz. Wird ein nicht-figürliches, geometrisches Muster erzeugt, nennt man es *parquetry.* Die Technik stammt ursprünglich aus Frankreich, wo der Ebenist André Charles Boulle im Auftrag Ludwigs XIV. für Versailles Innendekorationen und Prunkmöbel schuf. Marketerie wurde dann in den Niederlanden populär und kam im 18. Jahrhundert nach Großbritannien. Bei David Linley ist die *marquetry* inzwischen zu einem Markenzeichen geworden. Nicht zufällig, denn sie passt wie keine andere Dekorationstechnik zu den Objekten des Designers, der seine Inspiration vor allem im 18. Jahrhundert findet. Die venezianischen Wandschirme für die VIP-Lounge im Heathrow Airport sind frühe Klassiker der Firma.

Polstermöbel sind bei dem prominenten Möbeldesigner erst seit 1998 im Angebot. Die eigentliche Domäne des Hauses bleibt aber die Kunsttischlerei.

David Linley ist vor allem durch seine neoklassizistischen Kreationen bekannt geworden, sein Repertoire enthält aber auch Standards wie den *drum table.*

Miniaturen von Gebäuden als Teil von Möbeln oder Modelle von Häusern als Schatullen oder *humidors* sind eine Spezialität von David Linley.

Rechte Seite, oben: Die Bibliothek von Chatsworth wurde zuletzt um 1830 umgestaltet. Die Bücherschränke entwarf Sir Jeffry Wyatville, der das Herrenhaus im Auftrag des 6. Duke of Devonshire umbaute.

Links: Die Regale der Bibliothek von Alnwick Castle wurden in der Mitte des 19. Jahrhunderts von Giovanni Monitroli entworfen. Die Büchersammlung des Duke of Northumberland nimmt eine gesamte Etage des Prudhoe Tower ein, der im 19. Jahrhundert der Burganlage normannischen Ursprungs angefügt worden war.

Unten: Eine Bibliothek ist nicht vollständig ohne die »Encyclopaedia Britannica«. In gedruckter Form erschien sie zuletzt 1985, die nächste Ausgabe soll 2001 vorliegen.

Das britischste aller Bücher – die Encyclopaedia Britannica

Die »Encyclopaedia Britannica« ist vielleicht nicht das älteste Nachschlagewerk der Welt, doch wird man keines finden, das seit Beginn seines Erscheinens im Jahre 1768 bis heute derart kontinuierlich neu aufgelegt und ständig verbessert worden ist. Daher gilt die legendäre Enzyklopädie auch als »Mutter aller Lexika«.

Wer beim Stichwort »britisches Lexikon« ausschließlich an lederne Buchrücken in der holzgetäfelten Bibliothek eines verstaubten Clubs denkt, irrt. Denn bereits 1989 erschien »Compton's Multimedia Encyclopaedia« auf CD-ROM – und war damit das erste digitale Nachschlagewerk weltweit. 1994 folgte auch die »Encyclopaedia Britannica« diesem Trend. Die kleine Scheibe enthält 73 000 Artikel und 8500 Photos, Animationen, Videos und Klangbeispiele – der Blick in die Enzyklopädie wird zu einem sinnlichen Erlebnis. Im selben Jahr wurde »Britannica Online« vorgestellt, die erste Enzyklopädie im Internet. Und seit 1999 liegt das legendäre Nachschlagewerk auch auf DVD vor, und zwar mit über drei Stunden Video und Animationen sowie zwei Stunden Tondokumenten. Die Geschichte der konventionell gedruckten und gebundenen Version wird im Jahr 2001 weitergehen, wenn die 16. Ausgabe erscheint. Sie wird die überarbeitete 15. Auflage von 1985 ablösen, die ihrerseits in elf Jahren Arbeit mit einem Kostenaufwand von 24 Millionen US-Dollar auf den neuesten Stand gebracht worden war.

Die Wiege der »Encyclopaedia Britannica« stand im schottischen Edinburgh. Ab 1768 erschien sie hier im Abstand von zwei Wochen als lexikalischer Fortsetzungsroman mit 100 Folgen. Sie enthielt nicht nur wissenschaftliche Informationen, sondern auch praktische Lebenshilfe zu allen erdenklichen Themen, darunter auch zu solch elementaren Fragen wie Zahnweh. Die bis dahin kaum gekannte Exaktheit und Ausführlichkeit der Darstellung fand nicht überall ungeteilte Zustimmung. So rief der detailreich illustrierte Artikel zum Thema Geburtshilfe die Sittenwächter auf den Plan. Nach drei Jahren, also 1771, war die Enzyklopädie vollständig – und sofort begann die Arbeit an der zweiten Auflage, die ab 1777 erschien.

Eine Stärke dieser wahrscheinlich berühmtesten Enzyklopädie der Welt liegt in der Qualität ihrer Autoren, darunter Namen wie Benjamin Franklin, John Locke, Sir Walter Scott, James Mill, Matthew Arnold, Robert Louis Stevenson, Alfred North Whitehead, Harry Houdini, Marie Curie, Leo Trotzky, George Bernard Shaw, Albert Einstein und Lawrence von Arabien. Alle, die einen Artikel beisteuerten, hatten sich entweder durch ihre wissenschaftliche Qualifikation hervorgetan oder aber durch praktisch erworbene Kenntnis der Materie. So konnte der Autor des Artikels über Anarchismus, der in der achten Auflage erschien, Erfahrungen aus erster Hand einbringen. Der russische Fürst Pjotr Kropotkin war aus seiner Heimat verbannt worden und landete später in Frankreich wegen umstürzlerischer Umtriebe und Aufruf zum Streik im Gefängnis. Dort schrieb er seinen Beitrag für die Enzyklopädie.

Die neunte Auflage des Nachschlagewerks erschien 1888 erstmals auch in den USA, was sich als kluger Schritt erwies, denn in der ehemaligen Kolonie wurde ein Großteil der Gesamtauflage verkauft. Ende des 19. Jahrhunderts schrumpften die Zahlen allerdings auf ein Besorgnis erregendes Maß. Aus dieser Not heraus taten sich die Herausgeber der Enzyklopädie mit denen der Tageszeitung »The Times« zusammen, die damals auch in einem argen finanziellen Engpass steckte. Als Lösung für das gemeinsame Problem wurde eine ganz neue Verkaufsidee geboren: Die Zeitung stellte der Enzyklopädie Anzeigenraum zur Verfügung und erhielt im Gegenzug eine Provision für jede verkaufte Ausgabe.

Heute rangiert die »Encyclopaedia Britannica«, wie in ihrem Geburtsjahr, an vorderster Front unter den besten Nachschlagewerken der Welt. Die globale Fangemeinde wartet deshalb auch schon ungeduldig auf das Erscheinen der neuen Fassung auf Papier. So instruktiv und plastisch die Animationen und Tondokumente auch sein mögen – das erhebende Gefühl, in einer ledergebundenen Prachtausgabe der »Encylopaedia Britannica« zu blättern, kann der Mausklick kaum ersetzen. Die neueste Ausgabe wird 40 Bände umfassen, acht mehr als ihre Vorgängerin von 1985. Sie soll in zwei Versionen zu haben sein, die sich allerdings nur in der äußeren Aufmachung unterscheiden. Multimedia-Fans werden vermutlich aber der digitalen Variante treu bleiben, denn sie kostet nur etwa ein Zehntel der gedruckten Fassung. Bücherfreunde wird dies allerdings nicht anfechten, denn vor dem Kamin einer Landhausbibliothek möchten sie in einem richtigen Buch blättern – und nicht auf einen Monitor starren.

The British Library

Die British Library ist eine der umfangreichsten und wichtigsten Bibliotheken der Welt. Sie ist auch eine der ganz großen Institutionen des Geistes, eine Stätte der Belesenheit, ein Hort des enzyklopädischen Wissens – und die bloße Nennung ihres Namens treibt vielen Kopfarbeitern aus aller Welt eine wehmütige Träne in die Augenwinkel.

Denn die British Library als altehrwürdige Bibliothek, die über so viele Jahre hinweg im nicht minder altehrwürdigen British Museum beheimatet war, gibt es in dieser Gestalt nicht mehr. Vorbei sind die Zeiten, da eifrige Studenten allmorgendlich an den mächtigen Säulen vorüber durch den Haupteingang des Museums eilten. Vorbei auch die Zeiten, da Gelehrte umständliche Fußwege entlang kilometerlanger Regalreihen zurücklegten, um am Ausgabeschalter ihr bestelltes Buch in Empfang zu nehmen – vorbei auch die Gelegenheit für alle Müden und Ausgelaugten, zur Erfrischung der Denkkräfte einen schnellen Rundgang entweder durch den von der 50 Meter hohen Kuppel gekrönten und ganz von Büchern gesäumten Hauptlesesaal zu unternehmen oder aber kurz in die ägyptische Abteilung, die Schmuckkammer oder ein anderes Department des Museums zu schlendern.

Die British Library ist in einen modernen – sehr modernen – rötlichen Bau in St. Pancras umgezogen. Königin Elisabeth II. hat das neue Quartier am 25. Juni 1998 feierlich eröffnet, und seitdem profitieren die Londoner und ihre gelehrten Gäste von einer völlig neuen Bibliothekskultur. An den Tischen gibt es Anschlüsse für den mitgebrachten Laptop, leistungsfähige Katalogcomputer stehen bereit, und die Wartezeiten auf Bücher haben sich deutlich verkürzt. Dennoch sehnen sich viele nach »ihrer«, nach der alten Bibliothek zurück. Sei es wegen der Atmosphäre, sei es einfach wegen ihrer Geschichte, die in den neuen Räumen ein wenig unterzugehen droht.

Die Bibliothek hat ihren Ursprung im Jahre 1757, als Georg II. seine über 10 000 Bände umfassende »Royal Library« dem vier Jahre zuvor gegründeten British Museum vermachte. 1883 kam eine weitere königliche Büchersammlung dazu, diesmal die von Georg III. mit 120 000 Bänden. Die damaligen Räumlichkeiten des Museums drohten aus allen Nähten zu platzen, und so begann man rasch mit der Erschließung weiterer Teile des Grundstücks in Bloomsbury. Der Plan für die Neuordnung der Bibliothek und die Idee für die große Kuppel gehen auf Sir Anthony Panizzi zurück, einen aus Italien geflüchteten Revolutionär. Panizzi, der den Posten des Oberbibliothekars von 1856 bis 1866 bekleidete, war fest entschlossen, die neuen Säle jedem zugänglich zu machen – dem armen Studenten ebenso wie dem arrivierten *man of letters*. Der Architekt Sydney Smirke setzte Panizzis wiederum revolutionäre Ideen in die Tat um.

Als eine der größten Bibliotheken der Welt ist die British Library mit Sicherheit auch eine der wertvollsten, denn sie besitzt bibliophile Kostbarkeiten von unschätzbarem Wert. Unter den Schaustücken der permanenten Ausstellung befinden sich beispielsweise zwei der vier noch erhaltenen Kopien der »Magna Carta« von 1215, die »Lindisfarne-Gospeln« von 698, die erste Folio-Ausgabe von Shakespeares Werken aus dem Jahre 1623 sowie eine Gutenberg-Bibel von etwa 1455. Es lohnt sich durchaus, beim nächsten Londonbesuch einen Blick auf die Kunstwerke zu werfen. Denn noch ist der Eintritt in die neue Bibliothek frei und für jedermann erlaubt – ganz in Panizzis Sinn.

Möbel für die Bibliothek

Der Duke of Devonshire ist ein begeisterter Büchersammler, und seine Bibliothek in Chatsworth beherbergt bedeutende Schätze. Doch der Hausherr nennt die Lower Library lieber »The Duke's Sitting Room« und zieht sich auch gern für ein Mittagsschläfchen dahin zurück. Als Begründung für den Namenswechsel gibt er an, dass er in der Bibliothek mehr sitze und sich ausruhe als studiere. Dies ist nur allzu verständlich, denn der »Duke's Sitting Room« ist, abgesehen von Bücherregalen und Lesetischen, mit einem einladenden Sofa und bequemen Sesseln ausgestattet.

Die große Zeit der Bibliothek begann im 18. Jahrhundert. Wer dem Adel oder der *gentry* angehörte, strebte nach Bildung und Allgemeinwissen: auf Reisen quer durch Europa – Italien, Frankreich und Griechenland gesehen zu haben war ein gesellschaftliches Muss – und durch das Studium einschlägiger Reiseberichte, Atlanten und naturkundlicher Abhandlungen. Die sich nun zwangsläufig ansammelnden Bücher wollten sowohl zweckmäßig als auch repräsentativ untergebracht werden, und Kunsttischler und Designer wie Sheraton, Hepplewhite und Chippendale nahmen sich dieses speziellen Mobiliars immer häufiger an.

Da die Bibliothek nicht selten in hohen Räumen untergebracht war und über eingebaute Regale und deckenhohe Glastüren-Bücherschränke verfügte, war die Bibliotheksleiter eins der wichtigsten Requisiten. Da sie jedoch oft sperrig und störend wirkte, erfand Thomas Sheraton gegen Ende des 18. Jahrhunderts die »Leiter im Tisch«: wenn sie nicht gebraucht wurde, konnte man sie mithilfe eines raffinierten Klappmechanismus unter der dekorativen Tischplatte verstecken. Tritte oder Fußbänke dienten demselben Zweck. Auch hier gab es zierlich gestaltete Modelle, die teilweise sogar mit Rollen versehen waren.

Zum bequemen Blättern bevorzugte man Stehpulte, für eine längere Lektüre gab es Bibliotheksstühle. Besonders die Regency-Periode hat sehr schöne Exemplare hervorgebracht. Diese vergleichsweise leichten, niedrigen Lesesessel aus den ersten 30 Jahren des 19. Jahrhunderts waren gepolstert und standen meist auf Rollen, so dass sie bequem ans Fenster oder eine helle Lampe gerückt werden konnten. Mit der Vorliebe des Regency für bewegliche, eher zarte Möbel hängen auch die verschiedenen kleineren Regaltypen zusammen, die in dieser Epoche aufkamen.

Richtig gemütlich wurde es in den Bibliotheken jedoch erst in Viktorianischer Zeit. Sofas und schwere Sessel hielten Einzug, und man traf sich hier gerne zum geselligen Beisammensein und zum Gespräch.

Das offene (oder später auch durch einfache Glastüren staubgeschützte) Bücherregal war ursprünglich nur in großen, fest eingebauten Bibliotheken zu finden, deren Regalreihen vom Boden bis zur Decke reichten.

Bibliotheksleitern stellen ein notwendiges Übel dar, wenn die Bücher in den oberen Abteilungen der Schränke und Regale nicht unbenutzt vor sich hin stauben sollen.

Tragbare oder rollbare Tritte *(library steps)*, wie sie im Regency beliebt waren, sind unentbehrlich, wenn man nicht für jeden Zentimeter, den der Arm zu kurz ist, die große Leiter holen möchte.

Anfang des 19. Jahrhunderts wuchs die Lust am Lesen und damit die Vorliebe für leichte und fast überall platzierbare Aufbewahrungsmöglichkeiten für die Bücher. In kleinen Schränken wie den *dwarf bookcases* ließ sich die Bücherflut dekorativ unterbringen.

Im 18. Jahrhundert wurde eine ganze Reihe von Bibliotheksmöbeln entworfen die aufgeklappt, vergrößert oder verkleinert werden konnten. Dieser *library chair* verfügt über eine Schublade in der Sitzfläche und eine lesepultartige Verlängerung an der Rückenlehne.

Die handlichen, drehbaren *book stands* sind typische Regency-Möbelstücke. Es gab sie in eckigen, aber auch runden Ausführungen. Ähnlich einer Dessert-Etagere drehen sich die Regalböden, die nach oben hin kleiner werden, um den Pfeiler in der Mitte.

Alte Bücher – eine britische Leidenschaft

Büchersammler sind aus unterschiedlichsten Gründen zu ihrem Hobby gekommen – wenn sie die Beschäftigung mit den bibliophilen Kostbarkeiten überhaupt als Hobby betrachten. Der eine interessiert sich für ein bestimmtes Thema und versucht deshalb, jedes dazu verfügbare Druckwerk in die Hände zu bekommen. Auf diese Weise kann im Laufe der Jahre eine beeindruckende Sammlung entstehen, die niemals als solche geplant war. Ein anderer liebt Bücher um ihrer selbst willen und kann nicht genug von ihnen bekommen. Er erwirbt Bücher ohne Präferenz für bestimmte Titel oder Themen – einfach, um noch mehr Bücher zu besitzen. Auch so entstehen Kollektionen, und mancher Brite, dessen Interesse am Lesen sich auf das Studium von Pferde- oder Angelzeitschriften beschränkt, wird per Testament seiner Vorfahren zum Hüter erlesenster Kostbarkeiten. Der Respekt für die Kleinodien der Buchdrucker- und Buchbinderkunst in der *library* des Familiensitzes ist allerdings unterschiedlich stark entwickelt. Wenn das Geld knapp wird, findet so manche Erstausgabe ihren Weg in die Antiquariate und von dort in die Hände der wahren Kenner und Liebhaber.

Es ist schwer zu sagen, welcher Typus unter den Briten am häufigsten vertreten ist. So oder so werden die meisten von einer Mischung aus Leseleidenschaft und Nostalgie getrieben. Die Freude am Schmökern verbindet sich mit der erklärten Passion für das Alte, Ehrwürdige und Überlieferte zu einem höchst vergnüglichen Zeitvertreib. Folglich verbringen viele Bewohner der Insel ihre Freizeit damit, in Antiquariaten, auf Trödelmärkten, bei Auktionen oder auf Wohltätigkeitsbasaren nach wertvollen Büchern zu suchen.

Eine Prise Jagdtrieb und ein gehöriger Schuss Detektivarbeit geben der ganzen Angelegenheit einen definitiv britischen Touch. Kein Wunder, dass einer der bekanntesten Büchersammler der englischen Unterhaltungsliteratur vor allem als Kriminalist bekannt ist. Dabei war die Jagd auf Verbrecher wie auf seltene Bücher für den noblen Privatier nur Zeitvertreib – als echter Gentleman musste er sich um den Broterwerb keine Gedanken machen. Die Rede ist von keinem Geringeren als Lord Peter Wimsey, dem berühmten Helden der englischen Autorin Dorothy L. Sayers. Gleich auf der ersten Seite des 1923 unter dem Titel »Whose Body« veröffentlichten ersten Abenteuers stellt der blonde Aristokrat im Taxi fest, dass er seinen Katalog vergessen hat – ein Verzeichnis von antiquarischen Büchern, die in dem imaginären Auktionshaus Brocklebury feilgeboten werden.

Wer es Lord Peter gleichtun will, sollte für den Anfang ein paar einfache Regeln beherzigen, die im Übrigen nicht nur in Großbritannien gelten. Grundsätzlich werden Bücher dann als antiquarisch bezeichnet, wenn sie vor dem Jahre 1820 gedruckt worden sind. Eine Gleichung im Sinne von »je älter, desto wertvoller« lässt sich allerdings nicht aufstellen. Neben dem Alter spielen verschiedene Details eine wichtige Rolle. Zum Beispiel, ob es sich um eine Erstausgabe handelt. Besonders wertvoll wird ein Buch, wenn nach der ersten keine weiteren Auflagen gedruckt worden sind. Denn je weiter verbreitet das Buch, desto geringer unter Umständen sein objektiver Wert. Oder anders gesagt: Ein Buch kann berühmt sein – und gerade dadurch ziemlich wertlos. Wer sich auf die Suche nach echten Perlen begibt, hält deshalb nach den unbekannteren Titeln Ausschau. Erfahrene Büchersammler fahnden dabei zunächst nach Büchern zu einem bestimmten Thema. Je ungewöhnlicher das Wissensgebiet, desto größer die Chance, sich damit eine kostbare Sammlung aufzubauen.

Der Wert des einzelnen Buches hängt von mehreren Faktoren ab. Von der Frage seiner Verbreitung haben wir eben gesprochen. Eine große Popularität – sprich hohe Auflage, ständiger Neudruck – kann den Wert erheblich mindern. Eine Wertsteigerung stellt unter Umständen ein noch erhaltener, authentischer Schutzumschlag dar. Widmungen, Signaturen oder ein Exlibris lassen den Preis ebenfalls in die Höhe schnellen. Allerdings kommt es dabei sehr auf die Identität desjenigen an, der das Buch handschriftlich verziert hat. Eine sechsbändige Erstausgabe von Churchills »The World Crisis« wird durch die Widmung jedes einzelnen Bandes durch den Autor an Edward, Prince of Wales, zu einem Sammlerstück erster Güte. Als der Nachlass des Duke und der Duchess of Windsor 1998 in New York bei Sotheby's unter den Hammer kam, wurden genau diese sechs Bände mit einem Mindestgebot von 30 000 Dollar bewertet.

Für den Umgang mit kostbaren bibliophilen Raritäten gelten einige simple Grundregeln. So zum Beispiel die, dass Bücher nicht an ihrem Rücken aus dem Regal gezogen werden sollten. Das tut ihnen weh. Schonender ist es, die beiden benachbarten Bücher leicht beiseite oder in das Regal hineinzudrücken, um das mittlere Buch dann an den Seiten zu fassen. Alte Bücher sollten nicht wie ein Telefonbuch durchgeblättert werden, indem man den Daumen auf die Mitte der Seite hält. Dies kann einen hässlichen Abdruck auf dem Papier hinterlassen. Schließlich sollten nicht-berühmte Zeitgenossen davon absehen, ihren Namen mit etwas anderem als Bleistift in das Buch hineinzuschreiben.

Wer es sich nicht leisten kann, sehr teure Bücher zu kaufen, muss sich auf sein Gespür verlassen, wenn er die Sammlung zu einer Wertanlage machen will. Wenn er Glück hat, wird sein heute exotisches und überaus günstiges Sammelgebiet morgen zu einem gesuchten Geheimtipp. Allerdings ist es fraglich, ob ein durch und durch bibliophiler Mensch seine plötzlich so begehrten Lieblinge Gewinn bringend verkaufen würde. Bücher sind für Sammler schließlich mehr als nur Papier, Pappe, Leinen und Leim, sondern geschätzte und manchmal geliebte Gefährten, die man für kein Geld der Welt kaufen – oder verkaufen – kann.

Für bibliophile Briten gibt es nichts Schöneres, als ihre wertvollen Erstausgaben in edelstes Leder binden oder deren Einbände gelegentlich restaurieren zu lassen. Dies geschieht meist in kleinen Handwerksbetrieben, und Buchbinder und Auftraggeber kennen sich schon seit langem. Manche Familien lassen eine bestimmte Verzierung oder ihr Wappen auf den Einband aufbringen. Hierfür arbeitet der Buchbinder mit Hilfe von Streicheisen und Einzelstempeln das Motiv im Blinddruck vor und zieht die Konturen dann mit einem Falzbein nach.

Kindsein auf den Britischen Inseln – dazu zählt auch das eigene Zimmer, das, nachdem die Sprösslinge erwachsen sind, oftmals zum Gästezimmer umfunktioniert wird.

Das Kinderzimmer

Die gute Kinderstube

In der *nursery* von Chatsworth House bekommen Besucher einen lebendigen Eindruck davon, wie man sich im England der Edwardianischen Epoche ein Kinderzimmer vorgestellt hat.

Die Entwicklung des Kinderzimmers spiegelt die Wandlungen in der Haltung der Eltern zu ihrem Nachwuchs. Anders gesagt: Mit zunehmender Beachtung und Wertschätzung des Kindes als Individuum verbesserten sich auch seine Wohnverhältnisse, gleichzeitig rückten die Sprösslinge näher an ihre Eltern heran. Noch in der Mitte des 17. Jahrhunderts hatte man die Kinder in bescheidenen Räumlichkeiten unter dem Dachstuhl untergebracht.

In besser gestellten Kreisen war es nicht üblich, sich selbst mit seinen Kindern zu befassen. Jedenfalls nicht in der Art und Weise, die wir heute für selbstverständlich halten. Dafür gab es die Kinderfrau – die Nanny, den perfekten Muttersatz. Den Eltern genügte es, den Nachwuchs einmal täglich kurz zu sehen. Wenn ihre Zeit dies nicht zuließ oder wenn sie auf Reisen waren, bekamen die Kinder ihren Vater und ihre Mutter oft wochenlang nicht zu Gesicht. Es wird daher nicht überraschen, dass die *nursery* zu dieser Zeit kein mit Spielzeug und kindgerechten Möbeln vollgestopftes Paradies war. Es handelte sich vielmehr um dunkle Räume, die nur eine Spur zu gut für die Bediensteten waren. Hier hielten sich die Kinder auf, nahmen ihre Mahlzeiten ein und hier schliefen sie auch.

Gegen Ende des 18. Jahrhunderts setzte es sich durch, Wohn- und Schlafräume der Kinder zu trennen. Zumindest in den Häusern wohlhabender Familien fanden sich nun eine *day nursery* und eine *night nursery*. Der Tagesraum war ein kombiniertes Wohn-, Ess- und Arbeitszimmer für die Kinder und ihre Betreuerinnen. Die *night nursery* fungierte als Schlafzimmer sowohl für die Kinder als auch die Nanny, jedenfalls solange die Kinder klein waren. Die Größeren durften unbeaufsichtigt, nicht aber allein schlafen, denn in der Regel musste das Reich mit mehreren Geschwistern geteilt werden. Der Luxus eines eigenen Schlafzimmers war selbst für reich geborene Kinder nicht vorgesehen.

Bis in die Viktorianische Ära hinein hat sich dieses über die Jahrhunderte perfektionierte System der Unterbringung der Kinder praktisch unverändert erhalten. Säuglinge und Kleinkinder verbrachten ihre Zeit in einer speziellen *nursery*, Tag und Nacht von einer eigenen Kinderfrau und deren Gehilfinnen betreut. Der etwas ältere Nachwuchs hielt sich tagsüber entweder in der *day nursery* oder im Schulzimmer auf, in dem eine Gouvernante Unterricht erteilte. Die Jungen wurden später auf ein Internat geschickt, die Mädchen dagegen zu Hause erzogen, bis sie 16 oder 17 Jahre alt waren. Bei der Planung der Wohn-, Schlaf- und Schulräume galt es im 19. Jahrhundert eigentlich nur eines zu berücksichtigen – die Kinder und Jugendlichen sollten die Erwachsenen nicht allzu sehr stören.

Folglich befindet sich der *nursery wing* in aller Regel in einem entlegenen Teil des Anwesens. Das Essen in den Kindertrakt zu bringen war eine anstrengende und unbeliebte Arbeit. Sie wurde der *nursery maid* aufgetragen, die oft selbst fast noch ein Kind war. Wenn sie Glück hatte, ging ihr der *odd man* zur Hand, also das der Herrschaft wie Dienerschaft untergeordnete Faktotum des Hauses.

Gegen Ende des 19. Jahrhunderts begannen sich die Auffassungen über Erziehung und Unterbringung des Nachwuchses allmählich zu wandeln. Medizinische und pharmazeutische Fortschritte senkten die Säuglings- und Kindersterblichkeit und ermöglichten ein halbwegs gesundes Kinderleben. Während die Eltern früher oftmals mit ansehen mussten, dass von zehn ihrer Kinder nur zwei oder drei das Erwachsenenalter erreichten, hatten sich die Chancen, ihr Baby tatsächlich aufwachsen zu sehen, nun beträchtlich erhöht. Die Architektur trug das Ihre dazu bei, indem sie die Kinderzimmer zum einen zweckmäßiger und mit mehr Rücksicht auf die Bedürfnisse der Kleinen gestaltete, zum anderen, indem sie der *nursery* einen gewissen Vorrang bei der Verteilung der hellen Räume zubilligte. Während es in der Mitte des 19. Jahrhunderts für die meisten Eltern noch undenkbar gewesen wäre, zugunsten der Kinder auf ein helles Schlafzimmer zu verzichten, wurde in Edwardianischer Zeit die *nursery* immer häufiger im schönsten Teil eines Gebäudes eingerichtet – mit Blick auf den Park statt auf kahle Mauern.

Obwohl heute niemand mehr die viktorianischen Meinungen und Glaubenssätze der Kindererziehung unterschreiben würde, haben sich einige ihrer Prinzipien doch erhalten. Das Kinderzimmer heißt in vielen alteingesessenen Familien immer noch *nursery*, und der Nachwuchs wird wie in alten Zeiten von der Nanny betreut, die meist mehr Zeit mit den Kleinen verbringt als die leibliche Mutter. Das Für und Wider dieser Erziehungsmethoden wird heute selbstverständlich offener diskutiert als noch vor

Welches Kind träumt nicht davon, einen Dachboden ganz für sich allein zu haben? In diesem Zimmer ist der Wunsch Wirklichkeit geworden.

Winnie the Pooh und die kindgerechte Ausgabe von Großvaters Trophäe aus Indien weisen darauf hin, dass dieses Zimmer das Reich eines Kindes ist.

100 Jahren. Tatsächlich spricht auch einiges dafür, die Kinder einer liebevollen und speziell dafür ausgebildeten Person anzuvertrauen. Zum einen ermöglicht es der Frau, ihren Beruf weiterhin auszuüben. Zum anderen entlastet die Nanny die Mutter vom nervenaufreibenden Teil der Erziehung, was dieser vielleicht einen entspannteren Umgang mit den Kindern erlaubt.

Die *nursery* des ausgehenden 20. Jahrhunderts unterscheidet sich auf den ersten Blick kaum von den Domänen anderer kleiner Europäer oder Amerikaner. Computerspiele, Tamagochis und Barbie-Puppen können jedoch nicht darüber hinwegtäuschen, dass sich das britische Kinderzimmer seinen eigenen Charakter bewahrt hat. Eine zeitgenössische *nursery* wird in der Regel mit der in Großbritannien typischen Mischung aus Alt und Neu ausgestattet sein – gekaufte Antiquitäten stehen neben geerbten und Kunst wechselt sich mit Nippes ab. Dazu kommt – wie überall in der wohlhabenden westlichen Welt – ein Berg von Spielzeug. Falls die modernen Eltern ein altes Haus bewohnen, das über einen altmodischen und daher unattraktiven *nursery wing* verfügt, werden sie diesen selbst beziehen, um die dunklen Zimmer nicht dem Nachwuchs zuzumuten. Auch Gäste- oder Arbeitszimmer werden dort gern eingerichtet, damit die Kinder in den ehemals den Erwachsenen zugedachten Schlafräumen Quartier finden.

Während außerhalb der Britischen Inseln viele Kinder in einem Stil-Vakuum aus bunten Plastik-Kindermöbeln und leicht zu reinigenden, aber charakterlosen Bodenbelägen aufwachsen, beginnt das Leben im britischen Stil für die kleinen Untertanen Ihrer Majestät zumeist bereits in der Wiege. Allein schon, weil in ihren Kinderzimmern mehr alte Möbel aufgestellt werden als anderswo auf der Welt und die Bausubstanz britischer Häuser oft recht alt ist, erfahren viele kleine Inselbewohner eine frühkindliche Prägung auf genau jenen Einrichtungsstil, der in diesem Buch vorgestellt wird. Zudem wird die Mutter nicht versäumen, ihren Sprösslingen zu berichten, dass das Bettchen, in dem sie ihre ersten Monate verbracht haben, ein Erbstück von Tante Sophie ist und der süße Teddy ursprünglich Onkel William gehörte. Diese Konzentration auf das Überlieferte und Althergebrachte führt bisweilen dazu, dass erwachsene Briten nur in einem Raum glücklich sind, der mindestens ein historisches Möbelstück enthält. Ebenso wie viele ihr Leben lang nur jene Art von Gerichten wirklich gern essen, die ihnen aus der *nursery* vertraut sind.

Die Nanny

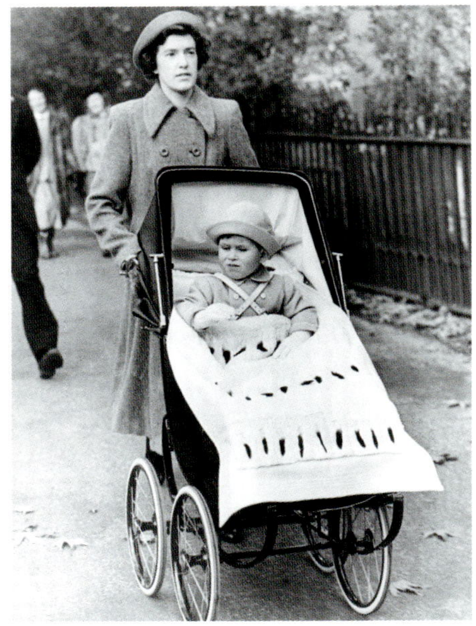

In seinen ersten Kinderjahren wurde der zukünftige Prince of Wales von Nanny Helen Lightbody im St. James's Park spazierengefahren – unbehelligt von Presse oder Gaffern.

Die »Institution« Nanny gibt es in Großbritannien seit dem 16. Jahrhundert. Bei den Jungen endete die Zeit der Betreuung durch eine solche Kinderfrau mit dem Eintritt ins Internat. Bei den Mädchen übernahm eine Gouvernante die weitere Erziehung. Die Kinder entwickelten meist ein engeres Verhältnis zu ihrer Betreuerin als zur leiblichen Mutter, verbrachten sie mit ihr doch mehr Zeit als mit jedem anderen Erwachsenen. Eine Dame der Gesellschaft hätte auch gar nicht gewusst, was sie mit ihren Kindern anfangen soll. Ganz abgesehen davon, dass sie keinerlei praktische Kenntnisse in der Kinderpflege besaß.

Noch im 19. Jahrhundert hatte die Nanny einen sehr großen und durchaus prägenden Einfluss auf ihre kleinen Schützlinge. Ihre Geschichten, Gedichte, Lieder und Lebensweisheiten begleiteten die Kinder oft ein ganzes Leben lang. So wie ein Mensch aus weniger privilegierten Schichten an seine Großmutter oder Mutter zurückdachte, erinnerte sich der erwachsene Sprössling des Adels oder des gehobenen Bürgertums an seine Nanny. Erst nach dem Ende des Ersten Weltkriegs kam es für Eltern in Mode, sich persönlich mit den Kleinen zu befassen. Das hieß allerdings nicht, dass man sich nun um die alltäglichen Bedürfnisse der Kinder zu kümmern begann. Man räumte ihnen lediglich mehr Raum und Bedeutung im eigenen Leben ein.

Die Stichworte *nursery* und *nanny* rufen bei vielen Briten noch immer eine ganze Reihe von Assoziationen wach. Dabei ist es heute selbst in der Oberschicht nicht mehr üblich, die Kinder ganz und gar einer Nanny zu überlassen. Die Kinderfrau wird heute mehr als spezialisierte Helferin gesehen, die die Mutter unterstützt, nicht aber deren Aufgaben vollständig übernimmt.

Der Mythos der Nanny vermischt sich heute mit dem modernen Berufsbild einer Erzieherin. Hinter der nostalgisch anmutenden Tracht verbirgt sich eine sorgfältig ausgebildete Fachkraft für Kinderpflege und Vorschulerziehung. Ihre Kenntnisse erwirbt sie in speziellen Ausbildungseinrichtungen wie etwa dem Norland Nursery Training College. Gegründet wurde das renommierte Institut im Jahre 1892 von Emily Ward, einer Verfechterin der Methoden Friedrich Fröbels. Der deutsche Pädagoge hatte 1816 in Thüringen eine Internatsschule eröffnet, der weitere Einrichtungen in der Schweiz folgten. Außerdem leitete er die Volksschullehrerfortbildung und führte ein Waisenhaus in Burgdorf. Dort kam er auf den Gedanken, eine »Anstalt zur Pflege des schaffenden Beschäftigungstriebes und des Selbsttuns der Kindheit und Jugend« zu gründen, und 1837 verwirklichte er diese Idee in Bad Blankenburg. Damit war der erste Kindergarten der Welt aus der Taufe gehoben, der damals allerdings noch »Pflege-, Spiel- und Beschäftigungsanstalt für Kinder« genannt wurde.

Emily Ward bildete ihre angehenden Kinderfrauen nach den Ideen Fröbels aus. Damit wurde dem Erfahrungsschatz früherer Nanny-Generationen eine moderne Pädagogik entgegengesetzt. Dies hieß allerdings nicht, dass gewisse Leitsätze endgültig ausgedient hatten. Warnende Hinweise wie »You must wear clean underwear, you might get run over« (»Du musst saubere Unterwäsche tragen, denn es könnte sein, dass du überfahren wirst«) haben nichts von ihrer Wirkungskraft eingebüßt.

Das Norland Nursery Training College hat seinen Sitz seit 1967 in einem georgianischen Anwesen in Denford Park in der Grafschaft Berkshire. In einem zweijährigen Kurs werden die angehenden Nannies in Kinderpflege und Erziehung ausgebildet, außerdem erlernen sie wichtige Fertigkeiten wie das Kochen. Das erworbene theoretische Wissen wird in der hauseigenen *day nursery* erprobt. Hinzu kommen Praktika in Schulen und auf Säuglingsstationen in Krankenhäusern.

Nach dem Ende der Ausbildung folgt eine neunmonatige Probezeit in einem speziell ausgewählten Haushalt. Erst wenn dieser Praxistest erfolgreich bestanden ist, kann das Diplom in Empfang genommen werden. Dass britische Kinderfrauen hervorragend ausgebildet sind, ist weltweit bekannt. Deshalb winken den College-Absolventinnen auch Stellenangebote aus dem Ausland. Die Nachfrage nach diesem »Exportartikel« kann den Briten nur recht sein. Schließlich sichert sie ihnen und ihren Kindern den Fortbestand eines typischen Berufsstandes, der ansonsten vielleicht vom Aussterben bedroht wäre.

Zwei Nannies kümmerten sich um die Kinder der Queen, Helen Lightbody (im Bild) und Mabel Anderson.

Klassische Kinderwagen, wie das in der *nursery* von Chatsworth aufbewahrte Exemplar des derzeitigen Duke of Devonshire, erleben zurzeit ein großes Revival auf den Britischen Inseln.

Klassiker der britischen Kinderküche (von links): Nudeln mit Tomatensoße und Milch, Fischstäbchen mit Erbsen und Kartoffelbrei und Reispudding mit Ribena. Mag sein, dass es sich hierbei vor allem um die kulinarischen Favoriten der heutigen Großelterngeneration handelt – ihre Enkel haben längst Hamburger und Pizza für sich entdeckt.

Nursery Food

Großbritannien ist schon lange keine kulinarische Wüste mehr – wenn es überhaupt je eine war. Die traditionelle Küche des Vereinigten Königreichs unterscheidet sich qualitativ kaum von der anderer Länder Nord-, West- oder Mitteleuropas, auch die Grundzutaten sind mehr oder weniger dieselben: Fleisch, Gemüse, Pasteten, Fisch und Kartoffeln isst man in Deutschland und Dänemark ebenso gern wie in Polen und in der Schweiz. Auf dem europäischen Kontinent herrscht seit vielen Jahren die Tendenz, der Küche des Mittelmeerraums den Vorzug zu geben. Erst seitdem es auch in London zahlreiche mediterran kochende Restaurants und Cafés gibt, wird Großbritannien auch von anspruchsvollen Gourmets wahrgenommen.

Doch trotz des Trends zu Pasta und Cappuccino existieren nach wie vor Bastionen urenglischer Esskultur, die sämtlichen kulinarischen Fremdeinflüssen tapfer widerstehen. Die Rede ist vom *nursery food*, also jenen Gerichten, die seit dem 19. Jahrhundert speziell für die Kinder und ihre Betreuerinnen zubereitet werden. Da viele Briten mit diesen nahrhaften Köstlichkeiten aufgewachsen sind, werden die Gerichte mit den lustigen Namen bis ins Erwachsenenalter hoch geschätzt – und so läuft vielen das Wasser im Munde zusammen, wenn sie auf einer Speisekarte vertraute Klassiker wie *bread and butter pudding* (warmer Brotauflauf), *spotted dick*, *jam roly pudding*, *rice pudding* (Reisauflauf), *toad in a hole* (Schweinswürstchen im Teigmantel) oder *bangers and mash* (dicke Bratwürste mit Kartoffelpüree) wiederfinden. Dies erklärt, warum in gewissen britischen Restaurants genau diese Art von Gerichten zwischen Austern, Wild und Hummer angeboten wird.

Die simplen Spezialitäten des *nursery food* können durchaus schmackhaft zubereitet werden. Wie immer kommt es auf die Qualität der Zutaten und die Sorgfalt des Kochs an. Das Fountain Restaurant von Fortnum & Mason zum Beispiel ist eine verlässliche Adresse für alle, die gut gemachtes *nursery food*

probieren möchten. Dass sich der Weg lohnt, beweist die trotz aller Touristen beachtliche Zahl von Briten, die zur Mittagszeit in den Eingang des Restaurants an der Jermyn Street Ecke Duke Street strömt. Noch authentischer lassen sich die Favoriten der Kinderstube jedoch in einem britischen Privathaus erleben. Nach herrlichen *bangers and mash* und einer Portion *bread and butter pudding* kann man vielleicht ein bisschen besser verstehen, warum so viele Briten auf ihr *nursery food* schwören.

Ganz links: Auch wenn nicht alle Kinder gern darin sitzen – ein erhöhter Stuhl macht den Erwachsenen das Leben leichter, wenn die ganz Kleinen an den Familienmahlzeiten teilnehmen sollen.

Links: Als Wickelkommode eignet sich eigentlich jeder Tisch, dessen Platte man zeitweilig mit einer weich gepolsterten Unterlage bedecken kann. Alte Truhen oder Kommoden können, sobald das Kind aus dem Windelalter heraus ist, umfunktioniert werden und der Aufbewahrung von Spielsachen oder Schulmaterial dienen.

Wohnen auf kleinem Fuss

Ein eigenes Kinderzimmer, gestrichen und tapeziert in hellen, freundlichen Farben, ausgestattet mit eigenen Möbeln, die aufgrund ihrer raffinierten Konstruktion über die Jahre vielleicht sogar mitwachsen könnnen, und Regale voller bunter Utensilien, mit denen es sich ebenso kreativ wie lehrreich spielen lässt – dieser Traum existiert erst seit dem 20. Jahrhundert (und geht auch heute längst nicht für alle Kinder in Erfüllung).

Die Kinderzimmer früherer Zeiten waren alles andere als kindgerecht, und entsprechend dürftig zeigte sich ihre Einrichtung. Die Kindheit wurde über viele Jahrhunderte hinweg als bedauernswerter, aber leider nicht zu umgehender Zeitraum des Noch-nicht-ganz-Erwachsenseins betrachtet. Kinder galten als unzivilisiert und voller schlechter Angewohnheiten, und die wollte man ihnen so schnell wie möglich austreiben. Wenn sie in eine reiche Familie geboren wurden, setzte der Drill, sich wie ein kleiner Erwachsener zu benehmen, bereits in zartestem Alter ein; die Kinder der armen Familien mussten ebenso schnell erwachsen werden, denn man brauchte sie als Arbeitskräfte. Verständlich also, dass die Erwachsenenwelt keinen Gedanken darauf verschwendete, wie eine kindgerechte Wohn- und Lebenswelt auszusehen hätte. Dies sind allerdings Überlegungen des 20. Jahrhunderts, die erst durch die Entwicklungen der Viktorianischen Epoche eingeleitet wurden.

Im England der Tudors und Stuarts begann das Dasein in einem dunklen, warmen, gemütlichen Raum, deren Bettstatt die Hebamme für die Niederkunft der Mutter mit sauberen Leinentüchern bezogen hatte. Auf das Baby warteten Windeln und Hemdchen. War die Geburt glücklich überstanden, legte man den neuen Erdenbürger nach ein paar Stunden in eine Wiege, die – wie es zum Beispiel das »Midwives Book« von 1671 empfiehlt – ebenfalls an einem dunklen Ort stehen sollte, damit dem Baby weder Sonnen- noch Mondlicht ins Gesicht scheinen könne. Die Wiegen waren meist aus Holz oder Flechtwerk und standen auf gebogenen Kufen, damit Mutter oder Kinderfrau das Baby in den Schlaf wiegen konnten. Außer diesen Bettchen für die Neugeborenen gab es kaum Mobiliar, das speziell für Kinder gedacht war.

Über die Wohnverhältnisse größerer Kinder des 16. und 17. Jahrhunderts weiß man kaum etwas, doch wir können annehmen, dass sich in ihren Räumlichkeiten die üblichen Erwachsenenmöbel befanden – wenn es an sonstigem Komfort auch mangelte. Lady Maud Baillie, eine Tochter des Neunten Duke of Devonshire, beschreibt in einer Kindheitserinnerung die *nursery* von Hardwick Hall und lässt nicht unerwähnt, dass es in jenen Räumen unter dem Dach weder Gas noch Strom gegeben habe und die einzige vorhandene kleine Lampe so wenig Licht spendete, dass sich die Kinder in der Dunkelheit immerzu gruselten. Berichtet wird hier immerhin aus dem Jahre 1908.

Auch wenn sich nicht alles sofort veränderte, brachte die Viktorianische Ära doch einen gewissen Wandel des Kinderlebens mit sich. Die Monarchen traten dabei als Trendsetter auf, denn wie kein anderes Königspaar zuvor liebten es Königin Viktoria und ihr Gemahl Prinz Albert, viel Zeit mit ihren Kindern zu verbringen, sich sogar persönlich um deren Wohlergehen zu kümmern und so etwas wie ein »Familienleben« zu etablieren. Prompt rückten die Kinderzimmer nun näher an die Räumlichkeiten der Eltern heran, Kleine und Große schliefen Tür an Tür.

Neue medizinische Forschungsergebnisse, aber auch die Erkenntnisse der Psychoanalyse veränderten das althergebrachte Bild des Kindes aber erst im 20. Jahrhundert entscheidend. Die Erwachsenenwelt begann dem Nachwuchs mehr Aufmerksamkeit entgegenzubringen – und ihn vor schädlichen Einflüssen (körperlicher oder seelischer Natur) besser zu schützen. Licht, Luft, kindgerechte Zimmer, Mobiliar in kleinerem Maßstab, Kinderkleidung, Spielsachen, gute Lehrer: Das Verantwortungsbewusstsein der Eltern wuchs.

Wer sich bei seiner Rundreise zu den bedeutenden Burgen, Schlössern und Landsitzen der Britischen Inseln besonders für die Quartiere der Kinder interessiert, wird in Häusern, deren Erhaltungszustand vor dem 19. Jahrhundert anzusiedeln ist, selten fündig werden. In viktorianischen Anwesen lohnt es sich jedoch durchaus, die Augen offen zu halten. Eine typisch viktorianische *nursery* lässt sich zum Beispiel in Lanhydrock bei Bodmin in Cornwall besichtigen. Sehenswert ist auch die *nursery* von Nunnington Hall in North Yorkshire. Selbst im irischen Castle Leslie meint man die Atmosphäre eines viktorianischen Kinderzimmers hautnah nachempfinden zu können. Der helle Raum hat eine wunderschöne Aussicht, antikes Spielzeug dient als Dekoration, und eine Großkopie des Puppenhauses beherbergt modernste sanitäre Einrichtungen. Unsinn hatten die viktorianischen (und späteren) Leslie-Kinder trotz aller Nannies und Gouvernanten aber auch im Kopf. So versuchte der heutige Sir Jack Leslie seinem »Hotwaterbottle« genannten Spielhuhn das Fliegen beizubringen, indem er es aus dem Fenster der *nursery* schubste – und die Rasselbande ängstigte die Dienstmädchen mit Fledermäusen und sonstigem Getier fast zu Tode.

Die praktischen Gitterbettchen, die heute in vielen Kinderzimmern zu finden sind, waren in der *nursery* früherer Zeiten nicht vorgesehen. Damals zog der Nachwuchs, sobald er für die Wiege zu groß war, in ein schnörkelloses Eisen- oder Holzbett um.

Die Briten gewöhnen ihre Sprösslinge schon früh an die spezifische Wohnkultur ihrer Heimat. Deshalb darf auch im Kinderzimmer der Ohrensessel vor dem unvermeidlichen Kamin nicht fehlen.

Auch der begrenzte Raum im Dachzimmer mit Schräge kann gut genutzt werden, wenn bei Auswahl und Platzierung der Möbel auf die Neigung der Decke Rücksicht genommen wird.

Eine Kommode ist ideal, um die frühkindliche Garderobe aufzubewahren. Daneben erweist sich das Möbelstück als Hilfsmittel der Pädagogik. Wenn man den Kleinen das Aufräumen beibringen will, muss man ihnen ja auch den Stauraum zur Verfügung stellen, in dem das Chaos verschwinden soll.

Vorhänge sollten so beschaffen sein, dass morgendliche Sonnenstrahlen sowie nächtlicher Mondschein den Schlaf der Kleinen nicht stören. Es ist günstig, wenn die Textilien passend zu den Tapeten oder zur restlichen Ausstattung gewählt werden.

Beatrix Potter

Die 1866 geborene Beatrix Potter ist eine der erfolgreichsten Kinderbuchautorinnen der Welt und zudem eine hervorragende Illustratorin. Ihre Geschichten aus einer vermenschlichten Tierwelt bezaubern Kinder wie Erwachsene seit dem Erscheinen des Märchens von Peter Rabbit im Jahre 1902. Darin wird das große Abenteuer eines kleinen Hasenjungen erzählt, der einfach nicht auf seine Mutter hören will.

Das mittlerweile in aller Welt bekannte Büchlein war zunächst gar nicht als solches geplant. Beatrix Potter hatte die Geschichte eigentlich für den Sohn ihrer letzten Gouvernante geschrieben und ihm die Fortsetzungen Stück für Stück als Brief geschickt. Erst später machte sie daraus das Buch »The Tale of Peter Rabbit«. Dem Erstlingswerk folgten noch 22 Fortsetzungen mit einer ganzen Reihe weiterer Protagonisten aus der Tierwelt, die allesamt zugleich naturgetreu und äußerst niedlich gezeichnet und koloriert waren.

Wer den Kosmos der kleinen Briten kennen lernen will, kommt an Beatrix Potters Tierleben wirklich nicht vorbei. Trotz aller Mickymäuse, Tamagochis oder Pokemons der Gegenwart rangieren die altvertrauten Charaktere aus der Edwardianischen Epoche immer noch ganz oben auf der Beliebtheitsskala. Peter Rabbit und seine Freunde vereinen sogar die Generationen – Großmutter liebte sie, und ihre Enkel können noch immer etwas mit den ebenso lehrreichen wie frechen Geschichten anfangen. Auch die »Nursery Rhymes«, die Beatrix Potter illustriert hat, stehen nach wie vor hoch im Kurs. Kurzweilige Gedächtnistrainingsbücher wie »Appley Dapply's Nursery Rhymes« gehörten – und gehören teilweise noch immer – zur pädagogischen Grundausstattung des Nachwuchses. Viele Erwachsene können die eingängigen Verse noch heute auswendig und fehlerfrei aufsagen.

Bei Ferienaufenthalten in Schottland und später im Lake District hatte Beatrix Potter schon als Kind ihre Liebe zur Natur und den Tieren entdeckt. Der große Erfolg ihrer Bücher erlaubte es ihr später, den Traum vom Landleben zu verwirklichen. In der Grafschaft Cumbria erwarb sie ein altes Bauernhaus mit dem romantischen Namen »Hilltop«. Das im 17. Jahrhundert erbaute Anwesen blieb bis zu ihrem Tod im Jahre 1943 ihr Zuhause, in dem sie zurückgezogen lebte. Hier schrieb und illustrierte sie viele ihrer Geschichten. Daneben beschäftigte sich die erfolgreiche und mittlerweile berühmte Autorin mit der Schafzucht und widmete einen großen Teil ihrer Zeit dem Schutz der Natur und der Erhaltung von Baudenkmälern. Dabei arbeitete sie eng mit dem National Trust zusammen, der heute die Besichtigung ihres Hauses in der Nähe von Sawrey in Ambleside ermöglicht. Der Andrang ist so groß, dass täglich nur 800 Besucher eingelassen werden. Sie alle wollen sich gern ein Bild machen, wie die Schöpferin solch niedlicher Charaktere wie Mrs. Tiggy Winkle, Benjamin Bunny, Tom Kitten, Squirrel Nutkin oder Jemima Puddle-Duck gelebt hat. Und man wird sehen: Sie lebte nicht viel anders als ihre kleinen Protagonisten, nämlich in einem beinahe märchenhaft anmutenden Bilderbuch-England.

Wer allerdings hofft, dass die kleinen Helden plötzlich in einem der Räume auftauchen, wird enttäuscht werden. Die Hasen, Katzen oder Enten lieben die freie Natur und die Abgeschiedenheit nämlich genauso, wie es Beatrix Potter getan hat. Sie meiden daher das Haus und die zahllosen neugierigen Fans. Dem, der die Bekanntschaft von Peter Rabbit und seinen Freunden machen möchte, bleibt also nur der Gang in den nächsten Buchladen.

Peter Rabbit findet sich auch als Motiv auf einem Porzellan-Service von Wedgwood, das bei Kindern wie Eltern gleichermaßen gut ankommt.

Wenn kleine Briten im Kindesalter an die Zeremonie des Fünfuhrtees herangeführt werden sollen, dann meist mit Peter Rabbit oder Mrs. Tiggy Winkle.

Das Geschirr mit den Beatrix-Potter-Motiven wird von vielen Fans ihrer Bücher gesammelt.

Man weiß nicht, was Beatrix Potter zu der lückenlosen Vermarktung ihrer Charaktere sagen würde. Die Kinder freuen sich jedoch bestimmt über das reichhaltige Angebot. So gibt es zum Buch inzwischen natürlich auch den passenden Plüschhasen.

Natürlich ist der Kamin auch zur Weihnachtszeit ein wichtiger Teil des Dekorationsschemas. Oft wird er wie hier mit Zweigen von Mistel oder Tanne geschmückt. Auf den Sims gehören in jedem Fall die eingegangenen Weihnachtskarten.

Merry Christmas

Weihnachten in Großbritannien ist eine bunte, fröhliche und manchmal recht laute Angelegenheit, die nichts von der Innerlichkeit und Besinnlichkeit einer deutschen Weihnacht hat. Die Feiernden tragen lustige Papphüte und amüsieren sich mit Knallbonbons. In erster Linie geht es darum, mit der Familie ein paar schöne Tage zu verbringen, auszuspannen und seine Lieben zu verwöhnen. Wie in anderen Ländern auch steht die Frau des Hauses fast ununterbrochen in der Küche, denn zu Weihnachten wird kräftig geschlemmt. An den althergebrachten weihnachtlichen Sitten und Gebräuchen wird im Allgemeinen streng festgehalten, ein 25. Dezember ohne gefüllten Truthahn oder ein »Boxing Day« ohne einen Verdauungsspaziergang wäre für viele Briten einfach kein richtiges Fest.

Die Vorbereitungen beginnen oft schon Wochen vorher. Das Haus wird mit Kränzen und Zweigen aus Stechpalme, Efeu und Mistel geschmückt und der Weihnachtsbaum je nach Geschmack dekoriert. Man stellt Kerzen auf und hängt ankommende Grußkarten an einer Schnur über den Kamin oder platziert sie auf dem Sims. Das Besprühen der Fensterscheiben mit künstlichem Schnee oder grell blinkende Elektrosterne gelten allerdings als nicht sehr stilvoll. Vor allem in den ländlichen Gegenden kommt man zusammen, um Weihnachtslieder zu singen oder ein Krippenspiel aufzuführen. Früher war es üblich, dass die ansässige Adelsfamilie oder der Grundbesitzer an einem der Vorweihnachtstage das ganze Dorf in seinem Haus bewirtete.

Der 24. Dezember, also »Christmas Eve«, wird im Vereinigten Königreich vor allem als Vorbereitungstag genutzt. Man erledigt Einkäufe, besorgt schnell noch die letzten Geschenke und werkelt in der Küche. Am Abend gibt es ein kleines, aber feines Dinner, und manche Familien gehen zur Mitternachtsmette. Die Kinder schreiben eine Wunschliste für »Father Christmas«, damit der auf seinem von den berühmten Rentieren gezogenen Schlitten auch wirklich die richtigen Geschenke mitbringt. Der Weihnachtsstrumpf wird am Bettpfosten oder der Kinderzimmertür aufgehängt.

Der Höhepunkt der Feierlichkeiten ist »Christmas Day«, der 25. Dezember. Der Tag kann mit einem morgendlichen Kirchgang beginnen. Im Laufe des Vormittags oder auch nach dem Mittagessen werden die Geschenke ausgetauscht. Zum opulenten »Christmas Lunch« wird dann endlich der von allen sehnsüchtig erwartete »Turkey« serviert. Das Truthahn-Essen ist eine zwei- bis dreigängige Angelegenheit. In Anbetracht des kalorienreich mit Kastanien, Schweinehack, Brotresten und Wurstfleisch gefüllten Vogels kann auf eine Vorspeise gut verzichtet werden. Zum Geflügel werden geschmorte Kartoffeln, gedünstetes Gemüse und Preiselbeersauce gereicht. Anschließend gibt es den »Christmas Pudding«, auch »Plum Pudding« genannt. Wer sich danach noch in der Lage sieht, kann bei Stilton und Portwein zugreifen. Am Nachmittag bringt das Fernsehen die »Queen's Christmas Message«, der die Nation andächtig lauscht. Am frühen Abend folgt der nächste kulinarische Akt: Beim »Christmas Cake« handelt es sich um einen schweren Früchtekuchen mit einer dicken Zuckerglasur. Vor dem Zubettgehen werden noch eine Brühe und etwas Käse gereicht.

Der 26. Dezember heißt »Boxing Day«, denn früher war es üblich, dass Lieferanten und Angestellte an diesem Tag eine *box* mit einem kleinen Geschenk erhielten. Heute ruht man sich an diesem Tag aus und kuriert die weihnachtlichen Nachwirkungen. Zu essen gibt es meist nur Kleinigkeiten wie Räucherlachs oder die kalten Reste des Truthahns. Ansonsten besucht man enge Freunde, unternimmt einen ausgedehnten Spaziergang oder betreibt die klassischen *country sports*. Manche der renommierten Familien halten am zweiten Weihnachtsfeiertag eine prächtige Jagdpartie ab.

Die königliche Familie verbringt Weihnachten traditionell auf ihrem Landsitz Sandringham bei King's Lynn in der Grafschaft Norfolk. Königin Viktorias ältester Sohn, der spätere König Edward VII., erwarb dieses Anwesen im Jahre 1862. Sein Enkel David, der spätere Duke of Windsor, beschreibt in seinen Memoiren »A King's Story«, dass die Bescherung im Hause seines Großvaters noch ganz nach deutscher Sitte am Heiligen

Aus der amerikanischen Weihnachtswelt wurde das Rentier übernommen. Vor allem zur Dekoration von Geschäften ist das Zugtier vom Schlitten des Weihnachtsmanns beliebt.

Stechpalme, Efeu, Mistelzweig

Bei der Weihnachtsdekoration gehen die Briten ebenso liebevoll und detailversessen vor wie bei allem, was der Verschönerung ihres Hauses dient. Grundmaterialien sind dabei Stechpalme, Mistel und Efeu. Dazu kommen Zweige und Zapfen der Tanne, die erst in jüngerer Zeit aus dem Repertoire der nordischen Länder übernommen wurden.

Kein britisches Weihnachtsfest wäre komplett ohne die immergrünen Klassiker von *holly, ivy and mistle toe*, also Stechpalme, Efeu und Mistel. Ob man alternativ oder traditionell feiert, ob man aus ökologischen Erwägungen auf den Baum verzichtet oder aus Diätgründen auf den »Christmas Cake« – ohne das glänzende Blattwerk kommt man auf keinen Fall aus. Dabei hat der beliebte Zimmerschmuck mit der christlichen Weihnacht ursprünglich nicht viel zu tun. Volkskundler und Mythologieforscher vermuten vielmehr, dass bereits unsere frühen Vorfahren diese Pflanzen schätzten und sie besonders während der Zeit der Wintersonnenwende am 21. Dezember in Ehren hielten oder sogar an den heiligen Stätten aufbewahrten und opferten. Die noch junge christliche Kirche wusste sehr wohl um die Bedeutung dieser Tage, und ahnend, dass alte Kulte nur schwer auszurotten sind, bediente sie sich der rituellen Gebräuche, indem sie eines der Hauptfeste des neuen Glaubens auf den 24. Dezember legte. Damit bot sich die Chance, heidnische Feste nach und nach in die christliche Liturgie einzubinden und Umdeutungen in Richtung christlicher Inhalte vorzunehmen. So konnte aus einem heidnischen Fest der Wiedergeburt des Lichts, des Wachstums und der Fruchtbarkeit der Geburtstag des Gottessohnes Christus werden.

Die Stechpalme mit ihren glänzenden, stachelig gezackten dunkelgrünen Blättern und den roten Beeren war lange Zeit eine Protagonistin des Volksglaubens. Sie symbolisierte Fruchtbarkeit und Hoffnung auf ein neues Frühjahr, denn mitten im Winter, wenn alle anderen Bäume und Sträucher kahl in der Kälte stehen, gedeiht sie und trägt sogar leuchtende Früchte. Eine Stechpalme versehentlich abzuhacken bedeutete Unheil, ein Zweig im Viehstall hingegen wehrte Krankheiten ab und ließ das Vieh gedeihen. Die Stechpalme hielt Hexen fern und holte treulose Ehemänner zurück. Die Kirche adaptierte das suspekte Kraut, indem sie behauptete, die Dornenkrone Jesu sei daraus gefertigt worden und die roten Beeren symbolisierten nichts anderes als die Blutstropfen des Heilands.

Wie viele symbolträchtige Pflanzen hatte auch der Efeu sehr unterschiedliche Bedeutungen. Zum einen brachte er Unglück, symbolisierte den Tod und wurde oft bei Begräbnisfeierlichkeiten verwendet. Zum anderen standen die weichen, rankenden Blätter für das weibliche Prinzip schlechthin. Ein Kranz aus zartem Efeu und Stechpalme (als dem männlichen Prinzip) transportierte eine deutliche sexuelle Anspielung. Darüber hinaus galt Efeu auch als Pflanze des Bacchus und des Dionysos. Im Mittelalter vertrauten wackere Zecher auf die Beeren des Efeu, wenn nach einer fröhlichen Nacht der Brummschädel kuriert werden musste. In der christlichen Mythologie steht das attraktive Gewächs für ewige Liebe und eheliche Treue.

Die Mistel ist ebenfalls eine Pflanze mit uralter kultischer Bedeutung. Die keltischen Druiden glaubten an ihren göttlichen Ursprung, denn anders als alle übrigen Gewächse ernährte sie sich nicht von der Erde, sondern lebte in der luftigen Höhe der Baumwipfel. Deshalb durften Misteln nur mit goldenen Sicheln geschnitten werden, und nach der Ernte musste man dafür Sorge tragen, dass sie hängend aufbewahrt und vor Bodenkontakt geschützt wurden. Am wertvollsten erschien den Druiden die Mistelausbeute der Eiche. Diese Zweige und Beeren halfen gegen epileptische Anfälle, heilten Geschwüre und Tumoren und wirkten zuverlässig als Gegengift. Außerdem konnte die Mistel angeblich Feuer löschen, Schlösser öffnen und böse Geister vertreiben. Aber auch hier nahmen die christlichen Glaubenslehrer ihre Sache ernst und erzählten folgende Geschichte: Einst war die Mistel ein großer, starker Baum. So stark, dass die Häscher das Kreuz Jesu aus seinem Holz zimmerten. Doch nachdem der Herr am Kreuz gestorben war, schämten sich die Bäume so sehr, dass sie einschrumpften und fortan ein Dasein als Schmarotzer führten.

Doch wie steht es nun mit dem traditionellen Kuss unter dem Mistelzweig? Die einen sagen, die Mistel über der Tür symbolisiere ein Heiligenbild, und der (brüderliche?) Kuss bedeute, dass man getreu den Geboten des Glaubens lebe. Die anderen sagen, der Brauch verweise auf die Verbindung von Mistel und Fruchtbarkeit. Schließlich wussten schon die Keltinnen, dass sie viel leichter schwanger wurden, wenn sie einen Mistelkranz um die Hüften trugen.

Abend stattfand. Die Einführung des Weihnachtsbaums sowohl in den königlichen Gemächern als auch in den Wohnzimmern der Untertanen wird im Allgemeinen Königin Viktoria und ihrem deutschen Gemahl, Prinz Albert von Sachsen-Coburg-Gotha, zugeschrieben. Einer anderen Anekdote zufolge soll es aber bereits Prinzessin Charlotte von Mecklenburg-Strelitz gewesen sein, die – als sie 1761 als Ehefrau von Georg III. an den Hof kam – Jahr für Jahr auf ihrem Weihnachtsbaum bestand. Angeblich schmückte sie die Zweige opulent mit Kerzen, kleinen Spielsachen und Süßigkeiten aller Art. Wie und wann der Weihnachtsmann die Anlieferung der Geschenke auf den Britischen Inseln übernommen hat, lässt sich ebenfalls nicht mit letzter Sicherheit zurückverfolgen. Fest steht aber, dass der Herr in dem charakteristischen roten Anzug sich dort eines Rentierschlittens bedient und durch den Kamin ins Haus kommt, während sein deutscher Kollege einen Sack mit sich führt und zu Fuß geht.

Der Weihnachtsbaum wurde auf den Britischen Inseln erst zur Zeit von Königin Viktoria eingeführt. Die Monarchin, deren Mutter und Ehemann deutscher Abstammung waren, machte ihre Untertanen mit diesem Teil des germanischen Brauchtums vertraut.

Typisches Kinderspielzeug

Paddington ist ein kleiner Bär, der stets für großes Chaos sorgt. Seine englische Adoptivfamilie, die Browns, findet ihn auf dem Londoner Bahnhof Paddington Station. Daher hat er seinen Namen. Der Autor der beliebten Bärengeschichten ist Michael Bond.

Nicht aus Zufall hält der Plüsch gewordene Peter Rabbit eine Karotte in seinen Stoffpfoten. Im ersten Band der Beatrix-Potter-Geschichten zeigt ihn eine Illustration mit genau diesem Gemüse.

Baukästen gibt es in einer Vielzahl von Ausführungen. Die Phantasie regen sie alle an. Mit dem schlichten Holzbaukasten lässt es sich genauso schön spielen wie mit dem anspruchsvollen Technikkasten.

1926 beziehungsweise 1928 veröffentlichte A. A. Milne seine Kinderbücher »Winnie the Pooh« und »The House at Pooh Corner«. Der Teddybär Winnie und sein kleiner menschlicher Freund Christopher Robin spielen darin die Hauptrollen.

Kein Kinderzimmer, weder auf den Britischen Inseln noch sonst irgendwo auf der Welt, wäre komplett ohne wenigstens einen Stoffbären. In der Regel treffen wir, wie hier, allerdings mehrere von ihnen an.

Schaukelpferde sind echte Klassiker im Kinderzimmer. Vielleicht erscheinen sie altmodisch, aber bei Kindern im Vorschulalter sind sie nach wie vor sehr beliebt. Manchmal hat der hölzerne Vierbeiner sogar eine »echte« Mähne und ist mit Zaumzeug und Ledersattel ausgerüstet.

Hamley's

Den Briten wird bisweilen unterstellt, dass sie sich nicht besonders für ihren Nachwuchs interessieren. Festgemacht werden solche schnellen Urteile an der Tatsache, dass sie die lieben Kleinen mit angeblich pappigem und vitaminlosem *nursery food* voll stopfen und sie sobald wie möglich ins Internat schicken – offensichtlich in dem Glauben, dass Kinder umso besser gedeihen, je weiter entfernt von zu Hause sie leben. Doch auch Schotten, Waliser, Engländer und Iren haben ein großes Herz für ihre Sprösslinge und lieben es, sie mit Spielsachen aller Art zu verwöhnen.

Eine der besten Adressen für den Einkauf von Spielwaren ist Hamley's in der Londoner Regent Street Nr. 188. Wie in vielen typisch englischen Läden blickt man auch hier auf eine lange Firmentradition zurück. Im Jahre 1760 eröffnete John Hamley die Spielwarenhandlung Noah's Ark in High Holborn. Der geschäftliche Erfolg ließ nicht lange auf sich warten, und so wurden bald Filialen in der Regent Street und der Oxford Street eröffnet. Das heutige Hamley's stammt aus dem Jahre 1906.

Was man hier nicht findet, gibt es wahrscheinlich nirgendwo. Auf sechs Ebenen wird alles angeboten, was Kinderherzen (und Herzen, die sich ein wenig Kindlichkeit bewahrt haben) höher schlagen lässt. Der gute alte Teddybär, die Puppe nach historischem Vorbild oder die unschlagbare Eisenbahn sind ebenso vertreten wie die neuesten Computerspiele und Gameboys. Damit es am ungeduldig erwarteten Geburtstag oder Weihnachtsabend keine Enttäuschung gibt, dürfen fast alle Spiele an Ort und Stelle ausprobiert werden. Auf diese Weise können auch die Erwachsenen ein wenig üben, damit sie später nicht haushoch gegen den Nachwuchs verlieren. Spielideen, die ganz neu auf den Markt gekommen sind und bei denen vielleicht nicht auf den ersten Blick ersichtlich ist, was man damit anfängt, werden von Mitgliedern des Hamley's-Teams vorgeführt. Man erkundigt sich also sicherheitshalber vor dem Bezahlen, wie viele Batterien der Asteroid-Kämpfer braucht – und wo der Aus-Schalter ist.

Hamley's ist zu jeder Jahreszeit einen Besuch wert. Voll ist es eigentlich immer, doch wer kurz vor Weihnachten kommt, muss gute Nerven mitbringen, um das Gedränge zu überstehen. Kleine Kinder bleiben am besten zu Hause. Schließlich sollen sie sowieso nicht sehen, was der »Weihnachtsmann« für sie einkauft.

Linke Seite, unten: Gibt es ein Mädchenleben ohne Puppen? Wahrscheinlich nicht. Doch es muss auch nicht immer nur die heiß geliebte Barbie sein. Das Spielen mit Puppenhäusern hat, besonders wenn es sich um »historische« Exemplare handelt, eine besonders anregende Wirkung auf die Phantasie von Kindern.

Ein königliches Puppenhaus

Kein Geringerer als der Architekt Sir Edwin Lutyens hat in den 20er-Jahren des 20. Jahrhunderts das prachtvolle Puppenhaus für Queen Mary entworfen.

Es gibt Häuser und es gibt Paläste, es gibt Puppenhäuser und es gibt Queen Mary's Doll's House. Das in Schloss Windsor ausgestellte Puppenhaus von Queen Mary ist ein Meisterwerk der Miniaturisierungskunst – und gleichzeitig ein bedeutendes Zeitdokument. Der Blick in das im Maßstab 1:12 angefertigte Riesen-Mini-Haus ist wie eine Zeitreise in das frühe 20. Jahrhundert. Hier kann man im Einzelnen sehen, wie sich Architekten, Handwerker, Innenausstatter und Hauswirtschaftsexperten den Haushalt eines Monarchen vorgestellt haben. Alles war vom Feinsten und auf dem neuesten technischen Stand. Weder Verfall noch Modernisierung haben irgendetwas an dem Idealzustand geändert, den die Erbauer des Puppenhauses hergestellt haben.

Dass es sich bei diesem Exemplar nicht um ein Spielzeug für Kinder handelt, ist leicht ersichtlich. Viel zu filigran und zerbrechlich sind die Einrichtungsgegenstände, um für Kinderhände geeignet zu sein. Der Schöpfer dieses wohl berühmtesten und mit 2,34 Metern Höhe sicher auch größten Puppenhauses aller Zeiten war Sir Edwin Lutyens. Der Architekt und Stadtplaner ging mit großer Begeisterung zu Werke. Vier Jahre dauerten Entwurf, Bau und komplette Ausstattung des Hauses, bis es 1924 der Königin übergeben werden konnte. Eine ganze Schar von Künstlern und Spezialfirmen war an dem Projekt beteiligt. Sie betrachteten es als Ehre, einen Beitrag für den Palast im Zwergenformat leisten zu dürfen. Die Liste der Lieferanten liest sich wie ein »Who is Who« aus Handel, Wirtschaft und Kultur.

Wer sich im Großen einen Namen gemacht hatte, wollte nun natürlich auch *en miniature* Spitzenleistungen liefern. So stammen zum Beispiel die Weinflaschen im Keller von den besten Wein- und Spirituosenhändlern, die Bücher in der Bibliothek enthalten Werke von G. K. Chesterton, Thomas Hardy, Rudyard Kipling, Joseph Conrad, Conan Doyle, John Galsworthy oder Hugh Walpole – um nur die bekanntesten zu nennen. Viele der winzigen Bände enthalten eigens für dieses Haus ersonnene Originalschöpfungen. Auch die Gemälde, Skulpturen und Karikaturen des Puppenhauses stammen von berühmten Künstlern.

Der Entwurf des Hauses dokumentiert aber nicht nur das Können des Baumeisters, er zeugt auch von seiner großen Technikbegeisterung. So kann die Außenfassade elektrisch hochgefahren werden, um den Blick auf die Innenräume freizugeben. Jedes technische Detail funktioniert – von den Türschlössern über das Grammophon bis hin zum ausziehbaren Esstisch im Speisezimmer – er lässt sich von 14 Zentimetern auf etwa einen halben Meter verlängern. Selbst das Kombinationsschloss am Safe in der Schatzkammer ist voll funktionstüchtig, und aus den Wasserhähnen in der Küche tropft wahlweise warmes oder kaltes Wasser (eine Strahl kommt aufgrund des niedrigen Drucks in den Rohrleitungen nicht zustande). Die Detailversessenheit des Architekten ging weit über technische und bauliche Aspekte hinaus. So tragen auch die Wäschestücke des Haushalts unglaublich kleine Monogramme, die in insgesamt 1500 Arbeitsstunden von Hand gestickt wurden.

Genau genommen ist dieses Puppenhaus gerade in der heutigen Zeit eine Attraktion. Am Ende des 20. Jahrhunderts wäre es schon schwierig, die Handwerker und Künstler zu finden, die ein solches Haus im Großen errichten und ausstatten könnten – jedenfalls in der um 1900 üblichen Qualität. Spezialisten, die in der Lage wären, eine maßstabgerechte Miniatur anzufertigen, wird man heute wohl kaum noch finden. Insofern ist das königliche Puppenhaus auch das Denkmal einer Handwerkskunst, wie sie heute nicht mehr existiert.

Der Boden der unteren Halle besteht aus – natürlich echtem – blauem und weißem Marmor.

Das Schlafgemach des Königs bietet jeden Komfort, wenn auch im Mini-Format.

Oben: In der *night nursery*, dem Schlafzimmer der Königskinder, kann man ein Chippendale-Himmelbett aus Mahagoni bewundern. Davor steht eine winzige Wiege aus Apfelholz mit Verzierungen aus Silber und Elfenbein.

Rechts: Die Bibliothek des Königs gehört zu den beeindruckendsten Räumen des Puppenhauses: In den Regalen und Kommoden wird eine Sammlung von winzigen Büchern und Kunstwerken aufbewahrt, die man tatsächlich lesen und betrachten kann – allerdings nur mit der Lupe.

Das viktorianische *conservatory* von Castle Leslie im County Monaghan entstand zu einer Zeit, als die heutige Republik Irland noch der englischen Krone unterstand. Noch immer verzaubert es die Besucher mit seinem inzwischen leicht verwitterten Charme.

Der Wintergarten

Ein Platz zum Überwintern

Der heutige Wintergarten ist ein Nachfahre der Orangerien des 18. Jahrhunderts. Das exotische Grün aus dem Mittelmeerraum oder aus Übersee, das in den Sommermonaten die Terrassen und Gärten der Herrenhäuser zierte, konnte hier, geschützt vor dem kühlen Klima Großbritanniens, überwintern. Die empfindlichen Pflanzen wurden in den Orangerien aufbewahrt, konserviert. Deshalb lautet das englische Wort für das Pflanzenhaus *conservatory*. Angeblich war es der Gartenarchitekt John Evelyn, der diesen Begriff geprägt hat. In den Sommermonaten, wenn die Orangerien leer standen, wurden sie als zusätzlicher Lebensraum genutzt, zum Beispiel für Konzerte oder festliche Abendessen. Als Ende des 18. Jahrhunderts Glas in größeren Mengen als je zuvor zur Verfügung stand, wuchsen auch die Pflanzenhäuser.

In den Wintergärten und Orangerien großer Häuser wie Chatsworth wurden nicht nur seltene Pflanzen gezogen, sondern auch Südfrüchte und exotisches Obst, das während des ganzen Jahres das kulinarische Angebot der Küche abrundete.

Im 19. Jahrhundert erlebte das *conservatory* seine bis dahin größte Popularität und die Architekten und Ingenieure entwarfen und bauten immer kühnere Gebilde aus Glas und Stahl. In Viktorianischer Zeit symbolisierte das *conservatory* den Triumph der Baukunst über die Natur. In riesigen und nun zum Teil auch beheizbaren Luxusglashäusern genossen die stolzen Besitzer mitten im Winter die Illusion eines ewigen Frühlings. Dies freilich zu einem hohen Preis, der von vielen spätestens nach dem Beginn des Ersten Weltkriegs nicht mehr bezahlt werden konnte – wenn sich diese Frage in Anbetracht der rigiden Brennstoffrationierungen überhaupt stellte. Viele dieser beeindruckenden Refugien für Pflanzen und Menschen haben die Zeit nicht überdauert – sei es infolge mangelnder Stabilität, sei es, weil sie aufgrund zu hoher Unterhaltskosten abgerissen werden mussten. Am ehesten konnten sich noch die kleineren Exemplare über diese schweren Zeiten hinwegretten, darunter das *conservatory* von Syon Park (London) und Broughton Hall (North Yorkshire). Glücklicherweise ist auch das prächtige, 1848 fertig gestellte Palmenhaus in den Londoner Kew Gardens erhalten geblieben.

Nach dem Ersten Weltkrieg kamen die großen Glaskonstruktionen aus der Mode. Die Landhäuser wurden immer wohnlicher, und das gute alte *conservatory* erschien im Vergleich zum gemütlichen *drawing room* doch kalt und feucht. Gerade die Wintergärten der kleineren Anwesen konnten sich hinsichtlich des Komforts, den sie boten, nicht mit den pompösen Anlagen der großen, wichtigen Häuser messen. So verfielen die einstmals so populären Wintergärten in einen langen Dornröschenschlaf, aus dem sie erst in den 70er-Jahren des 20. Jahrhunderts wieder erweckt wurden. Der technische Fortschritt, der sie einstmals ermöglicht hatte, führte nun zu ihrem Revival, denn nun gab es Verfahren, den Wintergarten so perfekt wie eine moderne Wohnung zu heizen und zu klimatisieren. Es entwickelte sich ein ganz neuer Zweig der Baubranche, und spezialisierte Firmen und Glasarchitekten bieten maßgeschneiderte *conservatories* an.

Gerade im feuchten, kühlen Klima Großbritanniens genießt man dank des *conservatory* den Aufenthalt im Grünen, unabhängig von der Witterung und verbunden mit den Vorzügen eines wohl temperierten Wohnraums. Die Einrichtung des Wintergartens folgt den in Großbritannien üblichen Regeln verbunden mit der typischen Mischung aus Alt und Neu. Dabei könnte der auf Stilreinheit Bedachte allenfalls darauf achten, dass keine Möbel oder Dekorationsobjekte aus der Zeit vor dem 18. Jahrhundert verwendet werden – bis zum 17. Jahrhundert gab es auf den Britischen Inseln noch keine *orangeries*, *conservatories* oder *winter gardens*. Zudem sollte bei der Einrichtung auf Alter und Beschaffenheit der gläsernen Konstruktion Rücksicht genommen werden. In den frühen Bauten aus dem 17. oder 18. Jahrhundert findet sich kaum das geeignete Umfeld für feuchtigkeits- und kälteempfindliche Möbel – es sei denn, das *conservatory* wurde irgendwann mit einer effizienten Heizung und Belüftung versehen. Je rauer das Klima im Wintergarten, desto eher sollten die Einrichtungsgegenstände die Unempfindlichkeit von Gartenmöbeln besitzen. Selbst die Wintergärten des 19. und 20. Jahrhunderts erlauben es nicht immer, sie mit antiken Möbeln und wertvollen Bezugsstoffen auszustatten.

Im *conservatory* lässt es sich sehr gut frühstücken und am Nachmittag Tee trinken. Auch für eine abendliche Dinnerparty bietet der Wintergarten eine stimmungsvolle Kulisse. Gerade bei Kerzenlicht verklärt er sich zu einem überaus romantischen Ort.

Die Frage, warum das Pflanzenhaus gerade in Großbritannien so beliebt ist, lässt sich mit der generellen Vorliebe der Inselbewohner für die Natur und den Aufenthalt im Grünen beantworten. Wer sich auch bei

Links: Wintergärten können heute viel besser klimatisiert werden als noch im 18. oder 19. Jahrhundert. So läuft man heute auch nicht mehr Gefahr, dass die Einrichtung des *conservatory* durch erhöhte Luftfeuchtigkeit Schaden nimmt.

Rechte Seite: Der englische Küchendesigner George Cornish lässt hier die Küche in den Wintergarten übergehen. Dazu musste sie allerdings verlegt werden, denn in Häusern des 19. Jahrhunderts wurde meist im Souterrain gekocht.

Regen und Schnee mit einer Tasse Kaffee und einem Buch ins Grüne zurückziehen will, dem ermöglicht das *conservatory* diesen Genuss ohne weiteres.

Allerdings wäre der Wintergarten kaum so populär, wenn er nicht vor allem dem Zweck dienen würde, Pflanzen zu ziehen oder frostfrei zu überwintern. Die Briten lieben es, in ihrem *conservatory* auch an kalten Wintertagen dem nationalen Hobby der Gärtnerei nachzugehen. Während die Natur draußen kahl und tot scheint, wecken die Pflanzen im Glashaus die Vorfreude auf den nächsten Frühling – der sich wohl nirgendwo so schön abwarten lässt wie in einem *conservatory*.

Die einfachste Form des Wintergartens ist eine verglaste Veranda, wie hier in Melbourn Bury. So entsteht ein regensicheres Refugium, das vom Frühling bis zum Herbstbeginn als luftig-helles Wohnzimmer genutzt werden kann.

Das *conservatory* war architektonisch und funktional ein Bestandteil der Gartenanlagen von Chatsworth, denn in den Gewächshäusern überwinterten die exotischen Pflanzen, die oft aus der ganzen Welt zusammengetragen wurden.

Unten links: *Conservatories* sind nicht nur wegen der Pflanzenwelt in ihrem Inneren sehenswert. Auch ihre Außenseite wurde oft kunstvoll gestaltet, wie das Beispiel der Orangerie von Elton Hall in Cambridgeshire zeigt.

Unten rechts: Die neugotische Orangerie von Elton Hall dient heute vor allem als Wintergarten im Sinne eines überdachten Platzes im Grünen. Südfrüchte kauft man bequem auf dem Markt, und niemand braucht sich mehr ernsthaft der Pflege von empfindlichen Orangen- und Zitronenbäumchen zu widmen – es sei denn als Hobby.

Links: Aufgrund des feuchten Klimas im *conservatory* verbot es sich früher, dort Möbel aus Holz aufzustellen. Stein oder auch Eisen waren beliebte Alternativen. Aus der Notwendigkeit hat sich ein bis heute gültiger Einrichtungsstil für den Wintergarten entwickelt.

Rechte Seite unten: Rattan ist ebenfalls ein ideales Material für den Wintergarten, auch wenn es nicht ganz so haltbar ist wie Metall. Das rustikale Flechtwerk passt besonders gut in ein *conservatory*, das hauptsächlich exotische Pflanzen beherbergt, dort erzeugt es Anklänge an den Kolonialstil.

Die Einrichtung des Wintergartens

Einen Wintergarten am Haus zu haben ist etwas ganz Besonderes. Er wirkt nicht nur äußerst dekorativ, sondern hilft auch dabei, selbst an trüben Wintertagen gute Laune zu bewahren. Doch wie stattet man diesen Bereich am besten aus? Einerseits gibt es die Tendenz, ihn bevorzugt mit Altmöbeln vollzustopfen, die im Haus nicht mehr gebraucht werden – getreu der Devise, dass es im Wintergarten sowieso zu feucht sei, um dort etwas Vernünftiges aufzustellen. Auf diese Weise entsteht oft ein sehr charmantes und gemütliches Sammelsurium. Andererseits ist es natürlich reizvoll, gerade ein historisches *conservatory* originalgetreu zu restaurieren und mit echten Möbeln aus der Zeit seiner Errichtung auszustaffieren.

Die ältesten noch erhaltenen Orangerien oder Wintergärten stammen aus dem 18. Jahrhundert, wozu Möbel und Dekorationsgegenstände aus dem späten Barock beziehungsweise entsprechende Reproduktionen am besten passen. Man sollte allerdings bedenken, dass die *conservatories* jener Zeit nur zu bestimmten Anlässen genutzt wurden – etwa für eine Konzertveranstaltung oder eine große Abendeinladung (und das auch nur im Sommer). Erst als das *conservatory* in der zweiten Hälfte des 19. Jahrhunderts seine gärtnerischen Funktionen zu verlieren begann und sich mehr und mehr als Wohnraum hervortat, gab es spezielle Möblierungen. Ein viktorianisches Kunstwerk aus Stahl und Glas stilecht auszustatten fällt also etwas leichter. Die damals aufblühende Industrie lieferte Möbel und Wohnaccessoires aller Art in großer Zahl. Besonders beliebt waren Tische, Bänke und Stühle aus Gusseisen, aber auch Rattanmöbel im Kolonialstil, ergänzt durch exotische Accessoires, die der Hausherr vielleicht sogar selbst aus Indien, China oder Afrika mitgebracht hat.

Schmiedeeiserne Sitzbänke eignen sich für jeden Wintergarten. Sie passen vom Stil her gut ins Bild und die Feuchtigkeit kann ihnen nichts anhaben. Es gibt auch sehr schöne Modelle aus galvanisiertem Stahl oder Aluminium. Für den Sitzkomfort sorgen gepolsterte Auflagen und bunte Kissen. Im Antiquitätenhandel und auf *architectural salvage yards* lassen sich heute noch Stücke aus der Viktorianischen Zeit finden.

Ähnlich wie Rattan verleiht auch Bambus dem Wintergarten ein exotisches, koloniales Flair, wobei die naturbelassenen Sorten immer schöner wirken als die behandelten oder gar bemalten. Trotz ihres geringen Gewichts sind Bambusmöbel erstaunlich robust. Ein oder zwei Kissen im Rücken machen den Sessel zu einem echten Lieblingsplatz.

Ein Vogelbauer ist ein perfektes Accessoire für einen Wintergarten. Je nach stilistischem Konzept darf es ein antikes Exemplar sein, ein Objekt vom Flohmarkt oder auch ein Reiseandenken aus Nordafrika. Man muss nicht unbedingt einen Vogel hineinsetzen, auch leer sind Vogelbauer sehr dekorativ.

So genannte *formal gardens*, also streng abgezirkelte Ziergärten im italienischen Stil, waren bis ins 18. Jahrhundert hinein sehr populär – hier die Anlagen von Elton Hall.

Der Garten

Eine Nation von Gärtnern

Der Privy Garden des Hampton Court Palace war dem Monarchen und seinen Gästen vorbehalten. Die heutige Anlage entspricht dem Entwurf von King William III. aus dem Jahre 1702.

Die Briten und ihr Garten – in Analogie zu Samuel Adams Beschreibung der Insulaner als einer *nation of shopkeepers* könnte man die Briten auch eine *nation of gardenkeepers* nennen. Doch was ist nun ein typisch britischer Garten? Spontan fallen einem der Landschaftsgarten und der Landschaftspark ein. Sie gelten zu Recht als Inbegriff der Gartengestaltungskunst Großbritanniens. Während andere Gartenformen ihren Ursprung im antiken Rom, im Italien der Renaissance oder im Frankreich des Sonnenkönigs haben, steht die Wiege des Landschaftsgartens zweifellos in England. Die Landhäuser des 18. und 19. Jahrhunderts sind untrennbar verbunden mit den großzügigen Parklandschaften, die sie umgeben. Der besondere Reiz dieser Gärten liegt darin, dass sie vollkommen natürlich wirken, obwohl sie sorgfältig geplant und von Menschenhand angelegt worden sind. So typisch wie der Landschaftsgarten für das herrschaftliche Anwesen ist der *cottage garden*, der kleine Blumengarten, für das Dorfhaus, für deren moderne Ausprägung die Gartengestalterin Gertrude Jekyll maßgeblich war. Zuletzt denkt man vielleicht noch an die italienisch anmutenden Anlagen der Edwardianischen Ära, deren Rasenflächen zum Croquet-Spiel einladen.

Der Anlage und Pflege von Gärten und Parks wird in Großbritannien viel Zeit, Energie und Geld gewidmet, doch auch die Beschäftigung mit der Geschichte des englischen Gartens ist ein beliebtes Hobby. Jedes Kind kennt den Landschaftsgärtner Lancelot »Capability« Brown, und ein Besuch der viktorianischen Gewächshäuser in Kew Gardens lässt selbst weltläufige Londoner immer wieder ins Schwärmen geraten. Doch der Erforschung der Garten-kunst sind Grenzen gesetzt: Alte Anlagen wurden im Lauf der Zeit immer wieder umgestaltet – oder verwilderten. Anders als ein Haus lässt sich ein Garten nur schwer über mehrere Jahrhunderte hinweg erhalten. Ein Gebäude, selbst ein vernachlässigtes, kann dem Verfall einige Zeit standhalten. Ein Garten hingegen, der seit dem 16. Jahrhundert nicht mehr gepflegt wurde, würde nichts mehr von seiner ursprünglichen Anlage verraten. Etwas leichter hat es der Historiker mit Gärten, die für ein bestimmtes Haus oder einen bestimmten Palast angelegt wurden oder auf andere Weise in eine architektonische Struktur eingebunden sind. Hier kann manchmal vom Erbauungszeitraum und den Stilelementen des Gebäudes auf die ursprüngliche Gestaltung des Gartens geschlossen werden. Allerdings sind heute nur noch wenige Beispiele englischer Gartenkunst in ihrem Originalzustand zu besichtigen. Zwei interessante Beispiele sind die Gärten von Hampton Court sowie die bereits erwähnten Kew Gardens.

Neben dem natürlichen Wildwuchs ist der zweite Feind des historischen Gartens die Hand des Menschen. In früheren Zeiten wechselten die Gartenmoden schnell. Kaum war ein neuer Trend ausgerufen, beeilte man sich, ihn auf dem eigenen Grundstück umzusetzen. Der von den Vorvätern übernommenen Anlage zollte man dabei wenig Respekt. Neue Ideen wurden rücksichtslos auf Kosten alter Bäume, schöner Wege oder mühsam ausgehobener Seen umgesetzt. Ein gutes Beispiel für ein solches Schicksal sind die Gärten von Blenheim Palace. Ursprünglich von dem Architekten Sir John Vanbrugh und dem Gartengestalter Henry Wise im französischen Stil angelegt, wurden sie im 18. Jahrhundert teilweise dem Konzept des Landschaftsgärtners Lancelot »Capability« Brown geopfert und zu einer Rasenfläche eingeebnet. Erst im 20. Jahrhundert nahm sich Achille Duchêne ihrer an und sorgte für eine Neugestaltung, die sich wiederum am französischen Stil orientierte. Andere Gärten des 17. und 18. Jahrhunderts sind allerdings unwiederbringlich verloren oder existieren nur noch auf bildlichen Darstellungen oder in Plänen.

Der Wunsch, Zeugnisse vorheriger Stilepochen zu erhalten oder gar wiederherzustellen, scheint früheren Generationen weitgehend fremd gewesen zu sein. Schließlich wurden nicht nur Gärten umgegraben, sondern auch wertvolle Bauten abgerissen, um auf ihren Grundmauern neue Gebäude zu errichten, die ihrerseits inzwischen zu den historischen Baudenkmälern zählen. Es ist tatsächlich eine Leidenschaft des 20. Jahrhunderts, Gärten und Häuser wieder in ihren Urzustand zu versetzen. Die meisten britischen Gartenenthusiasten müssen sich jedoch um die historische Stimmigkeit ihrer Anlage keine Gedanken machen. Sie besitzen nur ein kleines Gärtchen, das sie liebevoll gestalten und pflegen. Hierbei hat sich – von den Gärten sehr individueller Ausprägung einmal abgesehen – seit dem Ende des Zweiten Weltkriegs durchaus ein gängiger Stil herausgebildet. Sei der Garten auch noch so klein, ein gepflegter Rasen gehört immer dazu. Schließlich bildet er die unabdingbare Plattform für jede Form von sommerlicher Gartenunterhaltung, von der Barbecue-Party bis hin zum sonntäglichen Croquet-Spiel. Bei der Pflege des Rasens werden keine Kompromisse gemacht, und hat das

Links: Die Gärten von Chatsworth, hier das Labyrinth, wurden zuletzt vom 6. Duke of Devonshire und seinem Gärtner Joseph Paxton umgestaltet. Paxton ist vor allem als Konstrukteur des Crystal Palace der Weltausstellung von 1851 bekannt geworden.

Rechte Seite: In den Gärten von Cawdor Castle in Schottland hat sich seit dem 18. Jahrhundert wenig verändert. Der 17. Thane of Cawdor, der die Burg als »ancient, honourable and agreable seat« beschrieb, würde sich dort noch heute zurechtfinden.

Brunnen und Teiche waren ein wichtiger Bestandteil des Gartendesigns im französischen Stil, wie hier im Garten des Herrenhauses Elton Hall.

Erst im 19. Jahrhundert war der Gartenzugang durch die Empfangsräume allgemein üblich. Bis dahin genoss man nur in Villen palladianischer Prägung diesen Zugang über üppige Freitreppen.

Die Gärten der Tudor-Zeit waren meist duch Mauern eingefriedet. Die Pflanzen darin besaßen einen ganz bestimmten Symbolwert, und wer an ihnen entlangwandelte, konnte in ihnen lesen. Die Botanik, die wir heute dort finden, wurde dagegen nach rein ästhetischen Kriterien angelegt. Was nicht heißt, dass sie weniger reizvoll ist.

Grün endlich seinen optimalen Zustand erreicht, verteidigt sein stolzer Besitzer es eifersüchtig gegen jeden neuen Baum, jedes weitere Beet und jedes Unkräutlein.

Was die Gesamtanlage des Privatgartens angeht, so folgt sie ähnlichen Prinzipien wie die Einrichtung des Hauses. Zum einen soll der Garten möglichst nicht so aussehen, als wäre er erst gestern entstanden. Schließlich darf die im Hause kunstvoll erzeugte Atmosphäre von Alteingesessenheit und Familientradition nicht gestört werden. Zum anderen muss der Garten, wie die Einrichtung des Wohnzimmers, eine gewisse Großzügigkeit ausstrahlen – anders gesagt, er muss der Hausherrin und dem Hausherrn angemessen sein. Steinerne Urnen, Wasserbecken und ähnlicher Zierrat helfen dabei, den Charakter eines herrschaftlichen Parks auch in den Garten eines Reihenhauses zu zaubern. Selbstverständlich darf der britische Garten bei aller Ordnungsliebe niemals übertrieben gepflegt aussehen. So wie ein Sofa mit seinen Kissen tatsächlich zum Platznehmen einladen soll, muss der Garten samt Rasenfläche zum gemütlichen Verweilen auffordern.

Wer Platz und Geld hat, wird in seinem Garten einen Swimmingpool und einen Tennisplatz anlegen. Allerdings verfügen selbst oder gerade die grandiosesten Landsitze bisweilen über Schwimmbäder und Tennisplätze von überraschender Schlichtheit. Alt ist im Zweifelsfall immer gut und keinesfalls ein Makel, und so planschen manche der wohlhabendsten Aristokraten in archaisch anmutenden Pools, die vor 50 oder 60 Jahren modern waren. Doch dies empfindet niemand als störend. Wer das Glück hat, einen alten Garten sein Eigen zu nennen, ist nicht so töricht, die natürlich gewachsene Patina durch die Installation eines Schwimmbeckens im Stil eines Ferienhotels zu entwerten.

Im 17. Jahrhundert kam die französische Avenue auch in England in Mode. Diese geraden, in den Garten hineinlaufenden Wege verbanden Haus und Garten in einer ganz neuen Weise. Hier sehen wir die Avenue in Melbourn Bury.

Oft kann man auf ein und demselben Grund verschiedene Konzepte der Gartengestaltung betrachten. So zeigt Melbourn Bury neben formalen Aspekten auch Landschaftsgärtnerei im Stil des 18. und 19. Jahrhunderts.

Kräutergärten haben eine lange Tradition auf den Britischen Inseln. In ihnen wurden nicht nur Gewürze für die Küche angebaut, sondern auch wohltuende Heilmittel.

Neben diesen verschiedenen Formen des Zier- oder Lustgartens finden wir natürlich auch noch die Nutzgärten. Zum einen dienen sie der Aufzucht von Gemüse und Obst, zum anderen natürlich auch der Entspannung und der puren Freude am Gärtnern. Nicht wenige Briten nutzen jeden Quadratmeter des Gartens zum Anbau ihres eigenen Bio-Gemüses. Dabei tun sie dies oft nicht aus weltanschaulicher Motivation, sondern vor allem deswegen, weil sie modernen Düngemitteln instinktiv misstrauen. Dennoch breiten sich »grüne« Ideen langsam auch auf den Britischen Inseln aus, nicht zuletzt weil sich das früher oft belächelte Umwelt-Engagement des Thronfolgers mittlerweile als richtig und nachahmenswert erwiesen hat. So kann sich heute auch die politisch eher konservative Dame der Gesellschaft bei der dörflichen Gartenausstellung offen zum organischen Anbau ihrer Kürbisse bekennen, ohne scheele Blicke von ihren Mitstreiterinnen zu ernten. Doch im Nutzgarten lässt sich nicht nur der unmittelbare Nachschub an Obst und Gemüse ziehen, auch Kräuter bieten ein interessantes, nützliches und manchmal sogar heilsames Betätigungsfeld. Seit dem Mittelalter war er der unentbehrliche Lieferant verschiedener Heilkräuter und Gewürze. Klöster und weltliche Häuser bemühten sich gleichermaßen um Pflege und Aufzucht der grünen Kostbarkeiten. Ein gutes Beispiel ist der *herb garden* von Hardwick Hall in Derbyshire, der sich heute wieder im Stil der Tudor-Zeit präsentiert. Doch auch abseits der großen historischen Denkmäler hat der Kräutergarten seinen angestammten Platz. Er lässt sich auch auf der kleinsten Parzelle anlegen, und so manche Hobbyköchin pflegt in Beeten oder Töpfen eine kleine Auswahl nützlicher Küchenhelfer, von der Petersilie über den Borretsch bis zur Minze. Doch egal ob grandioser Park, ländlicher Cottage-Garten, Spielwiese oder Nutzgarten, immer wird das Grün als Chance gesehen, darin das bei den Briten geradezu kultisch verehrte Landleben zu zelebrieren. Der Großgrundbesitzer, dessen Land weitab der Großstädte liegt, hat dies vielleicht weniger nötig als der Städter. Doch der Bewohner eines Londoner Stadthauses wird jede Chance nutzen, sich nach Feierabend oder am Wochenende grün gestiefelt in seinem wie auch immer dimensionierten Garten an die Arbeit zu machen. Denn dann fühlt er sich wenigstens für ein paar Stunden wie ein echter Landmann, der in enger Verbindung mit der Natur lebt.

Oben: In englischen Gärten finden wir häufig auch ein Stück italienische Gartenbaukunst, was durch die begeisterte Rezeption der Architektur Andrea Palladios und die Eindrücke der Grand Tour begründet ist. Hier in Sezincote hat der Architekt Thomas Daniell zudem mit der Kuppel noch indische Einflüsse eingebracht. Der im 20. Jahrhundert neu bepflanzte Garten wurde von Humphry Repton angelegt.

Rechts: Gärten in Burganlagen dienten zunächst vor allem als Gemüse- und Kräuterlieferanten für die Küche. Erst ab dem 16. Jahrhundert begann man darin Zierblumen anzupflanzen.

Sissinghurst Castle Garden

Hinter dem von Türmen flankierten Tudor-Torhaus von Sissinghurst Castle erwartet man eigentlich ein reiches Herrenhaus. Das wurde aber schon im Jahr 1800 abgerissen. Durch das Tor gelangt man jedoch zu einem der wunderbarsten Orte Englands: einem Garten. Angelegt wurde er von dem Diplomaten und Journalisten Harold Nicolson und seiner Frau, der Romanschriftstellerin und Dichterin Victoria »Vita« Sackville-West. Als das gegensätzliche Paar Sissinghurst 1930 erwarb, waren das Torhaus und der Garten völlig vernachlässigt. Während Harold die Anlage eines neuen, genau durchkomponierten Gartens entwarf, setzte Vita als Pflanzmeisterin sein Design um und schuf die fantastischen Farbverläufe innerhalb der Rabatten. Außerdem bevorzugte sie stark duftende Pflanzen, vor allem Rosen, so dass der Garten im Sommer nicht nur eine Augenweide, sondern auch voll der schönsten Düfte ist. Mit seinen vielen verschiedenen Rosensorten gilt der Garten als eine der wichtigsten Sammlungen alter Rosen, die anderswo bereits völlig verschwunden sind.

In seiner Anlage kann man den Garten als eine Abfolge von »Außenräumen« mit ganz unterschiedlichen Farb- und Formgebungen verstehen. Am bekanntesten ist wohl der »Weiße Garten«, in dem nur Blumen und Pflanzen mit weißen und grauen Blättern oder Blüten stehen, wie zum Beispiel weiße Rosen, Beifuss und weißblättrige Birnbäume. Außerdem gibt es eine Nussbaumplantage, einen Frühlingsgarten, einen wilden Garten und immer wieder Rosen. Sackville-West und Nicolson betrieben die Gärtnerei fast wissenschaftlich genau: Jede Pflanzung wurde genau verzeichnet und datiert. Jedes Jahr gab es eine Art Inventur, bei der alle Bäume vermessen und ihre Maße festgehalten wurden.

Genauso faszinierend wie der Garten selbst sind die Geschichten, die sich um das Besitzerehepaar ranken. Sowohl Harold als auch Vita waren homosexuell. Vor allem Vitas Liebesbeziehungen zu anderen Frauen sind bekannt. 1919 war sie mit ihrer Geliebten Violet nach Paris »durchgebrannt«, und das Paar kehrte von dort nur durch die vereinten Überzeugungskünste ihrer beiden Ehemänner wieder nach England zurück. Drei Jahre später lernte Sackville-West die Schriftstellerin Virginia Woolf kennen. Woolfs Roman »Orlando« von 1928 war ursprünglich als fiktive Biographie ihrer Schriftstellerfreundin geplant. Er erzählt auf amüsante Weise die Geschichte eines quasi alterslosen Adligen mit wechselndem Geschlecht, die mehr als drei Jahrhunderte umspannt. Neben ihrer Arbeit – Vita schrieb mehr als 50 Bücher sowie Zeitungskolumnen und Aufsätze – zogen Sackville-West und Nicolson noch zwei Söhne groß, deren einer diese ungewöhnliche Lebensgemeinschaft später in dem Buch »Porträt einer Ehe« beschrieb.

Heute gehört Sissinghurst Castle Garden, mit einem kleinen biographischen Museum im Torhaus, dem National Trust, der ihn so weit wie möglich so erhält, wie Vita und Harold ihn angelegt hatten. Allerdings ist das nicht immer möglich, einige Pflanzungen mussten bereits ausgetauscht werden, da sie den Boden einseitig belasten und damit die Nachbarpflanzen gefährden. Ein anderes großes Problem sind die vielen Menschen, die die wunderbare Anlage sehen wollen und dabei die Wege und Randbeete zerstören. Daher hat die Gartenverwaltung ein System von zeitlich begrenzten Eintrittskarten eingeführt, das den Besucherstrom regulieren soll. So kommt es schon einmal vor, dass der Garten im Sommer bereits Monate im Voraus ausgebucht ist.

Die Entdeckung der Landschaft

Bevor der Earl of Burlington dem jungen William Kent sein Anwesen Chiswick House zur Gestaltung überließ, hatte der noch recht unerfahrene Designer lediglich einmal bei der Anlage einer anderen Grünanlage assistiert. Dennoch gelang Kent auf Anhieb mehr als nur ein Gesellenstück, denn Chiswick House gilt als frühes Meisterwerk der englischen Landschaftsgärtnerei.

Zu Beginn des 18. Jahrhunderts entwickelte sich in England der so genannte »Englische Landschaftsstil«. Die Konzeption entsprang weder einer spontanen Idee noch ist sie ausschließlich einem einzelnen Erfinder zuzuschreiben. Philosophen, Politiker und Dichter bereiteten dieser an der Naturlandschaft orientierten Gartengestaltung durch die Rezeption der Ideen John Lockes (1632–1704) Bahn. Seine Begründung für die Freiheit des Menschen aus dem Naturrecht heraus rückte die Natur in den Mittelpunkt vielerlei Überlegungen. Die Gartenrevolution, wie man die radikalen Umgestaltungen formaler Gärten in Landschaftsgärten im 18. Jahrhundert oft bezeichnet, wurde durch die Literatur eingeleitet. Schon 1685 kritisierte Sir William Temple (1628–1699) den architektonischen Garten und forderte die unregelmäßige Gestaltung, doch fand er noch kein Gehör. Einige Jahre später bezogen Ashley Cooper, 3. Earl of Shaftesbury (1671–1713), Joseph Addison (1672–1719), Alexander Pope (1688–1744) und der Essayist und Gartengestalter Stephen Switzer (1682–1745) in Schriften und hernach durch die Umsetzung ihrer Ideale in reale Gärten gegen den formalen Gartenstil mit Erfolg Stellung.

Shaftesbury formulierte in seiner Moralphilosophie unter anderem, dass das Schöne und Gute sich durch die göttliche Ordnung der unberührten Natur manifestiere. »Nature in her primitive state« – die Urnatur – wurde als Freiheitssymbol interpretiert. Damit wurde der durch Menschenhand bearbeitete, quasi unterjochte Barockgarten zum Inbegriff des Hässlichen und der Unfreiheit.

Shaftesburys Naturbegriff ist jedoch unscharf definiert: Einerseits spricht er von einer unberührten Natur, andererseits sucht er eine Idealform, die nur durch menschliche Eingriffe erzielt werden kann. Auch Joseph Addison, der den Landschaftsgarten durch ausführliche Gestaltungshinweise in theoretischen Schriften erfand, bevor es ihn de facto gab, sah die unberührte Natur als der Kunst überlegen an. Er forderte gezielte Korrekturen, um die größte Vollkommenheit *(»greatest perfection«)* der Natur zu erzielen. Verbesserung *(»improvement«)* wurde zum Schlagwort der Gartengestalter in der ersten Hälfte des 18. Jahrhunderts und des berühmten Lancelot »Capability« Brown (1716–1783).

Alexander Pope forderte die Rückkehr zur »freundlichen Einfachheit unberührter Natur« und verspottete den formalen Stil und die getrimmten Bäume seiner Zeitgenossen mit der satirischen Schilderung des Warenbestandes eines Gärtners: »St. Georg in Buchsbaum, sein Arm noch kaum lang genug, doch im nächsten April in der Lage den Drachen zu töten; grüner Drache aus gleichem Material, einstweilen mit Schwanz aus kriechendem Efeu (nur zusammen abzugeben); (...) eine Sau in frischem Grün, die zu einem Stachelschwein aufgeschossen ist, da sie letzte Woche in regnerischem Wetter vergessen war und anderes mehr.« Pope zog sich 1719 in sein Landhaus in Twickenham zurück, wo er den Garten derart umgestaltete, dass emotionale und historische Assoziationen in Form von Denkmälern und Inschriften und poetische Landschaftsschilderungen aus Lyrik und Malerei in Gartenszenen Gestalt erhielten. Dabei ließ er sich vom »genius loci«, dem Geist des Ortes, leiten. Twickenham gilt als Ausgangspunkt des englischen Landschaftsstils, da sich ein einflussreicher

Tatton Park in der Grafschaft Cheshire steht in der Beliebtheitsskala der Ausflügler an höchster Stelle. Humphry Repton gestaltete die Gärten des im 16. Jahrhundert erbauten und im 18. Jahrhundert im Zeitgeschmack umgestalteten Herrenhauses. Diese Terrassen wurden um 1850 von Joseph Paxton hinzugefügt.

Kew Gardens. Das Große Palmenhaus wurde 1844–1848 von Decimus Burton und Richard Turner erbaut. Nachdem ein Orkan Anfang der 90er-Jahre des 20. Jahrhunderts den Baumbestand und viele Gebäude in Kew Gardens zerstört hat, gehört es zu den wenigen noch original erhaltenen Architekturen der Anlage.

Freundeskreis, der Kit-Cat-Club, darunter der 3. Earl of Burlington – Mäzen von William Kent –, an der Anlage orientierte und die eigenen Gärten umgestalten ließ.

Neben Charles Bridgeman (gest. 1738), Landschaftsarchitekt und Schlüsselfigur bei der Umsetzung der Neuerungen, sind als bedeutende Gartengestalter vor allem William Kent (1685–1748), Lancelot Brown (1716–1783), William Chambers (1723–1796), Humphry Repton (1752–1818) oder Joseph Paxton (1803–1865) und sein Schüler Edward Kemp (1817–1891) berühmt geworden. Neben ihnen entwarfen auch Amateure berühmte Gartenanlagen, wie der Bankier Henry Hoare II. (1705–1785) in Stourhead oder John Aislabie in Studley Royal.

William Kent, der »Vater der modernen Gärtnerei«, stammte aus einfachen Verhältnissen. Er war ein mäßig begabter Maler, stieg aber durch hochrangige Gönner die Erfolgsleiter hinauf: Über Richard Boyle, 3. Earl of Burlington, kam er in Kontakt mit Popes Ideen und wurde Gartengestalter. In Anlehnung an Pope betrieb Kent die Gartengestaltung mit den visuellen Mitteln der Landschaftsmalerei. Charakteristisch für den Landschaftsgarten wird die Auflösung der strengen symmetrischen Gartengrundrisse und der spiegelbildlichen Wiederholung gleicher Motive. Dressierte Pflanzen dürfen nun wachsen, doch selbstverständlich nicht ins Uferlose, sie werden lediglich nicht mehr zu lebendigen Skulpturen geschnitten. Blumen und Parterres sind wie die beschnittenen Bäume und Büsche aus der Mode. An die Stelle gefasster Bassins und Becken treten naturnah gestaltete Wasserflächen. Aus dem Abraum der Teichvergrößerungen werden sanfte Hügel modelliert. Die regelmäßigen Pflanzungen der Bäume werden zugunsten weiter Wiesenflächen mit vereinzelten Baumgruppen *(clumps)* oder Solitärpflanzen aufgegeben. Sich schlängelnde Wege erschließen eine möglichst große Zahl unterschiedlicher Aussichten und Eindrücke. Architekturen unterschiedlichen Stils vom griechischen Tempel bis zur gotischen Ruine sind Mittel, den Garten sowohl abwechslungsreich als auch allegorisch zu gestalten; Addison forderte, der Garten solle ideelle Werte (Tugend oder Freiheit) zeigen. Die Mauer verschwindet aus der Sicht, indem man sie in einem tiefen Graben versteckt. Somit ist der Blick auf die den Garten umgebende Landschaft mit Dörfern, Wäldern und Agrarflächen möglich – ein von

Das Verzeichnis der Gärten und Parks, die Lancelot »Capability« Brown in seiner 40-jährigen Karriere geplant und angelegt hat, umfasst einige der schönsten Anwesen Englands. Unter dem Buchstaben S findet sich auch Syon House, dessen Garten er im Auftrag des Earl und der Countess of Northumberland in eine Kunst-Landschaft verwandelt hat.

»Tempel der Edlen Briten«, Teil der »Elysischen Felder« in der Gestaltung William Kents, Stowe. Dieses an römischen Grabmälern orientierte Denkmal zeigt die Büsten von 14 britischen Tugendhelden, darunter Königin Elisabeth I., King William III., Francis Bacon und John Locke, William Shakespeare, Sir Francis Drake und Isaac Newton.

Switzer formulierter Gestaltungsansatz. Ziel ist eine durch künstlerisches Eingreifen verfeinerte Natur, eine Ideallandschaft.
In Chiswick House, dem Sitz seines Gönners, setzte Kent die neue Theorie so überzeugend und perfekt um, dass weitere große Aufträge folgten. Er gestaltete die Gärten von Carlton House, Badminton House (Avon), Claremont (Surrey), Euston Hall (Suffolk), Holkham Hall (Norfolk), Shotover und das berühmte Rousham House (beide Oxfordshire) sowie Stowe (Buckinghamshire). Gezielt setzte er dabei neben weiten Wiesenflächen auch Gebäude oder Plastiken als Blickfang *(eyecatcher)* ein.

Stowe, ein herausragendes Beispiel des englischen Landschaftsstils, ist in seinem heutigen Erscheinungsbild mit 32 erhaltenen Gartengebäuden das Werk vieler berühmter Gestalter. Im 17. Jahrhundert ein terrassierter, formaler Garten mit drei Zonen, wurde diese Einteilung unter Bridgemans Ägide zwischen 1715 und 1726 aufgehoben. Der Architekt Vanbrugh entwarf die Kleinarchitekturen.

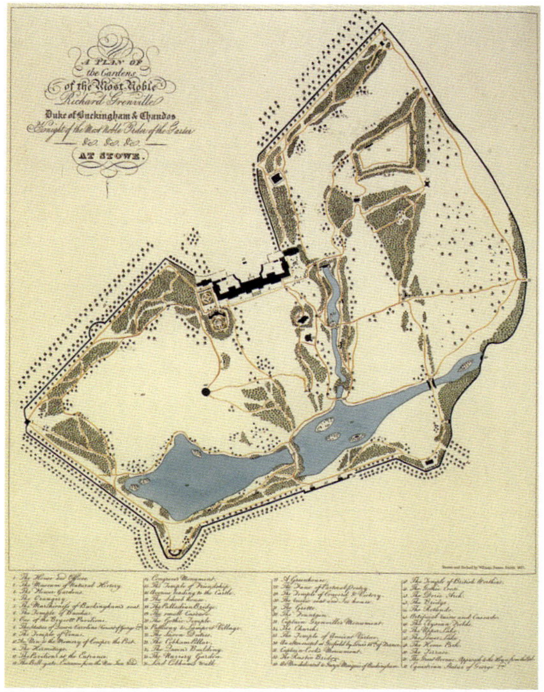

Plan der Gesamtanlage um 1765

Um 1730 wurde die Gartenfläche verdoppelt und ein 4,5 ha großer See ausgehoben. Als Kent Bridgeman ablöste, gestaltete er zuerst die Wege neu: geschwungen durchziehen sie das Gelände. Die Aussichten auf das umliegende Ackerland wurden einbezogen. Um 1735 entstanden die »Elysischen Felder«, eine Anspielung auf das Jenseits der Antike. 1741–1751 war Lancelot Brown Erster Gärtner der Anlage, danach gestaltete der Besitzer Richard Grenville, Earl Temple (1711–1779), selbst die Aussichten und Blickachsen des Gartens.

Lancelot »Capability« Brown, der den Landschaftsstil 35 Jahre dominierte, stammte aus einfachen Verhältnissen vom Lande. Er beherrschte dank einer Gärtnerlehre sein Metier von der Pike auf. Brown war der Gestalter des praktisch Machbaren – er sah die Wandlungsfähigkeit einer Anlage (»capabilities of a property's improvement«) vor seinem geistigen Auge, daher sein Spitzname. Getrieben von der Auffassung, dass Natur schöner sei als jedes Menschenwerk, gestaltete Brown die prunkvollen, formalen Gärten seiner Auftraggeber radikal um: In Blenheim Palace (Oxfordshire) schuf er zwei große Seen, in welchen der Kanal und die Kaskade Vanbrughs untergingen, dazu wurden aus Parterres und Bosketten weite Wiesen. Ähnlich erging es der Anlage in Chatsworth (Derbyshire). Mehr als 100 Gärten wandelte er in »picturesque landscapes« um, darunter Warwick Castle (Warwickshire), Burghley House (Northamptonshire), Harewood House (Yorkshire), und Hampton Court.

Browns Stil wurde von seinem unmittelbaren Nachfolger Humphry Repton modifiziert. Letzterem gebührt dazu noch das große Verdienst, die Blumen, Terrassen und Treppen in den Landschaftsgarten zurückgebracht zu haben. Er wurde, obwohl eher Amateur denn ausgebildeter Gärtner oder Architekt, sowohl mit Neuanlagen als auch mit Modifizierungen, darunter Holkham Hall und Tatton Hall (Cheshire), beauftragt. Zur Gartengestaltung kam Repton erst als Protégé des Duke of Portland nach einer kurzen, ungeliebten und glücklosen Kaufmannskarriere. Sehr gebildet, schrieb er etliche Bücher über die Landschaftsgärtnerei, die als Standardwerke Eingang in unzählige Privatbibliotheken fanden. Repton prägte den Regency-Stil. Diese Gärten waren Horte der Blumen, begrenzt durch lebende Hecken, farbenfroh durch Pflanzenimporte und Neuzüchtungen, oft untergliedert in Einzelgärten unterschiedlichsten Stils, eingebettet in weitgehend naturnah gestaltete Anlagen.

Aussicht auf den Triumphbogen, Stowe. Diese Komposition mit dem Triumphbogen als Blickfänger am Horizont entstand 1765, als Earl Temple schon selbst gestalterisch tätig war.

Monopteros, Stowe. Neben Vanbrughs Monopteros (vor 1730) sind Bäume in *clumps* angepflanzt. Deutlich ist in sanft modelliertem Terrain wie im Umfeld des Bauwerks die Handschrift »Capability« Browns erkennbar.

Die Früchte der Pflanzenjäger

Beim Gang durch einen der Parks oder Gärten Großbritanniens macht sich der Spaziergänger selten klar, dass ein großer Teil der Pflanzen ursprünglich gar nicht auf der Insel beheimatet war. Die so vertrauten Bäume, Sträucher und Pflanzen stammen häufig aus fernen Weltgegenden. Die bedeutsame Entdeckung Amerikas im 15. Jahrhundert brachte wichtige Bereicherungen für die Pflanzenwelt des Vereinigten Königreichs. So stammen zum Beispiel die Tomate oder auch die Sonnenblume aus der Neuen Welt.

Auch Süd- und Osteuropa waren beliebte Sammelgebiete für Gartenarchitekten und Pflanzenimporteure des 16., 17. und 18. Jahrhunderts. So kam um 1550 die Pinie *Pinus pinea*, die charakteristische »Schirmkiefer« Spaniens und Italiens, aus dem Mittelmeerraum nach Großbritannien und gegen 1760 die Pappel. Besonders die Pyramidenpappel *Populus nigra* »Italica«, eine um 1750 in Norditalien durch Mutation entstandene Form, verbreitete sich schnell in Europa. Als Alleebaum und als Gruppe ist sie oft landschaftsbestimmend. Aus der Türkei wurde um 1550 die Tulpe eingeführt. Sie galt bereits im 12. Jahrhundert bei türkischen Gärtnern als unentbehrlicher Gartenschmuck. Seit 1585 gibt es in Holland Blumenzwiebelzucht und -handel. Die Tulpenzucht erreichte zwischen 1634 und 1640 ihren Höhepunkt, welche auch nach England Impulse gab. Aus dem östlichen Mittelmeergebiet stammt die Hyazinthe. Die Gattung *Hyacinthus* umfasst nur eine Art, die Gartenhyazinthe *Hyacinthus orientalis*, von der es heute etliche attraktive Varietäten gibt.

In den Anfangsjahren des 17. Jahrhunderts folgte aus Zentralamerika die sogenannte Yucca-Palme, diese Palmlilie gehört zu der Familie *Agavaceae*. Die »Geranien«, die auch als Hybridpelargonien bekannt sind und nicht mit den Arten der Gattung *Geranium*, die zur selben Familie Geraniaceae gehört, verwechselt werden sollten, kamen um 1710 aus Südafrika nach England. Mitte des 17. Jahrhunderts begann die Besiedlung Südafrikas durch die Holländer, ab 1806 wurde es britische Kolonie, so dass ein reger Schiffsverkehr zwischen England, Holland und Kapstadt herrschte. Von den für das heutige Sortiment wichtigen Ursprungsarten wurde *Pelargonium cuculatum* AIT. schon 1690 von Bentick nach England gebracht. *Pelargonium peltatum* wurde 1701 und *Pelargonium zonale* 1710 von der Herzogin Beaufort eingeführt. *Pelargonium inquinans* kam 1714 durch den Bischof Compton und *Pelargonium grandiflorum* durch Masson nach Großbritannien.

Die wohl berühmtesten Pflanzensammler des 16. und 17. Jahrhunderts waren John Tradescant d. Ä. und John Tradescant d. J. Beiden ist heute im

Von links oben nach rechts unten:
Steineiche *Quercus ilex*. Immergrüne Eiche aus dem Mittelmeerraum. In Deutschland nicht winterhart, aber in Großbritannien, wo man sie u. a. aufgrund ihrer reich verzweigten und buschigen Krone zum Windschutz anpflanzt.

Roter Maulbeerbaum *Morus rubra*. Zur Gattung *Morus* gehören etwa 10 Arten. Diese in Großbritannien und Nordeuropa beliebten Sträucher und Bäume sind vermutlich in Ostasien, Zentralasien und Nordamerika beheimatet.

Pinie *Pinus pinea*. Diese charakteristische Kiefer Spaniens und Italiens ist in Mitteleuropa frostempfindlich, sie ist in Teilen Großbritanniens aber winterhart.

Gewöhnliche Platane *Platanus x acerfolia*. Um 1650 entstand in Südeuropa ein Bastard zwischen *P. orientalis* und *P. occidentalis*. Die mit einer weiten, meist flachen Krone *P. orientales* ist dagegen auf Kreta und in den Gebirgen des Balkans heimisch.

Gemeine Rosskastanie *Aesculus hippocastanum*. Diese als Zier- und Alleebaum verbreitete weiße Rosskastanie ist in Südeuropa, besonders Nordgriechenland heimisch.

Sumpfzypresse der Gattung *Taxodium*. Mit drei Arten aus Nordamerika und Teilen Mexikos ist diese kleine Gattung sommergrüner oder halbimmergrüner Koniferen sehr beliebt. Der Gattungsname erklärt sich aus der Ähnlichkeit der Blätter mit denen der Eibe (Taxus).

Libanonzeder *Cedrus libani*. Schon vor Jahrhunderten wurde dieser wunderbare, bis 35 m hohe Baum in Westeuropa eingeführt. Einige Arten haben auch einen kegel- oder säulenförmigen Wuchs.

Pappel *Populus*. Besonders die Pyramidenpappel, eine um 1750 in Norditalien entstandene Form, hat sich in Westeuropa schnell verbreitet. Als Alleebaum und Gruppe ist sie landschaftsbestimmend.

Araukarie, Andentanne, Chilefichte *Araucaria auracana*. Sie wurde von A. Menzies 1795 aus einem kleinen Areal der südlichen Anden nach Europa gebracht. Das typische Wachstum zeigt keine Stammgabelungen.

Von links oben nach rechts unten:
Zwergmispel *Cotoneaster* »Cornubia«. Dieser halbimmergrüne Strauch entstand 1930 in Exbury in England und könnte eine Hybride von *C. frigidus* und *C. salciflorus* sein.

Hyazinthe *Hyacinthus*. Diese aus Klein- und Zentralasien stammende Zwiebelpflanzengattung blüht im Frühjahr. Die Pflanzung der Zwiebeln erfolgt im Herbst.

Tulpe *Tulipa*. Die Wildformen dieser Gattung gelangten 1554 aus Zentral- und Westasien nach Europa. Es gibt über 100 Arten, die Gartentulpen sind Zuchtformen.

Palmlilie *Yucca*. Vornehmlich in Naturgärten, zusammen mit Sukkulenten und Gräsern, findet man Arten dieser aus Mittelamerika stammenden Gattung.

Kapuzinerkresse *Tropaeolum*. Diese krautigen Kletterpflanzen werden wegen ihrer leuchtenden Blüten geschätzt. Die 87 Arten sind in Chile und Mexiko heimisch.

Fackellilie *Kniphofia*. Diese ansehnlichen, dekorativen Stauden stammen aus dem südlichen, tropischen Afrika. Durch Kreuzungen sind sehr schöne Gartenformen entstanden.

Pelargonie *Pelargonium*. 250 Arten dieser Gattung sind beliebte Topfpflanzen, aber auch an sonnigen und warmen Mauer- oder Felsspalten fühlen sie sich wohl. Sie sind mit *Geranium* und *Erodium* verwandt. Viele Arten stammen auch aus Südafrika.

Hortensie *Hydrangea*. Die meisten Arten kommen aus gemäßigten Klimazonen Asiens und aus Nord- und Südamerika. Die Blütenfarbe variiert durch den unterschiedlichen Säure- oder Alkaligehalt des Bodens.

Funkie *Hosta*. Die 40 Arten dieser Gattung werden wegen ihres dekorativen Laubs geschätzt. Diese in Japan und China beheimatete Pflanze ist winterhart und leicht zu ziehen.

Londoner Museum of Garden History ein eigener Garten gewidmet. John Tradescant d. Ä. war Gärtner und Pflanzenzüchter. Er unternahm Expeditionen auf das europäische Festland, um neue Pflanzen zu finden, und brachte zahlreiche, heute sehr verbreitete Gewächse mit nach Hause, so zum Beispiel den Oleanderstrauch und die Feige. Ihm wird auch der Import der Europäischen Lärche zugeschrieben, die er 1618 in Russland entdeckt haben soll. Sein Sohn unternahm zwischen 1637 und 1657 drei Reisen nach Amerika und brachte unter anderem die Sumpfzypresse mit. Diese kleine Gattung *Taxodium* umfasst drei in Nordamerika und Teilen Mexikos heimische Arten.

Mit der Entdeckung und Einfuhr exotischer Gewächse entstand in England die Vorliebe für Wintergärten und Gewächshäuser, in denen die Pflanzen gehalten und nachgezüchtet werden konnten. Orangerien boten den kälteempfindlichen Südpflanzen Winterquartier. Die im 19. Jahrhundert betriebene Zucht erzeugte auf diese Weise Tausende von Blumen für die Neuanlage von Parks und Gärten. Die Bautechniken der Viktorianischen Epoche ermöglichten kühne Konstruktionen aus Stahl und Glas, die uns heute noch beeindrucken. In diesen Gewächshäusern wurden pflanzliche Exoten aus aller Welt gesammelt, gehegt und gepflegt, und nicht wenige von ihnen fanden aus ihrer gläsernen Kinderstube hinaus den Weg in die grünen Oasen Großbritanniens.

Als sich in der damals ersten See- und Kolonialmacht Großbritannien mit dem Welthandel der Wohlstand entwickelte, war die Sammlung exotischer Pflanzen Liebhaberei und Prestige zugleich. So waren es englische Gartenbaufirmen, wohlhabende Pflanzenliebhaber, Botanische Gärten und die Royal Horticultural Society (gegründet 1804), die Botaniker und Pflanzensammler in die USA, vor allem aber in die Tropen schickten, um Samen, Rhizome, Zwiebeln oder Knollen für die Gartenbaufirmen zu finden.

Bedeutend war die Firma Royal Exotic Nursery, James Veitch & Sons (1808–1914) in Exeter/London. Für diese Firma waren 20 Sammler tätig. Als im ersten Drittel des 18. Jahrhunderts der englische Landschaftsgarten entstand und den geometrischen Stil durch die freien Pflanzungen ersetzte, gingen die Sammler auch nach Japan, um winterharte Gehölze und Stauden zu sammeln. Die Firma Loddiges gab ab 1817 das »Botanical Cabinet« heraus. Es erschienen periodisch 20 Bände, in denen 2000 Abbildungen und Beschreibungen zu den Neueinführungen festgehalten wurden. In ähnlicher Form gab die Firma Veitch 1888 ein Coniferen-Handbuch heraus. Großbritannien hatte zunächst das Monopol für die Neueinführung von Pflanzen. Nach diesem Vorbild entwickelte sich im flämischen Teil Belgiens, um Gent und Brügge, ab Mitte des 18. Jahrhunderts ein bedeutender Gartenbau, der Azaleen, Palmen und Grünpflanzen lieferte.

Unter Rosen wandeln – kein Problem unter einer Pergola mit Kletterrosen, wie wir sie in zahlreichen Gärten der Britischen Inseln finden.

Rosen

Die Rose ist in Großbritannien nicht nur eine überaus beliebte Zierpflanze, sondern auch ein wichtiges nationales Symbol. So stand die rote Rose für das Haus Lancaster und die weiße Rose für das Haus York. Die Kriege zwischen diesen beiden Linien der Herrscherfamilie Plantagenet sind als »The Wars of the Roses«, als die berühmten Rosenkriege, in die Geschichte eingegangen. Henry Tudor beendete die von 1455 bis 1485 dauernden Auseinandersetzungen durch die Heirat mit Elizabeth of York. Diese Frieden stiftende Verbindung wurde erneut durch eine Rose symbolisiert, die Tudor-Rose. Als Kombination aus der roten und der weißen Rose steht sie für die Herrschaft der Tudors von 1485 bis 1603.

Als Vorbilder für die Lancaster-Rose und die York-Rose dienten den Künstlern die Strauchrosen des Mittelalters. Die *Rosa,* A.R., Gallica, »Officinalis« stand Modell für die rote Rose der Lancasters und die *Rosa,* A.R., Alba, »Semiplana« für die weiße Rose der Yorks. Strauchrosen waren wie die Wildrosen ursprünglich auf den Britischen Inseln heimisch. Zu diesen heute als »Alte Rosen« bezeichneten Arten gehören die Gallica-, Damaszener-, Alba-, Centifolia- und Moosrosen. Sie blühen in der Regel nur einmal während eines Sommers für etwa vier bis fünf Wochen. Eine Ausnahme bilden die mehrfach blühenden Bourbon-, Portland- und Chinarosen. Diese »Alten Rosen« werden auch heute noch gezüchtet. Viele Rosenliebhaber schätzen gerade den besonderen Charme der einmal blühenden Arten, die den Betrachter schon in den Gemälden der alten Meister faszinierten.

Die Edelrosen sind eine relativ späte Züchtung. Im Jahre 1867 kreuzte der Franzose Guillot eine Remontantrose mit einer Teerose aus China. Das Ergebnis erhielt den Namen »La France« und ging als erste Teehybride in die Geschichte der Rosenzucht ein. Heute gehören Vertreterinnen dieser Gruppe in England wie in der übrigen Welt zu den beliebtesten Rosenarten. Sie sind an ihren großen, duftenden Blüten und den langen Stielen zu erkennen. Die Blüten können einzeln oder in Gruppen zu mehreren auf dem Stiel stehen. Typisch britische Teehybriden sind die rote, süß duftende »Fragrant Cloud«, die dornige »Silver Jubilee« mit ihren zahlreichen Rosa-Schattierungen, die scharlachrote »Alec's Red«, die gelbe »Grandpa Dickinson«, die rot-gelbe »Piccadilly«, die schwach duftende »Pink Favourite« (ihr Name beschreibt ihre Farbe), die schneeweiße »Polar«, die rote »Precious Platinum« und natürlich die immer wieder mit Goldmedaillen ausgezeichnete und schier unverwüstliche »Peace«.

Im Jahre 1875 gelang Guillot mit der Polyantharose eine weitere wegweisende Neuzüchtung. Sie zeichnete sich durch üppige Büschel kleiner Einzelblüten aus. In den 20er-Jahren des 20. Jahrhunderts kreuzte der Däne Svend Poulsen die Polyantharose mit Teehybriden und kreierte damit die heute immer noch sehr beliebte Floribundarose. In England wurde sie in der Zeit zwischen den beiden Weltkriegen als »Hybrid Polyantha« eingeführt, zu gebührendem Ruhm kam sie aber erst nach 1945. Da sie aus relativ schwach duftenden Rosenarten hervorgegangen sind, verströmen manche Floribunda nur wenig oder gar keinen Duft. Hierin liegt auch der Ursprung des Gerüchts, dass moderne Rosenzüchtungen nicht duften. Doch es gibt immer noch sehr intensiv duftende Arten wie etwa die gelbe »Arthur Bell«, die »Champagne Cocktail« aus dem Jahre 1985 oder die »Fragrant Delight«. Floribundarosen blühen nicht nur sehr üppig, sie sind zudem auch frosthart. In britischen Gärten finden wir eine große Zahl von Floribundarosen. Beliebt sind die tiefgelbe »Amber Queen«, Rose des Jahres 1984, die scharlachrote »City of Belfast«, die orange-rote »Dame of Sark«, die weniger robuste, aber nicht minder schöne »Elizabeth of Glamis« mit ihren lachsorangen Blüten oder die praktisch dornenlose »Pink Parfait« mit ihren rosig-gelben Blüten.

Teehybriden und Floribundarosen werden meist auf Beeten angepflanzt. So setzen sie Farbakzente im Grün des Rasens oder vor den Blättern von Büschen und Bäumen. Bei der Auswahl der Rosen bedenkt der Rosengärtner nicht nur Farbe, Zahl und Form der Blüten, sondern auch die Höhe des Wuchses und den Grünton der Blätter. Auf diese Weise lässt sich die Rosenpflanzung im Gesamtbild des Gartens recht gut einpassen. Wenn die Anlage für Teehybriden und Floribunda ungeeignet ist, kann auf andere Rosenarten zurückgegriffen werden. In einem sehr kleinen Garten bieten Miniaturrosen eine schöne Alternative, da sie in Töpfen oder Kübeln angepflanzt werden können. Miniaturrosen gehen auf eine Kreuzung von Floribunda mit einer kleinen chinesischen Rose zurück, die es ursprünglich nur mit weißen oder rosa Blüten gab. Sie eignen sich sehr gut zur Begrenzung und Einfassung von Beeten mit hoch wachsenden Rosen. Miniaturrosen fügen sich auch harmonisch in einen Steingarten ein. An erhöhter Stelle, etwa auf einer Mauer oder am Rand einer Terrasse, kommen die Röschen mit den winzigen Blüten besonders gut zur Geltung.

Wer viel Platz hat, kann Teehybriden oder Floribunda auch als Hecke anpflanzen und damit größeren Gärten Struktur verleihen. Dabei sollte die Rosenhecke in ihrer Form und Dichte jedoch genau geplant werden. Je nach Rosenart wachsen die Hecken schneller oder langsamer, gehen eher in die Höhe oder in die Breite. Neben Beeten und Hecken aus Rosen schätzen britische Gärtner auch die Kletterrose. Gibt es ein typischeres Bild als eine rosenbewachsene Pergola, in deren Schatten eine ältere Dame ihren Tee trinkt – oder das rosenbewachsene Fachwerkhaus, hinter dessen farbenfroher Fassade sich ein traditioneller Dorf-Pub verbirgt?

M.R. = Moderne Rose
A.R. = Alte Rose

Rosa, M.R., Teehybride »Loving Memory«

Rosa, M.R., Teehybride »Can-Can«

Rosa, M.R., Floribunda, »Disco Dancer«

Rosa pimpinellifolia, syn. *Rosa spinosissima*, *Wildrose*, »Old Yellow Scotch Rose«

Rosa, A.R., Canina, »June«

Rosa, A.R., Gallica, »Rosa Mundi«, syn. »Versicolor«

Rosa, M.R., Teehybride, »Tequila Sunrise«

Rosa, Canina, Wildrose

Rosa, M.R., Moschata

Rosa, M.R., Floribunda, »Old Port«

Rosa, A.R., Gallica, »Officinalis«

Rosa, A.R., Remontantrose, »Frau Karl Druschki«

Für Gärtner, in deren Brust ein Rennfahrerherz schlägt, eignet sich das Modell »Royale«. Laut Eigenwerbung des Hauses Atco ist es der König der *ride-ons*, also der Mäher, auf denen der Gärtner sitzen kann.

Der Rasenmäher Ihrer Majestät

Kein Bestandteil des englischen Gartens hat weltweit so große Berühmtheit erlangt wie der Rasen. Wir begegnen ihm nicht nur in gepflegten Anlagen, sondern auch auf Cricketfeldern, Bowling Greens oder Tennisplätzen. Sein Ruf ist selbst in die Gefilde der Comics vorgedrungen. In dem Album »Asterix bei den Briten« verteidigt ein Inselbewohner heldenhaft sein perfekt gepflegtes Grün gegen die drohende Verwüstung durch trampelnde Römerhorden. Wen wundert es bei so viel Hingabe für den gepflegten Rasen, dass die besten Rasenmäher der Welt aus Großbritannien stammen.

Es handelt sich um die Geräte der Firma Atco-Qualcast Ltd. aus Stowmarket in der Grafschaft Suffolk. Dort werden seit über 75 Jahren Rasenmäher produziert, die in typisch englischer Manier ein traditionelles Äußeres mit perfekter Technik verbinden. Schon die Farbe lässt das Herz eines jeden Anglophilen höher schlagen. Was in Europa kanariengelb oder tomatenrot lackiert ist, ist in England natürlich grün – *british racing green*. Auch die Modellnamen tragen zum vornehmen Image der Marke bei: »The Balmoral«, »The Windsor« oder auch »The Admiral« heißen die solide gebauten Rasenschneider. Natürlich kann die Firma auch zwei »Royal Warrants« vorweisen: Sowohl auf den Rasenflächen der Queen als auch auf denen des Prince of Wales werden Atco-Mäher eingesetzt, um dem Grün die richtige Länge zu geben.

Die Mäher arbeiten nach zwei verschiedenen Methoden. Zum einen gibt es Zylindermäher, die wie beim Handrasenmäher die Grashalme durch einen rotierenden, horizontal gelagerten Zylinder kürzen. Die Messer im Zylinder schneiden den Rasen entlang einer Bodenplatte. Dieser Schereneffekt garantiert nicht nur einen gleichmäßigen Schnitt, sondern erzeugt auch ein attraktives Streifenmuster auf dem gemähten Rasen, indem der rotierende Zylinder das Gras beim Schneiden gleichmäßig in eine Richtung drückt. Durch geschickten Richtungswechsel kann man außer Streifen auch Schachbrettmuster erzeugen.

Die zweite Methode arbeitet mit einer Art Propeller. Diese Mäher heißen *rotary mower*. Die scharfen, rotierenden Kanten mähen das Gras wie eine Sense. Mäher mit rotierendem Messer können auch auf langem und nassem Gras eingesetzt werden. Das Ergebnis ist zwar nie so perfekt wie das eines Zylindermähers, doch dafür kann der Hobby-Gärtner mit einem großen *rotary mower* auch eine wild wuchernde Wiese nach längerer Urlaubsabwesenheit problemlos bewältigen. Dieses System ist ideal bei größeren Rasenflächen, die seltener geschnitten werden.

Beide Rasenmäher-Typen gibt es sowohl mit Verbrennungsmotor als auch mit Elektromotor. Für kleine oder sehr verwinkelte Gärten sind auch schnurlose Elektromäher im Angebot, die sich als besonders praktisch erweisen, wenn schmale Rasenflächen zwischen Blumenbeeten gestutzt werden müssen – so können schwere Kabel den Pflanzen keinen Schaden zufügen. Doch so praktisch die Mäher mit Elektromotor auch sein mögen, der klassische Rasenmäher hat einen Verbrennungsmotor. So bekommt das Rasenschneiden einen Hauch von Autofahren, was die Sache selbst für Mähmuffel attraktiv macht. Handelt es sich dann auch noch um das Modell »The Royale«, das im Sitzen betrieben werden kann, ist das Vergnügen perfekt. Dieser Mäher ist hinten mit einer Stahlrolle ausgestattet, die einen äußerst gleichmäßigen Streifen erzeugt. Sie kann gegen ein Paar Räder ausgetauscht werden, wenn nasses oder längeres Gras geschnitten werden muss.

Qualität hat immer ihren Preis, und das gilt natürlich auch für die Spitzen-Rasenmäher von Atco. Das eben erwähnte Modell »The Royale« ist für knapp 2000 Pfund zu haben, rund 6000 Mark. Ein Opfer, das man allerdings gern bringt, wenn man auf einen perfekt gepflegten englischen Rasen schwört.

Der »Balmoral« ist der klassische englische Rasenmäher. Sein *quick exchange system* ermöglicht den schnellen Austausch des Scherzylinders.

Das Modell »Regent« ist ein etwas größerer Elektromäher. Er kann größere Flächen und vor allem auch längeres Gras bewältigen.

Etwas stromlinienförmiger im Design ist das Modell »Viscount«. Sein Grasauffangbeutel ist besonders groß, und er nimmt es ohne Probleme auch mit sehr nassem Rasen auf.

Das Flaggschiff unter den Motormähern mit rotierendem Messer ist das Modell »Admiral«. Mit ihm können wild wuchernde Grasflächen zur Raison gebracht werden.

Das Modell »Windsor« ist die Alternative zum »Balmoral«, wenn ein Elektromotor vorgezogen wird. Das Design ist an das des klassischen Motormähers mit Scherzylinder angelehnt.

Höchste Perfektion für die heiligen Grünflächen englischen Rasensports bietet das Modell »Club«. Für große Reichweiten ist er mit einem extra großen Tank ausgestattet.

Frühjahr

Im Frühjahr muss der Rasen so oft wie möglich geschnitten werden, denn dies fördert einen dichten und gleichmäßigen Wuchs. Um Schäden im Grasteppich zu vermeiden, sollte man den Mäher möglichst immer an einer anderen Stelle wenden. Wenn es wärmer wird, sollte der Rasen nicht mehr ganz so kurz geschnitten werden, denn sonst trocknet der Boden aus. In regenarmen Perioden muss der Rasen frühmorgens und spätabends gewässert werden.

Sommer

Auch im Sommer sollte der Rasen zweimal pro Woche gemäht werden. Dies stimuliert zum einen den Wuchs und unterdrückt zum anderen die Bildung von Unkraut. Bei Trockenheit kann man den Rasen etwas länger stehen lassen, abgeschnittenes Gras darf dann ruhig liegen bleiben. So geht weniger Feuchtigkeit verloren. Leichtes Vertikutieren tut dem Rasen gut, allerdings nicht bei sehr trockenem Wetter. Ältere Rasenflächen sind bei Bedarf kräftig aufzulockern und zu vertikutieren.

Herbst

Neuere Rasenflächen müssen im Herbst immer noch regelmäßig, aber nicht zu kurz geschnitten werden. Älteren Rasen mäht man nun seltener. Herabfallendes Laub sollte regelmäßig entfernt werden. Wenn Schäden durch Schatten entstanden sind, sollten Bäume und Büsche verschnitten werden, um dem Licht den Weg zu bahnen. Im November wird der Rasen dann zum letzten Mal geschnitten.

Winter

Im Winter sollte man den Rasen möglichst nicht betreten, vor allem dann nicht, wenn er gefroren oder durchnässt ist. Wenn die kältesten Wochen vorbei sind, kann die Aussaat neuer Rasenflächen geplant werden. Zu dieser Zeit darf auch schon wieder vertikutiert werden. Sobald der Rasen anfängt zu wachsen, kann er geschnitten werden, allerdings nicht zu kurz. Geschnittenes Gras muss man immer entfernen.

Der *rotary mower* schneidet das Gras mit einem rotierenden Messer.

Im Zylindermäher rasiert ein rotierender Scherkopf die Grasspitzen ab.

Möglichst nach jedem Mähen sollte das Schermesser gereinigt werden.

Bevor der Rasenmäher seinen Winterschlaf beginnt, wird er gründlich geölt.

Croquet

Beim Stichwort Croquet denken die meisten zunächst an ein nicht ernst zu nehmendes Spiel für sommerliche Kindergeburtstage im Garten. Diese Art des Croquet hat genauso wenig mit der Sportart gleichen Namens zu tun wie das Federballspiel im Park mit einem Badmintonturnier. Die Regeln des Croquet sind recht kompliziert und eigentlich erst in der Praxis erlernbar. Grundsätzlich geht es darum, die eigenen Bälle so zu spielen, dass man selbst punktet und gleichzeitig aber den Gegner am Punktesammeln hindert. Man spielt Croquet in zwei Varianten. Die anspruchsvollere ist Association Croquet, die etwas schneller zu erlernende Golf Croquet.

Association Croquet wird mit vier Bällen von zwei oder – als Doppel – von vier Teilnehmern gespielt. Die Bälle sind aus Kunststoff und haben unterschiedliche Farben: Schwarz, Blau, Rot und Gelb. Das Spielfeld ist eine 25,8 mal 32 Meter große, vollkommen ebene Rasenfläche. Darauf befinden sich sechs zu durchspielende Tore aus Gusseisen sowie eine Stange in der Mitte des Rasens. Der Schläger – auf Englisch heißt er *mallet* – unterscheidet sich von den einfachen Ausführungen für den heimischen Garten, denn sie wären für Association oder Golf Croquet nicht stabil genug. Leichtere Schläger bestehen aus Eschen- oder Buchsbaumholz, die schwereren Modelle aus Tropenhölzern. Die Stirnseite ist oft durch eine Kunststoffbeschichtung geschützt, die Schlagfläche fasst man manchmal auch mit Messing ein. Welche Form der Kopf des Schlägers hat, bleibt dem Spieler überlassen, das Gewicht muss sich allerdings zwischen drei Pfund und drei Pfund und sechs Unzen bewegen – englische Pfund und englische Unzen, versteht sich, also zwischen 1360 und 1530 Gramm. Der Stiel des Schlägers besteht aus Holz, Fiberglas oder Metall.

Jeder Spieler beziehungsweise jedes Doppel-Team muss seine Bälle in einer bestimmten Reihenfolge und Richtung durch die Tore spielen. Dabei muss jedes Tor vorwärts und rückwärts passiert werden. Bei sechs Toren kann jeder Spieler mit seinem Ball also maximal zwölf Punkte erzielen. Dazu kommt ein Punkt für das Berühren des Stabes in der Mitte des Spielfeldes. Im Doppel kann eine Mannschaft folglich maximal 26 Punkte erreichen. Die Tore können direkt angespielt werden, der Ball darf aber auch am Ball eines anderen Spielers abprallen. Die Spieltaktik besteht darin, mit den eigenen Bällen Punkte zu erzielen und sie dabei so auf dem Spielfeld zu bewegen, dass die Möglichkeiten des Gegners ungünstig beeinflusst werden. Welches Tor als nächstes angespielt wird, zeigen Klammern in der Farbe des Balles an. Die Klammern werden für die ersten sechs Tore an der Querstange und für die zweiten sechs Tore an einer der Seitenstangen des Tores befestigt.

Die Spieler sind abwechselnd am Zug. Sie beginnen das Spiel, indem jeder seinen Ball von einer der beiden Startlinien aus ins Feld schlägt. Im Falle eines Doppel-Teams muss jetzt beschlossen werden, welcher Ball als Spielball gilt. Diese Entscheidung darf innerhalb eines Spielzugs nicht geändert werden. Ein Spielzug besteht grundsätzlich aus einem Schlag, allerdings können Extraschläge erworben werden. Zum einen, wenn ein Spieler mit seinem ersten Schlag das richtige Tor durchquert. Zum anderen, wenn er einen Croquet-Schlag ausführt. Ein Croquet-Schlag wird fällig, wenn ein Spieler den Ball der Gegenseite trifft. Der eigene Ball wird neben den Ball der Gegenseite gelegt und muss dann so abgeschlagen werden, dass der vorher getroffene Ball bewegt wird. Gelingt dies, handelt es sich um einen Croquet-Schlag, der mit einem Fortsetzungsschlag honoriert wird.

Ein Spielzug endet, wenn der Spieler seine Schläge abgeschlossen hat oder wenn ein Ball bei einem Croquet-Schlag aus dem Spielfeld rollt. Wenn der Ball nach einem normalen Schlag das Spielfeld verlässt, wird er zurückgelegt. Im Gegensatz zu den Regeln des einfachen Garten-Croquet hat es keinen Sinn, den Ball der Gegner durch die Berührung mit dem eigenen Ball möglichst weit weg zu schlagen. Ebenso wenig darf der Ball gegen die eigenen Füße gespielt werden.

Die zweite Variante ist das Golf Croquet. Hier geht es mehr um Geschicklichkeit als um Taktik, deshalb kann es schneller erlernt werden als das Association Croquet. Jede Partei spielt mit zwei Bällen: Blau und Schwarz gegen Rot und Gelb.

Jeder Spielzug besteht aus einem Schlag, im Unterschied zum Association Croquet gibt es keine Extraschläge. Zu Beginn des Spiels wird eine Münze geworfen. Der Gewinner darf bestimmen, wer anfängt. Die Mannschaft, die als erste einen Ball durch ein Tor bugsiert hat, erhält einen Punkt. Dieses Tor gilt danach als tot, alle Bälle werden nur noch durch die anderen Tore (auf Englisch *hoops*) gespielt. Alle Teilnehmer spielen um das gleiche Tor. Auch wenn man selbst keine Chance mehr hat, das betreffende Tor als erster zu erreichen, dürfen noch nicht die nächsten Tore angespielt werden. Das Ziel des Spiels besteht darin, als erster die Bälle durch alle Tore zu spielen. Die Reihenfolge gleicht der des Association Croquet. Gewonnen hat derjenige, der selbst oder dessen Mannschaft zuerst sieben Punkte erzielt hat.

Wie beim Golf finden wir auch bei den beiden beschriebenen Croquet-Varianten Handicap-Regelungen. Sie charakterisieren einerseits die Spielstärke der einzelnen Spieler, andererseits gleichen sie unterschiedliche Leistungsniveaus aus. So erhält beim Association Croquet der schwächere Spieler Extraschläge, die seine Chancen erhöhen sollen. Beim Handicap-System des Golf Croquet wird die Handicap-Zahl entsprechend der Zahl gewonnener oder verlorener Partien verändert.

Das Croquet-Spiel sollte keinesfalls mit jener Belustigung verwechselt werden, die man von Kindergeburtstagen her kennt. Beim Croquet, wie es auf den Britischen Inseln gespielt wird, handelt es sich vielmehr um eine taktisch und spielerisch äußerst anspruchsvolle Angelegenheit.

Pimm's – der Sommerdrink der Briten

Ein Still-Leben des britischen Sommers – mit Pimm's und einem guten Schmöker lässt es sich auch bei größter Hitze leben.

Der Sommer in den Gärten und Parks des Vereinigten Königreichs wäre kein Sommer ohne das richtige Getränk: Pimm's. Es handelt sich dabei um eine Art Bowle aus dem Gin-Cocktail Pimm's, Gin, Zitronenlimonade oder Ginger Ale, Eis, grüner Gurke, einer Scheibe Zitrone oder Apfelsine und einigen Blättern Minze oder Borretsch. Häufig wird diese Mischung noch durch Apfelstückchen ergänzt. Das Ganze wird in großen Karaffen gemischt und dann aus ebenso großen Gläsern getrunken.

Es gibt zahlreiche individuelle Abweichungen von dem beschriebenen Grundrezept. Kenner bestehen meist auf den Zutaten, die auf der Rückseite der Pimm's-Flasche abgedruckt sind: Pimm's, Zitronenlimonade oder Ginger Ale, Eis, eine Scheibe Zitrone oder Orange und grüne Gurke. Wahre Pimm's-Freunde verstärken ihre Mixtur durch einen mehr oder weniger kräftigen Schuss Gin, wodurch die Wirkung des bei großer Sommerhitze ohnehin schon gefährlichen Drinks noch brisanter wird.

Pimm's wird trotz der überaus wirkungsvollen Ingredienzen bei fast allen sommerlichen Freiluftveranstaltungen – öffentlichen und privaten – in rauen Mengen konsumiert. Vor allem ahnungslose und im Pimm's-Trinken ungeübte Ausländer erleben häufig ein blaues Wunder. In Unkenntnis der hochprozentigen Ingredienzen halten sie Pimm's für eine harmlose Bowle im Sinne eines kontinentalen Gemischs aus Wein, Sekt und viel Limonade – und sprechen ihr hemmungslos zu. So endet die erste Begegnung mit Pimm's nicht selten lang hingestreckt auf einem englischen Rasen.

Pimm's ist die Kreation des Londoners James Pimm. Er hatte im Jahre 1841 eine Austernbar in der City eröffnet und servierte dort »modifizierte« Gin Slings, deren Qualität zum Erfolg des Restaurants beitrug. Ein Gin Sling war Mitte des 19. Jahrhunderts eine Mischung aus sehr viel Gin, Zitronenscheiben, Zucker und Eis oder Eiswasser. So jedenfalls notierte es Mrs. Isabella Mary Beeton in ihrem »One Shilling Cookery Book«. James Pimms Getränk enthielt neben den genannten Zutaten jedoch einen weiteren Zusatz. Zuerst wurde der geheimnisvolle Drink nur in der Austernbar ausgeschenkt, doch etwa 30 Jahre nach deren Gründung begannen James' Nachfolger, das Getränk nach der streng gehüteten Rezeptur auf Flaschen zu ziehen und an andere Bars und Restaurants zu verkaufen.

Wie Gin wurde auch Pimm's bald in alle Ecken des britischen Empire exportiert, wo das Getränk die Kehlen durstiger Kolonialbeamter und Offiziere befeuchtete. So sollen sich zum Beispiel auch Lord Kitcheners Offiziere im Jahre 1898 vor und nach der legendären Schlacht von Omdurman mit Pimm's erfrischt haben. Und der Gin-Experte John Doxat spekuliert in seinem »Gin Book«, ob sich nicht auch der junge Winston Churchill nach der Teilnahme an der letzten Kavallerie-Attacke der britischen Armeegeschichte mit einem großen Glas Pimm's gestärkt haben könnte. Wenn nicht er, dann sicher einige seiner Offizierskollegen, die nach dem berühmt-berüchtigten Gemetzel den Staub hinunterspülen mussten. Doxat bekennt übrigens an gleicher Stelle, dass er seinen Pimm's nicht nur mit Gin verstärkt, sondern auch noch mit ein wenig Cointreau abschmeckt.

Auf dem Rasen sitzen und Pimm's trinken ist für viele Briten die Definition von Sommer. Die zahlreichen Veranstaltungen der britischen *season*, die zwischen Juni und August stattfinden, sind dementsprechend in aller Regel Pimm's-Veranstaltungen – vom »Fourth of June« in Eton über Henley bis hin zu Goodwood. Auch bei privaten Einladungen wird in der warmen Jahreszeit Pimm's serviert. Und wie schmeckt die legendäre Erfrischung? Auf jeden Fall überhaupt nicht nach Gin. Wer Pimm's einmal pur kostet, wird feststellen, dass er einem leicht bitteren, würzigen italienischen Aperitif ähnelt.

Die Zutaten für Pimm's: Pimm's No. 1, Gin, Zitronenlimonade, Eiswürfel, frische Minze, grüne Gurken und Zitrone.

Ascot, Henley, Wimbledon und natürlich Glyndebourne, das legendäre Opernfestival 50 Meilen südlich von London – so heißen die Termine der britischen *season*, zu denen selbst die vornehmsten Mitglieder der *society* gern ein Picknick im Freien genießen. Doch auch abseits der großen Ereignisse ist das ungezwungene Essen mit Freunden an der frischen Luft ein britischer Nationalsport.

Das englische Picknick

Auch wenn viele es vermuten würden, bleibt es unwahrscheinlich, dass die Briten das Picknick erfunden haben. Das *picnic* heißt nämlich eigentlich *pique-nique* und klingt eher nach einer französischen Idee. Auch die wohl berühmteste Open-Air-Mahlzeit der Kunstgeschichte stammt ebenfalls von der anderen Seite des Kanals und ist von Edouard Manet gemalt worden. Dennoch denkt man beim Stichwort Picknick unweigerlich an England. Vor dem inneren Auge entstehen Bilder von Gentlemen in blauen Blazern und weißen Flanellhosen und von Damen in bunt bedruckten Baumwollkleidern. Tatsächlich gibt es kaum ein britisches Outdoor-Ereignis, das nicht für eine Mahlzeit auf dem grünen Rasen genutzt wird.

Das legendäre Pferderennen in Ascot, die Ruderregatta in Henley, ein Sonntag an der See oder der sommerliche Ausflug aufs Land – immer ist der *picnic hamper* dabei. Die praktische Picknickausstattung im Koffer aus Korbgeflecht gibt es in verschiedensten Preislagen zu kaufen, gefüllt und ungefüllt, mit oder ohne Zubehör. Sparsame Leute gehen zu Boots und erstehen dort das Einsteigermodell für rund 100 Mark. Dafür gibt es natürlich nur Geschirr aus Kunststoff. Etwas gediegener geht es dann schon bei John Lewis in der Oxford Street zu, dort liegen die Preise zwischen 250 und 450 Mark. Die teuerste Version beinhaltet immerhin ein richtiges Geschirr für vier Personen. Wem das noch nicht vornehm genug ist, der findet bei Westfield die Luxusausführung mit exquisitem Porzellan, edlem Besteck, einer Kaffeekanne aus Edelstahl, Baumwollservietten und feinstem englischen Kristallglas. Dafür müssen zwischen 3000 und 4500 Mark angelegt werden. Allerdings macht der *Westfield hamper* erst richtig etwas her, wenn er aus dem Kofferraum eines Jaguar, Rolls Royce oder Aston Martin geholt wird.

Wer keine Zeit oder Lust hat, sich selbst um die Vorbereitung der Speisen zu kümmern, kann sich von verschiedenen Spezialisten beliefern lassen. Feinkostläden wie Villandry, Bluebird oder Partridge's bieten sämtliche Klassiker des englischen Picknicks. Alternativ dazu können fertig gefüllte Picknickkörbe bei Fortnum & Mason bestellt werden. Sie enthalten alles, was man an der frischen Luft benötigt: Gänseleber, frische Brioches, Wein, Mineralwasser und dazu Porzellangeschirr, Besteck, Servietten und Gläser. Das Ganze kann natürlich auch ins Haus geliefert werden. Da nur der ess- und trinkbare Teil dieser Picknickkörbe gekauft wurde, muss die »Hardware« an Fortnum & Mason zurückgegeben werden. Wer lieber seinen eigenen Kochkünsten vertraut, braucht das alles nicht, und statt eines speziell konstruierten Picknickkoffers tut es auch der schlichte Einkaufskorb à la Rotkäppchen. Ein schönes Küchentuch genügt als Unterlage und darauf wird einfach alles geschichtet, was gebraucht wird. Als Tisch- und Sitzfläche dient eine Picknickdecke. Sie ist zum Schutz gegen Feuchtigkeit auf der einen Seite mit Kunststoff beschichtet. Auf der zumeist karierten Wollseite werden dann die mitgebrachten Köstlichkeiten ausgebreitet – und dem echt englischen *picnic* steht nichts mehr im Wege.

Das gehört zum Picknick

Ein gelungenes Picknick ist vor allem eine Frage der Planung und Organisation. Schließlich befindet man sich als Gastgeber weit weg von seiner heimatlichen und bestens ausgestatteten Küche, in der für jedes kulinarische Problem das richtige Gewürz, Geschirr, Besteck, Werkzeug oder elektrische Hilfsmittel zur Hand ist. Einmal abgesehen von den geradezu klassischen Pannen wie abgebrochenem Korkenzieher und vergessenem Salzstreuer gilt es im Wesentlichen zwei Dinge zu vermeiden: den Mangel an Kühlelementen in der Thermobox und das Servieren von Speisen, die kein Gast der Welt auf einer Picknickdecke hockend manierlich essen kann.

Nicht umsonst zählt das Sandwich zu den beliebtesten Outdoor-Gerichten schlechthin. Es lässt sich gut aus der Hand essen – und zwischen den Weißbrotscheiben ist viel Platz für Phantasie, man denke nur an ein Garnelen-Mangochutney-Sandwich oder ein Avocado-Zitronen-Sandwich. Wer die traditionellen Varianten bevorzugt, wählt Gurke, Räucherlachs oder Roastbeef als Füllung. Erfunden wurde das Sandwich übrigens von John Montagu, dem 4. Earl of Sandwich (so will es jedenfalls die kulinarische Legende). Der Earl hatte zwei große Leidenschaften: er spielte gerne Karten und er aß sehr gern, vor allem rotes Fleisch. Er hasste es, wenn die eine Lieblingstätigkeit ihn von der Ausübung der anderen abhielt. Folglich bat er seinen Koch, für ihn eine Mahlzeit zu erfinden, die das genussvolle Essen und das Kartenspielen gleichzeitig erlaube. Der Koch nahm ein Roastbeef, schnitt es in dünne Scheiben, legte es zwischen zwei Brotscheiben, würzte es und ließ es servieren.

Mit ein paar Sandwiches, einer gut gekühlten Flasche Weißwein oder Champagner und den klassischen Erdbeeren mit Sahne lässt sich bereits ein sehr englisches Picknick bestreiten. Möchte man jedoch eine komplette Mahlzeit anbieten, empfehlen sich zusätzliche Spezialitäten wie *Dorset crab salat* (Krebsfleisch zu Hause auslösen und Dressing separat mitführen), kaltes Huhn (ebenfalls am besten schon zerlegt), Wachteleier, eine Käseplatte für den Abschluss (Vorsicht mit sehr weichen Sorten an heißen Tagen), Obst oder auch etwas Kuchen. Ideal sind Speisen, die sich gut vorbereiten lassen. Wenn Sie dann noch Salzstreuer und Ersatzkorkenzieher einpacken, kann nichts mehr schief gehen.

Patés aller Art eignen sich hervorragend fürs Picknick. Gänsestopfleberpastete mit knusprigem Weißbrot ist ganz besonders edel. Die Kanapés können sogar vor Ort ganz schnell zubereitet werden.

Hart gekochte Eier in der Schale sind ein fantastischer Outdoor-Snack: umweltverträglich verpackt, vorportioniert, lange haltbar. Wer es etwas edler möchte, nimmt Wachteleier mit.

Der Transport von kalten Suppen erfordert einen geeigneten Behälter, doch die Mühe lohnt sich, denn nichts ist an heißen Tagen erfrischender. Brot sollte reichlich vorhanden sein.

Es gibt wohl kaum ein britischeres Sommerdessert als Erdbeeren mit Sahne. Unverzichtbar ist dieser traditionelle Imbiss in Wimbledon – so wird Tennis erst richtig schön.

Räucherlachs ist eine geradezu unverzichtbare Picknickzutat. Besonders köstlich ist er mit frischem Weißbrot und einer Dill-Vinaigrette, die man getrennt mitnehmen kann.

Ein englisches Picknick komplett mit Vorspeisen, Hauptgerichten, Käsegang und Getränken kann eine recht umfangreiche Angelegenheit sein, für deren Verzehr man durchaus etwas Zeit einplanen sollte. Aber bei schönem Wetter ist es ein Genuss.

FINANCIAL TIMES
Tories routed at Scottish polls
Labour fends off challenge from nationalists
Party loses every council it held
EU attacks Canada in fishing row
Manufacturing recovery stalls as growth slows
Virgin settles UK 'dirty tricks' dispute with BA

In Hotel, Club oder vornehmem Privathaus sorgt der Butler für das Wohlergehen der Gäste. Die gebügelte Zeitung ist dabei fast schon zum Sinnbild des britischen Servicegedankens geworden.

Home away from Home

Standards are to be »maintained«

Die Briten sind häusliche Menschen. Der schönste Ort der Welt ist und bleibt für sie das eigene Heim, ob groß oder klein, ob prächtig oder baufällig. Nicht umsonst findet der Ausspruch »an Englishman's home is his castle« (»des Engländers Heim ist seine Burg«) größte Zustimmung bei allen Gruppen der Inselbevölkerung – und selbstverständlich auch bei den Englishwomen. Selbst der jungen Generation, die sich inzwischen gern und häufig in der Londoner Szene der neusten Bars und Restaurants bewegt, gilt die Einladung zu einer privaten Dinnerparty immer noch als Krönung der englischen Gastfreundschaft. Die französische Sitte, seine Freunde im Restaurant zu treffen, stößt besonders in den ländlichen Gegenden auf größte Skepsis, zumal es im weiten Umkreis oft nur einen Pub gibt. Also bleibt man gemütlich zu Hause und verwöhnt sich und seine Gäste mit selbst gekochten Köstlichkeiten. Klassische Gerichte wie Leg of Lamb with Mint Sauce, also Lammkeule mit Minzsauce, oder auch Roast beef with Yorkshire Pudding, der berühmte Rinderbraten mit den luftigen Pasteten, erfreuen sich quer durch alle Schichten und Generationen ungebrochener Beliebtheit. Diese Spezialitäten gehören zum kulinarischen Grundvokabular und erwecken bei eingeladenen Freunden und Verwandten ein Gefühl der Vertrautheit. Wenn nach dem Dinner Stilton und Portwein gereicht werden (die Karaffe muß unter allen Umständen linksherum kreisen) ist die At-Home-Atmosphäre perfekt.

Sollte es doch einmal unumgänglich sein, die eigenen vier Wände zu verlassen, suchen die Briten bevorzugt Orte auf, die ihrem Zuhause möglichst ähnlich sind. Ob im Norden oder Süden, im Westen oder Osten des Königreichs – Hotel-Lounges präsentieren sich nicht als kalte, sterile Wartehallen aus Chrom, Glas und schwarzen Ledersofas, sondern als Oasen englischer Gemütlichkeit, in denen pünktlich ab drei Uhr nachmittags der *high tea* serviert wird. Wenn in geblümten Sesseln bunt karierte Kissen auf die Müden und Erschöpften warten, ist die britische Wohnwelt selbst außer Haus in Ordnung. Auch Restaurants, Clubs, Pubs und Ladengeschäfte geben sich größte Mühe, die Gemütlichkeit eines *drawing room* zu erfüllen.

Für nicht wenige männliche Untertanen Ihrer Majestät ist zeitlebens der Club das zweite Zuhause. Hier müssen sie auf nichts verzichten, was Ihnen aus Ihrem Arbeitszimmer oder dem Rauchsalon daheim vertraut ist. Der Kamin knistert, die Zeitung und die Tabakwaren liegen bereit, die Kristallkaraffen enthalten neben anderen Elixieren den unverzichtbaren Port, es gibt tiefgeknöpfte Ledersofas und behagliche Ohrensessel, man kann essen, Freunde treffen, Geschäftspartner bewirten oder auch einfach nur seine Ruhe haben – und das Beste ist, dass jederzeit dienstbare Geister darüber wachen, dass alle Gentlemen zufrieden sind.

Auf diese Vorliebe vieler britischer Herren für ihre exklusive Clubwelt berufen sich zahlreiche andere Interieurs, die auf dieselbe Klientel zugeschnitten sind. Herrenausstatter in London, Birmingham, Edinburgh (oder jeder anderen Stadt des Vereinigten Königreichs) werden, wenn es baulich auch nur irgend möglich ist, im Winter ein Kaminfeuer brennen lassen, und sei es auch ein künstliches. In den Anprobezimmern wird ein antiker – oder auch einfach nur ein alter – Stuhl stehen, es wird ein Schuhlöffel aus Silber oder Messing an einem Haken hängen, und auf einem tief geknöpften Sofa oder in einem behaglichen Ohrensessel kann man es sich bequem machen.

Auch wenn es für viele junge Briten keine angenehme Vorstellung ist, die heimische Geborgenheit, die Eltern und die Nanny gegen die kühle Atmosphäre einer *boarding school* einzutauschen, wissen doch die meisten, dass sich an diesem Schicksal nichts ändern lässt. Das Leben im Internat hat auch positive Seiten, hier werden Freundschaften geschlossen und Beziehungen geknüpft, die oft ein ganzes Leben – und eine ganze Karriere – lang halten.

Gleiches gilt für die Ausstattung der Geschäftsräume des Schneiders, des Schuhmachers, des Hutmachers und des Barbiers. Es muss aussehen wie im Club.

Nach der Schule erwartet viele junge Gentlemen erst einmal das Militär. Doch auch hier sieht es – zumindest für die höheren Ränge – im Grunde genommen so aus wie im Club, und es wird Sorge getragen, dass niemand – dies betrifft alle Ränge – auf den geliebten Tee und das vertraute *nursery food* verzichten muss. Doch gerade als Armeeangehörige waren und sind viele Briten gezwungen, fern der Heimat zu leben. Den drohenden Unbilden in den Gastländern wird durch eine einfache, aber wirksame Maßnahme begegnet: Die traditionellen Standards des »Britischseins« werden einfach umso stärker betont. Wer mit seiner Einheit im Ausland stationiert ist, wird dort kein einziges gewohntes Detail vermissen. Im Gegenteil: Man sagt, die britischen Offiziersmessen in Deutschland seien britischer als diejenigen jenseits des Kanals.

Doch nicht die Männer sind es letzten Endes, die sich als wahre Hüter des traditionellen Stils ausmachen lassen. Vielmehr gebührt diese Ehre ihren Frauen, Freundinnen, Müttern, Schwestern, Tanten und allen anderen Inselbewohnerinnen, denen es zu verdanken ist, dass die Glaubenssätze des Vereinigten Königreichs selbst in den schlechtesten Zeiten und auf den staubigsten Wüstenstraßen niemals leichtfertig aufgegeben wurden. Mit außerordentlicher Entschlossenheit setzten sie auch unter den widrigsten Umständen das Prinzip *home away from home* durch. Je weiter weg vom eigenen Zuhause, desto britischer ging es zu. Selbst im Tropenklima Indiens wäre niemand auf die Idee gekommen, am Nachmittag auf den heißen Tee zu verzichten. Für die traditionelle Wohltätigkeitsarbeit der Damen der gehobenen Gesellschaft gab es im Not und Elend auf dem Subkontinent mehr als genug Betätigungsfelder. Die übrige Zeit vertrieb man sich mit Bridgenachmittagen, Bällen, Tennisturnieren und natürlich den unverzichtbaren Dinnerparties.

Auch Diplomatinnen und Diplomatengattinnen ließen sich von dem Grundsatz leiten, »standards are to be maintained« (»gewisse Standards müssen gewahrt werden«). Eine Dame wie Ella Sykes, die ihren Bruder Percy ab 1915 auf seinen diplomatischen Missionen begleitet hat, war der festen Überzeugung, dass auch an so abgelegenen Orten wie Kaschgar Mittel und Wege gefunden werden müssten, Percys Hemden ordnungsgemäß kochen und stärken zu lassen. Auch beim Dinner duldete sie keine Kompromisse. Es hatte Kaviar auf Toast, Lachs mit Mayonnaise und Bratwürstchen zu geben, als Hauptgänge Huhn in Aspik, Steaks und indischen Curry und als Abschluss mindestens ein englisches Trifle. Um ein solches Gastmahl in einer chinesischen Oasenstadt am Westrand des Tarimbeckens auf den Tisch zu bringen, brauchte es nicht nur Koch-, sondern auch ein gehöriges Maß an Organisationstalent, verbunden mit der Überzeugung, dass es anders nicht geht.

Auch heutzutage führen Botschafterinnen nach eigenem Bekunden substantielle Vorräte an Marmite, Ribena, Christmas Pudding, Worcester Sauce, Colemans Senf und Coopers Oxford Orange-Marmalade mit sich – ganz abgesehen von vielen Kleinigkeiten für den persönlichen Bedarf. Zwar ist es möglich, Nachschub über den fast in jedem Winkel der Welt operierenden Army & Navy Shop zu beziehen, doch in abgelegenen Regionen kann es Monate dauern, bis die Lieferungen eintreffen. Eine Zeit, in der es schwer werden könnte, an den Regeln festzuhalten und das Haus weit weg von zu Hause so britisch wie möglich zu führen.

Das Einnehmen des Nachmittagstees ist bisweilen eine ernste und gesellschaftlich relevante Angelegenheit, die unbedingt in einem stilistisch angemessenen Ambiente erfolgen sollte. Doch selbst wenn es noch so formell zugeht, britische Ungezwungenheit wird dabei niemals zu kurz kommen. Selbst im Londoner Dorchester darf man sich entspannt in die dicken Polster der Sofas und Sessel fallen lassen.

Man kann sicherlich kulinarisch hochwertiger speisen als im Refektorium eines Oxford-Colleges. Ein stilvolleres Ambiente wird man auf den Britischen Inseln jedoch nur schwerlich finden.

Die Stammplätze der Briten

Hier bin ich Mensch, hier darf ich es sein. Kein Satz könnte die britische Befindlichkeit besser beschreiben, wenn es um den Aufenthalt in den altbewährten Bastionen des britischen Stils geht, sei es das Hotel, der Pub oder ein anderer Ort, an dem man unbeirrt an den gewohnten *standards* festhält und somit ein kaum kopierbares charakteristisches Wohngefühl erzeugt. Ein ganz besonderes Reservat der Behaglichkeit ist der Gentleman's Club. Hier darf der Herr unberührt von der Außenwelt in einem viktorianischen Ledersessel sitzen, in die Flammen des Kamins starren, dem leisen Rascheln der Zeitungen oder dem Klingen der Eiswürfel im Glas lauschen. Wie langweilig, würden viele moderne Freizeitgestalter nun einwenden – der Club-Gänger würde kaum widersprechen. Im Gegenteil, er würde sogar noch hinzufügen, dass Clubs verstaubt sind und von gestern, das dort servierte Essen fad und die Weine auch nicht mehr so gut sind wie früher, und ganz zu schweigen vom Personal. Kein gutes Haar würde er an seinem Club lassen. Und warum? Ganz einfach, weil er seinen Club liebt, weil ihm dieses Refugium als Fluchtburg von Arbeitsplatz und Heim einfach zu kostbar ist, um es dadurch zu gefährden, dass es plötzlich zu populär werden könnte. Die guten Dinge behält man eben besser für sich.

Ähnlich britische Wohlfühlplätze sind die *tea rooms* der großen Hotels. Der gepflegte *afternoon tea* im Londoner Claridge's oder Brown's oder auch in den eleganten Häusern anderer Gegenden der Inseln gehört immer noch zu den beliebtesten Aktivitäten zwischen Lunch und Dinner. Auch wenn inzwischen eine telefonische Tischreservierung erforderlich ist und man das Vergnügen oft mit zahlreichen Touristen teilen muss, die andächtig ihre Sandwiches, *scones* und *petit fours* verzehren. Schließlich war der Tee am Nachmittag früher einmal eine exklusive Angelegenheit, bei der Hotelgäste und Stammkundschaft weitgehend unter sich blieben. Zufallsgäste drohten kaum die Idylle zu stören.

Der beliebteste – und demokratischste – Ort des *home away from home feeling* ist sicherlich der Pub. Anders als im vornehmen Hotel müssen hier keinerlei Kleidungsregeln befolgt werden, und selbst wer im Hochsommer in Shorts und Trägerhemd erscheint, darf sich unbehelligt an einen Tisch setzen. In diesen unprätentiösen Schankstuben werden *ale* und *lager* in einem äußerst wohnlichen Ambiente aus dunklem Teppich, schwerem Holztresen, gepolsterten Hockern und Sesseln und winterlich knisternden Kaminfeuern ausgeschenkt. Hier kann das Bier in ähnlicher Abgeschiedenheit genossen werden wie der Portwein im Club. Falls man sich in einem City-Pub befindet, wird man zur Mittagszeit einen wahren Ansturm recht untypisch gewandeter Menschen erleben: Anzugträger aus Banken, Versicherungen und Anwaltskanzleien wollen nun nämlich rasch ein Mittags-Pint trinken und einen schnellen Imbiss genießen. Doch am Abend sind die Stammgäste wieder ganz unter sich – und können sich ganz wie zu Hause fühlen.

Das luxuriös ausgestattete Hotel wird für viele Briten vor allem beim geschäftlichen oder privaten Aufenthalt in der Stadt zum zweiten Heim. Nicht selten suchen sie das favorisierte Haus kontinuierlich über viele Jahre hinweg immer wieder auf und wohnen in dem ihnen angestammten Zimmer. Eine ganze Reihe Londoner Traditionshäuser könnte stolz auf solche ebenso illustren wie treuen Gäste verweisen, wenn die Diskretion es ihnen nicht verbieten würde.

Viele Briten mit Hauptwohnsitz auf dem Lande wohnen, schlafen und essen in ihrem Club, wenn sie unter der Woche in London zu tun haben. Hier sehen wir den Speisesaal des Reform Club, der in einem großzügigen klassizistischen Gebäude aus dem 19. Jahrhundert untergebracht ist und sich in Nachbarschaft mit anderen Clubs auf der Pall Mall befindet.

Das Claridge's gilt als eines der vornehmsten unter den alten Londoner Hotels. 1898 in Betrieb genommen, wird das Haus bis heute von der königlichen Familie, aber auch von vielen bedeutenden ausländischen Gästen frequentiert. Die großzügige Halle ist mit offenen Kaminen, hohen Spiegeln und Art-Deco-Verzierungen ausgestattet.

Auch außerhalb seiner eigenen vier Wände möchte man sich wie zu Hause fühlen. Der Wahlspruch »standards are to be maintained« gilt deshalb natürlich auch auf Reisen. Selbst im Überseedampfer, wie hier in einer Kabine der Queen Elizabeth II., verzichtet der britische Geschmack nicht auf sein gewohntes *interior design*.

Der Pub ist ein typischer Ort, an dem das Prinzip von *home away from home* regiert. Jeder britische Wirt weiß, dass seine Gäste in der Regel nicht Erlebnisgastronomie suchen, sondern in anheimelndem Ambiente Freunde treffen und ihr Bier trinken möchten. Kein Kunde würde freiwillig sein gemütliches Haus verlassen, wenn er nicht im Pub Teppiche, Plüschsofas und Kamine vorfände.

Das Internat

Die wenigsten Kontinentaleuropäer haben jemals ein britisches Internat von innen gesehen – dennoch glauben viele zu wissen, wie es in dieser Bildungseinrichtung zugeht. Der Glaube, dass unkritisches Lehrpersonal dort faulen Sprösslingen der Oberschicht einen Abschluss hinterherwirft, hält sich in vielen Köpfen. Der Unkundige denkt sich dieses Szenario meist noch in einem edwardianischen oder viktorianischen Ambiente, zwischen Schülern in archaisch anmutenden Uniformen und Lehrern im Tweedanzug. Auch wenn diese Vorstellungen ein Körnchen Wahrheit enthalten, so spielt sich der Alltag des Internatslebens auf den Britischen Inseln nicht ab.

Internat heißt auf Englisch *boarding school*, doch im täglichen Sprachgebrauch wird es meist als *public school* bezeichnet. Allerdings handelt es sich bei dieser »öffentlichen Schule« um alles andere als eine für jeden zugängliche Bildungsanstalt, denn in Großbritannien verbirgt sich hinter diesem Begriff eine Privatschule. Für diese Sprachverwirrung gibt es eine historische Erklärung. Ursprünglich wurden Schulen grundsätzlich von der Kirche betrieben und konnten nur von ausgesuchten Schülern besucht werden, die ein Priesteramt anstrebten. Eine Privatschule war jedoch für jeden offen, also nicht nur für angehende Kleriker. Damals wie heute wird für den Besuch der *public school* ein gewisser Geldbetrag fällig, wofür dem Schüler allerdings auch eine hervorragende Ausbildung gesichert ist. Darauf achten nicht zuletzt die Eltern, denn die möchten die stolzen Summen wohl angelegt wissen. Wenn die Gegenleistung auf Dauer zu gering ausfallen würde, könnte sich keine Schule lange halten. Doch viele *public schools* blicken auf eine sehr lange Tradition zurück und können eine eindrucksvolle Liste an erfolgreichen ehemaligen Absolventen vorweisen.

Die älteste dieser Schulen ist Winchester College Stelle, es wurde 1382 ins Leben gerufen. Es folgten Eton (1440), St. Paul's in London (1509), Shrewsbury School (1552), Westminster in London (1560), Merchant Taylors' (in Crosby 1561 und Northwood 1620), Rugby (1567), Harrow (1571) und Charterhouse in Godalming und Surrey (1611). Diese neun Schulen wurden 1861 von einer Kommission unter Lord Clarendon als »Great Schools« anerkannt. In diesen Kreis wurde später das 1847 gegründete Radley College in Abingdon aufgenommen. Neben dem Alter gilt als Kriterium für die Qualität einer Schule die Zugehörigkeit des Schulleiters oder der Schulleiterin zur 1869 gegründeten »Headmaster's Conference«, der seit 1941 bestehenden »Association of Governing Bodies of Public Schools« oder der 1973 ins Leben gerufenen »Girl's School Association«. Schulen, die beiden Anforderungen genügen, sind meist auf Jahre ausgebucht.

Geld allein reicht allerdings nicht, um seine Kinder an einer der berühmten Schulen unterzubringen. Auch gute Verbindungen helfen nicht weiter, wenn der Sprössling die Aufnahmeprüfung nicht schafft. Deshalb heißt die auf diesen wichtigen Schritt vorbereitende Schule *preparatory school* oder kurz *prep school*. Hier werden die 7- bis 13-Jährigen fit gemacht für die »Common Entrance Examination«. Wer sie besteht, ist wirklich einen großen Schritt vorangekommen – im Hinblick auf seine schulische und vielleicht akademische Zukunft, aber auch sozial. Denn in den Privatschulen werden nicht nur Freundschaften fürs Leben geschlossen und damit das Fundament für das persönliche Netzwerk gelegt, sondern vor allem ein gewisser Lebensstil erlernt. Eine gute Ausbildung kann natürlich auch an öffentlichen Schulen genossen werden, doch die Initiation in die Welt der oberen Schichten findet fast ausschließlich an der *public school* statt.

Dieser unbezahlbare Teil der Erziehung steht nicht auf dem Lehrplan und wird auch weniger von den Lehrern als vielmehr von den Mitschülern

Linke Seite: Stowe School, Buckinghamshire. Eine der schönsten Schulen auf den Britischen Inseln.

geboten. Die Art zu reden, der Sinn für Humor, der Kleidungsstil, das Verhalten in den unterschiedlichsten gesellschaftlichen Situationen – all dies sind Dinge, an denen sich *public school boys* und *public school girls* gegenseitig unter Tausenden erkennen. Hinzu kommt das von den Lehrern absichtlich oder unbeabsichtigt genährte Bewusstsein, eine wirklich einzigartige Schullaufbahn absolvieren zu dürfen – ganz abgesehen von der Persönlichkeitsformung durch den allgegenwärtigen Sport, eine Lehreinheit, von deren Wirksamkeit sämtliche Privatschulleiter felsenfest überzeugt sind. Die britische *public school* bietet ihren Schülern somit eine wirklich umfassende Ausbildung. Hier wird für das Leben gelernt, auch wenn die Art und Weise natürlich häufig Kritik erzeugt. Doch die verfehlt meist den wahren Charakter dieses Schultyps.

Privatschulen für Jungen
Ampleforth College, York, North Yorkshire
Charterhouse, Godalming, Surrey
Eton College, Windsor, Berkshire
Fettes College, Edinburgh
Gordonstoun, Elgin, Moray (Schottland)
Harrow School, Harrow on the Hill, Middlesex
Marlborough College, Marlborough, Wiltshire
Milton Abbey School, Blandford, Dorset
Stowe School, Buckingham, Buckinghamshire
Wellington College, Crowthorne, Berkshire
Winchester College, Winchester, Hampshire

Privatschulen für Mädchen
Benenden, Cranbrook, Kent
Convent of the Sacred Heart, Woldingham, Surrey
Cranborne Chase School, Tisbury, Wiltshire
Downe House, Newbury, Berkshire
Heathfield, Ascot, Berkshire
North Foreland Lodge School, Basingstoke, Hampshire
Roedean, Brighton, Sussex
St. Mary's Convent, South Ascot, Berkshire
St. Mary's School, Calne, Wiltshire
Stonar School, Atworth, Wiltshire
West Heath School, Sevenoaks, Kent

Oben: Die weiten Rasenflächen von Stowe bieten den Schülern viel Platz für die verschiedenen sportlichen Aktivitäten, die in den *public schools* eine so wichtige Rolle spielen.

Links: Die Schüler vom King's College tragen zu ihrer Schuluniform einen Stehkrager. Deshalb wirken sie aber nicht weniger ausgebufft als ihre Altersgenossen in Jeans und Sweatshirts.

Unten: Wir sehen hier nicht etwa einen in Bedrängnis geratenen Rugbyspieler, sondern das alljährliche »St. Andrew's Day Wall Game« in Eton. Bei diesem Spiel zu punkten ist fast unmöglich, denn die gegnerische Mannschaft wirft sich einfach schützend vor die Mauer, die es zu treffen gilt.

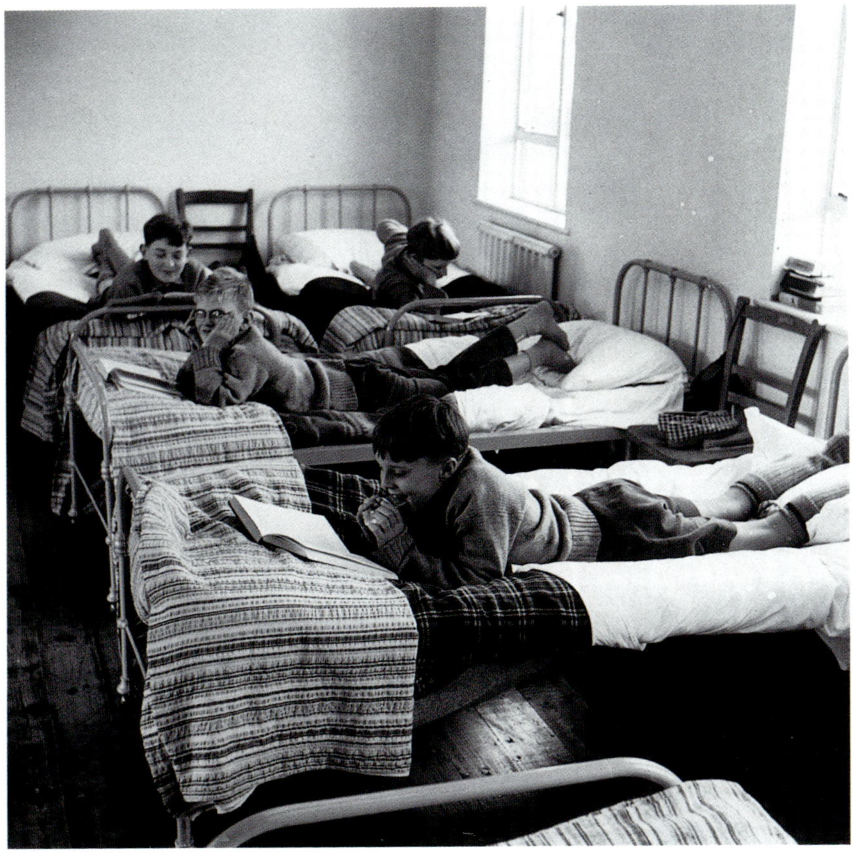

Diese Abbildung aus dem Jahre 1965 zeigt, dass sich das Internatsleben jener Zeit relativ wenig von dem heutigen unterscheidet. Es ist vielleicht gerade diese Kontinuität, die viele Eltern an diesen Ausbildungseinrichtungen schätzen. Sie scheint die Gewähr dafür zu geben, dass die Kinder die gleichen Werte mitbekommen wie sie selbst.

Die Ausbildung an einer *public school* kostet viel Geld – dennoch leben die Schüler dort unter eher schlichten Bedingungen. Es gehört zum Selbstverständnis der britischen Oberschicht, dass diese Kargheit der Ausbildung eines guten Charakters nur förderlich sein kann.

Vielen Schülern aus Kontinentaleuropa wäre der Gedanke unerträglich, sich ihr Zimmer mit jemandem teilen zu müssen. Für die Absolventen der *public school* ist dies die Regel, Einzelzimmer sind in britischen Internaten kaum vorgesehen.

In einer britischen *public school* lernt man im wahrsten Sinne des Wortes für das Leben. Genauer gesagt: Für das Leben in der Chefetage. Denn dort sitzen nach wie vor die *old boys* aus den traditionsreichen Internaten. Aufsteiger aus öffentlichen Schulen bekommen da nur ausnahmsweise eine Chance.

Als die berühmeste unter den *public schools* darf zweifelsohne Eton College gelten. Wenn man nach dem Grund fragt, genügt als Antwort ein Blick auf die Liste der ehemaligen Schüler. Sie liest sich wie ein Personenlexikon der britischen Geschichte. So haben es allein 19 Eton-Zöglinge zum Premierminister gebracht. Eltern, die für ihre Söhne die Ausbildung in einer Privatschule in Erwägung ziehen, setzen deshalb das Institut in Windsor meist an die oberste Stelle ihrer Wunschliste. Es sei denn, sie haben selbst eine andere, ähnlich renommierte Schule besucht und erwarten, dass der Sohn (oder die Tochter) diese Tradition fortsetzt. Denn sind die Jahre in Eton erst einmal überstanden, stehen den Absolventen alle beruflichen Möglichkeiten offen. Allerdings muß zuerst die Aufnahmeprüfung, Common Entrance Examination, bestanden werden. Diese schriftlichen Tests in den Fächern Englisch, Französisch, Mathematik, Geschichte, Geographie und einigen Wahlfächern werden dreimal im Jahr durchgeführt. Über die Laufbahn in Eton entscheidet also nicht nur das Geld der Eltern, sondern vor allem Intelligenz und Leistungsbereitschaft der Kandidaten.

Entgegen der weit verbreiteten Meinung ist Eton auch nicht die selbstverständliche Wahl des britischen Königshauses. Bisher ist nur ein englischer König, nämlich Georg III., in diesem Institut ausgebildet worden. In früheren Zeiten wurden die jungen Prinzen eher im Haus unterrichtet. So ist noch der Vater der heutigen Queen, Georg VI., ausschließlich von einem Privatlehrer unterrichtet worden. Prince Charles war der erste Thronfolger, der eine vorbereitende *prep school* und anschließend ein Internat besucht hat. Sein Vater, der Duke of Edinburgh, schickte ihn nach Gordonstoun, seine ehemalige Schule – ein Internat, das 1934 von Dr. Kurt Hahn eröffnet wurde. Der deutsche Pädagoge hatte zuvor in Baden-Württemberg das 1919 gegründete Internat Schloss Salem geleitet, musste das Deutsche Reich aber 1933 auf der Flucht vor den Nationalsozialisten verlassen. In seinen Erinnerungen äußert sich der Prince of Wales ohne große Sympathie über Gordonstoun, und seinen eigenen Söhnen wollte er dessen harte Erziehungsmethoden nicht zumuten. Deshalb wurden beide Prinzen, William und Harry, nach Eton geschickt.

Der Tagesablauf ist dort für alle Schüler gleichermaßen straff geregelt, ob nun blaublütig oder von Geldadel. Um sieben Uhr klingelt der Wecker, um acht wird gefrühstückt. Eine halbe Stunde später geht es zum Gottesdienst in die Schulkapelle, die Wandgemälde im flämischen Stil aus dem 15. Jahrhundert aufweist. Nach der geistigen Stärkung beginnt um neun Uhr der Unterricht. Von einer Pause um 11:20 unterbrochen dauert er bis 13:25 Uhr. Mittags gibt es eine Mahlzeit aus Fleisch, zweierlei Gemüse und Nachtisch. Anschließend steht bis 16 Uhr Sport auf dem Stundenplan. Die Schüler können (und müssen, denn Sport ist Pflichtfach) zwischen bewährten Klassikern wie Rudern und Cricket wählen oder eine vergleichsweise moderne Disziplin wie Fußball ausüben. Danach geht es bis zum Abendessen wieder auf die Schulbank.

Die einzigen *public schools*, die es an Bekanntheit und Renommee annähernd mit Eton aufnehmen können, sind Winchester School in Hampshire und Harrow School in Middlesex. Zusammen mit der berühmten Schule in Windsor liefern sie Jahr für Jahr den Nachwuchs für die Elite. So bestand das Kabinett der Regierung Thatcher 1979 vollständig aus Public-School-Absolventen, und auch unter der Labour-Regierung von Tony Blair hat sich daran nicht viel geändert. Vielleicht, weil er selbst ein *public school boy* ist. Er besuchte nämlich das Fettes College in Edinburgh.

Das bereits 1440 gegründete Eton College in Windsor gilt immer noch als erste Adresse unter den britischen *public schools*. Hier aufgenommen zu werden und den Abschluss zu schaffen ist die beste Voraussetzung für eine erfolgreiche Karriere in Handel, Politik, Finanzen oder Wirtschaft. Doch auch wichtige persönliche Kontakte werden hier geknüpft – das Netzwerk der *old boys* erweist sich später sowohl im Berufs- als auch im Privatleben als recht vorteilhaft.

Das College

Oxford bietet Studenten und Professoren ideale Lern-, Lehr- und Forschungsbedingungen.

Mit dem Begriff »College« werden in Großbritannien unterschiedliche Dinge bezeichnet. Zum einen sind Colleges unabhängige, selbstverwaltete und selbstfinanzierte Studieneinrichtungen. Darüber hinaus kann eine Fachschule oder ein Berufsbildungsseminar so genannt werden. Es gibt auch Einrichtungen, die den deutschen Fachhochschulen ähneln und wiederum in Unter-Colleges aufgeteilt sind, wie etwa das College of Commerce oder das Art College. Und schließlich bezeichnet das Wort auch eine höhere Schule mit Internat.

Obwohl es heute eine ganze Reihe moderner Colleges gibt, assoziieren viele Briten, wie viele ihrer auswärtigen Gäste, mit dem Begriff jene altehrwürdigen Lehranstalten, wie sie in Oxford oder Cambridge zu finden sind. In diesen beiden Hochburgen universitärer Bildung im besten englischen Stil gibt es gut 30 Colleges, die jeweils von rund 10 000 Studenten besucht werden. Die Einrichtungen sind völlig unabhängig und haben das Recht, sich ihre Studenten selbst auszusuchen. Alle Bewerber werden in persönlichen Gesprächen zu ihrer schulischen Vorbildung und zu der Motivation für ihre Fächerwahl befragt. Auf diese Weise kann das College herausfinden, ob der Kandidat für den Studiengang geeignet ist, und der Schüler selbst kann seine Entscheidung, falls nötig, noch einmal überdenken. Die Zahl der Abbrecher ist entsprechend gering.

Die oberste Instanz des College ist der jeweilige Leiter oder Vorsteher. Er kann unterschiedliche Titel führen. In Oxford heisst er beim Christ Church College z. B. *dean*, beim Exeter College *rector*, beim Trinity College *president*, beim Worcester College *provost* und beim New College *warden*.

Eine Ausbildung in Oxford oder Cambridge ist kaum mit dem Studium an einer Massenuniversität modernen Zuschnitts zu vergleichen. Die Lerngruppen sind wesentlich kleiner und die persönlichen Fortschritte können jederzeit in den *tutorials* überprüft werden. Diese Einzelgespräche mit dem Professor stellen außerdem sicher, dass jeder Student seinen Möglichkeiten entsprechend optimal gefordert und gefördert wird. Doch die Colleges bilden nicht nur das Zentrum des akademischen Lebens. Viele Studenten wohnen im Haus und nehmen dort auch ihre Mahlzeiten ein. Außerdem werden Sport- und Freizeitaktivitäten angeboten. Doch trotz der vorzüglichen Studienbedingungen und des Respekt gebietenden wissenschaftlichen Rufs von Oxford und Cambridge werden nicht alle Absolventen zwangsläufig zu Zierden des akademischen Lebens. Es hängt von der Fächerwahl und den persönlichen Ambitionen ab, mit welchem Erfolg das Studium zum Abschluss gebracht wird. Der eine mag sich zum Ziel gesetzt haben, die Molekularbiologie entscheidend voranzubringen, und macht sich vielleicht sogar berechtigte Hoffnungen auf den Nobelpreis, der andere versteht sein Studium eher als amüsanten Lebensabschnitt und Sprungbrett in einen lukrativen Beruf in der Wirtschafts- oder Finanzwelt. Obwohl heute immer strengere Auswahlkriterien angelegt werden, reichte noch vor gar nicht langer Zeit die Tatsache, überhaupt in Oxford oder Cambridge studiert zu haben, als Qualifikationsnachweis vollkommen aus. Es ist nichts Ungewöhnliches, dass der Generaldirektor einer Bank Archäologie studiert hat oder der Aufsichtsratsvorsitzende einer Versicherung Literatur. Der Grund mag sein, dass die Universitätsabsolventen oft nicht älter als 21 bis 23 Jahre und deshalb noch jung und flexibel genug sind, um in ausführlichen Trainee-Programmen eine spezialisierte Ausbildung zu erhalten.

Obwohl Oxford und Cambridge meist in einem Atemzug genannt werden, unterscheidet sich das Profil der beiden Städte in einigen Punkten. Oxford war lange Zeit eine Hochburg des Katholizismus und besitzt ein großes Renommee in den Geisteswissenschaften. Cambridge kann dagegen eher auf eine protestantische Tradition zurückblicken und hat sich mehr um die Naturwissenschaften verdient gemacht. Diese unterschiedlichen Ausrichtungen sind noch heute spürbar. Oxford gilt außerdem als politisch aktiv, Cambridge als gemäßigt. Doch von welcher Universität man letztlich kommt, ist für die spätere Karriere von untergeordneter Bedeutung. Obwohl in Oxford und Cambridge weniger als fünf Prozent der britischen Studenten eingeschrieben sind, stellt diese Minderheit immer noch den Löwenanteil der Elite in Finanzwelt, Wissenschaft, Politik, Kunst und Kultur.

Oxford gestern: Geistige Größe auf kleinstem Raum.

Oxford heute: Modernste Wissenschaft in alten Mauern.

Einige Colleges von Oxford

All Souls College
Gegründet 1440 von Henry Chichele, dem Erzbischof von Canterbury
Balliol College
Gegründet 1266 und damit eines der ältesten unter den Colleges
Christ Church
Ursprünglich gegründet 1523 von Kardinal Wolsey, 1546 Neugründung durch Heinrich VIII.
Corpus Christi College
1517 von Robert Fox ins Leben gerufen
Jesus College
Von Elizabeth I. im Jahre 1571 für Studenten aus Wales gegründet
Lincoln College
Hier wird seit 1427 gelehrt, die jüngsten Gebäude stammen aus dem 17. Jahrhundert
Magdalen College
1485 gegründet und eines der berühmtesten Colleges von Oxford
Merton College
Als das Gründungsjahr gilt 1266, damit wäre das Merton College so alt wie das Balliol College
New College
Dieses College ist alles andere als neu, denn es existiert seit 1379
Queen's College
Entstanden 1340, benannt nach der Gemahlin von König Edward III.
St. John's College
Im Jahre 1554 wurde es anstelle des St. Bernard's College ins Leben gerufen
Trinity College
1555 von Thomas Pope gegründet
University College
Das University College von 1249 residiert heute in Gebäuden aus dem 17. und 18. Jahrhundert
Wadham College
Das genaue Gründungsjahr ist unbekannt, es fällt aber in den Anfang des 17. Jahrhunderts

Einige Colleges von Cambridge

Christ's College
Um das Jahr 1500 von Lady Margaret Beaufort gegründet, der Mutter Heinrichs VII.
Clare College
Das Gründungsjahr ist unbekannt, das College wurde aber im 17. Jahrhundert nach einer Feuersbrunst neu erbaut
Emmanuel College
Gegründet 1584, besitzt wie das Pembroke College eine Kapelle von Christopher Wren
Gonville and Caius College
1384 von Gonville ins Leben gerufen; 1559 verewigte sich John Caius durch seine Spenden im Namen der Institution
Jesus College
1496 errichtete es der Bischof von Ely in den Mauern eines Nonnenklosters
King's College
Benannt nach Heinrich VI., der es 1441 ins Leben rief
Magdalen College
Wie Oxford besitzt auch Cambridge ein College diesen Namens, es wurde 1428 gegründet
Pembroke College
Seit 1347 wird hier gelehrt, die Kapelle von 1663 war eines der ersten Bauwerke von Christoper Wren
Peterhouse
Bereits 1284 gegründet, die heutigen Gebäude stammen allerdings überwiegend aus dem 17. Jahrhundert
Queen's College
Aus dem Jahre 1448 stammt dieses College, ein berühmtes Mitglied war Erasmus von Rotterdam
St. John's College
Gegründet 1511, auch dieses College geht auf Lady Margaret Beaufort zurück
Trinity College
Die Colleges Michael House und King's Hall wurden 1546 zu diesem größten College von Cambridge zusammengelegt
Trinity Hall
Im Jahre 1350 vom Bischof von Norwich gegründet

Unten: Neben dem hohen wissenschaftlichen Niveau ist es wohl auch die historische Kulisse, die das Studium in den Colleges von Oxford oder Cambridge so attraktiv macht.

Ein Blick in die Biographie der meisten britischen Berühmtheiten bestätigt die Vorrangstellung von Oxford und Cambridge. Wer es zu etwas gebracht hat, war in der Regel in einer der beiden Universitätsstädte eingeschrieben. Dies gilt zum einen für Politiker aller Couleur wie Margaret Thatcher, Michael Heseltine oder Tony Blair, zum anderen aber auch für Unternehmer, wie Jamie Palumbo oder Wafic Said, und natürlich für Künstler und Schriftsteller, wie Lord Snowdon oder Salman Rushdie. Auch die Top-Riege der Schauspieler und Komiker kann akademische Jahre an einem der renommierten Colleges vorweisen – wenn auch nicht immer einen Abschluss. Genannt seien nur der als Mr. Bean bekannte Komiker Rowan Atkinson, Filmstar Emma Thompson, der Komödiant Stephen Fry oder Monty-Python-Ikone John Cleese. Oxford und Cambridge gelten zu Recht als elitär, doch bei entsprechender Leistung werden auch weniger begüterte Studenten aufgenommen – und umgekehrt hilft weder Geld noch Titel, wenn die Zensuren zu schlecht sind.

Ein anerkannter Vorteil des britischen College-Systems besteht in der persönlichen Betreuung durch die Tutoren.

Das »Who is Who« der Titel

Für Akademiker des europäischen Kontinents ist es häufig nicht leicht, sich mit den Abschlüssen britischer Universitäten zurecht zu finden. Dabei unterscheiden sich die Grade weniger von denen Frankreichs oder Deutschlands, als man zunächst annehmen würde. Prinzipiell werden die *degrees* – also die Abschlüsse – in drei Stufen verliehen. Der einfachste *degree*, auch *first degree* oder *undergraduate degree* genannt, ist der eines Bachelor. Er wird in der Regel nach einem mindestens dreijährigen Studium abgelegt, bei Medizinern nach sieben Jahren. Die Richtung des Studienfachs ergibt sich aus dem genauen Namenszusatz des Titels. Man zählt über 30 verschiedene Bachelor-Titel, die gängigsten sind der Bachelor of Arts für Geisteswissenschaften, der Bachelor of Science für Naturwissenschaften, der Bachelor of Divinity für Theologen und der Bachelor of Laws bei den Juristen. Der Bachelor entspricht in etwa dem deutschen Magister oder der französischen *licence*. Der nächsthöhere akademische Grad ist der Master. Im Gegensatz zum first *degree* oder *undergraduate degree* des Bachelor zählt der Master zu den *postgraduate degrees*. Wie bei Bachelor-Graden werden die Master's Degrees durch Zusätze genauer klassifiziert, sie heißen also zum Beispiel Master of Arts oder Master of Science. Der nächsthöhere *postgraduate degree* und gleichzeitig höchste akademische Titel ist der des Doctor. Anders als auf dem Kontinent werden die britischen Doktor-Titel nicht als Teil des Namens geführt; ein Doctor of Philosophy würde seinen Titel mit dem Kürzel Ph. D. nach dem Namen angeben. Wichtiger als der eigentliche Titel erscheint den britischen Akademikern seine Provenienz. Deshalb fügen sie ihm gern einen entsprechenden Hinweis hinzu, die darüber Auskunft gibt, dass der Grad in Oxford oder Cambridge erlangt wurde. Die magischen Buchstaben für Titel aus Cambridge lauten »Cantab.« (die Kurzform von Cantabrigiensis, dem lateinischen Namen der Stadt), und Abschlüsse der Oxford University tragen den Zusatz »Oxon.« (von Oxoniensis). Die Titel wurden im Rahmen einer feierlichen, traditionellen Zeremonie verliehen. Dabei tragen alle Beteiligten die traditionelle akademische Tracht, die *gowns*, an deren Farbe und Attributen sich akademischer Grad und Fachrichtung ablesen lassen.

Oben: Die Abschlussfeiern in Oxford oder Cambridge gewinnen durch die einmalige Architektur der beiden Städte und die malerischen Roben eine ganz eigene Note.

Von links nach rechts: Die farbenfrohen akademischen Roben der Universitäten von Oxford und Cambridge gehen auf die mittelalterliche Tracht der Gelehrten zurück.

Weibliche Absolventen dürfen bei den Kopfbedeckungen zur akademischen Tracht zwischen dem Barett und dem abgebildeten eckigen Hut wählen.

In Oxford wurden erstmals im Jahre 1636 die verschiedenen akademischen Roben festgeschrieben. Erst 1957 erschien eine Überarbeitung des bis heute gültigen Regelwerks.

Das britische Militärsystem

Der britische Thronfolger hat eine umfangreiche militärische Ausbildung absolviert. Er begann seine Laufbahn im Jahre 1969 beim neu formierten Royal Regiment of Wales. Dessen Uniform trug er auch bei seiner Investitur zum Prince of Wales.

Die britischen Streitkräfte sind heute eine reine Berufsarmee und gelten aus diesem Grund als eine der effizientesten Armeen Europas. Da es keine allgemeine Einberufung mehr gibt, machen die meisten jungen Briten daher die Erfahrungen des Militärdienstes nicht mehr – was den Vorteil hat, dass sie sehr jung ins Berufsleben entlassen werden.

Die Royal Army besteht aus drei unterschiedlichen Waffengattungen: der Marine, dem Heer und der Luftwaffe. Die Marine ist die älteste, deswegen führt sie auch den Namen »Senior Service«. Offiziell heißt die Seestreitkraft jedoch Royal Navy, so wie die Luftwaffe als Royal Air Force bezeichnet wird. Die Army, also das Heer, darf als einzige nicht den Beinamen »Royal« führen. Der Grund dafür ist in der britischen Geschichte zu suchen. Nach der unblutigen »Glorious Revolution« von 1688 und dem Sturz von King James II. wurde mit der »Bill of Rights« der rechtliche Rahmen für die Herrschaft seiner Nachfolger festgelegt. Dazu gehörte das Verbot, ohne Zustimmung des Parlaments in Friedenszeiten ein Heer aufzustellen. Demzufolge ist das stehende Heer keine königliche Truppe, sondern eine Streitmacht der Regierung. Ungeachtet dessen tragen einzelne Verbände und Einheiten den königlichen Titel im Namen.

Zur Army gehören unter anderem die berittene Household Cavalry, Infanterieverbände wie die Guards Division, das Royal Corps of Signals, das Intelligence Corps und regionale Einheiten wie die Royal Welsh Fusiliers, die Royal Scots und die Ghurkas. Die Household Cavalry besteht aus den Life Guards und den Blues and Royals. Letztere sind 1969 aus den Royal Horse Guards und den Royal Dragoons gebildet worden. Die Regimenter des Heeres haben zwar keine ganz so lange Geschichte wie die der Marine, dennoch liegt das Gründungsjahr der meisten Army-Einheiten schon recht weit zurück. Einer der ältesten und bekanntesten Verbände sind Royal Scots Greys (1678). Die Life Guards gibt es seit 1656 und die Royal Horse Guards seit 1661. Die Royal Air Force wirkt dagegen vergleichsweise jung, und deshalb gilt der Dienst in diesem Teil der Streitkräfte als nicht so prestigeträchtig. Angehörige der Oberschicht fühlen sich in erster Linie zu den Regimentern der Army hingezogen.

Körperliche Eignung, ausreichende schulische Leistungen und entsprechender gesellschaftlicher Hintergrund vorausgesetzt, ist es gar nicht so schwer, in eine der renommierten Einheiten der Streitkräfte aufgenommen zu werden. Dabei gibt es verschiedene Möglichkeiten, seinen Dienst zu

Rechts: Die Offiziersmesse in den Wellington Barracks ist nüchtern und modern ausgestattet. Das Privileg in ihr zu speisen besteht eher darin, dass die Offiziere unter sich sind und von Ordonnanzen bedient werden.

Ganz rechts: Die Mannschaftsdienstgrade der Grenadier Guards essen in einem großen Speisesaal. Wie in der Kantine eines zivilen Betriebes holt man sich das Essen auf einem Tablett vom Tresen ab.

Rechts: Die Soldaten der Grenadier Guards verbringen vorschriftsmäßig viel Zeit mit der Pflege und Instandhaltung ihrer Uniform und Ausrüstung.

Ganz rechts: Die Schuhe müssen makellos geputzt sein, bevor man seinem Vorgesetzten unter die Augen tritt.

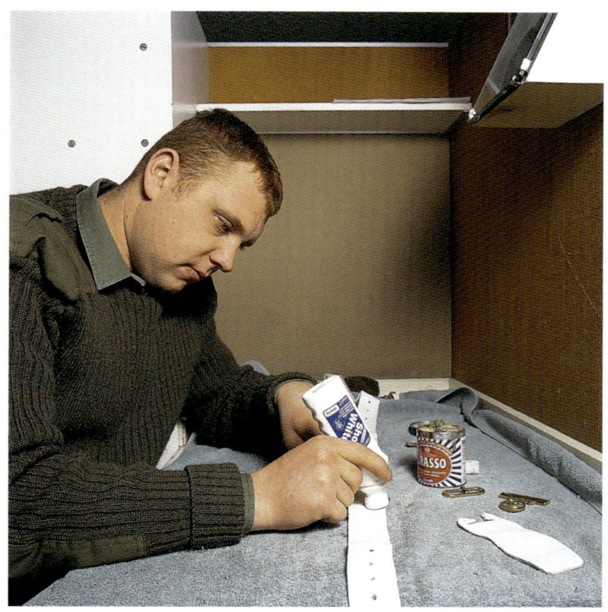

Linke Seite: Wenn die Grenadier Guards mit klingendem Spiel vor den 1833 errichteten Wellington Barracks aufziehen, ist ihnen die Aufmerksamkeit von Londonern wie Touristen gleichermaßen sicher.

gestalten. Wer gut in der Schule war und studieren möchte, kann eine der 40 im Jahr vergebenen *cadetships* beantragen. Dabei muss der angehende Offizier vor dem Studium im Heer dienen. Er kommt nach dem Truppendienst als Offizier an die Universität und erhält während seiner Studien den vollen Sold. Anschließend ist er für fünf weitere Jahre der Army verpflichtet. Wer nicht so weitreichende militärische Ambitionen hat, kann eine *bursary* bekommen. Dabei wird das Studium vor dem Truppendienst absolviert, das Heer zahlt dazu einen kleinen Zuschuss. Anschließend folgen die Ausbildung an der Offiziersschule und eine dreijährige Dienstzeit. Wer sich nach der Schule unsicher ist, wie er seine Zukunft gestalten möchte, kann sich für eine dreijährige *short service commission* verpflichten.

Auch wenn der Offiziersberuf in der britischen Gesellschaft längst nicht mehr das hohe Prestige wie vor dem Zweiten Weltkrieg besitzt, ist er dennoch nach wie vor eine akzeptable Wahl. Schließlich existiert auf der Insel auch heute noch der Typus des Gardeoffiziers, eine Spielart des englischen Gentleman. Er stammt vorzugsweise aus einer alten Familie, verfügt über ausreichend Geld und betreibt in seiner Freizeit Sportarten wie Polo oder Jagdreiten. Wenn man ihn in der Stadt trifft, trägt er einen dunklen Anzug, die Krawatte seines Regiments, einen *bowler hat*, die Melone, auf dem Kopf und in der Hand einen akkurat aufgerollten Regenschirm. Ein ausgezeichneter Soldat ist er natürlich auch – doch darüber würde er niemals reden, dies verbietet dem Gentleman der Hang zum Understatement.

Dass es in vielen Bereichen für die Karriere hilfreich sein kann, als Offizier gedient zu haben, lässt sich kaum bestreiten, denn die Armee gehört zu jenem Beziehungsgeflecht, das von Kritikern oft als *old boy's network* bezeichnet wird. Gemeint sind die Seilschaften von Absolventen der *public schools*, Akademikern aus Oxford und Cambridge und Offizieren renommierter Regimenter. Wann immer es um die Besetzung von Stellen in Wirtschaft oder Verwaltung geht, um kleine oder größere Gefälligkeiten, Hilfsdienste oder Rettungsaktionen jedweder Art, können die Herren auf die Hilfe ihrer Freunde aus alten Schul-, College- oder eben Armeetagen rechnen. Dies behaupten und beklagen zumindest all jene, die nicht zum Kreis der Begünstigten gehören. Die *old boys* selbst bestreiten natürlich vehement, dass sie alte Kameraden bevorzugt behandeln würden. Dennoch erweist es sich immer wieder als Vorteil, wenn man in einer Bank, Versicherung oder Immobilienfirma einem Personalchef gegenübersitzt, der zufällig im gleichen Regiment aktiv war wie man selbst. Denn warum – so oft die Logik des Arbeitgebers – sollte man einen Job nicht an jemanden vergeben, dessen Ausbildung man kennt und dessen Grundwerte man höchstwahrscheinlich teilt? Ein Blick in ein britisches *Who is Who* beweist in jedem Fall, dass unter Wirtschaftsführern, Politikern und den Mitgliedern des Hochadels – eine nach wie vor sehr einflussreiche Gruppierung – die Ex-Offiziere stark vertreten sind. Und allem Anschein nach möchte auch die jüngste Generation der Königsfamilie diese Tradition fortsetzen.

Vom Empire zum Commonwealth – Die Geschichte des Britischen Weltreichs

Die Effizienz britischer Expansionspolitik war sicherlich noch nicht vorherzusehen, als Sir Francis Drake 1577 zu seiner ersten Weltumsegelung in See stach. Sein Sieg über die spanische Armada im Jahre 1588 markiert den Beginn der britischen Seeherrschaft, die letztlich den Eroberern und Kolonisatoren späterer Jahrhunderte freie Fahrt auf allen Weltmeeren sicherte. 1583 wurde Neufundland besiedelt, und ein Jahr später unternahm Sir Walter Raleigh den ersten Versuch, englische Kolonisten im nordamerikanischen Virginia anzusiedeln.

Entscheidend für die spätere Eroberung Indiens war die Gründung der britischen East India Company im Jahre 1600. In dieser Zeit verloren die Portugiesen das indische Handelsmonopol an die Holländer, Engländer und Franzosen. 1612 gründen die britischen Kaufleute ihre erste Niederlassung in Indien. 1618 wurde die Westafrika-Kompanie ins Leben gerufen und ein Stützpunkt in Gambia errichtet. Mit der Schaffung eines Kolonialamtes begann die britische Kolonialzeit auch institutionell.

Ab 1623 drangen Engländer und Franzosen nach Westindien vor. Infolge des Seekriegs zwischen England und den Niederlanden (1652–1654) festigte sich die Position Englands als See- und Kolonialmacht. 1655 nahm England den Spaniern die Insel Jamaika ab. 1664 mussten die Niederländer Neu-Amsterdam, das spätere New York, an die Engländer abtreten. 1689 begann der Kampf zwischen England und Frankreich um den Norden Amerikas, der sich bis ins Jahr 1763 hinziehen und an dessen Ende Frankreich diese wichtige Kolonie verloren haben sollte. Mit dem Frieden von Paris gingen Kanada und die indischen Besitzungen Frankreichs an England über. Von den Spaniern bekamen die Engländer Florida. Die ehemalige französische Besitzung Louisiana wurde zwischen England und Spanien aufgeteilt. 1746 begann parallel ein Krieg um Südindien, der ebenfalls bis 1763 dauerte. Auch hier verlor Frankreich große Gebiete an die Engländer. 1770 erreichte James Cook die australische Ostküste, 1778 entdeckte er Hawaii, wo er ein Jahr später von einem Eingeborenen erschlagen wurde. In Indien eroberte seit 1774 der Generalgouverneur von Bengalen, Warren Hastings, weitere Teile des Landes. 1788 wurde Australien zu einer britischen Strafkolonie. Erst 1829 erlangte der fünfte Kontinent den Status einer regulären Kolonie Englands.

1759 besetzte ein britisches Expeditionskorps das Kap der Guten Hoffnung und schuf so den Ausgangspunkt für die schrittweise Eroberung des südlichen Teils von Afrika. 1796 übernahmen die Briten Ceylon und bauten damit ihre Machtposition in Asien weiter aus. 1818 war England zur wichtigsten Kolonialmacht Indiens aufgestiegen. In den folgenden Jahrzehnten dehnte sich der britische Herrschaftsbereich auch in andere Teile Asiens aus. 1841 besetzten die Engländer Hongkong und eroberten Amoy, Ningpo und Shanghai. Auch im südlichen Afrika verfestigte sich die britische Macht, indem die Engländer die Burenrepublik Natal übernahmen. In Indien hatten die Sikhs den Briten lange Widerstand geleistet, doch 1849 wurde der kriegerische Volksstamm im Pandschab vernichtend geschlagen.

Auch in Ost- und Zentralafrika drangen die Engländer immer weiter vor. So unternahm David Livingstone von 1849 bis 1873 vier Forschungsreisen in dieses Gebiet des schwarzen Kontinents. In den Jahren zwischen 1875 und 1879 dehnten die Briten die Kapkolonie bis zur Natalküste aus, während sie sich 1877 die Burenrepublik Transvaal einverleibten. 1884 wurde das Hinterland der Kapkolonie annektiert, 1887 das Zulugebiet besetzt und 1889 kam auch Rhodesien in britischen Besitz. Gleichzeitig entstand Britisch-Ostafrika. 1898 geriet der Sudan unter englische Verwaltung, nachdem der Mahdistenkrieg durch die Einnahme Omdurmans entschieden war. 1902 endete der 1895 begonnene Burenkrieg und die Burenrepublik wurde britische Kolonie.

In den 20er-Jahren des 20. Jahrhunderts erreichte das Britische Reich seine größte territoriale Ausdehnung, doch gleichzeitig begann das System zu bröckeln. Im Jahre 1931 erhielten die Dominions Kanada, Neuseeland, Australien und die Südafrikanische Union formal ihre Unabhängigkeit. An die Stelle des Empire trat nun das Commonwealth als loser Zusammenschluss gleichberechtigter Staaten. Doch erst mit der Entlassung Indiens, Burmas und Ceylons aus dem Kolonialismus in den Jahren 1947 und 1948 zeichnete sich der wirkliche Niedergang des Britischen Weltreichs ab. Das Ende der Herrschaft auf dem Subkontinent und damit das Ende des *raj* war für traditionsbewusste Engländer ein schmerzlicher Schlag. Schließlich wurde damit ein Kapitel britischer Geschichte abgeschlossen, das 371 Jahre zuvor mit der ersten Weltumsegelung durch Sir Francis Drake begonnen hatte.

Britisches Weltreich im Jahre 1945 einschließlich Mandatsgebieten und Protektoraten

Koloniales Wörterbuch

Gingham
Das Wort *gingham* bezeichnet eine bestimmte Art von Karomuster, das speziell bei Hemden beliebt ist. Der Begriff stammt aus der Sprache der Malayen. Ursprünglich hieß es *gingang* oder *guingan* und bedeutete gestreift.

Jodhpur
Jodhpurs sind enganliegende Reithosen. Ihr Name ist von der indischen Stadt Jodhpur abgeleitet. *Jodhpur boots* sind knöchelhohe Reitstiefeletten, die zu den Hosen getragen werden.

Khaki
Das Wort *khaki* bezeichnet im heutigen Sprachgebrauch einen schwer zu definierenden Farbton zwischen Braun und Grün. Der Begriff stammt aus dem Hindi und beschreibt nichts anderes als die Farbe des Staubes. Mit einer Mischung aus Kaffee, Currypulver und Maulbeersaft haben sich die Kolonialherren ihre weißen Baumwolluniformen eingefärbt, damit der Staub darauf nicht mehr so auffiel. Das Ergebnis war Khaki.

Kedgeree
Die Briten haben eine besondere Vorliebe für herzhaftes Frühstück. Wem Eier, Schinken, Würste und Blutwurst langweilig werden, kann Kedgeree verlangen. Es handelt sich dabei um ein Gericht aus Fisch, Reis und Eiern. Ursprünglich heißt es *khichri*, doch die englische Sprache machte daraus Kedgeree.

Mufti
Mufti ist die Umschreibung für jene Art von Zivilkleidung, die britische Offiziere außer Dienst tragen – Nadelstreifenanzug, *bowler hat* oder auch Tweedjacke und Cavalrytwill-Hose.

Sahib
Wir alle kennen dieses Wort aus unzähligen Filmen, die im kolonialen Indien spielen. Mit *sahib* redeten die Inder die Europäer an. Damen wurden als *memsahib* angesprochen.

Pukka
Die Schreibweisen dieses aus dem Hindi stammenden Wortes variieren, manchmal heißt es auch *pucka*. In beiden Fällen bedeutet es soviel wie solide, dauerhaft oder echt. Ein *pukka sahib* wäre also ein Gentleman.

Raj
Manch einer wird dieses Wort von den Schildern indischer Restaurants in London kennen. Wenn dort von den »Last days of the Raj« die Rede ist, dann sind damit die letzten Tage der britischen Herrschaft gemeint. Dabei ist die Erinnerung an diese Zeit bei den Indern aus naheliegenden Gründen weit weniger verklärt als bei den Briten .

Seersucker
Kaum einer würde beim Kauf eines Seersucker-Anzugs vermuten, dass sein Name ursprünglich aus dem Persischen stammt und wörtlich übersetzt Milch und Zucker bedeutet. Seersucker ist ein leichter Sommerstoff aus Baumwolle oder Baumwoll-Synthetik-Gemisch.

Tandoori
Die kulinarische Landschaft des Vereinigten Königreichs wäre ohne die zahlreichen Tandoori-Restaurants um einiges ärmer. Die indischen oder pakistanischen Imbissstuben bringen einen Hauch orientalischer Opulenz selbst in den kleinsten Vorort. Als Anbieter von *take-away food* sind sie unentbehrlich geworden.

Von links oben nach rechts unten:
Die Beliebtheit der Spezialitäten des Subkontinents, zu denen das Gewürz Curry gehört, hat ihren Ursprung in der Indien-Romantik Viktorianischer und Edwardianischer Zeit.

Ein Symbol einstiger imperialer Größe ist die Ghurka-Brigade der britischen Landstreitkräfte. Ihr Markenzeichen ist der *kukri*, eine Mischung aus Waffe und Universalmesser.

Das Polospiel wurde nicht etwa in Großbritannien, sondern in Persien erfunden – und zwar bereits vor über 2000 Jahren. Britische Kolonialoffiziere lernten den Ballsport zu Pferde im 19. Jahrhundert bei den indischen Maharadschas kennen.

Das »Dschungelbuch« von Rudyard Kipling ist eines der Schlüsselwerke einer Epoche, die von romantischer Begeisterung für das indische Kolonialreich geprägt war.

Der Tropenhelm gehört noch heute zum Sortiment des berühmten Hutmachers James Lock & Co. in der Londoner St. James's Street.

Cashmere-Tücher im Paisleymuster sind in der Zeit von Königin Viktorias Herrschaft in Mode gekommen. Das indische Muster ist seither nicht mehr aus dem britischen Mode- und Textildesign wegzudenken.

Linke Seite: Ein Blick auf eine Weltkarte aus dem Jahre 1945 zeigt die Ausdehnung des ehemaligen Britischen Weltreichs.

Der Gentleman's Club

Es gab Zeiten, in denen ein Gentleman einem Club angehören musste. Gemeint ist hier nicht der Taubenzüchterverein oder der Motorsportverband, sondern die altehrwürdige Institution des Gentleman's Club. Der White's Club ist der älteste, er wurde bereits 1695 gegründet. Doch auch die anderen Namen stehen für Tradition: Athenaeum, Beefsteak, Brook's, Boodle's, Buck's, Carlton Club, Garrick's, Guards and Cavalry Club, In and Out, Reform und Traveller's, um nur die wichtigsten zu nennen.

Ursprünglich ging man in den Club, um Kaffee zu trinken. Im 18. und 19. Jahrhundert wurden allerdings zahlreiche andere Clubs ins Leben gerufen, die verschiedenste Ziele auf ihre Fahnen geschrieben hatten. Wie ernst es den Mitgliedern mit solcherlei Zielen war, ist schwer zu sagen, denn vor allem sahen sie in den Räumlichkeiten ihres Clubs ein zweites Zuhause. In Viktorianischer Zeit gab es rund 860 Clubs.

Oben: Ein Gentleman's Club bietet seinen Mitgliedern alles, was man in einer Metropole wie London braucht: Ruhe, Abgeschiedenheit, günstige Mahlzeiten in vertrauter Atmosphäre, Tee und Drinks auf einen Wink, Toiletten, ein Bett für die Nacht und natürlich die Tageszeitung.

Rechts: Der Reform Club in der Pall Mall Nr. 104–105 wurde im Jahre 1832 gegründet. Das im Stil eines italienischen Palazzos erbaute Clubhaus bietet seinen Mitglieden und deren Gästen die perfekte Infrastruktur eines großen Hotels verbunden mit der angenehmen Atmosphäre eines gepflegten Privathauses.

Die Aufnahme in einen Club kann zwar gewünscht, nicht aber vom zukünftigen Mitglied selbst angestrebt werden. Die Herren müssen warten, bis der Club sie bittet, ihm beizutreten. Zunächst bedarf es zweier Clubmitglieder, die den Kandidaten vorschlagen. Der *proposer* und sein *seconder* schreiben den Namen in ein Buch, und wenn sich genügend Mitglieder finden, die den Vorschlag mit ihrer Unterschrift unterstützen, entscheidet ein Komitee über die Aufnahme des Neulings. Das klingt recht simpel. Der Haken an diesem Verfahren ist allerdings, dass es als höchst unfein gilt, ein befreundetes Clubmitglied um den Vorschlag zu bitten. Entweder er kommt selbst auf die Idee, oder eben nicht – und dann wird er seine Gründe dafür haben. Absolut verpönt ist es, das Komitee in irgendeiner Weise zu bestechen, obwohl manche dieser Versuchung nicht widerstehen können. Vorschlagen lassen sollte sich ohnehin nur, wer sich gute Chancen ausrechnet, denn abgelehnt zu werden, ist außerordentlich peinlich. Umgekehrt muss sich jedes Clubmitglied gut überlegen, ob der Kandidat wirklich in die Vereinigung hineinpasst. Wenn sich der Neue als unwürdig erweist, fällt dies auf den *proposer* zurück.

Der Sportclub

Die Briten lieben Sport, allerdings gehen auch hier die Geschmäcker auseinander – ebenso wie die Auffassungen, was unter dem Begriff Sport genau zu verstehen ist. Die einen denken dabei an Fuchsjagd, Springreiten oder Polo, andere an Fußball, Rugby, Rasenbowling, Croquet, Hockey, Tennis oder Golf und eine dritte Gruppe vielleicht an Rudern oder Segeln. Doch Sport bedeutet immer auch Clubleben. Für sämtliche Disziplinen gibt es eigene Clubs samt Clubhaus und Clubfarben. Das Feld ist so weit, dass hier nur ein kleiner Ausschnitt britischer Sport- und Sportclubbegeisterung gezeigt werden kann. Deshalb stellen wir exemplarisch eine Sportart vor, die ohne Frage alle Gesellschaftsschichten und Altersklassen eint: Cricket. Dieser für Uneingeweihte völlig unverständliche Nationalsport kam mit den Sachsen auf die Insel. Das Spiel hieß ursprünglich *creag* und wurde mit einem gebogenen Schläger gespielt. Das erste organisierte Match wurde 1711 zwischen Kent und All England ausgetragen.

Ein wesentliches Element des Cricket ist die Verteidigung zweier kleiner Hölzchen, der so genannten *bales*, die auf drei Holzstangen ruhen, den *stumps*. Die *bales* werden vom *wicket keeper* mit dem *bat*, dem Schläger, gegen die Angriffe der gegnerischen Mannschaft verteidigt, die den *bales* durch geschicktes Schleudern des Balls zu Leibe rückt. Das komplette Regelwerk zu erläutern würde hier den Rahmen sprengen.

Cricket gilt immer noch als Nationalsport der Briten. Hier verteidigt gerade der Schlagmann den *wicket* vor dem heranfliegenden gegnerischen Ball.

Die geheimnisvolle Welt des Gentleman's Club ist – entgegen der allgemeinen Überzeugung – allerdings nicht ausschließlich den Mitgliedern zugänglich. Wer das Glück hat, von einem Mitglied eingeladen zu werden, darf die Räumlichkeiten selbstverständlich betreten. Ist ein Club als Treffpunkt vereinbart, sollte der Besucher in der Halle auf seinen Gastgeber warten. Es gilt als unhöflich, seine Nase in die angrenzenden Clubräume zu stecken. Und noch etwas ist wichtig: Geben Sie dem Personal auf keinen Fall ein Trinkgeld, schließlich handelt es sich um einen Gentleman's Club und nicht um ein Hotel. Der Unterschied zwischen beiden ist einfach, aber bedeutungsvoll: In einem Hotel hat jeder Zutritt, der es sich leisten kann. Die Mitgliedschaft in einem Club dagegen ist nicht käuflich. Deshalb ist die Einladung, einen Herrn in seinem Club zu treffen, genauso hoch zu schätzen, wie zum Tee oder Dinner in sein Heim gebeten zu werden. Der Club ist schließlich sein zweites Zuhause.

Lord's Cricket Ground im Londoner Stadtteil St. John's Wood ist ein Mekka für alle Fans dieser Sportart.

Als erster Club gilt der Hambledon Cricket Club, gegründet 1750 in Hampshire. Das echte Mekka der weltweiten Gemeinde der Cricket-Freunde liegt allerdings in London, genau genommen im Stadtteil St. John's Wood. Dort in der St. John's Wood Road liegt der Lord's Cricket Ground, die wohl berühmteste Spielstätte. Der dazugehörige Club heißt Marylebone Cricket Club. Der MCC übernahm nach der Auflösung des Hambledon Cricket Clubs im Jahre 1791 die Führungsrolle unter den Vereinen. Seinen Namen erhielt er nach dem Umzug von Islington nach Marylebone.

Es ist übrigens gar nicht so schwer, Mitglied im MCC zu werden. Man muss nur von einem *proposer* vorgeschlagen werden und einen *seconder* finden, der das Aufnahmegesuch unterstützt. Als Mitglied darf man nicht nur die berühmte Clubkrawatte tragen, sondern auch den Long Room besichtigen. Dort werden diverse Memorabilia ausgestellt, die das Herz eines jeden Cricket-Enthusiasten höher schlagen lassen. Außerdem gibt es das MCC-Museum, das zum Gedenken an die im Ersten Weltkrieg gefallenen Clubmitglieder gegründet wurde. Hier befinden sich neben zahlreichen Devotionalien des Sports auch die legendären *ashes* – tatsächlich die Asche zweier *bales*. Asche samt Urne sind die Trophäe, um die England und Australien zweimal jährlich kämpfen. Doch egal wer Sieger wird, die wertvollen *ashes* verbleiben stets beim Lord's Cricket Ground – sehr zur Freude aller, die alljährlich zu dieser Reliquie des Cricket nach London pilgern.

Die Nation der Shopkeeper

Der Mensch des 20. Jahrhunderts neigt zuweilen zu der Annahme, seine Vorfahren seien gänzlich frei vom Konsumzwang gewesen. Zwar mag es richtig sein, dass erst die industrielle Revolution die massenhafte Herstellung von Gütern aller Art ermöglicht hat, doch das heißt noch lange nicht, dass die Leute früher nicht auch schon gerne eingekauft hätten. Ein Blick in die Tagebücher des jungen Samuel Pepys verrät, dass auch der wohlhabende Städter des 17. Jahrhunderts viel Zeit mit dem Einkauf von Kleidung und Luxusgütern verbracht hat.

Gerade London war schon immer ein besonders anregendes Pflaster für jene, die sich für schöne Dinge und ihren Erwerb interessierten. Hier gab es alles, was der Mensch zum Leben und darüber hinaus benötigte. Lebensmittel wurden allerdings fast nie von den Mitgliedern der gehobenen Gesellschaftsschichten persönlich besorgt. Das war Aufgabe der Dienerschaft. Nur in Notfällen oder im Schutze der Dunkelheit konnten sich Damen und Herren unter das Volk auf dem Markt mischen und Gemüse und Fleisch aussuchen. Doch solcherlei Beschränkungen, die die Etikette verlangte, konnten in anderen Bereichen wieder wettgemacht werden. Zum Beispiel beim Einkauf von Kleidung oder Mobiliar. Hierbei handelte es sich im Grunde genommen zunächst auch gar nicht um Käufe, sondern um Bestellungen, denn bis der neue Hut für Royal Ascot oder die neuen Beistelltische abgeholt werden konnten, verging meist einige Zeit. Schließlich waren individuelle Einzelanfertigungen und keine Massenware gefragt.

Den Bedarf an diesen Gütern deckte eine große Anzahl spezialisierter Handwerker und Einzelhändler ab. Natürlich sind seit dem 17. Jahrhundert die meisten dieser Betriebe verschwunden. Sei es, weil die spezielle Dienstleistung oder die Ware nicht mehr benötigt wurden oder größere Geschäfte und Warenhäuser die kleinen Läden verdrängt haben. Dennoch gibt es Stadtviertel in London, in denen sich seit dem 17. Jahrhundert bestimmte Branchen konzentrieren. So sind Mayfair oder St. James's seit jeher die bevorzugten Adressen für Luxusartikel, und ein Besuch bei Fortnum & Mason ist nicht nur wegen der großen Vielfalt an unterschiedlichsten Artikeln interessant, sondern auch als Ausflug in die Geschichte. Seit dem 18. Jahrhundert beliefert das Haus die Größen aus Politik, Wirtschaft und Kunst mit Lebensmitteln, Kleidung, Parfümeriewaren und Accessoires. Der Erwerb einer Dose Tee oder eines Glases Marmelade darf heute also durchaus als ein Akt der Traditionsbewahrung gesehen werden, so wie der Kauf eines Buchs bei Hatchard's, der Flasche Wein bei Berry Brothers & Rudd oder des Hutes bei James Lock & Co. Einkaufen als Kulturleistung – das lässt sich wohl nur in den alteingesessenen Geschäften Londons so unmittelbar erleben.

Sowohl Londoner als auch ausländische Bibliophile pilgern seit 1797 nach Piccadilly Nr. 187 zu Hatchard's Bookshop.

Die Sattlerei Swaine Adeney wurde 1750 gegründet. Im Jahre 1943 verband sie sich mit Brigg & Sons, einem Hersteller von Regenschirmen, der seit 1836 im Geschäft ist.

Wer in London einen Hut kaufen möchte, tut dies entweder bei Lock's, Bate's oder bei Herbert Johnson in der St. James's Street.

Das Geschäft des Hemdenmachers und Herrenausstatters Turnbull & Asser in der Jermyn Street ist allein schon wegen seiner Inneneinrichtung einen Besuch wert.

Der Parfümeur D. R. Harris im Londoner Stadtteil St. James's bietet in seinen traditionsreichen Räumlichkeiten ein umfangreiches Sortiment an.

Im Ambiente einer alten Apotheke kann man bei D. R. Harris Pflegemittel für Haut und Haar sowie Duftwässer aller Art erstehen.

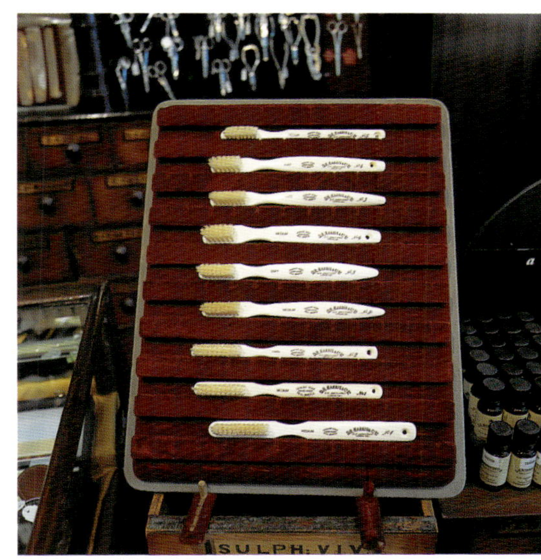

Wem die Plastik-Zahnbürste aus dem Supermarkt zu profan erscheint, um damit sein Beißwerkzeug zu pflegen, kann in London etwas Feineres bekommen.

Ob ein Laden wirklich alteingesessen oder nur durch seine antiquierte Fassadengestaltung oder staubige Inneneinrichtung diesen Eindruck erwecken will, lässt sich oft am Vorhandensein oder Nichtvorhandensein eines so genannten »Royal Warrant« ablesen. Man kennt die kleinen Wappen von verschiedenen britischen Produkten. Das begehrte Emblem weist den Hersteller des Artikels als Hoflieferanten aus. Seit Anbeginn der Monarchie griff der Hof stets auf die besten Vertreter einer Zunft oder eines Handelszweiges zurück, um seinen immensen Bedarf an Gütern aller Art zu decken – und diese Tradition hat sich bis heute erhalten. Doch nicht nur Waren und Dienstleistungen, die den reibungslosen Ablauf des allgemeinen Palastgeschehens sichern, werden Tag für Tag an den Hof geliefert, sondern auch alles, was der persönlichen Lebensführung der Königsfamilie und ihrer engsten Bediensteten dient, wird in einer unendlichen Prozession von Transportern und Kurieren herbeigefahren. So erklärt es sich auch, dass für beinahe jedes denkbare Produkt und fast jede mögliche Dienstleistung ein Hoflieferant existiert. »Royal Warrants« erhalten also mitnichten nur die Hersteller oder Vermarkter von Luxusgütern – zum überwiegenden Teil schmücken sich damit ganz normale Geschäfte und Betriebe.

Das älteste »Royal Warrant« stammt aus dem Jahre 1155, der damalige König Heinrich II. verlieh es einer Weberei. Bis zur Regierungszeit von Königin Viktoria hielt sich die Zahl der offiziellen Hoflieferanten allerdings eher in Grenzen. Gerade einmal 25 Firmen zählten zum erlauchten Kreise, darunter ein *golffe club maker*, ein *operator for the teeth* und ein *royal mole taker*. Unter der langlebigen Königin stiegen die Eintragungen auf der Lieferliste explosionsartig an. Für die Bedürfnisse der heutigen Queen sorgen mehr als drei Dutzend Firmen, hinzu kommen die Lieferanten von Queen Elizabeth, the Queen Mother, The Duke of Edinburgh und des Prince of Wales. Unter den bevorzugten Versorgern der Königin finden sich ganz alltägliche Fachgeschäfte, zum Beispiel ein Klavierstimmer, eine chemische Reinigung und ein Handtaschengeschäft. Daneben sind aber auch sehr spezielle Firmen gelistet, die der Normalbürger vielleicht nicht unbedingt täglich in Anspruch nehmen würde, wie etwa der Hersteller von Dudelsäcken.

Das »Royal Warrant« wird nicht auf ewig vergeben, sondern jeweils nur für fünf Jahre. Die Rangfolge innerhalb der ausgezeichneten Firmen geht demzufolge danach, wer wie lange ununterbrochen in Folge wie viele »Warrants« von wie vielen Mitgliedern der Königsfamilie vorweisen kann.

Die Briten und der Pub

Was die Nordwesteuropäer aller Länder eint, ist die Vorliebe für Bier und Bierkneipen. Insofern unterscheidet sich der traditionelle britische Pub weniger von einer holländischen, deutschen oder belgischen Kneipe, als viele Großbritannien-Enthusiasten wahrhaben wollen. Das schmälert seinen Reiz jedoch in keiner Weise.

Neben den grundsätzlichen Parallelen zwischen Kneipe und Pub gibt aber doch einige beachtenswerte Unterschiede, so zum Beispiel bezüglich des Bezahlens. In Deutschland summiert man die Zeche auf einem Zettel oder Bierdeckel, bis der Gast kurz vor dem Verlassen des Lokals seine Rechnung begleicht. Wenn er dazu nicht in der Lage ist, wird ihm als Stammgast Kredit eingeräumt. In einem Pub wird sofort bezahlt, nachdem das Getränk über den Tresen gereicht wurde. Eine andere ungewohnte Eigenart sind die Öffnungszeiten. Immer noch schließen die meisten Pubs um 23 Uhr. Das bedeutet, dass etwa eine halbe Stunde vor Schluss der Ruf »Last orders!« erschallt. Besonders durstige Gäste bestellen dann gleich mehrere Biere, die sie hastig hinunterstürzen. Die gesetzlich limitierte Trinkzeit mag dazu beigetragen haben, dass in Großbritannien mitunter recht raue Trinksitten herrschen. Allerdings ist das lokale *ale* oder *bitter* leichter als die meisten kontinentaleuropäischen Biersorten und kann daher in größeren Mengen konsumiert werden.

So schnell das Glas geleert wird, so schnell ist es auch wieder gefüllt. Die Ansicht, dass langsames Zapfen wichtig für den Geschmack des Bieres sein könnte, ist auf der Insel nicht verbreitet. Als wäre es Limonade, fließt der Gerstensaft aus dem Hahn, und im Nu sind alle Gäste bedient, was durchaus als Vorteil empfunden wird. Gebräue wie *ale* oder *bitter* werden nicht mit Druckluft, sondern mechanisch vom Fass ins Glas gedrückt. Das Bier hat demzufolge auch weniger Kohlensäure.

Dem kontinentalen Geschmack kommt das *lager* entgegen. Es ähnelt einem Bier Pilsener Brauart oder auch einem Export. So genau unterscheiden es die Briten nicht vom ausländischen Hellen, das sowohl vom Fass als auch aus der Flasche angeboten wird. Es kann sich dabei um Holsten Pilsener oder Holsten Export handeln, um DAB Pilsener oder auch Beck's – immer rangiert es unter dem Namen *lager*. Diese Biersorte erfreut sich seit den 70ern des vergangenen Jahrhunderts wachsender Beliebtheit und macht inzwischen die Hälfte des britischen Bierkonsums aus. Die anderen 50 % bleiben eisern beim traditionellen englischen Bier, dem *ale*.

Vom Frühling bis zum Herbst lockt jeder noch so kleine Sonnenstrahl die Briten vor die Türen ihrer Pubs.

Ale ist ein obergäriges Bier, das in zahlreichen Varianten angeboten wird. Sie heißen *pale ale*, *light ale*, *bitter*, *brown ale*, *mild*, *barley wine* oder *stout*. Die Freunde dieses, wie böse Zungen behaupten, lauwarm genossenen Bieres verteidigen ihren britischen Trunk tapfer gegen das Vordringen kontinentalen untergärigen Bieres. Zu diesem Zweck ist inzwischen sogar eine spezielle Initiative gegründet worden, die »Campaign for Real Ale«, kurz CAMRA. Sie gibt unter anderem Broschüren oder Bücher wie den »Good Beer Guide« heraus, und nach langen Jahren des Kampfes kann der Verein auch tatsächlich gewisse Erfolge vermelden. Jedenfalls besinnen sich immer mehr Briten wieder auf das unvergleichlich aromatische Bier englischer Brauart.

Wer kein Bier trinken, aber trotzdem den gemütlichen Pub an der Ecke besuchen möchte, dem wird eine kleine Auswahl anderer Getränke angeboten. Da gibt es zum Beispiel Cider, der dem Apfelwein französischer oder hessischer Machart ähnelt. Cider schmeckt ein wenig wie Apfelschorle und wird wie Bier als *pint* oder *half pint* ausgeschenkt. Allerdings ist Vorsicht geboten: Was so leicht wie Limonade scheint, kann eine nachhaltige Wirkung entfalten. Bier und Cider werden sowohl mittags als auch abends getrunken. Als Alternative steht die Mischung aus Bier und Zitronenlimonade zur Verfügung. Sie heißt *shandy* und ist besonders bei jungen Frauen beliebt. Als Getränk vor dem Dinner ist Gin and Tonic üblich, dicht gefolgt von Wodka mit Tonic oder auch Wodka mit Bitter Lemon.

Die Domäne des Pubs sind die traditionellen Getränke. Dazu gehört natürlich auch Whisky, ohne den kein Pub denkbar wäre. Vor allem in Schottland und Irland ist er neben dem Bier der zweite der Pub-Klassiker. Wer übrigens die authentische Atmosphäre des britischen Pubs kennen lernen will, sollte einen alten *village pub* irgendwo auf dem Lande aufsuchen. Mit etwas Glück findet sich noch ein traditionelles Haus mit handgemaltem Schild, einer kleinen Auswahl lokaler *ales* und hausgemachtem *pub food*. Hier kann man sich auf höchst angenehme Weise der Illusion hingeben, dass England doch das idyllische Land unserer Träume ist – jedenfalls so lange, wie der Genus von ein oder zwei Gläsern *ale* dauert.

Links: Der Pub ist auf den Britischen Inseln immer noch der bevorzugte Ort, um den Tag friedlich ausklingen zu lassen.

Rechte Seite: Hier fallen die Klassenschranken. Mit dem Pint-Glas in der Hand sind alle Briten gleich.

Berühmte Pubs

The Grenadier
18 Wilton Row, London SW1X 7NR

Ye Olde Cheshire Cheese
145 Fleet Street, London EC4

Ye Grapes
16 Shepherd Market, London W1

The George Inn
77 Borough High Street, London SE1

The Lamb & Flag
33 Rose Street, London WC2

Prospect of Whitby
57 Wapping Wall, London E1

The Anchor
34 Park Street, Bankside, London SE1

Essengehen in St. James's

Als Auftakt zum Lunch oder Dinner empfehlen sich bei Green's die Austern, denn ihre Qualität ist stets ausgezeichnet. Dazu passt am besten ein kühles Glas Champagner der Hausmarke Marie Demet.

Der Londoner Stadtteil St. James's ist ein wahres Paradies für den Shopping-Enthusiasten der vornehmen Art, denn hier bekommt er alles, was das Herz begehrt. Zwischen Piccadilly, Regent Street, Pall Mall und St. James's Street bieten Hemdenmacher und Maßschneider, aber auch Antiquitäten- und Kunsthändler ihre Waren und Dienste an. Restaurants, Cafés, Weinhandlungen, Feinkostläden und Zigarrengeschäfte sorgen für die leibliche und seelische Stärkung der vom Einkaufen Geschwächten.

Einer dieser rettenden, wohl klimatisierten Häfen der Gastlichkeit befindet sich in der Duke Street Nr. 36 und heißt Green's Restaurant. Vorurteile gegenüber der englischen Kochkunst werden im Green's mit jedem einzelnen Bissen abgebaut, und auch in Sachen Wein bleiben keine Wünsche offen. Zur Mittagszeit füllt sich das Lokal schnell mit eleganten Damen und Herren, die sich in dem von grünem Leder, Mahagoni und Messing dominierten Interieur zum Lunch treffen. Gegessen werden kann wahlweise in der Bar, am Austerntresen oder im *dining room* zu ebener Erde beziehungsweise im gemütlichen Untergeschoss. Die Karte bietet eine interessante Mischung aus internationalen Gerichten, moderner Küche und urenglischen Klassikern. So könnte das Mittagsmenü aus einem halben Dutzend Austern, einer Portion Fish and Chips mit Erbsenpüree und einem Bread and Butter Pudding als Nachtisch bestehen. Zuvor gibt es ein Glas Champagner, zum Essen etwas Chablis und schottisches Mineralwasser gegen den Durst. Wem eine solche Speisenfolge für den Mittag zu reichlich ist, nimmt nur eine leichte Vorspeise. Gestärkt und erfrischt kann man anschließend den Stadt- und Shopping-Bummel fortsetzen. Vielleicht führt er die Duke Street hinauf Richtung Piccadilly zur »Royal Academy of Arts« oder durch die Burlington Arcade in Richtung Bond Street oder Savile Row. Und pünktlich zum Abendessen hat man Lust, noch einmal ins Green's zu gehen – schließlich möchte man all die anderen leckeren Sachen auf der Karte auch probieren.

Auch das legendäre Kaufhaus Fortnum & Mason ist in dem feinen Viertel zu finden. Wie in jedem Reiseführer erwähnt, tragen die männlichen Verkäufer tatsächlich alle einen Cut. Die Bezeichnung »Einkaufs-Assistent« wäre hier allerdings passender, denn man kann des öfteren beobachten, wie ein geduldiger *shop assistant* in der Lebensmittelabteilung des Erdgeschosses einer älteren Dame von Regal zu Regal folgt, während die Lady ihren Einkaufskorb mit Senf, Marmelade, Wein, Essig oder Wachteleiern füllt. Käse kann man bei Fortnum's natürlich auch erstehen, aber noch mehr Spaß macht der Erwerb von Cheddar oder Brie ein paar Häuser weiter bei Paxton & Whitfield. Seit 1797 finden Feinschmecker hier eine unübertroffene Auswahl vorwiegend englischer und französischer Käsesorten. Falls man dann ein passendes Getränk zu seinem Stilton sucht, stehen im hinteren Ladenbereich die feinsten Ports bereit. Wer nun endgültig Appetit bekommen hat, sollte sich vertrauensvoll an eine der örtlichen Gastronomien wenden.

Die Karikaturen an den Wänden von Green's Restaurant sorgen für Unterhaltung, wenn man zur Lunchzeit auf einen Tisch warten muss.

So friedlich und leer präsentiert sich Green's Restaurant nur am frühen Vormittag – jetzt wird alles für die turbulenten Stunden des Lunch vorbereitet.

Einer der ältesten Weinhändler der Welt

Wer sich für die Geschichte des Einzelhandels interessiert, findet in London ein ideales Feld für seine Studien. Hier gibt es Ladengeschäfte, die zum Teil seit mehreren hundert Jahren unter derselben Adresse firmieren. Einige von Ihnen sind immer noch im Besitz der Gründerfamilie. Ein gutes Beispiel für ein solches Urgestein des Detailverkaufs ist Berry Brothers & Rudd in der St. James's Street Nr. 3. Im Jahre 1696 eröffnete hier die Witwe Bourne ein Lebensmittelgeschäft, woraus im frühen 18. Jahrhundert die Weinhandlung Berry Brothers & Rudd hervorging. Der Laden entwickelte sich rasch zu einer Kultstätte für Londons Feinschmecker und Weinkenner. Ab 1765 bot man der vornehmen Kundschaft außerdem einen ganz besonderen zusätzlichen Service an. Man durfte auf einer Waage Platz nehmen und sein Gewicht ermitteln lassen. Das Ergebnis wurde dann feinsäuberlich in einem Buch vermerkt und somit für nachfolgende Generationen festgehalten. Der legendäre Dandy George Bryan Brummel findet sich ebenso in den Kladden verzeichnet wie sechs Generationen der königlichen Familien Englands und Frankreichs, neben zahllosen anderen Berühmtheiten. Glücklicherweise trägt der wiegende Weinhändler noch heute zum Wohlbefinden der Londoner bei. Von hier aus werden nicht nur die allerfeinsten Adressen mit Champagner beliefert, sondern auch die Kunden, die nur einen moderaten Weißwein suchen, werden äußerst zuvorkommend bedient. Und niemand wird gezwungen, sein Gewicht preiszugeben.

Wer das Weinhaus Berry Brothers & Rudd betritt, wird mit Verwunderung feststellen, dass dort kaum Weinflaschen zu sehen sind, jedenfalls keine Flaschenregale, in denen eine Auswahl edelster Tropfen feilgeboten würde. Der Verkauf erfolgt hier nämlich noch nach dem Tante-Emma-Prinzip: Der Kunde sagt, was er haben möchte, worauf einer der versierten Weinverkäufer das Gewünschteaus dem Keller holt. Auch Whiskykenner schätzen Berry Brothers, denn die Hausmarke Cutty Sark gilt als einer der besten Blends auf dem Markt.

Wein aus England? Ja, das gibt es. Die Römer brachten die Rebstöcke auf die Insel, unter anderem auch in die heutige Grafschaft Gloucestershire. Dort erwies sich das Klima als optimal für die Trauben. Mönche setzten den Weinbau im Mittelalter fort, und wenn die Reformation nicht dazwischengekommen wäre, hätte sich dieser Teil der Britischen Inseln vielleicht zu einer angesehenen Weinnation entwickelt. Doch da der Lauf der Geschichte nun einmal ein anderer war, mussten die heutigen Weinbauern fast wieder bei Null anfangen. Einer dieser äußerst lebendigen Betriebe ist der 1973 gegründete Three Choirs Vineyard in Newent. Es begann als Experiment, doch das Mikroklima in dieser Region Englands mit seinen leicht erhöhten Temperaturen bei etwas geringerem Niederschlag wirkte sich sehr positiv auf die ersten Reben aus. Die sanfte Hanglage und der Sandsteinboden sorgten für gute Ernten. Der anhaltende Erfolg scheint den Gloucestershire-Winzern Recht zu geben, denn die Produktion von jährlich gut 250 000 Flaschen verkauft sich bestens, und auch in Fachkreisen beginnt man die Weine von Three Choirs wahrzunehmen. Nicht zuletzt deshalb, weil die Briten fast jedes Jahr anlässlich der großen Weinmessen begehrte Preise einheimsen. So zum Beispiel auf der Vinexpo 1993 die erste Goldmedaille, die dort überhaupt je ein englischer Wein bekommen hat. Wer sich das alles einmal ansehen will, ist herzlich eingeladen: Weinberge und Kellerei können jederzeit besichtigt werden, und seit neuestem steht neben dem sehr guten Restaurant auch ein kleines, gemütliches Hotel zur Verfügung.

Das Luxushotel

Am Eingang des Savoy steht hilfreiches Personal bereit, um den Gästen das Gepäck abzunehmen oder ein Taxi zu rufen.

Wer während seines Großbritannien-Aufenthalts nicht in einem Privathaus wohnt, sondern auf ein Hotel angewiesen ist, wird sich vom ersten Moment an wie in einem gemütlichen Heim fühlen – vorausgesetzt, er lässt die großen Ketten mit ihren kalten Hallen und genormten Zimmern links liegen und entscheidet sich für ein traditionelles britisches Etablissement. Diese oftmals sehr liebevoll und geradezu detailversessen ausgestatteten und höchst professionell geführten Häuser sind nämlich nicht nur für den Gast aus Europa oder Übersee gedacht, sondern wollen auch den eigenen Landsleuten als würdiges Refugium dienen, falls diese einmal – freiwillig oder unfreiwillig – ihr Zuhause verlassen. Wenn zum Beispiel das eigene Heim umgebaut wird, kann es nötig werden, über Wochen oder Monate in einem Hotel Quartier zu nehmen. Nichts könnte naheliegender sein, denn englische Hotels sind ein wunderbares Beispiel für das Prinzip »home away from home«.

Es versteht sich in jedem Hotel des Vereinigten Königreichs von selbst, dass Briten, die während ihrer Geschäftsreise eine angenehme Umgebung suchen oder einfach nur vor dem Baulärm daheim fliehen, nach britischen Standards behandelt werden müssen. Dazu gehört, dass man ihnen nicht nur das gewohnte Frühstück im Speisesaal vorsetzt, sondern es – der englischen Auffassung von Dienst am Kunden entsprechend – auch ohne Murren auf dem Zimmer serviert. Weit wichtiger jedoch ist das wohnliche Umfeld, das die Gäste vorfinden sollen. Wer sich daheim im britischen Stil einrichtet, also Mustermix, geerbten Look und Symmetrie gekonnt verbindet, und zudem in dem festen Bewusstsein aufgewachsen ist, dass dies ein traditionelles – und damit unangreifbares – Dekorationsschema darstellt, wird sich in einer solchen Umgebung immer wohl fühlen. Folglich unternehmen die Hotels sämtliche Anstrengungen, genau diese Bedürfnisse zu befriedigen. Britische Hoteliers wissen, dass sich diese Atmosphäre nicht allein durch Anstrengung und guten Willen erzeugen lässt. Entweder ist sie im Haus vorhanden oder nicht. Und man weiß in britischen Hotels auch, dass manche Kunden in wunderschönen Häusern, Burgen und Palästen wohnen. Ihnen das Gefühl von »home away from home« zu geben, ist immer wieder eine Herausforderung.

Für alle Briten und Nicht-Briten, für deren Ansprüche nur das Beste in Frage kommt, gibt es eine wunderbare Institution: das britische Luxushotel. Entgegen allen Unkenrufen können sich die besten Häuser in London und auf dem Lande über Mangel an Kundschaft nicht beklagen. Vier Vertreter seien hier vorgestellt, obgleich natürlich sehr viel mehr Unternehmen existieren und den genannten in nichts nachstehen.

Als das Savoy 1889 eröffnet wurde, übertraf es seine Konkurrenten in vielerlei Hinsicht. Zum einen durch seine sieben Stockwerke, zum anderem in der Ausstattung mit modernster Technik. So war das Savoy das erste öffentliche Gebäude der Welt, das durchgehend elektrisch beleuchtet war. Der Strom dafür kam aus eigenen Generatoren, ebenso wie das fließende Wasser der 70 installierten Badezimmer aus einem eigenen Wasserwerk stammte. Der Druck, der hier erzeugt werden kann, liegt höher als der in üblichen Leitungen – ein Duschbad im Savoy ist also ein ganz besonderes Erlebnis. Daneben gab es von Anfang an Fahrstühle, die damals noch *ascending rooms* hießen. Eine hochkarätige Küchenmannschaft unter dem legendären Chefkoch Auguste Escoffier sorgte dafür, dass auch in kulinarischer Hinsicht nichts zu wünschen übrig blieb.

Einige Jahre später, genauer gesagt am 24. Mai 1906, wurde das Ritz eröffnet. So wie das Savoy den Übergang vom 19. zum 20. Jahrhundert verkörperte, ist das Ritz ein perfekter Ausdruck der Edwardianischen Epoche. Sein Dekor im Louis-Seize-Stil wirkt für den heutigen Geschmack zwar etwas überladen, doch dem damaligen Publikum gefiel es. Zu den Gästen des

Links: Londoner Hotels bieten ihren Gästen jeden nur erdenklichen Komfort. Vorausgesetzt man ist bereit, dafür zu zahlen. Dann allerdings steht einem luxuriösen Aufenthalt in vornehmer Umgebung nichts mehr im Wege.

Oben: Wirklich guter Service zeichnet sich dadurch aus, dass er zu jeder Tages- und Nachtzeit verfügbar ist. Dabei muss sich Freundlichkeit mit Distanz und Diskretion verbinden – wie zum Beispiel im Lanesborough Hotel.

Rechte Seite: Die legendäre Eingangshalle des Claridge's empfängt die Besucher mit ihrer schlichten Eleganz, die dieses Foyer angenehm vom überladenen Pomp anderer Häuser unterscheidet.

Hauses zählten fast alle legendären Größen der Zeit, darunter Winston Churchill, Aristoteles Onassis, Charlie Chaplin, Noel Coward und der Duke und die Duchess of Windsor. Heute ist es rund um das Ritz meist etwas überlaufen, denn das Haus liegt mitten im touristischen Zentrum Londons.

Das Claridge's dagegen befindet sich etwas abseits in der Brook Street. Die im Art-Déco-Stil gehaltene Oase britischer Hotellerie ist auch bei gekrönten Häuptern so beliebt wie eh und je. Es ist nicht ungewöhnlich, dass der Eingangsbereich für ein paar Minuten abgeschirmt wird und kurz darauf der Prince of Wales erscheint. Etwas intimer geht es im Cadogan zu. Das im edwardianischen Stil eingerichtete Haus liegt in der Sloane Street Nr. 75 und ist ein idealer Ausgangsort, wenn South Kensington, Knightsbridge und Belgravia die bevorzugten Stadtteile des Gastes sind. Von der traditionsreichen Adresse aus können Museen wie das Natural History Museum oder das Victoria & Albert Museum, Kaufhäuser wie Harrods, Harvey Nichols oder auch der Sloane Square mit seinen umliegenden Straßen zu Fuß erreicht werden. Das Innere erinnert an die Einrichtung eines großen Landhauses der Jahrhundertwende, und so kann der Besucher mitten in London das Gefühl erleben, Gast auf einem feudalen Landsitz zu sein.

Luxus auf den Weltmeeren – die QE 2

Briten und Amerikaner seien zwei Völker, die durch eine gemeinsame Sprache getrennt würden, besagt ein bekanntes Zitat. Doch sie trennt auch noch etwas anderes: der Atlantik. Ihn in möglichst kurzer Zeit und so komfortabel und sicher wie möglich zu überqueren, war seit dem frühen 19. Jahrhundert das Ziel zahlreicher Reeder und Seeleute. Obwohl schon 1819 das erste Dampfschiff, wenn auch noch mit Hilfe seiner Segel, die Strecke bewältigte, wurde der erste Linienverkehr zwischen Großbritannien und den USA erst im Jahre 1840 eingerichtet. Das Schiff, das regelmäßig zwischen Amerika und Europa hin- und herreiste, war die Britannia der Cunard-Linie. Heute, über 160 Jahre später, ist der Erste auch einer der Letzten, denn Cunards Queen Elizabeth II. gehört zu den wenigen verbliebenen Schiffen, die noch zwischen Europa und Nordamerika pendeln. Das Projekt wurde 1960 begonnen, nachdem die britische Regierung Cunard ein Darlehen von 18 Millionen Pfund zur Verfügung gestellt hatte. Nach sieben Jahren Bauzeit lief die Nachfolgerin der legendären Queen Elizabeth am 20. September 1967 vom Stapel. Bewusst war der Liner kleiner und schlanker gehalten worden als die Ozeanriesen der vorherigen Jahrzehnte, denn er sollte nicht ausschließlich zwischen Nordamerika und Großbritannien den Liniendienst verrichten, sondern auch für geruhsame Kreuzfahrten zur Verfügung stehen. Die Jungfernfahrt konnte erst zwei Jahre nach dem Stapellauf unternommen werden, da technische Probleme und Streiks die endgültige Fertigstellung des Schiffs verzögert hatten.

Auch wenn die Queen Elizabeth II. für unsere heutigen Begriffe als Luxusliner par excellence gilt, könnte sie sich mit ihren Vorgängern nur schwer messen. Eines dieser unvergesslichen Schiffe war die Queen Mary. Sie wurde von 1930 bis 1934 in Clydeside erbaut. Die Weltwirtschaftskrise drohte zeitweilig den Fortgang der Arbeiten unmöglich zu machen, doch unter der Bedingung, dass Cunard mit seinem Konkurrenten White Star fusioniert, gewährte die britische Regierung einen rettenden Kredit. Die Taufe fand am 26. September 1934 in strömendem Regen statt. Die Gemahlin von König Georg V. gab dem Schiff ihren Namen: Queen Mary. Am 27. Mai 1936 legte der Liner in Southampton zu seiner Jungfernfahrt ab – um im August desselben Jahres das begehrte Blaue Band für die schnellste Atlantiküberquerung zu erringen. Die im Art-Déco-Stil ausgestattete Queen Mary schaffte die Route in exakt drei Tagen, 20 Stunden und 42 Minuten – und damit erstmals in der Geschichte in weniger als vier Tagen. Von 1939 bis 1946 leisteten die Queen Mary und ihr im Jahr des Kriegsausbruchs in Dienst genommenes Schwesterschiff Queen Elizabeth ihren Beitrag im Kampf gegen Hitler. Als Truppentransporter schafften sie Tausende von Soldaten aus Amerika nach Europa, schneller als jedes Kriegsschiff. Der Dienst für König und Vaterland endete mit den letzten Septembertagen des Jahres 1946. Nach einer gründlichen Renovierung nahmen die beiden Schiffe wieder ihre gewohnte Arbeit auf. Die Queen Mary bis 1967 und die Queen Elizabeth bis 1968. Die QE2 kam also pünktlich genau in dem Moment auf die Welt, als die beiden Schiffe, deren Tradition sie fortsetzen sollte, ausgemustert wurden. Aber auch die zweite Königin Elisabeth von Cunard sollte nicht vom Kriegsdienst verschont bleiben. Im Jahre 1982 transportierte sie 3000 britische Soldaten auf die Falklandinseln. Heute steht die Queen Elizabeth II. nach einer umfangreichen Renovierung bereit, Passagiere in neuem Glanz und in allem Komfort, vor allem aber stilvoll, über den Atlantik zu bringen.

Die Queen Elizabeth II., oft kurz auch »QE2« genannt, lief am 20. September 1967 vom Stapel, ihre Jungfernfahrt begann am 18. April 1969. Da das Schiff zu einer Zeit geplant worden war, als der Liniendienst zwischen Europa und den USA mehr und mehr an Bedeutung verlor, wurde es bewusst kleiner ausgelegt. So konnte der mit seinen 293 Metern Länge und 65 000 Bruttoregistertonnen im Vergleich zu seinen Vorgängern etwas leichtere und schlankere Liner den Suez- und den Panama-Kanal durchqueren und wurde damit auch als Kreuzfahrtschiff einsetzbar. Das Konzept erwies sich als richtig, denn die vielseitige, 30 Millionen Pfund teure Queen Elizabeth II. versieht bis heute treu ihren Dienst.

Die Royal Yacht Britannia wurde 1953 von der damals noch relativ frisch gekrönten Queen Elizabeth II. getauft und 44 Jahre darauf aus den königlichen Diensten entlassen. 275 Mann Besatzung sorgten bei zahlreichen Einsätzen rund um den Globus für das leibliche Wohl der Königsfamilie und ihrer Gäste. Die enormen Kosten, die das Privatschiff verursachte, waren seit den 60er-Jahren des 20. Jahrhunderts immer wieder Anlass zu Kritik. Erst als Ende der Neunziger eine kostspielige Renovierung die einzige Alternative zur Ausmusterung geworden war, beugte sich der Buckingham Palace dem öffentlichen Druck und verabschiedete seine geliebte Britannia in den Ruhestand.

Oben: Als die königliche Yacht Britannia im Jahre 1997 ausgemustert wurde, hat die Queen entgegen ihrer sonstigen Gewohnheit in aller Öffentlichkeit ein paar Tränen verdrückt. Dies ist nur zu verständlich, denn die Monarchin hat an Bord des Schiffs viele glückliche Stunden mit ihrer Familie verbracht, fernab vom inquisitorischen Auge der Presse.

Rechts: In einem Sonnenstuhl an Deck der Queen Elizabeth II. – auch so kann man den Atlantik überqueren. Dass die meisten Reisenden dem engen Flugzeug den Vorzug geben, wenn sie von London nach New York transportiert werden möchten, liegt vermutlich an der etwas zu langen Fahrzeit des Luxus-Liners.

Dank

Verlag, Herausgeber und Fotograf möchten sich bei den unten angeführten Institutionen, Organisationen, Firmen, Agenturen und Personen für ihre unermüdliche Unterstützung und Mithilfe bedanken. Ein besonders herzliches Dankeschön geht an alle, die so freundlich waren, die Türen ihrer privaten Räumlichkeiten zu öffnen und uns Fotoerlaubnis zu geben.

Stuart und Heidi Ahrens
Charles Alford
Colin und Carol Arnold
Laura Ashley Ltd., London
Asprey's and Garrard, London
Atco-Qualcast Ltd., Suffolk
Jasper Bagshawe
Balliol College, Oxford (Dr. Jones)
Bernadette
Berry Bros. & Rudd Ltd., London
Justin Bird und Jo
Lucy und Peter Boutwood
Brintons Fine Carpet (Sylvia Herbert), Kidderminster, Worcestershire
Buckingham Palace, The Press Office (Dickie Arbiter), London
Rhu Callender
Jasmin Cameron Antique Decanters, London
Fiona Campbell Interior Design Ltd. (Fiona and Giorgina, thank you), London
Chesney's Antique Fireplace Warehouse Ltd., London
The Claridges, The Savoy Group, London
Cloakrooms, Traditional Wooden Furnishings (John Crellin), Kingsbridge, Devon
Cunard Line, London
Michael und Sue Cunningham
Davidoff, London
Drummonds Architectural Antiques Ltd., Hindhead, Surrey
The Duke and the Duchess of Devonshire, Chatsworth House
Duresta (Darren Paul Nicholson), Nottingham
Encyclopaedia Britannica (Jane Reynolds), London
Rose Fane
Julia Hall
D. R. Harris, Chemists and Parfumers, London
Hypnos Limited (Ruth Simmons), Buckinghamshire
Gainsborough's Silk Weaving (Diane Sargent), Suffolk
Green's Restaurant, London
Countess Le Grelle
Francesca Hanbury-Tenison
Merlin Hanbury-Tenison
Robin und Louella Hanbury-Tenison
Erika Hellmuth Public Relations (Wedgwood, Waterford Crystal), Hamburg
The Historic Houses Association, Letchworth, Hertfordshire
Anthony und Sylvia Hopkinson
Inchbald School of Design, London
Marcus Kemp Estates, London
Rob und Carolyn Kempthorne
Lady Victoria Leatham, Burgley House
Sammie Leslie und Sir Jack Leslie, Castle Leslie, Co. Monaghan, Irland
Evan Lewis
David Linley Furniture Ltd. (Susanna Wass), London
Angus und Claire Macwatt
Johnny und Lucy Madden, Hilton Park, Co. Monaghan, Irland
Mickey Madden
John Morgan, London
The National Trust, London
Jeremy Nichols und die Stowe School, Northamptonshire
The Duke of Northumberland, Alnwick Castle und Syon Park
Kerry O'Connell
Olive Coffeeshop, Fulham, London
Richard Pailthorpe
Parker Hobart Associates (Caroline Wolfenden), London
William und Meredith Proby
Henry Poole & Co. (Angus Cundey), London
Jo Potter
Purdey, Gun and Rifle Makers, London
The Reform Club, London
Brigadier Sebastian Roberts
Robinson & Cornish OHG (Petra Schönfeld), Espelkamp
Sigrid und Prof. Dr. Ing. Wilfried Roetzel, Sülfeld
Rolls Royce and Bentley Motor Cars, Crewe (und Annette Koch vom Presse- und Informationsbüro Deutschland)
Hector Russel Kiltmakers, Inverness
Peter Sinclair
Ivor Spencer School for British Butlers and Administrators, London
Moyses Stevens, London
St. Austell Ales Brewery
St. James's Palace (Amanda Neville), London
St. Kew Inn, Cornwall
Polly Shillington
Capel Tenison
Jack Tenison
Lucien Thynne
Turnbull & Asser (Ken Williams), London
The Victoria and Albert Museum, London
James Webster
Welsh Guards, Wellington Barracks, London
Des und Ginny Weston
Richard Wilkin
Brigadier Gage Williams
Christopher Wray Lighting, London und Birmingham

Wir hoffen, dass wir niemanden vergessen haben!

Der Verlag dankt ferner den vielen Helfern, die bei der Fertigstellung des Buches engagiert mit Rat und Tat geholfen haben.

Robin Bastian
Waltraud Düber
Tanja Godlewsky
Sabine Hesemann
Andreas Jeßberger
Holz Konkret, Schreinerei Wachhelder und Moritz GmbH
Horst Kraus
Andreas Mann
Antje Mehnert
Ruth Pauli
Angelika Peters
Dr. Johannes Röll
Antje Schwesig-Simac

Die Britischen Inseln

Tudor- und Jacobean-Style (1485–1625)

Die Monarchen

• Henry VII. (1485–1509), Henry VIII. (1509–1547), Edward VI. (1547–1553), Mary I. (1553–1558), Elizabeth I. (1558–1603), James I. (1603–1625)

Porträt Heinrichs VIII. von Hans Holbein (1497–1543), um 1536/1537, Eichenholz, 28 x 20 cm, Fundación Colección Thyssen-Bornemisza, Madrid

Historische Ereignisse

• 1534 Reformation und Abspaltung der Kirche von Rom unter Henry VIII., der englische König wird Oberhaupt der anglikanischen Kirche

• 1588 Sir Francis Drake besiegt mit seiner Flotte die spanische Armada. Beginn der englischen Seemacht

• 1600 Die East India Company wird gegründet, und der Handel mit dem Orient beginnt

• 1605 Der Attentatsversuch einer Gruppe römisch-katholischer Fanatiker auf König James I. – der so genannte Gunpowder Plot – scheitert, der gedungene Attentäter Guy Fawkes und seine Auftraggeber werden hingerichtet

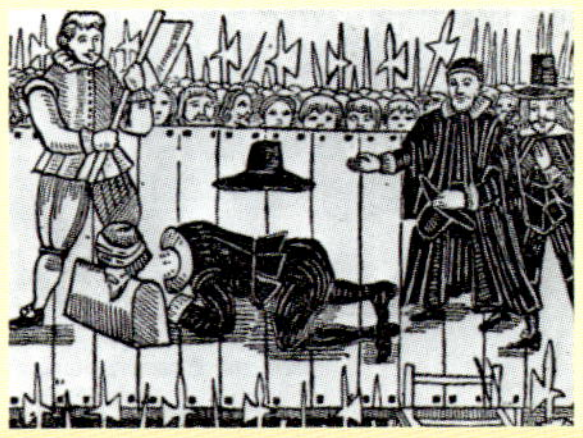

1649, Hinrichtung Charles I. in Whitehall

Kunst & Kultur

• 1516 Thomas Morus schreibt »Utopia«, eine der ersten humanistischen Zukunftsvisionen

• 1536 Hans Holbein d. J. wird Hofmaler von Henry VIII. und führt die Gattung des Portraits als eine der wichtigsten Formen der Malerei ein

• 1593 Tod des Dramatikers und Shakespeare-Vorläufers Christopher Marlowe

• 1599 Das Globe Theatre in Southwark wird gegründet, wo Shakespeare seine Stücke aufführt

Wissenschaft & Technik

• 1530 Der Gebrauch des Spinnrads verbreitet sich über ganz Europa

William Shakespeare (1564–1616) ist der wohl berühmteste Dramatiker und Dichter Großbritanniens. Titelblatt der ersten Folioausgabe der Bühnenwerke Shakespeares, versehen mit einem Porträtkupferstich, koloriert, von Martin Droeshout, London, 1623

Architektur & Design

• 1466-1515 Bau der King's College Chapel in Cambridge durch Heinrich VI.

• 1502-1509 Errichtung der Kapelle Heinrichs VII. in der Abteikirche von Westminster Abbey

• 1515 Beginn des Baus von Hampton Court Palace

• 1531 Bau des St. James's Palace

• 1616–35 Der Architekt Inigo Jones baut das Queen's House in Greenwich, und leitet damit den Klassizismus in England ein

Hampton Court gilt als eines der bedeutendsten Bauwerke der Tudorzeit. 1689 wurde der Palast von Sir Christopher Wren im Stil des Barock umgebaut.

Weltereignisse

• Um 1450 Erfindung des Buchdrucks durch Johannes Gutenberg

• 1492 Christoph Kolumbus geht erstmals auf Weltreise und entdeckt Kuba, die Bahamas und Haiti

• 1498 Vasco da Gama entdeckt den Seeweg nach Ostindien

• 1534 Gründung des Jesuitenordens durch Ignatius von Loyola

• 1572 In der Bartholomäusnacht werden in Paris 2000 Hugenotten ermordet

• 1614 Die Blaue Moschee in Istanbul wird vollendet

Barock (1625–1714)

- Charles I. (1625–1649), Charles II. (1660–1685), James II. (1685–1688), William III. und Mary II. (1689–1694, bis 1702 William III. allein), Anne (1702–1714)

Porträt der Prinzessin Anna von England, spätere Königin von England, Schottland und Irland von Sir Godfrey Kneller (1646–1723), um 1700, Öl auf Leinwand, 76 x 64 cm, Schleswig-Holsteinsches Landesmuseum, Schleswig

- 1642 Beginn des Bürgerkrieges zwischen den Truppen des Königs und Oliver Cromwell
- 1649 Hinrichtung König Charles I. in Whitehall
- 1649–1660 Errichtung einer Republik, Herrschaft Oliver Cromwells
- 1660 Restauration unter Charles II.
- 1665 Die große Pest wütet in London
- 1666 Die erste Londoner Zeitung erscheint
- 1666 London wird von dem größten Feuer seiner Geschichte verwüstet, das drei Tage in der Hauptstadt wütet und in der City 13 000 Häuser, 87 Kirchen, einen Großteil der öffentlichen Gebäude und die St. Paul's Cathedral zerstört
- 1685 Auf der Flucht aus Frankreich kommen zahlreiche Hugenotten ins Land
- 1689 Die »Bill of Rights« schränkt die Macht des Monarchen ein und stärkt das Parlament

- 1667 publiziert John Milton sein Versepos »Paradise Lost«, eine protestantische Nacherzählung von Schöpfung, Sündenfall und Erlösung.
- 1678 John Bunyan veröffentlicht sein Erbauungsbuch »The Pilgrim's Progress«
- 1658–1695 Henry Purcell ist Englands bekanntester Komponist
- 1660 Der König erlaubt die Wiedereröffnung von Theatern in Covent Garden, nach den Jahren des Puritanismus unter Cromwell.

- 1645 Die Royal Society wird gegründet
- 1675 Die Sternwarte in Greenwich nimmt ihre Arbeit auf

Die zwischen 1675 und 1709 erbaute St. Paul's Cathedral gilt als Meisterwerk des englischen Barock. Ihr Erbauer Sir Christopher Wren war Professor für Astronomie und beschäftigte sich mit Geometrie. Über dieses Studium der Geometrie gelangte er zur Architektur und wurde einer der typischen *gentlemen architects* der Barockzeit in Großbritannien, welche die Kunst der Architektur zunächst als Steckenpferd betrieben, bis sie eine professionelle Laufbahn einschlugen.

- Ab1630 Die Covent Garden Piazza in London wird gebaut
- 1730–1748 William Kent entwickelt den englischen Landschaftsgarten
- 1660 Entwurf von Bloomsbury Square, der ersten Platzanlage Londons
- 1666 Beginn des Wiederaufbaus der St. Paul's Cathedral und der Kirchen in der Londoner City unter Leitung von Sir Christopher Wren
- 1705–1724 Bau von Blenheim Palace

- 1618–1648 Dreißigjähriger Krieg
- 1682 William Penn gründet eine Quäkerkolonie in Nordamerika
- 1689–1725 Herrschaft Zar Peters des Großen, Beginn der Europäisierung Russlands
- 1713 Der Frieden von Utrecht beendet den Spanischen Erbfolgekrieg und den Krieg zwischen England und Frankreich um die nordamerikanischen Kolonien

Früher Georgian-Style (1714–1765)

- George I. (1714–1727), George II. (1727–1760)

Reiterbildnis Georges I., König von Großbritannien, zugleich Kurfürst von Hannover und Osnabrück, von Sir Godfrey Kneller (1646–1723), Öl auf Leinwand, 120 x 100 cm, Händel-Haus, Halle

- 1721–1742 Robert Walpole regiert als Premierminister
- 1757–1761 William Pitt d. Ä. ist Premierminister
- 1739 Beginn des Jenkin's Ear-Krieges zwischen England und Spanien in den nordamerikanischen Kolonien

Zeitgenössische Darstellung der verheerenden Brandkatastrophe in London im Jahre 1666. Die Menschen versuchten in den überladenen Booten dem Feuer, das drei Tage lang in London wütete, über die Themse zu entfliehen. Wie durch ein Wunder starben nur neun Menschen in den Flammen.

- 1719 Daniel Defoe veröffentlicht »Robinson Crusoe«
- 1719 Georg Friedrich Händel wird Leiter der Haymarket Opera in London
- 1726 Jonathan Swift veröffentlicht »Gullivers sämtliche Reisen«, eine Satire auf das England seiner Zeit.
- 1741 Georg Friedrich Händel komponiert »Der Messias«
- 1753 Einrichtung des British Museum

- 1727 Tod des englischen Physikers und Mathematikers Isaac Newton

Das so genannte *Wilton violin bookcase* entstand um 1763 und gehört zu den wenigen Möbelstücken, die direkt auf die Hand des Kunsttischler Thomas Chippendale zurückzuführen sind. Der in Mahagoni gefertigte Bücherschrank mit seinen beschwingten Rokoko-Formen ist ein herausragendes Beispiel der Kunstfertigkeit und des Stils Chippendales.

- 1729 John Wood d. Ä. baut in Bath den Queen's Square
- 1739–47 Bau der Westminster Bridge durch Charles Laa Belye
- 1767–1775 Bau des Royal Crescent durch John Wood d. J.
- 1730–1795 Joshua Wedgwood entwickelt mit der Queen's Ware und dem Jasper wichtige Rohstoffe für die Keramikindustrie
- 1754 Thomas Chippendale veröffentlicht »The Gentleman and Cabinet Makers' Director«, ein Vorlagenbuch für Kunsttischler

Der kostbar gepolsterte Sessel im Stil des Neo-Klassizismus entstand um 1765 in der Werkstatt Chippendales nach einem Entwurf des schottischen Architekten und Gestalters Robert Adam. Es ist der einzige Möbel-Entwurf von Adam, der nachweislich durch Chippendale ausgeführt wurde.

- 1715 Die britische East India Company beginnt den Handel mit China
- 1741–1748 Maria Theresia behauptet sich im österreichischen Erbfolgekrieg
- 1756 Ausbruch des Siebenjährigen Krieges

Später Georgian-Style (1765–1811)

Regency und frühes 19. Jhdt. (1811–1837)

Die Monarchen

• George III. (1760–1820)

• George III. (1760–1820), George IV. (1811–1820 als Prinzregent und als König 1820–1830), William IV. (1830–1837)

Porträt Georges IV., König von Großbritannien und Hannover von Thomas Gainsborough (1727–1788), 1781, ÖL auf Leinwand, 76,5 x 63,5 cm, Nationalmuseum der Schönen Künste, Berlin

Historische Ereignisse

Herrscherporträt Georgs III., König von Großbritannien und Hannover, von Allan Ramsay (1713–1784), Guildhall Art Gallery, London

• 1783–1801 William Pitt d. J. regiert als englischer Premierminister
• 1801 Union Irlands mit Großbritannien zum Vereinigten Königreich
• 1803 Die Engländer nehmen Delhi ein
• 1805 Schlacht bei Trafalgar, Admiral Nelson fällt im Kampf
• 1807 England verbietet den Sklavenhandel

• 1825 Gründung der ersten legalen Gewerkschaft durch William Cobbett
• 1832 Reform Bill, die Bürger des Mittelstandes erhalten das Wahlrecht
• 1833 Fabrikgesetz für die Textilindustrie, Beschränkung der Arbeit von Kindern und Jugendlichen
• 1837 Loslösung Hannovers von England nach dem Tod von König William IV.

Die Vorstellungen von Industrialisierung und Fortschritt des 19. Jahrhunderts finden ihren Niederschlag in dem Gemälde »Regen, Dampf und Geschwindigkeit« von William Turner (1775–1851), 1844, Öl auf Leinwand, 91 x 122 cm, National Gallery, London

Kunst & Kultur

• 1727–1788 Thomas Gainsborough, Landschaftsmaler und bedeutendster Portraitist des 18. Jahrhunderts in England
• 1763–1804 George Morland, der große Maler des Outdoor Sport
• 1724–1806 George Stubbs, bedeutender Pferdemaler
• 1768 Gründung der Royal Academy durch führende Maler, Bildhauer und Architekten
• 1785 Gründung der Zeitung »The Times«

• 1775–1851 William Turner, Maler von Landschaften und Vorläufer des Impressionismus
• 1771–1832 Sir Walter Scott, schottischer Dichter
• 1824 Eröffnung der National Gallery

Wissenschaft & Technik

In dieser Werkstatt entwickelte James Wattdie Konstruktionspläne für seine revolutionäre Erfindung der Dampfmaschine.

• 1768 James Watt konstruiert die Dampfmaschine
• 1768 James Cook beginnt seine Entdeckungsreisen
• 1768 Die »Encyclopaedia Britannica« erscheint erstmals
• 1784 Cartwright entwickelt den mechanischen Webstuhl
• 1796 Erste Schutzimpfung gegen Pocken durch den Landarzt Edward Jenner

• 1814 George Stephenson baut die erste betriebsfähige Lokomotive
• 1818 Samuel Clegg entwickelt die Gaswerktechnik so weit fort, dass die Gasbeleuchtung eingeführt werden kann
• 1828 Gründung des nichtkirchlichen University College
• 1830 Die Royal Geographical Society wird gegründet
• 1831 Das betont klerikale King's College wird als Reaktion auf das University College ins Leben gerufen

Architektur & Design

Um 1780 entstand dieser gepolsterte Lehnstuhl aus Mahagoni in der Londoner Kunsttischlerei George Hepplewhites. Die zierliche, filigrane Arbeit des Sitzmöbels ist typisch für den Stil Hepplewhites.

• Robert Adam (1728–1792) ist der erfolgreichste Architekt der zweiten Hälfte des 18. Jahrhunderts und einer der Vertreter des Klassizismus in England
• 1788 Zwei Jahre nach dem Tod des Kunsttischlers George Hepplewhite wird »The Cabinet Maker and Upholsterer's Guide« veröffentlicht, ein Vorlagenbuch für verschiedene Möbelstücke
• 1791 Thomas Sheraton gibt erstmals sein »The Cabinet Maker and Upholsterer's Drawing-Book« heraus, dem später noch zwei weitere Bücher folgen

Der aufwendig gearbeitete, runde Mahagoni-Tisch besitzt eine Ebenholz-Einlegearbeit von Thomas Hope. In seiner klassizistischen Formensprache entspricht er dem von der griechischen Antike beeinflussten Stilempfinden des Regency.

• 1812 Entwurf und Bau der Regent Street durch John Nash
• 1823–1847 Baubeginn des neuen Gebäudes für das British Museum

Der Carlton-House-Schreibtisch wurde erstmals für George IV. entworfen, als er noch Prince of Wales war. Er ist ein gutes Beispiel für den eleganten klassizistischen Stil der Regency-Periode.

Weltereignisse

Symbol für die Ideale der Französischen Revolution: das Gemälde »Die Freiheit führt das Volk an«, von Eugène Delacroix (1798–1863), 1830, Öl auf Leinwand, 260 x 325 cm, Musée du Louvre, Paris

• 1762–1796 Katharina die Große ist Zarin von Russland
• 1763 Ende des Siebenjährigen Krieges
• 1775–1783 Amerikanischer Unabhängigkeitskrieg
• 1789 Beginn der Französischen Revolution
• 1804 Napoleon krönt sich zum Kaiser

• 1813 Beginn des deutschen Befreiungskrieges gegen Napoleon
• 1814–1815 Wiener Kongress
• 1815 Rückkehr Napoleons aus dem Exil auf Elba, er wird von Preußen und England in Waterloo vernichtend geschlagen
• 1830 Julirevolution in Frankreich, Louis Philipp wird König

Victorian (1837–1901)

• Victoria (1837–1901)

Diese frühe Fotografie der Königin Viktoria, Königin von Großbritannien und Irland und Kaiserin von Indien und ihres Prinzgemahls Albert von Sachsen-Coburg-Gotha entstand 1854 durch die Hand Roger Frentons.

• 1848 Karl Marx und Friedrich Engels veröffentlichen in London das »Kommunistische Manifest«
• 1849 Beginn der Herrschaft Englands über gesamt Indien
• 1853 Auswanderungswelle aus Irland auf dem Höhepunkt, 830 000 Menschen gehen nach Übersee
• 1854–1856 Krimkrieg
• 1859 Palmerston wird zum zweiten Mal Premierminister
• 1860 Einführung der von Pferden gezogenen Straßenbahn
• 1867 Zweite Reform Bill, Ausdehnung des Wahlrechts auf weitere Bevölkerungsteile
• 1884 Dritte Reform Bill, Ausdehnung des Wahlrechts auf die Landbevölkerung

• 1812–1870 Charles Dickens, Schriftsteller von realistischen und sozialkritischen Romanen, als eines seiner bekanntesten Werke gilt »Oliver Twist«
• 1853 Gründung des Victoria & Albert Museum
• 1856 Beginn weiterer Museumsbauten in South Kensington
• 1896 Die Londoner »Daily Mail« erscheint erstmals

Die Theorien in Charles Darwins 1859 veröffentlichten Werk »Von der Entstehung der Arten« lösten einen Aufschrei der Entrüstung in der viktorianischen Gesellschaft aus. Darwins Evolutionstheorie wird auf dem Titelblatt des 1862 erschienen Ausgabe des satirischen Blattes »Punch« karikiert.

• 1851 Erste Weltausstellung im Hyde Park
• 1859 Charles Darwin veröffentlicht »Die Entstehung der Arten«
• 1881 In Großbritannien brennt erstmals elektrisches Licht in Privathäusern

• 1837–1867 Bau der Houses of Parliament
• 1863 Beginn des Baus der Londoner Untergrundbahn
• 1894 Eröffnung der Tower Bridge
• William Morris (1834–1896) gründet verschiedene Werkstätten, die alles für das viktorianische Interieur liefern: Möbel, Textilien, Tapeten, Accessoires etc. Er wird mit seiner Arts-and-Crafts- Bewegung zu einem der Vorläufer der Kunst des Jugendstils.

Die äußere Gestalt der Houses of Parliament schuf der Londoner Architekt Sir Charles Barry (1795–1860) im Pependicular Style und verhalf England damit zu einem Wahrzeichen, das die ganze Welt kennt.

• 1840–1842 Opiumkrieg Englands gegen China
• 1848 Revolutionäre Bewegungen in ganz Europa
• 1870–1871 Deutsch-französischer Krieg, Sieg Deutschlands und Gründung des Deutschen Reiches
• 1900 Boxeraufstand in China

Edwardian (1901–1914)

• Edward VII. (1901–1910), George V. (1910–1936)

• 1903 Beginn der englischen Frauenwahlrechtsbewegung
• 1905 Gründung der nationalistischen Sinn-Fein-Bewegung in Irland
• 1912 Bergarbeiterstreik mit dem Ergebnis des Mindestlohngesetzes
• 1911 Pflichtversicherung der Arbeiter in Großbritannien gegen Krankheit und Arbeitslosigkeit

Diese Aufnahme Edwards VII., König von Großbritannien und Irland, entstand um 1906.

• 1909 Abschluss der unter Königin Victoria begonnenen Bauarbeiten an den Museen in South Kensington
• 1912 Ezra Pound gründet in London die literarische Schule der Imaginisten

• 1902 Robert Falcon Scott entdeckt das König-Edward VII.-Land in der Antarktis

Kapitän Robert Falcon Scott leitete zwei Expeditionen in die Antarktis. Der erste Versuch 1902 scheiterte 150 Meilen vor dem Ziel. Das Expeditionsschiff stellte sich trotz seiner viel gepriesenen Ausrüstung als nutzlos heraus. Die zweite Expedition erreichte den Südpol 1912, allerdings erst vier Wochen nachdem der Norweger Roald Amundsen den Pol als erster erreicht hatte.

• 1898 Ebenezer Howard entwickelt in seinem Werk: »Tomorrow: A Peaceful Path to Rural Reform« die Siedlungsform der Gartenstadt und liefert damit wichtige Impulse für den Verlauf des Siedlungsbaus des 20. Jahrhunderts
• 1890–1910 Entwicklung des Modern Style, der angelsächsischen Ausprägung des Jugendstils

Das Foto des Zeitungsjungen Ned Parfitt vom 14. April 1912 erlangte traurige Berühmtheit. Die Tagesschlagzeile verkündete den Untergang der Titanic, bei der am 12. April 1912 über 1500 Menschen umkamen.

• 1911 China wird Republik
• 1912 Untergang der Titanic
• 1914 Eröffnung des Panama-Kanals
• 1914–1918 Erster Weltkrieg

Glossar

Adam, Robert (1728–1792)
Schottischer Architekt und Entwerfer des Neo-Klassizismus. Adam begründete mit seinen Brüdern James und John den zwischen 1760 und 1780 äußerst beliebten *Adam-style.*

Aga
Herd-Ofen-Kombination und Warmwasserboiler, erfunden von dem schwedischen Wissenschaftler Nils Gustav Dalén. Seit den 30er-Jahren des 20. Jahrhunderts unentbehrlich für jede Country-Haus-Küche.

Arts-and-Crafts-Bewegung
Von John Ruskin (1819–1900) und William Morris (1834–1896) begründete Architektur- und Kunstgewerbe-Bewegung, die im letzten Drittel des 19. Jahrhunderts aus der Ablehnung industriell gefertigter Massenprodukte entstand. Anders als bei der ähnlich motivierten Art-Nouveau bezogen die Arts-and-Crafts-Bewegten ihre Inspiration aus der Technik und Ästhetik vergangener Epochen.

Art Nouveau
Europaweite Architektur-, Design- und Kunstrichtung des späten 19. und frühen 20. Jahrhunderts, in Deutschland als Jugendstil bezeichnet. Ihre stilisierten organischen Formen fanden vor allem auf dem Kontinent eine große Anhängerschaft, der bekannteste britische Vertreter der Art-Nouveau-Bewegung, die sich in Großbritanien mit der Arts-and-Crafts-Bewegung überschnitt, war der Schotte Charles Rennie Mackintosh (1868-1928).

Axminster Carpet
Gewebte, samtartige Auslegeware, benannt nach der im Jahre 1755 in Axminster, Devon, gegründeten Manufaktur von Thomas Witty.

Barock
Im Rom des späten 16. Jahrhunderts entstandene Stilrichtung in Kunst, Architektur, Mode und Musik, in England ab dem 17. Jahrhundert in einer strengeren Variante beliebt. Neben italienischen und französischen Stilelementen finden sich im späten 17. Jahrhundert auch niederländische Einflüsse. Als eines der bedeutendsten Häuser dieser Zeit gilt der von J. Vanbrugh erbaute Blenheim Palace in Oxfordshire.

Billard
Spätestens seit dem 17. Jahrhundert wird in England Billard gespielt, die genaue Herkunft des beliebten Zeitvertreibs ist jedoch unbekannt. Der älteste noch existierende Billardtisch steht in Boughton House, Northamptonshire, und datiert noch vor 1670. Ab dem frühen 18. Jahrhundert gehört der Billard-Raum standardmäßig zum Landhaus. Ein frühes Beispiel für ein solches Zimmer befindet sich in Southill (erbaut von 1767 bis 1803) in Bedfordshire.

Bloomsbury Group
Literarischer Freundeskreis englischer Verleger, Dichter, Künstler und Schriftsteller, die sich in der Zeit von etwa 1907 bis 1930 regelmäßig zusammenfanden. Treffpunkt war das Haus Virginia Woolfs im Londoner Stadtteil Bloomsbury, daher auch der Name der Gruppe. Neben Virginia Woolf gehörten Vita Sackvill-West, David Garnett, Adrian Stephen, Clive Bell und andere zur Gruppe. Von 1909 bis 1919 trafen sich die Mitglieder der Bloomsbury Group am Wochenende in Durbins, dem Landhaus Roger Frys in Guildford, Surrey.

Brown, Lancelot »Capability« (1716–1783)
Landschaftsgärtner und Architekt, bekannt vor allem als Gartengestalter. Die Liste der von ihm geschaffenen Parks umfasst die Namen von über 200 Anwesen, darunter auch Alnwick Castle, Holkham Hall und Wrest Park.

Bureau
Schreibmöbel mit schräger Klappe, die als Auflagefläche dient, und Schubladen für Papier- und Schreibwaren.

Bureau Bookcase
Schreibsekretär mit aufgesetztem Bücherschrank.

Butler
Butler leitet sich vom französischen *bouteiller* ab. Zunächst nur für die Flaschen zuständig, weiteten sich seine Aufgaben bis ins 19. Jahrhundert – und damit auch sein Einfluss – beständig aus. In der Edwardianischen Zeit managte der Butler oft riesige Haushalte und führte ein Heer von Angestellten. Heute fungieren Butler mehr als persönliche Assistenten ihrer Arbeitgeber, oft mit umfassender logistischer und administrativer Verantwortung.

Butler's Tray
Ein Tablett mit festen oder aufklappbaren Beinen. Häufig auch mit einem separaten Untergestell. Ursprünglich diente es als mobiler Abstelltisch, zum Beispiel für das Teeservice. Heute als Sofatisch oder Beistelltisch beliebt.

Cabinet Maker
Kunsttischler des 18. Jahrhunderts, der Möbel nach eigenen Entwürfen oder Vorlagenbüchern anfertigte.

Cabriole Leg
S-förmig geschwungenes Bein an Tischen, Stühlen und anderen Möbeln, typisch für Möbel im Queen-Anne- und Chippendale-Stil.

Canterbury
Holzgestell, ursprünglich zur Aufbewahrung von Notenblättern. Angeblich beschrieb der Kunsttischler Thomas Sheraton in seinem Musterbuch 1803 erstmals ein Möbel dieser Art, das für den Erzbischof von Canterbury hergestellt wurde, daher der Name.

Carlton House Writing Table
Schreibtischform der Georgianische Epoche mit kleinem Aufbau aus Schubladen und Schränken bei freiem Mittelteil, entstand um 1785.

Chaiselongue
Seit 1780 moderner Lehnstuhl, mit oder ohne Armlehne, bei dem die Sitzfläche so weit verlängert wurde, dass man die Beine darauf lagern kann.

Chesterfield
Sofa mit tiefer Knopfpolsterung, bei dem Arm- und Seitenlehnen die gleiche Höhe haben. Als typischer Bezug gilt Leder, doch auch Stoffe aller Art werden verwendet.

Chintz
Bedruckter Baumwollstoff, in Großbritannien seit dem 18. Jahrhundert ein beliebtes Polster- und Dekorationsmaterial.

Chippendale
Synomym für Möbel von Thomas Chippendale (1718–1779), Englands bedeutendstem Kunsttischler. Sein Ruhm gründet sich zum einen auf die in seiner Werkstatt entstandenen Stücke, zum anderen auf seine Vorlagenbücher. Thomas Chippendale der Jüngere (1749–1822) führte die Arbeit seiner Vaters fort. Was heute unter dem Etikett Chippendale angeboten wird, hat mit dem Möbeltischler und seiner Werkstatt allerdings wenig zu tun.

Coffee Table
Wohnzimmertisch, zum Kaffee- oder Teetrinken und als Ablage für Dekorationsstücke und vor allem Bücher.

Conservatory
Wintergarten, hervorgegangen aus den Orangerien des späten 18. Jahrhunderts. Anders jedoch als die Orangerie diente das *conservatory* zusätzlich zu dem nützlichen Zweck, Pflanzen aufzuziehen und vor der Kälte zu schützen, auch noch dem angenehmen Aufenthalt in einem Bereich zwischen Haus und Garten.

Conserver
Konservator, Spezialist für die Reinigung und den Erhalt von Kunstwerken der Malerei und Grafik.

Cottage
Sammelbegriff für ländliche Häuser, die ursprünglich der einfachen Leuten als Unterkunft dienten.

Country House
Landhaus, je nach Alter und Größe ursprünglich das Wohnhaus eines Bauern, Handwerkers oder Landadligen, ab dem 18. Jahrhundert häufig auch als Zweitwohnsitz neben einer Stadtwohnung. Ende des 19. und Anfang des 20. Jahrhunderts geriet das *country house* immer mehr zum Repräsentationsobjekt und Wochenendquartier der Ober- und Mittelklasse.

Country Life
Landleben, weniger in dem Sinne, wie es die arbeitende Landbevölkerung erlebte, sondern romantisch verklärt und idealisiert. Oft auch gleichgesetzt mit dem Zeitvertreib des Landadels, zum Beispiel der Jagd.

Country Sports
Im Sprachverständnis der Oberschicht die Jagd, das Jagdreiten und das Angeln.

Croquet
Das Croquet geht auf ein französisches Spiel names *paille-maille* zurück, das mindestens seit dem 13. Jahrhundert im Languedoc gespielt worden ist. Die moderne Form entstand angeblich um 1834 in Irland und kam 1852 nach England. Croquet war eine der ersten Freiluft-Sportarten, bei dem Männer und Frauen gegeneinander antreten konnten.

Cylinder Desk
Kleiner Schreibtisch mit Schubladenaufsatz, der durch einen zylindrisch gewölbten Deckel verschlossen werden konnte. Diese im 18. Jahrhundert aufgekommene Variante der Schreibkommode erlebte in Viktorianischer Zeit ein Revival als Schreibtisch mit gewölbter Abdeckung.

Damast
Textilie aus Wolle, Baumwolle, Seide oder Leinen, bei der Muster und Strukturen nicht aufgedruckt, sondern eingewebt werden. Benannt nach ihrem ursprünglichen Herkunftsort Damaskus.

Davenport
Kleiner Schreibtisch der Regency-Epoche. Ähnlich wie ein Stehpult mit schräger Schreibfläche, allerdings niedriger, um sitzend daran arbeiten zu können. Die Schubladen werden seitlich herausgezogen.

Dresser
Häufig auch *welsh dresser* genannt. Ländliche Anrichte, bestehend aus einem Tisch oder einem Schubladenschrank mit Regalaufsatz für die dekorative Präsentation von schönem Geschirr.

Dumb Waiter
Mehrstöckiger Tisch, je nach Größe als Ablage von Tellern, Obst oder Süßigkeiten geeignet. Der »stumme Diener« wurde früher vor allem bei intimen Abendessen benutzt: Die Dienerschaft stellte alle Speisen darauf bereit, und zog sich dann zurück, so dass die Herrschaften ungestört tafeln konnten.

East India Company
Am 31. Dezember 1600 gegründete Handelsgesellschaft, die ab dem 18. Jahrhundert die Vertretung der britischen Regierung in Indien übernahm. Bereits im 18. Jahrhunderts gab es Bestrebungen, die Macht der East India Company zu begrenzen, doch erst 1858 wurde sie vom staatlichen Indian Office übernommen und 1873 vollständig aufgelöst.

Edwardian
Stilepoche, benannt nach der Regierungszeit von Edward VII., der von 1901 bis 1910 auf dem Thron saß. Stilistisch werden jedoch schon die letzten Jahre des 19. Jahrhunderts zu dieser Ära hinzugezählt, und als ihr Ende gilt der Ausbruch des Ersten Weltkriegs im Jahre 1914. Bedeutung hat diese Zeit nicht so sehr wegen großer Neuerungen in der Möbelgestaltung, sondern vor allem wegen ihrer handwerklich zum Teil sehr hochwertigen Reproduktionen.

Four-poster Bed
Das »Vier-Pfosten-Bett« ist der englische Fachausdruck für das Himmelbett, also eine Schlafstatt, bei der ein Baldachin an den vier zu Säulen verlängerten Bettpfosten befestigt ist.

Georgian
Je nach Quelle und Auffassung wird die Georgian Period, also die Georgianische Epoche, ungefähr vom ersten Jahrzehnt des 18. Jahrhunderts bis zum ersten Jahrzehnt des 19. Jahrhunderts gerechnet. Wenn man die Regierungszeit der Könige George I., George II. und George III. zugrundelegt, dann dauert diese Stilepoche von 1714 bis 1811. Die Regierungszeit von George IV. wird dagegen schon zur Regency-Epoche gezählt. Der georgianische Stil schöpft seine Formen aus der Kunst und Architektur Italiens.

Gotik
Als Gotik bezeichnet man die Architektur des Spitzbogens. Der Spitzbogen entwickelte sich im 12. Jahrhundert aus dem Rundbogen romanischen und normannischen Ursprungs. Als erstes Beispiel gotischer Architektur in England gilt das östliche Ende der Kathedrale in Canterbury. Die englische Gotik wird nach Thomas Rickman (1776–1841) in *early English*, *decorated* und *perpendicular* eingeteilt. Die Tudor-Zeit gilt auch als die Zeit der Spätgotik.

Half-tester Bed
»Halbierte« Form des *four-poster bed*. Der Betthimmel wird beim *half-tester* von den verlängerten Pfosten des Kopfendes gehalten, er erstreckt sich deshalb nur etwa bis zur Mitte des Bettes. Half-Tester-Betten kamen in der zweiten Hälfte des 18. Jahrhunderts auf.

Hepplewhite, George
Londoner Kunsttischler des 18. Jahrhunderts, gestorben 1786. Seine Bekanntheit gründet sich ausschließlich auf die drei Auflagen seines Vorlagenbuchs, dessen Entwürfe von zahllosen Tischlern umgesetzt wurden. Möbel, die seiner Werkstatt entstammen, sind jedoch nicht erhalten. Hepplewhites klassizistische Möbel sind leichter und zierlicher als die von Chippendale, ein typisches Stilmerkmal ist die schildförmige Lehne bei den Stühlen.

Interior Designer
Inneneinrichter oder Innenarchitekt, entwirft ein Konzept für die Gestaltung von Innenräumen und Möbelstücken, oft zusammen mit einem Architekten.

Jacobean
Der Stil der Regierungszeit von James I., der von 1603 bis 1625 den englischen Thron inne hatte.

Kent, William (1684–1748)
Maler, Landschaftsgärtner und Architekt, geboren in East Yorkshire. Nach Studien in Italien machte er sich zunächst als Maler und Gartengestalter einen Namen, Mitte des 18. Jahrhunderts auch als Architekt. Neben zahlreichen Landhäusern samt Interieur und Garten entwarf er auch städtische Architektur wie etwa das Gebäude der Horse Guards im Londoner Regierungsbezirk Whitehall.

Landed Gentry
Niederer landbesitzender Adel. Zur Landed Gentry werden häufig auch titellose Grundbesitzer aus alten Familien gezählt.

Liberty's
Im Jahre 1865 gegründetes Londoner Kaufhaus, heute vor allem bekannt für seine dekorativ bedruckten Textilien. Ende des 19. Jahrhunderts wurden zudem auch Möbel, Glas und Keramik im Art-Nouveau-Stil verkauft.

Lutyens, Sir Edwin (1869–1944)
Englischer Architekt, zunächst beeinflusst vom Arts and Crafts Movement, später mehr einem eklektischen Stil zugewandt. Bekannte Häuser aus dieser Phase sind Lindisfarne Castle und Castle Drogo. Auch als Städtebauer machte er sich einen Namen, zum Beispiel in Neu Delhi.

Marqueterie
Dekoration von Möbeln durch das Zusammenfügen verschiedenfarbiger Furniere, Elfenbein oder Perlmutt zu bildhaften Darstellungen oder Ornamenten. Die Technik kam im17. Jahrhundert aus Kontinentaleuropa nach England.

Morris, William (1834-1896)
Englischer Kunsthandwerker, Gestalter und Schriftsteller; er steht für das Arts and Crafts Movement. Morris setzte auf die Verbesserung des Menschen durch die Verschönerung seiner Lebenswelt. Dazu stellte er dem industriellen Massenprodukt Gegenstände aus kunsthandwerklicher Fertigung entgegen.

Muthesius, Hermann (1861–1927)
Von Haus aus Architekt, lernte Muthesius als Botschaftsattaché in London die englische Wohnkultur kennen und konzentrierte sich nach seiner Rückkehr in Deutschland auf den Bau von großen Land- und Stadtvillen nach dem Vorbild der englischen Landhausarchitektur. Sein Einfluss auf die Wohnarchitektur in Deutschland verstärkte sich nach der Veröffentlichung des dreibändigen Werkes »Das englische Haus« von 1904. Seine Vorstellungen von Wohnarchitektur setzte er gemeinsam mit Richard Riemerschmid in der Gartenstadt Hellerau bei Dresden um. Als Mitbegründer des Deutschen Werkbundes machte er sich einen Namen.

Nanny
Liebevolle Bezeichnung für die britische Kinderschwester. In wohlhabenden Familien nahm sie bis in die jüngste Vergangenheit bei vielen Kindern die Stelle der Mutter als Bezugsperson ein.

Nash, John (1752–1835)
Bedeutendster englischer Architekt der Regency-Epoche, neben seinen Landhäusern vor allem bekannt für seinen prägenden Einfluss auf das Stadtbild Londons. Zu seinen Entwürfen gehören Regent's Street, Carlton House Terraces, St. James's Park, Trafalgar Square und Marble Arch, in Brighton schuf er den Royal Pavilion.

Orangerie
In Großbritannien seit Mitte des 16. Jahrhunderts bekanntes schützendes Gebäude für Zitrusfrüchte. Die Orangerien waren die Vorläufer des *conservatory*.

Palladio, Andrea (1508–1580)
Italienischer Architekt der Hochrenaissance. Sowohl seine ländlichen Villen und Stadthäuser im Veneto als auch seine Schriften inspirierten im frühen 17. Jahrhundert Architekten wie Inigo Jones. Im 18. Jahrhundert setzte ein Palladio-Revival ein, das zu zahlreichen Um- und Neubauten im klassizistischen Stil führte.

Pele Tower
Wehrturm, hervorgegangen aus den im Schottland des 14. Jahrhunderts üblichen Wehranlagen mit Graben und Schutzwall aus Holz und Erde.

Piano Nobile
Das »vornehme« Geschoss, die Etage mit den Empfangs- und Repräsentationsräumen, meist im ersten Geschoss gelegen.

Pedestal Desk
Einfache Form eines Schreibtisches, bestehend aus zwei Kästen mit Schubladen und einer Schreibplatte.

Pier Table
Schmaler Tisch zwischen zwei Fenstern, meist als dekorative Präsentationsfläche für Zierobjekte gedacht.

Public School
Die englische Bezeichnung für eine Privatschule, also eine Bildungseinrichtung, für deren Besuch Schulgeld bezahlt werden muss. Der Zusatz »public« erinnert daran, dass diese Schulen nicht in kirchlicher Trägerschaft sind.

Queen Anne Style
Englische Ausprägung des Barockstils, so bezeichnet nach der englischen Königin Anna, die von 1702 bis 1714 regierte. Gekennzeichnet wird dieser Stil durch die Verwendung von Backstein für das Mauerwerk und kontrastierenden Giebeln, Simsen und Fensterrahmen aus hellem Naturstein.

Refectory Table
Langer schmaler Tisch, meist aus dem Speisesaal eines Klosters oder Konvents. Beliebt für Küchen und rustikale Esszimmer.

Regency
Stilepoche des frühen 19. Jahrhunderts, benannt nach der Regentschaftszeit des späteren Königs George IV. von 1811 bis 1820.

Repton, Humphry (1752–1818)
Englischer Gartengestalter, der auf das gegebene Potential einer Landschaft setzte und dieses durch seine Anlage nur hervorheben und akzentuieren wollte. Dem reinen Landschaftsgarten fügte Repton förmlichere Gärten in der Nähe des Hauses hinzu.

Restorer
Im Gegensatz zum Konservator kümmert sich der Restaurator nicht nur um die Reinigung und Erhaltung von Kunstwerken, sondern bessert sie auch aus und ersetzt schadhafte Teile.

Sash-window
Fenster, das durch Hochschieben des Rahmens geöffnet wird. Seit dem 18. Jahrhundert typisch für britische Häuser.

Schloss
Wohn- und gegebenenfalls Regierungssitz von weltlichen und geistlichen Landesherren, anderen Adligen oder reichen Bürgern. Das Schloss dient, anders als die Burg, rein repräsentativen Zwecken. Im 15. und 16. Jahrhundert erkennt man dem Schloss seine Herkunft von der mittelalterlichen Burg noch an. In der Renaissance treten Vierflügelanlagen auf, die im Barock von weiträumigen zur Stadt oder zum Land hin offenen Dreiflügelanlagen abgelöst werden. Im Rokoko entstand die übersichtliche Einflügelanlage, im Klassizismus trat die Bauaufgabe des Schlossen stark zurück.

Secretaire Bookcase
Schreibkommode mit aufgesetztem Schrank.

Secretaire Chest of Drawers
Anders als beim *bureau* verbergen sich die Schränke und Schubladen hinter einer Blindschublade, die zur Schreibfläche heruntergeklappt wird. Im geschlossenen Zustand wirkt die *secretaire chest of drawers* dadurch wie eine Schubladenkommode.

Sheraton, Thomas
Der vermutlich 1751 geborene und 1806 gestorbene Sheraton gilt als einer der großen Vier unter den englischen Kunsttischlern, obwohl nicht klar ist, ob er je seinen Lebensunterhalt als *cabinet maker* verdient hat. Bekannt geworden ist er durch seine Bücher über die Kunsttischlerei, die Möbelgestaltung in England, Europa und Amerika bis in das frühe 19. Jahrhundert hinein beeinflussten.

Soane, Sir John (1753–1837)
Englischer Architekt des Neo-Klassizismus, bekannte Bauten sind sein Haus in Lincoln's Inn Fields in London oder die Dulwich Picture Gallery.

Sofa Table
Beistelltisch, häufig mit abklappbaren Seitenteilen und Schubladen, wird im Gegensatz zum *coffee table* hinter das Sofa gestellt und nicht davor. Der *sofa table* tauchte Ende des 18. Jahrhunderts auf.

Squire
Ursprünglich der Knappe des Ritters, später Bezeichnung und Anrede für einen Landbesitzer, kein Adelstitel. Heute Höflichkeitstitel in der Briefanschrift.

Tallboy
Besteht aus zwei übereinander gesetzten Schubladenkommoden oder einer Schubladenkommode auf einem Gestell, im ausgehenden 17. und im frühen 18. Jahrhundert beliebt.

Tapestries
Handgewebte Teppiche mit bildhaften Darstellungen, im 14. und 15. Jahrhundert Hauptdekorationsgegenstand im Haus. Die begehrtesten Exmeplare stammten aus Arras, Brügge, Brüssel oder Tournai im heutigen Belgien. Die ersten englischen Tapestries stammen aus dem 16. Jahrhundert. Im späten 19. Jahrhundert erlebten Tapestries ein Revival durch die Arts-and-Crafts-Bewegung.

Terracotta
Gebrannter aber unglasierter Ton mit typischer rötlicher Färbung, als Bodenbelag, architektonisches Zierelement oder Gefäß häufig eingesetzt.

Tudor Style
Geschichtlich die Regierungszeit der Tudor-Dynastie von 1485 bis 1603, stilistisch markiert der Begriff den Übergang vom Mittelalter zur Renaissance. Die Regierungszeit von Elizabeth I. (1558–1603) wird oft als separate Stilepoche behandelt.

Vanbrugh, Sir John (1664–1726)
Englischer Dramatiker, Soldat und Baumeister, einer der Hauptvertreter des Barockstils. Da er keine architektonischen Fachkenntnisse besaß, arbeitete er bei der Realisierung seiner Entwürfe mit Nicholas Hawksmoor zusammen. Der bekannteste Bau von Vanbrugh ist Blenheim Palace, dessen Vollendung er allerdings nicht erlebte, da er sich vorher mit der Frau des Auftraggebers, der Duchess of Marlborough, überwarf.

Vernacular Architecture
Regional geprägte, ländliche Wohnarchitektur, die durch die örtlich vorkommenden Baustoffe und die lokalen sozialen Strukturen bedingt war, anzutreffen bei sehr vielen Häusern aus der Zeit zwischen 1350 und 1800. Mit dem Beginn des 19. Jahrhunderts und den sich verbessernden Transportmöglichkeiten von Baustoffen traten die regionalen Unterschiede in den Hintergrund und die *vernacular architecture* verschwand langsam.

Victorian Style
Der Stil der Viktorianischen Epoche, also der Regierungszeit Queen Victorias von 1837 bis 1901, ist gekennzeichnet durch die Wiederbelebung und Vermischung vergangener Stilepochen sowie die einsetzende Industrialisierung in der Fertigung von Möbeln und Gebrauchsgegenständen.

Windsor Chair
Rustikaler Stuhl mit geschwungenem Holzsitz, gedrechselten Beinen und einer gerundeten Rückenlehne mit Spindeln. Entstanden vermutlich in Buckinghamshire, verbreitete er sich ab etwa 1700 in ganz Großbritanien. Bis heute beliebter Stuhl, vor allem für die Küche oder das ländliche Esszimmer.

Wren, Sir Christopher (1632-1723)
Englischer Naturwissenschaftler und bedeutender Architekt, der einige der wichtigsten Bauten des englischen Barocks geschaffen hat. Nachdem London 1666 vom Feuer verwüstet worden war, leitete er den Wiederaufbau der City. Dabei war er unter anderem am Entwurf von 51 Kirchen beteiligt. Als sein Meisterwerk gilt die St. Paul's Cathedral. Daneben schuf Wren zahlreiche weltliche Bauten, darunter auch das Royal Hospital in Chelsea.

Bibliographie

Adburgham, Alison: Shopping in Style. Over Wallop, Hampshire 1979
Astaire, Lesley, et. al.: Living in Scotland. London 1987
Barley, Maurice: Houses and History. London 1986
Boyle, Philip: Englische Möbel. München 1998
Bridge, Mark: Schreibtische. Köln 1996
Brown, Craig, Lesley Cunliffe: The Book of Royal Trivia. London 1982
Brown, Michèle: Prince Charles and Princess Diana. London 1984
Busack, Walter: Das neue Hundebuch. Niedernhausen/Ts. 1994
Calloway, Stephen (Ed.): The Elements of Style. New York 1996
Chambers, James: The English House. London 1985
Ders.: Georgian London. London 1991
Collins, Wilkie: Die Frau in Weiß. München 1994
Connolly, Sybil (Ed.): In an Irish House. London 1988
Cowley, Robert: Die Herrscher Britanniens. München 1983
Crook, J. Mordaunt: Victorian Architecture. New York 1971
Durant, David N.: Life in the Country House. London 1996
Garnett, Oliver: Country House Pastimes. London 1998
Fischer, Paul, Geoffrey Burwell P.: Kleines England-Lexikon. München 1991
Fox, Robert: Liners. Köln 1999
Franklin, Jill: The Gentleman's Country House and it's Plan. London 1981
Gibbs, Jenny: The Country House. London 1997
Hardyment, Christina: Behind the Scenes. London 1997
Ders.: A Slice of Life. London 1995
Harling, Robert, et. al.: The House & Garden Book of Drawing-Rooms and Sitting-Rooms. London 1991
Hartley, Dorothy: Food in England. London 1996
The House & Garden book of essential Addresses. London 1997
Jackson-Stops, Gervase, James Pipkin: The English Country House, a Grand Tour. London 1993
Jennings, Charles: People like us. London 1998
Jones, Richard: Walking Haunted London. London 1999
Kamm, Anthony, Claude Poulet: Britain and her People. Godalming, Surrey 1990
King, Constance: Sofas. Köln 1996
Kravchenko, Chrissie: Collector's Lot. London 1998
Linley, David: Classical Furniture. London 1993
Lord, Graham: James Herriot. London 1998
Macaulay, Rose: Life among the English. London 1996
Matthews, Rupert O.: Großbritannien. Erlangen 1991
Matz, Klaus-Jürgen: Europa-Chronik. München 1999
Montgomery-Massingberd, Hugh, Simon Sykes: Great Houses of England and Wales. London 1994
Dies.: Great Houses of Scotland. London 1997
Morgan, John: Debrett's New Guide to Etiquette and Modern Manners. London 1996
Moynahan, Brian: Das Jahrhundert Englands. München 1997
Muthesius, Hermann: Das englische Haus, Entwicklung, Bedingungen, Anlage, Aufbau, Einrichtung und Innenraum. 3 Bde., Berlin 1904–1905
Plumptre, George: The Garden Makers. London 1993.
Prince Charles and the Architectural Debate, in: Architectural Design. Band 59, Nr. 5–6, 1989
Quiney, Anthony: House and Home. A History of the Small English House. London 1986
Service, Alistair: London 1900. St. Albans und London 1979
Smith, J.T.: The English House 1200–1800. London 1992
Somerset Fry, Plantagenet: Kings and Queens. London 1990
Spencer-Churchill, Henrietta: Classic Fabrics. London 1996
Strong, Roy: Country Life 1897–1997. The English Arcadia London 1999
Summerson, John: Architecture in Britain 1530–1830. London 1991
Trembath, Geraldine: The Connoisseur's Guide to English Style. Honiton, Devon 1996
Watkin, David: English Architecture. A Concise History. London 1979
Way of Plean, George, Romilly Squire: Clans and Tartans. Glasgow 1995
Westland, Pamela, Marjie Lambert: Blumenschmuck. Köln 1997
Which? Way to Buy, Sell and Move House. London 1998
Wigan, Felicity: The English Dog at Home. Massachusetts 1987
Willes, Margaret: And so to Bed. London 1998
Yapp, Nick; Rupert Tenison: London. Köln 1999
Yates, Simon, Tische. Köln 1996
Young, Geoffrey: Walking London's Parks and Gardens. London 1998
Zeutschner, Michael: England. Erlangen 1995

Textnachweis

Folgende Autorinnen und Autoren haben Beiträge zu verschiedenen Themen für »Traditional Style« verfasst:

Till Busse: »Vom Cottage House zum Cottage Ornée«, (S. 61), »Das Arts and Crafts Movement«, (S.152f)
Waltraud Düber: »Die Früchte der Pflanzenjäger« (S. 286f)
Sabine Hesemann: »Die Entdeckung der Landschaft«, (S. 282–285)
Uta Kornmeier: »Die Entwicklung des Burgenbaus« (S. 34–37), »Von der Burg zum Schloss« (S. 42), »Die Blütezeit des Landhauses« (S. 50f), Das »Palladian Movement« oder der »Palladianismus in der Landhausarchitektur« (S. 56–58), »Das Geschäft mit der Pacht«, (S. 65), »Das englische Haus – Vorbild für die Moderne« (S. 72f), »Zu Gast in Durbins – die Bloomsbury Group«, (S. 74), »Die Entwicklung des Stadthauses«, (S. 87), »Die Prinzipien des Prinzen« (S. 100), » Erfinder der modernen Toilettenspülung – Thomas Crapper« (S. 230), »Sissinghurst Castle Garden« (S. 281)

Bildnachweis

Herausgeber und Verlag haben sich bis Produktionsschluss intensiv bemüht, alle Inhaber von Abbildungsrechten ausfindig zu machen. Personen und Institutionen, die möglicherweise nicht erreicht wurden und Rechte an den verwendeten Abbildungen beanspruchen, werden gebeten, sich nachträglich mit dem Verlag in Verbindung zu setzen.
li. = links; re. = rechts; Mi. = Mitte; o. = oben; u. = unten
Alle Aufnahmen © Tandem Verlag GmbH, Köln/Foto: Rupert Tenison.
Mit Ausnahme von:

Abode, Macclesfield: 6 Mi.u., 133 o.Mi.re., 133 Mi.re., 134 u., 149, 162 o., 162 u.li., 194/195, 198, 199 u.re., 202 u.li., 202 u.Mi., 260 o.
Andes Press Agency, London/Foto: Carlos Reyes-Manzo: 309 u.Mi., 315 o., 318 o.
Arcaid, Kingston-upon-Thames/Foto: Richard Byrant: 81 u. (Clarence House), 281 o., 281 u.li., 329 re.Mi.u.
Archiv für Kunst und Geschichte, Berlin: 72 o., 118 o., 209 u.Mi., 240 u., 243 Mi.li., 328 li.o., 328 re.u., 329 li.o., 329 re.o., 330 li.o., 330 re.o., 331 li.o., 331 re.o
Atco-Qualcast Ltd., Stowmarket: 290, 291
Franz Bagyi, Weil der Stadt: 219 o., 219 Mi.
John Bethell/by courtesy of Marquess of Zetland/Foto: Eduard Noack: 329 re.u.
Bildarchiv Foto Marburg: 73
Bilderberg, Hamburg/Foto: Popperfoto: 118 Mi.re., 303 u.re.; Walter Schmitz: 305
The Bridgeman Art Library, London: 152, 153, 285 o.
Brintons Ltd., Kidderminster: 159
British Library Board, London: 247 u.
Cinetext, Frankfurt: 71 o.re. (Filmstill)
Cloakrooms, Kingsbridge/Devon: 115 li., 115 re.Mi.o.
© **House & Garden**/The Conde Nast Publication Ltd., London/Foto: Simon Brown: 133 u.Mi.li., 135 o.Mi.; Andreas von Einsiedel: 148 o.
Deutsche Presse-Agentur dpa, Frankfurt: 174, 241, 254 u.li., 324 u.re.
Duresta Upholstery Ltd., Nottingham: 136
Edifice, London/Foto: Darley: 50 u.re., 83, 86 u.li., 86 u.re., 95, 279 o., 280 o., 281 u.Mi., 281 u.re., 283 u.; Lewis: 48, 96 u.re., 161 o.Mi.li., 161 u.Mi.li., 282 o.; Ryle-Hodges: 55 o., 58 li.; Sayer: 41 o.
English Heritage Photographic Library, London: 56 u.re.
Das Fotoarchiv, Essen/Foto: Ernst Horwath: 260 u., 261 u.; Knut Müller: 299 u., 306 u.re., 307; SVT-Bild: 209 o.re; Jochen Tack: 7 u., 79 o., 296/297, 300, 319, 322 o.
Gainsborough Silk Weaving Company, Sudbury: 20, 21 o.
Richard Greenhill, © Sally + Richard Greenhill, London: 309 Mi., 309 u.li., 309 u.re.
Hamley's, London: 259 u.re., 262 o.li., 262 o.Mi.li., 263 u.
Heather Angel, Farnham: 286/287 (außer 287 u.re.), 288, 289
Markus Hilbich, Berlin: 72 u.
The Hulton Getty Picture Library, London: 74 o., 176 o., 208 o., 209 o.li., 209 u.li, 209 u.re., 237 o.re., 237 u.li., 259 o., 328 o.re., 329 re.Mi.o., 330 li.Mi.o., 331 li.Mi., 331 Mi.re., 331 re.u.
Hypnos, Bucks: 204, 205 (außer re.)
The Interior Archive, London/Foto: Simon Brown: 202 o.; Chris Drake: 268 u.; Fritz von der Schulenburg: 242 re., 243 o.re., 248 u.li.; Christopher Simon Sykes: 185 u.re., 238 o., 242 li., 243 o.li., 243 o.Mi., 248 u.Mi., 248 u.re.
Kartenstudio Maiwald, Norderstedt: 90/91, 312, 327
Barbara Klemm/Frankfurter Allgemeine Zeitung (16.1.99): 74 u., 75
© **Tandem Verlag GmbH**, Köln/Foto: Günter Beer: 143 u., 193 (Barsch); **Christoph Büschel**: 193 (Flussbarsch, Schleie, Karpfen, Aal); Elsner/Schulzki: 213 li.; **Eduard Noack**: 24/25 (außer Eiche, Nussbaumholz, Mahagoni, Kirschholz, Bergahorn); **Ruprecht Stempell**: 193 (Forelle)
Helga Lade Fotoagentur, Frankfurt/Foto: 261 o.; Paul Steeger: 206 u.Mi.li.
laif, Köln/Foto: Peter Bialobrzeski: 218, 219 u.; Heiko Specht: 78 u., 93 o.; Tophoven: 78 o.; Fulvio Zanettini: 79 u.li.
David Linley & Co Ltd., London/Press Office: 244, 245
James Lock, London: 313 u.Mi.
Look, München/Foto: Ingolf Pompe: 249 o., 303 li., 309 o.
Mallet & Sons (Antiques) Ltd., London/Foto: Eduard Noack: 328 li.Mi.u.
Mary Evans Picture Library, London/Foto: 306 u.li.; Henry Grant: 304 o.li.
Bildarchiv Monheim, Meerbusch: 50 u.li., 60 o., 80 u. (Kensington Palace), 86 o., 87, 282 u., 283 o., 331 li.u.
National Gallery Picture Library, London/Foto: Eduard Noack: 330 li.Mi.o.
National Trust Photographic Library/Foto: 71 u.(Compton Castle): Matthew Antrobus: 57, 112 o.Mi., 237 o.li.; Oliver Benn: 56 o.; John Blake: 46 u.re., 47u.li.; Andrew Butler: 44, 71 o.li. (Claydon House); Peter Cook: 47 o.re.; Andreas von Einsiedel: 182 re., 189 o.re., 189 u., 192 o.li., 192 u., 243 Mi.re., 243 u.; Mark Fiennes: 59; Geoffrey Frosh: 238 u.; Andrew Haslam: 193 o. (See); Nadia MacKenzie: 109 o.re, 124, 170 o.; Rob Matheson: 51 u., 189 o.li.; Nick Meers: 45 u., 52 o., 53; Alasdair Ogilvie: 34 u.re.; Stephen Robson: 33 o.li., 46 o., 192 o.re.; David Sellman: 46 u.li.; Ian Shaw: 45 o.; Rupert Truman: 47 Mi.li., 47 Mi.re., 47 u.re., 52 u., 71 o.re. (Dyrham); Mike Williams: 47 o.li., 229 u.re.
Okapia, Frankfurt/Foto: Renee Lynn/NAS: 119 (Beagle); Klein & Hubert/BIOS: 119 (Bluthund)
Picture Press, Hamburg/Foto: Camera Press/Clive Arrowsmith: 118 u.li.; Corbis/Bettman: 68 o., 118 Mi.li., 237 u.re., 254 o., 310 o.
Henry Poole & Co., London: 175 o., 175 u.li.
James Purdy & Sons, London: 220 o., 221
Robinson & Cornish, London: 6 Mi.o., 180, 183, 186, 187, 190 o.re., 193 u.li., 269
Rolls-Royce Presse- und Informationsbüro Deutschland: 165
Ronald Grant Archive, London: 70 o., 71 o.li. (Filmstill), 71 u. (Filmstill), 208 u.
The Royal Collection © HM Queen Elizabeth II/Foto: 265, 325 o.; David Cripps: 264
Scala, Antella/Firenze: 330 li.u.
Science Museum, London/Science & Society Picture Library: 138 o.
Sipa Press, Paris/Foto: 80 (Princess Alexandra), 81 (Queen Elizabeth II & Prince Philipp), 145 o.li., 240 o.; Steve Butler: 81 (Queen Mother); Cherrnauld: 80 (Princess Diana); Gamble: 145 u.li., 145 u.Mi.re.; Gunther: 81 (Prince Andrew); Thomas Haley: 216 o., 217; Harvey: 118 u.re.; Anwar Hussein: 80 (Princess Margaret), 145 o.Mi.re.; Steve Lemere: 80 (Prince of Wales, Prince William, Prince Harry), 81 (Prince Edward & Sophie Rhys-Jones); Mark Lloyd: 205 o.re.; Mantel: 324 u.li., 325 u.; Schneider: 80 (Princess Anne)
Spode, Stoke-on-Trent: 146/147
Three Choirs Vineyards, Newent: 321 u.
Tony Stone Images, München: 315 u.
V&A Picture Library, London/Foto: 173 re.; Courtesy of Trustees of the V&A, London/Foto: Eduard Noack: 330 re.Mi.u., 330 re.u.
Georg Valerius, Köln: 249 u.
Erika Hellmuth PR, Hamburg/Foto: The Wedgwood Museum: 144, 145 o.Mi.li., 145 o.re., 145 u.Mi.li., 145 u.re., 178 u.li., 299 o.
aus: **Architectural Design** – Prince Charles and the Architectural Debate, Bd. 59, No. 5/6, London 1989/Foto: Eduard Noack: 100 u.
aus: **Architecture in Britain** 1330–1830, John Summerson, Penguin Books Ltd, London 1991/Foto: Eduard Noack: 50 o., 41 u.
aus: **English Architecture**, David Watkin, revised edition, Thames and Hudson Ltd. London 2000: 34 u.li.
aus: **A Guide to Architecture** – The Architecture of London, Edward Jones/Christopher Woodward, Weidenfeld & Nicolson, London 1983: 56 u.li.
aus: **House and Home** – A History of the Small English House, Anthony Quiney, British Broadcasting Corporation, London 1986: 60 u.
aus: **London 1900**, Alistair Service, Granata: 94 u.
aus: **Town Houses** – Evolution and Innovation in 800 years of Urban Domestic Architecture, Marcus Binney, Reed Consumer Books Ltd., London 1998: 82 re.

Sachwortverzeichnis